脇田道子

モンパ

インド・ブータン国境の民

法藏館

▶口絵１　ダライ・ラマ法王のタワン到着を出迎える人びと（２０１７年４月７日）

▲口絵２　インド・ブータン国境に近いツォルン・ゴンパの廃墟

▲口絵３　中央に黒く広がる瓦礫は、ガンデン・スンラブリン僧院の遺構と伝えられている（メラ）

▲口絵４　タワン僧院（ガンデン・ナムギェル・ラツェ）の全景

▲口絵５　ダライ・ラマ６世の母の実家「クシャン・ナン」。古い仏間があったこの建物の右半分は2015年に崩落してしまったが、すぐ近くに新堂が建てられていたので、宝物は遺失を免れた

◢口絵６　クシャン・ナンに残るダライ・ラマ６世の像

▼口絵７　ダライ・ラマ７世がクシャンナンに贈った詔勅

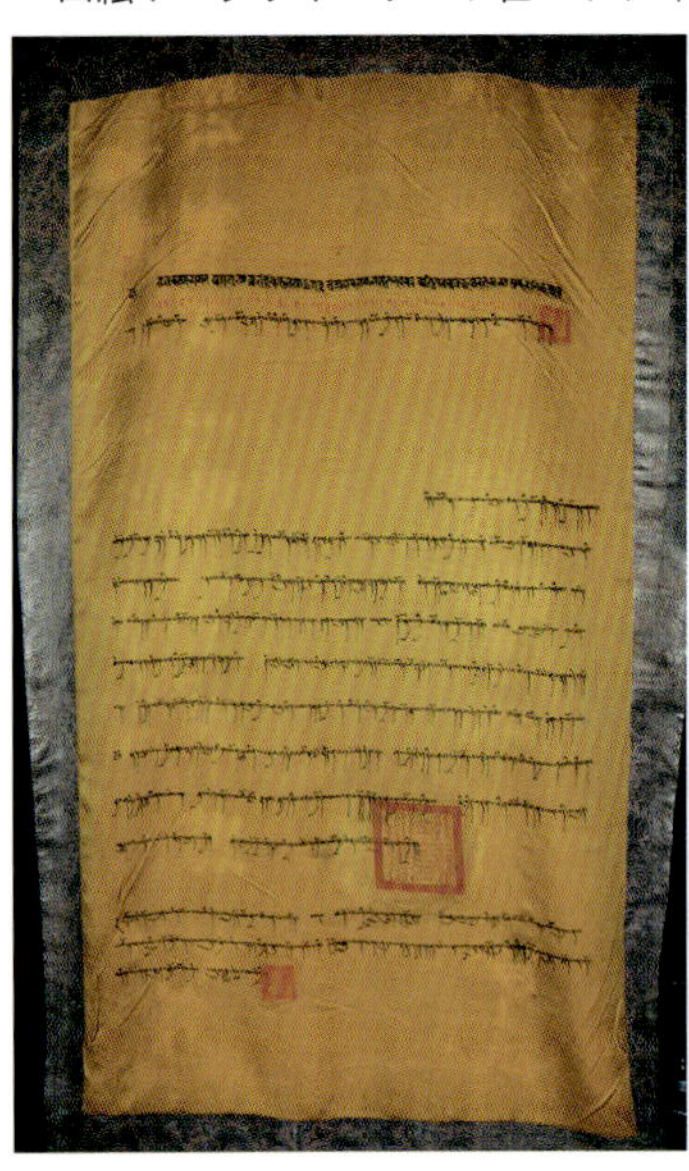

▶口絵8　民族衣装一式に身を包んだモンパ（タワン）

▶口絵10　モンパのトトゥン。動物の上に乗る人物・花のような星などの柄

▶口絵11　動物に乗る人物が織り込まれた、ラオスの黒タイ族の織物

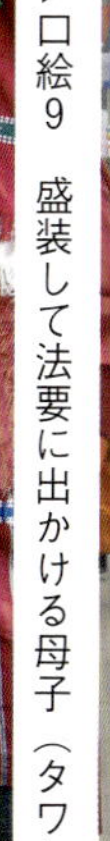

▶口絵9　盛装して法要に出かける母子（タワン）

▲口絵12　小さな女の子でも腰当て布は必須

▲口絵14　パンチェン・モンパの貫頭衣レウ（ゼミタン）

▶口絵13　マゴウのリゴーとバケツのような帽子を着用した筆者

◢口絵15　レウの両脇の柄を見せるように前に寄せて帯を締める。現在、レウを着るのはごく一部の年輩者に限られ、この写真のために着てくれたものである。

▲口絵16　ゼミタンのルンポ村の夫婦

▲口絵18　リシュ村のモンパのカード織り「シャコウ」

▲口絵17　腰機でシンカを織るディランのモンパ女性

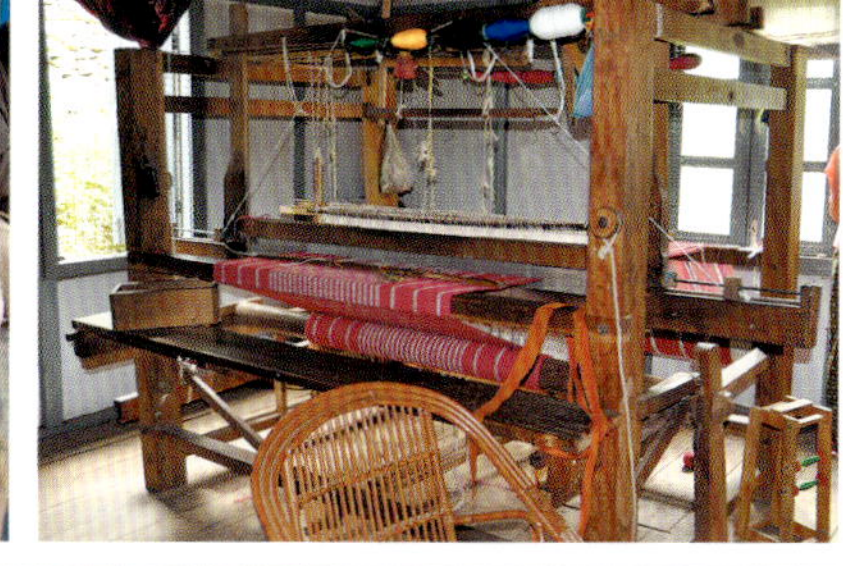

▲口絵20　バッグ用の布を織るディランのモンパ

◥口絵19　アッサム製の高機でシンカを織るのはマニプルやアッサムから出稼ぎに来た女性たち

▶口絵21　左の三人の上着はカンジャールまたはアリ・フドゥンという。右端の男性が着ているのは、伝統的なウールのチュバで、この長さが一般的（タワン）

▲口絵23　モンパの布を運ぶ行商人（ブータン、ラディ村）
◥口絵22　エリ・シルク以前のウールのンゴウ・シン
▶口絵24　トトゥンを織るラブハ女性（アッサム州タンラ）
◢口絵25　シェルドゥクペンの貫頭衣シンク
▼口絵26　ブグンは白い貫頭衣シンカオを着て、足に白い脚絆ラナを巻く

▶口絵27　盛装したブグン女性。金属製のヘアバンドと大きな耳輪を着けている

◀口絵28　サジョラン（ミジ）の貫頭衣グレブロン

◣口絵29　フルッソ（アカ）も白い貫頭衣ウーソゲを民族衣装にしている

▼口絵30　ニシの男女の一枚布の民族衣装

▲口絵32　トゥーティンのメンバは、チベット人と同じチュパを着ている

▲口絵31　メチュカのメンバの貫頭衣グシー

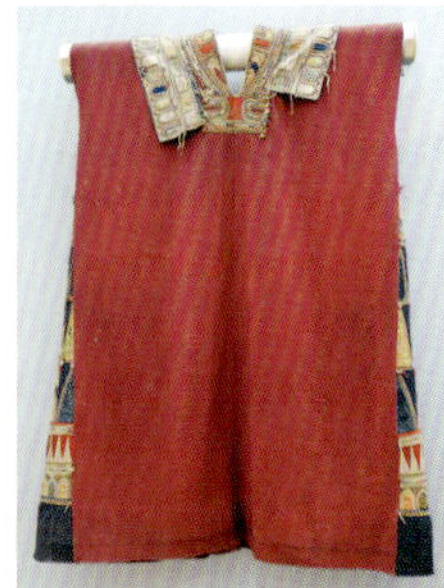

▲口絵33　ディランの腰当て布パンテン
◤口絵34　ブータンのクルトェ地方のウールの貫頭衣シンカ
◀口絵35　タワンの腰当て布テンキマは赤色が多い

▶口絵36　メラの腰当て布メーキムの色は、黒色に限られている
◢口絵37　正装用の肩掛けレンバ（メラ）
▼口絵38　メラクパが好むトトゥンの柄は大変細かい
⯯口絵39　男性は正装の際には、ヤクの毛で編んだニャリというたすきを掛ける

【ドンギュル祭１日目】

▲口絵41　儀礼の場を確保し、守るためのザム

▲口絵42　ドンギュル祭の時だけ、１日目午後に掛けられるタンカ

▲口絵40　早朝、極寒の中で演じられるパ・チャム

▲口絵43　忿怒形の面を着けた神々が敵（女性の人形）を破壊するロク・チャム

▲口絵44　乱れた服装の道化役アラ・カ・キョの一団

▲口絵45　黒帽の舞シャナ・チャムが演じられるころ、祭りは佳境を迎える

▲口絵46　カラフルな衣装の兵士アルパ
◥口絵47 「悪意のあるトルマ」ソル（この写真のみトルギャ祭のもの）

【ドンギュル祭２日目】

◢口絵48　ゴ・ニン・チャムを演じる女神ラモ
▼口絵49　ドンギュル祭の時だけ２日目に掛けられるタンカ

▲口絵50　鹿の姿をしたシンジェ・ヤワティによる悪霊を象徴する男性の人形の破壊

▲口絵51　閻魔大王（右）の裁き。左は死者の善行を証言する役目を担うラー・カルポ

【ドンギュル祭３日目】

▲口絵52　シャワ・チャムで、捕らえた鹿（左）を解放し、悔い改めの歌を歌う牧畜民の服装をした親子。歌っているのはその父親

▲口絵53　墓場の支配者ドゥルダが悪霊を象徴する女性の人形を空に投げ、最後には火で焼き殺すというおどろおどろしいチャム

▶口絵54　タワン僧院の守護神でもあるペンデン・ラモの舞。最も豪華な衣装をまとっている

◀口絵55　夕闇が迫る中、３日間のすべてのチャムの演者が僧侶だったことを僧服によって示すゲロン・チャム。これによって、すべてのプログラムが終了

◀口絵56　ブータンのタシ・ヤンツェ県からやってきた人たちは、干し魚、みかん、ピーナツなどを売りにトラックと徒歩でやって来る

▲口絵57　ヤク・チャムの主要キャラクター。左から父親、長男、三男、次男（主人公）、従者ナロ

▲口絵58　ギャンカル村のヤク・チャム。張り子のヤクの上に女神スンマ・ゴムマリンを乗せている

モンパ――インド・ブータン国境の民＊目次

口絵
地域概念図　xxviii

序章　……3
第一節　チベットとインドの狭間に生きるモンパ　……3
第二節　研究の視座　……10
1　民族・エスニシティ・エスニック集団について　10
2　インドにおけるトライブ（部族）　15
3　北東インドやアルナーチャルおよびモンパに関する研究　18
第三節　現地での情報収集について　……23
第四節　本書の構成　……25

第一章　国境地帯に暮らすということ　……31
第一節　アルナーチャル・プラデーシュ州の概況　……31
1　三カ国と国境を接する人口密度希薄な州　31
2　自然環境と産業　32

3 多様な民族と宗教 37
第二節 アルナーチャル・プラデーシュ州の歴史……42
1 丘陵部の部族地帯から北東辺境地域(NEFT)へ 43
2 NEFAからアルナーチャル・プラデーシュ州へ 50
第三節 タワン県、西カメン県の歴史とモンパ……55
1 チベット史・ブータン史・アッサム史の中のモンユルの回廊地帯 55
2 中印国境紛争 92
3 西カメン県とタワン県の概況とモンパの隣人たち 97
第四節 モンパとは誰のことか……105
1 モンパと呼ばれる人びと 105
2 ブータンのブラック・マウンテンのモンパ 109
3 チベット自治区のメンバ(門巴族)とブータンからのペマコ移住 111
4 アルナーチャル・プラデーシュの指定トライブとしてのモンパ、メンバ 117
5 まとめ 127
第五節 仏教以外の信仰……128

第六節　モンパの生業……133
●コラム①　タントン・ギェルポの架橋伝説とタワン　76
●コラム②　重かったチベットへの税　85
●コラム③　遠距離交易とナイツァン　136

第二章　民族表象としての衣服……161
はじめに……161
第一節　エスニック・シンボルとしての衣服……164
1　観光・博物館・写真集の中の衣服　164
2　初期の訪問者の記録に見えるモンパの衣服　167
第二節　モンパ女性の民族衣装……170
1　貫頭衣シンカ　170
2　上着トトゥンとその模様・東南アジアとの関係　172
3　地元では生産されない材料のエリ・シルクとラック染料　174
4　帽子　177
5　靴　178

6　肩掛け（レンバ）　179
7　例外的な衣装（ゼミタンとマゴウの例）　180
8　婚資・持参財としての衣服と装身具　183
第三節　新しく取り入れた民族衣装……184
1　東ブータンの人が織った布の衣服　184
2　アッサムで織られた布　188
3　変化の時期　192
第四節　一枚布から貫頭衣という共通衣服へ……194
第五節　腰当て布が表象するもの……199
第六節　民族衣装の行方……204
1　高級化と民族衣装離れ、そして再び強化　204
2　国境をまたぐ民族衣装と現在　206
まとめ……209
●コラム④　モンパの衣装を運ぶアッサム商人　190

第三章　伝統文化と現代——タワン県を中心に——……223
はじめに……223
第一節　チベット仏教文化の定着
——タワン僧院のトルギャ祭とドンギュル祭——……225
1　タワン僧院の概要　225
2　トルギャ祭とドンギュル祭　229
3　考察　254
第二節　国境をまたぐ民俗儀礼の現在——ヤク・チャムの事例から——……257
1　はじめに　257
2　ヤクの重要性　258
3　ヤク・チャムの土台となる由来譚　259
4　共通点と相違点　272
5　神話と日常との連続性　275
6　演じられるヤク・チャム——ギャンカル村の事例から——　277
7　ヤク・チャムの変化　281
8　考察　286

第三節　伝統工芸の行方――モクトウの紙漉きの事例から――……288
1　はじめに　288
2　紙の用途　291
3　ヒマラヤ南麓の紙漉き　294
4　作業場・原料・工程　296
5　技術援助による影響――ブータンの場合――　302
6　近代化と伝統的なパートナーシップ　303
7　伝統の敵は工場製の紙だけか？　306
8　森林保護と持続への課題　308
9　考察　309
10　ランゲテンのその後　309
まとめ……310
第四章　言語とアイデンティティ
――ボーティ語教育とモン自治地域要求運動を事例として――……325
はじめに……325

第一節　北東インドとラダックにおける言語と自治地域要求運動の背景……329
第二節　ボーティ文字・ボーティ語教育と第八附則要求……338
1　運動の始まりと中心人物　338
2　モンパ・セミナー　340
3　ボーティ語教育の現状　359
4　運動の行方　363
第三節　文字の創造……364
1　タニ・リピの創造　364
2　広がる言語・文字・食べられた文字　370
第四節　自治地域要求の目的と運動の経過……375
1　自治地域要求の目的　375
2　運動の経過　376
3　アルナーチャリーかトライブか——州主席大臣の死と州の混乱——　378
4　自治地域要求再開と新たな要求　381
第五節　大規模デモとさまざまな反応……385

まとめ……394
追記：T・G・リンポチェの突然の死、総選挙後の州の混乱とその後……399
1　T・G・リンポチェの死と州の政治混乱　399
2　中央政府の対応　401
●コラム⑤　ヒンディー語がアルナーチャルの母語に？　372

第五章　シャングリ・ラへの挑戦

――国境地帯のツーリズムの現状と課題――……427
はじめに……427
第一節　観光人類学の視座……429
第二節　インドの辺境開発――ルック・イーストからアクト・イーストへ――……434
第三節　観光の現状……436
1　あてにならない統計数字　436
2　ツーリズムの諸問題　440
3　民族観光の台頭と野外音楽祭　453

4　官製イベント祭の実態　457
第四節　聖地とツーリズム……465
1　シャングリ・ラという聖地　465
2　タワン――仏教の聖地とツーリズム――　466
3　メチュカ（メンチュカ）――シク教徒と共有する仏教聖地――　477
4　新たに作られたトルギャ祭　483
第五節　政治とツーリズム……484
1　伝統的コミュニティ・アイデンティティの再稼働　484
2　流血のシャングリ・ラ――水力発電と汚職への反対運動――　485
3「先住民」の権利か「難民」の人権か　490
まとめ……498
終章……513
参考文献……522
図表一覧……573

あとがき……574
索引……1

広域図

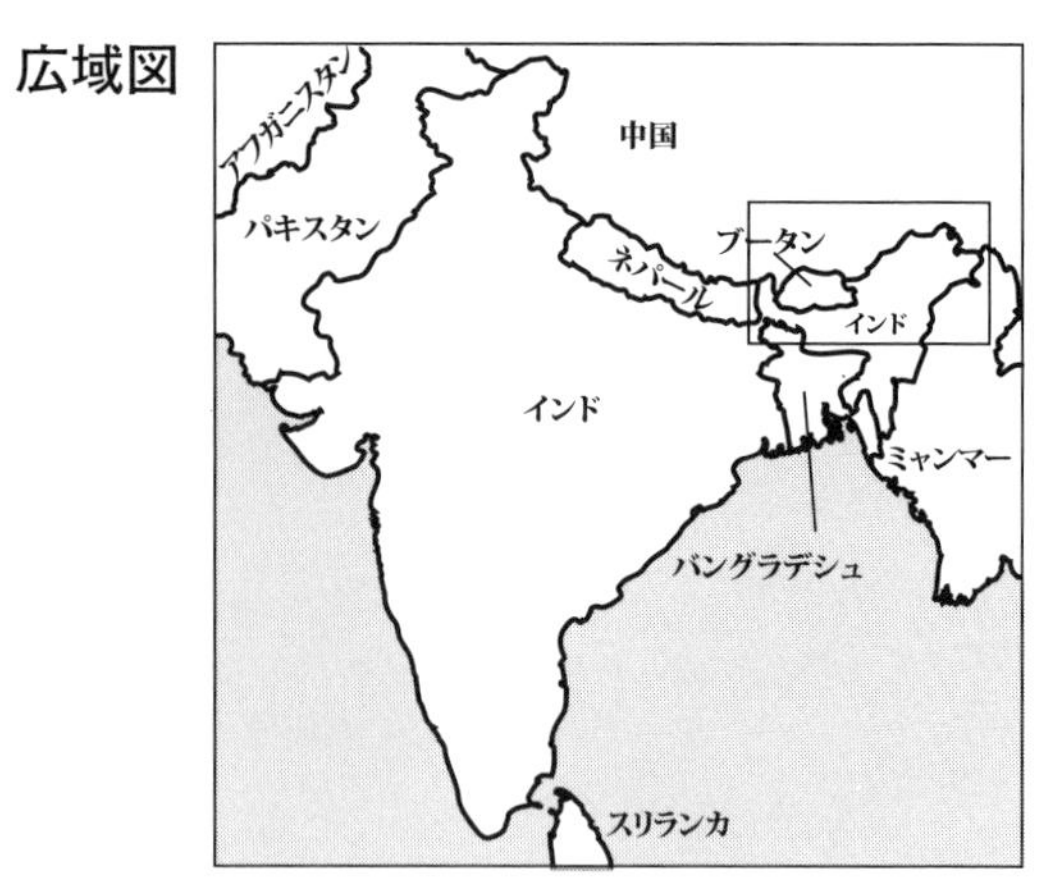

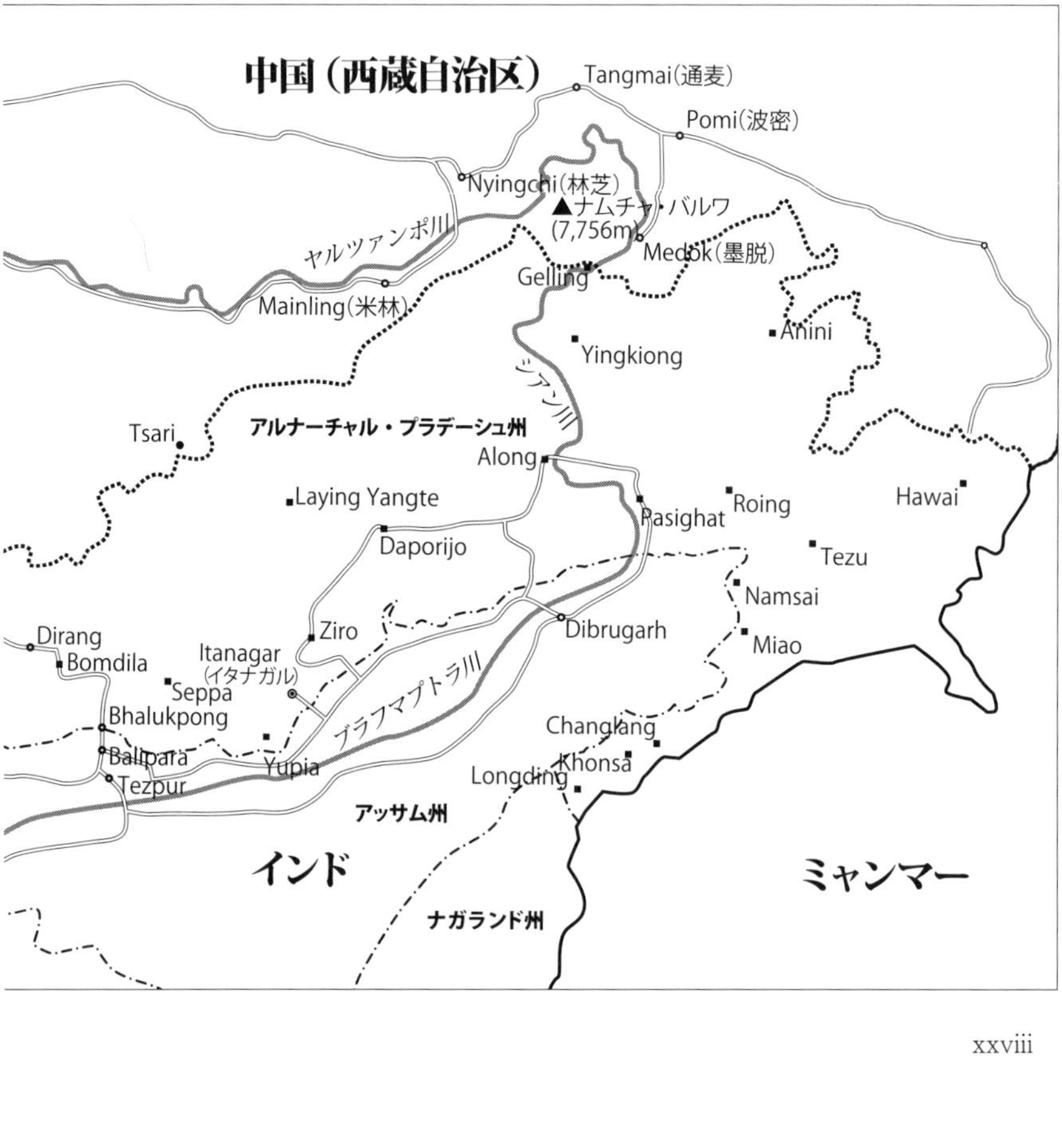

アフガニスタン
中国
パキスタン
ブータン
ネパール
インド
インド
ミャンマー
バングラデシュ
スリランカ

中国（西蔵自治区）
Tangmai(通麦)
Pomi(波密)
Nyingchi(林芝)
▲ナムチャ・バルワ
(7,756m)
ヤルツァンポ川
Medok(墨脱)
Gelling
Mainling(米林)
Anini
Yingkiong
シアン川
Tsari
アルナーチャル・プラデーシュ州
Along
Laying Yangte
Pasighat
Roing
Hawai
Daporijo
Tezu
Namsai
Ziro
Dibrugarh
Dirang
Miao
Bomdila
Itanagar
(イタナガル)
Seppa
Bhalukpong
ブラフマプトラ川
Changlang
Balipara
Yupia
Khonsa
Tezpur
Longding
アッサム州
インド
ミャンマー
ナガランド州

■地域概念図

アルナーチャル・プラデーシュ州

中国との国境線は、インドで作成された地図をもとに点線で示した

凡例

1　註は各章の終わりに列記した。
2　インドの地名、歴史上の人名の表記は、原則として『新版　南アジアを知る事典』（辛島昇他監修、平凡社、二〇一二年）に従った。
3　アルナーチャル・プラデーシュ州の現在の地名は、二〇一一年のインド国勢調査の英語表記に従った。
4　チベット語の表記については、拡張ワイリー方式に基づいたローマ字表記を用い、〈　〉内に記した。モンパの諸語には文字がないが、チベット語と意味と発音が同じと分かるものは、一部チベット語で表記した。それ以外のトライブ諸語の表記は、アルファベットのイタリック体で表記した。
5　本文及び註記中、例えば［Elwin 1957（1959）］とあった場合は、この本の初版の刊行年は一九五七年であるが、筆者が参照したのは一九五九年刊行の版であることを示している。
6　中国語の地名・人名・民族名・寺院名・書籍名その他については、本文中では簡体字は用いず、参考文献のみ書籍に記された通りの簡体字を含めた表記とした。
7　文中または写真説明に記載のない写真は、すべて筆者が撮影したものである。

モンパ——インド・ブータン国境の民

序章

第一節　チベットとインドの狭間に生きるモンパ

二〇一七年四月七日、ダライ・ラマ法王一四世がタワンを訪れた。タワンは、インド北東部のアルナーチャル・プラデーシュ州（アルナーチャルと略すこともある）の西部、タワン県の中心地で、北はチベット、西はブータンと接する国境地帯に位置する、標高二八〇〇メートルから三〇〇〇メートルの町である。

筆者が調査のたびに寄宿している家は、タワンの町の中心にあるオールド・マーケットに面しているが、四月七日の数日前から五色の祈禱旗や六色仏旗が街中に張り巡らされ、歓迎ムードにあふれていた【口絵1】。当日は早朝から商店街の人びとが道を掃き清め、道路には白いペンキで吉祥を表す線画が描かれ、準備に余念がない。到着は、午後三時過ぎのはずなのに、沿道は昼前から民族衣装を身に着けた人びとでびっしりと埋めつくされていた。午後一時ごろには、立錐の余地もないほどに人びとが集まり、手にカタ（儀礼用スカーフ）や線香を持ち、法王の到着を今か今かと待ちわびていた。中には、合掌しながら待つ人の姿も見える。予定の時刻になると先導の車に続いて、法王の車がマーケットをゆっくりと通り過ぎた。法王も助手席から、熱狂する群衆ににこやかに手を振って歓迎に応えていた。

翌日から三日間、法王による説法と信者への灌頂があり、早朝から集まった五万人近い人びとで、特設会場は熱気に包まれていた（【写真0-1】）。法王に向かって、人混みの狭いスペースの中で五体投地をする人の姿もある。最も多いのは地元のモンパ（Monpa）[1]だが、かなりの割合で、ブータンからやってきた人びとや内外からのチベット人が混じっていることが、その民族衣装から推察される。後日、集まったブータン人の数はおよそ二〇〇〇人と発表された。ブータンでは一般的なゴやキラといった服装の人びともいるが、モンパとよく似た民族衣装を着た人びとのほうが圧倒的に多い。ブータン東部タシガン県のインドとの国境山岳地帯にあるサクテン（Sakteng）やメラ（Merak）、あるいはその麓の町や村からの人びとである。彼らはその生業から、牧畜民を意味するブロクパ（Brokpa）、あるいは居住地名からサクテンパ、メラクパと呼ばれている。モンパと民族衣装が共通していることから同一視されがちであるが、言語も来歴も異なる人たちである。インド、ブータン国境の東西に住む人びとは、古い時代から交易や通婚などを通じて親密な関係を築いてきた。

【写真0-1】タワンの法要会場（2017年4月）。前方（手前）の外国人席を占めているのは東ブータン各地から来た人びと

この三日間の法要に際して、主催者側から、ヒンディー語・タワンのモンパ語・英語の三つの言語の同時通訳が聞けるイヤホン付き小型ラジオが販売された。ダライ・ラマ法王の説法はチベット語であるが、モンパの大多数はチベット語を解さない。チベット語の読み書きができるのは、僧侶や大学などで特別に教育を受けた人びとなど、ごく一部である。

会場で周囲の人びとに何語の通訳を聞いているのかを尋ねると、英語訳と答える人もいるが、ヒンディー語訳を聞いているという人の数がはるかに多かった。タワンのモンパ語の訳はチベット語が混じっていて分かりにくいというのがその理由である。

ダライ・ラマ法王が、一九五九年三月一七日、ラサのノルブリンカ宮殿を脱出してインドに亡命した際に、マクマホン・ラインを越えて最初に踏んだインドの地が、現在のタワン県北西部のゼミタン・サークルにある村であった。数日後にタワンの町に到着し、タワン僧院の僧たちに出迎えられた。タワン僧院（【口絵4】）は、一六八一年、ダライ・ラマ五世の時代に建立されたチベット仏教ゲルク派の寺で、正式名称をガンデン・ナムギェル・ラツェ〈dga' ldan rnam rgyal lha rtse〉という。さらに、タワンはダライ・ラマ六世の生誕地でもある。こうした背景もあって、法話の中でも、タワンに特別な感情があることが法王自らの言葉で語られた。

しかし、マクマホン・ラインを国境として認めていない中国政府は、アルナーチャルのほぼ全域に当たる部分を中国領だと主張し、南チベット（南蔵）と呼び、中国発行の地図はすべてこの地域を自国領に含めている。一九六二年の中印国境紛争では、タワン県と西カメン県が戦闘の舞台となった。かつてはチベットとの文化・経済交流が盛んな地域であったが、一九五九年以後、国境は閉ざされ、相互の往来は途絶えたままである。アルナーチャルはインドが実効支配し、比較的紛争も少なく、北東諸州の中では平和な州といわれてきた。しかし、国境を挟んで両国の軍隊が対峙する係争地であることに変わりはない。

法王は、一九八三年から二〇一七年の間にアルナーチャルを七回訪問しているが、そのうちタワン訪問は今回で五回目である。[2] 訪問には、宗教的な目的以外に、アルナーチャルに三カ所あるチベット難民のキャンプ地を訪問するという目的もある。[3] 今回のタワン訪問の途中でも、西カメン県のテンジンガオンの難民キャンプに立ち寄っている。中国政府は、法王の訪問のたびに非難声明を出し続けているが、その非難に対し法王は、アルナーチャルがインドの一部であることを強調してきた。今回の法王のタワン訪問中には、州主席大臣のペマ・カンドゥ（Pema Khandu 一九七九―）が、「インドはチベットと国境を接しているのであって、中国とではない」と発言し、中央政府からたしなめられるという一幕もあった。(4) ペマ・カンドゥは、タワン選出の、モンパ出身の政治家で、モンパはアルナーチャルの指定トライブ（Scheduled Tribe）である。

指定トライブとは、独立後のインド憲法三四二条に基づき、教育・雇用・議席などの優遇政策を受ける行政的な範疇で、アルナーチャルの人口の約六九パーセントを占めており、大きく分けても二三、下位集団を含めると一〇〇以上とされるトライブ集団がある。

モンパという名称は、本来は特定の集団を示す呼称ではなかった。モンパとは、かつてはチベット中央部から見てヒマラヤ南麓一帯のチベット語でモン〈mon〉の地、あるいはモンユル〈mon yul〉に住む人びとの総称で、その語源は、中国語で南方の異民族を意味する「蠻」（mán）に由来し、「南あるいは西の山岳地帯に住むインド人でもチベット人でもない蛮族」を意味していたともいう［Aris 1980a: xvi］。エドマンド・リーチ（Edmund Leach）が、ビルマ高地に住むカチンについて、「ビルマ人にとってのカチン範疇はもともと（ビルマ）北東辺境部の蛮族（barbarians）を大まかに指す漠然たるものだった」［Leach 1954: 41］と述べている状況に酷似している。

この漠然とした、いわゆる総称であるモンパに含まれていたと想定される人びとは、主としてインド・中国（西蔵自治区）・ブータンの三カ国に見られる。アルナーチャルではモンパの他に、州北東部のやはり中国国境付近に住むメンバ（Memba）が指定トライブとなっている。この名称は、チベット語を漢語化またはローマ字化したときの発音の違いがあるだけで、語の意味はモンパと同じである。しかし、モンパもメンバも互いを異なる集団だと認識している。西蔵（チベット）自治区の門巴族（メンバ族 Ménbāzú）は、中国の五五の少数民族の一つとして一九六四年に国家の認定を受けており、その居住地は、中国政府によって「不法なマクマホン・ラインにより中国とインドとに分断されている」［于　一九九五：三五七］と主張されている。つまり、モンパとメンバは、「門巴族のインドに住む同胞」という扱いである。ブータンも、かつてはチベット人からはモンと呼称されていた。現在は、中央部のブラック・マウンテンと呼ばれる地域に住む少数言語を話す人びとが、モンパ（Monpa）あるいはブラック・マウンテン・モンパと呼ばれている。離れた地域に暮らす人びとがメンバ、モンパなどと総称され、現在はその名が集団の名称となっている。インドでは「指定トライブ」、中国では「少数民族」であるが、ブータンには行政上「少数民族」という概念はない。

本書の主たる対象は、インドの指定トライブのモンパである。モンパが住むのは、州の西端のタワン県、西カメン県の二県であるが、チベットとの国境近くにあるタワンと、アッサム平原に連なる西カメンでは、自然環境が大きく異なっている。約六万人という少ない人口であるにもかかわらず、言語はかなり大雑把に分けても四つ、細かく分けると一一以上あり、すべてのモンパが共通して使える標準語としてのモンパ語はない。そしてモンパは書き言葉を持たない人たちでもある。異なる言語を持つモンパ間では、ヒンディー語がリンガ・フランカとなっていて、家庭内でも母語よりもヒンディー語の占める割合がしだいに高くなっている。これは、アルナーチャルのほぼすべてのトライブに共通する状況で、母語喪失に危機感を抱く人びともいる。だが、モンパ自身は、母語喪失への関心は薄く、経典を読むためにチベット語を学びたいという動きのほうが活発になりつつある。仏教が浸透しているタワンでは、ダライ・ラマ法王の法要で観察されたように、法王のチベット語による説法を理解できなかったことを「無念なこと」と捉える人びとも出てきている。これは、少なくとも一〇年前には見られなかった現象である。

彼らの「チベット仏教徒」という宗教アイデンティティは、三世紀にわたるチベットの支配により定着したものであり、多くの人びとがゲルク派を信奉し、ダライ・ラマ法王に深く帰依している。しかし、西カメン県では、仏教以前の動物供犠を伴う儀礼が現在も行われており、地域差があることは否めない。歴史をたどっていくと、チベット、ブータンの王族やブータン東部のクランとの血縁関係も見出されるが、それがすべての人びとにつながる共通の祖先であるというわけではなく、その出自や来歴には不明なことが多い。このように、モンパの内部は、言語・出自・信仰などさまざまに分化している。

筆者が注目したのは、大多数のモンパが、こうした差異を認めつつも同じ民族衣装をまとい、自らの母語の保護ではなく、チベット語教育やモン自治地域を求める運動を容認していることである。言語教育や自治要求という近代の国民国家と切り離せない運動を進めていく上では、それを支えるためのトライブ集団モンパとしての共通の帰属意識がなくては国家と対峙することは困難であると思われるが、それが、果たしてあるのかどうか、あるとしたらどのようにそれを形成したのかに筆者の関心がある。

もう一つ重要なポイントとなるのは、イギリス植民地時代にアッサムとアルナーチャルの間に引かれたインナー・ライン（インド内郭線）の存在である。例えば、今回のダライ・ラマ法王の法要については、海外からの参加者は決して多くはなかった(5)。その理由は、日程が決定したのが約一カ月前で、情報が錯綜していたことと、州外からのアルナーチャルへの立ち入りには、国内からはインナー・ライン許可書（Inner Line Permit）、国外からはインド査証の他に保護地域許可書（Protected Area Permit）という許可書の申請が必要で、この時も例外は認められなかったからである。この隔離政策は、ツーリストを遠ざけるだけでなく、外部からの経済活動にも制約を与えている。しかし、この隔離政策は州内のトライブの人たちの土地や森林に対する権利を守るという理由で支持されていたという事情もある。

州のツーリズムを含めた経済発展に大きな障害となっているのは、国境問題やこの隔離政策だけではない。アルナーチャルは異なる宗教や文化を持つ多数のトライブ集団から成る州であるが、それに加え、インド独立後に、中央政府がチベット難民やバングラデシュからのチャクマ（Chakma）、ハジョン（Hajong）などの難民を受け入れてきたことによる問題をも抱え込んでいる。経済的な後進性は若者の雇用に影響を及ぼし、若者を政治的な行動に駆り立て、さまざまな不満が弱い立場にある難民をスケープゴートとする図式を生み出している。

本節では、序文に代えて、国境地帯に住むモンパを取り巻くさまざまな状況を、ダライ・ラマ法王のタワン訪問に絡めて概略的に示した。本研究では、一つの場所に長期間滞在して民族誌を書くという方法は採っていない。それは、第三節で述べるように、長期滞在が許されない地域であることが最大の理由である。だが、何度も現地訪問を繰り返すことにより、同時代人としてモンパの人びととの年月を共有できていると自負している。

本書は、「地域の歴史と概要」「民族衣装」「伝統文化」「言語と自治要求」「ツーリズム」という異なるテーマによる独立した論文から成っているが、各章の内容は相互補完的である。モンパの集団形成や文化の様相を多様な視点で提示し、動態的な過程を考察することが本書の狙いである。

本書では、トライブという用語をインドの行政用語としてカタカナ書きで使用している。部族という日本語には、どうしても「未開」のイメージがつきまとう。それゆえ、実際にアルナーチャルで接している人びとを、部族あるいは部族民と呼ぶことには違和感がぬぐえない。本書では、「民族」という用語を使用することもあるが、「民族」を定義することは難しいため、次節では「民族」という概念についての先行研究を概観する。

第二節　研究の視座

モンパという集団について考える場合には、民族・エスニシティ・エスニック集団に関する文化人類学における先行研究やインドのトライブに関する先行研究、さらに具体的な現地における研究成果についての検討は、不可欠である。すべてを網羅することはできないので、ここでは、本研究の上で常に意識してきた先行研究を中心に概観する。

1　民族・エスニシティ・エスニック集団について

綾部恒雄は、民族集団を「一定の文化体系（＝一定の国民国家）のなかで、他の同種の集団との相互行為を重ねながら、なお自らの伝統文化とアイデンティティを共有している人びとによる集団」のことであり、エスニシティは、こうした民族集団およびその成員が表出する特性のことと定義している。さらに、エスニシティを「民族性」と訳すのは不正確で、民族性は民族に対応し、エスニシティは民族集団に対応する概念だという認識が必要だとしている［綾部　一九九三：ii］。その例として日系アメリカ人のエスニシティとは言えても、日本人のエスニシティとは言えない理由が示されなければならないと述べている。綾部は、「民族（エトノス）」という言葉は定義の難しい概念だが、一応民族を「言語、信仰、生活習慣などの個別文化を共有し、我々意識で結びついている人びとの集団」と仮に規定している［綾部　一九九三：二四］。

小田亮によれば、「日本語の「民族」という語は、もともとネーションの翻訳語であるが、それにとどまらず国民国家（ネーション・ステート）の内部の少数民族としてのエスニック集団やエスニシティを指したり、さらにエトニーまたは部族といった国民国家以前の集合体の意味にも使われる。つまり、「民族」という語は、「ネーション」と「エスニシティ」と「部族」という背景の異なる三つの概念を一緒に含む包括的な概念になっている」と説明している［小田　一九九五：一四］。そのうち、エスニシティは、一九六〇年代後半に使われ始めた最も新しい概念で、具体的には、ネーション内部にあってネーションとの間にずれや軋轢のある関係を持つ人びとの存在を示しているという［小田　一九九五：一五］。

青柳まちこは、フレドリック・バルト（Fredric Barth）の『エスニック集団の境界』を邦訳する上で、民族とエスニック集団を異なる概念として捉えたほうが、バルトの意図するものをうまく伝えられて便利だとしている。その理由は、エスニック集団は他の類似集団とともに、それを包括する上位の社会に含まれているが、民族はその上に包括的社会があることを必ずしも条件としていないからだという。こうした観点から、「民族は国家の枠組みとは別に広がっていて、国家が一民族で構成されていることもあれば、複数の民族が含まれることもある。こうした国家のような上位の社会のなかに複数の民族が共存する場合、その一つ一つはエスニック集団である」と説明している［青柳　一九九六：一二―一五］。

バルトは、エスニック単位と文化的な類似や差異との間には、単純な一対一の対応関係が想定できないことを認識しなければならないと言う。そして、集団が囲い込む文化の中身ではなく、集団を想定するエスニックの境界の重要性を主張した［Barth 1969：14-15］。そしてその境界は、エスニック間の接触や相互依存にもかかわらず存続するという。

日本における民族論的議論の主流である、主観的定義と客観的定義を同様に重視する立場は、現象の単なる記述としてはまったく正しいが、結論として述べられることには大きな問題があるとして、バルトの客観主義的立場に対する批判を分析した名和克郎の議論は、興味深い。名和は、「バルトは民族の文化的諸特性に関心を向ける必要がないと言っている訳ではないし、「客観的な」諸特性の存在自体を否定したのでは全くない。彼が行ったのは、「民族」の外面的特徴と帰属意識の間の論理関係を明らかにする作業である」と述べている［名和 一九九二：二九九―三〇〇］。

バルトの言う民族の境界について、それがなぜ存続し、強くなるのかという状況を説明するために、二つのアプローチが生まれた。一つは「原初的アプローチ」、そしてもう一つが「道具論的アプローチ」である。前者の先駆とされるクリフォード・ギアツ（Clifford Geertz）は、新興国におけるアイデンティティを巡るさまざまな運動が、血縁や宗教、言語などから生じる一体感、つまり「本源的紐帯」（原初的紐帯）が背景となっているとする［ギアーツ 一九八七：一一八］。

それに対して、「道具論的アプローチ」は、正反対の立場を採っている。例えば、エイブナー・コーエン（Abnor Cohen）は、エスニシティは種々の文化集団間の強い相互作用の結果であり、諸集団間の権力を巡る激しい闘争の結果生じるものだとする。その闘争のために民族集団は自らの力を動員し、その過程で伝統文化の果たす役割が新たに強調され、エスニシティが部族的伝統や部族的な分離主義への復帰であるかのような印象を与えるが、実際には、エスニシティは、国民国家の枠内での政治集団形成の一形態なのだと言う［Cohen 1974：96-97］。つまり、エスニシティは、原始的紐帯などではなく、国民国家の中でのさまざまな地位獲得のために戦略的に動員されるものであるということである。

この二つのアプローチが、民族を客観的属性によって規定される実体と捉える「実体派」と、主観的意識によって規定される虚構として捉える「虚構派」という二つの立場に結び付けられている［小田　一九九五：一八］。民族が虚構であるという主張は、すでにリーチがビルマのカチン山地を例に行っている。リーチは、「一つの部族（a tribe）」という文化的な実体はなく、民族誌的な状況で描かれる部族の多くが民族誌的虚構（ethnographic fiction）の産物にすぎない」［Leach 1954：290-291］と主張している。小坂井敏晶もリーチの主張を支持して「民族は虚構の物語だ」と強調する一人である［小坂井　二〇〇二］。

虚構論に対し、海外の調査地で民族集団と接している日本の人類学者たちは、さまざまな考えを提示している。(6)例えば、ビルマのカレン族を通して民族をなんらかの実体があるものと見ることに疑問を投げかけているのは田村克己も同様であるが、近代の国民国家の概念が民族の概念をも地理的・文化的・政治的に実体化あるものとしていったとする［田村　一九九四：一六九］。田中克彦は言語社会学の見地から、民族という概念がいかに学問的に虚構だとされても、民族現象そのものが否定されるものではないと主張する［田中　一九九四：三五七］。

福井勝義は、「われわれ」意識を支えている出自や母語といった生涯選びとれないと思われれているものが、実はそうではなく、虚構である可能性があり、そうだとすると民族という集団もこうした虚構の中で形成され、変容を遂げ、流動していく、ということになる。逆に言えば、民族を永続的な集団にしようとするなら、こうしていつのまにか出来上がった虚構の世界を「選びとれないもの」として後世に継承させていくことが不可欠になっていく［川田・福井　一九八八：三〇五―六］と言う。川田順造は、「虚構といった場合に、何が虚構を必要とさせるのかが問題だ」と述べている［川田・福井　一九八八：三〇六］。田村や福井、川田の主張は、実際のフィールド調査から生まれたもので、説得力がある。

一九八〇年代になって、「民族」は国家やナショナリズムと深く関わる概念であるという主張が相次いで発表された。アーネスト・ゲルナー（Ernest Gellner）は、「ナショナリズムとは、第一に政治的な単位と民族的な単位とが一致しなければならないと主張する一つの政治的原理だ」と定義している［Gellner 1983: 1］。そして「民族（nations）は、ナショナリズムの時代においてのみ定義されうるものであって、期待される他の方法では定義できない」、そして、「民族を生み出すのはナショナリズムであって、他の方法を通じてではない」［Gellner 1983: 55］とした。そしてそれが起こり得るのは、一部のエリートだけが文字の読み書きができる農耕社会ではなく、大多数の人が読み書き能力を持つ産業社会であるという。

ベネディクト・アンダーソン（Benedict Anderson）は、国民（nations）を「イメージとして心に描かれた想像の政治共同体」と定義した。「たとえ小さな国民であろうとも、その成員は、その大多数の同胞のことを知らず、会うことも聞くこともないが、それにもかかわらず、それぞれの心の中には、彼らの聖餐式が生きているからだ」と言う［Anderson 1983: 15］。彼がその著書で明らかにしたかったのは、副題にもあるように、ナショナリズムの歴史的起源を明らかにし、それがいかに形成され、拡がっていったかということである。彼は、新しい形の想像の共同体、つまり近代国民の舞台を準備したのは、資本主義と印刷技術の収斂であるとしている［Anderson 1983: 49］。

このゲルナーとアンダーソンを「近代主義者」として批判したのは、アンソニー・スミス（Anthony D. Smith）である。彼の批判の第一は、ナショナリズムは近代に付随したものであり、ネーションは近代的な性格を持っているという、二人に共通した信念に向けられている［Smith 1986: 10-11］。彼は、「ネーション」や「ナショナリズム」と呼ばれる感情や理念は、歴史上いつの時代にも見られるものだとする。だが、彼は、原初的紐帯を主張する人たちをも「原初主義者（primordialists）」として退け、近代化以前のエトニー（ethnie）あるいはエスニックな共同体という概念と、その象徴体系に注目しなければならないとする。具体的には、近代的なナショナルな感情と、それ以前の時代のエトニーが持つ集合的な文化的単位や感情の間にある、相違と類似性を明らかにするような分析が必要で、その分析には、「形態（form）」・アイデンティティ・神話・象徴・情報伝達のコードが重要性を持つという［Smith 1986：2-6］。エスニックなアイデンティティを支える、神話・記憶・象徴などが持つ内在的な意味を理解せず、その力を評価しない限り、現代世界で起きているエスニックな対立を把握することはできない、というのが彼の主張である［Smith 1986：225-226］。

民族やエスニシティについては、おおよそ以上のような大きな議論の流れがあるが、インドの場合には、事情が異なっている。次に、インドのトライブを巡る議論を概観する。

2　インドにおけるトライブ（部族）

本書が考察の対象とするモンパは、独立後のインド憲法によって指定トライブ（Scheduled Tribe：略称ＳＴ）に範疇化された人びとである。孝忠延夫によれば、インド憲法の大きな特徴は、不可触民である指定カースト（Scheduled Cast：略称ＳＣ）とＳＴに対してのアファーマティブ・アクション(7)と留保措置が明記されていることで、その内容は、一般的に五つの範疇に分けられる。①社会的な差別の是正・除去、②文化的・教育的権利の保護、③教育・経済分野における優遇措置、④公務・公職上の優遇措置、⑤国会および州議会における留保議席である［孝忠　二〇〇五：五―六］。

押川文子は、指定トライブについて、「おおむね、少数民族集団(8)を指す用語である」［押川　一九九五：三三―三四］としているが、最大級を誇るビール（Bhil）[9]のように、約一二七〇万人（二〇〇一年）の人口を抱えている場合もあり、すべてのSTに当てはまるものではない。また、STの指定が州ごとであるため、ラージャスターン州ではSTだが、グジャラートでは「その他の後進階級」に分類され「カースト」民として扱われているなど、複雑である［三尾　二〇〇八：一一〇］。インドにおけるSTの居住地は、アルナーチャルを含む北東部や北部のヒマラヤ地域と、それ以外の、特にインド中央部を中心とする二つの地域に分けることができる。北東インドのSTの特徴として押川は、①その地域において多数者であり、②ある程度まとまった政治組織を持ち、③インド憲法においても「部族地帯（Tribal Area）」、「山岳地帯（Hill Area）」として第二四四条第六附則によって他の地域とは異なる行政枠組みの中に置かれているという三点を挙げている［押川　一九八一：二六］[10]。

インドにおいて、トライブを人類学的に定義することが難しい背景として、金基淑は、次のような三点を挙げている。第一は、トライブとされる人びとの多くが、その地の先住民[11]であったというわけではないこと、第二は、他の集団と比べて地理的・社会的にとりわけ孤立しているとはいえず、彼らのみが「後進的」というわけではなく、ヒンドゥーやキリスト教文化などへの同化が著しく、一概に独自の伝統文化を維持しているともいえないこと、第三は、カーストとの違いが必ずしも明確でないことである[12]［金　二〇〇八：二二一―二二四］。

だが、定義することが難しい理由は、もともと、このトライブという範疇があいまいなことにある。藤井毅によれば、その淵源は、イギリス植民地政府がインドを統治するために案出した「公的インド社会観」までたどることができる。まずインドの人口を宗教への帰属によって分け、ヒンドゥー教はカーストに細分化されたものと見なすのに対し、イスラーム教徒はその内実の多様性にもかかわらず一体として扱い、そのどちらの宗教でもない固有の信仰体系を保持している人びとを「トライブ」として両者の周辺に配置し、さらに宗教では区分できない人たちを

「種族（race）」として分類した。つまり、トライブとは、ヒンドゥー教徒やイスラーム教徒でない人びとを一括して総称するものだったが、一九世紀においては、「生来的職業的犯罪者集団（criminal tribe）」や英領パンジャーブで用いられた「農耕トライブ（agricultural tribes）」のように、慣用表現としては「人々の集団」の意味合いでも用いられていた［藤井　一九九四：八九―九一］。STがSCと対になっているのは、ヒンドゥーの社会的下層のカーストとトライブとは同一カテゴリーに入れられ、その間に連続性がみられるからという、中根千枝の指摘もある［中根　一九八七：一四二］。

一九八五年から一九九二年の間に行われたインド人類学調査局（The Anthropological Survey of India：略称ASI）の People of India Project（インドの人民プロジェクト）の調査結果が、*People of India*（1995）と *India's Communities*（1998）の二つのシリーズにまとめられている。いずれも当時のASI総裁であったK・S・シン（K. S. Singh）が編集したものである。モンパを含むアルナーチャル・プラデーシュのほとんどのトライブに関する記述がこのシリーズに収められているが、その編集方法や内容には問題が多い。モンパの項目では、三人の著者がモンパを居住地ごとに六つに分類して記述しているが、どこでどのような調査をして書かれたのか、文献なら何のどこを参照したのかが、ほとんど記述されていない。その内容を細かく列挙するときりがないが、例えば、「タワン・モンパは、自分たちをオリジナルのモンパであるとし、他のモンパよりも優れていると見なしている」［Barua 1995：244］という記述があるが、その根拠はまったく示されていない。

K・S・シンのこのプロジェクトについては、悪名高い植民地時代のリズレイ（Herbert Risley）の同プロジェク(13)トを踏襲したものであること、政府がスポンサーとなった公的人類学であって、その分類によってカースト制度を固定化するものであり、調査の内容も行政的な考慮によって操作されているとのローラ・ジェンキンス（Laura

D. Jenkins）による徹底的な批判がある［Jenkins 2003a, 2003b］。彼女は、インドでは人類学者と行政官とが交じり合っていることが一般的で、彼らの研究が、いわゆる「犯罪的な部族」というレッテル貼りをするなど行政管理のために使われたと指摘している［Jenkins 2003a: 47, 51］。例えば、リズレイは、現アルナーチャルのトライブであるミシュミ（Mishmi）の写真の説明に、「北東の部族の中で最も危険で攻撃的」と書いている［Risley 1915: Plate II］。ジェンキンスは、「リズレイとK・S・シンによる新・旧のプロジェクトは、ただ単に公的なスタンプを持った人類学であることによって政治的な重要さを引き受けている」とし、その危険性を説いている［Jenkins 2003b: 1164］。日本でも、ナショナリスト的トライブ表象の安易さと危険性がこのプロジェクトの背景にあるという批判がある［小西　二〇〇四：八〇―八一］。

インドの国勢調査の過程で、カーストでなければトライブに分類された歴史は、イギリスのインド社会認識に則したものだとされるが［藤井　一九八八：二五―二六］、*People of India* の「ディランのモンパ」の項にも、「ディラン・モンパは、カースト・ヒンドゥーを彼らより優れていると見なし、他の近隣トライブを劣位に置いている」［Barua 1995: 228］という記述がある。こうした記述は、非トライブである調査員のトライブ観を反映したものであろう。

3　北東インドやアルナーチャルおよびモンパに関する研究

日本における北東諸州のトライブに関する初期の研究としては、栗田靖之による『国立民族学博物館研究報告別冊九号　北東インド諸民族の基礎資料』［栗田　一九八九］がある。アルナーチャルが外国人観光客に開放されたのは一九九二年のことで、この報告が書かれた当時は、現地調査は不可能であった。そのため入手可能な英文文献に頼らざるを得なかったため、内容は十分とは言えない。引用文の出所は明記されているので、資料として使う場合には、原典に当たるという作業は当然ながら必要となってくる。(14)

アルナーチャルのトライブに関する研究の中にも、州政府がスポンサーとなった半ば公的なものが多く含まれるが、モンパを中心に扱った文献を例に挙げるならば、［Dutta, D. K. 1999］［Duarah 1992］［Bagchi 1990］［Norbu 1990, 1999, 2008, 2016］［Sarkar 1980, 1981］［Wangchu 1999, 2002］などがそれに該当する。西カメン県のカラクタンのモンパについて生活全般にわたって報告している［Dutta, D. K. 1999］と［Bagchi 1990］は、内容が表面的なものにとどまっていて資料的価値は低い。前者は、モンパに関する形質人類学上のデータをまとめているが、リズレイの鼻指数によるカーストのランク付け［藤井　一九八八：二一六］［Jenkins 2003a: 1149］などを思い出させる内容である。

サルカール（Niranjan Sarkar）の研究は、タワン僧院やこの地域の仏教史に関するものであるが、出典が明確に示されていない。上記の中では、ノルブ（Tsewang Norbu）とワンチュ（Wangchu）の二人はモンパの調査官である。二〇〇八年に出版されたノルブの *The Monpas of Tawang* は、モンパ自身によってまとめられたタワン・モンパに関する著作である。食事、飲み物、伝統的なタワンの地域区分など、今まで得られなかった情報も多いが、内容はタワン全般にわたる紹介となっている。同じくノルブが二〇一六年に出版した *Tawang Monastery* は、タワン僧院に関するまとまった報告となっている。残念なのは、地図や写真が一切ないため分かりにくいことであろう。これは州政府が発行する書籍のほとんどに共通することで、これらの公的な研究に共通しているのは、国境に絡む、例えばチベットとの関係などへの言及が控えられていることと、地域が内包するさまざまな問題にまったく触れることができないことであろう。モンパ自身が書いた著作としては、他にタシ・ラマによる *The Monpas of*

Tawang: A Profile（1999）がある。著者はタワン生まれで、ボンベイ大学で修士号を取り、故郷の村で教師となった後に州政府の調査員となり、一九九二年に自著の出版を待たずに四八歳で亡くなっている。貴重な記録ではあるが、タワンのモンパ全般について概論的に書くのではなく、彼の村での生活誌をまとめたほうが学術的な価値のある記録になったであろう。しかし、政府の調査員という立場では難しかったと推察できる。アルナーチャルの北東部に住むメンバ（Memba）については、アルナーチャル州政府の調査員による［Dutta, D. K. 2006］などがあるが、間違いが多く、資料としては使えない。

こうしたさまざまな報告の中で先行研究として欠かせないのが、ヴェリア・エルウィン（Verrier Elwin）の一連の研究［Elwin 1957, 1958, 1959a, 1959b, 1964, 1965, 1970］であろう。彼は一九二七年にイギリスからキリスト教宣教師として来印したが、その後トライブ出身の女性と結婚し、イギリス国籍を放棄してインド国籍を得た。インド独立後の一九五三年に、現在のアルナーチャル・プラデーシュ州の前身であった「北東辺境管区」（North East Frontier Agency：略称ＮＥＦＡ）の人類学顧問となり、一九五六年にはタワンを訪れている。エルウィンが写真とともに記録したものの中には今では見られないものも多く、貴重である。その仕事と功績については、日本では小西正捷が深い洞察をもってまとめている［小西　一九八六b：二〇八―二三〇］。

インドでは、歴史研究者のラーマチャンドラ・グハ（Ramachandra Guha）が、その人生とＮＥＦＡやインド中部のトライブに対する熱い思い、ガーンディー［Mohandas Karamchand Gandhi］やジャワーハルラール・ネルー（Jawaharlal Nehru）との交流について、一冊の本にまとめた大作がある［Guha 1999］。グハは別の自著の中で、現代インドを作った一九人の中にエルウィンを加えるほど高い評価をしている［Guha 2010：469-484］。ガーンディーによる国民運動の中で、女性・イスラーム教徒・不可触民の問題には注意が払われたが、人口の八パーセントあまりを占めるトライブの問題は見落とされていた。それに対しエルウィンは、インド中央部や北東部という政治的にも問題の多い地域に住むトライブを対象とし、その文化や権利保護という課題に真摯に向き合っていたことが、その評価の理由となっている。

オーストリア生まれの人類学者であるフューラー＝ハイメンドルフ（Fürer-Haimendorf）（以後、F・ハイメンドルフと略す）も、この地域に関する重要な先行研究を残している。ナガ丘陵（現在のナガランド）やアルナーチャルでの調査を可能にしたのは、第二次世界大戦中の日本軍のインド侵攻であった。それまでインド政府からまったく重要視されていなかったこの地域の情報収集のために、行政官としてアルナーチャルに赴いたのである。その期間は一九四四年三月から一九四五年五月で、主にアパタニやニシ、ヒル・ミリなどの居住地であった。モンパについては、一九八〇年に短期間で訪れた時の記録［Fürer-Haimendorf 1982］があり、西カメン県のリシュ村の当時の様子が分かる。彼は、ネパールの奥地での調査［Fürer-Haimendorf 1964, 1975］も行っていたが、シェルパなどネパールの山岳民のチベットとの交易は、モンパのそれと共通する点も多く興味深い。

チベットの門巴族に関しては、［中国社会科学院民族研究所　一九七八］［張　一九九七］［于　一九九五］や、最近のものとしては、［西蔵社会歴史調査資料叢刊編集組　二〇〇九］などが報告されている。だが、門巴族とされる人びとのインド国境付近の居住地へは外国人が立ち入れないため、その実態を確認することは難しい。

実際には、モンパの住む地域の歴史や言語については、インドの研究者よりもブータンやチベットを研究している欧米の研究者による成果のほうが大きい。なかでもマイケル・アリス（Michael Aris）の一連の著作は、チベット語からの一次資料を多く取り入れており、実際に現地を訪れて書かれていることもあって、この地域の歴史を研究する者にとっては欠かせない貴重な資料を提供している。(15) フランソワ・ポマレ（Françoise Pommaret）も、ブータンからの視点で服飾・交易などモンパについて興味ある研究を発表している[16]。ベルリンのフンボルト大学のトニ・フーバー（Toni Huber）などがアルナーチャルを含む東ヒマラヤ地域で行った共同研究の成果［Huber & Blackburn 2012］の中には、メンバの起源・移住・アイデンティティに関するグロットマン（Kerstin Grothmann）の興味ある研究［Grothmann 2012a］なども含まれている。筆者がフィールド調査を始める前に読みたかったと思わせる論文が多く掲載されている。

言語に関しては、ベルン大学のヴァン・ドゥリーム（George van Driem）が責任者となって行ったヒマラヤの言語に関する調査報告［van Driem 2001］がある。個々の言語だけでなく、周辺地域の言語との関係も当時の調査や資料の範囲ではあるが、膨大な資料を参照し、詳しく報告されている。モンパの言語に関しては、ヴァン・ドゥリームの弟子である言語学者ボット（Timotheus A. Bodt）が、西カメン県で調査を続けている。東ブータンやモンパの居住地域に特化した［Bodt 2012, 2014a, 2014b］などの報告があり、筆者も個人的にもさまざまな教示を受け、大いに助けられている。

日本からは、二〇〇五年から総合地球環境学研究所の研究チームが、西カメン県のディランなどで調査を行ったが、内容は、主として医学・生態・農業・牧畜などをテーマとしたものである。調査報告は、［奥宮　二〇一一］や［奥宮・稲村　二〇一三］などに一部収められている。また団員の一人であった水野一晴が、途中から独自に行った調査によって、モンパに関する単著を出版している［水野　二〇一二］。同書に収められた、西カメン県のテンバンで二〇一一年二月に行われたラスシというボン教（ポン教）由来とされる儀礼に関する報告は、興味深い[17]。六年に一度の儀礼で、筆者はまだ見る機会がない。

他にも、ここには挙げなかった多くの先行研究があるが、今までのところ、この地域に特化した本格的な民族誌や人類学的視点からの研究報告の例は見当たらない。

第三節　現地での情報収集について

本書は、主としてインドとブータンにおける合わせて二一カ月半の現地滞在と、文献・地元紙などから得た情報などを基に書かれている。

筆者は一九九五年に初めてアルナーチャルを訪問したが、当時は決められた観光コースのみで、滞在は最大八日間、最低四人でグループを組むことという規定があり、費用も高額であった。[18] 二回目は一九九九年で、この前年にタワンが外国人に開放されたので、初めてのタワン訪問である。本格的にアルナーチャル通いを始めたのは二〇〇三年一〇月からで、その期間は二〇一七年八月までの一四年間で以下の計一八回、延べ一六カ月である。

①二〇〇三年一〇月、②二〇〇四年三月、③二〇〇四年一一月から一二月、④二〇〇五年八月、⑤二〇〇九年三月から四月、⑥二〇一〇年七月から九月、⑦二〇一〇年一二月から翌年一月、⑧二〇一一年七月から九月、⑨二〇一一年一一月から翌年一月、⑩二〇一二年七月から八月、⑪二〇一二年一〇月から一一月、⑫二〇一二年一二月から翌年一月、⑬二〇一三年一〇月から一一月、⑭二〇一四年一二月、⑮二〇一五年一一月、⑯二〇一七年一月、⑰二〇一七年四月、⑱二〇一七年八月

このように何回も通わなければならなかった理由は、アルナーチャル内での滞在期間に制限があったからである。アルナーチャルへの入域にはインド査証以外に特別許可が必要で、二〇〇五年当時は、四人以上で一人五〇米ドルの入域許可料を払うと一〇日間の滞在が許された。一人で滞在する場合は四人分の支払いが必要であった。つまり、

一人で二〇〇米ドルを一〇日ごとに払わなければならなかった。その後、二〇〇八年ごろには最低人数は二人、滞在期間も一カ月になり、一人であれば二人分の許可料を払い、一カ月を超える場合には、再度入域申請をして許可料を支払うことによって滞在延長が可能になったが、それはあくまで例外で、場合によっては許可されないこともある。これらの費用は、あくまでも許可料だけで、滞在に必要な交通費や宿泊費などすべての費用は別途必要となる。

滞在拠点は、二〇〇五年までは西カメン県のディランとルブランで、ディランではホテル、ルブランでは民家に宿泊した。二〇〇九年からは、しだいにタワンに研究の拠点を置くようになり、ほとんど、タワンのオールド・マーケットにあるモンパの家庭に宿泊し、ホテルのない地方では、つてを頼って民家に泊めてもらうようになった。メンバの居住地である上シアン県と西シアン県に滞在したのは、六回目と七回目の滞在の時である。

ブータンは一九七四年から外国人ツーリストを受け入れていたので、筆者も一九七六年から訪問を続けてきた。しかし、東部のインドとの国境地帯にあるサクテンとメラは、二〇一〇年九月に正式に解禁されるまで、外国人の入域は禁じられていた。幸い、筆者は特別に入域を許可され、左記の通り解禁前に三回、解禁後に四回訪問することができ、一〇年間の変化を見ることができた。

①二〇〇六年三月、②二〇〇七年七月から八月、③二〇〇八年八月から九月、④二〇一二年七月、⑤二〇一四年一一月、⑥二〇一五年一一月、⑦二〇一六年五月から六月

この七回の滞在期間は延べ五カ月半である。ホテルがないため、村では政府の役人用のゲストハウスや民家、徒歩旅行中は、テントや牧畜民の放牧小屋などに宿泊した。

本書はインド側を主としているため、ブータンでの研究結果のすべてを反映してはいない。今後、改めて発表し

なければなければならないと考えている。(19)

第四節　本書の構成

本書は、この序章を含む全七章で構成される。

第一章は、本書の舞台となった地域の概要であるが、インドの中でもあまり知られていない地域であるため、人と風土、歴史については、アルナーチャル・プラデーシュ州全体についても概観し、ブータンやチベットとの関係が深い西カメン県とタワン県については、特に分けて記述する。また、一九六二年の中印国境紛争はモンパにとって重要な歴史的事件であるため、独立した項とする。これまでさまざまな言語を話す人びとが、明確な文脈なしに、モン、モンパなどとあいまいなまま呼ばれてきた。「第四節　モンパとは誰のことか」では、先行研究を踏まえてその整理を試みる。

第二章では、民族表象の一つとして、現在モンパ女性が着ている民族衣装について考察する。その素材が、現地では生産できないものであることに着目し、いつごろどこからもたらされ、どのようにしてモンパの民族衣装となったかという経緯と、その意味を検討する。そして他の集団とどのように差異化を図ったのか、それに絡むローカル・ポリティクスを示す。

第三章では、国境紛争後にチベットとの国境が閉ざされた後、インドの行政下に入ったタワンの伝統文化について述べる。その例として、この地域最大の仏教寺院タワン僧院で催されるトルギャ祭とドンギュル祭を取り上げ、仏教がどのように定着していったかを示す。また、土着の民俗儀礼の一つとしてヤク・チャムという仮面舞踊に焦点を当てる。ヤクは牧畜民にとっては重要な動物であるが、そのヤクがどのようにこの世へ出現したかという神話的な口承伝説を、仮面舞踊によって伝えるものである。

もう一つ取り上げるのは、モクトウ村で古くから行われてきた紙漉きである。機械などを一切使わない原始的ともいえる手漉き法で、地元で採れる材料のみを使って行うものである。この三つの伝統文化については、これまでまとまった報告がほとんどないため、資料として残すため、できるだけその様子を詳述した上で考察を加える。

第四章は、モンパの中でもリーダー的な存在である仏教の高僧や政治家、知識人などのモンパ・エリートが中心になって進めているボーティ語（チベット語）教育やその憲法第八附則の指定言語化、そして西カメン県、タワン県を自治地域として認めるようインド政府に要求している運動について述べる。この二つの要求運動は、モンパとして指定トライブとなっている人びとの内部だけでなく、県内および州内の他のトライブ集団との間に軋轢を生じさせる可能性を秘めている。そのことを示し、この運動を通して、インド国民となってから六〇年あまり経ったモンパの集団形成について考察する。

第五章は、アルナーチャルが進めている観光開発の現状に関する報告と分析である。アルナーチャルへの外国人の立ち入りは一九九二年に許可になったが、未画定な中国との国境があるため、特別許可の取得が義務付けられている。これらの規制は徐々に緩和傾向にあるが、それが緩和あるいは撤廃されても、州は難民問題など州政府だけでは解決できない多くの問題を抱えている。州政府は平和な仏教の聖地を想像させる「シャングリ・ラ」を州のイメージとして「観光の創出」を図ろうとしているが、その現状と課題は、第四章の考察とも関連している。

終章の結論では、本書の各章が独立したテーマを扱っているため、章の流れに沿って内容を総括し、今後を展望する。

註

（1）後述するようにインドの指定トライブの一つで、「モンパ族」という表記も可能だが、モンパのパに「（モンの）人、あるいは「（モンの）住民」という意味があるので、本書の中ではモンパと表記する。インドの他のトライブ集団に関しても、「〜族」とはせず、集団名のみで表記する。

（2）一回目は一九八三年三月から五月、二回目は一九九六年一二月、三回目は一九九七年一〇月、四回目は二〇〇三年四月から五月、五回目は二〇〇三年一二月、六回目はインドへの亡命から五〇年目に当たる二〇〇九年の一一月であった。このうち、二回目、五回目以外は毎回タワンを訪問している。

（3）チャンラン（Changlang）県のミャオ（Miao）、ロヒット（Lohit）県のテズー（Tezu）、西カメン（West Kameng）県のテンジンガオン（Tenzingaon）の三カ所である。

（4）二〇一七年四月三〇日付 The Arunachal Times より。

（5）主催者側の資料では、外国人の数は二四八五人で、そのうち約二〇〇〇人がブータン人だという。残りの約五〇〇人の内訳は分からないが、外国籍を取得したチベット人も含まれていると思われる。会場を見る限り、外国人用席に座っている人びとのほとんどはブータン人で、欧米人とみられる人の数は数えるほどであった。ダライ・ラマ法王日本代表部事務所のウェブサイトによれば、二〇一二年のインドのブッダガヤ、二〇一四年七月のラダックにおける法王によるカーラチャクラ灌頂の参加者は二〇万人で、後者には七三カ国から参加しているという。

（6）民族を巡るそれぞれの主張に関しては、［川田・福井　一九八八］を参照のこと。

（7）積極的差別解消策と訳されるが、保護的差別（Protective Discrimination）とも呼ばれる［押川　一九八一：二六］。

（8）中根千枝は、中国の少数民族に当たるのがインドのトライブ（トライバルズ）だが、その用語が異なるように内容は必ずしも同じではないとし、その比較を試みている［中根　一九八七：一二九―一四五］。中国の場合には、かつては独立した国を持ち、漢族に敵対するほどの力を持ち、東アジア史において重要な役割を担ったものもあるが、インドのトライブの場合には、そのような勢力は持たず、文字もなく、いわゆる未開民族の範疇に入る諸集団だったとしている。

（9）ビールに関しては、［三尾　二〇〇八：一一〇］［小西　二〇一〇：七五］を参照した。

（10）アルナーチャルの場合には、第六附則から除外されているが、この点については第四章で述べる。

（11）インドでは、先住民を含む少数民族はアーディヴァーシー（adivasi　原住民の意）と呼ばれる［金　二〇〇八：二二］。しかしアルナーチャルの人びとがこの呼称を使う対象は、アッサムの茶園労働者などである。

（12）これらは、主として押川が挙げた二つの地域の後者に該当する事項であるが、キリスト教への改宗が一部に進んでいる点は前者にも当てはまる。

（13）People of India Project と呼ばれた。

（14）同資料に関しては、「当時のインドにおける重要な先行研究の確認がなされていない」、「トライブ概念についてインドや日本ですでに行われていた議論に言及していない」、「記述内容や表現、ヒンディー語の固有名詞の発音が適切でない」などの問題点が、福永によって指摘された［福永　一九九一］。この批判に対して栗田は、福永が「必携書」とする文献は、当時必ずしも容易に入手できたわけではないが、それでも文献リサーチが十分でなかったことを認めている［栗田　一九九一：二二四］。筆者が研究を始めた同時は資料も少なく、同資料の存在はありがたかった。

（15）マイケル・アリスは、一九七八年から七九年にかけて、後にミャンマーの民主化指導者、ノーベル平和賞受賞者となる妻のアウンサンスーチー（Aung Sang Suu Kyi）と共に、タワンを訪れ、タワン僧院に残されたチベット語の資料などを参照している［Aris 1980b: 9–10］。それらの資料を使い、モンユルの歴史に光を当てた。

（16）アリスとポマレの著作に関しては、英文の参考文献一覧を参照されたい。

（17）小林尚礼の同儀礼（ラーソイシーと記している）やこの地方の自然崇拝についての報告も興味深い［小林　二〇一三］。

（18）当時は、許可料は不要であったが、一人一日二〇〇米ドルを支払わなくてはならなかった。ただし、車代・ホテル代・食事代・ガイド代などすべての旅行費用が含まれていた。それでもホテルや食事などは劣悪で、この高額費用に見合うサービス内容ではなかった。

(19) サクテンとメラのツーリズムについては[脇田 二〇一〇]、インド・ブータン国境の聖地に関しては[脇田 二〇一七]を参照のこと。

第一章　国境地帯に暮らすということ

第一節　アルナーチャル・プラデーシュ州の概況

1　三カ国と国境を接する人口密度希薄な州

アルナーチャルは、インドの北東端の北緯二六度二八分から二九度三一分、東経九一度三一分から九七度三〇分に位置し、東はミャンマー、西はブータン、北は中華人民共和国（西蔵(チベット)自治区）と接している。アルナーチャルとこの三国との国境の全長は、一六二八キロに及ぶ。このうち中国との国境、いわゆるマクマホン・ラインは中国が承認していないため未確定で、中国の地図では、州の大部分は中国領となっている。しかし、インドが実効支配し、人びとはインド国民として暮らしている。

従ってアルナーチャルと中国との国境はすべて閉ざされ、両国の軍隊が対峙した状態が半世紀以上続いている。ミャンマーとの国境を通過するにはパンスー峠（Pangsu Pass）を越えるルートがあるが、地元の人びととの往来が許されているだけで、ツーリストにはまだ開放されていない。ブータンとの国境も同様で、地元の人であれば西カメ

【表1－1】北東7州の概況

州　名	面積(km²)	総人口(人)	人口密度(人／km²)	指定トライブ(ST)人口(人)	STの割合(%)	STの識字率(%)
アッサム　Assam	78,438	31,205,576	398	3,884,371	12.5	72
アルナーチャル・プラデーシュ Arunachal Pradesh	83,743	1,383,727	17	951,821	68.8	65
マニプル　Manipur	22,327	2,855,794	128	1,167,422	40.9	73
メガラヤ　Meghalaya	22,429	2,966,889	132	2,555,861	86.2	75
ミゾラム　Mizoram	21,081	1,097,206	52	1,036,115	94.4	92
ナガランド　Nagaland	16,579	1,978,502	119	1,710,973	86.5	80
トリプラ　Tripura	10,486	3,673,917	350	1,166,813	31.8	79
インド全体	3,287,240	1,210,854,977	382	104,545,716	8.6	59

出典：2011年国勢調査をもとに筆者作成

ン県やタワン県から越えられるルートが複数あるが、そのすべてが徒歩によるものである。これらのルートも、州外のインド人や外国人の往来は完全に禁止されている。つまり、すぐ西側にあるブータンへ入国するためには、一度アッサムに出なければならないのが現状である。

面積は北海道よりやや小さい八万三七四三平方キロで、北東七州【表1－1】の中では最大である。この広さに対し、人口は、一三八万三七二七人（二〇一一年国勢調査）で、人口密度は一平方キロ当たり一七人と、インドのすべての州の中でも最小である。アルナーチャルの歴史・文化・社会は、この「人口密度の希薄な国境地帯」という立地の中で醸成されてきたものである。本章ではその概要について述べたい。

2　自然環境と産業

アルナーチャルとチベットを隔てるヒマラヤ山脈の東端に当たる部分は、かつてはアッサム・ヒマラヤと呼ばれてきた。州の最高峰は東カメン県にある標高七〇四二メートルのカント（Kangto）

【表1－2】アルナーチャル・プラデーシュ州の県別概況

県　名	英語名（District）	人口(人)	州人口に占める割合(%)	人口密度（人／㎢）	識字率（%）
パプムパレ	Papumpare	176,573	12.76	51	80.0
チャンラン	Changlang	148,226	10.71	32	59.8
ロヒット	Lohit	145,726	10.53	28	68.2
西シアン	West Siang	112,274	8.11	13	66.5
ティラップ	Tirap	111,975	8.09	47	52.2
東シアン	East Siang	99,214	7.17	28	72.5
クルン・クメイ	Kurung Kumey	92,076	6.65	15	48.8
西カメン	West Kameng	83,947	6.07	11	67.1
上スバンシリ	Upper Subansiri	83,448	6.03	12	63.8
下スバンシリ	Lower Subansiri	83,030	6.00	24	74.4
東カメン	East Kameng	78,690	5.69	19	60.0
下ディバン・バレー	Lower Dibang Valley	54,080	3.91	14	69.1
タワン	Tawang	49,977	3.61	23	59.0
上シアン	Upper Siang	35,320	2.55	5	60.0
アンジャウ	Anjaw	21,167	1.53	3	56.5
ディバン・バレー	Dibang Valley	8,004	0.58	1	64.1
州全体		1,383,727			平均63.9

出典：2011年国勢調査をもとに筆者作成
※2012年以降6県追加され、2017年12月現在、合計22県となっている。

峰である[1]。チベットを西から東へ流れるヤルツァンポ川は、ナムチャバルワ山付近で大きく湾曲し、南下してアルナーチャルに入ると、その名はシアン（Siang）川、あるいはディハン（Dihang）川と変わり、アッサム平原に流れてブラフマプトラ川に合流する。他にも、ヒマラヤ山脈から流れ出し、後にブラフマプトラ川へと合流していく多くの川が、さらに数多くの支流を形成している。気候は高低差が大きいため、地域によって異なるが、ほぼ五月から九月までの五カ月間が雨季で高温多湿、一〇月から一月の四カ月間は乾季ではあるが、一二月から三月の間は山岳地域では積雪がある。

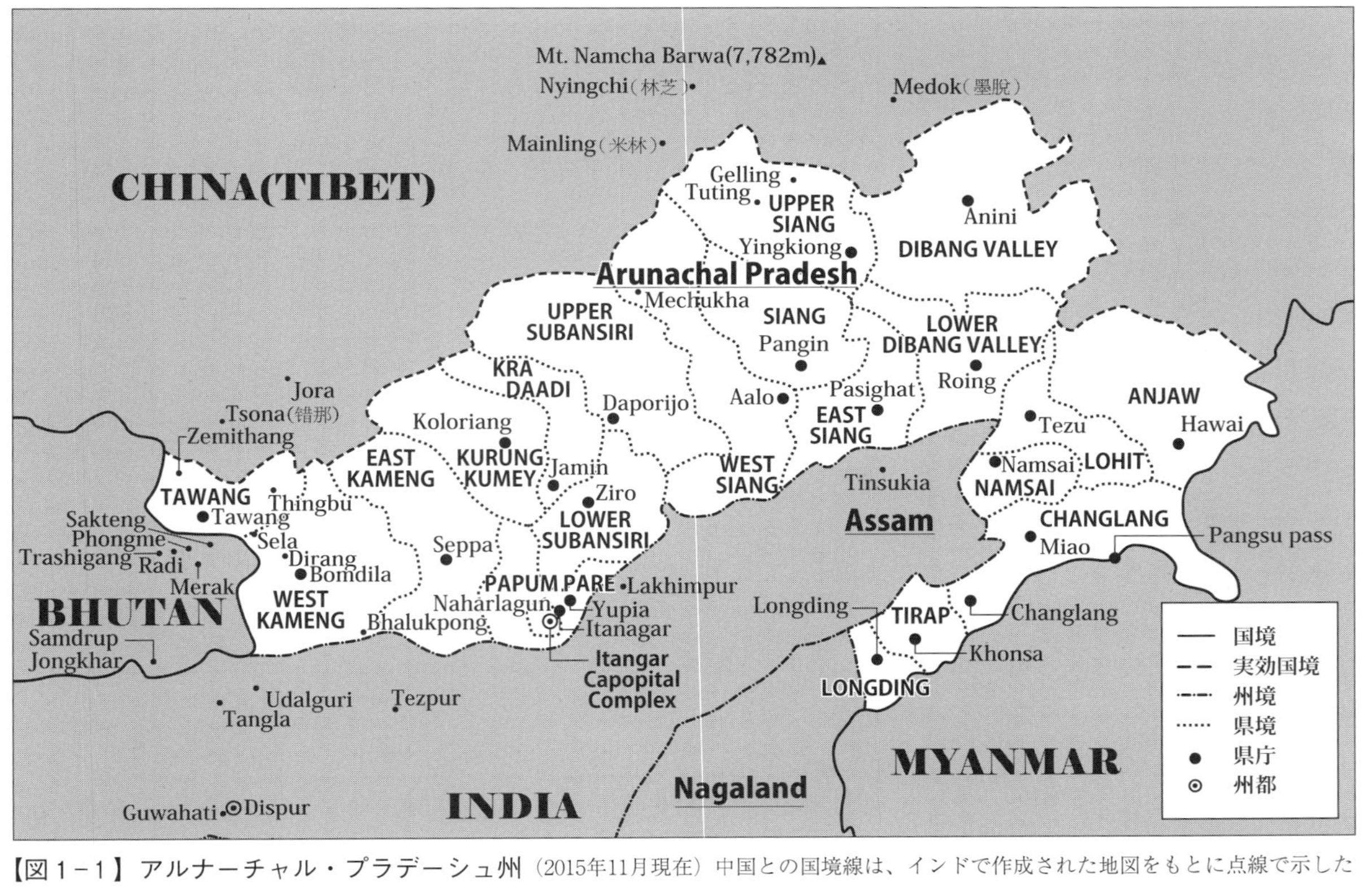

【図1－1】アルナーチャル・プラデーシュ州（2015年11月現在）中国との国境線は、インドで作成された地図をもとに点線で示した

雨季の大量の雨水の浸食による深い渓谷と複雑な山岳地形のため、州全体の耕作可能地は五パーセントにすぎない。それにもかかわらず、住民の五八・四四パーセントは農業に従事している。コメ・トウモロコシ・コムギ・アワが主たる穀物で、ジャガイモも栽培されているが大きな収量は見込めない。コメや野菜の多くは、アッサムから運ばれている。低地は亜熱帯に位置し、果樹栽培や花卉栽培、キノコ、カルダモンやコショウなどの小規模農業の成長が期待されている［Gaur & Rana 2008: 210-214］。しかし、輸送手段が乏しいことが問題となっている。

【図1－2】インドの北東諸州地図

最大の問題は道路が十分に整備されていないことである。州を東西に横断する道路がないため、隣の県や州都イタナガル（Itanagar）へ行くために一度アッサム州に出なければならないこともしばしばである。州を横断するトランス・アルナーチャル・ハイウェイの建設が中央政府の援助によって進められているが、建設はなかなか進まない。鉄道は、州の人びとの長年の念願であったが、二〇一四年四月七日に、北東辺境鉄道（Northeastern Frontier Railway）がイタナガルから二〇キロ離れたナハルラグン（Naharlagun）まで開設された。この時開通したアッサム州のハールムティ（Harmuti）―ナハルラグン間の全長二一・七五キロのうち、アルナーチャル側は、一二・七五キロにすぎないが、これが州にとって実質的に最初の鉄道といえる。(2)将来、各地へ延長する計画はあるが、まだ調査の段階で、実現するのは何年後になるかは分からない。その理由は、主として平原部を走る二二キロに満たないこの路線でさえ、計画から完成まで六年以上かかっているからである。山間部に鉄道を敷くことの困難さは、道路さえ十分に整備できない州にとって大きな課題となるだろう。

空路に関しては、最近までパワン・ハン（Pawan Hans）とスカイ・ワン（Sky One）の二社が地方の主要な町との間にヘリコプターの定期便を運航している以外、定期航空便はなかった。アルナーチャルではヘリコプターの事故が頻発しており、緊急時以外は利用したくないという声が多い。(3)各地で空港建設が進められているが、(4)二〇一八年五月二一日に、「初の」民間定期航空便が就航したと伝えられた。エア・インディアの子会社アライアンス航空（Alliance Air）によるコルカタ、グワーハーティ、東シアン県のパシガット（Pasighat）を週三回結ぶ便である。パシガットは、州の中央部よりは東に位置し、州都イタナガルまでは車で一〇時間以上かかるため、どれくらいの利用客がいるかが継続と路線拡大の決め手となる。その理由は、実はアルナーチャルを含む北東インドでは、八〇年代にすでに当時のヴァユードート地方航空（Vayudoot Regional Airlines）がパシガットなどに航空機を乗り入れていたが、乗客が少なく一九九五年には運航が中止されているからである。つまり、利用客が少なければ、減便や運航中止の可能性も考えられる。州都に空港がないなど、交通インフラの未整備が州の後進性の主要因となっていて、観光業の成長をも阻んでいる。観光に関しては、他にもさまざまな問題があるが、この点については第五章で述べる。

また、豊富な水と高度差を利用した水力発電にも期待がかかっている。しかし、大型水力発電所建設に対しては、環境破壊や土地の補償問題などさまざまな理由から地元住民の反対があり、場所によっては下流域のアッサム住民の反対などで容易には進まず、州の電力不足は深刻である。水力発電や道路建設には莫大な費用がかかるが、それが政治家の汚職の温床となっていることもアルナーチャルでは常識となっている。

3　多様な民族と宗教

住民は、多くのトライブ集団から構成されている。二〇一一年国勢調査では、州全体の六八・八パーセントを指定トライブ（ＳＴ）が占めている[5]。アルナーチャルの指定トライブのリストは、一九五六年の大統領令に基づいて作成された [Mohanta 1984: 7]。当時は、一二のトライブ名だけであったが、二〇一〇年州政府発行の地誌には、以下の二三のトライブ名が、居住している県名とともに紹介されている[6]。

①モンパ（Monpa）／②ミジ（Miji）／③アカ（Aka）／④シェルドゥクペン（Sherdukpen）／⑤ブグン（Bugun）／⑥ニシ（Nyishi）／⑦アパタニ（Apatani）／⑧プロイク（Puroik）／⑨タギン（Tagin）／⑩ヒル・ミリ（Hill Miri）／⑪ナ（Nah）／⑫ガロ（Galo）／⑬アディ（Adi）／⑭メンバ（Memba）／⑮カンバ（Khamba）／⑯ミシュミ（Mishmi）／⑰カムティ（Khampti）／⑱シンポー（Singpho）／⑲メイヨー（Meyor）またはザクリン（Zakhring）／⑳ノクテ（Nocte）／㉑ワンチョー（Wancho）／㉒タンサ（Tangsa）／㉓リス（Lisu）

上記以外にも多くの集団あるいは下位集団があり、それらを合わせると総数は一〇〇前後になる。しかし、インド政府部族問題省が州ごとにリストアップしたもののうち、アルナーチャルのリストには「以下を含む州のすべてのトライブ」という但し書きの一行とともに[7]、一六のトライブ名のみが掲載されている[8]。

(1)アボール（Abor）／(2)アカ（Aka）／(3)アパタニ（Apatani）／(4)ニシ（Nyishi）／(5)ガロ（Galo）／(6)カム

ティ（Khampti）／(7)コワ（Khowa）／(8)ミシュミ、イドゥ、タラオン（Mishmi, Idu, Taraon）／(9)モンバ（Momba）／(10)ナガのうちどれも（Any Naga tribes）／(11)シェルドゥクペン（Sherdukpen）／(12)シンポー（Singpho）／(13)フルッソ（Hrusso）／(14)タギン（Tagin）／(15)カンバ（Khamba）／(16)アディ（Adi）

この部族問題省のリストにある(1)のアボールは、(5)ガロと(16)アディの二つの集団に対する蔑称であり、(2)アカはアッサムの人びとからの他称で、(13)フルッソが自称である。(7)のコワは、州のリストの⑤ブグンのことで、彼らが好まない他称であるが、それらが含まれたままになっている。

また本書のテーマとなっている①のモンパも⑭のメンバも部族問題省のリストでは、(9)のようにモンバ（Momba）と書かれている。しかし、インドの国勢調査でモンバとしてカウントされるのは⑭メンバだけで、モンパの場合には第四節の【表1-5】で示すようにモンパとして記載されている。実際には、州のトライブ数の統計から算出すると、トライブ集団の総数は一〇四ある。(9)

こうした混乱は、イギリス植民地政府の「公的社会観」によって生まれたものだと藤井毅は指摘している。イギリスはインドの人口をまず宗教への帰属によって分け、ヒンドゥー教はカーストに細分化されたものと見なすのに対し、イスラーム教徒はその内実の多様性にもかかわらず一体として扱い、双方の宗教を受け入れることなく固有の信仰体系を保持している人びとを「トライブ」として両者の周辺に配置し、さらに宗教への帰属によって区分できない人びとを「種族（race）」として分類したのが、その内容だとする［藤井　一九九四：八九］。こうした「公的社会観」はあまりに単純で、被差別カーストや後進トライブに特別保護を与え、議席の留保を制度化しようとしたときに、その受益対象者を特定しようとすると、さまざまな矛盾が生じる。そこでトライブへの帰属は、「人類学上の知見でも当事者の自己意識でもなく、最終的には行政当局の判断によって決定される」という方策によって、この矛盾を解決しようとしたという［藤井　一九九四：九〇］。

アルナーチャルの場合には、部族問題省のリストの但し書きに「以下を含むすべての州のトライブ」とあっても、実際にはすべてが指定トライブとして認められているわけではない。州内のリストの中にはある㉓リスが、現在州政府に対して指定トライブの認定を要求している。リスの別名はヨビン（Yobin）で、一九七九年に州の指定トライブとしての認定を受けたが、二〇一七年一月に中央政府から認定を取り消されたためである。[10]もとはビルマに住んでいたが、一九六五年に五、六〇〇〇人の規模でインド側にやってきた。インド政府は彼らを追い返そうと試みたが、不首尾に終わり、最終的には、チャンラン県のヴィジャイナガル（Vijaynagar）に住むことを許可している［Chowdhury 1983：308］。

州のトライブで最大の人口を持つのはニシで、二三パーセントを占める。次に多いのはアディ（Adi）の一七パーセント、ガロ（Galo）の一〇パーセントであり、この三者だけでトライブ全体の半数を占める。[11]ニシは英国植民地時代の記録にはダフラ（Dafra）、アディとガロはアボール（Abor）の名で記されている。「ダフラ」も「アボール」も、アッサムの人びとやイギリス植民地政府からの「不服従、独立心の強い」「野蛮で未開」[12]などの含意のある蔑称であるとして、行政上のトライブの名称に異議が唱えられ、現在は、ニシ、アディ、ガロに変更されている。[13]

州の指定トライブのうち、言語は、カムティのみがタイ・カダイ語族のカム・タイ語派に属し、残りはすべて、シナ・チベット語族のチベット・ビルマ語派に属す言語を母語としている。その中で、文字があるのはカムティだけである。ニシやアディ、タギン、ミリ、ガロ、アパタニなどの言語は包括的に「タニ語」と呼ばれ、州内のトライブの多数派を占めている。タニとは「人間」を意味し、伝説上の祖先であるアボ・タニに由来している。[14]インド独立後の学校教育ではアッサム語と英語が教えられてきたが、現在はアッサム語に代わってヒンディー語が教え

【表1－3】アルナーチャル・プラデーシュ州の宗教別人口　（人）

宗　教	1981年	1991年	2001年	2011年	2011年割合（%）
全人口	631,839	864,558	1,097,968	1,383,727	100
ヒンドゥー教	184,732	320,212	379,935	401,876	29.04
イスラーム教	5,073	11,922	20,675	27,045	1.95
キリスト教	27,306	89,013	205,548	418,732	30.26
シク教	1,231	1,205	1,865	3,287	0.24
仏教	86,483	111,372	143,028	162,815	11.77
ジャイナ教	42	64	216	771	0.06
その他	326,000	313,118	337,399	362,553	26.20
申告宗教なし	972	17,652	9,302	6,648	0.48

出典：2011年国勢調査資料をもとに筆者作成

られている。異なる言語話者同士のリンガ・フランカもヒンディー語となっており、州内では母語の衰退に対する危機感が高まっている[15]。

宗教別人口は、【表1－3】の通りで、そのうち仏教は、モンパ、シェルドゥクペン、メンバ（Memba）、カンバなどのチベット系大乗仏教と、カムティやシンポーのタイ系上座部仏教に大別される。人口比では前者が八二・二パーセント、後者が一七・八パーセントとなっている。キリスト教の割合は、二〇〇一年は一八・七二パーセントであったが、二〇一一年には三〇・二六パーセントと大幅に増えている。毎回の調査でキリスト教への改宗者が増加していることが、この表からも分かる。「その他」に分類されているのは、トライブ人口の過半数を占めるタニ系の言語を話す人びとの固有の信仰で、ドニ・ポロ（Donyi-Polo）と呼ばれている。ドニ・ポロは「太陽」と「月」を意味し、人びとが繁栄・豊穣を祈り、災難から身を守るために信仰する対象である。キリスト教の増加はアディ、ニシ、アパタニ、ガロ、タギンなどのドニ・ポロからの改宗者の増加によるとの分析がある［Bath 2008: 212, 217］。しかし、キリスト教は、これらの集団以外にも、ワンチョー、ノクテ、タンサなどのナガ系

【表1－4】北東7州の宗教別人口の割合　（%）

宗教	インド全体	アッサム	アルナーチャル	マニプル	メガラヤ	ミゾラム	ナガランド	トリプラ
ヒンドゥー教	79.80	61.47	29.04	41.39	11.53	2.75	8.75	83.40
イスラーム教	14.23	34.22	1.95	8.40	4.40	1.35	2.47	8.60
キリスト教	2.30	3.74	30.26	41.29	74.59	87.16	87.93	4.35
シク教	1.72	0.07	0.24	0.05	0.10	0.03	0.10	0.03
仏教	0.70	0.18	11.77	0.25	0.33	8.51	0.34	3.41
ジャイナ教	0.37	0.08	0.06	0.06	0.02	0.03	0.13	0.02
その他	0.66	0.09	26.20	8.19	8.71	0.07	0.16	0.04
申告宗教なし	0.24	0.16	0.48	0.38	0.32	0.09	0.12	0.14

出典：2011年国勢調査資料をもとに筆者作成

の集団や、プロイクその他のトライブの多数派を占める宗教となっている。(16)

キリスト教がこの地域に入ってきたのは、一九世紀前半にアッサムをイギリス植民地政府が支配するようになってからのことである。(17)その開始と浸透状況は地域によって異なっているが、アッサムに近い平原部からしだいに丘陵部へと拡大し、過去二〇年間の間に仏教徒以外の居住地に浸透している。例えば、アディのキリスト教受容は一九〇七年で、一九一四年にはキリスト教団による学校が開設されているが、一九七〇年から二〇一〇年の間に東シアン県だけで一二の教会が建設されている［Chaudhuri 2013：262-263］。学校建設はキリスト教の布教に欠かせない要素で、英語教育や医療活動を通してしだいに拡大していった。こうしたキリスト教の拡大がトライブの固有の文化を破壊するものとして懸念され、一九七八年に「信教の自由法（Arunachal Pradesh Freedom of Religion Act）」が、当時連邦直轄地であったアルナーチャル議会で可決された。この法律は、強制力や勧誘（現金、物品、便宜供与を含む）、詐欺行為による改宗を禁じたもので、具体的には仏教、ヒンドゥー教ヴィシュヌ派、(18)ドニ・ポロを含むアルナーチャルにある固有の信仰（indigenous faith）などからの改宗を阻止することを目的としている。改宗させようとする宗教の名称は出てこないが、キリスト教を意味していることは明白である。

この法律によって、キリスト教宣教師がインナー・ラインを越えて改宗活動を行うことはできなくなった。現在でもアルナーチャルへの入域には、他州からのインド国民であればインナー・ライン許可書（Inner Line Permit：略称ＩＬＰ）、外国人であれば保護地域許可書（Protect Area Permit：略称ＰＡＰ）の取得が義務付けられている。二〇一七年八月二日に筆者が取得したＰＡＰの書面にも「訪問中に伝道活動に従事してはならない」という注意書きがある。しかし、キリスト教人口の増加は、「信教の自由法」がおざなりになっていることを示し、それに反発して固有の文化や信仰を推進しようとするドニ・ポロ運動が、アディ、ガロ、アパタニ、ニシなどの間で活発化している［Bath 2008：217-218］(19)。

第二節　アルナーチャル・プラデーシュ州の歴史

アルナーチャル・プラデーシュという州名は、「朝日の昇る地」を意味するサンスクリット語の「アルナーチャラプラデーシャ」（Aruṇācalapradeśa）に由来する名称だが(20)、この名は、一九七二年にアッサム州から独立して連邦直轄地（Union Territory）になった時からのものである。それ以前は、北東辺境管区（North East Frontier Agency：略称ＮＥＦＡ）と呼ばれていた。ただし、この名称は一九五四年からのもので、ＮＥＦＡとしての歴史は一八年間にすぎない。本節では、州の歴史とその特徴を概説しておく。

1　丘陵部の部族地帯から北東辺境地域（ＮＥＦＴ）へ

一三世紀以前のアルナーチャルを含むアッサム地方の歴史については、神話と考古学遺跡から推論せざるを得ない[21]。それらの中から、アルナーチャルに関する重要なものをいくつか拾ってみる。まず、紀元前に、ヒマラヤ南麓のネパールからアッサム西部にかけてのチベット・ビルマ語を話すモンゴロイドの人びとは、古代インドの叙事詩マハーバーラタの中でキラータ（Kirata）[22]と呼ばれ、一世紀にはガンジス川の東の丘陵部に住む、身長が低く平らな鼻を持った人びとがキラーダイ（Kirrhadai）と呼ばれていた［Chowdhury 1979（1992）：16-17］。

マリニタン（Malinithan）は、ロード・クリシュナと、彼の妻ルクミニーにちなむ場所で、西シアン県とアッサム州の境にある。また、ロヒット県のパラシュラーム・クンド（Parashuram Kund）にも、ヒンドゥー教にちなむ伝説があり、聖地となっている[23]。ここは、一九五〇年の大地震で崩壊したが[24]、その後も巡礼地となっている［Chowdhury 1979（1992）：28-29］。ゲイト（Edward Gait）は、古代のアッサムが高い文明を有していたにもかかわらず、それを伝える歴史遺物が少ない理由をブラフマプトラ川の洪水と大地震のためだとしているが、実際に多くの災害がこの地域を襲っている［Gait 1926：20-21］[25]。

アッサムとアルナーチャルの州境に位置するバルクポン遺跡は、かつてアカ（フルッソ）が、アッサムの平原部を治めていたことを示す遺跡だと伝えられている[26]。イタナガルにあるイタ・フォートは、一一世紀のジタリ王朝（Jitari Dynasty）の王の子孫が建てたもので、その勢力は、かつてバルクポンから、ブラフマプトラ川に浮かぶ島、マジュリ（Majuri）にまで及んでいた［Chowdhury 1979（1992）：21］。初めマジュリにあった都がここに移されたのは、西からのイスラーム、東からのアホムがアッサム平原に侵入してきた時代で、およそ一三五〇年から一四五〇年の間に建てられたと考えられている［Kri 2010：92］。

アッサムを約六〇〇年にわたって支配したアホム王国には、歴史的な事象を書き記した年代記が残されており、ゲイトがそれを整理している。それによると、アホムの出自に関する伝説の主要なものは、上部ビルマのタイ系の民族集団シャンに伝承されているものと酷似しており、アッサムに王国の基礎を築いたスカーパー（Sukāphā）王は、シャンの一グループのリーダーであった。彼は、一二一五年、上ビルマのマウルン（Maulung）を出発し、一三年間ナガの部落を襲うなどしながらパトカイ山地を放浪した後、一二二八年にカームジャーン（Khāmjāng）(27)に到着した［Gait 1926：77］。その後、土着の勢力などと戦い、しだいにブラフマプトラ川渓谷を支配下に入れ、王国の勢力を拡大していく(28)。

アホム王国時代の、現在のアルナーチャルのトライブとの度重なる紛争や収奪に関しては、ゲイトだけでなく、オシク（N. N. Osik）が現在のトライブ名を用いて年代別に列挙している。それによると、一二二八年から一八〇六年までの間に、タンサ、ノクテ、ワンチョー、ニシ、ミシン（Mishing）、シンポーなどとの戦争があり、アカ、ニシ、ヒル・ミリ、タンサ、ノクテ、アディ、カムティによるアホム王国領内への侵入、収奪があったことが分かる［Osik 1996：33–57］。

インドを統治していたイギリスが、インド北東部に関心を持つようになったのは、第一次イギリス・ビルマ戦争（一八二四―二六）がその契機だとされる［Osik 1999：1］。そのころは、アホム王国の衰亡期と重なる。一八世紀にビルマとイギリスはそれぞれに勢力を拡大しつつあったが、ビルマのボードパヤー王（在位一七八二―一八一九）は、中国からの侵略を何度も撃退し、一七八四年にはアラカンを、一八一三年には当時ヒンドゥー王国として独立していたマニプルを征服した。その結果、英領インドはビルマと国境を接することとなり、一八二二年にはアッサムもビルマに占拠されることとなった。このビルマに対し、一八二四年、イギリスが宣戦布告し、第一次イギリス・ビルマ戦争（英緬戦争）の火ぶたが切られたが、結果はイギリスが勝利して、ビルマ軍はアッサム、カチャール、マニプルなどから駆逐され、一八二六年二月二四日に結ばれたヤンダボ条約によって、講和が成立した。[29] この講和によって、ビルマはアッサム、マニプルに対する宗主権を放棄し、イギリス東インド会社に対する一〇〇〇万ルピーの賠償金支払いを受け入れた［根本　二〇一四：五九］。

このビルマ戦争と北東辺境部との関係については、以下の記述が分かりやすい。

（この戦争を通じて）ある発見が、イギリスの北東部への関心をますます高めた。その発見とは、密林からの自生の茶木[30]（一八二三年）、上アッサムからの石炭（一八二五年）や石油（一八二五年）の発見である。こうして丘陵地帯の領土が非常に豊かであることが認識された。この地域は、材木や象牙などを生産する価値の高い森林と、もし農民に耕作させれば剰余の収量の上がる肥沃な土地を含んでいた。イギリスは中国のアヘンを独占的に北東部ルートで入手しようともくろんでもいた。しかし、ネパールやブータン、ビルマはイギリスに疑念を抱き、彼らの領土内を通っての販路の供給については反対していた。イギリスのこの権益を安定したものにするためには、アルナーチャル[31]の丘陵地帯の部族をアッサムとの境にある丘陵部から駆逐する必要があった。彼らは、彼らよりは好戦的ではないアッサム開拓者たちからポサ（*posa*）[32] あるいは税を徴収することを慣わしとしていて、平原地帯を彼らの土地であると主張していたからである［Osik 1999: 1］。

一八三八年にアホム王国最後の王、プランダール・シンがイギリスによって廃され、その残された領土であった上アッサムをイギリスが統治するようになり、アッサムの茶園経営に本格的に乗り出すこととなった。当時は、アッサムは英領ベンガル・プロヴィンスの一部とされていた。しかし、その周辺民族をイギリスは、法律によって統治することは困難と判断し、アッサムの平地民族と周辺の山岳民族とを隔てるために、一八七三年にベンガル東部辺境条例により引かれたのがインナー・ライン（内郭線）で、許可証を持たない者がこの内郭線を越えることが禁止された。(33)それまで半ば漠然と「北東辺境」（North-East Frontier）［Mackenzie 1884］と呼ばれてきたアッサムとの州境地域が、イギリス植民地の行政の下に組み入れられるのも、この条例ができてからである。ベンガルが統治するのは距離的にも遠く困難との理由で、アッサムは一八七四年にベンガルから分離され、行政長官州となり、その後二度にわたる改編を経て、一九二一年に正式な知事州（Governor's State）となった［Gait 1926: 336-337］。

一九世紀後半から二〇世紀にかけて、アッサムの辺境地域に関する行政は何度も変更されている。一八八〇年のアッサム辺境地域条例（The Assam Frontier Tracts Regulation）が、一九一四年には現在のアルナーチャルの居住する丘陵部にも適用されたが、この条例には、アッサムの辺境地帯に居住する人びとは、「野蛮、あるいはほぼ未開の部族」などと表記され、この地域は、インドの一般の法律の適用外の扱いを受けていた。(34)この条例により、かつてのアッサムの二つの県から切り離され、北東辺境地域（North-East Frontier Tracts：略称ＮＥＦＴ）は、①「中央・東部区域」、②「ラッキンプル辺境地区」、③「西部区域」の三つの行政単位に分けられることとなり、この地域の行政は、イギリス植民地政府の外務・政治局（Foreign and Political Department）の管轄下にあった［Luthra 1971（2007）: 9-10］。

イギリスにとっては、当時のアルナーチャルはそれほど重要なものではなく、その関心は主としてアッサム平原部を周辺の山岳民の略奪から守ることにあった。それでも、しばしば山岳民との戦闘が起きている。特にアディに対しては、一八四八年から一九一一年までの間に四回、大きな討伐軍が送られた。その主な理由は、アッサム平原に下りてきて略奪行為を働くのを防ぐことにあったが、一九一一年に起きた四回目の戦闘は、当時、サディヤ(Sadiya)[35]の副行政官であったノエル・ウィリアムソン（Noel Williamson）と医師のグレゴルソン（Gregorson）が、シアン川流域を視察中に、現在のシアン県のケバン（Kebang）村のアディに殺害されたことが理由であった。互いの誤解がその原因であったとされる[36]。この戦争はアディにイギリスと戦うことの無謀さを知らしめたが、イギリスにとっては国境地帯を見直すきっかけともなった。それは、一九一〇年二月に中国軍（清朝）がラサに進軍したことにより、中国の影が濃厚にこの地域に迫っていたからである。

当時のダライ・ラマ一三世は、この進軍の直後にインドに逃れたが、翌年、辛亥革命により清朝が倒れ、チベット側の抵抗により中国軍が排除されたため、一九一三年一月にラサに帰還した[37]。

一九一三年から翌年にかけて、シムラーにイギリス・中国・チベットの代表を集めて開かれたシムラー会議で、一九一四年三月にイギリスとチベットの間で合意されたのが、アッサムとチベットの境界を定めたマクマホン・ラインである。チベットを自国の領土だとする中国政府は、その代表が署名していないことから、この条約を承認していない。イギリス側では、この会議の前年の一一月には「北の国境線をセ・ラ（峠）とし、タワン地区すべてをチベット領にする」ことが決まっていたが、結局、国境線はタワンの一二マイル北に引かれることになった[38]。タワンをチベット領とすることは、ブータンとアルナーチャルの部族地区との間に楔を打ち込むことになり、その楔はそのまま南のアッサムにつながり、大変危険な存在になるからである。現在の州西部のタワン、西カメン両県は、イギリスがアッサムを統治するずっと以前から仏教と通商とを通じてチベットの影響を強く受け、実質的にはチベットの支配下にあった。この地方は伝統的にアッサムとチベットを結ぶ重要な通商ルートとなっていて、イギリスもアッサムのウダルグリに毎年定期市を開設して通商を奨励していた。この楔状の地域の住民が、本書で取り上げるモンパである。その歴史については、イギリスだけでなく、チベット、ブータンとの関係なしには語れないため、次節で述べるが、若干重複する部分もあることをあらかじめ断っておきたい。

一九一九年には、一九一四年の条例が改正され、現在のアルナーチャルを含む部族地帯は「後進地域」としてアッサム政府の下に置かれた。そして、それまでの三つの地域のうち、「中央・東部区域」がサディヤ辺境地域（Sadia Frontier Tract）、「西部区域」がバリパラ辺境地域（Balipara Frontier Tract）と改名された。

しかし、一九三六年にアッサムの平原部を除く地域を「除外地域（excluded area）」と「準除外地域（semi-excluded area）」に区分し(39)、サディヤ、バリパラ、ラッキンプルの三つの辺境地域は「除外地域」となった。「除外地域」となった地域はアッサムの一部ではあるが、これは、中央政府に任命されたアッサム総督による丘陵地帯に対する直接的な統治をさらに強くする政策であった［Rose & Fisher 1967: 22］。その目的については、「未開の文化を制圧するか、人為的に保護するかのどちらでもなく、丘陵部の人びとを開発から守り、彼らが自立できるよう教育されるまで文明化のインパクトに対する役人の力を最小限に抑えるため」［Bower 1950: 2］、あるいは、「（除外地域の人びとが）最も必要としているのは自治ではなく、土地保有、伝統的な方法による生活を追求する自由、祖先から受け継いだ習慣に従う能力といったものだ」［Baruah 1999: 35］などと説明されている。しかし本当の目的は、一九三七年から四二年までアッサム総督を務めたリード（Robert Reid）が書いているように、トライブの人びとを守るというよりは、辺境防衛のためで、その守られるべき人びとは、「起源・言語・容貌・慣習・態度のどれをとってもインド人ではなく、彼らがインドの一州に付加されたのは、歴史の偶然にすぎない」と考えられていた人びとである(40)。つまり、トライブの人びとを他の地域や法律の適用外に「隔離して統治する」という除外地域へのイギリス植民地政府の政策を反映したもので、(41) 除外地域への外部者の入域は厳しく制限されていた。それにもかかわらず、キリスト教の宣教師たちの入域は許されていたことが、この地域のキリスト教徒の多さに表れている［Baruah 1999: 37］。アルナーチャルの場合には、中国との国境地帯であるということを意識して、直接統治によってマクマホン・ラインの南側の一部に及んでいたチベットの徴税行為をやめさせるなどの意図があった。しかし、それを中断させたのが一九四一年の日本軍のビルマ侵攻であった［Rose & Fisher 1967: 22-23］。日本軍がビルマからマニプルやナガ丘陵に侵入してくることになり、スピーディーな行政の必要性から、一九四三年にラッキンプル辺境地域からティラップ辺境地域を独立させ、ビルマの国境により近いサディヤ辺境地域にさらに注意を向けるため、別の独立した行政官を置いた［Mohanta 1984: 78］。

このように、一九一四年以降も辺境地域の行政区分は数回改編されている。一九四七年のインド独立時は、ＮＥＦＴの行政は、アッサム州知事のアドバイスの下に行われていたが、一九五〇年に憲法が施行されると、「除外地域」「一部除外地域」という名称はなくなり、代わりにＮＥＦＴを含むアッサムの丘陵地は「部族地域（Tribal Area)」と呼ばれるようになった。当時のＮＥＦＴは、インド外務省の監督の下、大統領の代理としてアッサム州知事が行政を行っていた。

インド憲法の内容で現在のアルナーチャルに深い関係があるのは、少数民族の自治に関わる第六附則と呼ばれるものである。憲法で「アッサム州、メガラヤ州、トリプラ州およびミゾラム州における部族地域の行政に関する規定」と呼ばれる附則で、その目的は、「指定トライブが住民の大半を占め、トライブの社会、慣習を保護する」ことで、かつて除外（隔離）地域であったナガ丘陵県とＮＥＦＴが、この附則から外された［井上　二〇〇九：二四五］。その理由としては、表向きの説明は、それぞれに在来の「自治的統治制度」が存在しているため第六附則は不要であるというものであるが、その背景には、ナガ民族による反政府武力・独立運動と、ＮＥＦＴの場合には、中国国境地域であるという政府の政治的配慮が優先したという［井上　二〇〇九：二四五―二四六］。一九四九年に中華人民共和国が成立し、翌年一〇月には、中国人民解放軍によるチベット侵入が開始され、国境地帯の緊張が高まったことが、その背景にあることは言うまでもない。

2　ＮＥＦＡからアルナーチャル・プラデーシュ州へ

中国のチベット侵入は、国境を接するこの地域にとって大きな出来事であった。一九五四年にすべての辺境地域が北東辺境管区（North-East Frontier Agency：通称ＮＥＦＡ）としてアッサムから分離され、同年、かつて辺境地区と呼ばれていた地域は辺境区（Frontier Division）と称されるようになった。スバンシリ、カメン、ティラップ、シアン、ロヒット、ツェンサン（Tuensang）の六つの辺境区である。(42) このうち、ナガ丘陵にあったツェンサン辺境区が一九五七年に分離され、現在のナガランド州(43)に当たるナガ丘陵ツェンサン地域（Naga Hills Tsensang Area）に組み込まれた。その結果、ナガランドと州境を接するティラップ辺境地区に住むナガ系の人びとが、ナガランドの人びとと切り離されることになった。

ＮＥＦＡの知事（Governor）の顧問だったラスタムジ（Nari Rustomji）は、ネルー（Jawaharlal Nehru）首相の招聘によりＮＥＦＡの人類学顧問として着任したエルウィンと共に、新たに雇われたＮＥＦＡの役人の教育に当たった。彼らが心がけたのは、トライブの文化のすばらしさを認め、それを尊重することだった。そしてエルウィンの著した『ＮＥＦＡの哲学』は、辺境の行政に携わる役人たちのバイブルとなった［Rustomji 1983：102-107］。ネルーが『NEFAの哲学』第二版に寄せた序文は、トライブ地域の開発のための五つの根本原則として知られている[44]。この五原則は、通信、医療設備、教育、より優れた農業など、さまざまな開発を行う上で念頭に置かねばならないことであるとされている。その内容は以下の通りである。

その第一は、トライブの人びとは彼らのペースに沿って発展すべきで、いかなる押し付けもしてはならない。そして、さまざまな方法で彼らの伝統芸術や文化を奨励しなければならないということである。第二は、トライブの土地や森林に対する権利が尊重されるべきであること。第三は、行政と開発の任務の主体者はトライブ自身であるべきで、そのチームを養成しなければならない。外部からの人びとを大量に送り込むべきではないということ。第四は、計画に当たっては、行政管理や行き過ぎた圧力をこの地に与えるべきではないこと。そして第五は、結果を統計数字や費やした金額で判断するのではなく、導き出された人間の特性の質によって判断すべきであること、である［Elwin 1957（1959）: xi］。

同書がNEFA行政に関わる人びとのバイブルとなると同時に、この五原則に代表されるトライブの古い習慣などの復興や権利保護はネルー・エルウィン政策と呼ばれ、トライブを保護区に閉じ込めて隔離する政策だとの批判もあった［Das 1995: 81–82］。その政策が転換を迫られるのに長い時間はかからなかった。一九六二年に起きた中印国境紛争の敗戦がその直接の理由であるが、一九六四年二月二二日にエルウィン、そして五月二七日にネルー首相が、相次いで亡くなったことも大きな要因であろう。

一九五九年にダライ・ラマ一四世がチベットからインドに亡命し、一九六二年一〇月には中印国境紛争が起こり、NEFAの一部も戦場となった。この紛争中、中国軍はボムディラ（Bomdila）やワロン（Walong）などのNEFAの戦略拠点だけでなく、さらに南下してアッサム渓谷の手前のチャク（Chaku）[45]まで到達した。紛争は、短期間で終わったが、中央政府はこの大敗を通じて、NEFAに道路やその他のインフラ設備がないことに気付かされ、初めて緊急な開発が必要であることを認識した。アッサムの人びとは、NEFAの人びとが住んでいる土地を追われて難民として逃れてきたのを目の当たりにして、中央政府のNEFA行政を強く非難した。当時のアッサム政府はNEFAをアッサムに統合すべきだと強く主張したが、それに反対したのは生前のネルー首相であった。一九六三年一二月一七日のインド上院議会で、インナー・ラインの廃止が検討されたが、ネルー首相が急激な変化は好ましくないと反対し、インナー・ラインはそのまま維持された［Chowdhury 1983: 275］。中印国境紛争の前から巨額の費用が道路整備に充てられていたが、その額も大幅に増額された。現在、アッサムからタワンまでを結ぶ幹線道路は、ほとんどが紛争後に建設されたものである。

この紛争の所産というべきもう一つの大きな変化は、外部からの難民をNEFAに定住させるという政策だった。アルナーチャルが現在、一平方キロあたり一七人とインドで最も人口密度が低いことは、本章の冒頭で述べた通りであるが、一九六一年の国勢調査ではたった四人であった[46]。人口希薄な国境地帯は、中国などの敵国に対して脆弱であり、紛争の余地を残すという観点から、NEFAに外部からの入植者を定住させる計画が実行された。その対象となったのが、東パキスタン（現在のバングラデシュ）のチッタゴン丘陵からのチャクマ（Chakma）、マイメンシン県からのハジョン（Hajong）、チベットからの難民である。チャクマとハジョンのNEFA定住が決まったのは、一九六四年のことである［Upadhyay 2009: 67］。これらは、マクマホン・ラインの南側を人口過疎にしておくのは危険だということ、つまりNEFAを中国との緩衝地帯として増強するのが目的であるが、外部からの人びとの流入に反対してきたネルー・エルウィン政策とはまったく逆の政策であった[47]。この難民受け入れに関しては、先住民（indigenous people）の権利を阻害するとして、学生組織を中心としたトライブの人びとからの反対運動がしばしば起こり、州の不安定化の一要素となっているが、この問題については、第四章と第五章でもう少し詳しく述べる。

「地域をインドの本流に入れる」「人びとに開発に対する興味を持たせる」という二つの目的を掲げ、その最初のステップとして、一九六四年四月に、NEFAのトライブ出身であるダイン・エリン（Daying Ering）[48]を委員長とするエリン委員会（Ering Committee）がNEFAの地方政府として設置された［Pandey. D. 1997：301］。この委員会の提案により、一九六五年八月一日にNEFAの行政は、それまでのインド外務省から国境管理局を下部組織に持つインド内務省の管轄下に置かれるようになった［Das 1995：83］。さらに同年一二月に、NEFAは、カメン（Kameng）、スバンシリ（Subansiri）、シアン（Siang）、ロヒット（Lohit）、ティラップ（Tirap）の五つの県に分割され、それぞれに行政官が置かれ、県の下には副行政区（sub-division）が置かれた。［Kri 2010：188］。エリン委員会の仕事として最も注目すべきは、NEFAにパンチャーヤット制度（Panchayat）を導入することを提案したことである。井上によれば、地方行政制度としてのパンチャーヤット制度は、イギリス植民地時代に基礎が固められたが、インド独立後はその展開に応じていくつかの段階に区分される。独立以降から一九五九年までは模索の時期、一九五九年から一九六四年のネルー首相の死までの間は、農村開発のためにパンチャーヤット制度の活用が試みられた時期で、村落を基層に県レベルに至る制度の整備が試みられた。一九六四年から一九七七年まではパンチャーヤット制度の低迷期に当たるという［井上　一九九八：三―五］。しかし、独立前のNEFAは、一族やクランを中心とした部族社会の中でローカルな政治が行われていたが、それをインドの主流の中に引き入れることが、この制度の導入の目的であった[49]。エリン委員会は、「パンチャーヤット」という言葉を決して使わなかったが、その構造は、インドの他州にあるパンチャーヤット制度であった［Pandey. D. 1997：305］。一九六七年にNEFAのパンチャーヤットに関する法律ができ、一九六八年一〇月から実施され、地方の開発行政の基本的な機能を担うことになった。[50]パンチャーヤットは、一番下の村落レベル、郡レベル、県レベルの三層から成り、四層目として評議会（Council）が置かれた。

しかし、パンチャーヤット制度は、NEFAの政治を大きくは変えず、NEFAは相変わらずアッサム州知事の統治下にあった。大きな転換は、NEFAが一九七二年一月二一日にアッサム州から分離され、アルナーチャル・プラデーシュの名で連邦直轄地（Union Territory）となったことである。本部は同年、州に昇格したメガラヤ州（Meghalaya）の州都シロン（Shillong）に置かれたが、一九七四年に新たに政治の中心地として建設された当時のスバンシリ県（Subansiri District）のイタナガル（Itanagar）[51]に移された。

それから一三年後の一九八七年二月二〇日には、アルナーチャル・プラデーシュはインドの二四番目の州となり、州都は引き続きイタナガルに置かれて現在に至っている［Kri 2010: 192］。州への昇格に対し、領有権を主張する中国はインド政府に対し抗議し、現在でもインド政府の要人やダライ・ラマ法王の州訪問に対しては、毎回抗議や非難声明が出されている。[52]

二〇一七年一二月現在、州は二二の県（District）に分けられている。一九八〇年以前はカメン、スバンシリ、シアン、ロヒット、ティラップの五県であったが、一九八〇年にティラップを除く四県がさらに二つに分割されて九県となった。東カメン、西カメン、上スバンシリ、下スバンシリ、東シアン、西シアン、ディバン・バレー（Dibang Valley）、ロヒット、ティラップの九県である。一九八四年には、タワン（Tawang）が西カメンから、チャンラン（Changlang）がティラップから、それぞれ分割され、一一県となった。一九九二年には下スバンシリから分かれてパプン・パレ（Papum Pare）県が生まれ、一九九四年には東シアンから上シアンが分割されて一三県となった。二〇〇一年のセンサスではこの一三県になっているが、その後、下ディバン・バレー、クルン・クメイ（Kurung Kumey）、アンジャウ（Anjaw）など三県が独立して一六県となり、さらに二〇一二年三月にティラップ県西部がロンディン（Longding）県として分割されて一七県となった。その後も二〇一四年一一月にロヒット県からナムサイ（Namsai）県が分割され、二〇一五年二月にはクルン・クメイの東部がクラ・ダーディ（Kra Daadi）県となり、同年一一月には西シアン、東シアンの一部がシアン県となり、【図1-1】のように、合計二〇県となった。二〇一七年九月にも県の分割は進み、西シアンと東シアンの一部からさらに下シアン県ができ、一二月には、上スバンシリ県からカムレ（Kamle）県が分割され二二番目の県となった。

多くの県が山岳地帯にあるため、地形的に県内の移動が困難であることが表向きの理由であるが、実際には深刻な政治問題が絡んでいるという。アルナーチャル・タイムズのコラムニストであるタンガム・リナ（Tongam Rina）は、彼女のコラムで「州の分割については、その地域で多数派を占めるトライブ出身の政治家が少数派のことを考えずに行っており、汎アルナーチャリーとしてのアイデンティティに脅威を与えるものだ」と警告している(53)。現在も複数の県が分割候補に挙がっている(54)。

第三節　タワン県、西カメン県の歴史とモンパ

1　チベット史・ブータン史・アッサム史の中のモンユルの回廊地帯

西をブータン、北を中国のチベット自治区、南をアッサム州と接する州の西端に位置するのが、モンパの住むタ

ワン、西カメン両県である。先述のように、一九一九年からにバリパラ辺境地域と呼ばれるようになった地域で、県となったのは、西カメンが一九八〇年、タワンが一九八四年である。

この二つの県は、モンユルあるいはチベット南部のツォナ〈mtsho na〉（錯那）[55]とアッサム平原とをつなぐ地域であることから、「モンユルの回廊地帯（Monyul Corridor）」と呼ばれていた［Tilman 1946（2016）: 2-3］。モン、モンユルと呼ばれる地域の範囲は、漠然としている。現在のブータンやシッキムを含む場合もあるので、本節ではそれぞれ明記しながら記述することとする。モン、モンユル、モンパと呼ばれる人びとについては、第四節で整理を試みる。

国境問題に関わることもあって、インド側の文献の中には、この回廊地帯が、かつてチベットが支配していた地域であることを否定するものもあるが[56]、後で述べるように、一九一四年のシムラー条約でマクマホン・ラインが引かれ、一九五一年にタワンにインドの行政官が赴任するまでは、実質的にはチベットの支配下にあったといえる[57]。例えば、チベットの力が及んでいた時代、この地域は三二のツォ〈tsho〉とディン〈lding〉と呼ばれる行政単位に分けられていた。ツォやディンは、村や小さな部落の集合体のことである［Norbu 2008: 14］。その詳細は、以下の通りとなっていた。（　）内は現在の行政区画である[58]。

①レポの四つのツォ〈legs po tsho bzhi〉：（中国西藏自治区錯那県勒布）
②パンチェンの六つのディン〈spang chen lding drug〉：（タワン県ゼミタン・サークル）
③ダクパの八つのツォ〈dags pa tsho brgyad〉：（タワン県ルムラ・サークルなど五つのサークル[59]）
④シャルニマの三つのツォ〈shar nyi ma tsho gsum〉別名ラオク・ユルスム〈la 'og yul gsum〉：（タワン県タ

ワン・サークル、ロウ・サークル、キトゥピ・サークル）

⑤シャウ・ホ・チャンタ・ツォ〈sha 'ug hro byang dwags tsho〉：（三つの村からなるツォで、シャウは現在は中国領、残りはタワン県）

⑥ダンナンの六つのツォ〈sbrang nang tsho drug〉：（西カメン県ディラン・サークル、テンバン・サークル）

⑦ロンナンの四つのツォ〈rong nang tsho bzhi〉：（西カメン県シェルガオン・サークル、ルパ・サークル、カラクタン・サークル）

ここでは、二〇世紀初頭までの「モンユルの回廊地帯」の歴史を概観してみる。ただし、この回廊地帯についての通史といったものはまだないため、インド独立以前までの歴史に関しては、チベット史・ブータン史・イギリス植民地時代の資料の中から断片を拾い集めて、つなぎ合わせてゆかなくてはならない。また、この回廊地帯の歴史はそのまま、チベット、ブータン、イギリス、独立後のインドとの関係史でもある。出典については異説・異論もあるが、あくまでも概略的に記したものである。

伝説・神話時代（七〜九世紀）

アルナーチャルでは、タワンや西カメンの歴史は、しばしば七世紀の前半にソンツェン・ガムポ〈srong btsan sgam po〉王（六一七—六四九）によって建国された古代チベットの統一王朝、吐蕃王国の時代に、タワンにカラワンポ〈ka la dbang po〉という名の王がいたことから語られる[60]。しかし、このカラワンポ王が実在した根拠はない。チベットの古い民話で歌舞劇にもなっている有名なダーキニー・ドワ・サンモ〈'gro ba bzang mo〉の物語で、この話は現地に残る民話を元に創作されたものだという説もある。(61) 仏教がこの地域に入ってきたころの土着の宗教との軋轢がその背景にあるとみられるストーリーであるが、あくまでも民間伝承の範囲であって、歴史的な裏付けがあるわけではない。ただし、この物語の舞台が現在のタワン、西カメン、東ブータンのタシガン県を含む地域であることが、残された遺跡や寺院、仏塔などを通して言い伝えられている［脇田　二〇一七：一八一］。

その次に出てくるのは、インドの密教僧でチベット仏教ニンマ派の祖とされるパドマサンバヴァ（グル・リンポチェ）の、この地域への訪問である。パドマサンバヴァは、インドからチベットに赴く際にタワンに立ち寄り、その地を祝福して「隠された幸福の聖地」という意味のベユル・キモジョン〈sbas yul skyid mo ljongs〉と名付けたとされる［Norbu 2016: 4］。ブータンではパドマサンバヴァは第二の仏陀とも呼ばれ、学校の教科書でもその生涯や事績が詳しく教えられている。八世紀の初頭に二回ブータンを訪問し、その二回目の訪問の際に虎の背に乗ってパロの岩山に着き、そこの洞窟で三カ月間に及ぶ瞑想を行い、悪魔を調伏した。その洞窟のあった場所に一六九二年に建てられたのがタクツァン僧院だとある。(62) 同じ伝承と名前を持つ寺院がタワン県ゼミタン・サークル（Zhemithang Circle）の山中にもあるが、書かれたものが少なく、その歴史は最近まであまり知られていなかった。こちらは、一七六〇年代になってブータンの領主の一人ロ・ナムカ・ワンチュク（Lo Namkha Wangchuk）によって建てられたものだという。(63) 他にもパドマサンバヴァの聖地とされる洞窟や湖などがタワン、西カメンの両県にいくつも残されていることが、二〇一六年から一七年にかけて発行された英語の小冊子『モンユルの聖地巡礼ガイド』シリーズによって地元の人びとの知るところとなった。(64)

ソンツェン・ガムポの死後も、吐蕃王国と唐との間には幾度か戦が続いたが、ティツク・デツェン〈khri gtsug lde btsan〉すなわちレルパチェン〈ral pa can〉王と唐の穆宗の時代に最終的な和平が成立し、八二一年に長安

（現在の西安）、八二一年にラサで和平の盟約が結ばれ、八二三年に「唐蕃会盟碑」（【写真1－1】）がラサに建てられた[65]。この碑は今でも大昭寺（チョカン）の門前に残っているが、塀で囲まれているため、刻まれた字を直接確認することはできない。碑の東面はチベット語で刻まれているが、その中に「モン」〈mon〉に言及した部分が残され、英訳・日本語訳されている。例えば、李方桂（Fang Kuei Li）はその部分をMon and India in the Southと英訳している［Li 1956: 63］。佐藤長による日本語訳も「南方のモン、インド」となっていて［佐藤　一九五九（一九七七）：九二三］[66]、その註に「モンというのはインド、チベットの間に居住する民族の総合名である。リチャードソン氏によれば、アッサムの種族地帯の西方の一地方の住民は今でもモンと呼ばれているという」[67]（原文のまま）とある［佐藤　一九五九（一九七七）：九二五］[68]。いずれにしても、九世紀のチベットがヒマラヤの南麓をモンと呼んでいたことは確かである。この碑文には「南方」「西方」「北方」という文字も見えるが、一部欠落している。張江華は、この碑文の内容から、当時のモンがチベットに隷属していたとしているが、モンの範囲が明記されているわけではない[69]。

【写真1－1】ラサの大昭寺の前に建てられた唐蕃会盟碑。塀で囲まれていて、碑文を確認することはできない。

張は、吐蕃統治時代のモンユル（門隅）は流刑地でもあり、八世紀から九世紀にかけて相次いで二人の王子が配流されたと書いている［張　一九九七：一四］。この場合のモンユルはブータンを指している。張はその王子の名を書いていないが、その一人は、八世紀中後半のチベット王ティソン・デツェン〈khri srong lde btsan〉とその王妃の一人であるマルギェン〈dmar rgyan〉との間の王子ムルム・ツェンポ〈mu rum btsan po〉、そしてもう一人は、チベットの王ティデ・ソンツェン〈khri lde srong btsan〉（在位八〇〇年ごろ―八一五年）の長男のツァンマ〈gtsang ma〉王子のことであろう。

ムルム・ツェンポ王子に関しては、史料によって名前が違うことなどを含め、さまざまな議論があるが、ムティ・ツェンポの名でブータンとの国境付近に配流されている［Shakabpa 1967：47］(70)。アリスはブータンで有名な伝説上のキカ・ラトゥ〈khyi kha ra thod〉をこの王子と結びつける伝承を紹介している。王の寵愛がなかったことから、王妃マルギェンが犬と山羊と交わって生まれた子がムルム・ツェンポで、「犬の口と山羊の頭」という意味のキカ・ラトゥと呼ばれるようになり、父王に疎まれてチベット南部へ流されたというものである［Aris 1980a：60-82］。

この伝承が、後述するシェルドゥクペン（現在のアルナーチャルの西カメン県の指定トライブの一つ）の起源伝説としてシャルマ（R. R. P. Sharma）が記録したものと関係があると指摘したのも、アリスである。その伝説の骨子は、チベットのソンツェン・ガムポ王とアッサムのアホム王の王女との間に生まれたジャプタン・ブラ（Japtang Bura）という名の王子が、現在の西カメン県ルパ（Rupa）にやってきてシェルドゥクペンの最初の王になったというものである。ジャプタン・ブラは、母がチベットに嫁ぐ旅の途中で彼女を迎えに行ったチベットの大臣との間にできた不義の子で、一行がラサに到着してから間もなくして生まれた。その子は、顔は犬で、山羊の角があり、キ・ブ・ロワ（Khi Bu Rowa）と名付けられたが、王の怒りを買い森に追放されて亡くなったという。このキ・ブ・ロワの話は明らかにキ・カ・ラ・トウの伝説に酷似している。ジャプタン・ブラにはもう一人、同じ母から生まれたジャブドゥン・ンゴワン・ナムジェ（Jabdung Ngowang Namje）という名の兄がいて、彼はブータンを相続したとある(71)。一七世紀にブータンを統一したシャプドゥン・ンガワン・ナムギェル（一五九四―一六五一）のことと思われるが、七世紀のソンツェン・ガムポと一三世紀から一九世紀のアホム王国、そして一七世紀のシャプドゥン・ンガワン・ナムギェルという年代の矛盾を含め、かなり荒唐無稽な話となっている。アリスは、この伝説は、ブータン東部の人びとがシェルドゥクペンの住む地域へ移住した際にもたらされた話を元に、弱小コミュニティの権威付けのために創られた話であろうとしている［Aris 1980a: 80］。

もう一人のツァンマ王子は、ティデ・ソンツェン王の長男として生まれた。父の後継となったティツク・デツェンすなわちレルパチェン王と、仏教の迫害者として知られるランダルマ〈glang dar ma〉王（在位八三六―八四二）の二人はツァンマ王子の弟である。ツァンマ王子については、弟のランダルマによってブータンに追われたことが伝えられている以外は、チベット史の中ではマイナーな存在だが、東ブータンやタワンなどでは重要視されている[72]。それは、ツァンマ王子がそれらの地域の有力なクラン（血族集団）の祖先だとされているからである［Aris 1980a: 83］[73]。ツァンマ王子は東ブータンのミジンパ〈Mizimpa〉[74]にあった宮殿に住み、二人の息子を持ったが、長男がタワンの人びとから領主となるよう要請を受け、後にその子孫がタワンとディランのジョヲ〈jo bo〉というクランの先祖となった［Aris 2009: 43］。このジョヲというクランは、ツァンマ王子の息子や孫、ひ孫などから派生したジョヲ〈jo bo〉、ジェ〈rje〉、チャル〈byar〉、ヤデ〈yas sde〉、トゥンデ〈stung sde〉、ワンマ〈wang ma〉という六つの有力なクランの一つである［Aris 1980a: 98］。

チベットではツァンマ王子の亡命後、八三六年に弟のレルパチェン王がランダルマの家臣に殺され、ランダルマ自身も八四二年に暗殺されて吐蕃王国は崩壊し、仏教も衰退してゆくこととなる。これらのチベットの王族がブータンに配流され、さまざまな貴種流離譚が生まれた背景には、このようなチベット本土の混乱があったことが想像される。

チベット・ブータン仏教史の中のタワン

ランダルマの死後、チベット古代王国は分裂し、仏教も衰退を余儀なくされたが、一〇世紀半ばごろからチベットは復興の兆しを見せ、各地に氏族と仏教教団が結びついた氏族教団を形成し始めた。そして一三世紀に入るとモンゴル（元朝）の脅威にさらされるようになった。このころチベットで勢力を持っていたのはサキャ派で[75]、モンゴルの皇帝たちがチベット仏教の施主となる関係はこのころに生まれた。しかし、元の衰退とともに一四世紀前半にはサキャ派政権にも陰りが出てきた。その結果、一四世紀半ばにパクモトゥ派が権力を握ったが、それは宗教指導者による支配であった。その一三〇年後にリンプン氏、そして一五六五年まではツァン氏が、チベットの大部分を掌握したが、リンプン氏とツァン氏の政権は俗人による支配で、両氏ともに当時勢力を持っていたカルマ派と強く関わっていた［スネルグローヴ&リチャードソン　二〇〇三：一九三―二〇四］。

カルマ派は黒帽派と赤帽派に二分され、その中でも重要な人物とされるのがカルマ黒帽派三世ランチュン・ドルジェ〈rang byung rdo rje（一二八四―一三三九）〉で、タワンでは、彼が一四世紀にモン（タワン）に来てカギュ派の寺を建て、カギュ派を広めたと伝えられている[76]。カルマ派はカギュ派の一支派である。田中公明によれば、チベットで高僧が生まれ変わるという転生ラマの制度を確立したのはカルマ派で、ランチュン・ドルジェは最初の転生ラマであるという。彼は成人後、チベット各地を巡って布教や寺院建立を行い、橋の架け替えや地域の紛争調停まで行ったという［田中　二〇〇〇：七一―八一］。タワンのジャン（Jang）近くにあるキンネ僧院も、ランチュン・ドルジェが建てたものだと地元では信じられているというが、ノルブは、まだその確認はとれておらず、他の学者が主張するように弟子が建てたものかもしれないと述べている。キンネ僧院は、最初はカギュ派であったが、後にゲルク派に改宗した。タワンにおける最初の仏教寺院であるばかりでなく、パドマサンバヴァも訪れた最初の聖地

【写真1-3】オギェンリン・ゴンパ

【写真1-4】サンギェリン・ゴンパ

【写真1-2】オギェン・サンポ像

でもあるという［Norbu 2016: 131］。

この地域にニンマ派が広がったのは、一五世紀のこととみられる。それを布教したのは、中央ブータンのブムタン生まれのペマ・リンパ〈padma gling pa〉（一四五〇―一五二一）だとされる。彼はニンマ派独特の「埋蔵宝典発掘者」として、ブータンやチベットで知られた高僧である。ペマ・リンパの末弟オギェン・サンポ〈o rgyan bzang po〉（一四五〇―一五二一）（【写真1-2】）は、中央ブータンからラオク・ユルスム〈la 'og yul gsum〉[77]（現在のタワン）にやってきて、その土地の有力者の娘と結婚し、オギェンリン〈o rgyan gling〉・ゴンパ（【写真1-3】）、サンギェリン〈sangs rgyas gling〉・ゴンパ（【写真1-4】）、ツォゲェルリン〈mtsho rgyal gling〉・ゴンパの三つのニンマ派の寺を建てた[78]［Aris 1989: 111-114］。現在もタワンに残るビガ・ゴンパも、オギェン・サンポが建てたと伝えられている。

ペマ・リンパは、一四八九年に、この弟か

らの招きで、その結婚をまとめるためにオギェンリンを訪ねている［Aris 1989: 111］。アリスは、相手の娘の父親はジョヲ・ドンドゥップ（Jowo Döndrup）という名で、ペマ・リンパに会った際、彼に「異なる集団との結婚に対して悪い噂があるが、あなたのような高僧が来てくれたことでそうした噂も減るだろう」と告げたことを記している。アリスは、中央ブータンの人からみれば、その土地の人びと、つまりモンパは、「半野蛮な国境の民」であるが、娘の父親のほうは民族の優劣は関係なく、単に異なる民族集団との結婚に周囲の反対があっただけで、ペマ・リンパの僧としての名高さがそうした問題を克服したのだろうと推察している［Aris 1989: 112］。ペマ・リンパの最初の埋蔵宝典発掘は一四七六年で、チベット南部のロタク地方への旅は二四回に及ぶといい、(79)当時すでにその名がタワンにも広がっていたのであろう。オギェンリンの現在の地名は、ウルゲリン（Urgelling）である。

【写真1−5】ブータンの第6代シャプドゥンの「意」の化身であるジグメ・ドルジェの仏塔

アリスが訳した文献によれば、ペマ・リンパは、一五〇七年に現在の西カメン県カラクタン・サークルにあるドムコ（Domkho）の王ジョパク・ダルマ〈jo 'phag dar ma〉の宮殿を訪ねている。三年前に王がペマ・リンパが建設中だった中央ブータンのタムシン・ラカンを訪問したその返礼であったようだ。ペマ・リンパは王の一族が行っていたシヴァ神に対する人身供犠や動物供犠を止めさせ、王はペマ・リンパに帰依し支援者となった。この王の一族は、ツァンマ王子の子孫の六つのクランのうちのチャル〈byar〉クランの子孫とみられる。ペマ・リンパは一一日間の滞在の後、ディランを経由して帰ったが、この時、アカあるいはミジとみられるトライブの襲撃を恐れて甲冑に身を固めていたとも書かれている(80)［Aris 1980a:

102-107]。

ドムコは、ブータンの第六代シャプドゥンの「意」の化身であるジグメ・ドルジェ（一九〇五—一九三一）の出身地とされ、第四代国王王妃ドルジ・ワンモ・ワンチュックにより二〇〇五年に建立された仏塔（【写真1-5】）が建てられている。現ブータン王家とも縁のある地である。(81)

ゲルク派支配の確立

一四世紀から一六世紀にかけて、チベットは、サキャ派、パクモトゥ派、リンプン氏、ツァン氏などの宗派間・氏族間の対立により分断されていた。そんな中で、サキャ派の勢力が崩壊したころに成立したのが、ロプサン・タクパ〈blo bzang grags pa〉（一三五七—一四一九）、一般にはツォンカパと呼ばれる人物を始祖とし、後にゲルク派と呼ばれるようになる新教団であった。ツォンカパの僧侶としての名声が広がり、ラサを中心として多くの信者を獲得するようになった。一五七八年、ゲルク派のデプン寺の管主ソナム・ギャムツォ〈bsod nams rgya mtsho〉（一五四三—八八）がモンゴルのアルタン・ハーンからダライ・ラマの称号を与えられ、後に彼の前に二人のダライ・ラマが追認されたため、彼自身は第三世ダライ・ラマとされた(82)［Mullin 2001: 146］［デエ　二〇〇五：一二七—一二八］。

タワンにゲルク派の布教が始まったのもペマ・リンパのタワン訪問と同じ一五世紀ごろのことで、ダライ・ラマ一世の弟子、ツァントン・ロルペイ・ドルジェ〈gtsang ston rol pa'i rdo rje〉と、ダライ・ラマ二世ゲンドゥン・ギャムツォ〈dge 'dun rgya mtsho〉（一四七五／六—一五四二）の弟子、ロプサン・テンペイ・ドンメ〈blo bzang bstan pa'i sgron me〉（一四七五—一五四二?-）の二人によって、タワンのロウ（Lhou）村にアリヤクドゥン（=アルギャドゥン）僧院が建てられてからのことである［Tempa & Tempa 2013: 9］。

このようにロプサン・テンペイ・ドンメは、ゲルク派のモンユル進出に重要な役割を果たした僧として知られているが、ツァンマ王子から派生した「ジョヲ」クラン出身で、その父親は、チベットやモンユルに多くの鉄の鎖の橋チャク・サム〈lcags zam〉（コラム①）を架けたことで有名なタントン・ギェルポ〈thang stong rgyal po〉（一三八五?—一四六四?）(83)の、地元のパトロンであったという［Aris 1989: 113］。アリスが翻訳したチベット語文献(84)に以下の逸話が残されている。

ベルカルの有力者だったジョヲ・タルゲ〈jo bo dar rgyas〉が付近で寄付金を集めて回り、尊敬を集めていたタントン・ギェルポを自宅に招き、コメから作った焼酎を酌み交わした際に、タントン・ギェルポからある予言を授かった。その内容を要約すると、「ジョヲ・タルゲに七人の息子が授かり、そのうちの一人が菩薩のように人びとを救済する高僧となるだろう。そしてその時、タントン・ギェルポがジョヲ・タルゲに飲ませるのに使った頭蓋骨の杯は、ダーキニー・ドワ・サンモの頭蓋骨で大変価値のあるものだと言って、それを礼として置いていった。予言通りその息子の一人が後にロプサン・テンペイ・ドンメとなり、現在の西カメン県のタクルン〈stag lung〉僧院やタワンのアルギャドゥン(85)〈ar rgya gdung〉僧院をはじめとしてブータンのメラやサクテンに多くの僧院を建設した」［Aris 2009: 45］。

ジョヲ・タルゲの家はパヲドゥン〈dpa' bo bdun〉と呼ばれているが、これはチベット語で「七人の英雄」を意味している(86)。現在もこの家の呼称は変わっていない（【写真1-6】）。

【写真1−6】ロプサン・テンペイ・ドンメの生家とされるベルカルのパヲドゥン

【写真1−7】タクルン僧院にあるロプサン・テンペイ・ドンメの像

アルギャドゥン僧院[87]はタワン、タクルン僧院はドムコにあり、タクルン僧院の中には、ロプサン・テンペイ・ドンメの像がある（【写真1−7】）。両寺院とも現在も残っているが、ともに小規模な寺である。ロプサン・テンペイ・ドンメが建てたとされる、ブータン側のサクテンの寺は、タシ・ツェリン僧院〈bkra shis rtse gling dgon pa〉、メラのガンデン・ツェリン僧院〈dga' ldan rtse gling dgon pa〉で、九九歳の時に亡くなったという［Aris 2009: 82］。筆者の調査では、現在サクテンに残るボランツェ寺（Borangtse Lhakhang）の正式名が、タシツェリン・ラカンである。後述のようにメラのガンデン・ツェリン僧院は、完全な廃墟となっている。地元の人びとは、インドとの国境近くの山岳地帯に残るツォルン・ゴンパ〈mtsho lung dgon pa〉の廃墟を、ロプサン・テンペイ・ドンメが遷化した場所だと言い伝えている（【口絵2】）。サクテン、メラの人びとは、主にヤクやヒツジなどの牧畜を生業としていて、この近くも放牧地となっている。ただし、徒歩で二日の行程を要する標高四〇六五メートルという高地にその寺の廃墟が残されている[88]。ロプサン・テンペイ・ドンメに関しては、異なる資料の間で不明な点、混乱も見られるが、ダライ・ラマ二世の時代の実在の人物であることは確かだという［Tenpa 2013: 13］。

さらにサルカールは、ロプサン・テンペイ・ドンメの四代目の化身が、後にタワン僧院を建設するロデ・ギャムツォ〈blo gros rgya mtsho〉（?―一六八二）で、同じくベルカルのパヲドゥンで生まれたと述べている［Sarkar 1981: 5］。ロデ・ギャムツォは、一七世紀のブータンの歴史書に登場するラマ・ナクセン〈bla ma nag seng〉と同一人物であるとされる［Aris 2009: 119］。

ここで、当時のブータンの状況について補足しておく。チベットにおいてドゥク派（ドゥクパ・カギュ派）は、カギュ派の支派のパクモドゥ派から派生したが、その始祖はツァンパ・ギャレー・イシェ・ドルジェ〈gtsang pa rgya ras ye shes rdo rje〉（一一六一―一二一一）である。彼が一二〇五年に創建したドゥク寺にちなんで、宗派はドゥク派と名付けられた［今枝　二〇〇三：三四―三五］。このドゥク派がチベットからブータンへと勢力を広げたのは一三世紀前半のことである。その後、積極的に布教活動を活発化させ、多くのドゥク派の寺がブータン内に建てられた。しかし、当時のブータンはいわゆる群雄割拠の時代で、統一国家とはなっていなかった。その国家統一を成し遂げたのが、ドゥク派の中心寺院ラルン寺の座主シャプドゥン・ンガワン・ナムギェル〈zhabs drung ngag dbang rnam rgyal〉（一五九四―一六五一）であった。ラルン寺は、現在のチベット南部のブータンとの国境に近いロタク地方にあったが、宗教・政治上の争いが理由でシャプドゥンはチベットを去り、一六一六年に西ブータンに逃れた。一六三九年にチベット軍の侵攻とそれに頼る反対勢力を撃破して、ブータンに統一国家が樹立された［今枝　一九九四b：三五―四〇］。ただし、その勢力はトンサまでで、以東のドゥク派に対する抵抗勢力を抑えて東ブータンのカリンまでを支配下に入れたのは、シャプドゥンの死後五年経った一六五六年のことであった［今枝　二〇〇三：七七］。このドゥク派の東への進出を阻む抵抗勢力の一人が、ロデ・ギャムツォ（ラマ・ナクセン）で、彼は、ロブサン・テンペイ・ドンメと同様にブータン側のメラに滞在していたので、メラ・ラマという愛称でも知られる。メラの人びとは彼の生地をタワンのベルカルではなくメラだと信じているが、確証はない。

【写真1－8】タワン僧院を建てる予定だったとされるメラのタワン・タン

　筆者はメラのゲンゴー村にあるゲンゴー・ラカン（Gengo Lhakhang）の上手にある廃墟を訪れたことがある。完璧に破壊されているが、その一帯だけに石が残っていることから建物の遺構であることが分かる。メラの人びとの説明では、そこはメラ・ラマが住んでいたか、またはガンデン・スンラブリン〈dga' ldan gsung rab gling〉[89]という名の僧院があった場所で、ドゥク派の軍隊により破壊されたものだという（【口絵3】）。サルカールは、ロプサン・テンペイ・ドンメが建てたガンデン・ツェリン僧院はドゥク派に破壊されたと記している［Sarkar 1980: 11］。この二つの寺は同一の可能性があるが、確認はとれていない。メラの村の役場の前に広がる平地は、地元の人びとの間ではメラ・ラマがタワン僧院を建てる計画を持っていたと伝えられ、メラの人びとはタワン・タンと呼んでいる（【写真1－8】）。

　アリスがタワンで入手し英訳した、ダライ・ラマ五世ンガワン・ロプサン・ギャムツォ（一六一七―八二）の一六八〇年の詔勅には、このドゥク派の勢力の拡大について、「一六五六年から南の悪魔（ブータン人）の野蛮な軍隊による邪悪な計画によって、モン東部の繁栄が破壊された」、「地域の繁栄のためにゲルク派の教えを守り、メラ・ラマの指揮に従うように」と記されている[90]。この詔勅の背景には、ブータン軍との戦いに敗れ、タワンに逃れたメラ・ラマが、カルマ派、ドゥク派などの既存の他宗派勢力から圧力を受けていたことがある。

　この詔勅の目的はゲルク派のモンユルにおける地位を確立することであったが、メラ・ラマに、ラサにより近いツォナ・ゾンよりもさらに大きな権力を与え、タワン僧院を建設させた。建設は一六八〇年に始まり、一六八一年

【写真1－9】タワン僧院本堂に置かれたメラ・ラマの愛称を持つロデ・ギャムツォの像

に完成し、メラ・ラマ（【写真1－9】）によってガンデン・ナムギェル・ラツェ〈dga' ldan rnam rgyal lha rtse〉と名付けられ、開眼法要が行われた。メラ・ラマは翌年一六八二年に亡くなった。タワン僧院は、タワンの町を見下ろす標高三〇〇〇メートルの丘の上に建てられている（【口絵4】）。従来の僧院が山間部の陰に建てられていたのに対して、ダライ・ラマ五世の時代にチベットに建てられた新しい寺院のいくつかは、ゲルク派の偉大な勝利を象徴する目的で、周囲の土地を俯瞰する丘の上に建てられるようになった。ポタラ宮殿もラサの町を見下ろす壮麗な建築となっている。そしてポタラ宮殿の丘にはソンツェン・ガムポの時代にさかのぼる砦や宮殿あるいは僧院があったという［スネルグローヴ&リチャードソン　二〇〇三：二六五］。タワン僧院の場合にも、その場所はマンデルガン〈maNDal sgang〉と呼ばれ、おそらく伝説であろうが、ソンツェン・ガムポの時代の王カラワンポの城があったところであることも一致している。周囲を見渡す丘の上に大きな鳥が羽を広げたように建てられたタワン僧院は、対抗勢力に対し大きな威圧感を与えただろうことは想像に難くない。

　メラ・ラマの宗教改革により、三人の男子がいる者はその第二子を僧侶にすること、モンユルを三二のツォ[91]（措）とディン（定）に分割することなどが決められた。すべての領地に寺院を建て、納税や労役を割り当てたほか、不定期に戸籍調査もした。メラ・ラマの死後も、チベット中央政府は引き続き役人二人を送って、タワン僧院の高位のラマ僧二人と合わせた四人による「行政管理委員会」を作り、一八五三年以降、これに北の錯那の二人の代表者

【写真1-10】センゲ・ゾン

【写真1-12】タクルン・ゾン

【写真1-11】ディラン・ゾン

ゾンポン（城主）を加え、六人の非常設の「行政委員会」も作った。タワンは、モンユルの政治・宗教・経済の中心地であったが、そのさらに南にセンゲ・ゾン（【写真1-10】）、ディラン・ゾン（【写真1-11】）、タクルン・ゾン（【写真1-12】）を置き[92]、タワン僧院からゾンポンを任命した。辺境の三つのゾンに関わる事柄を話し合うときには、この三人のゾンポンが加わった。錯那の二人のゾンポンはタワンに彼らの出張所を設け、そこで行政事務処理や労役の割り振り、租税の徴収を行った。ゾンポンは毎年タワンで冬を過ごし、夏になるとツォナに避暑に帰っていた［張　一九九七：一六］。タワンのギャンカル村にあったギャンカル・ゾン（Gyangkhar Dzong）がその出張所であったが、現在は完全に廃墟となっている。

アリスは、タワンを支配下に入れたチベット政府は、間もなく、モンユルの回廊地帯はインドへの通路という地理的な適地であるだけでなく、経済的にも重要な場所であることに気付いたはずだと指摘している。モンユルから年二回、税として納められる穀物、特にコメを含め、珍しい薬草、ペンの材料として使われる竹、ジンチョウゲの靭皮から漉かれる紙、アカやミジなどのトライブが獲った野生動物の毛皮、羊毛、北部の牧畜民からのバター、役人を喜ばせた豊富な果物などが、もたらされたからである。オレンジの熟した実は、毎年ダライ・ラマに献上されていた［Aris 1989: 119-120］。

タワン生まれのダライ・ラマ六世

ダライ・ラマ五世は一六八二年に遷化したが、その死は摂政のサンギェ・ギャムツォ（一六五三―一七〇五）によって、ごく限られた人びとの間で一五年にわたって秘匿された。結局、その化身はタワンで発見されたが、アリスは、その化身を探し、いずれ公表するまで隠すには、チベットの僻地であるモンユルがふさわしいと考えたのではないかという［Aris 1989: 119-120］(93)。タワンの人びとは、メラ・ラマがダライ・ラマ五世にタワン僧院を訪問するよう要請し、五世は将来の訪問を約束したが生前には果たせず、それが、ダライ・ラマ六世という化身がこの地で生まれたことで実現したと信じているという［Sarkar 1981: 9］。

ダライ・ラマ六世ツァンヤン・ギャムツォ〈tshangs dbyangs rgya mtsho〉（一六八三―一七〇六）の父は、オギェンリン寺のニンマ派の僧タシ・テンジン、母親はツェワン・ラモである。タシ・テンジンは、ペマ・リンパの弟オギェン・サンポの子孫で、アリスが作成した系図によると、オギェン・サンポの息子から数えて七代目がツァンヤン・ギャムツォとなっている。母方の家系はベルカルのジョヲ・クランに属し、タワンでは一種の貴族として扱われていた［Aris 1989: 113, 116］。ベルカルといえば、ロプサン・テンペイ・ドンメやメラ・ラマ・ロデ・ギャムツォの生家のある村で、実は、この二つの家は、数百メートル、歩いて五分程度の距離にある。しかし、両家の間には血のつながりはないという。同じクラン間の結婚は禁じられていたからであろう。[94]

一般的には、ダライ・ラマ六世の生誕地はオギェンリンであるとされているが、実際の生誕地は母の実家があるベルカルであるとの主張もある。その根拠は、地元では出産は母親の実家でするのが慣習であるからだという。[95]母方の実家は「母方のオジの家」を意味するクシャン・ナン〈sku zhang nang〉と呼ばれている[96]（【口絵5】）。現在もその子孫が、経典、オギェン・サンポ、ダライ・ラマ六世、その両親などの塑像（【口絵6】）、ダライ・ラマ六世の靴、シンバル、帽子などのさまざまな聖遺物を継承し保存している。これらを保存していた仏間が古くなり、地震の影響で崩落の危険があったため、寄付金を募り、二〇一五年にすぐ近くに完成した新堂に、これらの塑像や宝物をすべて移管した。[97]

ダライ・ラマ六世は、二歳八カ月だった一六八五年一一月にタワンを発ち、それから一二年間をツォナ・ゾンで過ごしたが、それは五世の死が秘匿されていたことと、タワンはゲルク派を敵とするブータンにあまりにも近く、危険だったことがその理由だという。ツォナでは、五世と同じ時期に亡くなったツァン地方のシャル僧院の僧院長の化身として過ごし、ポタラ宮殿で正式にダライ・ラマ六世として即位したのは一六九七年一〇月のことで、六世は一四歳になっていた。即位後、本格的な仏教教育が始まったが、二〇歳になっても出家僧の遵守すべき具足戒を受けることを拒み、すでに受けていた見習い僧の戒律である沙弥戒まで返上し、還俗して遊蕩三昧の生活を送るようになった。このことは、それまで後ろ盾だった摂政サンギェ・ギャムツォをも悩ませたが、摂政はホショット・モンゴルの首長ラサン・ハン（Lhazang Khan）と対立して摂政を辞任し、一七〇五年に殺害されてしまった。その翌年、ダライ・ラマ六世はラサン・ハンによって逮捕されて退位させられ、翌年、北京の康熙帝のもとに送られる途中、青海湖のほとりにあるクンガノールで亡くなった。その死因は謎のままで、そのため、ダライ・ラマ六世は実際にはクンガノールでの死を逃れたという別の伝承を生むこととなった[98]。二三年と短くも数奇な生涯と、彼が残した多くの恋愛詩によって世界中に知られることになったダライ・ラマ六世であるが、意外なことに生誕地のタワンでは、その生涯や詩がよく知られているというわけではない。この点については、第四章と第五章で述べる。

一七〇六年にダライ・ラマ六世が亡くなった後、ラサン・ハンは「ツァンヤン・ギャムツォは誤って化身とされた」として、別の化身をダライ・ラマ六世として即位させた。しかし、ラサにあったゲルク派の三大本山（ガンデン寺、セラ寺、デプン寺）は、このイシェー・ギャムツォを化身とは認めず、ツァンヤン・ギャムツォがラサを去る時に残した詩の一節にある「理塘を巡りて帰り来ん[99]」を、東部チベットの理塘（リタン）で生まれた霊童を意味するとして、この子を六世の化身として支持した。それが、一七二〇年に即位するダライ・ラマ七世ケルサン・ギャムツォ（一七〇八―五七）である。

その六年前の一七一四年、ラサン・ハンは、チベット軍をタワン経由でブータンに送った。原因は、ブータン側がゲルク派の拠点であるタワンに圧力をかけたことであった［Aris 1980a: 259］。この戦いでもチベット軍は敗北しているが、その際に、ラサン・ハンは、タワンのダライ・ラマ六世ツァンヤン・ギャムツォの生家であるオギェンリン寺を破壊させている。自身が廃したダライ・ラマ六世の記憶を完全に消すためで、実際に指揮したのはジョムカル（Jomkhar）という名のモンゴル人将軍であったらしい。現在の場所にオギェンリン寺を再建したのはおそらくダライ・ラマ七世で、一七五二年に、ベルカルの母親の実家クシャン・ナンに対し、土地の所有権を認め、税や労役を免除する勅書を与えている［Aris 1989: 121］［Tenpa 2015: 498］。勅書は現在もクシャン・ナンに保存されていて、筆者も写真に収めた（【口絵7】）。

クシャン・ナンに対し、一七九九年に同内容の勅書が、ダライ・ラマ八世ジャンペル・ギャムツォ（一七五八―

一八〇四）からも出されている。テンパによれば、六世の没後、モンゴルとチベットとの勢力争いがあり、六世の家族はダライ・ラマの親戚としての権利を失っていたが、七世と八世による詔勅によって、六世の母方のオジの家としてその地位と特権が認められていたことが分かるという［Tenpa 2015: 504］。

イギリス植民地政府とトライブ

一九世紀の半ば以降のモンユル回廊地帯の歴史は、イギリス・ビルマ戦争の後、アホム王国に代わってアッサムを統治したイギリス植民地政府の資料や、この地を訪れた人びとの記録から探ることになる。

アッサム、ベンガル地方とブータン、現在のアルナーチャル西部との、国境・州境地帯は、ヒンディー語で「関門」を意味するドゥアール（duar）と呼ばれていた。ブータンとの間には一九のドゥアールがあり、その東側にあるクリアパラ・ドゥアールとチャール・ドゥアールという二つのドゥアールが、現在の西カメン県とアッサム州の境に位置するドゥアールであった。北上して山岳地帯に入るためには、このドゥアールを通過しなければならない。クリアパラ・ドゥアールを所有していたのは、サート・ラジャ（Sath Rajas）と呼ばれる首長たちで、彼らはタワンのチベット政府の支配下にあったとされている。サート・ラジャは「七人の首長」を意味するが、この数は必ずしも七人に限定して使われるわけではない。彼らはブーティア（Bhutia）と呼ばれ、ブータン・ブーティア、つまりブータン人とは、分けられていた。一八三〇年から四〇年まで、このドゥアールを巡って、サート・ラジャと周辺住民との間にたびたび紛争が起きた。そこで、イギリス政府が、年五〇〇〇ルピーを首長たちに支払うことと引き換えにドゥアールを手に入れた。この金はウダルグリ（Udalguri）で開かれる定期市の際に、首長たちが木綿その他の製品を購入してタワンやラサに送ることに使われていた。一八五二年にはサート・ラジャの一人が原因でチ

コラム1

タントン・ギェルポの架橋伝説とタワン

タントン・ギェルポ（一三八五―一四六四？）が架けたと伝えられる鉄鎖の吊り橋（【写真①―1】）は、現在でもタワン県のモクトウ・サークルのモクトウ村とキトゥピ・サークルのボンボン（Bongbong）村との間のタワン川にあり、今でも渡ることができる。一五メートルほどの長さの橋であるが、横二列の鉄の鎖でつながれているうち、下の列のものがいかにも古く見える。上の新しい鎖よりは輪が小さめだが、連結部が判別できないほど見事にできている。

ボンボン村は別名「鉄の橋」を意味するチャクザム（Chakzam）村で、村の背後の黒褐色の岩山に洞穴がある。村の人の説明では、タントン・ギェルポはこの洞穴に滞在して、周囲の岩石から鉄を作ったという。タワンの人びとの多くは、タントン・ギェルポのことを、ラマ・チャク・ザム・ワンプ（Lama Chakzam Wangp）と呼んでいる。

チベット本土やブータンにおける、タントン・ギェルポによる橋や船着場の建設に関する記述の中に、タワン川に架かるこの橋に関する記録は見当たらない。しかし、この橋の建設中に、彼はダライ・ラマ六世の母方の実家クシャン・ナンがあるベルカルを訪問したと伝えられ、クシャン・ナンには、タントン・ギェルポの像と足跡が残る石が保存されている（【写真①―2】【写真①―3】）。

クシャン・ナンから数百メートルの徒歩五分以内の場所にあるパヲドゥンをタントン・ギェルポが訪ねた逸話については本文に述べた通りである。アルナーチャルで

【写真①-1】タワン川に架かる橋

発行された資料には「橋は一四三四年に架けられた」[Tempa & Tempa 2013: 8] と書かれているが、出典は示されていない。

　ボンボン村の吊り橋は、道路ができる前には、タワンからモクトウ経由でニンサン・ラを越えてブータンのサクテンやメラへ行く時に必ず渡らなければならない橋であった。タワンには、これ以外にタントン・ギェルポが建てたと伝わる橋はないが、メラのゲルク派寺院のゲンゴー・ラカン（【写真①-4】）は、一四四五年にタントン・ギェルポと彼の精神的な息子〈thugs sras〉であるキョブパ・サンポ〈skyob pa bzang po〉が建てた寺だという。これはメラのラム・リンチェン〈Lam Rinchen〉から入手した彼の未発表原稿によるものである。メラの口承では、人びとはこの息子をタントン・ギェルポの実子だとし、ブチュン・ギェルワ・サンポ〈bu chung rgyal ba bzang po〉と呼んでいる。

【写真①-2】タントン・ギェルポ像

　ギェルワ・サンポに関する伝承がゲンゴー・ラカンに残ることを記したゲルナーは、タントン・ギェルポに息子がいたという話はチベットにはないと述べ、タントン・ギェルポがメラに長く滞在し、そこを拠点に東ブータンのタシガンやドクスムに鉄鎖の橋を架けたのではないかと推測している [Gerner 2007 : 18-22]。もしそれが正しければ、タワンの橋も同じころに架けられた可能性があるが、確証はない。

【写真①-3】タントン・ギェルポの足跡

ギェルワ・サンポのミイラ

　筆者が二〇〇六年三月にメラで記録した伝承によれば、ギェルワ・サンポは、父の命で鉄のプルパ（独鈷）を求めてインドに出かけたが、マラリアに罹り、ゲンゴーに戻って間もなく亡くなった。二五歳（二一歳ともいわれる）のことだったが、父が、この年は不吉な年だからと制止したのを聞かずに出かけた結果だという。彼のミイラは、ゲンゴー・ラカンの堂内の仏塔に納められていたが、だいぶ前にタワンのケット（Khet）村の者に、頭と手足、そしてプルパを盗まれてしまった。盗人はそれをケット村の木の根元に埋めて隠した。ある夜、向かいのタワン僧院からケット村を遠望すると、村が燃えているように見えた。翌日行ってみると何事も起きていない。

【写真①-4】ゲンゴー・ラカン

その翌日も同じことが続いたので、僧院から派遣された僧が燃えていた場所を特定して地面を掘ると、そこから盗品が見つかった。村人は盗んだことを否定したが、サイコロ占いで、それがゲンゴー・ラカンから盗まれたものだということが分かった。この盗まれたミイラが納められているという金属製の厨子が、タワン僧院の宝物館に展示されていた。筆者がメラの友人と共にそれを見たのは、二〇一一年八月だったが、その後、間もなくして陳列されなくなった。メラの人びとからのクレームを恐れたためかもしれない。現在、ゲンゴー・ラカンに保管されているのは胴体部分だけだという。堂内の壁画にはギェルワ・ザンポがタントン・ギェルポにプルパを手渡ししている絵が描かれている。

一九六二年秋に起きた中印国境紛争の際に、タワンの人びとの多くはこの鉄鎖の吊り橋を渡り、ブータンのサクテンからメラを経由して、西カメン県やアッサムに逃れたが、橋の手前に食料などの荷物を抱えた人びとが殺到し、順番に渡るのに一晩以上かかったと語り伝えられている。現在は、自動車道路ができたおかげで、この橋を利用しなくてもモクトウに行けるようになっている。

ベットと紛争が生じ、四〇〇人のチベットの軽装備の歩兵隊がアッサムにやってきた。そこで、首長たちへの五〇〇〇ルピーの支払いを確認する契約書を作成したが、その後もトラブルは続いた。一八七九年から八〇年のアッサム行政官の報告書から、そのころにはチベット系のブーティアと植民地政府との友好関係が築かれたのが分かるという［Mackenzie 1884（2001）: 15–19］。

ウダルグリは、アルナーチャルとアッサムの州境、そしてブータン国境近くに位置し、アホム王国（一二二八－一八三八）時代からの定期市があった町である。イギリス・ビルマ戦争当時、市は閉鎖されていたが、一八三三年に、当時その地域のイギリス植民地行政官だったラザフォード中尉（Lieutenant Rutherford）によって再開された。アッサムとチベット、そして丘陵部の諸部族との交易を促すためである。チベット側のツォナとアッサムとの交易品は、チベットからは岩塩、アッサムからはコメ、タッサー・シルクの布、鉄、ラック染料、そしてベンガルからの獣皮、水牛の角、真珠や珊瑚などであった。チベットのラサやその西部、東部からも商人が集まり、大変な賑わいだったという［Mackenzie 1884（2001）: 15–16］。

ところで、マッケンジーがクリアパラのブーティアと呼んでいるのは、その位置から現在のカラクタン・サークルのモンパのことと考えられているが、チベット人のタロン・ブーティア（Tibetan Thalong Bhutias）やチベット人のブーティア（Tibetan Bhutias）と記されている場合もあり、これなどはカラクタンのタルン・ゾン（あるいはタクルン・ゾン）に駐在していたチベット人の可能性もあって、はっきりしない。トワン・ブーティア（Towang Bhutias）という記述もあり、これはタワンのモンパのことと思われるが、その呼称の範囲は明確ではない。他にはテベンギア・ブーティア（Thebengear Bhutias）という名も出てくるが、これは最も東のブーティアという表現で、西カメン県のテンバンのモンパのことを指していると思われる。マッケンジーによると、テンバンのモンパも定期的な支払いを受けていたという[100]。もう一つ東側のチャール・ドゥアールには、ルパとシェルガオンのブーティアを意味していると思われる名も出てくるが、これらは現在のシェルドゥクペンあるいはモンパのことであろう。マッケンジーは、彼らはタワンからは独立していると主張している、と記している[101]。

アッサムのイギリス植民地政府をより悩ませていたのはアカ（フルッソ）で、マッケンジーは彼らを、「最強で野蛮なトライブで、二〇年にわたってチャール・ドゥアールの厄介者である」と評している。彼らはまた、内陸のミジなどのトライブの助けを借りて、タワンのチベット政府に反抗していたという。彼らがアッサム平原との境界部でトラブルを起こさないように、植民地政府はポサ（*posa*）を支払っていたが、マッケンジーは、このポサを「略奪を免れるために払った金」（blackmail）と記している［Mackenzie 1884（2001）: 21］。だが、ポサはアホム王朝時代からあったもので、トライブにもあったドゥアールの権利を保障するための支払いという側面もあり、略奪を免れるための支払いと一概に言うことはできない。アホム王朝時代にアカ、ニシ、モンパ、シェルドゥクペンなどに払われていたポサは、彼らの既得権に対してだけでなく、傭兵を差し出す見返りなどとして支払われた例もあるという[102]。

ナイン・シンの報告

イギリスにとっては、モンユルの回廊地帯は、チベットとアッサム平原との間に広がる中国との緩衝地帯であったわけであるが、こうしたトライブとのトラブルを恐れたためか、植民地政府の行政官は、一九世紀には誰もこの回廊地帯を訪れていない。イギリスの関係者としてタワンを初めて訪れたのは、イギリス測量局に雇われていたインド人のナイン・シン（Nain Singh　一八三〇―一八九五）で、一八七四年一二月二四日のことであった。彼のように測量局で訓練を受けたインド人はパンディット（*pandit*）と呼ばれた[103]。チベット人と似た容貌を持ち、チベット語を話せたため、密偵としてヒマラヤ地域を調査していた。ナイン・シンはラダックからラサへ向かい、ツェタンからツォナを経てタワンに至り、二カ月近く滞在した後に、ディラン経由でアッサムのウダルグリに着いている[104]。彼の口述報告を、その上司であるヘンリー・トロッター大尉（Captain Henry Trotter）が記録している。現在、まったく外国人が立ち入れないチベット側のツォナの様子も、この記録からうかがうことができる。

さらに注目すべき点は、彼の報告の中に初めて「モンパ」という呼称が出てくることである。ナイン・シンは、マッケンジーの著書が出版される一〇年前にタワンを訪れ、地元の人びとを「ブーティア」ではなく、「モンパ」と呼んでいる。

以下は、ナイン・シンが伝える当時のツォナとタワンに関する貴重な情報である[105]。次節や第二章、第三章でも彼の情報に言及するので、重複を避け、ここでは、その一部だけを記すこととする。

ツォナ・ゾンは、タワンのゾンポン[106]の夏の住居で、大きな市場がある。市場には三〇〇軒から四〇〇軒の店が並び、ラサからの塩、ウールの布、ホウ砂（しゃ）、茶、上等な絹、ウール製の衣服、革製の長靴、小型種の馬が、アッサムからの米、香辛料、染料、果物、エンディ・シルクなどと交換されている。売買されている品物は、レー（ラダック）の市と比べると価値のあるものではないが、商人や動物の数は幾分多い。そしてアッサムからの品物を運んで来るのはタワンの土着民（native）のモンパ（Monhpas）である。そしてチベットのホル（Hor）から品物を運んでいるのはドクパ（Dogpas）かチャンパ（Changpas）である[107]。ラサの品物はラサの商人が運んで来る。米だけは専売で、ラサの役人がそれを統括しているが、それ以外のものは自由に売買できる。

だが、チュカン（Chukhang）という税関があって、すべての品物に一〇パーセントの税が課せられている。税関吏がそれを集めるが、往復とも払う必要はなく、一回だけでよい。その税金は、ツォナのゾンポンからラサに送金される。このチュカンは、税関としてだけでなく、北のチベットと南のモンユルを隔てるためのものでもある。

タワンに住むモンパは、言語、衣服、風俗、容貌などがチベット人とは異なり、多くの面で西のブータンのドゥクパ（Dhukpas）(108)と似ている。壮大で重要なタワンの僧院以外、すべての村は、ツォナ・ゾンのゾンポンの管轄下にある。このタワン僧院は、完全にゾンポンとラサ政府からは独立している。一二月二四日に到着したが、二月一七日までタワンから南に行けなかったのは、ラサ政府の命令で、数年前からラサの商人がアッサムへ交易に行くことが許されなくなったことによる。タワンパがアッサムとの交易を独占するため、ここを通って南へ下ることを邪魔したのである［Trotter 1877: 118–121］。

この報告からは、当時のツォナの様子や、タワンの人びとがアッサムとチベットとの間の交易の主たる担い手だったことを、うかがい知ることができる。それは二〇世紀になっても続き、現在生存しているチベットとの交易を経験した人びとの記憶とも合致する部分が多く、興味深い。

ナイン・シンは、タワンとアッサム平原を結ぶ三本のルートを紹介している［Trotter 1877: 135］。一つ目は、タワンからセ・ラ（峠）を越えてディランに抜け、マンダラ・フォドゥンからタクルン・ゾン、カラクタン、ウダルグリに到達するルートである。このルートは彼自身が通ったものであるが、ディランから先は現在の自動車道路ができる前の、より西側のブータン国境沿いの道路である。当時、車はなかったので、おそらくすべて徒歩であろうが、ウダルグリ到着は一八七五年三月一日とあるので、タワンから一三日かかっている。途中のセンゲ・ゾンがツォナのゾンポンの支配下にあること、ディランには二人のゾンポンの家があり、ディランが南の非仏教徒のトライブとの境になっていること、タクルン・ゾンの二人のゾンポンは冬の間はカラクタンやアムラタラで過ごしていることなどが報告されている［Trotter 1877：135-136］。(109)

二つ目のルートは、モクトウからタントン・ギェルポの鉄鎖の橋を渡って、ブータンのサクテン、メラを経由するルート、(110)三つめは、タワンからタワン川に沿って西に降り、ブータン側のタシガンを経て南下するルートである。ブータン経由のこれら二本のルートは、いずれもデワンギリに至ると書かれている。デワンギリ（デワタン）は、ナイン・シンが通過する一〇年前の一八六四年から翌年にかけてイギリスとブータンとの間で起きた、いわゆるドゥアール戦争の激戦地だったところである。

アカ丘陵への討伐隊

一八八三年一一月一〇日に約一〇〇人のアカがバリパラにあった森林局を襲撃し、森林警備隊員を人質にする事件が起きた。マッケンジーは、これはアカがイギリス植民地政府を襲った最初の出来事で、なんらかの誤解が生じていたのだろうとみている［Mackenzie 1884（2001）：26］。(111)このことが契機となり、翌月、軍と警察によるアカ討伐のための大掛かりな遠征隊がアカの居住地に派遣された。隊長はマックスウェル大尉（Captain H. St. P. Maxwell）であった。アカはミジの援軍を得て抵抗したが、最終的には制圧された。しかし、その後、植民地政府は軍隊を長期間丘陵部に残すことはなかった(112)［Reid 1942（1983）：271-272］。

ベイリーの報告とシムラー会議

外国人として初めてタワンを訪れたのは、イギリス人のベイリー中佐（Lt.-Col. Frederick Marshman Bailey）で、現在の西カメン県のモンパの村テンバン付近から北上し、一九一三年一〇月一六日にタワンに到着している。ベイリーは、翌年、シムラー会議のイギリス側代表を務めることになる外務次官のヘンリー・マクマホン（Henry McMahon）の依頼で、中印国境に関わる情報を収集することを期待されていた［Bailey 1957：28］[113]。

ベイリーは、まずギャンカルへ行き、そこでツォナからのゾンポンの代理人だという僧と役人の二人に会っている。その後、タワン僧院で食料や荷運びのウラを頼み、受け入れられている[114]。寺の管理をしているのは、チベット人でモンバ（Mönbas）ではなかったという。また、モンユルを治めていたのは、トルクドゥリ（Trukdri）という六人評議会で、その構成員は、タワン僧院の僧院長ともう一人の高僧、ニェツァン（Nyetsangs）と呼ばれるチベットの僧院の執事に当たる二人の僧、そしてツォナの二人のゾンポン、またはその代理人であったという。ゾンポンが夏はツォナで過ごすことも報告されている[115]［Bailey 1957：238–240］。タワンに関する記述はさほど多くないが、当時のタワンのチベット人が、イギリスよりも中国のスパイを警戒していたことが、彼の報告から分かる。また、地元の女性が、ラサに送る金を失くしたという理由で鞭打たれている様子が書かれている。**コラム②**にあるように、チベット統治時代にタワンの人びとが重税やウラを課され、それが納められないときにはこのような制裁を受けるなど、虐げられていたことは事実で、それを記憶している人がいる。

ところで、一九一四年のシムラー会議でマクマホン・ラインが国境と定められてからも、この国境は忘れられた国境であり、インドの地図上に境界線が引かれることはなかった。それが偶然に発見されたのは、一九三五年のことであった[116]。タワンにおけるチベット人の力も衰えてはいなかった。イギリスがタワンに手をつけなかった第一

コラム 2

重かったチベットへの税

モンパの村からチベットのツォナ・ゾンに納めなければならない税は、チベット語でテール〈khral〉、モンケットでクレ（khre）、ツァンラ語でクレイ（khrai）と呼ばれるもので、コメ・コムギ・オオムギ・アワ・トウモロコシなどの穀物が主であったが、それらを収穫できない地域では、バターで支払われることもあった。他にはその地での特産物である果物・薬草・木の幹・材木・手漉き紙など、さまざまであった。

穀物の計量単位をチベット語でケル〈khal〉、モンケットでケ（khe）、ツァンラ語でカイー（khai）といった。モンパの村では、ブレ（bre）という名の円筒形の竹製の曲げ物の器が計量升として使われていた（【写真②-1】）。大きさに多少のずれはあるが、標準的なブレにオオムギやアワを入れると一キロ前後の量が入る。二〇ブレが一ケル、馬一頭が運べる重さが四ケルであった。

税はタワンのギャンカル・ゾンに集められたが、そこに駐在する役人の命令には絶対服従しなければならなかった。人びとが何より恐れたのは、ドプチャラコルという石が届いて呼び出されることだった。地元の呼称で、その意味は定かではないが、おそらくチベット語の石を意味する「ド」〈rdo〉、働く「チャラ」〈phyag las〉、丸い「コル」〈kor〉に関連した語ではないだろうか。というのは、この石は一〇センチほどの直系の丸い石で、その石に鳥の羽が付いていて、その羽をシェラックで接着し、印を押したものであったら「鳥のように速やかに出頭せよ」、縄のようなものが付いていたら「来ないと逮捕する」、棘のある植物が付

【写真②-1】モンパの計量升ブレ

【図②-1】税としての木材の運搬。1本を4人がかりでかついだ。（ジャンベイ・チョッパ Jambay Chopa 画）

いていたら「来ないと棘のある棒で鞭打ちにする」という意味だったという。留守の場合もあるので、返事がない時は、二、三日置いてもう一度ドプチャラコルが届いた。この話をした年長の人たちは、今度は何を命じられるのかと、とにかくそれを受け取るのを恐れたという（キンメイ〔Kinmmey〕村トゥプテン・ツェワン〔Mr. Thupten Tsewang〕、一九五二年生まれ、二〇一二年八月インタビュー）

タワンのモンパの人びとが語る話に共通しているのは、税が収穫物の半量という厳しさだったことと、それらの税をツォナまで運ぶ労役の辛さである。特に辛かったのは、タパン・ドゥン・シェン（*tapang dung sheng*）と呼ばれる「材木税」を運ぶ労役だったという。ツォナへは空身でも四日以上かかったが、材木を運ぶ場合には、それが長いものであれば、一本を四人がかりで担いでゆかなくてはならなかった【図②-1】。税を払えなければ鞭打ちに処せられ、牢につながれることもあったという。

荷物運び、建築作業、ギャンカル・ゾンの馬のエサ用の草運び、馬小屋の掃除などのさまざまな労役をいう「ウラ」〈'ul lag〉は、モンパにとって大きな負担だった。報酬が支払われないのはもちろんのこと、なんらかの失敗があれば鞭打たれるのが当たり前であった。インドの行政下に入ると、後の中印国境紛争の際には道路建設や荷運び、戦後には傷病兵を運ぶ手伝いなどもしたが、インド軍から現金が支払われ、食料や物資を与えられた時には、信じられないほど嬉しかったという。当時、タワンの人びとの中には、インドの役人を、「平原のお釈迦様」という意味でキャ・サンゲ（*Kya Sange*）と呼ぶ人もいたという（アウドゥン〔Audung〕村、ネテン〔Mr. Neten〕、一九三一年生まれ、二〇一二年八月インタビュー）。

　こうしたチベット支配時代の過酷な税の象徴であったギャンカル・ゾンは、一九六二年の国境紛争の後、村人の会合で取り壊しが決まったという。よほど恨みを込めて破壊したためか、ゾンは、瓦礫だけの完全な廃墟と化している。ゾンの石材の一部は、タワンの街中にある、ネルー首相の没年である一九六四年に建てられたネルー・メモリアル・ゴンパの建築資材として使われた。ここは仏教寺院で僧侶が管理しているが、庭には、ネルー、インディラ・ガーンディー、ラジーヴ・ガーンディーの親子三代のほぼ等身大の立像が置かれている。

　さらに、タワン僧院からは、男児が三人以上いる家庭に、二人目を僧になるために差し出す、いわゆる僧侶税が課されていた。タワンでは、「三人の息子のうち、二番目」という意味でブスム・バルマ（*busum barma*）と呼ばれる。僧院に入る年齢は決められていなかったが、おおよそ八歳から一二歳の間であったらしい〔Norbu 2016: 59-60〕。最近は義務ではなくなっている。僧侶税に関しては、「第三章第一節第1項　タワン僧院の概要」にも、やや詳しく述べた。

　タワン県の東に位置するマゴウとティンブーの場合には、クレはギャンカルではなく、ツォナの北東にあるチベットのジョラ（Jora）のゾンポンに納めていた。男子を一人僧院に送るのも、タワン僧院ではなくジョラの僧院であった（ティンブー出身のドルジ・カンドゥ〔Dorji Khandu〕、一九六七年生まれ、二〇一三年一一月インタビュー）。

タワン僧院に支払う税

一方、タワン僧院に支払う税は、本来はいわゆる僧に対するお布施の意味を込めて、自分の意思で払うブイワ（*buiwa*）、あるいはドフィー（*dophui*）と呼ばれていた。それが十分でなくなったため、いつのころかは分からないが、クレと同じように強制的に支払うものに変わっていった。耕作地を持たない人にはその義務はなく、現在も、僧院にはお布施の意味で農作物が納められている。

前出のネテンの話では、僧院へのドフィーがクレの意味を持つようになったのは、両親の時代だという。彼の年齢からすると一九〇〇年代初頭であろうか。ネテンの記憶では、各戸がコメ・アワ・コムギそれぞれ二〇ブレと、薪を三束、一年に一度納めていた。

タワン僧院への税については、ノルブがさらに詳しく書いているが、地域により穀物の収穫量が異なるため、各村に割り当てられるブイワの量も異なっていた。ゼミタンのように穀物のあまり収穫できない地では、牧畜により得られるバターを各戸から平均年二キロ、僧院に納めていた［Nobu 2016: 85-88］。

僧院への貢納の量は、目安はあっても、必ずしも厳格ではなく、支払えない場合の罰則もなかったという。功徳になるとの思いから、あまり苦痛ではなかったという声もある。また、タワン僧院の僧侶は、人びとが寺に納める農作物をクレと呼ぶのを嫌がったともいう。モンパ出身の僧侶自身もクレを徴収される農家の出身であったからではないだろうか。

それでも、チベット統治時代のタワン僧院の財政状況は厳しかったが、インドの行政下に入り、さまざまな形で政府の援助が得られるようになり、ようやく安定したという。本堂や僧院学校の建物は、現在は鉄筋コンクリート造りに改築され、堂内の仏像も修復されている。改修作業は一九九〇年八月に開始されたが、公的援助以外に、一般からの寄付、各地での仮面舞踊公演や、宝くじなどからの収益金、地元住民の勤労奉仕などにより、一九九七年に完成し、一〇月にダライ・ラマ法王一四世による落慶法要が営まれた［Norbu 2016: 88, 100-101］。

の理由は、第一次世界大戦の勃発でこの地域にかまっていられなかったからである。

イギリス植民地政府からインド政府の行政下へ

第二節の州の歴史でも述べたように、NEFTは一九一四年に三つの地区に分けられたが、そのうちの「西部地区」の行政官で、北の丘陵部のトライブとの良好な関係保持を担当していたのがネヴィル大尉（Captain G. A. Nevill）であった。当時、タワンの重要性が認識され始めていたが、情報がないことに気づいたイギリス植民地政府は、ネヴィル大尉をタワンに送ることを決めた。アカとの友好関係を結び、最終的にタワンに到達することを目的とし、この遠征隊は「アカ・プロムナード」[117]と命名され、多くのイギリス人行政官や軍人を含む総勢一〇三二名から成る大遠征隊が、一九一三年一二月三一日にアッサム平原と丘陵部との境界部を出発した。現在の西カメン県南部の村々を調査し、途中でダフラ（ニシ）と交戦しながら、アカの部落にしばらく滞在して友好関係を築いた。翌年三月一八日にジャミリを出発し、ディラン・ゾン、セ・ラを経て四月一日にタワンに到着した。ベイリーが訪れた半年後ということになる。遠征隊はタワンを九日に発ち、ウダルグリに二三日に帰着している。

ネヴィルのタワン遠征の目的は、四つあったという。第一はチベットとアッサムとの交易ルートの確認と改善点の把握、第二は国境地帯を含むこの地域の状況を知ること、第三はロバ（Lobas）が村人に対してどのような攻撃を加えているかを調査すること、第四はチベットの支配がどこまで及んでいるかを正確に把握することであった[Reid 1942（1983）：286]。このロバとは、当時のアカ、ミジ、ダフラなどのことで、モンパは現在でも、彼らを含めた州の他の「非仏教徒」のトライブをロバ、あるいはギドゥ（*gidu*）と陰で呼んでいる。

ネヴィルの報告によれば、タワンでは、チベット人の指示で村のリーダーたちが遠征隊のメンバーや荷運びのためのポーターたちの宿泊場所を用意するなどの歓迎を受けた。タワンは地味の肥えた土地でよく耕作されており、穀物や野菜などが栽培されていたと記している。タワン僧院はラサのデプン僧院が本山で、僧院長はラサから送られ、五〇〇人の僧侶がいた。僧院の下に木造の家々から成る村が形成され、当時、ツォナから冬の寒さを逃れるためにやってきた人が多く住んでいた。

チベットの行政に関しては、アッサムとの境までタワン僧院の僧侶による支配が及んでいるが、例外はセンゲ・ゾンで、ここだけは、ツォナのゾンポン二人が直接統治していたという。注目すべき記述は、モンパはチベットの重税に苦しんでいて貧しいが、とりわけセ・ラ（峠）の南のモンパたちはひどく貧しく、チベットへの税とロバへの貢納や、従わなかったときの収奪という両方の重圧を受けていて、イギリス政府の統治を望んでいたと報告していることである。彼は遠征の後で、ロバの収奪をやめさせること、そのためにディランとルパに警察の駐在所を置くこと、病院のための診療所を作ることなど、さまざまな提言を上司に書き送っているが、第一次世界大戦（一九一四―一八年）によって、うやむやになってしまった［Reid 1942（1983）: 287–288］。

西部地区は、一九一九年にバリパラ辺境区と改名されて、ネヴィルがそのまま行政官の任に就いていた。その中心地はアッサム州のチャール・ドゥアールに置かれていたが、依然として行政の権力は内陸まで及んではいなかった。一九二五年にネヴィルは再びアカの居住地を訪問している。かつて強力だった二人のアカのリーダーは亡くなり、その弱体化を知ったミジにいじめられる立場になっていたこと、アカの死亡率は出生率より高く、彼らに手を差し伸べなければしだいに人口が減ってしまうことを危惧している［Reid 1942（1983）: 291］。

一九三六年にＮＥＦＴが除外地域となった時、バリパラ辺境地域の行政官はライトフット大尉（Captain G. S. Lightfoot）だった。シムラー条約によりマクマホン・ラインが引かれて二〇年以上経っていたが、公式な発表はなく、地図もそのまま改められていなかった。しかし、中国側の地図はマクマホン・ラインの南もその領土に入れていて、中国の南進を食い止めるためにも手を打たなくてはならなくなっていた。そこで、状況視察と、シムラー条約によってタワンはチベット領ではなくなっていることを知らしめることを目的に、一九三八年四月、ライトフット大尉の率いる遠征隊がタワンに送られた。その結果、以下の視察報告と提言の内容が記録されている。

まず、タワンではチベット人の役人が遠征隊の目の前で税を取り立てているが、チベット政府はツォナのゾンポンと彼の役人たちにタワンからの立ち退きを命じるべきである。チベットでは国家と宗教が混合しているので、チベット人僧侶も撤退させなければならない。塩とコメの専売をやめさせ、税の物納を廃止しなければならない。なぜならば、物納はそれを運ぶ労働力を強いることになる。現在行われているでたらめで不公平な年貢に代えて、各戸から年に五ルピーずつの現金をイギリス植民地政府に払わせたらどうか。こうしたことにより、ブータンへの亡命を防ぐことができる、などである。ライトフットの報告から、モンパが置かれていた厳しい状況と、それによってブータンへ逃亡する者がいたことが分かる。ライトフットは、「僧院の上層部にはモンパの僧侶を置くべきである。モンパはチベット人を嫌っているので、この点は難しいことではない」とも報告している［Reid 1942（1983）: 297–299］。筆者も、タワンの複数の高齢者から、税として納めた材木をツォナまで運ぶのがどれだけ過酷な労働であったかを聞いたことがある（**コラム②**参照）。

ライトフットの提言は、ネヴィルの時と同様に、すぐに実行されることはなかった。今度は第二次世界大戦が起き、イギリスも参戦したため、チベット問題は棚上げが決まった[118]。インド独立後、一九五一年二月六日にアッサム・ライフルズの兵を率いたカーティン少佐（Major Ralengnao Khating）[119]がタワンに到着した。少佐はチベット人の役人たちに立ち退きを命じて役所を設置し、タワンは正式にインドの行政下に入った。今まで行政の援助もなく重税に喘いでいた人びとも、ようやくそれらから解放されることになった[120]［Chakravarty 1973（1989）：24］。

だが、それから八年後の一九五九年に、ダライ・ラマ一四世がタワン経由でインドへ亡命し、その後、多くのチベット難民がアルナーチャルへも逃れてきた。チベットの領有権を主張する中国は、かつてチベットがこの地域を支配していたことを理由に、マクマホン・ラインを国境とは認めていなかった。マックスウェル（Neville Maxwell）は、紛争について、「イギリスが独立後のインドに未解決な国境問題を残すという重大な失敗を犯したために、インドはやがて大きな痛手を負うことになる」と述べている［Maxwell 1970：64］。それが、一九六二年に起きた中印国境紛争である[121]。

2　中印国境紛争

中印国境紛争では、ヒマラヤ山脈に位置する二つの場所が戦場となった。紛争時、西部地区と呼ばれていたのは、ジャンムー&カシミール州のラダックの北に位置するアクサイ・チンで、東部地区は、NEFAのまさに現在のタワンと西カメン両県に当たるカメン地区をはじめとする北部の国境地帯、そして州東部のワロン（Walong）[122]である。その中でも最も激戦地となったのがタワンを含むカメン地区で、アクサイ・チンが人の住まない荒地であるのとは逆に多くの村があった。

一九六二年九月二〇日に国境のタグ・ラ（峠）で最初の小競り合いが起き、一〇月二五日にタワンの町を占領してからの中国軍は、圧倒的な力でインド軍を撃退し、敗走させた。一一月一七日にテンバン、そして翌日にはディラン、ボムディラ、ルパまで迫るという速さであった。結果は、一一月二一日に中国が一方的に戦闘を中止してN

ＥＦＡから撤退したことで戦争は終結したが、インドの大敗であった[123]。その後、アクサイ・チンは中国が、アルナーチャルはインドが実効支配を続けているが、両国間の国境画定交渉は棚上げにされたままになっている。

この紛争は、独立後のインドを率いたジャワーハルラール・ネルーの一五年間の首相在任中の、最大の失敗だともいわれている［Guha 2008：342］[124]。ネルーは、当時のアメリカ大統領ケネディ（J. F. Kennedy）に対し、武器供与などの援助を依頼したが、ケネディは同年一〇月に起きていたキューバのミサイル危機の収拾に追われ、必要な時期にインドに援軍を送ることができなかったという事情もあった[125]。

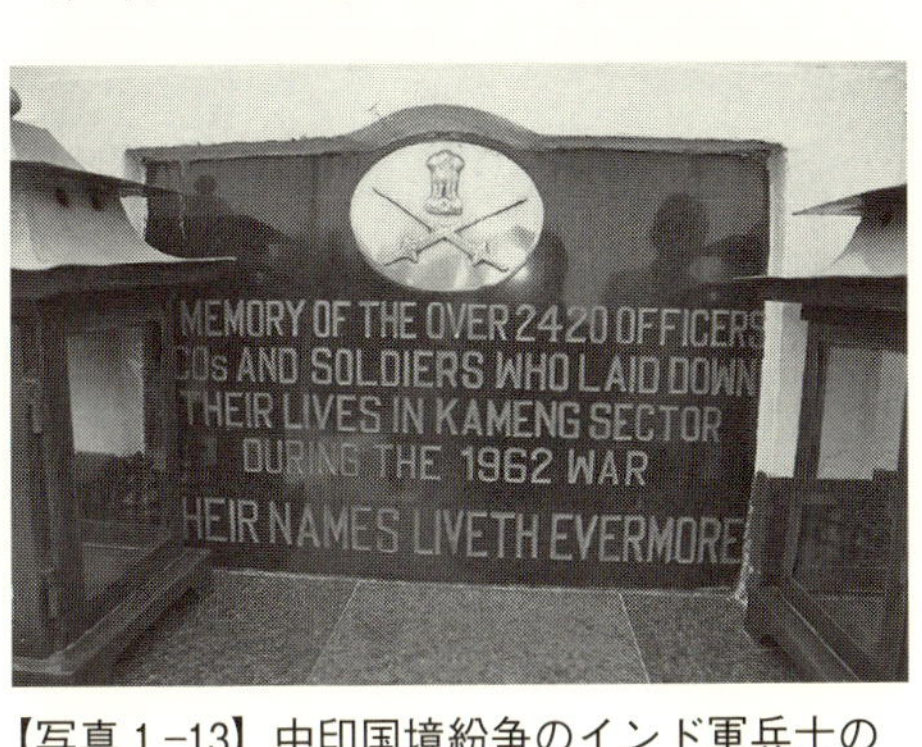

【写真１−13】中印国境紛争のインド軍兵士の慰霊碑（タワン）

戦後、数多くの書籍が出版され、政治指導者や軍指揮官の見通しの甘さや無責任さなどが明らかになった[126]。だが、それらの書籍は、戦場となったカメン地区に住んでいた人びとの被害や逃避行については、まったく触れていない。例えば、タワンにある戦争慰霊碑に刻まれたカメン地区の死者の数は、二四二〇名以上とある（**【写真１−13】**）。一九六五年のインド国防省の発表では、インド軍の戦死者は一三八三名、行方不明者は一六九六名、捕虜は三九六八名で死傷者のうち九〇パーセントがＮＥＦＡにおける戦闘の犠牲者だという［Maxwell 1970：424-425］。だが、この中には、非戦闘員であった地元の人びとの数は含まれていない。

当時、チベット側は、インド国境まで三時間行程の地点まで自動車道ができていて、七トン車が運べたのに対し、インド側は、アッサムのフットヒルズからタワンまで五日かかるほど道路は未整備だった［Maxwell 1970：302］。そのため、物資輸送に駆り出されたのがモンパであったが、彼らは、こうした記録では、単に地元のポーターとして扱われ、モンゴロイドの容貌から時には中国、インドの二重スパイの疑いを持たれることもあった［Dalvi 1969（2010）: 211］。

中国の侵攻時、タワンや西カメンに住む多くの人びとがブータンやアッサムへ逃れたが、彼らの戦争体験がわずかでも文章化されるまでには、半世紀を要している。

当時を知る地元の民間人が、紛争から五〇年経った二〇一二年に出版した小冊子がある。おそらくこれが最初の体験記であろう。著者のトンドク（Dorjee Khandu Thongdok）は、一九五四年に西カメン県ルパで生まれたシェルドゥクペンである。当時八歳だった彼自身の戦争体験と、戦争後に聞き取った数人の体験を記した貴重な記録である。ある日、中国軍が侵略してきたので、アッサムに逃げることを父親に告げられた時には信じられない思いだったという。その理由は、日ごろ学校では教師から「ヒンディー・チーニー・バーイー・バーイー（Hindi-Chini Bhai Bhai）＝インド人と中国人は兄弟だ」[127]と教えられ、教室の壁には「パーンチ・シーラ」（平和共存五原則）[128]の文章とともに、ネルーと周恩来の肖像画が掛けられていたからだ［Thongdok 2012: 3］。トンドクは避難先から戻り、後にタワンまで旅をして、戦争当時の話を記録しているが、ルパに戻ってすぐ、近くの川で一緒に魚釣りをしていた少年が、落ちていた手榴弾の爆発によって亡くなったという記述がある［Thongdok 2012: 20-45］[129]。

筆者も、調査中にタワンや西カメン県で戦争を体験した人たちからの体験談の聞き取りをした。中国軍は、基本的には住民に危害を加えてはいなかったようだ。むしろ、「同じような容貌を持つ同胞だ」という発言や、農作業を手伝うなど、懐柔策を採っていたことが体験談から分かる[130]。だが、それは表面的なもので、村での滞在が長期化するとしだいに村人に命令するようになり、時には懲罰を与えることもあったという証言もある[131]。

また、手榴弾や地雷によって死亡した例、インド軍のポーターとして働いていて銃撃された例、インド兵と間違われて殺された例、徒歩による厳しい逃避行の末にアッサムでマラリアに罹り病死した子供の例なども聞いた。正確な数は発表されておらず不明であるが、民間人の犠牲者は数十人はいたであろう。タワンのある村では、老人や病人、その介護者を除く、村人の七五パーセントほどがブータン経由でアッサムへ逃れている。アッサムではウダルグリなどに難民キャンプが設けられ、寝食には困らなかったという発言が多い。中国が撤退した後、多くの人がチベット暦の正月（西暦の二月か三月）の前には自分の村に帰っている。その途中で目にした、インド軍兵士の遺体に野犬が群がる無残な光景が忘れられないという人もいる。インド兵が逃げたルートにあるブータン側のメラでの聞き取りでは、飢えた兵士たちの悲惨な姿について語る人たちもいた。

一九六二年以前に、ラサの寺院へ仏教修行に行っていた僧が、戦争後タワンに戻れなくなり、現在では、中国籍を取得してラサで暮らしているという話を親族から聞いた。戦争後、国境は完全に閉ざされ、互いの往来は他のルートからもできなくなった。中国が、アルナーチャルを中国領であると主張しているため、アルナーチャルの人びとには中国の査証が発行されないからである。[132]

戦争時は、タワンからチベット人が追放されてから一一年しか経っておらず、**コラム②**の発言にもあるように、地元の人びとには、インドの行政下にあるという確信はまだ強いものではなかった可能性がある。この戦争は、中国の意図とは逆に、突然平和な暮らしを奪った敵として中国人への恐怖感と憎悪を人びとに植え付け、インドという国家を意識させるきっかけになったといえるのではないだろうか。

現在の中印国境については、両国間の緊張は今後も間歇的に高まるかもしれないが、互いにそれがエスカレートしないような回避策を積み重ねてきたので心配はないだろうという楽観論がある。[133]だが、係争地に住む人びとの不安が消えたわけではない。二〇〇九年に当時のマンモハン・シン（Manmohan Singh）首相が選挙応援のためにアルナーチャルを訪問した時、二〇〇九年一一月と二〇一七年四月にダライ・ラマがタワンで法要を行った時など、ことあるごとに中国からの非難声明が出されている。[134] それだけではなく、しばしば中国軍がマクマホン・ラインを侵犯したというニュースが住民の耳にも届いている。[135] 二〇〇九年のダライ・ラマ訪問の後、国境情勢が気になってゲストハウスの新築をためらっていたというタワンの七〇歳代の男性の一人は、その不安を次のように語っていた。[136]

一番困っているのは、誰の話を信じたらよいか分からないことだ。地元の政治家や役人は、「インド政府は、国境は安全に守られており、戦争が起こる可能性は一切ないと言明している」と言う。だが、中国の言動はそれを裏付けていない。「(戦後)五〇年間、なにも起こらなかったのだから大丈夫」と言う人がいる一方で、「五〇年も経ったのだから、いつ中国が攻めてきてもおかしくない」と言う人もいる。自分の世代は戦争を経験しているが、便利な世に育った娘や息子、そして孫たちが、同じみじめな経験に耐えられるとは思えない。彼らの将来が心配だ。ゲストハウスを建てても戦争になればツーリストどころではないので、長い間迷ったが、結局建てることにした。不安だが、タワン以外に自分や家族が暮らしてゆける場所はない。(二〇一二年八月)

インドにとってアルナーチャルが戦略的に重要であるという見方は、アルナーチャルを、インド平原部を守る盾、あるいは緩衝地帯としてしかみていない。「中国に空からの攻撃を受けた場合には、アルナーチャルは戦争の抑止としての地上における幾重もの防空施設を供給できる」[Pandey A. 2011: 121] などの主張は、まるでアルナーチャルをアクサイ・チンのような無人地帯だと思っているかのようである。中国の主張が繰り返されているにもかかわらず、インド政府の、あるいはインドの一般国民の、アルナーチャルに対する関心はいまだに低いといえる。二〇一三年五月には、マハーラーシュトラー州で出版された高校（一〇年生用）の地理・経済の教科書のインド地図が、アルナーチャルが抜けたまま印刷されるという問題が起きた。アルナーチャル州政府の抗議にもかかわらず、翌年まで同じ教科書が使われる予定で、一七〇万人近い生徒がこの教科書を使うことになっていた。(137)

3　西カメン県とタワン県の概況とモンパの隣人たち

西カメン県（【図1-3】）は、アッサム平原に連なる州への入り口である標高一五五メートルのバルクポン（Bhalukpong）から三〇〇四メートルのセンゲ・ゾン（Senge Dzong）まで、二八〇〇メートル以上の標高差がある。面積は七四二二平方キロである。西カメン県の県庁所在地はボムディラ（Bomdila）で、合計一三のサークルに分かれ、人口は八万三九四七人である（二〇一一年国勢調査）。そのうち指定トライブの割合は五五・二パーセントである。モンパ、ミジ（サジョラン）、アカ（フルッソ）、シェルドゥクペン、ブグン（コワ）などの指定トライブが住んでいる。

西カメン県とタワン県（【図1-4】）を隔てているのが、標高四一八八メートルのセ・ラ（峠）である。(138) タワン県の面積は、二一七二平方キロで、タワン（Tawang）、ジャン（Jang）、ルムラ（Lumla）の三つの副行政区の下に、一〇のサークルがある。県の総人口は、四万九九七七人（二〇一一年国勢調査）、主要なトライブは西カメン同様、モンパである。二つの県の最大の違いは、指定トライブの割合であろう。西カメン県の五五・二パーセントに比べると、タワン県の割合は六九・八パーセントと、州の平均を上回っている。各トライブの二〇一一年国勢調査によ

【表1－5】西カメン県・タワン県の主な指定トライブの人口と割合

トライブ名	内訳	人数	割合(%)
①　モンパ	【表1-7】	60,525	74.0
②　アカ	8,110	8,167	10.0
フルッソ	57		
③　ミジ		8,127	9.9
④　シェルドゥクペン		3,463	4.2
⑤　ブグン（コワ）		1,432	1.8
合計		81,714	

出典：2011年国勢調査に基づくインド部族問題省のデータより筆者作成

【表1－6】西カメン県・タワン県の宗教別の人口割合

宗教名	西カメン県（%）	タワン県（%）
ヒンドゥー教	37.24	23.69
イスラーム教	2.35	1.57
キリスト教	10.08	1.55
シク教	0.39	2.33
仏教	42.99	69.87
ジャイナ教	0.08	0.14
その他	6.62	0.70
申告なし	0.24	0.13

出典：2011年国勢調査をもとに筆者作成

る人口は、それぞれ【表1－5】の通りで、主要なトライブはモンパである。【表1－6】に示した二県の宗教人口の割合を見ると、仏教徒の割合が西カメン県では約四三パーセントであるのに対し、タワン県では約七〇パーセントとなっている。モンパ、シェルドゥクペンはほとんどが仏教徒であるが、それ以外のトライブは、かつては独自の信仰を持っていた。それらの人びとの多くがキリスト教に改宗し、近年は仏教にも改宗するようになっている。また、西カメン県は、アッサム平原に近いことから他州からの人びとの流入もタワンに比べると多い。特に目立つのはネパール系の人びとである。軍関係者の数も一部含まれている。そうした状況がヒンドゥー教徒の割合の多さに反映しているとみられる。

モンパについては、第三節で改めて述べるので、ここでは、それ以外のトライブについて簡単に紹介する。しかし、それぞれのトライブについて詳細に書くことは紙幅の都合でできないため、最小限の記述であることをあらかじめ断っておきたい。以下のトライブはすべて西カメン県が主たる居住地となっている。

アカ（フルッソ）

まず、アカであるが、アカは、一九世紀のイギリス植民地の報告書などに、しばしばアッサム平原を脅かす野蛮なトライブなどと書かれてきた。平原の村から一戸につき「女性の服一着分、木綿糸一束、木綿のスカーフ一枚」を取り立てていたが、イギリス行政官によって、現金で一定額を払うポサ（*posa*）に変更された[139]。顔に松脂と炭を混ぜたものを塗る習慣があることから、「塗られた」（painted）という意味で、アッサムの人びとやイギリス人からアカと呼ばれていたが、フルッソ（Hrusso）が自称である。ハザーリコーワ（千の炉から税を取り立てる人）、コパショール（綿を盗む人）と呼ばれる二つのグループがあって、後者の族長の一人タギ・ラージャ（Tagi Raja）は、平原に下りてきては略奪と殺人を働き、逮捕されたが、釈放されると再度乱暴を働いたといわれている[140]。これらの略奪行為は一九世紀末ごろまで続いたが、その後は、ブータンから仕入れた衣服や毛布、刀、アッサムから仕入れた品物を、ミジなど近隣のトライブに売って生計を立てていたという［Elwin 1958: 435-436］。彼らは、自分たちが周囲のトライブの中で優位にあるという伝承を持ち、ブグン、シェルドゥクペン、モンパなどから税を取り立てていた［Sinha 1962（1988）: 11］。ミタンウシ（*Bos fron talis*）を何頭所持しているかで社会的ステータスを示していたが、最近では、動物供犠を伴う儀礼を嫌がってキリスト教に改宗する人びともいる[141]。

東カメン県
タワン県
マゴウ
ティンブー
ルグタン
アルナーチャル・プラデーシュ州
ヌラネン
セ・ラ
西カメン県
センゲ・ゾン
チュグ
ニュクマドゥン
サンティ
ラマ・キャンプ
チャンダル
リシュ
ルブラン
ディラン
ナムシュ
ナフラ
テンバン
ボムディラ
ルパ
テンガ
ジャミリ
シンチュン
ドムコ
タクルン・ゾン
テンジンガオン
シェルガオン
カラクタン
セッサ
ドイマラ
バルクポン
チャール・ドゥアール
バリパラ
アッサム州
ウダルグリ
テズプル

【図1－3】西カメン県地図

【図1－4】タワン県地図　中国との国境線はインドで作成された地図をもとにしている

ミジ

ミジというトライブ名は、アカ（フルッソ）からの他称で、「火をくれた人」という意味がある［Ahmad 1995: 200］［Grewall 997a: 14］。もとはアッサム平原部に居住し、アホム王ともつながりがあると語り伝えているが、なぜ丘陵部にやってきたのかは不明だという。居住地はフルッソの北に位置し、互いに通婚関係にある［Kri 2010: 103］。フルッソが大胆な襲撃を成功させるためにミジの力に大きく依存し、その二つの連合はかなり手ごわいものであった。ミジは、西に隣接して居住するモンパを襲撃し、モンパとシェルドゥクペンからも貢物を取り立てていたという［Kri 2010: 145］。

ボットによれば、ミジの言語は、少なくとも以下の三つの自称を持つ集団に分かれるという。ナフラ・サークルではサジョラン（Sajolang）、ジャミリ・サークルではダンマイあるいはディンマイ（Dhammai/Dhimmai）、隣の東カメン県周辺の人びとはネムライ（Namrai）が、それぞれの自称である［Bodt 2014a: 229］。近年は、仏教に改宗する人も増えている。アルナーチャルの政治家で、二〇一四年からモディ（Narendora Modi）政権の内務担当閣外大臣の職にある、キレン・リジジュ（Kiren Rijiju 一九七一―）は、ナフラ・サークル出身のミジである。彼の父親であるリンチン・カンドゥ・リジジュ（Rinchin Khandu Rijiju 一九四〇―）も政治家で、一九八〇年ごろ、州議会議員（Member of the Legislative Assembly：略称ＭＬＡ）を務めていた。彼は筆者に、「一九三八年にイギリス人の役人が初めてナフラ・サークルにやってきて以降、ミジと呼ばれるようになったが、それまでは自分たちの自称はサジョランだった。ＭＬＡになって、自分が「サジョラン」と呼ぶことを主張した。若い人たちの指定トライブ証明書にはサジョランと書かれている。現在、政府に対しトライブ名の変更を要求している」と語っていた(142)。この改名要求が現在どのように進行しているのかは、不明である。

ブグン

ブグンは、西カメン県の指定トライブでは人口約一四〇〇人と最小の集団である。インド政府のトライブ・リストにはコワ（Khowa）と書かれているが、ブグンが自称で、コワと呼ばれることを嫌う。かつては、ブグンを低く見るフルッソに隷属し、織物をしない彼らに平原から衣類その他の品物を供給するシェルドゥクペンに大きな負債を抱えていて、大変貧しかった［Elwin 1958：433–434］。

ブグンの居住地は、シンチュン（Singchung）・サークル、ジャミリ（Jamiri）・サークル、ルパ（Rupa）・サークルの一二の村で、北をサルタン(143)、南をフルッソ、西をシェルドゥクペン、東をミジなどのトライブに囲まれた地域である。動物供犠を伴う儀礼や川・山・樹木などを対象とした自然崇拝などの伝統的な土着の信仰を持っていた［Pandey, B. B. 1996：81–82］。ブグンの中心地シンチュンには、近年になって仏教を受け入れた人びとも多い(144)。ブグンの人口は、かつては、シンチュン周辺だけでも六〇〇〇人から七〇〇〇人あったが、二度にわたる疫病のため、多くの人びとが他の地へ移動していったという(145)。

言語は、モンパの中のリシュ・モンパ、チュグ・モンパ、そして現在はサルタンと称するブトゥ・モンパ、シェルドゥクペン、プロイク(146)などの言語と近い関係があるという。これらの言語は、言語学上コワ群に分類されるという。ブグンの言語は、話者がおそらく六〇〇人程度で、絶滅の危機に瀕した言語の一つだという［Bodt 2014a：221–232］。

シェルドゥクペン

シェルドゥクペン（Sherdukpen）は、一九世紀のイギリス植民地の記録では、ルパのブーティア（Bhutia）、シェルガオンのブーティアなどと記されている。モンパについても同様で、タワンやテンバンなどの地名を付けて、やはりブーティアと呼んでいる。ブータン人のことはブータンのブーティア（Bhutias）と書いている。[147] ブーティアあるいは、ボーテアは、インドの北に住むチベット・モンゴロイドの人びとに対する呼称である［Phuntsho 2013: 11］。シェルドゥクペンの名前の由来は、シェルガオン（Shergaon）、ルパ（Rupa）という、現存する彼らの居住地の名前に由来する。先述のチベット統治時代のロンナンの四つのツォのうち、シェル〈sher〉とトゥクペン〈tug span〉は、それぞれシェルガオン、ルパの旧名である。[148] その二つの地名を組み合わせた名称がいつトライブの名称となったのかは明らかではないが、一九三〇年代の可能性がある。

「一九三九年から四〇年にかけて、アカやミジが再びシェルドゥクペンの居住地域に貢納を求めるようになった」という行政文書が残されている［Reid 1942（1983）: 301］。一九二五年にアカ丘陵を再訪したネヴィルは「ルパとシェルガオンのモンバ」と書き、シェルドゥクペンという名称は出てこない［Reid 1942（1983）: 291］。筆者が調べた限りでは、行政官の文書で初めてシェルドゥクペンの名称が現れるのは、一九三八年にタワンへの遠征隊を率いたライトフットの提言をまとめた一九四一年の文書である［Reid 1942（1983）: 298］。その翌年、一九三九年四月にアッサム・ヒマラヤを目指した登山家のティルマン（H. W. Tilman　一八九八―一九七七）は、ルパに滞在しているが、その住民をシェルドゥクペンではなく「ルパのシェルチョクパ（Sherchokpa）」と記している［Tilman 1946（2016）: 27］。

エルウィンも「シェルチョクパと呼ばれることもあるが、モンパの一支族であろう」［Elwin 1970: 274］と書いていて、他にも彼らがモンパと呼ばれている記述があるが、シェルドゥクペンの人びとは、自分たちをモンパと同じ集団だとは思っていない。文化的には東ブータンとの共通点があり、祖先がチベットから来たとする口承伝承もあるが、言語的には、ツァンラ語とも東ボデーシュ語のいかなる言語とも発生起源的に近い関係にはなく、チベットから来たといっても、チベットとの言語的つながりはないという［van Driem 2001：478］。ブグンと同じようにコワ群に属する言語であるようだ。

アルナーチャルが連邦直轄地だった一九七五年に最初の州主席大臣に就任したトンゴン（Prem Khandu Thungon 一九四六―）は、シェルガオン出身のシェルドゥクペンである。

第四節　モンパとは誰のことか

1　モンパと呼ばれる人びと

チベットおよびヒマラヤ文化圏の中で、モン〈mon〉、ムン〈mun〉、モンパ〈mon pa〉という呼称は、どの言語を話す人びとを指しているのか、特定する明確な文脈なしに、あいまいなまま使われてきた［van Driem 2001：473］。土地を表す場合には、モン、あるいはモンユル〈mon yul〉、中国語では「門隅」（Ményú）とも呼ばれているが、その範囲は必ずしも明確ではない。

現在、ブータンではトンサの東のブラック・マウンテンに住む少数派のモンパ（Monpa）、中国では五五の少数民族の一つの門巴族（メンバ）（Ménbāzú）、インドではアルナーチャルで指定トライブに範疇化されたモンパ（Monpa）、メンバ（Memba）、そしてジャンムー・カシュミール州ラダックのモン（Mon）が、このあいまいな呼称を集団名としている。これらの人びとが暮らす地域は、地政学上外国人の立ち入りが禁止されている場所も多く、民族学・文化人類学・言語学などの調査に制限があり、時代による呼称の変化など、まだ分からないことが多い。

序章でも述べたように、モンパとは、かつてはチベット中央部から見てヒマラヤ南麓一帯のモン〈mon〉の地に住む人びとの総称であって、特定の集団を指す呼称ではなかった。ダース（Sarat Chandra Das）の蔵英辞典の〈mon〉の項には、「ヒマラヤの南側に住むさまざまな部族の総称で、はるか昔から狩猟によって生活をしてきた人びと」、「モンパ（Mon-pa）とは、ネパール、シッキム、ブータンを含むキランティ（Kiranti）の土着民で、特にコシ川、ティスタ川の間の丘陵地に住む人びと」［Das 1902: 976］との記述がある。[149]

スタンは、六―七世紀のチベット王朝初期のチベット南方の民族について、「国を建てたことがないので、漠然とムンの名で呼ばれていた。この称は、ヒマラヤの森林地帯の山地に住む土着種族（ミシュミ、アボール）全体を指す総称で、おそらく中国文献が南「蛮」と一括して呼ぶ時の蛮の名に近いものである」とし、中国とチベットの境にもムンが存在したことが古代の文献に見え、この名はラダックの賤民階級やシッキム、ブータンを指すのにも使われていると述べている［スタン　一九七一：二〇］。

「蛮」（mán）の旧字は「蠻」で、異民族に対する蔑称である。玄奘の『大唐西域記』にアッサム西部に位置する迦摩縷波國（カーマルーパ国）を訪ねた記述があり、国の東の境は「西南夷」に接し、そこに住む人びとは「蠻獠」（mán liáo）に類していると記述されている［京都帝大文科大学　一九七九：一二］。つまり、現在のインド北東部に住む人びとは、玄奘がインドを訪れた七世紀前半には、野蛮な民と見なされていたことが分かる。カーマルーパ国は現在のアッサム州西部に比定されるが、ゲイトは、玄奘の記述から、その規模をナガ丘陵、ルシャイ丘陵、マニプルを除いたアッサム全域とブータン、国に至る手前に渡った「大河」カラトヤ川までの北ベンガル、そしてマイメンシンの一部までも含んでいたものと推測している［Gait 1926: 25］。アリスもモンパの語源を「蠻」だとして[150][151][152]

いるが、チベット語で「無知、あるいは暗黒」を意味するムン〈mun〉が、非仏教徒の「モン」の由来であるという説もある［Pommaret 1999: 64］。つまり「モン」には、「蠻」同様「野蛮な未開の民」という含意があることになる。ボットは、アルナーチャルのディランや後述するチベットのペマコ〈padma bkod〉で使われているツァンラ語では、「ムン」は「太陽の当たらない深い森や密林」を意味し、モンパと称される集団の多くが森に依存した生活をしていることから、モンパには「森に住む未開の民」という意味があると述べている［Bodt 2012: 5］。

先述のように、一般にチベットでは、南方の民族や国を「南のモン」ロ・モン〈lho mon〉、「南のネパール」ロ・ペル〈lho bal〉と呼んでいた［山口　一九八三：二二四］。ちなみにインド人研究者の文献やそれを参考にした日本人の著作には、モンの語源を「低地のモン」つまり英語の low mon と説明しているものが見られるが、これは明らかな間違いである(153)。

モンについては、「インド、チベットの間に居住している民族の総称」［佐藤　一九五九（一九七七）：九二五］、「ヒマラヤ南部を指し、今日のブータンやその東部もいう」［山口　一九八三：三一二］、「シッキム、ブータンは吐蕃時代からチベットの属領として東のツォナ方面とともにムンと呼ばれていた」［山口　二〇〇四：一〇二］、シッキムの場合には、チベット人が移住してくる前からの先住民レプチャ（Lepcha）とリンブ（Limbu）がモンの地に住んでいる人という意味で、モンあるいはモンポ（mon po）と呼ばれた［Mullard 2011: 56］などの説明がある。アリスは、「チベットの西、あるいは南の山岳地帯に住む非インド人、非チベット人の蛮族の意味があった」としている［Aris 1980a: xvi］。ヒマラヤの南部というと、その範囲も東西に広がっている。

例えば、ジャンムー・カシュミール州のカルギルやラダック地方に住むモン（Mon）は、古くからラダックの谷に住みついていたとされる［Rahul 1970: 100］［Wahid 1981: 14-15］［Mann 2002: 21-22］。現在のモンは笛や太鼓を演奏する「楽師」という職業を生業としている集団で、チベット歴の新年や収穫後の祭事などに、ベダ（Beda）と呼ばれる太鼓楽師と共に村に呼ばれ、演奏の報酬として農作物や金銭を受け取る人びとである。モンパもベダもインドの指定トライブで、両者とも土地を所有していない［Mann 2002: 36-37］。スタンがラダックのモンを「賤民階級」と記しているのは、こうしたことが背景にあるからであろう。山田孝子によれば、一九八九年にチベット語方言を話す、いわゆるラダッキを含むラダックの八集団が指定トライブとなった時に、モンは独立したトライブとしての地位を付与されたという［山田　二〇〇九：一八三―一八四］。

しかし、ラダックの文脈では、モンはトライブ名というよりも、楽師という職業集団の呼称として使われることが多い[154]。もし、モンが古い時代のヒマラヤ南麓の人びとの呼称だとしたら、なぜ、彼らにだけその名が残ったのか、さらに詳しく検討する必要があろう。

先述のように、かつてのシッキム王国、一九七五年にインドに併合されたシッキム州のレプチャ（Lepcha）も、チベットからモンパと呼ばれていた集団の一つだという［Subba 2008: 249］。レプチャは、ネパール人がその話し方をばかにした蔑称で、本来の自称はロン（Rong）である[155]。シャカッパの『チベット政治史』にはブータンがモンパのアチョク族を攻撃したという記述がある［Shakabpa 1967: 119］。だが、アチョクは部族名ではなく、レプチャの族長の名であるようだ[156]。アリスは、ブータンの西への勢力拡大を恐れたレプチャの族長アチョクが、ダライ・ラマ五世に援軍を頼んだと記している［Aris 1980a: 248］。

ブータン、チベット、アルナーチャルのモンパについては、次項で述べるが、東南アジアに目を転じると、ビルマやタイにもモンと自称する人びとがいる。彼らはオーストロ・アジア語族のモン・クメール（Mon-Khmer）語派のモン語を話す人びとである。彼らとヒマラヤ南麓のチベット・ビルマ語派に属すモン、モンパとの関係は分からないが、関係がまったくないとも断言できない。この点は、言語学や人類学の研究成果を待たなくてはならない。

以上を総括すると、古い時代のモン、あるいはモンパという呼称は、特定の集団の呼称ではなく、おそらくアリスが言うように、チベット人にとってヒマラヤ南部やその周辺の土地や人びとを指し、そこには非仏教徒の「蛮族」という蔑意も込められていたのであろう。

エドマンド・リーチ（Edmund Leach）は、「唐代の雲南の地誌『蛮書』に明らかに非常に未開な集団である蛮（Man）諸族と、より文明化し、おそらく「原シャン」と見なせる茫（Mang）諸族とが大きく区別されているが、茫と蛮の間には明らかな差異はない。現代のシャン語ではカン（Khang）という語が、昔の中国語の蛮という語と同じく「未開な山地部族民」という意味で用いられる」と述べている［Leach 1954: 248］。カチンについては、「ビルマ人にとって、カチンという範疇は、もともと北東部の辺境地帯の蛮族を大雑把に指す漠然としたものだった」と述べている。カチンの場合は、次にはそれが一部の山岳民に対する一般呼称となったが、彼らの地域では、いくつもの異なる言語が話されているという［Leach 1954: 41］。このビルマ人をチベット人に、カチンをモンパに、そして北東部をヒマラヤ南麓に置き換えると、モンパもカチン同様の状況にあることが分かる。

ボットも述べているように、モンあるいはモンユルの地域的な範囲は、もともと漠然としたもので、時代とともにしだいに縮小され、ラダックやネパールは除外されていったと考えられるのではないだろうか［Bodt 2012: 6］。

2　ブータンのブラック・マウンテンのモンパ

ブータンの現在の正式国名は、「龍の国」を意味するドゥク・ユル〈'brug yul〉、国民はドゥクパ〈'brug pa〉である。かつてチベットから、モン、モンユル〈mon yul〉、南のモンを意味するロ・モン〈lho mon〉、あるいは「四つの入り口のある南のモン」を意味するロ・モン・カ・シ〈lho mon kha bzhi〉と呼ばれ、その住民はモンパと呼ばれていた。しかし、今日のブータンでモンパと呼ばれているのは、唯一、トンサ県とワンデュ県にまたがるブラック・マウンテンと呼ばれる地域に住むモンパ（Monpa）だけである。彼らの自称はモンパで、言語はモンカ（Monkha）と呼ばれている［Pommaret 1999: 57］。二〇〇一年の人口統計によれば、トンサ県に一三戸一七五人、ワンディ県に一二戸一〇八人、合計でも二五戸二八三人と、ごく少数である［Chand 2009: 29］。

トンサ県のジャンビ村（Jangbi）で一九九九年にギリ（Seeta Giri）が老人から聞き取った口承伝承によると、「まだ地上にモンパの祖先以外の人間が住む前に、九人のモンパがデワンギリ（Dewangiri）からやってきたが、途中で九日間太陽の日が射さない暗黒の日が続いたので、祈りを捧げることに気が付き、日が射すまでそれを続けた。六人はトンサに行き、残りの三人はデワンギリに戻った。六人のモンパは数日歩いてブラック・マウンテン近くの湖に到着した。六人のモンパはそれぞれ居住地を定めた」［Giri 2004: 16-17］という。数百年にわたって他集団とは婚姻関係を結ばず、近年まで孤立した生活を送っていた。元来は狩猟・採集と森に依存した暮らしをしていたが、しだいに焼き畑から定着農業に移行してきた。トンサ県で最貧に属する集団だという［Giri 2004: 22-23］。

彼らはしばしば「ブータンの先住民である」(157)とされるが、言語学的にも、彼らの言語は東ボデーシュ語の古い形を留めているという［van Driem 2001: 918］。そして、興味深いのは、彼らの中核となる語彙が、中央ブータン、北東ブータン、さらにタワンの言語と近い関係にあるという指摘である［van Driem 2004: 310］。ブータンの歴史学者プンツォ（Karma Phuntsho）は、モンパの古老たちは自分たちが最も先に（ブータン）に住みついたと主張し、モンパを、中央ブータンや東ブータンのいくつかの言語で「古い」を意味するマンパ（man pa）からの呼称だと主張していると述べている［Phuntsho 2013: 3］。ポマレは、「ブータンの先住民の一つではあるかもしれないが、より強い北からの移住者によってモンパと呼ばれ、人里離れた森林地帯に追いやられたのではないか」と考察している［Pommaret 1999: 58］。

アリスは、今日のブータンの人びとは、決して自分たちのことを「モンパ」とは呼ばないと述べている［Aris 1980a: xxiv-xxv］。プンツォもその一人で、古い時代のブータンをモンと呼ぶことに対し、その蔑称ともいえる呼称は、ブータンや他のヒマラヤ地域を文明の周縁と見なして、チベットが仏教文化の中核であるとする、チベット中心主義世界観から生まれたものであるとし、そう呼ばれることを受け入れてきたブータンの伝統的な歴史家を批判している。その上で、ブータンの人びとが、今日のブータンのモンパやインド東部のモンパに対してモンパという蔑称を用いるのも、チベット人同様のシナリオだと言う［Phuntsho 2013: 3］。

いずれにしても、今後の言語研究の進展によって、ブータンのモンパとの関係は、より明らかになるだろう。

3　チベット自治区のメンバ（門巴族）とブータンからのペマコ移住

中国では、圧倒的多数を占める漢族以外の民族、エスニック・グループを少数民族と呼び、一九五四年から始まった三段階にわたる民族識別工作によって、現在、五五の少数民族が国家により認知されている。(158) メンバ（門巴族）の認定は一九六四年のことである［于　一九九五：三五七］［張　一九九七：二］［毛里　一九九八：六二］。マクマホン・ラインを認めていない中国は、アルナーチャルのほぼ全域を南チベット「南蔵」と呼び、タワン県、西カメン県のモンパを門巴族と同一視している。

門巴族の主たる居住地は、中国西蔵自治区山南地区の錯那県〈mtsho sna rdzong〉と林芝地区の墨脱県〈me tog rdzong〉であるが、両地域ともに外国人の立ち入りは厳しく制限されている。両地域での調査をした張は、前者を門隅（ményú）、後者を珞隅（luòyú）北部に位置付けている。一九九〇年の国勢調査による門巴族の人口は合計七四七五人で、その内訳は、錯那県に五五二人、林芝県に五三四人、墨脱県に六〇六四人、その他の県や市に三二五人とある［于　一九九五：三五七］。門隅、珞隅それぞれの地域の門巴族の自称は、錯那県の勒布（lèbù）一帯では勒波（lèbō）、珞隅北部、ヤルツァンポ河の大彎曲部の谷では竹巴（zhúbā）だと述べている。竹巴は、ブータンのことを竹隅（zhúyú）と呼んでいるという［張　一九九七：二］(159)。漢語で書くと分かりにくいが、竹隅はドゥク・ユルでブータン、竹巴はドゥクパつまりブータン人のことである。

その自称は、彼らがブータンから移住してきた人びとだと語り伝えられていることに由来している。ブータンから来たとされる人びとの言語は、倉洛語（cāngluòyǔ）、つまりツァンラ語であるという。ツァンラ語は、後で述べるように、東ブータンのシャルチョップと呼ばれる人びとやアルナーチャルの西カメン県の多数派のモンパの言語でもある。ブータンからだけでなく、タワンのサンギェリンからやって来た人びともいて、その言語はブラーミ語（タワンのモンパの言語の別称）であるという［于　一九九五：三六四］。

彼らの移動について、張は「ブータン人のペマコ東遷伝説」としてその時期を一八世紀中ごろとし、領主に課された重税と厳しい圧政に耐えかねてヒマラヤを越え、ヤルツァンポ河に沿って東へと移動し聖地ペマコに到着したとする［張　一九九七：一九─二四］が、于は、この東遷の時期をゲルク派がモンユルを支配するようになってから、つまり一七世紀後半としている(160)。

ヤルツァンポ河の大彎曲部の谷は、八世紀にパドマサンバヴァが仏教の修行場とした隠れ里ベユル〈sbas yul〉

の一つペマコ〈padma bkod〉[161]として知られ、そこを「地上の楽園」とする噂がチベット圏の人びとの間に流布したのは一七世紀中ごろであった［Lazcano 2005：46］。その西のツァリ〈tsa ri〉[162]とともに巡礼地となっていたが、両地域とも一九一四年以降は中国とインドとの国境マクマホン・ラインで中国とインドとに分断されている。

ペマコに住む人びとがブータンからやってきたという話は、中国共産党政権がチベットを掌握するより数十年も前から、先述のイギリス人の情報将校ベイリーによって報告されていた。一九一三年六月五日、ベイリーはヤルツァンポ渓谷最初の村カプ（Kapu）に到着し、「約束の地ペマコ」にブータン東部のモンユルから人びとがやってきた話を記録している。彼が話を聞いた男性の一人は、その祖先が「百年前」のブータンからの最初の移住者であったと語ったというが、この「百年」は、「久しい昔」と同義だとし、ベイリーは、いずれにしてもそう古い時代ではないとも書き加えている。「チベット人からドゥクパと呼ばれるブータン人たちは、自分たちを（ブータン国王の先祖である）トンサ・ペンロップの臣民だと考えている」、そして「チベット人からモンパと呼ばれるモンユルの人びとも、自身を住んでいるところではなく故地の名で呼んでいる」とも記述している［Bailey 1957：72-74］。

ベイリーのペマコ訪問から一一年後の一九二四年にペマコに到達した英国人プラント・ハンターのキングドン・ウォード（Kingdon Ward）は、その住民であるモンバ（Mönbas）について、彼らは前世紀に東ブータンから移住してきた文明化した人びとで、現在はかなりの数がヤルツァンポ渓谷に住んでいると報告している［Cox 2001：146］[163]。

これらの報告が、東ブータンからのペマコへの移住の時期を一八世紀から一九世紀としているのに対し、ブータン側の資料は一七世紀としている。例えば、西ブータンにドゥク派の政権が確立し、当時の初代トンサ・ペンロップで、後の三代摂政ミギュル・テンパ（Migyur Tenpa　一六一三—一六八〇）によって、ドゥク派の勢力が東ブータンに及んだ際に、その統治を不安に思った東ブータンの人びとがチベットに逃れ、その子孫がペマコに住んでいる、という記述である［Thinley 2009: 146–147］［Kinga 2009: 83］。つまり、ブータンからペマコへの移住の第一波は一七世紀の後半ということになる。

ボットは、東ブータンからのツァンラ語話者のペマコ移住の時期を、隠された聖地が開かれたという噂がヒマラヤ圏に広がった一七世紀後半だとして、その理由を、主としてゲルク派つまりチベットのダライ・ラマ政権とドゥク派の覇権争いに帰している。その後続く移住については、聖地巡礼、為政者からの重税や労役逃れ、地震の恐怖、ブータンとイギリスとの一八五〇年代と一八六〇年代の国境を巡る争いなどが、その原因だという［Bodt 2012: 159］。(164)

ブータンでは、シャプドゥンの死が公表された一七〇五年あるいは一七〇七年ごろから、その化身を巡る対立によりドゥク派政権の弱体化が始まった［今枝　二〇〇三：一五四―一五七］。一八世紀は内戦、火事、イギリスとの戦争、摂政の暗殺などが続き、一八〇九年には二人の摂政が併存し、数年の間、人びとは両者に税を払わなくてはならなかった。その後も一〇〇年近く国内の混乱は続き、それが収束に向かうのは、一九〇七年にウゲン・ワンチュック（Ugyen Wangchuck　一八六二―一九二六）が初代国王として就任してからである［Dorji 1994: 114–148］。

一九世紀後半のブータンの混乱ぶりは、英国使節によっても報告されているが、特に一八六三年から翌年にかけてブータンを訪問したアシュレ・エデン（Ashley Eden）は、当時のブータンを「まともなリーダーがいない無政府状態だ」と報告している［Eden 2000: 117］。彼の報告の中で注目したいのは、人口が急激に減少し、農地が荒れているという記述に加え、ゾンポンが「私の県は豊かだが今は人もおらず子も生まれない」と語ったとあり、「事実、多くの人びとが領主の圧政から逃れるために国を離れ、シッキムやチベットに行った」と報告していることである［Eden 2000: 119–122］。ただし、このゾンポンがどこのゾンポンか、またチベットのどこに移住したのかは書かれていない。エデンの使節団は、プナカから西へは行っていないので、西ブータンでの見聞であろう(165)。エデンの訪問の後、一八六四年に勃発したブータンとイギリスとの間のいわゆるドゥアール戦争中に、一度ブータン側に奪われたデワンギリを英国軍が奪還する際、その陣地にいたブータン人に対し不必要な度を越した殺戮が行われた［Gait 1926: 320］。こうしたことも、東ブータンの人びとが国を離れる原因となったのではないだろうか。

以上の資料を総合すると、ブータンからペマコを含むチベットへの移住は、一七世紀後半から一九世紀にかけてということになる。前述のようにベイリーは一九一三年にペマコを訪ねているが、その時の記述に「ドゥクパつまりブータン人と、モンユルからのモンパとを隔てるわずかな境界は、除かれつつあった」とし、境界が取り除かれつつある理由を「ブータン人とモンパは同じような衣服を身にまとい、同じ言葉を話し、髪はチベット人の弁髪のようではなく、短くしていた。それは、互いの人種的特性を強調するよりも、同じ地域にまたがって彼らとは孤立して暮らすロパ（Lopa）(166)と自分たちとを区別する必要があった」ためと説明している［Bailey 1957: 74］。この報告は、モンパの生成を考える場合に、重要な意味を持っている。つまり、もともとブータン人と（その東の）モンユルからのモンパの間にはなんらかの境界があったが、彼らが周囲のロパとの関係性から意識的に統合し、半世紀後に中国の少数民族「門巴族」に認定されたことを意味している。

このように、中国のモンパの位置付けに欠かせないのは、やはり中国の五五の少数民族の一つとなっている「珞巴族」（Luòbāzú）の存在である。ブータンからの移住者がペマコ地域に住みつく以前の先住民は、ロパであった。ロパは、中国では、「南方に住む人」〈lho pa〉という意味の他称だという説明がなされるが(167)、ポマレは、「これは中国が好む表現であって、実際には、チベット語のロパ〈klo pa〉は、「未開人／野蛮人」を意味する蔑意を含んだ総称であり、代替の綴りを採用することによって、「蛮族」から「南の人」へと意味の変更が起きたことは興味深い」と述べている。[168]

この意味の変更について、豆は「以前の蔑称から変更したことは、中国共産党が民族の多少にかかわらず平等なマルクス主義によるもので、珞巴族が長期にわたって受けてきた屈辱の歴史を終わらせる画期的なものだ」と称賛している［豆　二〇一〇：七一］。しかし、実際には、門巴族同様、珞巴族の居住地域がインドとの未解決な国境地帯にまたがっていることと深い関係があると考えてよいだろう。珞巴族の少数民族認定が、中印国境紛争の三年後の一九六五年で、門巴族の認定の翌年であること、その人口も二九六五人（二〇〇〇年）と、五五の少数民族のうち最少であることを念頭に置かなければならない。[169]

ロパの居住範囲もチベットの南部からアルナーチャルまで広い範囲にわたっていて、現在は、アルナーチャルの指定トライブとなっている人たちも含まれる。[170] かつて英国植民地政府からアボール（Abor）という蔑称で呼ばれていたアディやミシュミなどの集団およびその支族の総称でもある。ベイリーがツァリの聖山巡礼について報告している中で、巡礼を襲撃するロパを「ダフラ」のロパと記述しているが、ダフラ（Dafla）も同じくアルナーチャルの指定トライブで、トライブ名をニシと変更した集団の蔑称であることは先述の通りである。ダフラもアボールも、英国植民地時代にはしばしば他の集団との戦闘や略奪を繰り返し、アッサム平原を襲撃するなどの行為があった。

珞巴族と括られた人びとがマクマホン・ラインの南側にも居住しているのと同様に、錯那と墨脱と東西に離れて暮らす二つの門巴族も、アルナーチャル側に同族とされる人びとが住んでいる。それが、モンパとメンバである。

4　アルナーチャル・プラデーシュの指定トライブとしてのモンパ、メンバ

モンパとメンバ

アルナーチャル（当時はＮＥＦＡ）の人びとに対する指定トライブの適用は一九五六年のことだという［Mohanta 1984: 7］。その指定に関わる作業がどのように進められたかは分かっていない。結果として、インド政府の部族省（Ministry of Tribal Affairs）の指定トライブ・リストには、モンパ（Monpa）およびメンバ（Memba）という表記はなく、モンバ（Momba）と表記されている。いずれも本来は「モンの住人」の意味で、発音が若干異なるだけで違いはないが、アルナーチャルの州内では、モンパとメンバとに分けられている。

モンパとメンバの居住地は、中国の門巴族と同じように東西に大別される。モンパは、州西端のタワン県と西カメン県、メンバは州北東部の西シアン県と上シアン県が主たる居住地である。[171] その間には複数の県があり、地理的にも大きく隔たっている。[172] 言語、来歴などもさまざまである。モンパの場合には、第四章で取り上げるように、二〇〇三年から、タワン県、西カメン県を「モン自治地域」にという要求運動が始まっている。この自治地域要求運動は、モンパの居住地に限られており、メンバとの共闘は試みられていない。さらに、運動の過程で、指定トライブ・リストのMombaという表記はメンバとモンパを折衷したような名称だとして、Monpaに訂正するよう、州政府を通じて要求する動きもあった。だが、これも本格化はしていない。アルナーチャルの指定トライブのリストが他の州と異なるのは、一六のトライブ名の上に、「以下のトライブを含む州のすべてのトライブ」（All tribes of the State including）という添え書きがあることである。つまり、Mombaを含む一六以外の名称でも指定トライブの認定を受けられるわけである。実際に、モンパが所持する「指定トライブ証明書」にはMonpaと記入されてい

【表1－7】国勢調査上のモンパのトライブ名の変化　（人）

トライブ名	1961年	1991年	2001年	2011年
Monpa	5,408	33,133	34,040	43,709
Dirang Monpa	5,754	5,028	1,108	7,172
But Monpa	466	665	3	255
Panchen Monpa		114	11	24
Lish Monpa	889	12	682	2,232
Tawang Monpa	7,390		7,500	7,133
Southern Monpa	1,781			
合　計	21,688	38,952	43,344	60,525

註1：空白は、該当名がないものである。
註2：1961年国勢調査では、合計69の村が調査から除外されている。

て、大きな問題があるわけではない。モン自治地域と名称の変更を要求する運動からは、メンバはまったく除外されているといえる。

多様な言語を持つモンパ

多くの研究者が、タワンのモンパを北のモンパ（Northern Monpa）、西カメン県のディラン周辺のモンパを中央モンパ（Central Monpa）、西カメン県南部のカラクタン周辺のモンパを南のモンパ（Southern Monpa）の三つに分けている。[173] これは主に地域的な違いによる区分であるが、【表1-7】のように、国勢調査には、五つ以上のトライブ名称が見られる。実際にはモンパは言語上、さらに細分化される。東ブータンとアルナーチャルでモンパやメンバの言語調査を行っている言語学者のボット（Timotheus A. Bodt）からの個人的教示によれば、言語学的な分類によるモンパの言語は以下の一一に分けられる。いずれもチベット・ビルマ語族のボディック（Bodic）グループに属する言語である。[174]

これら言語の違いは、第三節1項で示したチベットに支配されていた時代の三二のツォとディンの行政区分（五六頁参照）とも関連している。

具体的には、タワン県であれば、①タワンの中心部の人びとのモンパ語、すなわちモンケット（*Mon 'ket*）、②県西部のブータン国境に近いルムラ周辺の人びと、つまりかつてダクパの八つのツォに住む人びとのダクパ語、ダクパケット（*Dakpa 'ket*）、③県北東部のマゴウ（Mago）、ティンブー（Thingbu）、ルグタン（Luguthang）のブロクパ語ブロクパケ（*Brokpake*）あるいはブロッケ（*Brokke*）、④県西北部のゼミタン・サークル（Zemithang Circle）[175]の人びとのパンチェンパ語すなわちパンチェンパマット（*Pangchenpa 'mat*）の四言語に分けられる。

この中で、九世紀末にチベットからブータンに亡命したツァンマ王子の子孫が王となり、一七世紀からチベットの支配下にあり、政治・宗教の中心であったラオク・ユルスムを含むタワン中心部で話されるモンケットが「真正なモンパ語」と見なされるという［Bodt 2012: 71, 275］［Bodt 2014: 205］。モンパ語というとすべてのモンパに共通した言語という誤解を生む恐れがあるため、以後はモンケットと表記することにする。モンケットの話者はおよそ一万人から二万人である［Bodt 2014a: 205］。彼らの自称は「タワンパ」「モンパ」「タワン・モンパ」である。

タワン・モンパは、ブータンではしばしばダクパと同一視され、東ブータンのサクテン、メラに住む牧畜民ブロクパ（Brokpa）と混同されることも多い。タワンでは、ダクパはルムラ・サークルの「ダクパの八つのツォ」に住む人びとのことで、このタワン県のダクパ語を話すモンパが東ブータンにもいることから、混同されたと考えられる。タワンのダクパは、州政府の資料のチベット語表記では、ダクパ〈dags pa〉あるいはダクパ〈dwags pa〉の二つの綴りが見られる。前者は「日の当たる山の斜面の人」、後者は「輝いている、あるいは開けて見える場所の人」と、違う意味になる。[176]アルナーチャルのモンパが、ブータンのブロクパ、そしてダクパと同じような民族衣装を身に着けていることも、その混乱の理由の一つであろう。[177]実際には、民族衣装は時代とともに変化し、言語と必ずしも一対一の対応を見せているわけではない。この点については第二章で取り上げる。

ダクパとの混同は、サクテン、メラの牧畜民ブロクパが、ゾンカ語でジョップ〈'byogp〉、あるいはチベット語と同じくドクパ〈'brog pa〉と呼ばれていることに発している可能性も考えられる。現代チベット語では、〈'bro〉はドと発音されるが、ブロクパ語の場合は古来のチベット語の発音が残されていて、ブロクパという発音になる(178)。同じタシガン県に住むツァンラ語話者がブロクパをブラーミ（Brahmi）、その言語をブラーミ語（Brahmilo）と呼ぶというプンツォの説明は、ブロクパとダクパ、そしてタワン・モンパとを混同した、明らかな誤りである。ブラーミと他称されるのは、ブロクパではなくタワン・モンパである(179)。

言語の面からいうと、ダクパ語は、タワン県だけでなくブータン東部のタシガン県やタシ・ヤンツェ県にも話者がいる。ヴァン・ドォリームを含む言語学者や文化人類学者の多くが、タワンの人びとやその言語をダクパと書いている(180)。実際に現地で言語調査をする前のボットもタワン・モンパをダクパと記していたが、現在は、ダクパ語はモンケットの方言ではなく、両者は異なる二つの言語だと見なしている(181)。タワン県のダクパ語話者の数は一万一〇〇〇～一万二〇〇〇人で、標準的なモンケットがタワン県のリンガ・フランカになっているため、ダクパ語にもその影響が見られるという［Bodta 2014a：207-208］。

パンチェンパ語は、マクマホン・ラインの北側に住む西蔵自治区錯那県勒布（lebù）区の門巴族の言語でもある。先に述べたモンの三二のツォと、ディンの中の「レボの四つのツォ」〈legs po tsho bzhi〉に当たる地域である。また、ボットによれば、パンチェンパ語は、ブータンのタシ・ヤンツェ県のザラカ（*Dzalakha* または *Dzala 'mat*）、そしてルンツェ県のコマ（Khoma）で話される言語とも大変近い関係にある［Bodta 2014a：209］。

モンケット、ダクパ語、パンチェンパ語の三つは、それぞれ東ボデーシュ語に属しているが、四つ目のブロクパ語は、チベット語やブータンの公用語ゾンカと同じ中央ボデーシュ語のグループに属している［Bodt 2014a：213］。

タワン県の北東部マゴウ、ティンブー、ルグタンの人びとの生業は牧畜である。次章で述べるように、彼らの衣服は他のモンパとは異なり、かつては「チベット人」とみられていた。この三つの地域は、三二のツォとディンに含まれていないこともそれを示している。ブロクパ語は、西カメン県のセンゲ（Senge）またはセンゲ・ゾン、ニュクマドゥン（Nyukmadung）、ルブラン（Lubrang）、チャンダル（Chandar）、トゥンリ（Thungri）、ラガム（Lagam）などの牧畜民の間で話されている。その中でもルブラン（Lubrang）のブロクパ語は、国境を越えたブータン側のサクテンの人びとのブロクパ語と同じであるが、それは、彼らがサクテンから移住してきた人びとだからである。センゲ、ニュクマドゥンにも、メラから移住してきた人びとがいる。[182]

かつて「ダンナンの六つのツォ」「ロンナンの四つのツォ」に分けられていた西カメン県のモンパの多数派言語は⑤ツァンラ語（*Tshangla lo*）であるが、それ以外に六つの言語が確認されている。[183]

ツァンラ語はブータンのゾンカ語ではシャルチョプカ（*Sarchopkha*）と呼ばれ、ブータン西部の人から見た「東の人の言語」という意味で、ボディックグループの中の中央ボデーシュ、東ボデーシュのいずれにも属さない独立した言語であるという［van Driem 2001: 991］[184]。ボットは、ダンナンの六つのツォのうち、サンティ、ナムシュ、テンバン、ディランの人びとのツァンラ語を、ディラン・ツァンラと呼び、その中にも若干の違いがあるが、ブータン東部のツァンラ語なども含め、異なるツァンラ語どうしの関係は、他の言語に比べれば近い関係にあると述べている。そして、それらは、語彙・構文上の違いや折衷が見られ、事前に教えられて意識していないと、互いに理解できない関係にあるという。

このツァンラ語が、チベットのペマコの門巴族やアルナーチャルのメンバの間でも話されているのは、ツァンラ語話者がブータンからペマコに移住したことに起因していることは、先述の通りである。さらに、州東南部のロヒット県テズー（Tezu）とその南に位置するチャンラン県のミヤオ（Miao）にもツァンラ語話者がいる。彼らは、チベット側のペマコから逃れてきた門巴族難民である。

ツァンラ語話者の多いディラン・サークルの中で、リシュ（Lish）村のモンパはキスピ、リシュパ、あるいはリシュ・モンパと自称している。彼らの言語は⑥キスピ語（*Khispi ngak*）と呼ばれ、独自の言語を持っている。リシュ村の対岸にあるチュグ（Chug）村のモンパは、自称はドゥフンビ（*Duhumbi*）、チュグパ（Chugpa）、チュグ・モンパ（Chug Monpa）で、その言語は⑦ドゥフンビ語（*Duhumbi ngak*）、やはりツァンラ語とは異なっている［Bodt 2014a: 214］。

また、以下の四つの言語を話す人びとは、これまで指定トライブのモンパとされてきたが、現在、自分たちをモンパではなく、サルタンパ（Sartangpa）あるいはサルタンとして認定するよう求めている。そのうち、ジェリガオン（Jerigaon）に住む人びとは、かつてはブトゥ・モンパ（But Monpa）と他称されていたが、現在はサルタンパと自称している。彼らの言語は⑧カシンジ語（*Kəshingi nyuk*）と呼ばれる。ラフン（Rahung）村の人びとの言語は⑨ラフィンジ語（*Raphingi nyuk*）、コイタム（*Khoitam*）村の人びとの言語は⑩コイタムジ語（*Khətamji nyuk*）、コイナ（Khoina）の人びとの言語は⑪クヌンジ語（*Khunungi nyuk*）と呼ばれている［Bodt 2014a］。

これら四言語を話すサルタンと自称するようになった人びとの居住地は、タワン県のマゴウやティンブーなどと同様に、モンユルの三二のツォとディンには含まれていなかった［Bodt 2014a: 224］。つまり、彼らは、チベット人からは、彼らの支配下にあったモンパとは異なる集団とみなされていたと考えられる。例えば、シャルマは、これらの四つの地域の人びとをマイチョッパ（Maichhopa）と呼び、その言語がシェルドゥクペンの言語と酷似していると述べている［Sharma 1960（1988）: 9］。

以上みてきたように、タワン県、西カメン県でこれまでモンパとして指定トライブになっている人びとの言語は多様である。アルナーチャル（当時はＮＥＦＡ）の最初の国勢調査は一九六一年だが、この年はすべての村で調査が行われたわけではない。パンチェン・モンパの数がゼロとなっているのは、そのせいかもしれない。一九九一年から二〇一一年の国勢調査に見えるモンパの名称をリストから拾ってみると、六つの名称が確認できる（**【表1-7】**）。二〇年間で大きな変化があり、ブトゥ・モンパ（But Monpa）という名称が二〇〇一年に激減している。その理由は、先述のように彼らがモンパではなくサルタンパと自称するようになったことによる。ところが、二〇一一年には二五五人という数が見える。この理由は分からないが、おそらく自己申告ではなく国勢調査の調査員が記入したものであろう。指定トライブ・リストにサルタンを加えることに関しては、内務担当閣外大臣のキレン・リジジュ（Kiren Rijiju）が、「可能な限りの努力をすると」約束している[185]。

いずれにしても、これだけ多様な言語やアイデンティティを持つ人びとを内包しているのが、アルナーチャルのモンパである[186]。

メチュカとトゥーティンのメンバ

一方、やはりアルナーチャルの指定トライブであるメンバのほうも、モンパ同様、その居住地は西シアン県のメチュカ（Mechukha）と上シアン県のトゥーティン（Tuting）の二つの県に分かれている。トゥーティンは、メチュカから約一〇〇キロ北東に位置している。いずれも、マクマホン・ラインのすぐ南の辺境地帯に住んでいる。しかし、この二つの地域のメンバは、自称も言語も異なる人びとである。

メチュカは、かつてはパチャクシリ[187]（Pachakshiri）〈sbas chags shing ri〉と呼ばれ、仏教の聖地ベユルの一つで、パドマサンバヴァの聖地ネ〈gnas〉が多く残されている。メチュカの本来の綴りは、地元の人の説明では、チベット語の「薬効のある水の口」を意味するチベット語のメンチュカ〈sman chu kha〉が正しいが、一九五二年に調査にやってきたインド軍の軍人が誤って命名したものが、現在の正式な地名になってしまったという。現地の川に湧水が出る場所があり、地元のメンバはそれを聖水として汲みに行っている(188)。

メチュカつまりパチャクシリのメンバの自称はネナン〈gnas nang〉あるいはパチャクシリバで、前者は「聖地の内部あるいは内側」を意味し、後者は「パチャクシリの人」のことで、ともに仏教の聖地に住む人の意味であるという説明もある［Grothmann 2012a: 127-128］。しかし、筆者がメチュカでインタビューした一九二五年生まれのN・W氏は、自称はメンバで、チベット人からの他称がネイナン・メンバ（Neinang Memba）であると語っていた(189)。一九五九年まで、何度も徒歩でマクマホン・ラインを越えてチベット側へ交易に出かけた経験があり、国境までは七日間、そこからメンリン（米林）まではさらに七日間かかっていたという。メチュカの人口は約一万人で、ボカール（Bokar）、ラモ（Ramo）、パイリボ（Pailibo）、そしてメンバから構成され、メンバの人口はそのうちの二五パーセントである(190)。メンバは大乗仏教徒で、従来はニンマ派を信奉していたが、現在は、ゲルク派の寺院もある。筆者が二〇〇九年にメチュカを訪れた時には、チベット語に近い言語を話していたが、ボットの最近の調査では、メチュカのメンバの言語はチベット語のコンボ地方の方言で、メチュカにはツァンラ語話者はいなかったという(191)。メチュカにはタワンの人びとと同じモンケットを話す人びとの村もある。ラルン（Lhalung）村がその一つで、筆者もモンケットを話す家族に会ったことがある。この村には二〇一〇年七月現在、四六戸、三六二人が住んでいて、うち四〇戸がモンケットを話すという(192)。

メチュカには、ナクサン（Naksang）、ソナ（Sona）などの主要なクランがあるが、ナクサンは、タワンのオギェンリン、サンギェリンから移住してきたといわれ、ナクサンはタワンからルムラ、ゼミタン経由でツォナへ行き、そこからツァリの聖地巡礼をしてラルン村のある地域に到着した。だが、地元に住む人びととは言語が通じなかったという。[193]オギェンリンはダライ・ラマ六世の生誕地として知られる場所であるが、いずれもタワン僧院から二、三キロの場所である。こうしたタワンからの移住者の影響もあり、彼らのチベット語コンボ方言には、モンケットの影響や周辺のトライブのタニ語からの借用が見られるという。[194]

この移住のルートから、タワンからの移住といってもアルナーチャル内を東に移動してきたわけではなく、チベットを経由して南下したことが分かる。言語だけでなく、メチュカのメンバの女性の民族衣装もコンボ地方のチベット人と同様のものである。まずチベット側の聖地であるツァリやペマコを目指し、コンボ地方に住み、そこから南下してきた人びとがメチュカに定住し、もともと住んでいた人たちと共に指定トライブのメンバとなったことが推察される。

上シアン県のトゥーティンは、キングドン・ウォードが、北緯二九度から三〇度、東経九四度三〇分から九六度〇分の範囲[195]だとする、ペマコの最南東端部に当たる地域である。トゥーティンのさらに北にゲリン（Gelling）があるが、村の裏山の向こうはマクマホン・ラインの北側、つまり中国領である。

上シアン県のメンバの主たる居住地は、トゥーティンの町以外にゲリンを含む八カ所の村がある［Bodt 2012: 171］。アルナーチャルでペマコといえば、この地域のことを指す。[196]自称はメンバではなく、ペマコパ（Pemaköpa）であるという［Grothmann 2012: 129］。[197]この地域のメンバはチベット人と区別がつけにくい。例えば、女性の服装はチベット女性のものとまったく同じで、チュパに、既婚女性は縞柄のエプロンを着けている。実際に、指定トライブのメンバの証明書と、ダラムサラのチベット亡命政府が発行するチベット難民カードの両方を保持し、子供をダラムサラの学校で学ばせている人もいる。両方の身分を持つことは法律で禁止されているが、それをすり抜ける方法があるのだろう。言語はツァンラ語で、ボットによればトゥーティン地域のツァンラ語話者は五〇〇〇人あまりで、西カメン県のディラン地域のモンパのツァンラ語より、チベット側の墨脱（メトク）県ペマコや東ブータンのツァンラ語、そして西カメン県のカラクタンのモンパのツァンラ語に近いという[198]。

グロットマン（Grothmann）は、「二〇世紀の初めごろは、トゥーティンにはほんの少しの仏教徒しか住んでいなかった。ダライ・ラマ一四世がチベットを脱出した一九五九年から一九六二年の間に、チベット側から逃れて移住してきた人びとが、インド政府によって、メンバ、カンパ（Khampa）、ラマ（Lama）の三つのトライブにされた」としている[199]。筆者がタワンで聞いた話では、一九五九年以前からすでにインド側に住んでいた人には指定トライブの資格があるが、それ以降にチベットから移住してきた人びとは「チベット難民」として扱われるとのことだった。しかしゲリンの村の村長も、難民として扱われるのは一九六二年以降に中国から逃れてきた人びとだと語っていた。このあたりのあいまいさが、トゥーティンでは、二つの身分を持つことにつながっている可能性がある。グロットマンによれば、メンバというトライブ名に関して、当該の多くの人びとがタワンのモンパを指す名称だとして拒絶した。それにもかかわらずメンバという名称がトライブ名となったのは、この地を訪問した探検家や行政官たちが、隣接する他のトライブから聞いたメンバという他称を無批判に採用し、一九五〇年代のインド人行政官が、彼らの自称を無視して二つの地域の人びとを合わせて「メンバ」というトライブ名を採用したためであると説明している。実際には、隣接する非仏教徒のトライブからのメンバに対する彼ら独自の他称はミマット（Mimat）であるという［Grothmann 2012: 133-135］。

グロットマンは、メチュカとインドのトゥーティンつまりペマコの二つの地域のメンバは、一九世紀初期にブータンやタワンからやってきた同じ言語を持つ人びとで、定住した場所が異なるだけだとしている［Grothmann

2012a：135]。しかし、これまでに述べたように、メチュカのメンバとインドのペマコ、つまりトゥーティンのメンバの言語が異なっているというボットの報告とこの説明は矛盾する。

非仏教徒に囲まれて暮らすメチュカのメンバは、チベット人から見下されて後に仏教を取り入れた他のモンパとは違うという、聖地ベユルの住民としての選民意識があるというのも興味深い(200)。

5　まとめ

門巴族、モンパ、メンバと呼ばれる人びとは、実は言語や来歴そして居住地の異なるさまざまな人びとを内包している。本来はチベット人からの蔑意を含んだ総称であったが、アルナーチャルの場合であれば、彼らの周りには、もっと「野蛮」とされる珞巴、ロバ、ギドゥなどと呼ばれる人びとが居住していて、「自分たちは彼らとは違う」という意識から、モンパやメンバとして自ら統合していった可能性がある。数の上でも周辺のトライブに対し優勢を保つためには、言語の違いなどどうでもよいと考えられたのかもしれない。

もう一つ特筆しなければならないのは、モンパ、メンバ、門巴族と呼ばれる人びとのすべてが、文字を持たないことである。そのため、過去の歴史や文化を自分たちの言語で書くことができず、他者の描く表象の中で生きてきた。アルナーチャルのモンパの場合には、第四章で取り上げるように、ボーティ語（チベット語）教育を推し進め、モン自治評議会として自治権を要求するという動きがある。しかし、これまで述べてきたように、多様な言語を持つモンパの中でそれが可能なのかどうかも大きな問題である。それらについては、第四章と第五章で検討してゆく。

中国、インドにおいては、国家によりそれぞれ、少数民族、指定トライブという行政的な範疇によって保護や特権が与えられようになったため、それを受けるために、便宜的にチベット人からの他称であり、かつ総称でもあった呼称を選択したのであろう。だが、中国側の門巴族は、一九五九年以後インドにやってきた場合は「チベット難民」としてチベット人と同様に扱われ、中国側に留まった人びとは、一九六四年に「少数民族」としてその名称を付与されている。こうした状況を考えると、トライブ名や民族名称というものは極めて政治的なものであることが分かる。

第五節　仏教以外の信仰

モンパの多くは大乗仏教徒で、具体的には、チベット仏教のゲルク派を信奉している。だが、ゲルク派に先行して建てられたニンマ派の寺院もあり、モンパの人びとは宗派にこだわらず参拝している。例えば、キンメイ僧院、正式名テクツェ・サンゲチェコルリン〈theg rtse gsang sngags chos 'khor gling〉は、ニンマ派の寺院であるが、タワン僧院より二四〇年ほど前の一四四〇年に創建された[201]。座主はテクツェ・リンポチェあるいはキンメイ・リンポチェと呼ばれ、現在の第一四世リンポチェは、モンパだけでなく、ブータンや海外にも信者を持つ高僧で、彼が行う法要には多くの人びとが集まる。

実際には、モンパの日常の宗教実践の中には、仏教が定着する以前からの土着の信仰を色濃く残す聖地や儀礼が見られる。第三章で述べるタワン僧院のトルギャ祭、ドンギュル祭にもその名残が残されている。モンパの人びとは、これをボン教（ポン教）という意味で、ボンポ（*bon po*）あるいはボンプ（*bon pu*）と呼んでいるが、シェンラブ・ミボ〈gshen rab mi bo〉[202]によって創始されたとされる、教団を形成する組織されたユンドゥン・ボン〈yung drung bon〉ではなく、仏教以前の土着の宗教としてのボン教である。フーバーは、これら土着のボン教をユンドゥン・ボンと区別するため、シーパイラー・ボン〈srid paï lha bon〉と呼んでいる。チャ〈phywa〉あるいはシーパイラーと呼ばれる空に住む神に対する信仰で、これが、現在も東ブータンやモンユルの回廊地帯、つまりタワン県や西カメン県で続いているという［Huber 2013: 263］。

例えば、タワンのロウ（Lhou）村には、フラー（*phulha*）と呼ばれる儀礼があった。後継者が絶えたため、すでに行われなくなっているが、ブータン国境に近いルムラ・サークルではまだ続けられている儀礼である。一九七四年から七七年まで、インド行政職（Indian Administrative Service：略称ＩＡＳ）の官吏としてタワンに派遣されたナンダ（Neeru Nanda）が、毎年四月に開催されるロウ村のフラーの様子を書き留めている。かつては動物を供犠していたらしいが、小麦粉で動物をかたどったものを代用し、弓の試合や馬の競争なども加わる娯楽性の高いものに変わっていた。また、フラーの時期は、農作物の種まきや収穫の前後に行われるため、村ごとに異なっていたという［Nanda 1982: 112–114］。

ナンダは、フラーをプラー（*plah*）と書いているが、アリスはフラー（*phla*）と記している。アリスは、ロウ村のフラーに言及はしているが、詳しい内容については書いていない。しかし、クランごとに古くから信仰の対象としている神々が座す、「その地域で最も高い場所」を意味するのがフー〈phu〉で、フラーの儀礼でボン教の祭司に憑依する神格も、このフーであると述べている［Aris 1980b: 12］。ナンダは、他にも、ルムラ・サークルのブータンとの国境地帯のツォンツォンマという神(203)など、いくつかのボン教の神々について書いているが、ボン教の神々は、単に古くから存在するというだけでなく、人びとにとっては、仏教よりもさらに神聖で犯しがたい畏怖の対象であると述べている［Nanda 1982: 113］。

ナンダは、他にも邪術によって毒を盛られた病人の身体から、ボン教の僧が毒を吸い出して治療したケースや、ゼミタンのルンポ村で一四人が毒殺された事件などを報告している。この地方では、主として女性が、トリカブトの毒を酒に入れて敵対する人を殺すことがあると言い伝えられていたが、それが現実に起こったという［Nanda 1982: 112-121］。

タワン県の場合には、フラーのような土着の信仰に基づく儀礼は、しだいに姿を消しつつある。この地域の仏教の中心地であるタワン僧院の存在が影響しているからであろう。だが、西カメン県のディラン・サークルでは、ラスシ（*lhasushi*）あるいはラーソイシー（*lha soi shi*）や、ホシナ（*hoshina*）またはホイシナ（*hoyshina*）などと呼ばれる儀礼が現在も行われていて、水野一晴、小林尚礼、ボットなどの報告がある。(204)

ナムシュ村のラーソイシーは、三年に一度、チベット歴一一月に三日間にわたって行われ、村の背後にある山の神々に捧げ物を贈って、幸福・繁栄・豊作・雨乞い・悪霊退散・健康を祈願するものだという［小林　二〇一三：一四四］。水野の報告によれば、テンバン村のラスシも、山の神々への捧げ物を行う儀礼で、毎年簡素に行われるが、六年に一回、村を挙げ、五日間かけて大規模に行われるという［水野　二〇一二：一〇九］。

モンパの村の中でテンバンが特別なのは、クランによる階層制が強く残り、(205)クランと周囲の他のトライブとの関係性が、ラスシとホシナにおいて重要な役割を果たしていることが、水野の報告から分かる。しかし、ホシナに関しては、水野とボットとで解釈に違いが見える。水野は、ホシナの儀礼が行われるようになった理由を、アッサムから送られた悪霊を取り除くためとしている。テンバンのモンパは、アッサムからポサ（税）を受け取っていたが、アッサムの人は、取り立てられた恨みから、ポサを受け取りに来たモンパに悪霊を付着させて一緒に送ったという。この点についてボットは、テンバンの最高位のクランであるバプー（*bapu*）がこうした説明をするが、サルタンやリシュ・モンパからの話とは異なるという。

彼らの説明では、この儀礼は、ミジ（サジョラン）によるテンバンへの略奪を目的とする侵入行為を象徴するものだという。ミジによる収奪は、シェルドゥクペン、キスパ（リシュ・モンパ）、チュグ・モンパ、サルタン、そして後にはツァンラ語を話すモンパにも及んだが、バプーがリシュ・モンパ、チュグ・モンパ、サルタンなどを服従させたこともこの儀礼に反映されているという。ボットが注目したのは、この儀礼の中で、ミジの服装をした二人の若者がテンバンの村の門から侵入するのを二人のモンパ男性が阻止し、追い払われたミジが、村の周囲を回って、各戸から食料を集める時の叫び声である。彼らは、「ホイシナ、ホイシナ」と叫ぶが、*hoy shina* には、「食べ物をよこせ」という命令の意味があるという[206]。おそらく、バプー・クランの人びとの説明は、自分たちがアッサムからポサを受け取っていたという優越した立場を強調するためのものであろう。これに対しては、リシュ・モンパは、もともとアッサムのカチャリからポサを受け取る権利を持っていたのはリシュ・モンパだったが、後に、その権利はテンバンやドムコ、モウシン、カラクタンのモンパの手に渡ってしまったと話しているという［Bodt 2014b: 181-182］[207]。カチャリはボドのことで、ボド・カチャリ、ボロ、ボロ・カチャリなどの別名がある。

前節で、サルタンの四つの言語を話す人びとのことをシャルマがマイチョッパと呼んだことに言及したが、ボットによれば、マイチョッパはチベット語で「低地の人」を意味するメチョクパ〈smad phyogs pa〉のことだという。彼らは、建前上、仏教を受け入れているが、仏教以前の動物供犠を伴う儀礼を続けている［Bodt 2014a: 224, 226］。サルタンのうち、かつてブトゥ・モンパと呼ばれていた人びとの住むナフラ・サークルのジェリガオン（Jerigaon）は、一九八四年までブトゥ（But）村と呼ばれていた。ヒンディー語で悪霊や幽霊を意味するブート（*bhūt*）という名称を嫌ったため、ジェリガオンに変更したが、サルタン語の *jiring* は「人間」という意味だという［Bodt 2014b:

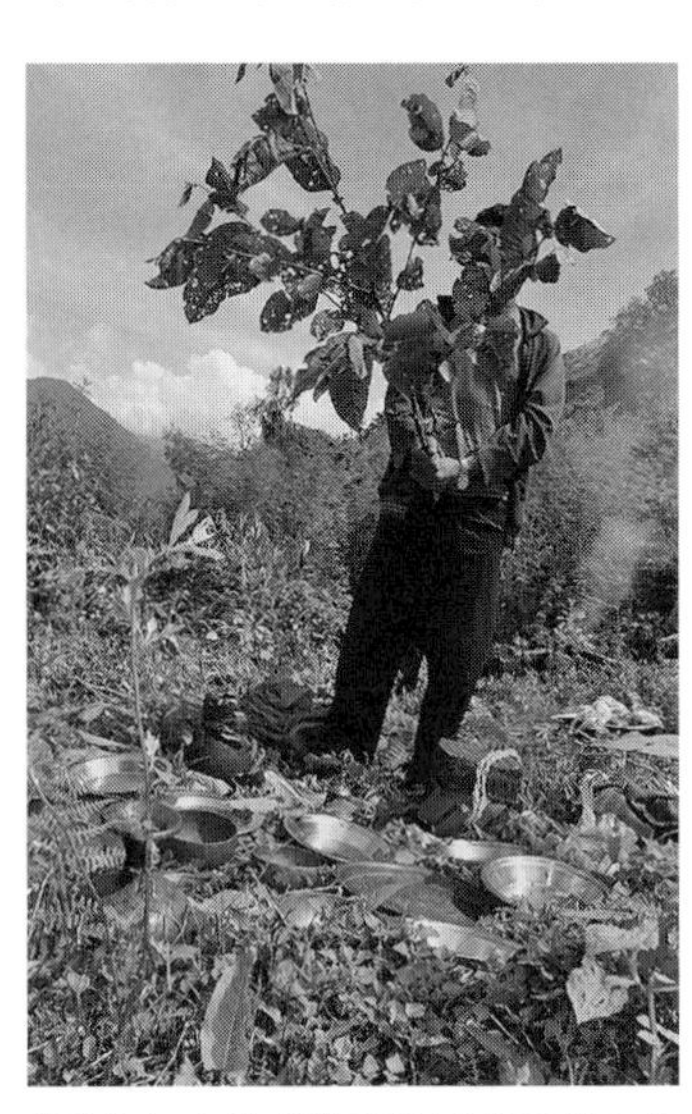

【写真1−14】病気平癒を祈るサルタンの祭司

166]。筆者も、彼らが行う一種のシャーマニズムによる病気平癒の儀礼に立ち会ったことがあるが、その祭司はローム（*ro-mu*）あるいはソンガバ（*songaba*）と自称していた（【写真1－14】）。病人のために土地の神フー（*phu*）に祈願し、病が癒えたら感謝を込めてヒツジを供犠する儀礼であった。この儀礼は仏教僧から固く禁じられていることから、人目につかない森の中などで行われている。その祭司たちは、自分たちを仏教徒だと自称しつつも、それでもこの儀礼は欠かせないものであるという。フーを無視したら村人が全員死ぬとフーに告げられているため、フーから離れられないという。人が亡くなった場合には、ボン教の祭司とロームの両方が葬式に出て儀礼を行うが、それぞれの戒律などは異なるという[208]。

サルタンは、二〇〇一年から翌年にかけて、県のトップの地位にある副長官（Deputy Commissioner）からサルタンとしての指定トライブの地位を与えられたが、後に、「憲法の分類に従い、モンパの一部とすべき」だと横やりが入り、指定トライブの証明書もモンパとして発行されている。これに対して、サルタンを自称する人びとは、「自分たちが行ってきた儀礼や豊かな文化が失われてしまう」と危機感を抱いている[209]。

仏教の傘の下にモンパを統合し、ボーティ語教育やモン自治地域を要求する動きについては、第四章で述べるが、こうした運動の中で、異なるアイデンティティを持つサルタンだけでなく、他のモンパに範疇化された人びとにとっても、仏教以外の自然崇拝や土着の儀礼が失われてゆく可能性は十分あるといえよう。

第六節　モンパの生業

指定トライブのモンパとなっている人びとがどのように生計を立てているのかについては、国勢調査の数字などが県ごとの統計であるため、その実態をモンパだけ抽出して数字で示すのは不可能である。しかし、伝統的にモンパにとっては、農業、牧畜、遠距離交易（コラム③）が生業であった。そのうち、チベットとの交易は国境が閉ざされたことにより終止し、アッサムなど他州から品物を仕入れ、商店で売る形に変化している。

まず、タワン県の場合は、大多数が農業に従事している。モンパが主として作っている作物は、アワ・コムギ・ジャガイモ・コメ・オオムギ・ソバ・トウモロコシ・季節ごとの野菜である。タワンの土壌はジャガイモ生産に適していることから、一九七三年になって、病気に強く収穫量の多い品種が導入され、貴重な換金作物となっている。果樹栽培にも期待が寄せられていて、標高の低い場所ではオレンジ・バナナ・グアヴァ・レモンなどが、中間地点ではリンゴ・セイヨウナシ・モモ・アプリコットなどが作られている。二〇〇一年から翌年にかけては、キウイ栽培が導入されている。山間地では棚田で水稲・陸稲の両方が作られているが、低地で広いスペースがある場所では水田耕作が行われている。農作業はまだ機械化されておらず、去勢ウシあるいはミタンウシと普通のウシとを交配させたギャツァ（*gya-tsa*）二頭に曳かせる、トンパ（*thongpa*）と呼ばれる木製の犂が使われている。場所によっては土起こしにヤクを使うこともある。州の他のトライブに比べればはるかにましではあるが、タワンでは穀物の自給はできておらず、一九六二年以前は、西カメン県のディラン地方やブータンから不足分を得ていた。現在は、コメやコムギはインド平原部から政府の特別価格で送られてきている［Norbu 2008：138-142］。これら平原部からのコメは白米であるが、モンパが好むのは、粘り気のある赤米マンデップ（*man dep*）である。収量も少なく、店では売られていない。親戚から買うか、物々交換で入手し、来客があった時など特別な時に食す。

チベットの統治下にあった時代には、コメは収量が少なく、税として納めるものであったため、祭りなど特別な時を除いては、モンパが口にできるものではなかった。当時は、コメを炊いている匂いで捕まり、牢につながれることもあったという。当時の主食は、アワやトウモロコシ、ソバなどの粉を、熱湯の中で練って塊にしたザン（*zan*）であった(210)。

西カメン県のほうがタワンより標高が低く、コメや野菜もタワンより豊富である。水野によれば、ディラン地方では、標高一七九〇メートル以下から二三〇〇メートルの範囲で、高度に応じて三段階の農業が行われているという。作物は、トウモロコシが三段階に共通していて、コメは水稲・陸稲の両方あり、二〇〇〇メートル以上の土地には、現在も焼畑が少し残存しているという。換金作物としては、ジャガイモ・キャベツ・トマト・リンゴ・キウイ・トウガラシなどが作られている［水野　二〇一二：六六―一七三］。

モンパの農業は、繁忙期に友人との間で相互に労働力を貸し合う伝統的な慣行が支えてきた。日本の「結い」に相当するものだが、タワンではラクパル（*lakpar*）［Norbu 2008: 139］、ディラン地方ではブランパ（*brampa*）と呼ばれている［水野　二〇一二：一七一］。

タワン県ではヤクやヒツジの放牧は、東のティンブー・サークルのマゴウ村やルンタン村、モクトウ・サークルのケット村やギャンドン村などの人びとが行ってきた。ノルブによれば、牧畜民ブロクパは、毎年チベット暦の三月に一堂に会して放牧地に関する取り決めをし、使用する土地を所有する村の許可を得なければならない。それが終わるまでは放牧に出てはいけないことになっているという［Norbu 2008: 150-151］。

西カメン県での牧畜は、センゲ・ゾン、ニュクマドゥン、ルブラン、チャンダル、ラガンなどの人びとが行っている。ルブランは、ブータンのサクテンから移住してきた人びとの村で、牧畜を専業としているが、筆者が二〇〇四年の滞在中に聞いた話では、かつてはブータン国内にある放牧地も使用することができたが、ブータン側も牧草の不足という問題を抱えており、インド側からの侵入に対し、ブータン側のブロクパやブータン政府の監視も厳しくなってきているとのことだった。

農業、牧畜以外に現金収入を得る手段としては、商店や食堂経営などの自営業と、公務員職に就くことが挙げられるが、公務員職は狭き門となっていて、高校や大学を卒業した若者の就職先がないことが大きな問題となっている。モンパの間でも教育熱は高く、州外の大学で学ぶ子女も多いが、一度、都会に出て、それなりの学歴を身に付けた若者は、農業や牧畜が家業であっても、必ずしもそれを職業として選ぶわけではない。さらに問題なのは、一般的に言って、モンパはホテルやレストランなどサービス業で働く機会があったとしても、ベッドメークや清掃、調理といった肉体労働を嫌う傾向がある。かといって、レセプションでの接客や事務的な仕事の能力が高いわけでもない。結果として、モンパが経営するホテルやレストランは、ほぼ全員が他州からの出稼ぎ労働者で占められることになる。ディランの織物工場などをみても、働いているのはアッサムやマニプルなどからの女性たちである。

他には、コントラクト・ビジネスと呼ばれる請負仕事がある。これは州や県の政府から委託された道路補修や電柱の設置など、多くは土木工事の下請け業である。この仕事を得るためには、予算を握っている地元の政治家との間にコネがなくてはならないので、多くの場合には、政治家と縁故のある人が有利である。だが問題は、その仕事を請け負う人の大多数が、当該工事に関しての経験がほとんどないことであろう。アッサムなどからの安価な労働力を使って、おざなりな工事をして大金を得るという例をしばしば耳にする。一方、やっとつてを使って手にした

コラム3

遠距離交易とナイツァン

イギリス植民地政府は、一八三三年に、アホム王国時代からあった丘陵部のトライブと平地民の交易のためのウダルグリの定期市を復活させた。その目的は、チベットとの交易を促進するためであった。平原の商人には山岳地帯の通行は困難であり、一八七七年にインナー・ラインが引かれたこともあって、この地域の交易の担い手は、モンパやシェルドゥクペンなど地元の仏教徒のトライブであった。車の通れる道路はなかったため、すべて徒歩による旅であった。

チベットへの旅は季節が限られていたことから、彼らのすべてが交易を専業としていたわけではない。本章第三節でも言及したナイン・シンの報告によると、タワンとツォナ間のチベット側の税関は、一月から五・六月の間、雪のため閉鎖されたという [Trotter 1877: 119]。雪のないシーズンにチベットへ出かけて品物を仕入れ、冬季に開かれるウダルグリの定期市でそれらを平原からの産品と交換していた。夏の雨期には、アッサムまでの山道ががけ崩れにより封鎖され、通行に支障が出ることもしばしばであったが、それに加えて、高地に住むタワンのモンパは、雨期に平原部で流行するマラリアを恐れていた。

一九〇二年に出版されたダースの蔵英辞典の「モン・タワン」の項目には、「チベットとアッサムの間の交易に従事する野蛮な半チベット系の種族が住み、アッサムからはウダルグリを経て至る」という説明が見える。その関連用語として、タワンで生産される木綿の身体を包む布（おそらく僧侶用と思われる）〈mon gyi ras gzan〉・ヒマラヤの樫〈mon cha ra〉・モンのシルク（野蚕絹）製品〈mon dar〉・インド豆〈mon sran〉・インゲン豆の一種〈mon sran na gu〉・ナス〈mon sran zlum po〉などの単語が収録されている [Das 1902: 976–977]。タワンで木綿を生産していたという話は聞いたことがないので、木綿布・シルク製品・豆類の一部などは、主としてアッサムなどの低地で産出されたものが、タワンを経てチベットに伝わったと思われる。

『蔵漢大辞典』には、モン・ショク〈mon shog〉という項があり、モンユルで手作りされる紙という説明がある。タワンの手漉き紙については第三章で述べるが、この紙もまた交易品の一つであった。タワンからチベットには他にも、トウガラシ・トウモロコシ・コメ・乾燥させた果実・山椒などの香辛料・木碗・竹ペン・動物の皮・染料用のラックやアカネなどが運ばれた。ラックは主としてアッサムから仕入れたものであるが、それ以外はタワンや西カメン県各地でも生産されるものであった。

逆にチベットから運ばれていたのは、岩塩・干し肉・ヤクの脂肪・バター茶用の茶葉・チーズやバター・羊毛・絨毯・小刀・馬の鞍・靴・装身具・仏具・馬やロバなどさまざまであった。

実際にツォナやウダルグリに徒歩で出かけた経験のある人びとによると、タワンの中心地からツォナまでは四日から五日だが、ウダルグリまでは八日から十日かかったという。ちなみに、カラクタンとディランからウダルグリまでの所要日数は、それぞれ一日、三日であった。

アッサムとチベット間の交易は、一九二〇年代には減少した。その理由は、チベットの塩に代わって、安価なベンガルの塩が出回るようになったこと、丘陵部にも店ができ、必需品はそこで買えるようになったこと、チベットの政情が悪化したことなどである［Das 1995: 47-49］。一九五九年にはチベットとの国境が閉ざされ、モンパの交易圏は、アッサムやインドの他の都市へと移っていった。

ツォナへ交易に出かけた経験のあるタワンの年配者の話では、チベット側の途中の村では、通行税として税関の役人にコメを二、三キロ徴収されたが、その半分は役人の懐に入っていた。しかし、そこでスタンプを押された紙を受け取れば、ツォナで再び徴収されることはなかったという。

この伝統的な遠距離交易に欠かせないのが、タワンの人びとがナイツァン〈*nai tshang*〉あるいはネイツァン〈*nei tshang*〉と呼ぶ、いわゆる民泊である。ナイツァンは、チベット語とブロクパ語ではネツァン〈gnas tshang〉、ツァンラ語ではナツァン（*natshang*）あるいはネツァン（*netsang*）と発音する。ヒマラヤやチベット各地にも同様の習慣があると聞く。ホテルがない時代、交易だけでなく、仏教聖地への巡礼の際にも利用されたシステムである。それがない場合は、岩陰や洞窟に野宿したり、ヤクの毛で織った布をテントにしたという。

各地に先祖代々親しくしている家庭があり、そこに泊めてもらうのだが、宿泊費を払うわけではない。例えば、ゼミタンのある男性は、一九四〇年代から五〇年代にかけて、年に三、四回ツォナに出かけていたが、その時のツォナのナイツァンのことをよく覚えていて、「金持ちで、よく世話をしてくれた。ゼミタンではコメはできないので、まずブータン国境に近いブレイテン（Blaiteng）でバターをコメに交換し、馬で四日かけてツォナに運んだ。宿泊先の主人が間に入ってさばいてくれた。彼がやってきたときは同様に世話をした」と語っていた（ティンレイ・ゴンブ Thinley Gombu　一九三八年生まれ。二〇一〇年八月インタビュー）。

筆者が二〇〇四年にディラン・サークルのナムシュ村で調査をしていたころ、東ブータンの人びとが、衣類などの行商に来ることがあった。そういう場合、宿主は、村人に彼が来ていることを知らせ、品物を売る手伝いもする。また、こうした仲介をするだけでなく、客人の素行にも責任を持たなくてはならない。宿主は、外来者に対する身元引受人のような役割をしていた。謝礼として受け取る物品はわずかだが、互いの信頼関係の維持のほうが尊重されたという。

タワンのオールド・マーケット

タワンのオールド・マーケットは、タワンの商業の中心地で、食料品店からインターネット・カフェまでさまざまな店がある。旧名はプンテン（Pungteng）で、モンケットで「人びとが集まる場所」という意味がある。筆者が二〇一一年八月に数えた時には、大小合計二六一店舗あった。オールド・マーケットに入りきらない店舗が東西に広がって、現在はネルー・マーケット、ニュー・マーケットとなっている。オールド・マーケットで最初に商売を始めた一九四〇年生まれのトゥプテン・ラマ、通称トゥタン（Thutan）（【写真③−1】）は、次のように語る（二〇一〇年八月インタビュー）。

一九六二年に中印国境紛争が起きる数年前から、アッサムとタワンとを往復していた。テズプルでタバコ・ビリー（葉巻タバコ）・マッチ・長靴などを仕入れ、片道一〇日歩いて、馬と人力でタワンに運んでいた。掘っ立て小屋のような店だったが、他にはまったく店はなく、仕入れたものはすぐに売れた。最初の二年間は、すべて徒歩だったが、紛争後、徐々に道路が整備され、小型トラックなどで荷物を運ぶようになった。ラージャスターン州出身のマールワーリー商人たちがインド軍についてやってきたのは、一九八〇年代のことだ。モンパだけでなく、チベット人やアッサムのベンガル人やネパール人の店も少しずつ増えていった。現在のマーケットの規模になったのは九〇年代後半からのことで、八〇年代でさえ、三、四軒の店しかなかった。マールワーリー商人が共同で大量に仕入れた品物を、卸値で分けてもらって売った。ほとんどのものが仕入れた値段の倍の金額で売れた。モンパは商売というものを知らないので、自分が成功したときには「座っているだけで、なにもしないで金儲けをしている」と言われたものだ。自分自身も農家の出身なので、農作業の辛さはよく分かっているが、重い荷物を担いで山道を一年に三回、四回と往復するのはそれ以上の重労働だ。だが、おかげでいろいろな所にナイツァンができて、紛争時にタワンからアッサムに逃げた時にも、途中、カラクタンのナイツァンの家でしばらく世話になることができた。現在でも彼らとは親交が続いている。

【写真③−1】トゥタン

かつて一〇日かかっていたアッサムからタワンの旅も、現在では道路状況さえよければ、車で一日の行程に短縮された。伝統的な遠距離交易を支えた、金銭を介さない信頼関係だけで維持されるこの習慣も、ほとんどなくなった。それと同時に、貧しくても努力と商才だけで成功できた時代も終わった。

小さな請負仕事をした結果、約束した工事費が数カ月間支払われなかったという話も聞く。その陰には、利益の分け前にあずかる政治家や公務員の存在があり、こうしたことが、州のインフラ整備の貧弱さや遅れにもつながっている。(211)

期待できるのは、多くの雇用を生み出す可能性のある観光業だが、州およびモンパの地域のツーリズムについては、第五章で検討する。

註

(1) 高さは、二〇一六年一〇月に合同で行われたベースキャンプに、インド・チベット国境警察とインド山岳連盟が初めて到着したことを伝えた、Indian Express の同年一一月五日付ニュースによる。

(2) これまで一駅、一・二六キロの路線があった。

(3) 具体的には第五章で述べるが、二〇一一年四月には、当時の州主席大臣がタワンでの墜落事故で亡くなっている。最近では、二〇一七年一〇月七日に軍用ヘリコプターが同じくタワンで墜落し、七名全員が死亡している。

(4) たとえばロヒット県のテズー（Tezu）でも、二〇一八年九月の完成を目指して空港建設が進められている。二〇一七年一一月二七日付 The Arunachal Times より。

(5) アルナーチャル最初の国勢調査は一九六一年に実施されたが、その時の指定トライブの割合は八八・六一パーセントであった。

(6) [Kri 2010: 102-120] より。八番目のプロイク（Puroik）は、誤って（Priok）となっている（一〇九ページ）。

(7) この「但し書き」が見られるのはアルナーチャルだけで、他州のすべての州と中央直轄地の場合には、この但し書きはない。例えばオーディシャー州（Odisha 旧名オリッサ）の場合など、六二のトライブとその下位集団を含めた一七〇ものトライブ名が掲載されている。

(8) 二〇一三年に発行された、インド部族問題省の指定トライブに関する統計データ集より [Ministry of Tribal Affairs 2013: 367-368]。

（9）［Ministry of Tribal Affairs 2013：149–152］。中には若干の発音の違いによるものも多く含まれている。それが本当に自己申告によるのかどうかは明確ではない。州のトライブ分類に関しては、名称を巡って異議申し立てがあり、整理されていない。

（10）二〇一七年一一月二四日付 The Arunachal Times に、指定トライブを要求している記事が掲載されている。

（11）トライブの数と同様に、二〇一一年八月に州政府統計局から入手した資料をもとに計算した概数である。

（12）ダフラ（Dafla）の以前の自称はシン（Sing）あるいはニシン（Nyising）であった［Gait 1926：124］。アボールとは、アッサム語の「服従」を意味するボリ（bori）とは反対の「独立」を意味していた［Gait 1926：321-322］。野蛮、未開で手に負えないという意味があったことが、アディがアボールと呼ばれたくない理由だという［Nyori 2000：40–44］。

（13）現在のトライブ名称に関しても州内から異議が提出されている。例えば、ニシの場合には、二〇〇七年まで蔑称であるダフラであったが、国会で改名が認められ、二〇〇八年四月一日付でニシに変更された。ガロは、かつてはアディの下位集団の一つとしてアディ・ガロン（Adi Gallong）と他称されてきたが、ガロであるという主張が通り、二〇一二年一月八日付で変更された。アディの下位集団には、このガロとアディ・ミニョン（Adi Minyong）、アディ・パダム（Adi Padam）を含む合計一五の集団がある。詳しくは、［Singh, K. S. 1995：53-134］を参照されたい。

（14）［van Driem 2001：481-482］による。以前は、アボール・ミリ・ダフラ語と呼ばれていたという。

（15）このことは、第四章で述べる。

（16）［Chaudhuri 2013：260］より。ここではプロイクをスルン（Sulung）と書いているが、当該の集団は、「奴隷」という意味のこの他称を好まない。

（17）アメリカ・バプテスト教会が最初にサディヤにできたのは一八三六年のことだという。一九五〇年までの同教会の宣教活動については、［Sangma 2000］が簡潔にまとめている。

（18）ティラップ県のノクテの中にヒンドゥー教ヴィシュヌ派を信仰する人びとがいるが、土着の自然崇拝が混合した独自なものになっている［Mishra 2008：79］。

（19）ドニ・ポロ運動については、[Choudhuri 2013] に詳しく書かれている。
（20）サンスクリット語の逐語訳では、「曙光に照らされて赤く輝く山岳のある州」という意味だが、インドの最東部に位置していることから、太陽が真っ先に照らす州という意味で名付けられたと考えられる。命名者は、当時ＮＥＦＡの調査局局長で、サンスクリット語学者でもあったＢ・Ｄ・シャストリ（Bibhabasu Das Shastri）である [Chowdhury 1983: 325]。
（21）『アッサム史』の著者ゲイトは、「一二二八年のアホム族の侵入以前のアッサムの歴史は、マハーバーラタやプラーナなどの古い伝承に頼らざるを得ないため、歴史と呼べるものではないが、なんらかの事実の基礎を含んでおり、人びとが好んで伝えてきたという面もある」と述べている [Gait 1926: 1]。先史時代から神話時代のアッサム史に関しては、[Gait 1926: 10-21] に詳しく書かれている。
（22）オシクは、マハーバーラタの中に出てくる「キラータ」は、現在のアルナーチャルおよび北東インドに住むトライブの総称だとしている [Osik 1996: 23-24]。マハーバーラタは、一般的には、紀元前四世紀ごろから紀元後四世紀ごろにかけて成立したといわれている。上村勝彦による原典訳の梗概には、ヒマラヤに住む「キラータ（山岳民）」と書かれている [上村　二〇〇二a：一九]。同書の第三巻にヒマラヤ山中で、キラータ（狩猟などで生活する部族民）に姿を変えたシヴァ神とアルジュナが戦う場面が収められている [上村　二〇〇二b：一〇七―一一四]。
（23）サンスクリット語ではパラシュラーマクンダ（Paraśurāmakuṇḍa）。『カーリカー・プラーナ』にある伝説で、パラシュラーマは、母を殺した斧が手から離れなくなり、罪を浄めるためにインド中の聖地を巡り、たどりついたブラフマクンドの水に手を浸すと斧が離れた。その斧を投げた場所がロヒット川の水源になったという [Chowdhury 1979 (1992): 29]。日本語では、[菅沼　一九八五：一七六] のジャマダグニの項に類似の話がある。
（24）一九五〇年八月一五日にチベットのリマを震源とするマグニチュード八・五の地震が起きた。この聖地も、元は、現在の場所よりもやや上手にあった [Kri 2010: 33]。
（25）『アッサム史』には、年代のはっきりしたものだけでも、一五四八年、一五九六年、一六六三年、一八九七年に大地震が、一五七〇年と一六四二年に洪水があったことが記されている [Gait 1926: 99, 103, 104, 123, 139, 350]。

このうち、一八九七年六月一二日に起きた地震は、シロンを震源とするマグニチュード八・七の大地震であった［Kri 2010: 32-33］。

（26）［Gait 1926: 17］［Chowdhury 1979（1992）: 21］。

（27）Osik は、カームジャーンをティラップ（現アルナーチャルのティラップ県のシャム人居住地）としている［Osik 1996: 33］。

（28）その後の消長については長くなるので省略するが、いくつか重要な点だけ記しておく。まず、アホム王国のヒンディー化が、一三九七年に王位に就いたスダングハー（Sudāngphā）の時代であったこと、一五二七年に初めてイスラーム教徒の侵入があったこと、一六七〇年からからわずか一一年間に七人の王が即位し、そのすべてが自然死ではなく、内乱が続いていたことである。ガダーダハル・シンの時代にようやく王権の復権が見られた［Gait 1926: 82, 90, 166］。

（29）第一次ビルマ戦争に関しては、［Gait 1926: 280-288］［Bhuyan 1949: 522-550］などに詳しい記述がある。ビルマ側から見た第一次、第二次英緬戦争とビルマ王国の終焉については、［根本 二〇一四］が分かりやすい。

（30）アッサム茶の木は、一八二三年にロバート・ブルース（Robert Bruce）によってアッサム北東部にあるガールガオン（Garhgaon）、現在のシブサガル（Sivsagar）近くの丘陵で発見された。ゲイトはこのロバート・ブルースを、プランダール・シン（Purandar Singh）の代理人、後にそのライバルのチャンドラカーント（Chandrakānt）の代理人だったと書いている［Gait 1926: 352］。プランダール・シンは、第一次ビルマ戦争の直後、上アッサムにおいては土着の王の統治のほうがよいだろうというイギリス側の考えにより一八三二年に即位した傀儡の王であるが、一八三八年には廃された［Gait 1926: 296, 308］。

（31）当時は「アッサムの丘陵地帯」と包括的に呼ばれていて、正式な名称はなかったとみられる。

（32）F・ハイメンドルフは、このポサについて興味ある記述をしている。「一九四五年当時、イギリスの行政官だった自分自身、ヒル・ミリ（Hill Miri）にポサを払っていた。従来このポサは、丘陵部に住む部族が平原に侵入して略奪するのを防ぐために、平原部の人びとが払う年貢のようなものと考えられてきたが、実際には、ミリ族や他の部族のものであった土地に対する正当な賃借料である」［Fürer-Haimendorf 1982: 27］。ヒル・ミリもミリも、現在のアルナーチャル・プラデーシュの指定部族である。

(33) この条例（Regulation）が、事実上アッサムに公布された最初の法律であった［Gait 1926: 334-335］。

(34)［Luthra 1971（2007）: 51］に当該条例が掲載されている。

(35) サディヤは現在のアッサム州ティンスキア（Tinskia）県に属している。

(36) オシクは、ウィリアムソンのアディに対する無礼な暴言が遺恨を生じさせたことが原因だとしているが［Osik 1999: 51-57］、ベイリーは、互いの誤解が招いたトラブルであったと報告している［Bailey 1957: 29-30］。

(37) その経過については［Mullin 2001: 412-413］に詳しく書かれている。

(38)［Maxwell 1970: 50］。筆者のマクマホン・ラインおよび中印国境紛争に関する記述は、［Lamb 1964, 1966］［Maxwell 1970］［中華人民共和国政府　一九六二］を参考にした。

(39) 井上恭子は、それぞれを「隔離地域」、「準隔離地域」と訳している［井上　二〇〇八ｂ：二八二］。イギリスおよびインド政府による北東部に対する行政については、井上の以下の諸論文が的確に論じている［井上　二〇〇三、二〇〇八ｂ、二〇〇九、二〇一一］。

(40)［Reid 1944: 174］より。

(41) これらの「除外地域」「準除外地域」に関してはインド国民会議派などからの反対もあったが、結局、設置が決定した。インド国民会議派の姿勢の欠落の一つは、除外地域に住むトライブの代表が、議論にまったく参加していなかったことだという［藤井　一九九四：一〇二］。インド独立後も、インドのナショナリストたちがこの政策を北東辺境地域に適用した［Fürer-Haimendorf 1985: 39］。

(42)［Chowdhury 1983: 254］に、それぞれの旧区画名が書かれている。

(43) 一九六三年に州となった。

(44) この序文は、一九五八年一〇月九日にニューデリーで書かれたとある。

(45) 中印軍の戦闘があったのはチャク（現在の西カメン県シンチュン・サークルにある村）までで、それ以南の丘陵山麓地帯へは、中国軍は斥候隊を派遣しただけだった［Maxwell 1970：423-425］。
(46) 一九六一年国勢調査によれば、NEFAの面積は八万一四二四平方キロ、人口は三三万六五五八人である。
(47) ［Chowdhury 1983：308］。紛争直後には、野党からパンジャーブ州から一〇万人の農民を移住させるという提案もあったという［Guha1999：295］。
(48) シアン地区のパシガット（Pashigat）出身のアディに属し、インド政府の食料・農業省の副大臣を務めていた［Osik 1999：139］［Singh, D. K. 2010：69］。
(49) エリン委員会のやり方は、ネルー・エルウィンが試みた哲学的なものではなく、トライブの心情を理解した上でその個々の問題点を明らかにするという実際的な方法であった［Pandey, D. 1997：305］。
(50) NEFAの場合は、村落レベルのグラム・パンチャーヤット（Gram Panchayat）、郡（ブロック）レベルのアンチャル・サミティ（Anchal Samiti）、県レベルのジラー・パリシャド（Zilla Parishad）の三層から成る。
(51) その後の行政区画の変更により、現在、イタナガルはパプン・パレ県にある。「一九七一年に首都移転に関する条例が議会を通過したにもかかわらず、一九七五年八月現在でも州長官の本部はシロンにあった」［Mohanta 1984：184］という。
(52) 州への昇格が決定されたことへの一九八六年一二月の中国の抗議に対し、インド政府は「国内問題に対する干渉だ」と拒絶している［井上　一九八七：五〇九］。
(53) 二〇一七年四月一九日付 The Arunachal Times より。
(54) このように行政区分が頻繁に変更されたことにより、文献によって地図や県の呼称が異なっているので注意が必要である。
(55) 現在の中国・西蔵自治区錯那県。
(56) 例えばナイールは、「モンパは、かつてチベットの支配下にあったことはない」［Nair 1985：74］としている。
(57) ただし、中国がその領有を主張しているような、アルナーチャル・プラデーシュ州のほぼ全域ではない。そして、チベットのものがそのまま中国のものでないこともちろんのことである。

（58）地名のチベット語の綴りは、ＤｏＫＡＡ編集のボーティ語教科書の七年生用および［Tenpa & Tempa 2013: 37-38］を参考にした。サークル名は二〇一一年国勢調査時のものである。

（59）他の四つのサークルは、それぞれボンカール、ドドゥンカール、タワン、ゼミタンである。

（60）例えば、［Gyalsey Tulk 2009: 43］など。時代に関しては、ドワ・サンモの伝記にブッダの入滅から一五〇〇年と書かれていることから、一〇世紀あるいは一一世紀のことになるという説もある［Tenpa & Tempa 2013: 6］。

（61）この歌舞劇のストーリーは、チベット語版以外に、フランス語で書かれたバコー（Jacques Bacot）の著書の英語版（一九二四）が出版されている。また、三宅伸一郎によって日本語にも訳されている。その解説によれば、この物語は典拠不明の作品だが、一説によるとモン地方のゲルク派のある高僧が地元に伝わる民話を元に創作したものだという［三宅・石山　二〇〇八：二七］。英語でこのストーリーを紹介したものも、ドワ・サンモの生地を西カメン県のドムコ（Domkho）、カラワンポ王の国をタワンとしている［Chakravarti 2003: 5-9］。

（62）六年生の教科書には、パドマサンバヴァの生涯だけでなく、八変化の姿と意味まで詳しく書かれている［ブータン王国教育省教育部　二〇〇八：二一―三五］。

（63）第三代ツォナ・ゴンツェ・リンポチェの霊的指導によると書かれている［Tenpa & Tempa 2013: 6-7］。このタクツァン僧院がある場所は、中国国境に近く、軍事施設もあるため、インド人以外の外国人の訪問は、原則的には禁止されている。

（64）一冊目は［Chombay et al. 2016］、二冊目から五冊目は［Chombay et al. 2017］で、合計五冊のシリーズはすべてアルナーチャル州政府のかわりにＤｏＫＡＡが発行している。

（65）建立年は長慶三年に当たる［Li 1956: 3-4］。

（66）この二人の研究は、先行研究を検討した上で書かれており、佐藤は李の研究を高く評価し、この本を書いていることが分かる［佐藤　一九五九（一九七七）：八七四―八八七］。

（67）Hugh E. Richardson の Ancient Historical Edict at Lhasa and the Mu Tsung/Khri Gtsug Lde Brtsan Treaty of A.D.821-822 from the Inscription at Lhasa, London, 1952 ..pp.63からの引用。

(68)「今でもモンと呼ばれているモン」は、アルナーチャルのモンパのことであろう。

(69)張は、この碑が門巴族とチベット族の関係を示す最古の記録でもあり、吐蕃時代にはすでにモンユルは吐蕃に隷属していたとする［張 一九九七：一三］。

(70)名前の混乱については、［佐藤 一九五九（一九七七）：六二八―六三二］を参照のこと。

(71)シェルドゥクペンの起源伝承については、［Sharma 1960（1988）: 5-8］に拠っている。

(72)シャカッパは、『チベット政治史』の中で、セナレク王には五人の息子がいたが、その長男であるツァンマが僧侶になったが、やがて野望を持ったランダルマ王にブータンのパロに追いやられたと記しているだけである［Shakabpa 1967: 48, 50-51］。

(73)ツァンマを巡っては、なぜ長男なのに王位を継がなかったのか、ブータンのパロに着いたのなら、なぜ西ブータンにツァンマを祖先とするクランが存在しないのかなどさまざまな疑問がある。それらに関する資料や言説については［Aris 1980a: 83-114］に詳しく書かれている。

(74)タシ・ヤンツェ（Trashi Yangtse）県カムダン（Khamdang）地区にあるミジンパ・ツェンカル（Mizinmpa Tsenkhan）がその城の廃墟であるとされている［Bodt 2012: 559］。

(75)ケン氏のケンチョ・ゲルポ（一〇三四―一一〇二）が、ツァン地方に一〇七三年に建立した寺にちなんで命名したチベット仏教の一宗派［今枝 二〇〇三：一九］。

(76)例えば、ボーティ語（チベット語）の八年生用の教科書、六ページなど。

(77)ラオク・ユルスムとはチベット語の「山麓の三つの土地」という意味で、かつてはタワンの中心地であった。現在のタワン・サークルのセル（Seru）、ロウ・サークルのロウ（Lho）、キトゥピ・サークルのキトゥピ（Kitpi）辺りを指す。

(78)ただし、サンギェリンは、オギェン・サンポが来る前にすでにあったとアリスが書き添えている［Aris 1989: 115］。筆者も現地を訪問したが、この三つの寺のうち、ツォゲェルリンのみ完全な廃墟になっているが、あとの二つは現存している。

(79) [Phuntsho 2015: 24, 30] による。
(80) アリスは、この記述に対して、ヒンドゥー教のシヴァ神に供犠をしながら、仏教の聖者に帰依しそのパトロンとなることの矛盾を指摘している [Aris 1980a: 107]。
(81) 詳しくは [Wangchuck 1999] [Aris 1994b: 120-125] を参照されたい。
(82) アルタン・ハーン（一五〇七／〇八―八二）自身は、一五七六年に仏教に改宗していた [デエ　二〇〇五：一二六―一二七]。
(83) 生没年に関しては諸説あるが、スタンは彼の生没年を（一三八五―一四六四）としている [スタン　一九七一：七三]。
(84) "Rgyal rigs" が書かれた年には諸説あるが、[Aris 2009] に書かれたアルドゥッシ（John A. Ardussi）の序文によると、著者はンガワン（Ngawang）という僧で、おそらく一六六八年に書かれたのではないかという [Ardussi 2009: ix-xi]。
(85) この逸話については、サルカールも記しているが、テンパによれば、タントン・ギェルポの伝記には書かれていない内容であるという [Tenpa 2013: 6]。
(86) [Sarkar 1981: 5] および [Bodt 2012: 71]。
(87) タワンではアルヤクドゥン（Aryakdung）僧院と呼ばれている。
(88) 筆者は二〇一六年五月にこのツォルン・ゴンパを訪れた。メラに伝わる伝承については [脇田　二〇一七：一八四―一八五] に記した。
(89) [Karchung 2013: 106] にこの名があるが、筆者を案内したメラの人は、スンラブ・ガンデンリン（Sungrub Gandenling）と呼んでいた。
(90) [Aris 1980b: 13-20]。この文書は、一九七八年から七九年にかけてアリスがタワンを訪問した際に入手したもので、同書一三ページには、「チベット語のスペルの間違いは彼が訂正し、完全な写しではないが出版を決めた」と書かれている。

(91) ツォとディンについては本節の最初に述べた。

(92) 三つとも、現在の西カメン県にその廃墟が残っている。

(93) アリスは、ブータンのシャブドゥンはさらに長くその死を秘匿されていたが、この間、ブータン、チベット両国はともに「死者によって治められていた」と述べている [Aris 1989: 123]。シャブドゥンは一六五一年に亡くなったが、その死が公表されたのは一七〇五年ごろまたは一七〇七年。ダライ・ラマ五世は一六八二年に亡くなり、一六九七年に公表されている。今枝によれば、「僧侶の死を公表しないのは多くの場合、他の候補者に先駆けて化身を見つけるための措置だ」という [今枝 二〇〇三：一五一、一五四]。

(94) 二〇一〇年に筆者がパヲドゥンを訪ねた当時の当主は、元州議会議員のタシ・カンドゥ (Tashi Khandu) であった。ロプサン・テンペイ・ドンメが先祖であること、二つの家に血のつながりがないことは確認できたが、サルカールが書いている内容を証明できる遺物や書類はないとのことだった。クランが外婚制を採っていたことについては [Aris 1980a: 98] に詳しい。

(95) 母方の実家の現当主の弟に当たるワンポ (Wangpo) の説明 (二〇〇九年三月訪問時のインタビュー) による。当時の当主は九〇歳になるイェシェ・チョンベイ (Yeshe Chombey) だったが、数年後に亡くなった。

(96) テンパの研究に、ダライ・ラマ六世の母親の実家内で親族を二分する争いがあったことが詳しく書かれている [Tenpa 2015]。

(97) 二〇〇九年九月の地震で仏間の外壁に亀裂が入り、崩落の危険があった。筆者は、翌年訪問した際にクシャン・ナンの家族から相談を受けた。筆者も加わってクシャン・ナン保存委員会ができ、臨時の保管用の建物を建てることが決まった。その後、寄付者が増え、二〇一五年に新堂が完成し、仏間に保管されていた物品をすべてそちらに運び終えていた。仏間が崩壊したのがその直後だったのは、不幸中の幸いであった。

(98) [Mullin 2001: 239-271]。ダライ・ラマ六世の生涯や当時のチベットの政治的状況については、他に [Aris 1989] [田中 二〇〇〇]、今枝による訳者解説 [ツァンヤン・ギャムツォ 二〇〇七：七四—一一五] などに詳しく書かれている。

(99)「ああ白鳥よ心あらば　我に翼を貸せよかし　遠くに飛ぶにあらずして　理塘を巡りて帰り来ん」［ツァンヤン・ギャムツォ　二〇〇七：七一］。

(100) テンバンからチャール・ドゥアールまでは一六日の行程と書かれているが、そのような遠方のモンパになぜ定期的な支払いをしていたのか、その理由は書かれていない。

(101) これらの呼称は［Mackenzie 1884（2001）：18–19］に記載されている。「Ganw」「Gaon」（町の意）の間違いであろう。

(102)［Jha 1996：448］より。この論文には、ポサをめぐる英国植民地政府の対応が詳しく書かれている。本章註(32)も参照されたい。

(103) 藤井によれば、イギリスの測量事業の中で雇用されたインド人男性は、その属性に関わりなく、本来はブラーマン男性を指すパンディットという語で総称された。彼らは、いわゆるグレートゲームの中で、情報収集の役割を担わされた［藤井　二〇〇三ａ：注一九頁］。ナイン・シンを含むパンディットたちの生涯とその足跡については、［薬師　二〇〇六］に詳しく書かれている。

(104) ナイン・シンがラダックを出発した日は［Trotter 1877：88］では一八七三年七月一五日となっているが、報告書の内容から一八七四年の誤りだと思われる。薬師も一八七四年としている［薬師　二〇〇六：一七七］。

(105)（　）内は原文通りの綴りにしている。

(106) チベット語でゾンポン〈rdzong dpon〉は、各地の行政府が置かれたゾンの最高責任者のこと。

(107) ホルは、チベット西部のマノサロワール湖付近の村で、ドクパ〈'brog pa〉はチベット語で遊牧民の一般名称、チャンパはチャンタン高原の遊牧民のことである。

(108) ブータン人を意味するドゥクパ〈'brug pa〉のことである。

(109) Amra Tala がどこにあったか確認できないが、川の対岸に Chingmi という村があったと書かれている。現在の西カメン県カラクタン・サークルにあるチンギ（Chingi）の間違いであれば、その近くにあったことになる。

(110) ミラスタン（Mirastan）と書かれているが、現在でもメラとサクテンを合わせてメラサクと言う人がいるので、メラとサクテンのことであろう。

(111) 森林の区画に不満があったことが原因であったらしい［Reid 1942（1983）: 269］。

(112) マックスウェル大尉はしばらく丘陵地帯にしばらくとどまっていたが、熱病が蔓延し、引き上げざるを得なかったという［Bose 1997: 64］。

(113) 同行者は、ヘンリー・モーズヘッド大尉（Captain Henry Morshead）で、彼らの踏査ルートは、その目的もあって、中印国境にごく近い地域となっている。中でも貴重なのは、ヤルツァンポ川の大湾曲部にあるチベット仏教の聖地ペマコ〈padma bkod〉周辺に住む人びとの記述である。ここも、現在外国人の入域が禁止されている場所である。ペマコは、現在の中国の行政区画では、西蔵自治区林芝地区墨脱（mòtuō）県墨脱鎮墨脱村に当たり、少数民族の門巴族の居住地である。二〇一〇年の墨脱村の門巴族の人口は五五〇人とある［王 二〇一一：一］。

(114) ウラ〈'ul lag〉は強制労働のことで、役人の命令で地元の人びとが荷運びなどに駆り出されていた。ベイリーの報告には、各地でウラの手配に苦労したことが記されている。

(115) ベイリーは、標高一万フィート（三〇四八メートル）以上あるタワンを暑いというチベット人はかなりの暑さ嫌いだと書いているが、役所のあるギャンカルは標高二五三〇メートルである。その周辺の村は、日差しも強く、冬も僧院のある場所よりもだいぶ暖かい。

(116) 一九三一年のインド国勢調査に添付された地図でもマクマホン・ラインは線引きされておらず、アルナーチャルの部分には疑問符が書き込まれている。一九三五年の偶然の発見とは、植物学者として知られるキングドン・ウォードがチベットへ許可なく入国したことにチベットが抗議したことにより引き起こされた事件により、マクマホン・ラインの存在が浮上したことをいう［Maxwell 1970: 55–56］。

(117) プロムナードには「行列して行進する」という意味があるが、この大部隊から推察すると、トライブに対する「示威行進」という意味があったであろう。

(118) 一九四〇年にシロンで行われた行政官による会議で決まった［Bose 1997: 222］。

(119) Bob Khatingという名で、より知られている。

（120）　カーティン少佐は、この時、護衛官と数百人のポーターを伴っていた［Maxwell 1970: 73］。

（121）　本書では、シムラー条約が正当であったかどうか、中印のどちらに非があったかについては、議論しない。

（122）　現在のアルナーチャルのアンジャウ（Anjaw）県にある。

（123）　国境紛争を巡るインド国内の動向については［Maxwelle 1970: 291-414］に詳しく書かれている。

（124）　ラーマチャンドラ・グハの同書は、邦訳では『インド現代史』となっているが、原題のIndia After Gandhi: The History of the World's Largest Democracyが示すように、中印国境紛争に関しても、独立後のインドがどのような内憂を抱えている時にこの紛争が起きたのか、その時、世界では何が起きていたのかがよく理解できる内容になっている。

（125）　アメリカが、キューバにソ連のミサイル基地があることを知ったのが一〇月一五日、最初の中国のインド攻撃が一〇月二〇日であるなど、中印国境紛争における中国の動きは、キューバ危機に対するアメリカの動きに対応したもののように見える。この間のインドとアメリカの動きに関しては、［Riedel 2015］に詳しく書かれている。こうした状況から、中国のインド攻撃はミサイル危機にタイミングを合わせたものであるという見解がしばしばみられる。マックスウェルは、「一〇月二〇日の攻撃のタイミングは、中印国境紛争の発展状況やナムカ川の水位などの現地の要因によるものではないか」［Maxwell 1970: 367］と否定的である。だが、中国軍の用意周到な準備からして、そのタイミングがミサイル危機を意識していたという推測は消えていない［Guha 2008: 339］。

（126）　中印国境紛争についての中国側の主張については、［中華人民共和国　一九六二］を参照のこと。比較的中立的な立場で書かれたものとしては、紛争当時ロンドン・タイムズの特派員としてニューデリーに滞在していたNeville Maxwellの著作［Maxwell 1970］がある。戦闘開始間もなくタワンの国境付近の戦闘で中国軍の捕虜となったダルヴィ准将が、一九六九年に発表した*Himalayan Blunder*（ヒマラヤの大失敗）［Dalvi 1969（2010）］（複製版）は、上官の命令に従って自分の部隊を壊滅させた自身の経験を語り、当時の政府や軍高官を批判したものとして、［Maxwell 1970］や［Guha 2008］などにも多く引用されている。軍事的な古典として現在でも再版が続いていて、中印国境紛争当時のインド軍の実体を知る上での必読書である。

(127) その後、このスローガンは、インド人の間では「インド人と中国人はバイバイ（さようなら）」というジョークに変わったという［Guha 2008：321］。

(128) 一九五四年四月二九日に北京で調印された「中国のチベット地方とインドの間の通商および交通に関するインド共和国と中華人民共和国の協定」（Agreement between the Republic of India and the People's Republic of China on Trade and Intercourse between the Tibet Region of China and India）の前文に、「領土保全および主権の相互尊重」「相互不可侵」「各自の内政に関する相互不干渉」「平等と互恵」「平和共存」が謳われている［Maxwell 1970：79］。

(129) 事例としてまとまっておらず、伝聞と直接取材が混合している。また、著者は元政治家であることから政治的な意図を持った記述も多く見られる。

(130) 中国軍がモンパを懐柔するために紳士的に振る舞ったことは、一九六六年にカメン地区を訪れたローズ（Leo E. Rose）などによっても報告されている。例えば、［Rose & Fisher 1967：65］。

(131) 二〇一〇年八月タワン県ゼミタンでの当時七二歳だった男性の証言。中国軍はゴルサム・チョルテン近くに二三日間滞在したという。

(132) アルナーチャル出身のスポーツ選手が中国での国際試合に出る場合には、ホチキスで止めた査証（Staple Visa）が発行されることがあるが、そのことを巡ってのトラブルも絶えない。アルナーチャルの多くの人は、「仮に査証が発行されて中国に行けても、戻れなくなる」ことを危惧しているのが実情である。

(133) ［吉田 二〇一〇：七〇］。

(134) 二〇〇九年一一月九日付 Times of India は、中国の非難に対し、ダライ・ラマが「北京の強硬姿勢を非難し、アルナーチャルは統合されたインドの一部だ」と語ったという記事を一面で大きく伝えている。

(135) 二〇一一年一一月にも、タワン北部国境でインドに侵入した中国兵が三人インド軍に殺害されたという噂が拡がっていたが、軍隊からは正式な発表はなかった。二〇一二年八月二二日付 The Arunachal Times は、同年八月一三日に、州東部のアンジャウ県のチャグラガム（Chaglagam）に中国兵が侵入し二日間駐留した、というニュースを伝えた。ここは、マクマホン・ラインから二〇キロ内側だという。
(136) 一男四女のうち息子と三人の娘は大学を卒業し、孫も五人いる。
(137) 二〇一三年五月一六日、五月二三日付 The Arunachal Times より。
(138) チベット語のセ・ラ〈ze la〉で、セは「頂」、ラは「峠」の意味がある。
(139) [Mackenzie 1884 (2001): 21-22] より。
(140) アカに関しては、一八六七年の宣教師のヘッセルメイヤー（C. H. Hesselmeyer）や、一八八四年のマッケンジー（A. Mackenzie）、軍人のマクレガー（C. R. Macgregor）、そして一九一四年のケネディ（R. S. Kennedy）などの報告を集めた [Elwin 1959a: 435-454] に詳しい記述がある。
(141) 二〇一三年一一月一〇日にジャミリ・サークルのジャミリ村で行った村長の息子の妻（おそら二〇代後半）へのインタビューによれば、彼女の父には八人の妻がいた。自分の結婚式の時には、一六頭のミトンを殺して客に振舞った。動物を殺すことと、これらの習慣がいやで、二年前にキリスト教に改宗したとのことだった。
(142) 二〇一三年一一月八日、ナフラ・サークルのナク（Nakhu）村の自宅でのインタビュー。名前は、Rinchin Kharu と書かれたものもあるが、現在は、仏教徒に改宗し、名前もモンパによくあるものとなっている。
(143) ブトゥ・モンパ（But Monpa）としてモンパとして扱われていたが、現在はサルタンとして異なるアイデンティティを主張している。この点については、次節で述べる。
(144) 二〇一〇年ごろにできたシンチュン・ゴンパというニンマ派の寺院がその中心となっている
(145) 年配者の話で具体的な時期については不明である [Pandey, B. B. 1996: 14]。
(146) 西カメンではナフラ・サークルのブル（Bulu）という村にいたが、現在は、同サークルのシリマトゥン（Silimathung）にのみ居住している [Bodt 2014a: 228-229]。
(147) [Mackenzie 1884 (2001): 15-17]。
(148) シェルドゥクペンは、おそらく東ブータンからやってきたので、シェル（シャル＝東の）ドゥクパ（ブータンのドゥク派の人びと）からその名ができたのではないかという推察もある [Rose and Fisher 1967: 5]。

(149) スネルグローヴは、「ネパール人に対するチベット語は、古語のモン・パ（mon pa）で、漠然としてではあるが、チベットより南の谷に住む人びとを称している」と述べている［スネルグローヴ　一九七五：二一五］。

(150) 諸橋轍次著の『大漢和辞典』では、「蠻」は「南のえびす」［諸橋　一九六七ｂ：一二四］、「獠」は「蠻族の名。荊州の西南に居る」［諸橋　一九六七ａ：七三八］と説明されている。荊州は現在の湖北省一帯のことである。

(151) ［水谷　一九七一ａ：三一五］。

(152) ゲイトは、玄奘が国の周囲を一万里余と書いているのを約一七〇〇マイルつまり二七二〇キロに換算しているが、水谷は『大唐西域記』の補注で、唐代の玄奘が言う一里を現在の長さに換算した場合の数値がさまざまあり、諸説により三二〇メートルから四五四メートルの幅があることを紹介している［水谷　一九七一ｂ：四一六］。また、「大河」には、ブラフマプトラ川とティスタ川の二説があるという［水谷　一九七一ａ：三一五］。

(153) 例えば［Duarah 1992: 6］［Dutta, D. K. 1999: 3］［Biswal 2006: 13］［水野　二〇一二：六］など多数。

(154) 例えば［Pirie 2008: 181］［山田　二〇〇九：五三、七二］は、モンを、新年その他の特別な行事の際に楽器を演奏する「楽師カースト」と説明している。

(155) ［Gorer 1938: 35］［van Driem 2001: 820］［Subba 2008: 249］など。

(156) ［Aris 1980a: 248］［Phuntso 2013: 267］を参照のこと。

(157) ［Dorji 1994: 7］［Chand 2009: 27］など。

(158) 民族識別工作の歴史やその矛盾、問題点に関しては、［毛里　一九九八］に詳しい。

(159) 中国の他の資料では、竹隅ではなく主隅（zhŭyú）と書くものもある。例えば、［于　一九九五：三六四］。

(160) 于は、門巴族のペマコへの移動を「宗教幻想の誘惑」によるもので、その原因はゲルク派政権の圧政である［于　一九九五：三六四］としている。これは、中国の研究者に共通した姿勢でもある。

(161) ペマコを訪れた僧、イギリスの密偵、探検家に関しては、［McRae 2002］［Baker 2004］を参照のこと。日本では、作家の角幡唯介が自身で現地を探検した貴重な記録が、ノンフィクション小説として出版されている［角幡　二〇一〇］。

(162) ツァリの巡礼については、[Hurber 1999] に詳述されている。一九九五年までは、一生に一度は訪れるべき地として、チベットおよび周辺地域からの多くの巡礼者を集めていた [Huber 1999: 4]。

(163) 一九九四年に墨脱を訪れたイアン・ベーカー（Ian Baker）は、二〇〇年前に東ブータンからパドマサンバヴァの予言に従ってモンパが移住してくる前は、この地は民家もまばらだったと報告している [Baker 2004: 302]。

(164) ブータンの地震に関しては一八九八年の大地震が知られているが、ゲイトによれば、一七世紀から一八世紀までの間、一六四二年、一六六三年、一七一四年ごろに大地震が起きている [Gait 1926]。これらの地震がブータンに影響を与えた可能性も大きい。

(165) ボットは、このエデンのゾンポンからの伝聞を、ホワイト（John Claude White）の *Sikkim and Bhutan*（1909）からの引用であるとして、ゾンポンをタシガン・ゾンポンと書いている [Bodt 2012: 160] が、引用文自体はエデンのもので、ホワイトからのものではない。ボットに直接照会したところ、記憶違いによる引用の誤りであるとの返事をもらった。ホワイトはペマコへの移住には言及していない。

(166) ベイリーは、「チベット人にとって、ロパとは、「野蛮人」のことで、ギリシャ人にとっての異邦人、キリスト教徒にとっての異教徒、キップリングの言う「法なき劣等種」と同じものを意味していた」としている [Bailey 1957: 74]。

(167) 例えば [索　二〇〇一：一二八] [華　二〇〇三：一三三] など。チベット語では、南は〈lho〉で、〈klo〉ではない。

(168) [Pommaret 1999: 59–61]。民族出版社の『蔵漢大辞典』でも、珞隅には〈klo yul〉、珞巴には〈klo pa〉の綴りが充てられ、後者は「西蔵珞隅地方の人」と説明されている。同辞書のラロの〈kla klo〉の中国語訳は、「野蛮人、辺地に住み未開化で蒙昧な人」となっている [張　一九八五：四〇、四七]。

(169) 一九八二年は一〇六六人、一九九〇年は二三二一人だったという [豆　二〇一〇：一―二]。

(170) 筆者が二〇〇三年にチベットの米林県里龍郷の仲薩摩村の珞巴族の村を訪ねて出会った珞巴族の男性は、国境紛争以前は、アルナーチャルの西シアン県の北の国境地帯にあるマニゴン（Manigong）に住んでいた人で、その村からマニゴンまでは歩いて二日の行程だという。元は狩猟生活をしていたと言って、壁に掛けられた動物の毛皮を自慢げに見せてくれた（二〇一三年三月一二日インタビュー）。マニゴンは、アルナーチャルの指定トライブのアディの村である。

(171) 近年は、故郷を離れ、州都のイタナガルに住むモンパ、メンバも多い。

(172) 例えばタワン県のモンパが西シアン県のメンバに会おうとすると、車でも四日から五日はかかる。互いの間には深い谷があり、谷ごとに異なる他のトライブ集団が居住している。

(173) 例えば［Elwin 1965: 56］［Rose & Fisher 1967: 4］［Fürer-Haimendorf 1982: 148］［Aris 1980a: 10–11］など。

(174) 文献以外のボット氏からの個人的教示は、最終的には二〇一八年一月に確認したものである。

(175) 「ジュミタン」（「砂の平坦地」）が元の発音だが、現在はゼミタンと呼ばれている。

(176) 前者は［Tenpa & Tempa 2013］、後者は七年生用ボーティ語（チベット語）教科書二五ページである。ボットは、「純粋、あるいは清潔な人」を意味するチベット語のダクパ〈dag pa〉であるかもしれないとしている［Bodt 2012: 275］。

(177) 例えば［Pommaret 1997: 54］［Pommaret 2002: 178］［野村　二〇〇〇：一〇〇］など。

(178) レーリッヒ（George Roerich）は、ブータンのブロクパ語には多くの古いチベット語の音声や語彙の特徴が見られると指摘している［van Driem 2001: 867］。メラ出身のカルチュン（Gengop Karchung）は、彼らの言語をメサク・ケ（Mesak ke）と呼び、ゾンカ、標準的なチベット語、あるいはクルテ地方のチョチャンガチャ語などの地方語ともまったく異なっているが、古典チベットの文語から来ているため、それらとの共通点があると述べている［Karchung 2013: 7］。

(179) ［Phuntsho 2013: 55］参照。

(180) ［van Driem 2001: 915］［Pommaret 2002: 178］［Blench 2014: 9］など。

(181) ［Bodt 2012］は、まだタワンで本格的な言語調査を行う前に書かれたもので、同書ではタワン・モンパはダクパ、その言語はダクパ語となっている。

(182) 筆者が二〇〇四年一二月にルブランで聞いた話では、三世代前に最初のサクテンからの移住が始まったという。二〇〇四年当時の人口は約四〇〇人であった。センゲとニュクマドゥンへは家族単位の移住で、彼らが現在も牧畜に従事しているわけではない。ブロクパ語については、ローマ字とデーヴァナーガリー文字による小冊子［Dondrup 1993］が州政府から発行されている。

(183) ボット氏の個人的教示による（二〇一八年一月）。

(184) Bodic および Bodish という用語は、ロバート・シェーファー（Robert Shafer）の造語で、チベット語でチベットを意味するプ〈bod〉に由来する［van Driem 2001: 827］。

(185) 二〇一七年九月一六日付 The Arunachal Times より。キレン・リジジュ自身は、西カメン県のミジ（サジョラン）出身である。

(186) 第四章でも述べるが、国勢調査は必ずしも本人が記入しているわけではないので「名乗り」とはいえないかもしれない。

(187) メチュカに残された文書には、パチャクシリはベ・チャク・シンユル〈sBas lcags shing yul〉と書かれていて、その意訳は「そのありがたさは、言葉に尽くせぬほどの究極の五仏の楽園」であるという［Grothmann 2012a: 137］。

(188) メチュカのメンバの語源については、Membu が正しく、Mem は花、bu は息子、つまり「花の息子」だという説明もある［Dutta, D. K. 2006: 15］。しかし、地元のメンバは、筆者に「この著書そのものに多くの間違いがあり資料として信用できない」と説明し、これを認めていない（二〇一〇年九月）。メンバは、モンパと同じく、「モンの住人」を意味していることは繰り返すまでもない。

(189) 彼は、インド軍が一九五〇年代にメチュカにやってきた時の最初の通訳だった。

(190) ［Grothmann 2012a: 128］。ボカール、ラモ、パイリボはすべてアディの下位集団である［Pandey B. B. 1997: 18］。

(191) 二〇一七年一一月の調査の翌月、個人的教示を受けた。

(192) 筆者がラルン村を訪ねたのは二〇〇九年八月と二〇一〇年一二月である。元は、約一〇〇戸のモンケットを話す家族が住んでいたが、一九四〇年代に、発症後すぐに死亡するという伝染病がこの村を襲い、助かったのは五、六戸だけだったという。チベットからやってきた僧が村に泊まった翌日からこの病気が発症したという証言もあるが、この伝染病が何であったのかは今でも分かっていない。

(193) [Grothmann 2012a: 134]。筆者の二回の訪問の際に同行したタワン出身の友人も、ラルン村の高齢者とモンケットで会話できていた。

(194) ボットのメチュカでの調査は二〇一七年一一月。モンケットの影響は、音韻体系・言語形態・語彙・構文などのすべての要素に見られるという。

(195) [Cox 2001: 145]。

(196) 地元の人とチベット仏教に関心にある外国人以外、州内でもペマコの存在を知る人は少ない。

(197) 筆者が二〇一〇年一二月にゲリンを訪ねた時には、多くの村人がメンバだと名乗っていたが、そのさらに奥のビシン（Bishin）村から来た女性は、ペマコパと自称していた。

(198) 個人的な教示による。

(199) [Grothmann 2012a: 133]。アルナーチャルの指定トライブにカンバ（Khamba）の名はあるが、ラマはない[Singh 1995]。メンバにはクラン名があるが、トゥーティンのメンバの中にChuje Lama、Scrup Lama、Ducha Lamaというクラン名があるという資料がある[Choudhury 1995: 195]。資料ではクラン名ではなく支族（sub-group）となっている。チベットからの難民のアルナーチャルへの定住については、ボットが詳しく述べている[Bodt 2012: 171]。

(200) そのため、どちらかというとチベット人寄りの意識があるが、これは、難民政府からの援助が得られるという実益も影響しているという[Grothmann 2012a: 147]。

(201) 第一四代の僧院長である化身ラマ、テグツェ・リンポチェから二〇一三年一〇月に手渡された説明書による。それによると、キンメイとは、モンケットで「犬の鳴き声が聞こえる場所」という意味だという。

(202) シェンラブ・ミボの生涯については事実と伝説がないまぜになった後世の資料によって知るのみで、その存在を含め、明確ではないという［津曲　二〇〇九：五三］。

(203) ナンダは、チョンチョンマ（Chongchongma）と書いているが、東ブータンの人びとも信仰しているツォンツォンマ（Tshongtshongma）のことであろう。

(204) 水野は「ラスシ」と書いているが、小林は、ラーソイシー（ラーは神、ソイシーは祈り）と書いている。また、水野が「ホシナ」（*hoshina*）と書いているのに対し、ボットは（*hoyshina*）と儀礼の名称はやや異なっている。西カメン県、タワン県の自然信仰に関しては、小林がまとめて報告している［小林　二〇一三：一四〇―一七八］。

(205) テンバンのクランについては、［水野　二〇一二］［Bodt 2014b］を参照されたい。かつてはタワンのモンパにも階層制は存在したが、現在は人びともそれに関する話題を避け、ほぼ消滅しているため、確認が難しい。タワンの人びとに聞いたところでは、最上位は、キー（*kee*）で、バン（*bang*）、リー（*lee*）と続くという。鍛冶屋のヤップ（*yap*）と屠殺業のジョシャ（*zhosha*）は最下層に属し、その家系出身者との結婚は現在でも避けられている。

(206) 言語学上、「西コワ群」（West Kho-Bwa Cluster）に属する言語の古いあいまいな形だという［Bodt 2014b: 181-182］。

(207) 西カメン県のモンパの出自、来歴、他の言語集団との関係については、ボットが［Bodt 2012］［Bodt 2014a］［Bodt 2014b］に詳しく書いているが、さらに確認と整理が必要なため、本書ではあまり触れなかった。いずれ、まとめて発表するつもりである。

(208) 二〇一三年一一月八日西カメン県、ナフラ・サークルにてインタビュー。シャーマンのことをディランではユーミン（*yumin*）と呼ぶ。

(209) 二〇一六年九月一二日付 The Arunachal Times。

(210) ツァンラ語ではボクペイ（*bok-pei*）と呼ぶ。ちぎって、チーズで味付けした野菜や肉入りの汁に浸けて食べる。

(211) インド全体でもこうしたことは広く知られているが、腐敗政治家が介入した請負仕事により、大量の木材が伐採され森林破壊を招くなど深刻な結果に結びついている［コタリ　一九九九：二二〇］。

第二章　民族表象としての衣服

はじめに

本章では、指定トライブのモンパ女性の民族衣装に焦点を当て、それがどのように、モンパのアイデンティティおよび隣接する少数派集団間のローカル・ポリティクスを表象しているかを考察する。「衣装はモノであるだけでなく、何かを示す記号でもあり、その社会的機能を認識することは、言語を理解し、学ぶと同じようにその記号（衣装）の読みかたを学ぶことが不可欠だ」と述べているボガトゥイリョフ(1)に従い、民族表象の一つとしての民族衣装の機能に着目し、それを読み、民族衣装とモンパという民族集団の生成との関わりを考察する。

「モンパ」は、第一章でも検討したように、本来は、ブータンを含むヒマラヤ山脈南麓のモン地方の住民に対するチベット人からの他称であって、特定の部族集団を示す名称ではなかった。あくまでも独立後のインドにおける指定トライブとしての行政上の名付けであり、実際には居住地や言語の異なるさまざまな集団を内包していることは、これまで述べた通りである。だが、現在、ほぼすべてのモンパ女性が、シンカ（*shingka*）と呼ばれる貫頭衣、その上に羽織るトトゥン（*tothung*）、そして腰当て布と帯一式を、民族衣装としている。この衣服は、チベット側には見られないが、ブータン東部の牧畜民ブロクパやダクパの女性たちの民族衣装でもある。筆者がアルナーチャルで初めてこの衣服を目にしたのは、一九九五年、下スバンシリ県ズィロの博物館であった。展示されたシンカとトトゥンに「モンパの衣装」という説明書きがあった。ブータンには一九七六年以来何度も訪れているが、この衣服は、東ブータンの牧畜民の衣装だと思い込んでいた。当時は西カメン県、タワン県は外国人には開放されておらず、実際に着用しているモンパ女性に出会ったのは、四年後の一九九九年のことであった。ブータンにおける国民服である一枚布をまとうキラ（*kira*）とは、明らかに形状や色が異なっており、特徴的な帽子を着用していることから、「ブータンでブロクパと呼ばれる人びとは、モンパないしモンパの一支族だと考えられる」[2]といった推測がなされてきた。しかし、メラやサクテンの人びとは、共通した衣服を着ているとはいえ、自分たちとモンパとを明らかに異なる集団と見なしており、事実、言語も来歴も異なっている。

衣服やその着衣法には、民族集団・地域・職業・階層などの属性を示し、他との差異化を図る、記号としての機能があるが、その地域の文化や伝統、何らかのシンボリズムが反映されている場合もあり、一義的な決定はできない[3]。しかし、他集団との接触によって衣服が変化する場合もあり、同じ衣服を着ているからといって、その民族集団の「属性」が同じで、固定的、かつ不変であるとは限らない。本章では、この点も明らかにしたい。

手がかりとして筆者が注目するのは、その民族衣装の素材が、モンパやブロクパ（メラクパ、サクテンパ）、ダクパの居住地で生産されるものではないことである。交換や現金を通して入手しなければならない素材から作られた衣服が、民族衣装となって、言語や生業を異にするさまざまな集団を指定トライブのモンパとして表象していく過程を追うことは、資料も少なく、昔の服が残されていないこともあり、容易ではない。この点については、衣服そのものと、その地に住む人びとの言説から推測していくしか方法がないが、ブータン側での調査と、ブータンでの織物・服飾研究の成果が助けとなる。

モンパの衣服に注目した先行研究は、国の境界による地域区分ごとになされてきた。インド領内で見られる衣服については、ヴェリア・エルウィン（Verrier Elwin）やゴーシュ（G. K. Ghosh & Shukla Ghosh）が、模様や素材について部分的に触れている以外には、本格的な研究はない[4]。ブータンでは、マイケル・アリス（Michael Aris）、フランソワーズ・ポマレ（Françoise Pommaret）、ダイアナ・マイヤーズ（Diana K. Myers）らが、ブータン北東部の人びととモンパの織物や衣服の類似性・共通性に注目してきた[5]。特にポマレは、織物技術やデザイン、衣服を糸口の一つとして、言語や共有する歴史を検討しながら、東ブータンとタワン、西カメン、アッサム、チベットとのつながりを整理し、インド、中国、ブータンという三国の国境で分断される以前のこの地域に関する先駆的な研究成果を示している[6]。しかし、ブータン側からの視点であるため、アルナーチャルのトライブ、そしてモンパの衣服や織物に関しては、現地の状況や地域的な違いについて具体例が示されず、総括的な記述になっている[7]。

ポマレは、「衣服は交易や強い文化によって変化するため（研究の）糸口としては大変もろいが」［Pommaret 2002: 184］と断っているが、筆者はその「変化の意味」に注目したい。モンパの場合には、「強い文化」とは、過去にはチベットの文化、現在はインドの文化であるが、モンパの周辺には隣接する他の小さいトライブ集団があり、それらに対しては、優勢な仏教文化と地域内最大の人口を持ったトライブ集団である。モンパはチベット人と隣接する少数のトライブ集団との間にあり、三層の民族集団の中間に位置している。

民族衣装は、しばしば「伝統的な」「地方の」「独特の」「美しい」といった形容詞を冠して語られてきた。それらの言説は、世界各地の「博物館」展示に見られる衣装による民族集団についての解説や、民族を表象する祭りや儀礼の衣装として観光宣伝の中で紹介される時に顕著に表れている。しかし、近年の研究によって、集団的に着用される民族衣装が国家や周辺の民族集団との関係性の中で変化してきたこと、そして着用する人びとによって戦略的に取捨選択されていることなどが、世界各地の事例によって考察されてきた(8)。

鈴木正崇は、中国のミャオ族が「グローバル化」の荒波の中で急激に変化してゆく諸相を、観光化に焦点を当てて描き出し、その中で、特に民族衣装に着目して、公と私、政府と地域社会、国家と個人などの中間領域に現れる「公共性」との接合や葛藤を検討している［鈴木　二〇一二：四五三―五〇五］(9)。その上で、民族衣装について考える場合の五つの指標を挙げている。第一は衣装の実態の把握、第二は作る人とその内容の考察、第三は着る人についての考察、第四は表象の諸相への考察、第五は生産と消費の過程への注目と外部の関与についての考察である。これらは、民族衣装という変化しやすいものを手がかりにする場合には、常に意識してゆかなければならない重要な指標である。

本章ではこれらの先行研究を踏まえた上で、現地のフィールドワークの成果に基づいて考察する。

第一節　エスニック・シンボルとしての衣服

1　観光・博物館・写真集の中の衣服

アルナーチャルが、一部地域に限ってではあるが、外国人の入域を「ツーリスト」という資格で正式に受け入れたのは一九九二年のことで、その後、一九九八年にタワンへの訪問が可能になった。一九九三年に発行された雑誌『ディスカバー・インディア』のアルナーチャル特集号の表紙には、顔面に入れ墨と黒い鼻栓をし、民族衣装を身に着け、竹や籐製の籠を持って並ぶ四人のアパタニ女性の写真が使われている。[10] 筆者もこの雑誌がきっかけで、アルナーチャルがツーリストに開放されたことを知り、一九九五年三月に初めて訪問した。

州政府が「トライブ」あるいは「トライバル・ツアー」を前面に打ち出して観光客の誘致に力を入れていることは、パンフレットやインターネットによる州の観光紹介を見れば一目瞭然である。[11] ボムディラのモンパが経営しているH旅行社のパンフレットには、自然の素晴らしさと並んで「バラエティあふれる習慣・文化・言語・衣装を豊富に持つ人びと」という文章がある。[12] タワンのモンパが経営するT旅行会社のパンフレットには、「トライバル・ツアー」や「文化ツアー」のモデルコースの中に、各地のトライブの村を巡ってトライブの踊りを鑑賞するプログラムが盛り込まれ、民族衣装で着飾ったトライブ集団の写真が使われている。他にもさまざまなイベントにおいて、民族衣装は、州の多彩な文化（colorful culture）を表象するための観光資源として意識的に使用されているのである。

衣服が民族を表象するもう一つの例は、「博物館展示」である。州都のジャワーハルラール・ネルー州立博物館には、二七のトライブ集団の民族衣装を着た人形たちと、高床式住居や石造りの住居などがジオラマ形式でガラスケースに収められ、紹介されているコーナーがある。一つの集団に一～二組の男女の人形がセットされているが、それはいわば最大公約数といえる衣装、あるいは多数派の集団に少数派の集団が包摂されたものであって、そこには集団内部の複雑な分化状況は表されていない。

また、インドのトライブをテーマとした写真集にも、アルナーチャルの民族集団はしばしば取り上げられている。[13] ほとんどの写真集が、州の多様性を強調するためにトライブの衣装を着た人びとの写真を多用している。衣服だけでなく、入れ墨・帽子・髪型・装飾品などが各集団を表象する記号として意識されている。トライブ名が明記されることによって、あたかもそれが伝統的な民族衣装であるかのような、固定化されたイメージが創り出されている。

実際には、民族衣装というものは、意外に短期間に変わり、個人の嗜好や選択の作用も働き、当事者の生活の必要や機構への適応など、環境に応じて姿を変えて動態的である［鈴木　二〇一二：四六六］。国家や隣接する民族集団との関係性の中でも変化する。それを如実に語るのは、古い時代の写真である。例えば、アルナーチャルの人びとを撮影した一八五九年から二〇〇六年までの写真集［Tarr & Blackburn 2008］には、イギリス植民地政府の行政官や軍人が撮ったものの中に、下帯だけで裸同然、あるいは身体の一部に単に布を巻き付けただけの人びとが多く映し出されている(14)。一九四四年にF・ハイメンドルフが撮影したアパタニの女性の写真もこの写真集に収められているが、手作りの筒状のスカートを穿き、上半身は裸で、ビーズを着けているのみである。F・ハイメンドルフには一九五五年に出版された Himalayan Barbary（邦題「ヒマラヤの蛮族」）という著作があるが、敵対する集団間の闘争と調停に明け暮れていた時代の様子が描写されている。その当時の写真と、現在州の人びとがイベントやツーリスト用にダンスを見せるときの衣装とを見比べてみると、現在のものは、新しく作られた、いわば舞台衣装といってよいものであることが分かる(15)。

モンパの民族衣装に関しても、「博物館展示」や「写真集」、観光の場において、それがあたかも昔からあるモンパの民族性を表象するエスニック・シンボルのように扱われているが、第一章で示したように、モンパという一つの実体があったわけではない以上、単一の民族衣装があるというのは不自然なことになる。次節で現在の民族衣装がどのようなものであるかを述べる前に、古い時代の資料に当たってみたい。

2　初期の訪問者の記録に見えるモンパの衣服

イギリス植民地政府がこの地域に関心を寄せ始めた一九世紀から、インドの独立前にモンユルの回廊地帯を訪れた人びとは、モンパの服装についてどのような記述を残しているだろうか。タワンを訪問した外部者による最も古い英語の記録は、ナイン・シン（Nain Singh）の報告であろう。彼は、一八七四年一二月二四日にタワンに到着している。[16]ナイン・シンは、タワン地方の住民をモンパ（Monhpas）あるいはタワンパ（Tawangpas）と呼び、「チベットの人たちとは、言語・衣服・風習（manner）・容貌（appearance）が異なり、西側のブータン人と似通っている。チベットの人びとは髪を長くして三つ編みにしているが、モンパは、（おかっぱ頭のように）丸く頭を囲むように髪を切り揃えて、小さなウール地やフェルト地で作ったかぶとのような帽子をかぶっている。チベット人の長いガウンの代わりに、膝丈の短い上着を着てウールの帯を締め、長い刀をそこに差している」［Trotter 1877: 119-121］と報告している。これは明らかに男性の服装である。女性の服装については記述がない。

イギリス人のベイリーは、一九一三年一〇月一六日にタワンに着いた。先述のように、彼は中印国境画定のための情報収集が目的だった。彼は、タワンのモンパについて、「チベット人とは異なり、ブータン人やシッキム人により似ている」、「髪を短く切り、フェルトの縁なし帽をかぶり、赤く染めた衣服を着ている」［Bailey 1914: 358］と記述している。この赤く染めた衣服というのは、男性が着るウール製の上着のことであろう。それ以外の服装に関する唯一の記述は、ディランからタワンに向かう途中のニュクマドゥンでのもので、「ここの人びとの服装は、下の谷の人びととは違っている。女たちの衣服は、木綿やアッサム・シルクの代わりに毛織物で、男たちは、小さな携帯用の座布団といってもよい奇妙なパッドを腰から吊り下げていた。彼らのほとんどが、チベット語を話し、モンバよりもチベット人に近いように見えた」という内容である［Bailey 1957：234-235］。ニュクマドゥンの人びとの言語は牧畜民の言語ブロッケで、ルブランのモンパやブータンのサクテン、メラのブロクパとほぼ共通していることは先述の通りである。だが、現在は彼らも指定トライブのモンパである。ここに書かれている小さな座布団とは、現在は少なくなったが、ブロクパの男性が腰から吊り下げて座布団代わりにしていた円型のクッションでメラクパやサクテンパがクプテン（*kupthen*）[17]と呼ぶものである（【写真2−1】）。

【写真２−１】丸い携帯用座布団。モンケットではテンタン、ブロクパ語ではクプテンと呼ぶ

タワンのダクパをブータンのタシガンの人びとが「尻尾のある人びと」（Tailed People）と呼んでいたという記述がある。[18]これを書いたのは、一九一五年に東ブータンのタシガンを訪れた植物学者のローランド・エドガー・クーパーで、この報告書は一九三三年の *Man* 誌に写真入りで掲載されている（【写真2−2】）［Cooper 1933：125-128］。右側の男性の後ろ姿の写真をよく見ると、大きな円形のクッションの上に尻尾のようなものが見える。これは、牧畜民の男性が着る、パクツァ（*paktsa*）という毛皮のベストを上着の下に着ていて、その後ろにある毛皮の尻尾が垂れ下がっていたのであろう。タワンの東の渓谷に住む牧畜民のダクタ（Dakta）[19]と書かれ、タシガンのブータン人が「粗暴、粗野」な人びととして、「尻尾のある人びと」と呼び、下に見ていたことが分かる。ブータン人ともチベット人とも異なる人びとで、特に容貌や衣服の違いが強調されている。四人の男女を特別に招じて写真を撮っていることから、他の人びととの衣服とはかなり異なっていたようだ。女性の写真を見ると、現在モンパが民族衣装としているシンカと似た衣服を着

ていることが分かる。モノクロ写真で、説明からも現在のシンカと同じように筒状の縦縞の貫頭衣であることが確認できるが、素材については、「粗悪な木綿」と書かれている。衣服の名称や色に関しては記述がない。この写真が、現在までに確認できた最も古いシンカに近い衣服の写真である。だが、「タワンの東の渓谷」がどこを指すのかがはっきりしない。サクテンやメラのことを指すのであれば、「タワンの南の山岳地帯」と書くであろうが、ダクパ語を話すダクパは、タワン西部のルムラ地方だけでなくブータン側の現在のタシ・ヤンツェ県やタシガン県にも居住している。

DAKTAS OR 'TAILED PEOPLE.'

【写真2－2】［Cooper 1933］より。右に「尻尾のある人びと」というキャプションがある

ブータンのダクパの衣服に関しては、西岡京治・里子夫妻による報告がある。一九六五年にタシガン地方の遊牧民の村を訪れた時の記録で、現在のメラクパやサクテンパの男女の衣服と形状や色、素材はほぼ同じである。だが、書かれた衣服の各部の名称は、メラクパやサクテンパのブロクパ語よりも、タワンのモンパの言語モンケットと、より共通するものである。(20) モンパの民族衣装の各部位や材料の名称は地域ごとに異なるので、ブロクパ語と併せて【表2－1】を作成した。

ブータンとインドの国境地帯でなぜ同じ民族衣装が共有されてきたのかという点については第六節2項で考察する。

※他に複数の呼称があるが、代表的なものを記した。

上着（模様入り）	帯	腰当て布	肩掛け	ヤクの毛の帽子
トトゥン・キャンチャン totung kyanchan	キチン kichin	テン・キマ teng kima	レンバ lhemba	ンガム・ジョム ngam jomu
セムチョン semchon （特にナムシュ村。他は単にトトゥン）	チュダン chudang	マクロマ makloma	レンバ lhemba	ツィパ・ジャム tsitpa jamu
トゥートゥン・モンナム tuthung momnang	ブカック bukhak	ゲステン gesten	レンバ lhemba	ツィパ・コトン tsitpa khothong
ズクタン・トードゥン zuktang todung	ケラ kera	メーキム mekim	レンバ lhemba	ツィプ・ジャモ tsipu jamo
トトゥン（シャツのこと） 〈stod thung〉	ケラ 〈ske rags〉			

第二節　モンパ女性の民族衣装

1　貫頭衣シンカ

現在、モンパの女性は、臙脂色に白と青の縞柄が入った貫頭衣[21]を民族衣装として着用している。このシンカという呼称は、すべてのモンパ、ブロクパ、そしてダクパに共通しているが、チベット語にはない名称で、語源は不明である。素材はアッサムではエリ・シルク、モンパからはエーリン、エリンなどと呼ばれている。染料はラック・カイガラムシの分泌液であるが、これについては後述する。臙脂色といっても、後述する染料の濃度、媒染剤、染められる糸や繊維の種類によって発色はさまざまである。ピンク色に見えるものから、鮮やかな赤色、赤褐色もある。長さは膝下、ふくらはぎまで、あるいはくるぶしまでと、着る人、あるいは地方によって異なる。まったく染色していない白地のシンカのほうが安価なため、それを着る人もいるが、現在、正装として着られるのは、臙脂色のものである。

現在見られる一般的なシンカは、高機（【口絵19】）で織られたものは、

【表 2－1】女性の民族衣装の呼称（該当するものがない場合は空欄にした）

	言語	エリ・シルク	ラック染料	貫頭衣
タワン・モンパ	モンケット	エーリン ering	ツォス tshos	シンカ shingka
ディラン・モンパ	ツァンラ語	エリ／アリン eri/arin	ツォス／チョース tshos/chos	シンカ shingka
チュグ・モンパ	ドゥフンビ語	エリ eri	ツォトゥ tsot	シンカ shingka
ブロクパ	ブロクパ語	エーリン ering	ツォ tso	シンカ shingka
チベット人	プケ チベット語	ブラ 〈'bu ras〉	ツォ（茜のこと） 〈btsod〉	

幅八〇～九〇センチ、長さ二～三メートルの一枚布であるが、腰機（【口絵17】）で織られたものは、その半分の幅の二枚の布をつなぎ合わせたものである。一枚布か二枚をつなぎ合わせた布かは、織機の幅による。それを二つ折りにして布の中央に当たる輪の部分に、頭がゆったり入るほどの穴を開け、両脇を腕の部分だけたっぷりと開けて、縫い閉じる。形状は、ごく単純な貫頭衣であるが、中南米のポンチョのような両脇の開いた上着ではない（【写真2-3】）。全体を前方に寄せてギャザーをつけ、後ろのエプロンのような腰当て布を押さえるようにして帯を締める。この腰当て布は帯の一部のようなもので、シンカには欠かせないものである。このことについては、後で詳述する。

一枚布の場合は、頭を入れる部分をハサミで切り、その布端がほつれないように別布で作った、バイアス・テープで布端を包んで玉縁にする[22]。二枚の布をはぎ合わせる場合も同様である。玉縁用の布は、多くは緑色で、まれに銀色もあるが、他州で作られた工場製の化学繊維である。

形状は、袖なしのワンピース・ドレスであるが、横幅がたっぷりしていて運動しても着崩れしにくいことから、農耕や牧畜に適した機能を持っている衣服である。

【写真2-3】貫頭衣のシンカを広げたところ

2　上着トトゥンとその模様・東南アジアとの関係

寒いときに正装する場合は、シンカの上に羽織と同じような形状の上着トトゥン[23]を着る（【口絵8】【口絵9】）。正装には、珊瑚やトルコ石で作られた首飾りも必要である。トトゥンもシンカ同様、ラック・カイガラムシの染料で染めたものが大半だが、白無地もある。糸はエリ・シルクである。また、薄いシルクや化学繊維のトトゥンを下着のように重ねて着る人も多く、それを前で折り返すので白いスカーフを着けているように見える。花、星、ウマ、ゾウなどの動物、その上に乗る人物、矢絣、マンジ（万字、卍）などをモチーフにした幾何学模様がカラフルな糸で織り込まれている。模様入りのトトゥンと強調する場合はタワンの場合はトトゥン・キャンチャンと呼ぶ。このトトゥンは、シェルドゥクペン、フルッソ（アカ）、サジョラン（ミジ）が着ることもあるが、誰が最初にこの上着を着始めたのか、また初めからシンカとセットだったのかどうかは分かっていない。現在言えることは、他の集団では、この上着が必ずしも不可欠なものではなく、シルクへのこだわりもモンパほど強くはないようで、木綿や化学繊維が多い。ブロクパも、シンカの場合はシルクでなくてはならないが、トトゥンの場合は、化学繊維のものでも気にせず着ている。

トトゥンに織り込まれた模様のデザインで興味深いのは、そのモチーフとなっている動物の上に立つ人物像が、古い時代のブータンの織物や現在のラオスなどの少数民族の織物にも見られることである。例えば【口絵10】は、タワンのモンパのトトゥンの柄である。一九七〇代から八〇年代に織られたものだという。基本的なデザインは、現在も大きく変わっていない。

【口絵11】は、筆者がラオス北部のルアン・ナムター近くの赤タイの村で入手した布である。織ったのは黒タイ族で、ドルアンという神と、その乗り物である動物を織り込んだものだという。[24] 東南アジアのタイ・ビルマ・ラオスとの同種のデザインとの類似については、マイヤーズとポマレがサクテン、メラのブロクパのトトゥンの柄を比較し、チベットに近いブータンが、遠く離れた東南アジアと共通点を持つことに注目している［Myers & Pommaret 1994a：67–69］。

モンパやブロクパには、このデザインにまつわる伝承などは伝わっていない。アホム王国を建国したのはシャンなどタイ系の民族であったといわれていることから、その影響も考えられるが、それを示すものはない。アルナーチャルのタイ系のトライブであるカムティの織物の中には、鳥をモチーフにしたものも見られるが、モンパの鳥とは異なるデザインである。[25] カムティの織物を詳細に調べれば、その接点を見出すことができる可能性はあるが、まだその手がかりは見つかっていない。[26]

【写真 2–4】［Elwin 1959b：78］より「ディラン・ゾンのモンパ少女」

例えば**【写真2–4】**は、エルウィンの本に掲載されたディランの少女を写したもので、「ディラン・ゾンのモンパ少女が籐かごに入れられた水がめを運んでいるところである。彼女は黒・白・緑・黄色の装飾がある大変ポピュラーなエビ茶色（maroon-colored）の上着を着ている」という説明文が付けられている［Elwin 1959b: 78］。先述のように、エルウィンは一九五六年にタワンを訪れているので、この写真はそのころに撮られたものではないかと推測される。この少女が着ているトトゥンは現在のものに比べ大変長いが、肩の位置や袖を何重にもまくり上げているところを見ると、成人用の大きなものを着ているのであろう。エルウィンの本に掲載されたこの写真が、今のところ、筆者が目にした中でアルナーチャルで撮影されたことが明確な最も古いトトゥンの写真である。

トトゥン、あるいはこの柄を誰が織り始めたか分かれば、東南アジアとの関係を知る手がかりとなるだろう。

3　地元では生産されない材料のエリ・シルクとラック染料

シンカとトトゥンに使われる布は、アッサムやメガラヤで生産されるエリ・シルク（*eri silk*）あるいはエンディ・シルク（*endi silk*）をカイガラムシの分泌物ラック（lac）で臙脂色に染めた糸と、染めていない白い糸とを、地機や高機などの織り具で縦縞に織った平織布である。最近は木綿や化学繊維製、化学染料による安価なものも出てきているが、モンパ女性が民族服としてこだわりをもって着ているのは、あくまでも、ラックで染められエリ・シルクで織られた、臙脂色のシンカである。ここで、このエリ・シルクと、染料に使われるラックがどういうものなのかを説明しておく。

エリ・シルク

アッサムでは、多種類のシルクが生産されている。(27) 生産されるすべてのシルクは、イギリス植民地時代の重要な交易品であった。一九一三年一〇月四日にマゴウに到着したベイリーは、そこで出会ったモンパの商人が、アッサムから上等なエリ・シルクを安く仕入れてきたと自慢する様子を書き残している(28)。

エリ・シルク糸を作るためのカイコの原産地はアッサムで、日本では「野蚕（やさん）」「エリ蚕（サン）（学名 *Samia cynthia ricini*）」と呼ばれている(29)。ゴーシュによれば、アッサムでは、エリ・シルクのための養蚕が、チベット・ビルマ語族に属する人びとが住む地域で、副業として行われてきた。エリサンは、丈夫で育てやすく、幼虫は土地にあるさまざまな種類の葉を食べて元気に成長する(30)。アッサムではエリ蚕の繭は値段も安いので「貧乏人のシルク」と呼ばれ、工業製品の繊維が出現するまでは、村人の冬の防寒着や毛布として使われていた [Ghosh & Ghosh 2000: 10]。野生のエリ蚕からできる糸は短く、二～四センチぐらいの長さで、それを巻き取ることはできないので手で撚って糸にするため、織ると節が残って多少ごわごわした感触になる。エリ・シルクの生産地はアッサムの平原部で、モンパやブロクパが住む高地では生産されていない(31)。

シルクと聞くと、薄くて軽い、つまり寒冷地には不向きな布だと思いがちだが、エリ・シルクの衣服やショールは暖かく、低地で着用すると暑いくらいである。繭の色や大きさは、幼虫が食べる葉の種類により異なるが、アッサムのゴアルパラ県の赤色の繭から採取される糸は、白い繭からのものより耐久性があり、暖かく、ブータンや丘陵部の人びとに好まれるという(32)。

ラック染料

ラック・カイガラムシは熱帯アジアに広く分布し、体の表面から分泌される樹脂状の物質が外側で凝固し、巣の役目も果たしている。この分泌物ラックから抽出した臙脂色（赤紫）の色素は、日本では餡（あん）や三色そうめん、ジャム、ジュース、明太子など、食品の着色料に使われている［渡辺　二〇〇三：二―七］。ラックという言葉は、「一〇万」を意味するサンスクリット語のラクシャ（laksha）および同義のヒンディー語ラック（lakh）から来ているが、それは、ラック・カイガラムシが木に無数にはびこっている様子をありありと表現したものであるといわれる［クラウセン　一九七二：七九―八〇］。

ラックは古来よりインドの特産品で、染料を抽出するだけではなく、合成樹脂が出現するまではラックの精製品であるシェラックが蓄音器のレコード盤に使われ、塗料のラッカーの語源でもあるなど、非常に重要な用途を持っていた［中尾・西岡　一九八四：一三六］。

生産地は、アッサム、メガラヤ、東ブータンのモンガルなどである。アッサムのブータン国境近くのドゥアール地帯に住むボド（別名カチャリ）が染織に長けていたことから、その技術が東ブータンに入ったものであろう(33)。ブータンでは、ラック・カイガラムシの飼養に対し、僧侶がそれを殺生だとして戒めたため、生産をやめる人も出ている(34)。だが、ラック染料はアカネとともに僧衣の染料でもある。筆者は、シンカやトトゥンの色を臙脂色と書いているが、タワンのモンパは赤（レィウ：*leiu*）、ディランのモンパも赤（チャル：*cha-lu*）だと認識している。同様にメラのブロクパも赤（マルブ：*marbu*）だという(35)。それぞれが僧侶の衣の色でもある。

サクテンのブロクパは、「赤い服は、災いを寄せつけない色だ」と語っているという(36)。筆者の質問に対して、メラのブロクパは「赤は僧侶の衣の色」だという(37)。だが、モンパ女性に質問しても、そのような回答は得られない。なぜラック染料で染めた赤い色を好むのかという問いに対しては、「ラックで染めたものは、洗濯しても色落ちしないが、化学染料のものは、じきに色があせてしまう」という実利的な返答であった。

シルク同様、ラック染料もアッサムからの重要な交易品であった。

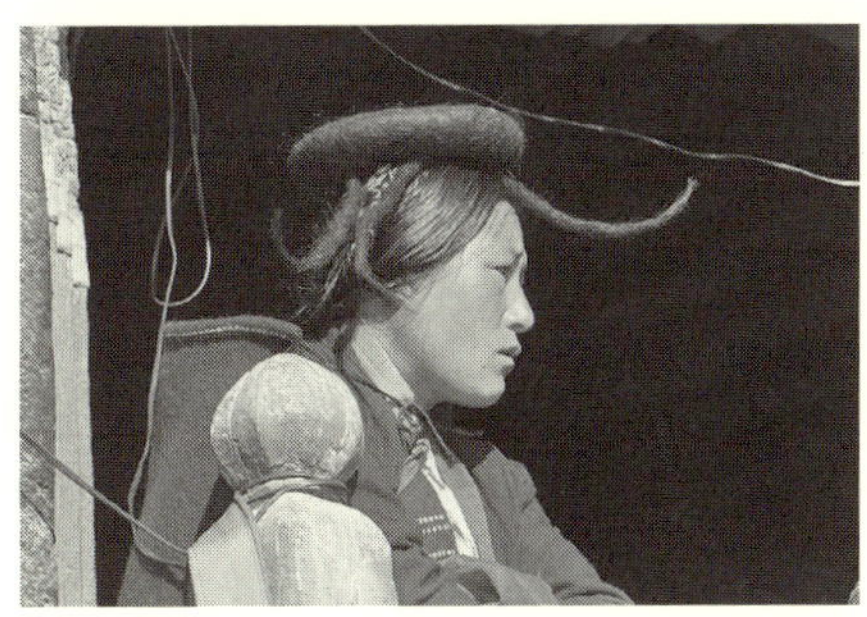

【写真2-7】ヤクの毛の帽子（メラにて）

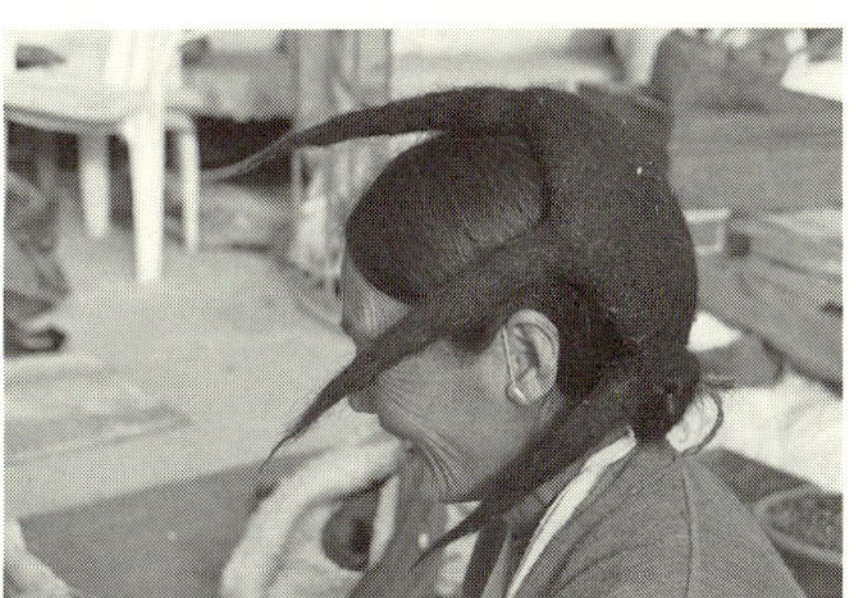

【写真2-8】ヤクの毛の帽子（タワンにて）

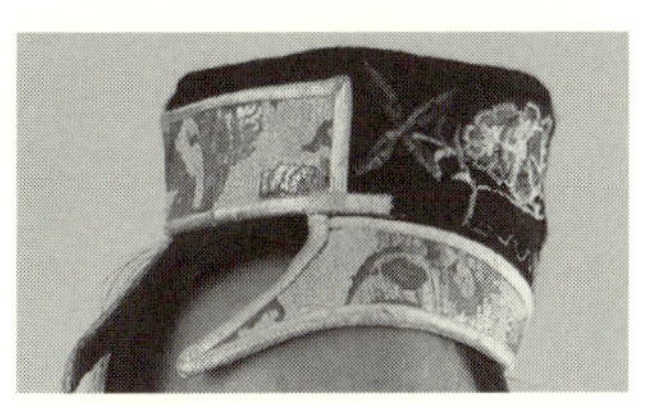

【写真2-5】円筒形の帽子ゴチェン・ジャム

【写真2-6】モクトウのヤクの毛の帽子作り（2011年夏）

4　帽子

ヤクの毛をフェルト状にした帽子も、モンパ、特に寒冷地のタワンのモンパを特徴付けるものである。モンケットではンガム・ジョム（ngam jomu）と呼ぶ。ベレー帽のような形状で、つばはないが、代わりに五本の房が付いていて、雨が降った時には、その房を伝って水が落ちる雨樋の役目をするといわれている。雨の日だけでなく晴れていてもかぶるものだが、牧畜民のような山間部の住民が主として着用し、町であれば高齢者が使用するのみで、若い女性は髪を長くするのを好み、この帽子をかぶる人はまずいない。他に、正装するときに、錦織の布を使った円筒形の布製帽子ゴチェン・ジャム[38]をかぶる（【写真2-5】）。筆者は、セ・ラ（峠）手前のニュクマドウンやタワンのモクトウ、そしてメラでフェルトの帽子の、製作過程を見学したことがある。ヤクの毛から作るので、主として牧畜民の仕事である。モクトウで帽子を製作していた男性は典型的な牧畜民の服装をしているが、この服装をしている人をアルナーチャル側で見ることはほぼなくなっている（【写真2-6】）。だが、ゴチェン・ジャムは、チベット人が作っている。

モンパやブロクパを特徴づけるヤクの毛の帽子だが、現在、この帽子はブータンのブロクパとアルナーチャルのブロクパ、そしてモンパを見分ける目印になるほど変化している。一九一五年に東ブータンのタシガンでクーパーが撮影したダクパの帽子（【写真2-2】）は、頭がすっぽり入るもので五本の房が付いているが[39]、現在は全体に小さくなっている。メラで作られるものは、頭頂部を固めて平らにし、五本の房も細く鋭い（【写真2-7】）。モンパの場合は、房が太く、頭頂部も丸くカーブしている。小さな帽子で頭を後方から押さえつけるように着用することがあるが、これはメラやサクテンの人びとにはない着帽スタイルである（【写真2-8】）。

5　靴

モンパの伝統的な靴は、布で作った膝までの長さのブーツである。現在は、若い世代は洋風の靴を履く人がほとんどであるが、タワンやメラでは、年配者の中に、現在も自分で作っている人を見ることがある[40]。靴底はヤクやウシの皮でできていて、甲部分から膝までの部分はヤクの毛やウール手織り布でできている。ふくらはぎの部分に縦に刺繡やアップリケなどの飾りを入れてデザインに工夫を凝らしたものが多い（【写真2-9】）。現在、店で売られているものは、靴底が白いフェルトでできていて、緑色や赤色のフェルトに花柄を刺繡したものである。西ベンガル州のカリンポン周辺で作られたものであるという。モンパの踊りのダンサーたちは、ほとんどこのブーツを履いているが、現在、モンパが日常用に購入して履くことはなく、まれに年配者が履いているのを見るぐらいである。

6　肩掛け（レンバ）

もう一つ、モンパ女性の服飾品として忘れてはならないのは、背中にマントのようにかける肩掛けである。背中と臀部がすっぽり隠れるぐらいの大きさの布で、ディランではレンバまたはディンガ・レンバ（*dinga lhemba*）、タワンやルブランでは単にレンバと呼んでいる。厚手の、臙脂色や黒色の手織りのウール布を二枚接いで、上の左右の角に皮や布のひもを縫い付けたものが一般的である。このレンバは、防寒コートの役目を果たすほか、雨合羽や子供を背負った時のカバーにもなる（【写真2-10】）。だが、本来は正装用の衣服の一部である。

【写真2-9】手作りの靴（タワンにて）

【写真2-10】右の女性が掛けているのが、正装用肩掛けレンバ（タワン僧院にて）

タワンに住む六〇代の女性の話では、この肩掛けは、以前は普段でも身に着けたもので、例えば、朝、肩掛けをしていない女性に出会うと縁起が悪いといわれるほどだったという。正装には欠かせないものだったが、近年はそのことを知らない人が多く、タワン僧院のトルギャ祭などでも、若い人は着用していない。ブータンのサクテンやメラの場合は、現在でも皆が集まる特別な行事の際には、正装の印としてレンバは欠かせないものとなっている。

7　例外的な衣装（ゼミタンとマゴウの例）

以上が、一般的にモンパの民族衣装とされるもので、写真集、博物館展示、旅行ガイドブックなどに見られるのもこれらの衣装である。だが、例外がある。例えば、チベットとの国境に近いタワン東部のティンブー（Thingbu）・サークルのマゴウ（Mago）のモンパの衣服は、他のモンパとは大きく異なっている。マゴウは、タワンから途中まで車、そこから徒歩で東へ二日を要する、標高三五〇〇メートルの山奥にある。指定トライブとしては「モンパ」であるが、チベット人であるとの記述もある。[41] 民族衣装もモンパとはまったく異なることから、多くのモンパが、マゴウの人々を、モンパの仲間としてではなく、チベット人に近い牧畜民と見なしている。[42] 一九一三年にマゴウを訪れたベイリーも、彼らがチベット語を話しチベット人だと自称していたと記録している。[43] 衣服に関しての記述も見られ、それは現在のものとほぼ同じ内容ではあるが、色と帽子が異なっている。[44]

現在は、黒と赤二色の厚手のウール布を互い違いに接ぎ合わせて作った、マゴウ女性のワンピース型の衣服リゴー（*rigo*）は、スカート部分を広げると四メートル以上もある。前開きになっていて和服のように右前にして合わせ、帯をする。ヤクの毛をフェルト状にした帽子はバケツのように深く、二五本前後の細い房が垂れ下がっている。また、大きな琥珀をつないだものを両耳からウエストの辺りまで提げている（**【口絵13】**）。モンパの衣服とは全く異なるものである。これらは、自分たちで織り、縫製した衣服であるが、新たに作る人は減り、他のモンパと同じシンカを着る人が増えている。

パンチェン・モンパ（自称パンチェンパ）が住むタワン県のゼミタン（Zemithang）・サークル(45)は、チベットの統治時代には、パンチェン・ディン・トゥク〈spang chen lding drug〉と呼ばれていた(46)。その中国側は、レポの四ツのツォを意味するレポ・ツォ・シ〈legs po tsho bzhi〉の住民の一部には一九六二年の中印国境紛争の際にチベット側から逃れてきた人びとも含まれるが、その数ははっきりしない(47)。もともと狩猟と牧畜生活を送っていたが、チベットからやってきた高僧が仏教を広めた後、狩猟をやめたという。パンチェン・モンパについては、中国側の文献が、西蔵自治区山南地区錯那（ツオナ）県の「邦金（バンジン）」に住む門隅（メンユ）・門巴（メンバ）族としてその衣服について記述している［于　一九九五：四三八］。言語は、タワンとは異なる。張も「タワンとは別に錯那県勒布（レブ）区勒布にはレブ門巴語がある(48)」［張　一九九七：四］としている。パンチェン・モンパの衣服も、一般のモンパのものとは異なっている。

パンチェン・モンパの衣装は貫頭衣ではあるが、長さは膝丈ほどで、自宅で織るという厚手の四〇センチ幅のウール地を縦に縫い合わせ、頭を入れる輪の部分だけ縫わずに残す。貫頭衣の脇を縫い合わせるときにチベット人が今でも使っている色鮮やかな布を、マチとして入れている。この衣服の名称はシンカではなくレウ（*rheu*）という（【口絵14】）。幅が小さく厚手のウール布でかさばるため、シンカのようにひだを作ることはできないが、両脇の柄を見せるように両脇の布を身体の前方向に折り、その上から帯を締める（【口絵15】）。もともとゼミタンの女性たちは四季を通じてこのレウを着ていたが、中印国境紛争以後、国境警備のために道路が整備されたおかげで、ゼミタンの人びともタワン僧院の法要やトルギャ祭などに出かけるチャンスが増えた。タワンの女性が臙脂色のシンカを着ているのを見て、パンチェンの女性たちもシンカを着るようになったとのことである。現在レウを着る人はごく少数である。男性が赤いウール地の膝丈の上着を着ているのも、この地域の特徴である（【口絵16】）。タワ

【写真２-11】パンチェン・モンパの帽子シャルジャ（ゼミタン）

【写真２-12】孔雀の羽根を付けた帽子（ゼミタン）

ンや西カメンのモンパ男性は、従来はウールのチュバと呼ばれる上着を着ていたが、最近は、エリ・シルクやウールのカンジャール（アリ・フドゥン）を着用する人が増えている（【口絵21】）。パンチェン・モンパの上着はそれに比べると長い。

パンチェン・モンパのもう一つのタワン・モンパとの違いは、二種類ある帽子である。最も一般的なのはシェルジャ（*sherja*）あるいはシャルジャという帽子で、浅い円筒形をしており、外側に折り返された縁にはオレンジ色の起毛ウールが使われている（【写真２-11】）。もう一つはヤクの毛を浅い円筒形に固め、孔雀の羽根を横に飾ったドゥジュマプジャ（*dujumapja*）である（【写真２-12】）。前者は、チベット側の勒布門巴族もほぼ同じものをかぶっている［于一九九五］。しかし、興味深いのは、一九一三年にゼミタンからレブ[49]を経由してブータンへ行ったベイリーが、ゼミタンのパンチェンパとの衣服の違いに注目していることである。彼はレブの人びとが孔雀の羽を飾ったフェルトの帽子をかぶり、赤ではなく白いコートを着て、背中に動物の皮を掛けていたと書いている［Bailey 1957: 245］。文脈からすると男性の衣装のようであるが、パンチェンパと違うということなら、当時は、孔雀の帽子をかぶった人たちは、チベット側に住んでいた人たちだったのかもしれない。

以上のように、モンパ女性の一般的な民族衣装であるシンカ・トトゥン・ジャムは、現認できるだけでも、この地域の人びとすべてに共通する衣服ではなかったことが分かる。トトゥンは他のトライブ集団にも共有されていた。そしてその材料は、地元で得られるものではない。逆に、地元あるいはチベットとの交易で得られる羊毛糸を材料として、自らの独自の衣服を着てきたマゴウやゼミタンの人びとが、しだいに主流のモンパの衣服に変更しつつあることは、モンパへの統合と考えてよいのではないだろうか。

8　婚資・持参財としての衣服と装身具

モンパ間の結婚では、金品の贈答には厳格な決まりはない。タワンの場合、夫側からの婚資に当たるものをドンゼン（*dongzen*）と呼ぶが、必須のものではなく、妻側が受け取りを辞退することもある。妻側からの持参財はパー（*pha*）で、これも必須ではない。ドンゼンの返礼として贈る場合には約半分の価値のものを送る。婚家に対し「娘をよろしく」という意味でパーだけが支払われることもある。現金や家財道具などが授受されるが、いずれにしても両家の経済状態に応じて柔軟に扱われる。

女性には相続権がなく、父親の死後も女性は土地や不動産を相続することはできないが、母親の死後、装身具や布・衣類などは娘たち、時には長男の妻にも分け与えられる(50)。モンパの装身具といえば【口絵8】【口絵9】の女性が身に着けているような、珊瑚やトルコ石を連ねたネックレスだが、これらは大変高価なもので、貧しかった時代にはモンパの皆が持っていたわけではなかった。タワンでしばしば耳にするのは、それらの一部は、ダライ・ラマ法王の亡命の後、チベットから逃れてきたチベット人たちが、モンパから食料や現金を得るために手放したものだということである。チベット人たちにとっても、先祖代々受け継いだ大切な家宝であったことだろう。

第三節　新しく取り入れた民族衣装

1　東ブータンの人が織った布の衣服

エリ・シルクもラック染料も、モンパの居住地にはないことから、それらの材料をモンパがどこから得ているのか調べてゆく過程で、シンカやトトゥンの布が、実は、ごく少数の例外を除いてモンパ自身によって織られてきたわけではないという事実が分かってきた。これが第一の発見である。しかし、それはモンパが織物をしないという意味ではない。シンカやトトゥン用の布は織らないが、モンパ、特に西カメン県のモンパの間では織物は盛んであったといってよい。ディラン周辺のリシュ、ナムシュ、テンバン、ルブランなどの村を歩くと、家の入口のベランダには決まったように機織り具[51]が設置されており、農作業や牧畜業の合間に女性が布を織っている姿が目に留まる。その多くは身近な場所から入手できる羊毛を使った毛織物が中心で、腰当て布や敷物、毛布などを織っている。幾何学模様のカラフルな袋（コウプ（*koup*）または、ジョラ（*jola*）。通称モンパバッグ）用の布を織る人たちもいる（【口絵20】）。また、リシュ・モンパには独特のシャコウ（*shakou*）と呼ばれるカード織りの伝統が残っている（【口絵18】）。布製の手製の長靴をはいていた時代にはカード織の紐が欠かせなかった（【写真2-9】）。これはまた、農具などに付けて軒先に吊るす紐としても使われていた。

これまでの先行研究[52]では、例えば、「模様の入ったトトゥン用の布はモンパも織るが、主に東ブータンで織られ、モンパの地へ運ばれた」［Myers & Pommaret：1994a：49］というように、モンパも織るものだと考えられてきた。

だが、二〇〇〇年以前にモンパが自分たちでエリ・シルクのシンカやトトゥンを織っていたという例は、筆者が確認しただけでもたった二例である。二人とも西カメン県のディランの人で、自分たちが例外であることを認めている。その少数の例外の人たちが、たまたまツーリストが訪れるディラン・ゾンやディラン・バザールの人目につく場所で織物をしていたために、モンパが一般的にシンカやトトゥン用の布を織ると誤解されたようだ[53]（【口絵17】）。タワンでシンカやトトゥンの布を織っていたことは確認されていない[54]。

ディランには、二〇〇五年当時、三軒の織物工房があった。これは、二〇〇二年に政府が主催した女性による地域の手工芸品製作を促進する織物研修プロジェクトに、約四〇人から五〇人のモンパ女性が研修に参加して、最後まで残った人びとのうち三人が、それぞれ開いた工房である。そのうち一軒は閉鎖され、二〇〇九年三月当時は二軒となっていた。ただし、二軒ともオーナーはディランのモンパ女性だが、マニプル州やアッサム州から住み込みで働きに来ている女性たちがその織り手で、モンパではない。ここでは、アッサム製の高機が使われている（【口絵19】）。また、二〇一〇年ごろから自宅でラック染めを始めたT・Dの場合は、アッサム商人からエリ・シルク糸とラック染料を購入し、自宅で糸を染め、アッサム州の平原に住むミジの女性に織りを依頼しているという。一種のアウトソーシングである。これらはいずれも二〇〇〇年代になってからのことであり、それまでは、シンカやトトゥン用の布はモンパ以外の人が製作し、運ばれていたことになる[55]。

インタビューを通して分かってきた第二の発見は、現在のシンカやトトゥンが普及する前は、モンパ女性は、タワン地方であればウールの貫頭衣、ディラン地方であればウールの貫頭衣の他に、白のエリ・シルクや木綿の貫頭衣を着ていたということである。タワン・モンパであるノルブも、「かつてモンパ女性は、紺と黒のウール布を縫い合わせて作った膝丈の長さの貫頭衣ンゴウ・シン[56]（*ngou-shing*）を着ていたが、今は誰も着ることはない」と記している。その後、もっと軽い現在のシンカに変わったともいうが、その変化の具体的な時期には言及していない[Norbu 2008: 35]。筆者がタワンの年配女性に聞いた話では、膝丈ではなく、ふくらはぎ丈のウールのものだったという。ウールのシンカはアルナーチャルのどこにも残されていなかったので、メラに住む筆者の友人の母親に再現を依頼した（【口絵22】）。本体は紺色で、脇にゆとりを持たせるための赤い別布の「マチ」が入っている。その「マチ」の部分を両側から腹部に寄せて帯をする着方である。彼女は一九四九年生まれで、九歳から一〇歳のころまでウールのンゴウ・シンカ（*ngou-shingka*）を着ていた。その後、白いエリ・シルクのシンカを着始めたが、現在の臙脂色のシンカは高価だったので、裕福な家の者しか買えなかったという。それをタワンの一九四三年生まれの女性に見せると、彼女が記憶しているンゴウ・シンと同じものだと確認できた。パンチェン・モンパのレウと同じように見える前者が膝までなのに対し、後者はふくらはぎまでと長い。しかし、ディランのナムシュの高齢者の中には、ウールのシンカは膝丈だったと記憶している人もいる。そうであれば、ゼミタンのレウとほぼ同じということになる。

筆者が、主に二〇〇四年から二〇〇五年にかけて西カメン県、タワン県、アッサム、メラのさまざまな人びとから聞いた衣服の変化や入手方法、流通経路を総合すると、現在のシンカが普及するまでは、モンパもブロクパもウールの貫頭衣、その後、白いシンカから現在のものに変わったことが確認できる。西カメン県のディラン・サークルにあるチュグのモンパは、かつてイラクサ科の植物で織った貫頭衣を着ていたと聞いた(57)。それがいつごろまでのことかは確認できない。

インタビューの内容からは、初めにエリ・シルクのシンカを運んできたのが東ブータンの人であることも分かった。ポマレは、シンカやトトゥンが、東ブータン、タシガン県のラディ（Radi）、ポンメ（Phongmey）、バルツァム

〈Bartsham〉などの村で作られていたと書いている［Pommaret 2002: 181］。筆者も、二〇〇八年にラディで調査をしていた時に、村で織られた布でシンカやトトゥンを作り、それをメラやサクテンのブロクパやモンパに売っている人びとに会った。ラディ村では女性たちがラック染めと織りの両方を行っていた。当時四〇代の男性二人によれば、かつてタワンに行商に行っていた祖父は、当時のタワンでは、まだ多くの人びとがウール製の貫頭衣を着ていると語っていたという（【口絵23】）。祖父の当時の年齢が何歳であったかは分からないが、一九四〇年代から五〇年代ごろと推定することが可能ではないだろうか。彼らは、モンパやブロクパの現在のシンカやトトゥンはこの村で最初に製作されたと語っていた。この二人の男性だけでなく、筆者が二〇一〇年から二〇一三年の間にタワンの村で調査していた間にも、ポンメからラックで染めた、僧侶が羽織るショールや、シンカ、トトゥンなどを売りに来る人びとに何度か遭遇している。彼らは、布に包んだ大きな荷物を背負い、歩いて一軒一軒回り行商をしていることから、タワンのモンパやブロクパから、「歩く商人」という意味のカン・ツォンパ〈rkang tshong pa〉と呼ばれている。(58)

モンパと同じことが、メラの人びとにもいえる。メラでは最近になって、若い女性がシンカやトトゥンの布を織るようになったが、これは、ラディの人から習ったものである。メラの人びとは、山から下りて乳製品をコメや野菜と交換する時にラディ村に滞在する。その時に泊まる家は先祖代々決まっており、ラディでは各家とも女性たちは織物の名手である。以前は、彼女たちが作るシンカやトトゥンを、乳製品との物々交換や現金で得ていたが、しだいに宿泊先の女性たちからラック染めやエリ・シルクの機織りを習い覚えるようになったという。

メラの女性は、もともと羊毛やヤクの毛を使っての織物はしていた。(59) メラは、標高三五〇〇メートルの高地であり、ラックもエリ・シルクも生産できない。これらの材料は、乳製品を売って得た現金で、サムドゥップ・ジョンカルのブータンとインド国境を越えたアッサム側のダランガ・メラ（Darranga Mela：通称メラ・バザール）で購入したものである。メラ・バザール(60)では、アッサムで織られたブータン人向けの織物がブータン内より安価で売られているが、それらの中には、シンカやトトゥン用の布も含まれている。ブータン東部の人には重要なメラ・バザールであるが、モンパが布を購入するのはここではない。距離的に遠すぎるからである。

2　アッサムで織られた布

モンパの人びとへのインタビューの中で、たびたび出てくる地名がある。それは、アッサムのウダルグリ（Udalguri）である。アルナーチャル西部とアッサムとの境に位置している。前章第三節と**コラム③**で述べたように、ウダルグリは、モンパにとって重要な物資調達の拠点であった。

ウダルグリとその近くのタンラ（Tangla）周辺がシンカやトトゥンの生産地で、織っているのはボド・カチャリ（Bodo Kachali）やラブハ（Rabha）などの指定トライブの女性たちである（**【口絵24】**）。商人から材料を渡されて請負仕事で布を織っている。それらの布は、バザールで売られるほか、アッサム商人やモンパ商人によって西カメンやタワンに運ばれていることが、インタビューからも分かった。特に一九七〇年代から三〇年以上、アッサムからタワンへ布や衣服を運んでいた**コラム④**のR・Bの証言は興味深い。

R・Bの証言にもあるように、ウダルグリは一九九〇年代に急激に治安が悪化し、二〇〇五年に筆者が訪れた時には、町はすっかり寂れていた。ボドによるボドランド領域県の自治獲得運動に関わるテロが頻発していたからである。二〇〇三年に自治が認められ、ウダルグリもこのボドランド領域県の四つの県の一つとなり、タンラもウダ

【写真2-13】メラの女性たちはシンカを日常着として着用している

【写真2-14】刺繡が施されたメラの男子の上着

ルグリ県に含まれるようになった。ウダルグリ県が、北は西側をブータンのタシガン県、東側をアルナーチャルの西カメン県と接していることからも、この地域の歴史的つながりが察せられるであろう。このウダルグリの変貌は、モンパの民族衣装着用にも大きな影響を与えているが、その点については第六節で述べる。

筆者が訪れたモンパやブロクパの居住地の中では、ブータン側のメラが最も民族衣装の伝統が保持されている場所であるといえる。メラの女性たちは現在でもほぼ全員が日常着としてシンカを着ている（【写真2-13】）。外国人の立ち入りが制限され、地理的にも他と隔絶した地域であったことがその理由であろうが、歩きやすく、暖かく、牧畜という生業と高地での暮らしに合った衣服として大事にしていることがうかがえる。[61] ヤクの毛の帽子も自分たちで作っているが、その強みからか、モンパのものよりもファッション性が加わり、男性のウールの上着にも刺繡が施されている（【写真2-14】）。これはアルナーチャルのモンパにはないものである。[62]

コラム4

モンパの衣装を運ぶアッサム商人

R・B（男性、一九五二年生まれ）二〇〇四年一二月のインタビューから。

この仕事を始めたのは一九七〇年代初頭のことで、三〇年余り続けている。最初の一〇年ほどは、毎月二回、ウダルグリで仕入れたシンカやトトゥンを売りに、タワンや西カメンの町へやってきた。路線バスに乗って来るが、雨期は道路状況が悪いので、以前は乾期の九月末から三月の間だけの仕事だった。それでも毎回持参した一〇〇〜二〇〇着を完売できた。雨期にも来るようになって、年に二〇〇〇〜三〇〇〇着のシンカ、トトゥンが売れた。一着につき一〇〇ルピーの利益を乗せていたので、年間二〇万〜三〇万ルピーの利益があったことになる。おかげで二五〇万ルピーをかけてウダルグリに家を建てることができた。

誰かから習ったというわけではなく、自分で始めた仕事だったが、他に競争相手もなく、おかげで儲けることができた。だが、一九九六年にウダルグリの状況が悪化し、治安が心配になったので、たった一七万ルピーで家を売り、現在住んでいるビシュワナート（Bishwanath）に引っ越した。

ウダルグリでは、ボド・カチャリやアッサム人の女性が自分で織機を持ち、糸を渡された上で、一着につき三〇〜四〇ルピーの賃金でシンカを織っている。矢の模様を織り込んだ場合の賃金は六〇ルピーだ。完成したシンカは、五〇〇〜六〇〇ルピーで私などの商人に卸され、西カメンやタワンのモンパやチベット人が経営する店に、一〇〇ルピーの利ザヤを上乗せして売られる。店ではさらに利益が追加され、消費者には七〇〇〜八〇〇ルピーで販売される。以前は、ウダルグリで仕入れるシンカの卸値は、一五〇ルピーから、高くても二〇〇ルピーだったが、エリ・シルクの値段が高くなったため、現在のような卸値になった。

近ごろは、シンカやトトゥンは、年間一〇〇〇着も売れない。子供用はさらに少ない。得意先も以前より減って、現在は、ボムディラの一店、ラマ・キャンプの二店、タワンの三、四店、ルムラの三店に卸している。シンカやトトゥンが売れなくなったのは、ディランでモンパのオーナーが工房を持つようになったからで、その代わりに、エリ・シルクの糸やラック染料を運ぶようになり、その需要は増え続けている。ラック染料はアッサム語でラー（*la*）と呼ぶ。今回も運んできたのはラーだけだ。シンカやトトゥンを扱うブータン人商人も、以前はウダルグリに仕入れに来ていたが、治安が悪化してからはタンラ（Tangla）で仕入れて、それをブータン経由でタワンまで運んで売っているケースも多いと聞く。ウダルグリよりもタンラのもののほうが上質だ。

自分がエリ・シルクを仕入れるのは、ウダルグリの南西にあるナルバリ（Nalbari）で、ラックはメガラヤ州のバジェンドバ（Bajengdoba）周辺で採集されたものを、その北のアッサムのゴアルパラ（Goalpara）で仕入れている。三〇年前のラックの仕入れ値は、一キロ一〇ルピーだったが、二〇ルピー、三〇ルピーと値上がりし、現在は一二〇～一三〇ルピーもする。このままでは、シンカやトトゥンはもっと売れなくなるだろうから、エリ・シルク糸やラックを運ぶのがメインになるだろう。

後日談：その後、筆者がタワンに調査地を移し、R・Bに会うことはなくなったが、二〇〇九年三月に偶然、ディランのモンパが経営する工房で、彼の二四歳の息子に出会った。二年前から父親が糸とラックを仕入れ、息子が、父親のかつての得意先に運ぶようになったという。

ディランで染めるシンカやトトゥンは、一キロの糸に対し二・五キロのラックを使用し、何度も煮出しては染める作業を繰り返すため、深い臙脂色になり、アッサム製のものとは一目で違いが分かる。これがディラン・シンカと呼ばれる高級品で、二〇一八年五月現在、シンカは六〇〇〇ルピー、トトゥンは六五〇〇ルピー以上で売られている。R・Bが扱っていたものとは一〇倍近い差がある。シンカやトトゥンが日常着からハレ着に変わったことを示す数字である。

3　変化の時期

先述のように、一九一五年にクーパーによって撮影されたダクパらしき人びとが、シンカとよく似た衣服を着ている。しかし、現在のものと同じかどうかは分からない。ディラン・サークルのナムシュ村の女性は、筆者がインタビューした中では九五歳と最高齢である（二〇〇五年現在）。彼女の年齢が正しいとしたら、一九三〇年ごろに、ブータン人が臙脂色のシンカを持ってきたという。だが、他の人たちの証言では、一般の人が着るようになったのは、もっと後のようだ。中印国境紛争後のおそらく一九六五年ごろ、ボムディラで商売していたA・Aは、当時、そこのモンパ女性たちは白い木綿の貫頭衣を着ていたと記憶している。その後、亡命チベット人の商人が、アッサムからシルクのシンカを仕入れて売るようになったという。

タワンでは、一九二七年生まれの女性が、若い時にブータン人がシンカとトトゥンを売りに来たと証言している。若い時というのは、一九四〇年代から五〇年代にかけてではないかと思われる。彼女は、当時は一般の人は膝丈のウール製のンゴウ・シンを着ていて、一部の金持ちだけがエリ・シルクのシンカを着ていたと言う。当時は高価で、後に値段が下がってから一般の人たちも着るようになったと話している。同様の話は、一九三八年生まれの男性からも聞いた。彼が三、四歳のころ、父親はウール製のシンカを縫う仕事をしていた。一般の人がシルクのシンカを着るようになったのは一九五一年以降で、それまでは裕福な人だけが着ていたという。

メラで聞いた中では、一九二九年生まれの女性が、若い時にはすでに現在のシンカを着ていたという。一方では、先述のように、筆者の依頼でウールのシンカを製作した一九四九年生まれの女性は、九歳ごろまではチベット人が着るウールのチュパ〈phyu pa〉を着ていたが、その後、一二歳ごろまではウール製の、ブロクパ語でンゴウ・シンカ（*ngou shingka*）を着ていたという。彼女の家は貧しく、木綿の白いシンカを買ってもらったときはとても嬉しかったという。一九六〇年代の初めごろは、まだ木綿のシンカであったということなので、家の貧富によって現在の衣服を着るようになった時期は異なるようだ。

これらを総合すると、早い時期のシンカは、一九三〇年ごろに東ブータンからもたらされたもので、初期のころは値段が高く奢侈品であり、誰もが着ていたわけではないということである。エルウィンによれば、かつてモンパは、シルクを使うことが制限されていたという［Elwin 1959b: 49］。モンパだけでなく、タワンに先祖の代から住むチベット人から「チベットの支配を受けていた当時、チベット人であっても庶民は上等な服を着ることと米を食べることは禁じられていた」という話を聞いた。一九五一年に初めてタワンにインド人行政官が赴任してきた当時も、また再びチベット人が戻ってくるのではないかと恐れていたという。中印国境紛争は、モンパのインドへの帰属を最終的に決定づける出来事であったが、チベット官吏に気兼ねなく好きなものが着られるようになり、地味で重いウール地ではなく、白や臙脂色で、しかも軽量の衣服を着るようになったと推定される。

ウダルグリから来たもののほうが、ブータン製に比べると品質は劣るが値段が安いという証言から、多くの人びとが着始め、民族衣装として定着するには、アッサム製のシンカが大きな役割を果たしていたと考えられる。先に挙げたアッサム商人のR・Bの話では、一九七〇年代の初めからウダルグリの情勢が悪化する一九九六年までが最もシンカが売れた時期であるようだ。

モンパがシルクを好むのは、それが地元では得られない「贅沢品」であることから、かつては禁じられていた「上等な服」を代表するものとして「威信財」の役目を果たしていたからであろう(63)。それが安価になって普及し、指定トライブのモンパのエスニック・シンボルとして広くゆきわたるようになり、それまで異なる衣服を着ていたゼミタンやマゴウの人びとも同じ衣服を受け入れるようになったとみることができる。だが、マゴウの場合を除き、昔からあった貫頭衣という形状は守られている。次節では、貫頭衣について考察する。

第四節　一枚布から貫頭衣という共通衣服へ

貫頭衣というスタイルは、モンパと隣接して暮らすシェルドゥクペンやブグン、サジョラン（ミジ）、フルッソ（アカ）などにも共通したものとなっており、モンユルの回廊と呼ばれる地域は、貫頭衣文化圏を形成するといえる。それぞれの民族集団の衣服については、モンパと同じく、さらに細かな調査が必要であるが、現在までに現地調査や文献から、以下のような情報が得られている。

シェルドゥクペンの女性の民族衣装は、シンカではなくシンク（*shinku*）と呼ばれるが、型式は貫頭衣で幅はシンカの倍ほどあり、正面のギャザーもたっぷりとしている。しかし、色は白、襟の開き方がV字型で、特に背中が大きく開いている。素材は、エリ・シルクもあるが、最近は木綿や化学繊維が多い。帯はモンパと同じであるが腰当て布はしない。シャルマは、第一章でも述べたように、シェルドゥクペンの先祖はチベットの王とアッサムの王女の間に生まれた王子だと書いている。彼がチベットから現在の西カメンにやってきた時には、先住のアカやブグンとの争いが絶えず、和平の誓いのしるしとして、アカやミジの王に塩、布、家畜その他を貢物として贈っていたほか、タワンのモンパの王に対しては、三年ごとにエリ・シルクの布、コメ、籾つきのコメを贈っていたという。貢納品として、エリ・シルクは外部からもたらされていたのである。その返礼として、タワンからは上着、靴、毛布、首飾りなどが贈られていた[64][Sharma R. R. P. 1960(1988): 5-7]。

筆者は、二〇〇四年と二〇〇九年にルパ（Rupa）の仏教寺院の法要に参加する機会があったが、普段は民族衣装を着ることが少なくなった女性たちも、この日は正装で集まっていた。しかし、木綿のシンクを着る人がほとんどであり、シルクに対するこだわりは見えなかった（【口絵25】）。

ブグンの女性も白い貫頭衣シンカオ（*shingkhao*）を着て、モンパのトトゥンと類似の上着を着る（【口絵26】【口絵27】）。その名称はパダク（*padak*）である。二〇一三年一一月に地元のリーダーから聞いたブグンの人口は約二五〇〇人という少数派である[65]。一九九九年に筆者がブグンの村を訪ねた時には、この衣服を日常着として着ている女性は老人が一人だけだったが、二〇一三年一〇月の調査時には、逆に増えていた。それは、ブグンが多く住む西カメン県テンガ近くのシンチュンにある僧院（Singchung Gonpa）での法要の時である。この寺は、二〇一〇年ごろにできたニンマ派の僧院である。ブグンが仏教を受容し始めたのはごく最近のことで、元は自然崇拝などの土着の信仰であった。パンディ（Pandey. B. B.）によれば、ブグンは機織りをせず、工場で生産されたアッサム製の白布やエリ・シルクからビミ・シンカウ（*bimi-singkhau*）というドレスを作るという[Pandey B. B. 1996: 42-43]。ブグンは、イギリス植民地時代はアカの奴隷として知られていた[Pandey, B. B. 1996: 4]。そのためか、かつてのアカの衣服とほぼ同じである。

ナフラに住むサジョラン（ミジ）も、同様のギブルン（*giblung*）またはグレブロン（*grebulong*）という貫頭衣のドレスを着る。色は白、素材はエリ・シルクや木綿である。モンパのトトゥンとよく似た模様入りの上着を着ているが、この名称はサシュリパンロウ（sashuripanglo）という。ラックではなく、化学染料で染め、布も、木綿か薄手のアクリルのような化学繊維である。全体として、ブグンと同様に写真のアカの衣服と大変似ている。女性の民族衣装は、二〇〇五年のインド独立記念日の式典で、ミジの二〇代のダンサーが着ていた。現在、ミジが日常着としてこのドレスを着ることはほとんどなく、エリ・シルクへのこだわりもまったくないとのことであった（【口絵28】）。

フルッソ（アカ）の女性も、現在は、白い貫頭衣が民族衣装となっている。【口絵29】は、西カメン県のジャメリ（Jameri）村で撮ったもので、特別な行事の時に着る衣服だという。二〇一三年一一月現在、周辺に約一〇〇の集落があるが、全体の人口は五〇〇〇人ほどで、小さな集落だと一〇人ほどしか住んでいない。白い貫頭衣の名称はウーソゲ（*wusoge*）、上着はサショポル（*sashopholu*）という。上着はモンパのトゥンに似ているが、襟が付いていて、素材は化学繊維である。裕福な人はエリ・シルク製の貫頭衣を着るが、それ以外は木綿製で、アッサムから来た商人から買ったものだという。エルウィンは、アカは衣服・毛布・刀をブータンから買っていたと記している［Elwin 1958: 436］。アカは織物技術を持たず、アッサム平原からそれを買っていたという記述もある［Sinha 1968（1988）: 27］。ゲイトによれば、アカは一九世紀にはアッサム平原の人びとに一種の税を課し、各戸から女性の着物や木綿糸、木綿布を取り立てていたという［Gait 1926: 312］。エルウィンは別の文献で、一九一三年[66]にアカの地を訪問したケネディ（R. S. Kennedy）[67]が、「当時のアカの女性が男性と同じように一枚布を身体に巻き付けていたが、その布はアッサムのシルクであった」としていることを記述している［Elwin 1959b: 81］。

当時は、セ・ラの北のタワン地方はチベットの行政下で栄えていたが、南のディラン地方のモンパは、ミジ、アカ、バンギ[68]（Bangni）などの「ロバ」による略奪と、寺院からの過度の要求に苦しみ、タワンほど豊かではなかったという［Osik 1999: 101-102］[69]。ナイールも、モンパがアカにコメや木綿の布などで年貢を払っていたことを記述している［Nair 1985: 71］。ナフラ・サークルに住むミジやアカに対して、今でも「ナフラ・ギドゥ[70]」とディランのモンパが陰口を言う背景には、こうした歴史が隠れている。エルウィンは、ブグン、アカ、ミジを「非仏教徒」と記しているが、現在、彼らの間でもキリスト教や仏教への改宗が進んでいる。

モンパに隣接して住む東カメン県のニシも、F・ハイメンドルフが、かつて略奪や誘拐を繰り返してきた非仏教徒のトライブとして記述している民族集団であるが[71]、その衣服は貫頭衣ではなく、男女ともに、一枚布を身体に巻き付けて肩で交差させてピンで留めるシンプルなものである（【口絵30】）。

さらに西シアン県のメチュカのメンバは、グシー（*gushi*）と呼ばれる貫頭衣が民族衣装である。これはチベット語で貫頭衣を意味するゴシュ〈mgo shubs〉が変化したものであろう。チベットのコンボ地方でも見られる脇を縫っていない貫頭衣で、素材はウール地、色は黒かこげ茶などである（【口絵31】）。同じメンバでも上シアン県トゥーティン（Tuting）のメンバは、チベット人女性と同じチュパ〈phyu pa〉である（【口絵32】）。メンバは、チベットの墨脱地区やコンボ地方からやってきたともいわれているので、チベット、そしてコンボの二つの伝統を保っている可能性がある。

一方、ブータンでは北東部クルトェ地方[72]の女性は、現在のブータン全体の国民服となっている一枚布を身体に巻き付けるキラ（*kira*）ではなく、シンカ、あるいはクシュンと呼ばれる貫頭衣を着ていた時代があった。一九世紀から二〇世紀にかけてのことである。素材は古いものはイラクサ科の植物で、その後は木綿や羊毛で織られ、アップリケやカラフルな模様が織り込まれたものも多い[73]（【口絵34】）。日常着からやがて宗教儀礼用の衣服となったが、マイヤーズは、クルトェ地方で古い時代に織られていたシンカが、墨脱の門巴族の地域の貫頭衣と大変似ていることを指摘し、ブータンの古い時代の貫頭衣が、仏教以前の宗教儀礼に結び付いていたのではないかと考察している[74]［Myers 1994a：106–116］。アダムス（Barbara S. Adams）も、一九世紀あるいはそれ以前の製作と伝えられるブータンの貫頭衣に仏教のマンジ（万字、卍）とは逆向きのボン教由来のマンジが織り込まれていることを、写真とともに紹介している［Adams 1984：92-93］。これらボン教に結び付く貫頭衣が、モンパのシンカと関係があるのかどうかは、まだ分かっていないが、この地域の基層文化としての貫頭衣が、仏教以前の地元のボン教と結び付いていたとしたら興味深い。カルマ・プンツォ（Karma Phuntsho）も、ブータン中央部のブムタン地方からウールの貫頭衣シンカ、クルトェ地方から木綿とイラクサの貫頭衣クシュンが見つかっていることから、遠い昔、この二つの地域が同じ衣服文化を持っていたかもしれないと推察している。さらに、古文書の中に、ブムタン地方とその西側の谷にチベット人とは異なる衣服があり、それを「南の衣服」を意味するロチェ〈lho chas〉というと書いたものがあるが、現在ブータンのほとんどの人が着ているゴやキラの原型なのか、古い時代の貫頭衣に似たものなのか、判断は難しいとしている［Phuntsho 2013：29］。

このように、マゴウを除くモンパ周辺の民族集団の女性の衣服には、貫頭衣という共通項が見られる。特に注目したいのは、西カメン県では、モンパ以外の民族集団が皆、白い貫頭衣を着て、臙脂色の模様入りの上着を共有していることである。モンパは臙脂色でエリ・シルクの貫頭衣を着る点が異なっている。F・ハイメンドルフやナイールが示しているような権力関係が、衣服の選択に何らかの影響を与えているのではないだろうか。筆者は、これらの民族集団が、かつて他集団からの収奪を繰り返していた「ロバ」や「ギドゥ」と呼ばれていた人たちの「野蛮性」を象徴する一枚布の衣服ではなく、仏教徒であるモンパやシェルドゥクペンの貫頭衣を、民族衣装として選択した可能性があると考えている。アカの衣服がかつての一枚布から貫頭衣に変わった経過が判明すれば、それが裏付けられるのではないだろうか。

さらに、モンパは臙脂色のエリ・シルクのシンカを着用することで、白だけの貫頭衣を着る他の非モンパ集団との差異化を図ったと考えられるが、このことに関連して、さらにもう一つのモンパの独自性として、腰当て布にも注目したい。

第五節　腰当て布が表象するもの

井関和代は、「集団内での規約をこめて成り立つ民族衣装も、他の民族集団にとっては、その群れを包む布に過ぎない。それは、単に他集団と区別することのできる社会的記号（制服）となる」と述べている［井関　一九九七：二〇九―二一〇］。実際には布にはさまざまな意味が込められているにもかかわらず、他の集団には重要には見えないということは確かにある。モンパの衣服の場合には、それが、シンカを着用する際に必須となる尻を覆う「腰当て布」なのではないか。床や地面に座る際の座布団代わり、あるいは汚れ防止といった機能的側面は、外見だけからも分かるが、腰当て布にもこうした集団内の規約が隠されていて、それ自体が、他集団との区別のための記号となっていると考えられる。腰当て布は、モンパとブータンのダクパ、ブロクパだけが身に着けている。これまでのモンパに関する報告では、その重要性は無視されてきた。

この腰当て布（【口絵33】【口絵35】【口絵36】）は、シンカを着るときに帯の下に挟み込んで尻の部分を覆うようにしてから締めるエプロンのような布である。チベットの既婚女性は、パンデン〈pang gdan〉というカラフルな横縞の細い布を三枚はぎにしてつないだエプロンを前に着けるが、モンパは、同じような布を前ではなく尻の部分を覆うように後ろに着ける。幅はエプロン用のものよりもやや広い。ディランやカラクタンではこの横縞の布を着用するが、自分たちで織った赤い厚手のウール地を着ける場合もある。縞柄のものをパンテン、ウール製のものをマクロマと呼ぶ。腰当て布の呼称は、【表2-1】のように地域によって異なる。タワンでは、これらウール製の腰当て布の多くは赤い色で、黒い色のものを着けることもあるが、ブータンのメラとサクテンでは、すべての女性が例外なく黒の腰当て布を着けている。彼らは、絶対に他の色の腰当て布は着けない。これは、地域性の表れであると同時に、彼らが「モンパ」あるいは「ダクパ」と呼ぶアルナーチャル側のモンパとの差異を示すためであろう。ルブランでも、サクテンから嫁いできた女性たちは黒色の腰当て布を着けているが、その子供や孫たちの世代は、色にこだわりはない。

これらの腰当て布は、チベット人のエプロンとは異なり、日常着かハレ着か、既婚か未婚かを問わず、小さな子供も高齢の女性も、シンカを着用するときには欠かしてはならない必須のアイテムである(75)（【口絵12】）。防寒用として、また自宅の木床や農作業、寺院の法要で地面や床に座り込むときなど、座布団の代わりをし、シンカの汚れを防ぐという機能的側面は確かにある。しかし、それだけからでは、この腰当て布を説明することはできない。地面に座る必要のない室内でのパーティーや、民族舞踊の衣装となる場合にも必ず着用し、完全にシンカの帯の一部となっている。

腰当て布を着けずに人前に出ることは「とても恥ずかしい」というのが、多くのモンパ女性が共通して口にすることであるが、その理由を聞いても明確に答えられる人はいない。この布のことを話題にすると、まるで下着の話でもするかのように赤面して家に引っこんでしまう女性もいる。最近になって町に住むモンパ女性は商店で売るようになった洋装の下着を着けるようになったが、以前はシンカの下にはまったく下着を着けていなかったという。シンカの前面にはギャザーがあるが、腰部にはないので、身体の線が露骨に出ないようにするためではないかと答えるディランの女性もいた。その女性は、以前は生理用品などもまったくなかったので、経血がにじむのを防ぐた

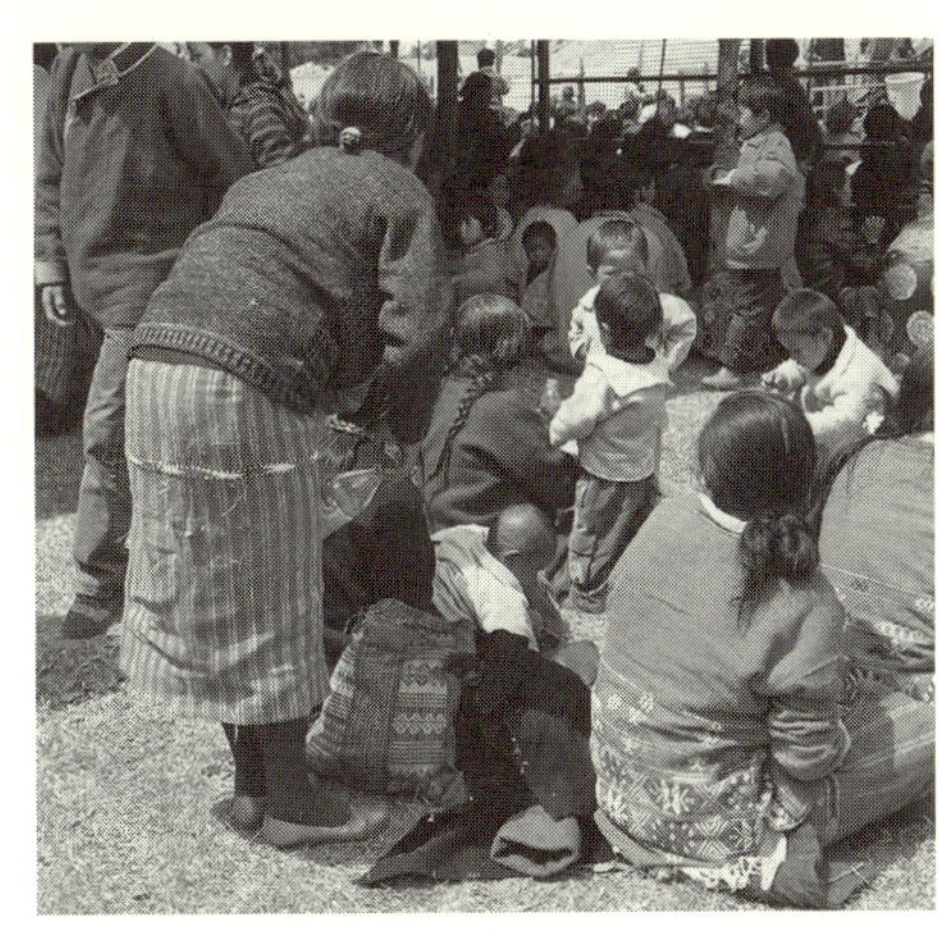

【写真2-15】ゼミタンではまれに、腰当て布をしない女性を見かけることがある

めという理由もあったと語っていた。

　モンパの中で、例外的にこの腰当て布をすることにこだわらないのは、ゼミタンのパンチェン・モンパである。このことはタワンのモンパの間ではよく知られたことであるが、近年はパンチェン・モンパも腰当て布を着けるようになってきている。色はタワンと同じく赤が多い。二〇〇九年三月にゼミタンのゴルサム・チョルテンで催された法要には、西カメンやタワン各地から大勢の人びとが正装して集まっていたが、その女性たちの多くは赤や縞柄の腰当て布をしているのに対し、数人ではあるが、それを着けずに尻の部分を出している女性の姿が見られた。（【写真2-15】）それを見たタワンのモンパたちは、帯を締めないでいるような違和感と羞恥を覚えると語っていた。

　チベット側の勒布区の門巴族とパンチェン・モンパが同じ帽子をかぶっていることは前にも触れたが、中国の資料に掲載された写真の女性は、日本の着物と同じような形状のウール製の上着の腰の周囲に、白いウール布をスカートのようにぐるりと巻き、子牛の皮を肩から腰にかけて背負っている。この子牛の皮は、ゼミタンでも、ごく少数ではあるが、レウを着た女性が掛けているのを確認している（【写真2-16】）。パンチェン・モンパは腰当て布をしないのではなく、もともと子牛の皮がその役目をしていた可能性がある。パンチェン・モンパは、これを雄のヤクと雌のゾモ[76]の間にできたトゥイの皮であると言う。トゥイは、この地域では商品になる母親のミルクを飲んでしまうため生後一カ月で殺され、その皮はバターやチーズの包装に使われている。

勒布区の女性が背負う子牛の皮の説明で興味深いのは、小さな子供から老女まで全員がこれを背負うということと、婚礼や祭日などの際には新しく替えること、そして唐の文成公主にまつわる伝説である。

文成公主がチベットに降嫁した時に、しばらく門隅にとどまり、門巴族に耕作の仕方を教えたが、その時に彼女が魔除けのためにこの子牛の皮を背負っていたのを門巴族が賜り、それが女性の習慣となったという内容である［于　一九九五：四三八］。于は、牧畜民であった門巴族の牛への原始的崇拝の反映だと述べている。生後間もなく殺された子牛の皮が「魔除け」とされていることになるが、その理由は分からない。仮説的に言えるのは、先述のようにパンチェン・モンパはもともと狩猟民であったため、獣皮の腰当てを着けていたものが、生業の変化と仏教の受容、そしてタワン・モンパへの同化から、シンカと腰当て布に変わったのではないかということである。

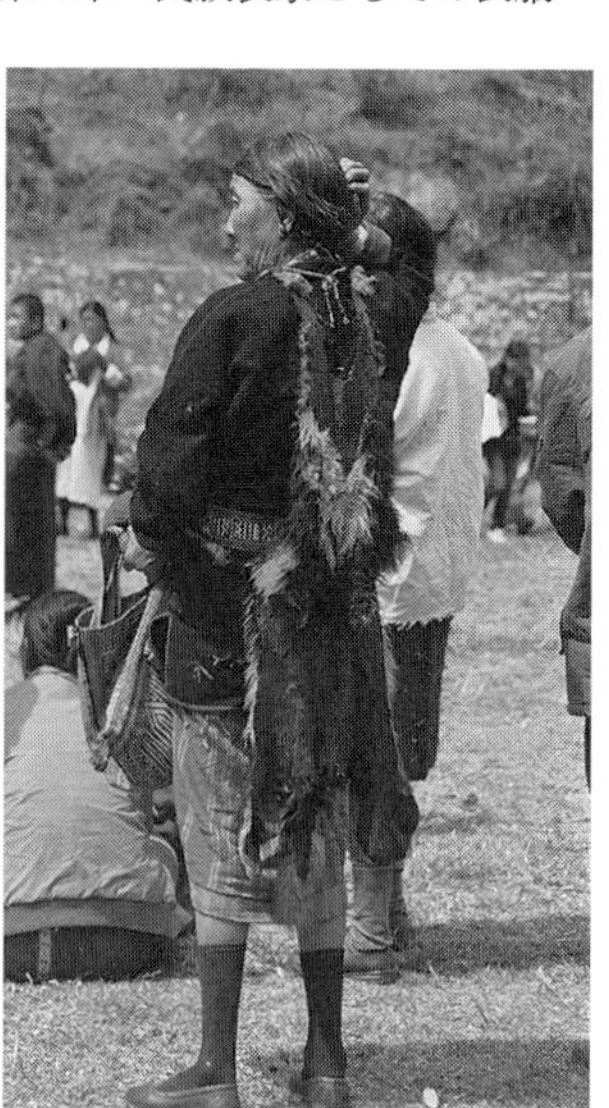
【写真 2-16】子牛の皮を背負うゼミタンのルンポ村のパンチェン・モンパ

腰当て布が機能性だけで語られるならば、モンパ以外に貫頭衣を民族衣装としている、シェルドゥクペン、ブグン、ミジ、アカが腰当て布をしていない理由を説明できない。住宅の基本構造はモンパと変わらず、木床や地面に胡坐をかいて座ることは共通しているので、機能性だけを考えれば腰当て布はやはりあったほうがよいはずである。白い貫頭衣を着ている彼女たちにはなおさらである。

モンパだけが臙脂色のエリ・シルクのシンカを着て腰当て布をすることは、モンパのアイデンティティの表象であるからといってよいだろう。同じく腰当て布をするブロクパも、黒い色にこだわることによって「ブータンのブロクパ」としての地域性によるアイデンティティを主張しているとみることができるだろう。逆に腰当て布をしない人たちは、モンユルの共通衣服としての貫頭衣や上着は着るが、腰当て布は先にこの貫頭衣を取り入れていたモンパの表象であるため、あえて着けなかったと考えられないだろうか。チベット系と他の民族集団の間に居住するモンパは、自らの独自性を表象する衣装を作り出してきた。その素材は外部から取り込む、いわば権威付与としてのエリ・シルクで、ブータンから取り入れたシンカを、ラックを使った臙脂色という着色によって独自の貫頭衣とし、腰当て布を組み合わせた可能性がある。

こうした差別化の表象は、シェルドゥクペンの場合であれば、横幅がモンパのシンカの倍もあるたっぷりとしたドレスであることと、大きなスカーフをマントのように首のところでゆったりと結ぶことにも見える。アカの場合には、筆者は見たことがないが、儀礼の時には毛布を肩から掛けて普段着との差をつけていたという［Sinha 1962 (1988): 28］。昔の写真を見ると、頭に金属のヘアバンドをしているのがアカの特徴であることが分かる。しかし、その衣装は現在のブグンのものと共通している。その影響はミジの衣服にも見られる。モンパと同じ白いシンカを着て、臙脂色のトトゥンを着たとしても、腰当て布をせずに、代わりに金属性のヘアバンドをするなどの差異化を図っていることがうかがえる。それぞれの民族集団が、隣接する人びととの関係性に応じて独自の表象を作り出したのであり、それは、ローカルポリティックスの表れであった可能性がある。

さらにチベット人との差異化についても述べておかなければならない。ディランのモンパの縞柄の腰当て布は、チベット女性がエプロンとして前に掛けるものであるが、それを後ろに当てたことの意味は、誰に尋ねても分からない。チベット人は、一九五九年のダライ・ラマ法王のインド亡命以前からアルナーチャルに住んでいれば、モンパとして「指定トライブ」としての身分を与えられるが、彼らがシンカを着ることはまずない。タワンの多くのチベット女性は、「チュパのほうが着心地がよいから」と答えていたが、一九三八年タワン生まれのチベット女性は、チュパを着続ける理由を「以前は、チュパを着ていたほうがモンパから尊敬されたからだ」と語っていた。[77] 逆にモンパの側は、「チベット人は今でもモンパを低くみているからモンパのシンカを着るわけがない」[78] と言い、「自分たちはチベット人ではないからチュパを民族衣装として着ることはない」と話す。実際、モンパの中でチュパを着るのは、チベット人男性と結婚している人くらいだったが、最近になって、若いモンパ女性の中には、体型をほっそり見せることができ、色や柄にもバラエティがあるチュパを好む人たちが少しずつ増えている。チュパは中に着るブラウスの色との組み合わせを楽しむこともできる。タワンに住むあるモンパ女性は、そのことについて、実際には、彼女の周囲にも親しくしているチベット人の友人が多くいて、個人にはわだかまりはないと言うが、チベット人一般に対しては親世代から聞いた「かつての支配者」という見方がまだ残っていることを、衣服の選択を通しても見ることができる。それは、モンパ自身が歴史的に構築せざるを得なかった劣等感の裏返しともいえるかもしれない。

第六節　民族衣装の行方

1　高級化と民族衣装離れ、そして再び強化

これまで主にモンパ女性の民象衣装について述べてきたが、実際には、男女ともにモンパの衣服は町を中心に

「西洋化」あるいは「インド化」への傾向を強めている。その一因は、一九六二年の中印国境紛争後に道路ができ、平原からインドの工場製の衣服が大量にもたらされたことにある。もう一つは、学校教育の現場での制服であろう。公立、私立を問わず、ほとんどの学校が、男子は、シャツ、セーター、ジャケットにズボン、女子は、ズボンの代わりにスカートまたはシャルワール・カミーズである。若い世代はTシャツにジーンズなどが男女に共通したファッションで、シンカやトトゥンを日常着として着ているのは年配者のみである。特に、ディランの周辺の村はタワンに比べて標高が低く、夏は暑いこともあって、年配者であっても、Tシャツやブラウスに腰巻式のガレヤルンギーを着ている人が多い(79)。シャルワール・カミーズを好む女性もいる。これは明らかにテレビや平原の人との接触が進んでいる影響であるが、この傾向は、アルナーチャル全体に共通したことでもある。だが、モンパの場合には、シンカ、トトゥンの価格が上がって高級化していることも、その原因となっている。

二〇〇五年当時、シンカは安いもので五〇〇ルピー、高いものでは二〇〇〇ルピーであったが、ルンギーの安いものは六〇ルピー、シャルワール・カミーズは二〇〇ルピーであった。ディランで独身者が部屋を借りると家賃が二〇〇ルピー、生活費はそれとは別に一五〇〇ルピー必要だったことと比較すると、二〇〇〇ルピーのシンカは高級品である。特に、近年ディランで作られるシンカは、ラック染料で何度も染められた濃い臙脂色のもので、織りも精巧にできている。アッサムから来た安物とは違うという意味で、「ディラン・シンカ」と呼ばれ、高級品の代名詞ともなっている。二〇一八年六月現在、その価格は、シンカが六〇〇〇〜六五〇〇ルピー、トトゥンが六五〇〇〜七〇〇〇ルピーと、大卒の私立学校教師の月給の半分ほどであり、トトゥンと合わせると給料全額分になる(80)。モンパの一体感を示すはずの民族衣装が、貧富の差を表象する機能へと変化しつつある。

価格がこれほど上がったのは、エリ・シルクやラック染料が自然素材の世界的需要の高まりによって、インド市場での価格が上がったからだという。グローバリゼーションの影響が、インドの辺境に住む人びとの衣服に、このような形で表れているといえる。伝統の保持を訴える指導的な立場にある高僧などによって着用が奨励されていることもあり、寺院の法要などでは、多くの女性がシンカ、トトゥンを着ているが、若い世代にとっては、それは完全にハレ着へと変化している。

だが、たとえハレ着であったとしても、それがモンパの民族表象として強化されつつあると思ったのは、二〇一七年四月のダライ・ラマ法王のタワンでの法要の際に、普段はタワン僧院のトルギャ祭などでも着ていなかった女性たちが、ほぼ全員シンカを身に着けて参加したのを目の当たりにした時であった。ただし、肩掛け（レンバ）をしていたのは、年配者のごく一部とサクテンやメラから来た人びとだけであった。

2　国境をまたぐ民族衣装と現在

ここで、シンカ、トゥドゥン、そしてヤクの毛の帽子などが、ブータンのブロクパやダクパ、そしてインドのモンパという二つの国にまたがって暮らす人びとに共有されてきた理由について考えてみたい。

まず、第一の理由は、ブータン東部とインドと国境地帯との往来が、地元の人びとにとっては容易であることが挙げられよう。例えば、サクテンやメラの人びとがインド側に行く場合には、徒歩で山を越え、インド国境のチェックポストでブータンの身分証明書を見せるだけである。インドからブータンに行く場合も、パスポートやビザは必要なく、やはり身分証明書の提示だけでよい。これは現在のことであるが、身分証明書などなかった時代には、もっと自由に往来していたことであろう。

第二の理由は、季節移動で互いの国境を往来し、そうした折に放牧地や互いの村で知り合って結婚するカップルが多かったことである。筆者の調査でも、メラから移住してきた数家族が西カメン県のニュクマドゥンに住み、サクテンから移住してきた人びとが同じく西カメン県のルブランに居住し、現在はモンパとなっている例、逆にタワンからブータン側のメラやサクテン、チャリンなどに移住し、モンパ同士あるいはサクテンパやメラクパと結婚してブータン国籍を取得している例など、多くのケースを見てきた。

第三の理由は、ブロクパつまりサクテンパやメラクパが、ブータンでは唯一ゲルク派を信奉し、タワン僧院に税を納めるなど、モンパとの宗教上のつながりが強かったことである。このことは、次章でも述べるが、タワン僧院のトルギャ祭やドンギュル祭などに多くのブロクパの人びとがやってくることからも分かる。

こうしたことが容易だったのは、サクテンやメラ、そしてモンパの居住地に、それぞれの国の行政が浸透するのが遅かったからである。タワンにインドの行政官が到着したのは一九五一年で、サクテンとメラがタシガン県の行政下に入ったのは一九八〇年代後半のことである。[81]ブータンでは、一九八〇年代後半から南部に住むネパール系移民の増加に対処するため、ブータン国籍を持たない不法滞在者を国外退去させ、それに反対する人びととの間で摩擦が起きた。数万人のネパール系の住民が難民となったが、このことが契機となり、一九七七年と一九八五年に国籍に関する法律が改正されて国籍取得が難しくなった。後者の改正によって、ブータン国籍を認められるのは、「一九五八年一二月三一日以前からブータンに居住し、内務省に届け出ている者」と規定されている。ブータン国籍を持つ男性が、外国籍、例えばインド人であるモンパ女性と一九八五年以前に結婚していれば、その妻と子供にもブータン国籍が与えられるが、ブータン国籍を持つのが女性の場合は、夫と子供には国籍は認められない。[82]サクテン生まれの女性は、ルブラン生まれの男性と結婚し、八年間サクテンで暮らしたが、夫がブータン国籍を取得できなかったため、二〇〇二年にルブランに住むことにしたと話していた(83)。

こうしたモンパとブロクパとの関係の深さによって、同じ衣服を民族衣装とすることになったと考えられるが、逆にモンパがインドへ、ブロクパがブータンへと、それぞれの帰属を強めるに従って、衣服にも変化が見られるようになっている。まず、シンカであるが、モンパのものはハレ着として着られる場合はくるぶし丈と長い（【口絵9】）。ブロクパの場合は、山道を歩くため短く、長靴を履くことが多い。その帯は、モンパは幅の広い布であるが、ブロクパは一般のブータン女性がキラに使う細いものである。トトゥンの柄は、一見して分かるほど異なっている。モンパのものは大きな星や花をモチーフにしたものがメインであるが、ブロクパのものはもっと細かい（【口絵38】）。ヤクの毛の帽子は、モンパのものは頭の形に沿った丸形であるが、ブロクパのものは頭頂部が平らで、房も細く、容易に見分けがつく。最大の違いは、ブロクパの腰当て布が黒のみであることだ（先述）。かつては、モンパと同じように縞柄や赤い腰当て布をしていたのが、九〇年代半ばごろから全員が黒い腰当て布をするようになったというが、その理由は分からない。

最近の変化としては、ブロクパ女性が村の役所に行く場合に必ず肩掛けのレンバを着用しなければならなくなったことがある。ブータンには国民が守らなければならない服装を含む礼儀作法として、ディグラム・ナムジャ（Driglam Namzha）という規定があり、役所への立ち入りや王族に会う場合など、男女とも民族衣装を着用するだけでなく、男性はカブネ（*kabne*）と呼ばれるスカーフをまとい、女性はラチュー（*rachu*）という細長い帯状のものを左肩に掛けなければならない。ブロクパの場合は、男性はウールのチュバ、女性はシンカとトトゥンが正装として認められている。タシガンの県庁であるタシガン・ゾンやサクテンにある郡の役所に行く時や公の集会に参加する場合、男性は、カブネの代わりにヤクの白と黒の毛で編んだロープを輪にした「ニャリ（*nyari*）」を、左肩から斜め掛けし（【口絵39】）、女性は、肩掛け（レンバ）をラチュー代わりに着けるのが、以前からの決まりであった（【口絵37】）。しかし、それを守る人が少ないことから、二〇一七年夏にタシガン県から規則の遵守が通達され、村の役所に行く場合にも適用されることになるなど厳しくなった(84)。

モンパの場合は、男女ともにこうした規定はなく、この点については、現在帰属している国の違いが明確に表れている。

まとめ

本章では、チベットと周辺民族との間にモンパを位置づけ、三層からなる民族集団の中間にあるモンパの民族衣装が、現在の国境や州境を越えた周辺住民との歴史的な交渉によってもたらされ、変化してきたこと、特にブータンやアッサムの人びとが果たす役割が強かったことを明らかにした。また、貫頭衣という衣服の形状が、モンパだけではなく、その隣接するトライブ集団にも見られること、そして、その集団との差異化に腰当て布が重要な役割を果たしていることを示した。さらに、貫頭衣という形状が、国境を越えてかつてのモンユル全体に広がりを持つものであることについても述べた。

インドの指定トライブとしてモンパと分類されるようになった人びとは、広い地域にバラバラに居住し、かつては共通の組織も集団的なアイデンティティも有してはいなかった。そして、民族衣装と言語や生業、その他の属性とは、必ずしも一対一の対応を見せてはいない。モンパの中には、ゼミタンのパンチェン・モンパの一部のように、以前は中国側に住んでいたと思われる人びとも含む集団や、ブータンから移住してきたルブランのブロクパ、かつてはチベット人と呼ばれていたマゴウ・モンパ、そして言語を異にするさまざまな集団が含まれている。このような少数集団が、かつての衣服を離れ、多数派のモンパの衣服や腰当て布を着用するようになっている過程を目にすると、民族衣装がその属性の違いを「隠す」包摂作用を持つことに気付かされる。インド全体においても、サリーは、多様な出自を覆い隠すのに都合のよい「国民衣装」として、近代に入って、新たに選択、採用されたもので、特に南インドにおいては「創られた伝統」であるという小林勝の指摘がある［小林　一九九九：一三一］。杉本星子も、インド独立運動期にガーンディーが提唱した手織り綿布カーディーは、それまでインドにおいて衣服によって一見して明らかになっていた出身地やカースト、宗教などの違いを覆い隠すことによって、すべての人びとを独立という共通目的の下に結び付けることになったという(85)。

モンパのシンカは、現在の素材のものは外部からもたらされたもので、自ら製作を始めたのも近年のことである。もともと貫頭衣を着ていた人びとにとって、その形状は親しみのあるものであり、牧畜や農耕に向いているという機能性を持っている。腰当て布をすることによって、その機能性はさらに高まるが、この衣服の受容や色の変化は、国家への帰属意識を持たなくてはならなくなった時期と重なっている。多様なアイデンティティを抱合する総称が、優遇政策の対象となる指定トライブとしてのモンパの民族名称になった時に、その帰属意識は強化され、言語の違いを超える表象記号としての民族衣装を、人びとが着るようになったと考えられる。それは戦略的な選択だった可能性がある。

中国のミャオ族の場合の「衣装の共通性は相互の帰属意識を高め、結果的には、服装が異なると言語が違うことになり、通婚圏を明示する指標としても機能した」という分析［鈴木　二〇一一：四六六］は、モンパにも、将来当てはまるかもしれない。元は色もデザインもバラバラだった腰当て布が、ブータンのブロクパの地では黒に統一されたことは、今後、モンパの腰当て布が、今よりももっと厳格に差異化され分化した内部を、可視化させる可能性を示唆している。それが、地域や言語、出身地の違いを隠すものになるのか、その一部を明確に表象するものになるのかは、モンパの社会統合の進展によるが、注目に値する。

小泉潤二によれば、グアテマラのマヤの例では、異なる共同体には異なる衣装の人びとがいて、共同体のユニフォームとして基本的に外れることがないが、実際には、数十年間で色がまったく変わった、ズボンが長くなったなどの変化（揺らぎ）が見えるという。そしてその揺らぎにもかかわらず、衣装が共同体の境界に深く関わっているという［小泉　一九九六：三二七―三三〇］。ここで言う境界は、「エスニックな境界」についてフレデリック・バルト［Barth 1969］が示した、一つの集団が持っている文化の中身ではなく、複数集団間の境界に焦点を合わせ直そうとする発想を基にしている。モンパの民族衣装の変化を動態的に観察することにより、その集団間の境界の創造と維持が見えるのではないかと思うが、まだ結論を導くまでには至っていない。また、周辺の他のトライブ集団との表面化しない関係がモンパの民族衣装に影響を与えていることは、ある程度分かっているが、さらに詳しく調べる必要がある。これらは今後の課題である。

衣服は、地域社会での相対的な力関係において、政治や経済との関係性や、文化的ヘゲモニーを示す他文化との接触によっても変化し、モンパ自身も、非モンパ集団との軋轢の歴史過程の中で、自己表象のために現在の衣服を主体的に選択したと考えられる。この衣服がチベットから替わったインドという帰属国家とのつながりの中で、あるいは第四章で取り上げるボーティ語（チベット語）教育や自治地域要求運動の展開、第五章で述べる観光化を通して、どのように変化してゆくかについても観察が必要である。これも今後の継続的な研究課題としたい。

註

（1）［ボガトゥイリョフ　二〇〇五：一一五］。
（2）例えば、栗田靖之はエルウィンの著書［Elwin 1959b：192］の写真を参考に、この推測をしている［栗田　一九八九：六九］。
（3）ボガトゥイリョフは、「衣服を身につける者がその衣服を別の民族から区別する記号のひとつと見なしている場合には、衣服の地域を示す機能は、民族を示す機能と混ざり合う」としている［ボガトゥイリョフ　二〇〇五：七一―七三］。山下は、インドにおいて衣服は、身体を包み隠すだけでなく、それを着る者の属性を表す標識としての重要な機能があると指摘している。「属性」とは、性別、カースト集団、地域的帰属、人生の段階（既婚か未婚かなど）などで、その着方によって集団の差異化を図る場合もある。インド人は、何を着るか、どのように着るかによって自らが属する地域や集団を明示的に表してきた。サリーの色の選択には、個人の好みや流行に加えて、文化や地域の持つ豊かな伝統とシンボリズムが色濃く反映されているという［山下　二〇〇七：八五―八七］。
（4）［Elwin 1959b：49-54, 82］および［Ghosh & Ghosh 2000］のアッサムおよびアルナーチャルの織物についての記述など。
（5）［Myers & Bean 1994］［Aris 1994a］［Pommaret 1994, 1997, 2000, 2002］。
（6）［Pommaret 2002］によって、複雑な東ブータンとアルナーチャルのモンパ、およびアッサムとの交易などがよく分かるものとなった。
（7）例えば［Pommaret 2002：183］のディランやカラクタンのモンパの衣服の説明など。
（8）［Barnes & Eicher：1997］［ワイナー&シュナイダー　一九九五］［ボガトゥイリョフ：二〇〇五］［Eicher 1995］［金谷　二〇〇七］［小泉　一九九六］［杉本　二〇〇二、二〇〇九］［鈴木&山本　一九九九］［Tarlo 1996］。布と衣服研究の動向については、［金谷　二〇〇七、二〇〇九］が簡潔にまとめている。
（9）メオ族を含む中国少数民族の衣服とグローバル化の関係については、武田佐知子も「異装と共装」という視点から論じている［武田　二〇一二］。

（10）［Nath, A. 1993］参照。アルナーチャルのトライブの写真集として代表的なものは、［Dai 2009］［National Institute of Fashion Technology 1998］［Tarr & Blackburn 2008］などがある。

（11）アルナーチャルのツーリズムについては第五章で述べる。二〇一二年からは、州の誘致戦略に新たに「シャングリ・ラ」イメージが加わっている。

（12）Arunachal Tourism のホームページ http://www.arunachal Tourism.com/people.htm には、民族衣装を身に着けたさまざまなトライブの写真が使われている（二〇一四年一月二六日最終閲覧）。

（13）［Baldizzone 2000］など。

（14）例えば、ガロの女性、アディの少女たちの写真など多数［Tarr & Blackburn 2008］。

（15）同書に収められたモンパ女性の写真は、二〇〇三年のものが最も古く、それ以前のものはない。

（16）翌一八七五年二月一六日まで滞在し、翌一七日にタワンを離れ、ウダルグリ経由でカルカッタに到着したのは三月一一日［Trotter 1877: 121］。

（17）タワン・モンパは、テンタン（*teng tan*）と呼ぶ。テンもクブもともに「尻」を意味し、クプテンのテンとテンタンのタンは、マットのこと。つまり尻の下に敷くマットの意味である。

（18）アリスによれば、クーパーが植物調査のためブータンを訪れたのは一九一四年と一九一五年で、二回目にタシガンに行っているという［Aris 1994b: 149-150］。

（19）ダクパ（Dakpa）の聞き間違いの可能性がある。アリスは、この部分の引用に「ママ」と付け加えている［Aris 2009: 119］。

（20）［西岡・西岡　一九七八：一五四―一五五］に絵と衣服の部位の名称が書かれている。

（21）布の中央に頭を通す穴を開けた布は、服装史の分類ではポンチョ型（貫頭衣型）、あるいは、腕を通す部分だけを残して両脇を縫い合わせたものとして貫頭衣型から派生したチュニック型（筒型）に分けられる［丹野　一九九九：一一―一二］。シンカについて書かれた英語文献では、［Myers & Pommaret 1994a］のように「チュニック」と書かれたものが多いが、英語のチュニックが必ずしも筒型の貫頭衣を意味していないので、本書では、貫頭衣という用語を用いる。

(22) この部分は、場所によって名称が異なる。ディランではズィディン(ziding)、タワンではゴイナム(*goinam*)、ルブランではゴンコル(*gongkor*)と呼ばれる。

(23) シャツを意味するチベット語のトートゥン〈stod thung〉に由来しているようだ。

(24) 二〇一一年一月にPhieng Ngam村でこの布を売っている女性から聞いたが、詳しいことは分からなかった。

(25) [Elwin 1959b: 39]を参照。

(26) カムティは、ビルマのイラワディ川源流付近からアッサムのサディヤ地域に移住し、現在はアルナーチャルのロヒット県南東部が主たる居住地となっている[Chowdhury 1983: 32]。リーチは、アッサムへの移住の時期を一七九五年ごろとしている[Leach 1954: 35]。

(27) 絹という繊維を作り出す絹糸虫は、世界では大きくカイコガ科(あるいは家蚕蛾科、ボンビシデー)とヤママユガ科(あるいは天蚕蛾科、サトゥルニィデー)の二科に分類される。日本のカイコ(家蚕 *Bombyx mori L.*)やクワコ(桑蚕 *B. mandarina Moore*)は、カイコガ科に属し、ヤママユガ科の昆虫は、生息はするが種類も繭の利用も少ない。インドには何種類もの絹糸虫が生息しているが、そのうち実用性が高いのは、タッサー・シルク用のタッサー蚕、ムガ・シルク用のムガ蚕で、日本では「インド柞蚕(さくさん)」と呼ばれている。いずれもヤママユガ科の昆虫である。ムガ蚕は、アッサムではクスノキ科の亜熱帯植物、ニッケイ・タブノキ・ハマビワなどの葉を餌にして放し飼いにされている。この繭から作られたムガ・シルクは淡い黄金色をしている[伊藤　一九九二：四九七―五二〇]。

(28) [Bailey 1957: 229]。*Attacus Cynthia*と書いているが、これはエリ蚕の別名と考えられる。チベット人がブリ(buri)と呼ぶと書かれているが、チベット語やブータンのゾンカ語ではブラ〈'bu ras〉で、野蚕の絹を指す。

(29) トウゴマ(ヒマ)の葉で育つので、日本では「蓖麻蚕(ヒマサン)」の別名が付けられた。アッサム語のエラ(*era*)はトウゴマのこと。日本には他にも、樗蚕(チヨサン)というヤママユガ科サミア(*samia*)属の昆虫が古くから生息していて、明治になってからシンジュサンと命名されたが、エリサンはこのシンジュサンの亜種と考えられている[伊藤　一九九二：四九七―五二七]。

(30) ゴーシュも、エリサンは、トウダイグサ科（Euphorbiaceae）のトウゴマ属（別名ヒマ）（*Ricinus communis*）の葉を好むと書いている。卵から幼虫、繭、そして蛾の成虫へと成長するのに、夏は四四日間、冬は八五日間を要するという [Ghosh & Ghosh 2000: 11-12]。

(31) ブータンでは、以前は、アッサムとの国境に近い低地で養蚕が行われていたが、殺生を嫌うブータンの人びとの間では養蚕は盛んにならず、政府が計画した養蚕農場も閉鎖してしまったという [西岡・西岡 一九七八：一五〇] [Myers 1994b: 189]。今枝は「ブータン人は殺生を嫌うため、さなぎが繭を破って出てしまってから糸を紡ぐので、日本・中国のような生糸は生産できない。穴のあいた繭で、糸はぶつぶつに切れているので、綿花をほぐすようにして糸を紡ぐ」と書いている [今枝 一九九四ｂ：一八五]。実際には、殺生はしていないということになる。

(32) ゴーシュによる。赤い繭はアルカリ性の溶液で煮ると白くなるが、保存中に赤い部分が戻ってくるという [Ghosh & Ghosh 2000: 12-13]。

(33) ポマレによれば、ブータンの人びとがラックをギャツォ〈rgya tshos〉と呼ぶのは、「インドの染料」という意味からだという [Pommaret 2000: 42]。ディランとタワンのモンパは、ツォス（tshos）と呼ぶ。

(34) シッキムの行政官だったクロード・ホワイト（J. Claude White）は、一九〇六年にブータン東部を訪問した際に、タシガンで目にしたラックが、計画的に飼養されていないことを残念がっていた [White 1909 (1971): 190]。筆者も、二〇〇五年三月にタシガン近くでラック・カイガラムシが木の枝にびっしりと付いているのを見たが、誰も飼養していない。近くの人に聞くと、本来ならば、五月から六月ぐらいに赤くなり、それを枝ごと折って別の木に吊るし、一〇月ごろに収穫する。だが、ラック染めをするのは無数の生物を殺す罪深い行為だという僧侶の指導から、その地域の人びとのラック飼養は減少傾向にあるとのことだった。

(35) 一九八〇年に現在のタワン県、西カメン県を数週間訪ねたＦ・ハイメンドルフは、シンカとトトゥンらしき衣服について、「女性は熟したイチゴ色の白い縞模様の入った衣服に、幾何学模様や動物模様の入ったジャケットを着ていた」と書いている［Fürer-Haimendorf 1982: 171］。

(36) 二〇〇二年一月六日に放映されたＮＨＫテレビのドキュメンタリー番組『天空の民　ブロックパ：ブータンの秘境に生きる』から。

(37) ブータンにおいては、赤あるいは臙脂色は聖職者に関連付けられるが、さらに、政府高官のスカーフの色でもある［Miyers & Pommaret 1994b: 147］。

(38) チベット語の錦織りの帽子は、ゴチェン・シャモ〈gos chen zhwa mo〉。

(39) 前節にも書いたが、クーパーは、ダクパをDaktaと書いている。帽子の写真は、［Cooper 1933: 127］。

(40) この布製のブーツを、ディランではチャンゾム（chang *zom*）またはツァンズム（*tsang zum*）、タワンではモンパの靴という意味でモンラム（*mon lham*）、ルブランではプーラム（*pu lham*）と呼ぶ。プーはウールのことである。チベット語ではラム〈*lham*〉である。

(41) ナイール（P. T. Nair）は、かつてアカがモンパから貢物を取り立てていた時代に「マゴウのチベット人からも取り立てていた」と書いている［Nair 1985: 71］。

(42) ディランのモンパは、マゴウの人びとにチベット人を意味するボトゥパ（Bhotpa）という他称を使う。

(43) ベイリーは、マゴウの人びとが、チベット人だと自称しながらも、「チベットへ行く（going up to Tibet）という言い方をよくするのは、彼らが、マゴウをチベット本土だとは見なしていないことを含意している」［Bailey 1957: 226］と書いている。

(44) 女たちが赤と青の幅広い縦型の縞柄のウールのスカートを穿いていたと書いている。おそらく接ぎ合わせたものが縞柄に見えたのであろう。帽子については、フェルトの房のある帽子は、どちらかといえばモンパのものと似ていると記述されている［Bailey 1957: 225］。

(45) 二〇一一年国勢調査によるゼミタン・サークル全体の人口は二九二六人。

(46) 第一章でも述べたが、「パンチェンの六つのディン」（ディンは中国の資料では「郷」と訳されている）という意味である。中国国境に近く、一九五九年にダライ・ラマ一四世がチベットから脱出した際のルート上にある。

(47) ゼミタンの人びとは、中国との領土問題に関わるためか、この話題に対して大変警戒心が強い。役人からも、チベットに関することを話さないように釘を刺されていることがインタビューからも分かる。

(48) 勒布は、チベット支配時代には、レポ・ツォ・シ〈legs po tsho bzhi〉(レポの四つのツォ)と呼ばれていた。

(49) ベイリーは、Leと書いている。

(50) ここでいう土地というのは先祖代々の土地(多くは農地)や家屋であって、商売などで成功して町で不動産を取得した場合などには、自分の娘たちにそれを分け与えても、親族からクレームが付くことはない。

(51) 日本で地機(じばた)と呼ばれているもので、縦糸の端を織り手の腰で引っ張り、横糸を打ち込んでゆく原始的な織具である。モンパの男なら誰でも木を削って簡単に作ることができるという。織っているときの布の側面の形状から、「三角後帯機」とも呼ばれる。使用しないときには折りたたんでしまうこともできる。腰を掛けて足でペダルを踏む高機(たかばた)のある家もあるが、こちらはそれほど多くはない。自分では作ることが難しく高価であることと、地機のように折りたたむことができないのでスペースをとるためであろう。地機のことを、タワン・モンパもディラン・モンパもター・シェン(*tha sheng*)と呼ぶ。

(52) モンパが織っているとしているものが多い。例えば[National Institute of Fashion Technology 1998: 20-21]や[Pommaret 2002: 183]など。エルウィンは、モンパ女性がショール、帯、人物や動物柄の上着を作ると書いているが、かなりの布がチベットやブータンから輸入されているとしている[Elwin 1959b: 68]。

(53) 例えば、インドの染織関係の写真集にモンパ女性がシンカを織っている写真がある[National Institute of Fashion Technology 1998: 20]。ディラン・ゾンのD・Cという女性の写真で、筆者が二〇〇五年に会った時は、六二歳であった。彼女は、二人の例外の一人である。

(54) 年配者に尋ねても織っている人はいないという。

(55) モンパがシンカの布を古い時代から織っていたと考えたことから生じたと思われる一つの考察がある。それは、一五〇四年に中央ブータンのブムタンにいたペマ・リンパを訪問した当時のテンバンの領主が持参した土産の中に、赤と白の縞柄のある布があり、それがモンパのドレスの布と似ていたのではないかというポマレの記述である

[Pommaret 2002: 183]。だが、引用元のアリスの記述を見ると、布（cloth）ではなく、儀礼用のスカーフと書かれている［Aris 1980a: 104]。後述のように、モンパが一六世紀にシンカの布を織っていた可能性は低いが、アッサムや東ブータンで織られたものである可能性はある。

(56) タワンのモンケットで、「ンゴウ」は、青い色のことである。

(57) 冬は白いウールの貫頭衣を着ていたが、後に、お金のある人はアッサムのエリ・シルクのシンカを着るようになったという（二〇一一年二月一一日ボット〈Bodt〉氏からの教示）。

(58) 「カン」は足、脚、「ツォン・パ」は商人の意味である。

(59) 羊毛で織ったものは、毛布やマット、男性の上着、女性の腰当て布や肩掛けに使われ、ヤクの毛のものは、防水性に秀れているため、雨具や穀物・乳製品などを入れる袋として使われている。

(60) アッサム州バクサ（Baksa）県に属する。ボドランド領域県の一つ。東ブータンのサムドゥプ・ジョンカルからアッサムへ国境の門をくぐって車で五分ほどのところにある。小さな商店が軒を連ねているが、日用品、布、エリ・シルクの糸、ラック染料などさまざまなものが売られている。

(61) 二〇〇六年に筆者が訪問した時には、道路・電気・携帯電話がなかったが、二〇一〇年九月に外国人観光客の訪問が解禁になり、現在ではインフラ整備が進み、大きく変化しつつある。

(62) サクテンとメラには、チベット南部のツォナから女神ジョモに導かれてこの地へやってきたという伝説がある。サクテンとメラの間の険しい峠を越えることができた、健脚で体力のある人びとだけがメラに住みついたという内容である。メラの人びとはそのことを大変誇りにしているが、織物・刺繡・ヤクの毛の帽子作りなどにも長けている。

(63) シェルドゥクペンの六〇代男性S・Yは、「シルクは、それを身に着けることで、財産の多寡と地位の高さを示すものだ」と語った（二〇一〇年九月のインタビュー）。

(64) いつごろの、どの王のことを指しているのかは不明。一七世紀以降であれば、モンパの王ではなく、チベット人の役人あるいはタワン僧院の高僧のことの可能性もある。いずれにしても史実に基づいたものではなく、伝承である。

（65）［Pandey. B. B. 1996：4］によれば、一九九四年五月の人口は一一一三人であった。二〇一一年の統計では一四三二人となっている（**【表1-5】**）。

（66）出典は、*Ethnological Report*（Shillong 1914）五ページとあるが、直接確認していない。

（67）一九一四年に国境を巡る中国の動きに神経をとがらせていた英国植民地政府は、ネヴィル（Captain Nevill）を隊長としたタワンへの使節団を送るが、その時に同行したのが軍医のケネディであった［Osik 1999：100-101］。アカに会ったのは一九一三年から一九一四年とされているので［Elwin 1959b：438］、アカの地を訪問したのはタワンへ行く途中のことであったと思われる。

（68）指定トライブとしては、ニシ（Nishi）に包括されている。東カメン県に住むが、ミジなどとは隣接している。

（69）オシクは、ロバ（Lobas）をNon Monpasと説明している。タワンの人びとの話では、実際には、タワンの人びとの方は非モンパからの収奪はなかったものの、チベットからの重税で決して豊かではなかった。第一章でも述べたように、ディラン地域の人びとは、南のロバ、西のブータン、そしてタワンの僧侶の三つの脅威にさらされていたことがナイン・シンの報告にも見える［Trotter 1877：120］。

（70）第一章で述べたように、「ギドゥ」は、ロバ同様、モンパのシェルドゥクペン以外の、他のトライブに対する蔑称である。

（71）民族集団間の権力関係について、一九八〇年に西カメンとタワンを訪問したF・ハイメンドルフが興味深い記述を残している。アカは、より優勢な勢力を持ったバンギ（Bangni）に脅され、貢納をしていたが、それはほんの一世代前の話であるという。アカ自身は、その分をシェルドゥクペンやブグンなどから取り返していたが、同じようにミジも、バンギから襲撃を受けた分をシェルドゥクペンに要求することでバランスを取っていた。ブグンは、外婚制を採り、モンパよりもニシ（Nishi）との関係が強いことが示唆されるが、長い間のシェルドゥクペンとの関係から、当時仏教徒になる傾向があり、僧になる少年も出てきていた［Fürer-Haimendorf 1982：147-148］。

（72）クルトェ（Kurtoe）地方は、ブータンのルンツェ県北部に位置する。

（73）ボットは、ペマコの門巴族が貫頭衣を着ていることから、（彼らの故地である）東ブータンのツァンラ語を話す人びとも、ドゥク派がチベットから来る前は、キラではなくシンカを着ていたのではないかとしている［Bodt 2012: 439］。

（74）ブータンのクルトェ地方の古い時代の赤色のシンカは、レウ・シンカと呼ばれていたという［Myers 1994a: 114-115］。レウはパンチェン・モンパの貫頭衣の名称でもある。

（75）チベット女性のエプロンと混同して、「既婚女性が着用する」と間違った説明を付けている写真集がある［National Institute of Fashion Technology 1998: 25］。その写真に写っている子供も腰当て布をしているので説明に矛盾がある。

（76）ヤクにはさまざまな現地名があるが、例えば、ルブランでは雄のヤクはヤク、雌のヤクはチュック、雄牛とチュックの交配種をゾモと呼ぶ。

（77）二〇一三年一一月二日のインタビュー。当時は夫婦でカーペット工場を経営するなど裕福であったが、チベットの役人がいたころは、コメを食べることが禁じられるなど、モンパと同じように虐げられていたという。

（78）ポマレによれば、中央ブータンに一九五〇年代にやってきたチベット人は、現地の言語や衣服に溶け込んでいるが、女性はいまだにチベットスタイルの衣服を好む［Pommaret 1997: 54-55］。

（79）ガレ（*gale*）はアディの女性の腰巻式スカートのことで、ルンギー（*lungi*）は、平原の人びとが着る筒型、あるいは一枚布のスカートのこと。アルナーチャルの人びとは、一般的に、トライブが織った布で作ったものをガレ、工場製のものをルンギーと、区別している。

（80）二〇一八年現在、公立学校の大学卒教師の初任給は四万ルピーだが、私立学校教師は一万二〇〇〇ルピーとはるかに少ない。しかし、公立学校教師のポストは狭き門である。私立学校教師の場合は、アルバイトが認められているので、家庭教師などをして、収入の足しにする。

（81）［Chand 2004: 32］による。最初の学校設置は一九八七年とある［Chand 2004: 54］。

（82）［Sharma & Sharma 1997: 248-252］に一九七七年と八五年のブータン市民権法が掲載されている。

(83) 二〇〇五年八月一一日、ルブランでのインタビューによる。
(84) メラの知人の話では、メラでは二〇一七年七月二六日に、住民に対して正式な通達があったという。
(85) そういう意味では、カーディーこそ「インド」のナショナル・コスチュームの原点だとも述べている［杉本 二〇〇三：二九五］。

第三章　伝統文化と現代——タワン県を中心に——

はじめに

これまで述べてきたように、モンパの居住地は、チベット、ブータンと歴史的に深い関係を持ち、近代的な国境が生まれるまでは、共通の、あるいは近似の文化を育んできた。一九五一年にインドの行政下に置かれ、一九六二年の中印国境紛争以降、中国との国境が完全に閉ざされたことにより、チベットとの交易や直接的な文化交流は途絶え、教育やマスメディアを通してのインド化が進んでいる。一方、ブータンとの国境は現在も開かれており、モンユルの時代から続いていたモノ・ヒトを通しての交流は、程度の差こそあれ保持されている。

本章では、モンパの伝統文化の現状と変化を、二〇〇四年以来継続してきたタワンでの調査事例を中心に考察する。その代表として具体的に取り上げるのは、タワン・モンパが心の拠り所としているタワン僧院のトルギャ祭・ドンギュル祭、生業に伴う民俗儀礼のヤク・チャム（ヤクの仮面劇）、モクトウ村に古くから伝わる紙漉きである。

これまで述べてきたように、タワンは、チベット南部とブータン東部を含んだモンユル文化圏の中心地であることから、インド側からだけの視点でこのテーマを扱うのはバランスを欠く。あいにくチベット南部の国境地域には外国人が立ち入ることはできないが、ブータン側での情報収集はある程度可能になっており、少ないながら文献資料もある。本章では、二〇〇六年から二〇一六年の間、ブータンのサクテン、メラで入手した情報も盛り込みながら検討する。

本章で筆者が念頭に置くのは、伝統に関するギデンズの以下のような議論である。

「伝統」（tradition）[1]という言葉が現在のような意味で使われるようになったのは、過去二世紀間のヨーロッパでのことで、それまでは、伝統や慣習がいたるところにあったので、「伝統」という言葉は必要なかった。つまり、伝統という考え方そのものが近代の産物なのだ［Giddens 1999（2009）: 39］。

ホブズボウムの「創造された伝統」の議論は、大筋は正しいが、同語反復だ。それは、伝統が（すべて）創り出されたものであるという言い方もできるからだ。それは、伝統の真正性は、歴史の連続性があったとしても疑わしいもので、その真正性すら重要なものではないからだ［Giddens 1994（2007）: 93-94］。

伝統は不変のものではなく、長い時間をかけて進化するだけでなく、突然変質することもある、つまり、創造された伝統が再創造されるのである［Giddens 1999（2009）: 40］。

さらに、（近代化をどう捉えるかという議論の中で）「伝統文化では過去は尊敬の対象であり、またそれぞれの象徴は、それが何世代もの経験を内包し、経験を末代に伝えるために尊重されてきた。伝統とは、行為の再帰的モニタリングを共同体の時空間組織と結び付けていく様式（mode）である」、「伝統は、変化に抗うというよりも、変化に何らかの意味をもたらす」［Giddens 1991（2013）: 37］。

本章で、筆者が三つの事例に対し伝統文化という言葉を用いる場合にも、それが過去から正真正銘の真正性と連続性を持っているかどうかということは知るすべがなく、それよりも、それが現在どのようにあり、何を反映し、変化が見られるのであればその変化が何を意味するのかを探る方が重要だと考える。

本章が目指すのは、伝統の「定着」「衰退」「継続」という三つの局面を、それぞれの事例から検討することである。一七世紀にチベット仏教ゲルク派の布教と政治的支配の基地として建てられたタワン僧院で、仏教唱導のために行われるトルギャ祭・ドンギュル祭は、タワンの年中行事、そして伝統文化として、モンパの地に根を下ろしている。その歴史変遷を実年代で追うことができればよいのだが、資料も少なく難しい。だが、これまで、この二つの法要祭をまとめて紹介した文献が限られていることから、その現状を報告しておくことは必要であろう(2)。ヤク・チャムは、後述するように牧畜民の世界観や生活を可視化させるモンユルの象徴ともいうべき民俗儀礼の一つであるが、その存続は、いまだ「衰退」にまでは至っていないとはいえ、危機的状況にある。一方、モクトウの紙漉きは、かつてはヒマラヤ地域で広く行われていた製法を現在も継続し、紙漉き小屋も少しずつ増えている。アルナーチャルを巻き込んだ大きな歴史変動の中で、この製法が生き残ってきた理由は何だったのかを明らかにする。

第一節　チベット仏教文化の定着──タワン僧院のトルギャ祭とドンギュル祭──

1　タワン僧院の概要

タワン僧院〈rta dbang dgon pa〉【口絵4】は、正式名をガンデン・ナムギェル・ラツェ〈dga' ldan rnam rgyal lha rtse〉というが、地元の人びとは、タワン・ゴンパと呼んでいる。セ・ラ（峠）を越えて、タワンを遠望する場所へ来ると、要塞のように大きくそびえる建物群が眺められる。タワン県に入って最初の町であるジャン〈Jang〉は標高二〇一七メートルである。そこから車で一時間以上、北西に登り詰めると、タワン僧院に到着するが、その標高は三〇〇四メートルである。タワンには、他にも多くの僧院や尼僧院があるが、約五〇〇人の僧侶がいるタワン僧院は、その中でも最大規模を誇る。(3) タワンの多くの人びとにとって、年間を通じて催される僧院での法要に参加することは生活の一部になっている。例えば、チベット暦の正月ロサル〈lo gsar〉はタワンでは一五日間続くが、その初日にはタワン僧院へ参拝に行き、僧院長の祝福を受ける。三日目にも出かけ、今度はバターランプを供えて新しい年の幸運と繁栄を祈る。また、タワン僧院は、アルナーチャル最大の歴史建造物であり、観光資源としても重要な潜在力を秘めている。統計的なデータはないが、州を訪れるツーリストのほとんどは、タワン僧院を見学に訪れるはずだ。(4)

タワンの歴史については第一章に書いたので、重複を避け、タワン僧院について簡単に述べる。タワン僧院は、ダライ・ラマ五世の時代、一六八一年に、その弟子であった僧ロデ・ギャムツォによって建立された。(5) 彼は、ブータンのメラ生まれ、あるいはメラに滞在していたため、地元の人びとはメラ・ラマと呼んでいる。(6) タワン僧院の先々代、つまり第一一代僧院長シャロウ・リンポチェ（Shyro Rinpoche）の著書によると、(7) 石や水など建築に関わるさまざまな問題があったが、ロデ・ギャムツォは数々の奇跡によってそれを克服したという［Gyalsey Tulku 2009：129］。タワン僧院の名前の由来に関しては、いくつかの説がある。よく知られているのは、サルカールによる以下の話である。

ダライ・ラマ五世がメラ・ラマに毛糸の玉を渡し、僧院建設にはこの毛糸の長さだけの土地を使ってよいと言った。だが、メラ・ラマはその場所を決めかねていた。ある時、洞窟の中で祈りを終えて外に出ると、いるはずの彼の馬の姿が見えなかった。普段は勝手にいなくなったりしないので、不審に思って足跡を追ってゆくと、かつてカラワンポ王の宮殿があったタナ・マンデガンにいる馬を見つけた。馬（ta）によって選ばれた（wang）場所の意味からタワンと呼ばれるようになった［Sarkar 1981: 7-8］。

だが、タワン僧院の僧の説明では、チベット語のワン〈dbang〉は「灌頂」あるいは、「力を授けること」、つまり「加持」を意味し、タ〈rta〉も馬の意味ではあるが、馬頭尊(8)のチベット名タムディン〈rta mgrin〉を指し、「タムディンにより加持された」という意味のほうが正しいとのことである。タワン僧院がある場所は、この話にもあるように、七世紀に現在のタワンに比定されるマンデルガン〈maNDal sgang〉を支配していた王カラワンポ〈ka la dbang po〉の宮殿があったところだという伝説がある。モンパの間ではカンドゥ・ドワ・ザンモ〈Khandro Drowa Zangmo〉(9)の伝説として知られ、一人目の妃ハシャンがドゥモ〈bdud mo〉（魔女）、二人目の妃ドワ・ザンモが仏教に深く帰依するダーキニー(10)（空行母）として描かれている。ハシャンが、ドワ・ザンモとカラワンポ王の間に生まれた王子と王女を殺そうとするが、最終的には王子であるクントゥ・レクパ〈kun tu legs pa〉に調伏される。この話は、チベット歌劇のモチーフにもなっているものだが、出てくる地名などからモンユル起源の伝説だと考えられている(11)。七世紀といえば、チベットの古代王国ソンツェン・ガムポ王の時代であるが、それと、一七世紀のタワン僧院の創建との歴史に連続性を持たせる話となっている(12)。だが、それを証明する歴史的な証拠はない。

タワン僧院は、ツォナ僧院の監督下に置かれ、現在の西カメン県までを含む宗教・行政の中心地であった。寺院を運営するためには、僧侶が必要である。そのため、メラ・ラマによって、男児が三人以上いる場合には、そのうちの二人目を僧にするために寺に差し出す制度ができた(13)。当時は、まだ他の宗派やブータンのドゥク派勢力との間に争いが続いていた時代である。僧を増やすことは緊急を要することであっただろう。この制度は、ほぼ同じ時期にブータンでも実施されるようになっている(14)。

この制度は、現在は義務ではないが、例えば、一九八三年生まれの僧T・Tの場合は、三人兄弟の次男だったため、八歳の時に、一家から僧侶を出したいという両親の希望でタワン僧院に送られたという。中には、次男が病弱であるなどの理由で、他の男子が代わりに僧になることもある。僧院から僧侶が各村を回って募集にやってくるが、子供を僧にしたくない場合には、僧院の全僧侶の食事一回分の金額を布施することなど、ペナルティを支払って免れることができる。しかし、その費用も出せず、いわゆる口減らしのために送られてくる子供たちも多い。パンチェン（ゼミタン）、マゴウ、ティンブー、ロー・ジャンダ（Rho-Jangda）は例外で、ここからは、五人以上の息子がいた場合に、ツォナのゴンパツェ（上の僧院）に息子を僧として差し出していたという報告もある［Norbu 2016: 59］。

サルカールによれば、チベットの統治時代には、僧院長はチベットから送られ、モンパが高僧になることはできなかったが、（インドの行政下に置かれた）一九五一年に最初のモンパ出身の僧が僧院長になり、この「悪習」は終わりを告げたという(15)。その後も三人のモンパ出身の僧院長が続き、再びチベット人僧が三代にわたって僧院長を務めた後、二〇〇八年にモンパ出身の化身ラマであるグル・トゥルク・リンポチェが僧院長に就任したが、二〇一六年一〇月からは、チベット人が僧院長を務めている(16)。一九五一年から、ダライ・ラマ一四世がインドに亡命した一九五九年までの七年間の僧院長の選出が、どのように行われたかは明らかではないが、少なくとも現在は、化身の認定や僧院長の選出はダライ・ラマ法王の名の下に行われている。

二〇一三年一〇月現在、僧院には五歳から九〇歳代の老僧までが在籍し、寺院内の宿坊に二人ないし三人ずつに分かれて暮らしていた。僧院の費用は、インド政府からの財政援助と住民からの寄付や布施で成り立っている。世俗主義を建前とするインドでは、宗教施設に直接財政援助をすることはできないが、文化の保護・促進という名目での援助は可能である。僧たちは、一般家庭で行われる法要で受け取る布施が収入源だが、それがない子どもたちや老僧には、収入のある僧たちが援助するという。僧院学校には、小学校に入る前のクラスと、小学校と中学校に相当する一年生から八年生までのクラスがあり、英語・ヒンディー語・チベット語・宗教儀礼・算数・社会科の六教科が教えられている。僧の中には、ダラムサラや南インド各地のチベット仏教僧院や仏教大学への留学経験がある人たちもいるが、それが可能なのは、一部の向学心に燃えた優秀な僧侶だけである。

2　トルギャ祭とドンギュル祭

タワン僧院の法要の中で年間を通して最も重要なものは、毎年チベット暦一一月二八日または二九日から三日間催されるトルギャ（*Torgya*）祭である[18]。トルギャとは供物であるトルマ〈gtor ma〉[19]を火の中に投げ入れる悪霊祓いの儀礼のことで、チベット語ではトルギャク〈gtor rgyag〉と発音される。三日間、早朝から日暮れまで、さまざまな仮面舞踊チャム〈'cham〉が繰り広げられる。その中には、トルマ以外の悪霊祓いの儀礼も含まれる。

このトルギャは、三年に一度ドンギュル（*Dongyur*）と名を変える。チベット語で一億を意味するトゥンチュル〈dung phyur〉に由来し、一億の真言（マニ）を唱えるという意味がある。タワンの人びとの多くは、その意味を知らずにドンギュルと呼んでいる。トルギャが悪霊祓いにより地域の人びとに幸福と繁栄をもたらすことに主眼が置かれているのに加えて、ドンギュルの場合は、一カ月前から僧侶による真言を唱える読経が始まり、併せて、僧侶によって特別に加持された丸薬マニ・リブ〈ma ni ril bu〉が手作りされる。この丸薬は、幸福や繁栄、そして長寿を願い、自然災害などから身を守るためにこの法要祭に参加した参拝者に配られる。マニ・リブを作るときに使う水が、僧院下手の特別な井戸から汲み上げられたものであることが重要である。その井戸は、タワン僧院を建設するための水が必要だったときに、メラ・ラマが地面に杖をついたところから湧いた水だとされ、ラマ・チュ・カン〈bla ma chu khang〉と呼ばれて、現在でも水が湧き出ている。

このように、マニ・リブはドンギュルには欠かせないもので、かつてはタワン僧院で作られていたというが、実は、二〇一三年のドンギュルも含め、ここ数回、ダラムサラでダライ・ラマ一四世に従う僧たちが作ったものがタワンに送られてきているという。だが、もともとダライ・ラマから送られていたという記録もある[20]。マニ・リブを作るためには、複雑な儀軌についての知識が必要だが、タワン僧院にはそれを知る僧がいないからというのが、その理由である。それを聞いても、参拝者は失望するわけではない。ダラムサラでダライ・ラマ自身と高僧たちに加持されたものであるほうがありがたいという考え方もあるのかもしれない。メラ・ラマが起こした奇跡の水を使ってのマニ・リブ作りの伝統が復活するかどうかは分からない。

僧侶たちの説明では、このトルギャ祭とドンギュル祭はメラ・ラマが始めたものだということだが、シャロウ・リンポチェの著書には、トルギャ祭の仮面舞踊（チャム）についての解説はあるが、その起源については、「いつトルギャの時にチャムをするようになったのかについては記録や伝承はない。しかし、古い時代に始まって発展したものであろう」と書かれている。さらに、当初は一日であったものが、後に二日追加された可能性があるとしている［Gyalsey Tulku 2009: 137, 161］。第二三代僧院長のグル・トゥルク・リンポチェの、本来のトルギャは単にトルマを火に投げ入れる儀式だけで、チャムなどはなかったようだという言葉も、これを裏付けている[21]。チャムなどがいつ追加されたかは分からない。一九三五年生まれのタワン僧院の僧侶によれば、彼が一五歳で僧院に入った時には、すでにトルギャもドンギュルも行われていた。また一九四〇年生まれの僧侶は、トルギャは毎年欠かさず開催されたが、一九六二年の国境紛争のあった直後の一回だけはできなかったと語っていた[22]。シャロウ・リンポチェは、チャムの目的は、「仏教と生ある者を害する敵を、どのように滅ぼすのかを舞踊を通じて人びとに見せるため」で、神々の装束を身に着けて舞うチャムは、密教の教義に基づいたレベルの高い行為で、「密教の秘儀を伝えるものであるため、すべてを語ることは禁じられている」と述べている［Gyalsey Tulku 2009: 161］。

山口瑞鳳は、トルギャは、チベットでは正月四日から二四日にかけてポタラ宮殿で行われる大祈願会モンラム・チェンモ〈smon lam chen mo〉の二四日と、翌月二月一九日から大昭寺で行われるモンラム・ツォクチューの二九日に行われていたと記している［山口　一九八七：三二一―三二七］。悪霊祓いの儀礼はボン教と仏教に由来する民間信仰で、トルギャ〈トルギャク〉は、魔に魅入られたときにそれを追い払う三種類の儀式の一つで、呪力を伴った食物などを投げつけるという［山口　二〇〇四：一七二］。青木文教は、ラサで正月四日から行われるチベットで最も重要な祭典である大祈願祭の二四日の結願日に行われるトルギャと、翌二五日の弥勒仏を輿に載せて外を巡る様子を書いている。それが終わると、競馬・競争・角力・石投げなどの余興が催されるという［青木　一九二〇：三四九］。青木は、この大祈願祭が重要である理由を、「ゲルク派の開祖ツォンカパが、チベットに仏教が広がることを祈願し、それがかなったことに感謝し、記念に創設したものであるから」と記している。青木が滞在していた一九一二年から一五年ごろのラサのトルギャとは時期や日程が異なるが、共通点もあり、興味深い。

【写真3－1】ドンギュル祭１日目午前に掛けられるタンカ

トルギャとドンギュルのチャムの順番や内容に大きな違いはないが、ドンギュルには、いくつかの重要な追加事項がある。まず、三点の軸装された古い布製の仏画タンカ〈thang ka〉が掛けられる（【口絵42】【口絵49】【写真3-1】）。そして二日目には、青木も書いていた、弥勒菩薩の像を輿に乗せて中庭を回るゲワ・ジャンパ・コル〈dge ba byams pa skor〉が行われる。先述の丸薬マニ・リブが配られるのもドンギュルである。使用される仮面はトルギャの時よりはやや大きく、衣装も古く立派なものを着けている。これらの理由もあって、参集する人びとの数はトルギャを大きく上回っている。

会場は本堂の前の中庭で、見学する人びとは、チャムが演じられる円陣の周りの石畳の上に、敷物を敷いて座る。[23] 筆者は、二〇一一年と二〇一七年のトルギャ祭、二〇一三年のドンギュル祭を、それぞれ三日間見学した。一つのチャムが終わって次が始まることもあるが、前のチャムに次のチャムが加わることも多く、気をつけて見ていないと分かりにくい。

トルギャ祭の式次第

以下は、二〇一一年のトルギャ祭の式次第であるが、（　）内の時間だけは二〇一七年のものである。[24] 本章で使用する写真は【口絵46】以外はすべてドンギュル祭のものを使用した。

会場は僧院の中庭で、白い線で円陣の中に法輪が描かれた中でチャムが舞われる。

【一日目】 二〇一一年一月二日（日）

①パ・チャム〈phag 'cham〉「豚のチャム」 五時三一分～六時三一分

このチャムは、早朝五時半ごろから豚の面を着けた僧一人によって真っ先に行われるもので、この儀礼の場にふさわしくないもの「マルン」〈ma rung〉を教化し、浄化するためのチャムである。イノシシが土を掘り起こすことから来たチャムだという説明もある。僧は、手には黒い糸の房を持ち、腰の右前に大きな巾着のような錦の布チャブレ（*cha ble*）をぶら下げている。この一日目の最初のチャムの衣装は僧服で、靴も履いている（**【口絵40】**）。

②ザム（*zam*） 六時三一分～七時二〇分

モンケットでザムまたはソムと呼ばれる、この儀礼の場を確保し、守るためのチャム。忿怒形の赤い面を着けた二人の僧が、右手に旗、左手に金属製の小さな髑髏を持って舞う。上半身は裸で、首からツェルンガ（*tsernga*）という雲形のエプロンのようなものを頭からかぶっている。下半身は紺色の絞り染めのズボンを穿き、後ろは白い布で覆っている（**【口絵41】**）。

③ガレ・チャム（*ga re cham*）あるいはグレイ・チャム（*grai cham*） 七時五〇分～九時五七分（途中でロク・チャムが加わる）

ガレ・チャムは、モンケットだが、僧たちにもその意味は分からない。一般のモンパは、ガ・チャムとも呼ぶ。早朝から行われる、神々や守護神を喜ばせるための儀式。赤と青の忿怒形の面を着けた神々が一二人出てきて、円陣を作って踊る。右手には波型の刀、左手には金属製の髑髏を持つ。衣装は上半身裸で、三角形のよだれかけのようなものを頭からかぶっている。下半身は短いズボンに布製のブーツを履いている。この一二人は閻魔大王の家来であるという。

④ロク・チャム〈log 'cham〉ガレ・チャムの続き　八時七分～九時五分

ロクとはチベット語で、「打ち勝つ」という意味である。前のガレ・チャムを舞っていた忿怒尊の面を着けた神々が、害を与える敵[25]を制圧し、それを解放して喜ぶことを意味している。その敵は、ツァンパで作った女性の人形の形で表され、刀で突き刺されて破壊される**【口絵43】**。

スタンが、災いを払うために行われる儀式であるチベットの仮面舞踊について次のように述べているものと、ほぼ同じ内容である。

> 邪悪、敵、悪霊を表す、裸で醜く、縛られ、あお向けに寝ている（練粉、紙、皮などで作った）小人形が主神の剣で突き刺される。すると、侍者（鹿）が、それを細切れにする。人形には、寺院の中であらかじめ儀式によって悪霊、すなわち敵の「魂」が入れられているのである。ところで人形を殺すことを「解放する」（ドル〈sgrol〉あるいはダル〈bsgral〉）という［スタン　一九七一：二〇二］。

タワンの場合、鹿が出てきて人形を細切れにするのは、二日目のドゥルダ・チャムの時である。

⑤ジャ・チャム「鳥のチャム」（*ja cham*）　九時四〇分～一二時二三分

チベット語ではチャ・チャム〈bya 'cham〉。ジャは鳥であるが、このチャムでは、鷲のくちばしの形をしたガルーダ〈ジャチュン〉、チベット語のチャキュン〈bya khyung〉の面が使われている。布で作った羽を着けた雌雄のガルーダによる、鳥など生き物の殺生を戒めるチャムである。前世あるいは過去の行いの善悪が、報いとして現在の結果をもたらすという、因果応報の教えが説かれている。牧畜民の衣装を着けたブロクパが二人出てきてガルーダを捕らえるが、そこへ彼らの父ドブジェ・アパ（*dobshey apa*）も加わる。彼らは殺生をはじめとするあらゆる悪行をする存在である。彼らを戒めに現れるのが、赤い房の帽子をかぶり白い面を着けたキーポン〈khyi dpon〉である。キーポンは、「犬の主人」のことだが、森の動物を守るのが仕事で、このチャムでは、犬を二匹、雪獅子と虎を各一頭ずつ従えている。彼がガルーダを助け、やがてブロクパ親子三人も去ってこのチャムが終わると、本堂から僧侶が出てきて、楽器演奏をする僧侶のためのテントを張る。

アラ・カ・キョ〈a ra kha kyog〉は、「鳥のチャム」の途中で出てくる（**【口絵44】**）。アラ・カ・キョとは、チベット語でも同じ「口が曲がった髭面」のことで、道化の面の一つを表している。鳥のチャムの続編で、動物を殺した罪人たち一二人が、さまざまな道化のスタイルをして登場する。乱れた衣服で、合成樹脂の醜い顔のマスクを着けるなどして、面白おかしく歩き回る。見物人は大笑いの連続である。こうした道化が仮面舞踊に登場することはチベットでも行われていたらしい。スタンは、「道化役者も仮面を着けるが、この場合は、インドの聖者になるべく似ているようにという配慮が要求される」［スタン　一九七一：二〇三］と記している。タワン僧院の場合は、道化者たちは、ブータンの男性の衣服「ゴ」をだらしなく着崩している者が目立つ。これは、一七世紀から一八世紀の間にしばしばブータンとチベットとが争った歴史を反映していると思われる。厳粛なチャムが続く中で、人びとに一息入れさせ、飽きさせない演出である。

⑥ザム・ツォク・チャム（*zam tshok cham*）　一二時四〇分〜一二時五二分

濃紺色の忿怒尊の面、赤い忿怒尊の面、そして再び濃紺色の忿怒尊の面を着けた二人組が、順番に舞うチャムである。緞子の立派な衣装を着ている。彼らは、富貴の神ナムセー〈*rnam sras*〉[26]の従者たちで、平和と繁栄を願う舞である。鹿と牛の面の二人は、次のチャムに関わっている。

⑦シャナ・チャム〈zhwa nag 'cham〉「黒帽のチャム」　一二時五二分～一四時

黒い帽子（シャナ）をかぶった一二人の僧たちが、密教行者の衣装を着て、法を守っている姿を表現するチャム（**【口絵45】**）。チベット圏の多くの場所で伝わっているように、ここでも、シャナ・チャムは、破仏王の異名を持つ九世紀のランダルマ〈glang dar ma〉王殺害の故事と結び付けられている。仏教を弾圧したランダルマ王は、黒い帽子に黒いマントに身を包み、長いたっぷりとした袖に弓矢を隠し持ったラルン・ペルキ・ドルジェ〈lha lung dpal gyi rdo rje〉によって、八四二年、ラサの大昭寺ジョカン〈jo khang〉の前で射殺されたとされる［Shakabpa 1967：52］。ただし、このストーリーには、否定的な見解もある[27]。タワンの僧の説明では、王は、毎日人を殺しその血を飲んだが、ある日、家来たちが王を外へおびき出し、ラルン・ペルキ・ドルジェがチャムを舞いながら、袖から弓を出して殺したという。前のチャムに出てきた鹿と牛の面を着けた二人は、ラルン・ペルキ・ドルジェの従者で、ランダルマの所在を確かめにきたスパイだという。彼ら二人も加わり、その後、仏法を守る王ダム・チェン・チョキ・ギェルポ〈dam can chos kyi rgyal po〉とその明妃が合流し、合計一六名になる。

⑧アルパ（*Arpa*）[28]あるいはアルポ（*Arpo*）が登場　一四時四二分～一六時七分

カラフルな服装をした、アルパあるいはアルポと呼ばれる兵士たちが、先端にクジャクの羽などを付けたかぶとをかぶり、背中には円形の盾を背負い、刀や弓矢を持ち、大きな鈴を付けている。彼らは、悪霊の依り代にしたトルマを運ぶためにやってきている（**【口絵46】**）[29]。武装した僧に関しては、一八七四年にタワンを訪れたイギリスの密偵ナイン・シンが、当時のタワン僧院の僧たちは銃や弓矢で武装していたと報告している［Trotter 1877 : 120］。このアルパの扮装と関係があるかどうかは不明である。

⑨ブータンをめがけて投げられる悪霊のトルマ　一六時一五分～一七時二四分

僧院長の左右に、黒帽をかぶった僧や神々が従い、四人ずつの兵士たちに抱えられた髑髏の頭を持つ高さ一メートルほどのトルマ二基を運ぶ行列に付き従う。この髑髏のトルマは、ソル〈zor〉と呼ばれ、「悪意のあるトルマ」という意味がある。一基目は赤い炎のように見える三角錐の胴体を、二基目は骸骨の胴体を持っている（【口絵47】）。よく見ると、この二基の前に二〇センチほどの小さなトルマが見える。これは、二基のソルの道案内役のトルマで、ラム・トルマ〈lam gtor ma〉と呼ばれている。見物人は、押し合いへし合いしながらこの行列の後に続く。行列は、僧院の南門を出て道路を渡り、坂を下りたところにある小さな広場に着く。そこには、竹や藁を積み上げた焚き火の用意がしてあり、地元民の多くは、先回りして待ち構えている。僧院長がこの焚き火の中にソルのトルマを投げ入れると、爆竹が鳴り、周囲はちょっとした興奮状態に陥るが、この場面はほんの一瞬で終了して、一日目のプログラムの幕が閉じる。トルマの投入は一七時二四分であった。

特記すべきは、このトルマを投げ入れる方角が、南西つまりブータンに向かっていることである。当時の僧院長グル・トゥルク・リンポチェに確認したところ、ゲルク派とブータンのドゥク派の、一七世紀から一八世紀にわたる敵対関係は、現在は友好関係に変わっているが、それでも、ブータン東部のドゥク派の中心地であるタシガン・ゾンの方角をめがけて悪霊のトルマを投げるという習慣は、続いているという。ブータン側でも、かつては、タシガンから北東、つまりチベット、モンゴルをめがけてトルマを投げる悪霊祓いの儀式があったが、現在は、南に向けて投げられる(30)。

トルマが投げられる場所へ行くためには、人びとがひしめいている石段を降りなければならず、火の周囲も狭く危険である。そのため、すべての人びとがそれを見ることはできないが、逆に、他のプログラムには参加せず、トルマの投入だけを見ることを目的に待ち構えている人びともいる。トルマが投入された時の煙を頭にこすりつけ、邪を祓っているのである。

こうして一日目のプログラムが終了する。

【二日目】　二〇一一年一月三日（月）

①パ・チャム　五時二〇分〜五時五八分

一日目との違いは、チャムを行う僧が、僧服ではなく、カラフルな緞子の衣装を身に着けていることである。人数も一人ではなく、二人になっている。

②ザム　五時五八分〜六時五五分

一日目は赤い忿怒尊の面であったが、二日目は青い忿怒尊の面。人数は二人で服装も同じである。

③ゴ・ニン・チャム〈mgo rnying 'cham〉　七時三五分〜一〇時三四分

白い面を着け、右手には振り太鼓、左手には金剛鈴を持った、一一人の女神ラモ〈lha mo〉が演じるチャム（**【口絵48】**）。一八〇三年、ダライ・ラマ八世の時代に、ロプサン・タプケ〈blo bzang thabs mkhas〉という僧が、チベットのカム地方からやってきてタワン各地を巡礼し、瞑想修業をした後に本堂の釈迦牟尼像の頭部を修復した時に奉納されたチャムだと伝えられている。ゴ・ニンには「古い頭」という意味があるので、その由来からこう呼ばれるようになったのではないだろうか。

観衆を退屈させないために、道化役の二人の兄弟、その後から彼らの父親が出てきて、座っているラモに酒を勧めるしぐさなどをして笑わせていた。父親は酔っただらしない姿で踊り、木製の小さな男根チャン・チョマ〈*chang choma*〉を片手でくるくる回している。ラモたちは、途中から円陣の四方に分かれて座るが、これは、彼女たちがモンユルの一一の異なる村から長寿と幸福をもたらしにやってきたことを表しているという。酔った父が、モンケットで名前やどこから来たかなどを尋ねたり、彼女たちに結婚を迫ったりしてからかう様子を、観衆は笑いながら見て楽しんでいる。

《弥勒菩薩の巡幸》

三年に一度のドンギュルの場合のみ、ゴ・ニン・チャムに続いて、本堂に納めてあった弥勒菩薩ジャンパ〈byams pa〉を輿に乗せて見物客の周りを巡幸する、ゲワ・ジャンパ・コルが追加される。青木文教は、ラサで正月のモンラムの際に見たこの儀式について「トルギャの翌二五日には「チャムバダンデン」といって、大聖殿から弥勒の未来仏像を鳳輦で殿外に奉迎する儀式」と書いている［青木　一九二〇：三四九］。鳳輦とは、屋根の上に金銅の鳳凰を飾った輿のことであるが、タワンの輿には屋根はなく、従って鳳凰は飾られていなかった。この時、輿を担ぐ手伝いをすることが参拝人にも許されるため、その栄誉に浴したい人びとが殺到する（**【写真3-2】**）。

④ツォク・ギェン[(31)]**〈tshogs rgyan〉別名ツォク・ニン・チャム〈*tsok nyin cham*〉**一〇時三八分～一一時二三分

一二人の忿怒尊ラトオ〈lha khro bo〉によるチャムで、忿怒尊は、仏陀や菩薩が平和な姿では克服できないものを威嚇し手なずけるために、忿怒形で現れたものである。「毒を以て毒を制す」という意味に一脈通じる考え方と理解してよいだろう[(32)]。

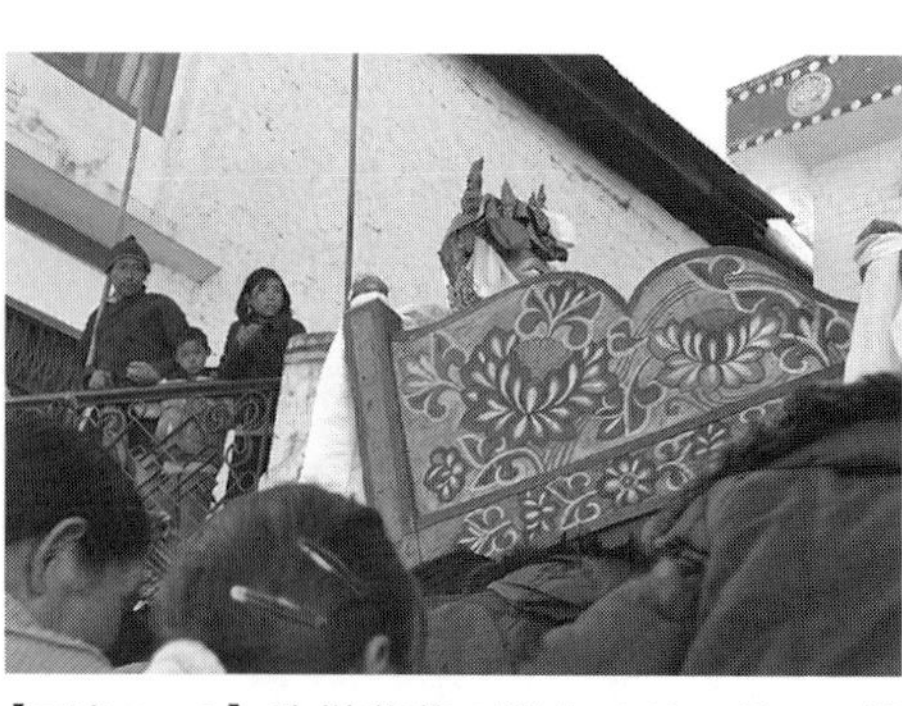

【写真3－2】弥勒菩薩の巡幸はドンギュル祭のみ

⑤ドゥルダ・チャム〈dur bdag 'cham〉　一一時二三分～一二時四三分

亡くなって四九日の間この世をさまよっている悪霊が、仏教と生き物に悪さをしないように制御する様を表したチャムである。髑髏の面を着けた四人の墓場の支配者ドゥルダ〈dur bdag〉が、丸い盆の上に、悪霊の象徴である、粉で作られた男性器リンカ〈ling ga〉を誇張した人形センリン〈zan ling〉を載せて中央に運んでくる。それをドゥルダに命じたのは護法神であるという。ドゥルダは、骸骨の面と、赤い布の上に骨を描いた白い布を縫い付けた衣装を身に着け、長い金属製の爪を付けた手袋をしている。そこへ、鹿の角を付け、赤い鹿の面を着けた、閻魔大王の従者シンジェ・ヤワティ〈gshin rje ya ba ti〉が出てきて、このセンリンを破壊する（**【口絵50】**）。この行為によって、悪霊の名前すら残らないようにするのだという。

このチャムの別名はシャンパ・チャム〈bshan pa 'cham〉という。シャンパは屠殺人のことであるが、このチャムで実際にリンカを破壊するのはシンジェ・ヤワティとなっている。

このチャムは、おどろおどろしいシンバルの音の中で演じられ、ドゥルダの手足の爪まで生々しく見えるので、子供たちには恐れられ、群衆の中のあちらこちらから子供の泣き声が聞こえてくる場面でもある。

⑥閻魔大王シンジェ・チョギェル〈gshin rje chos rgyal〉の裁き　一二時四三分～一四時五五分

まず、牛に導かれて閻魔大王と白い顔の神ラー・カルポ〈lha dkar po〉が入場し、二人は椅子に腰かける（**【口**

絵51】)。それぞれ牛・豚・虎・鳥・猿の面を着けた演者は、閻魔大王の従者で、二人の前にひれ伏している。ラー・カルポは死者の生前の善行を閻魔大王の前で証言する役目を負っている。もう一人黒い牙をむいた面を着けているのは、閻魔大王の家来で、死者の生前の悪行を記録する役目を担い、手には罪人の悪行が詰まった小さな白い布袋を持っている。彼らの前に黒い顔で黒いマントを着た男が出てくるが、彼は、生前、動物を殺し、盗みを働き、橋を壊して村人を困らせた罪人ディク・チェン〈sdig can〉である。その象徴として、先端に小さな男根が吊るされた釣り竿を持っている。罪状が閻魔大王の家来によって読み上げられ、彼は地獄へ送られる。次に、キムダ・ペルキェ〈khyim bdag dpal skye〉という人が登場するが、彼は、黄色い人間の顔の面を着けて白い衣装を着ている。橋や道路を修理し、殺生などもしない善人で、この人が閻魔大王の前へ行くと、ラー・カルポが彼の数々の善行を証言し、良き来世へと導いてゆく、という話を表現している。ここで中心となるのは、因果応報と輪廻転生の教えである。

⑦僧院長による法要と説法、および灌頂（ワン）〈dbang〉　一五時二〇分〜一六時二〇分

僧院長（**【写真3-3】**）による法要と説法が始まると、灌頂を受けるために観衆は席を立って、われ先に殺到する。灌頂は、僧院長が椅子の上に座ったままで、行列を作って順番に椅子のそばへ来て低頭する人びとの頭に、一人ずつ水瓶で触れる次第である。チャムを見ずに、これだけを目的にやってくる人も多く、その数は数千人に上る（**【写真3-4】**）。

⑧ンガ・チャム〈rnga 'cham〉太鼓のチャム　一六時三〇分〜一七時二〇分

密教の教えの伝播を物語るチャムである。周囲はすでに夕闇に包まれている。一二人の「土地の女神テンマ」〈bstan ma〉に扮した僧たちが、柄付太鼓ンガ〈rnga〉や、小さな振り太鼓ダマル〈da ma ru〉、シンバルを意

【写真３－３】第23代僧院長グル・トゥルク・リンポチェ

【写真３－４】僧院長による法要と灌頂

味するブ・チェル〈sbug chal〉などを持って踊る。学者や密教行者なども登場し、密教の教えがこの地に広がったことを教える意味を持ったチャムである。終了したのは日没後であった。

【三日目】　二〇一一年一月四日（火）

①パ・チャム　五時二〇分～六時三五分

一日目・二日目との違いは、僧が、上半身には波形のエプロンのようなものを巻いているだけでほぼ裸体に近く、裸足だということである。零下四度という寒さの中で、さぞ寒かろうと思う。初日と同じく、踊り手は一人である。下半身は衣装で覆われているが、かつてはほぼ裸体であった可能性がある。「ある時、裸体で民衆の前に出るのを恥じた僧が、このチャムを踊らなかったために同年に起きた災難が、一九六二年の中印国境紛争だといわれている」[Nanda 1982: 113] という記録があるからである。現在の衣装は、寒そうではあるが、裸で恥ずかしいというようなものではない。

②ザム（ソム）　六時三七分～七時二三分

二人の踊り手が赤い忿怒尊の面を着けている。衣装も二日目とほぼ同じだが、それまでとの違いは、両手に旗を持っていることである。この旗はペンチュン〈*phemchung*〉と呼ばれ、清めた場の清浄を保持するための武器のようなものだという。

③ドゥン・チャム（*Dung cham*）

チベット語でいうロコル・チュニ〈lo skor bcu gnyis〉で、「十二支」のチャム。十二支の動物の面を着けた動物が順に出てきて輪になって舞う。モンパの年配者に生年月日を聞くと、多くはあやふやだが、自分の生まれ年の十二支はしっかり覚えている。神々がいかに人間を守ってくれているかを教えるチャムである。人びとの健康と繁栄を祈願する意味もある。

④シャワ・チャム〈sha ba 'cham〉「鹿のチャム」　九時二七分〜一三時五三分

このチャムはドラマ仕立てになっていて、合計三時間半あまり続く。鹿と、父親と二人の息子が登場する。親子が鹿を捕らえようとドタバタ劇を演じ、結局鹿は捕まってしまう。途中で鹿の守り神が二人の老人の姿に身をやつしてやってきて、彼らに鹿の命乞いを頼むが、なかなか聞き入れない。親子はやがて森の動物を守る役人のキーポンに逮捕されて、やっと鹿は解放される。鹿はおとなしくて人間に害を与えることがない動物であることから、このチャムには、生き物に憐みを持ち、殺生をしないことを説く意味がある。父親が殺生を悔いて赦しを乞い、改心してから鹿に対して「お前は誰にも傷つけられることはなく、病気もしない。また来年のトルギャに来られるように私が祈ろう」という内容の歌を歌う（**【口絵52】**）。

親子の狩りの途中で、二〇名近い道化役のアラ・カ・キョが出てきて邪魔をする。彼らは土地の神スンマ〈*summa*〉で、動物を守るのが役目であるが、このチャムの中では逆に狩人親子をけしかけているような動作も見られる。彼らが見せる不埒な振る舞いは、昔、村人たちが互いに喧嘩をして争いが絶えなかったことを表していて、それをいさめる意味も込められているという。時には観衆をからかったりするのは、長いチャムの中で人びとを飽きさせない演出である。

⑤ドゥルダ・チャム〈dur bdag gi 'cham〉「墓場の主のチャム」

髑髏の仮面を着けた四人が、二日目と同じように悪霊の人形を破壊するが、二日目は男性の人形だったが、三日目は、紙でできた、女性をかたどった人形である。四人の墓場の主が、この人形を空へ放り投げるなどして、最後は火で焼き殺すという、おどろおどろしいチャムである（【口絵53】）。

⑥ペンデン・ラモ〈dpal ldan lha mo〉の登場　一五時二五分～一六時一五分

ペンデン・ラモ(33)は、タワン僧院の守護尊として重要な女性の護法尊である。サルカールは、タワン僧院の創建の後、メラ・ラマはダライ・ラマ五世の元へ報告に行った際に、ダライ・ラマ五世の守護尊であるペンデン・ラモの絵を授かったと記している［Sarkar 1980: 9］(34)。

このチャムでは、まず一二人の忿怒尊が正装して登場し、その後、ワニと獅子の面を着けた二人の家来を従えたペンデン・ラモが本堂から姿を現す（【口絵54】）。そして二階のバルコニーから僧院長が白い布カタを投げかけた後、ペンデン・ラモは用意してあった玉座に腰掛ける。衣装は、三日間のチャムの中の誰よりも豪華な緞子の衣装を身に着けて、頭には五色の布を載せている。タワン僧院とすべての生き物の繁栄を祈る重要な儀礼である。この時に神酒として捧げられる祈りは、セルキェム〈gser skyems〉と呼ばれる。

⑦ゲロン・チャム〈dge slong 'cham〉「僧侶のチャム」　一六時五七分～一七時二四分

最後のチャムで、僧服を着て十二支の面を着け、手に旗を持って踊るチャムである。僧服を着るのは、初日の最初のパ・チャムとこのチャムだけで、あとはすべてチャム用の衣装である。ここで僧服を着るのは、「三日間さまざまなチャムを見せたが、実は僧が演じていたのだ」ということを示す意味がある。人間の一生は、この十二支の輪の中で繰り返されるものであることを人びとに教え、この世に仏教が広がり、僧や信者の間に平和と繁栄がもたらされることを願って舞われるものである（【口絵55】）。

以上のように三日間のプログラムは、悪霊祓い、仏教による民衆教化、長寿や繁栄を祈る加持祈禱を目的とし、老若男女合わせて多くの参拝者を集めている。

雪山を越えてやってくるブータンからの参拝者

トルギャとドンギュルを三回にわたって三日間ずつ観察して分かったことがいくつかある。それは、早朝の最初のパ・チャムが始まる時間帯には、地元の人びとの姿はほとんどなく、ブータン側のサクテンパやメラクパだけであることだ。地元の人びとやツーリストがやってくるのは一〇時過ぎで、一日中チャムを見続ける人はごく少数である。多くの人が集まるのは昼食前後の時間帯で、プログラムとしては、初日は悪霊祓いのトルギャ、二日目は僧院長による灌頂、そして三日目はペンデン・ラモの登場の場面の時である。

サクテンパやメラクパは、トルギャの時は二〇〜三〇人ほどであったが、二〇一三年のドンギュルの時には一〇〇人を超える人数に出会った。毎朝、早朝にやってきて、最初のチャムから熱心に見続けている人たちだが、彼らがここへ来るのは容易ではない。メラからサクテンへの途中には、四〇〇〇メートルを超える深い雪に覆われたニャクチュン・ラ（峠）があり、若い人なら一日で歩けても、年寄りなら二日かかり、サクテンからタワンも同様に山道を一日から二日間歩かなくてはならない。車道はタワン側のモクトウまでまったくない。モクトウに着いても車の通行は稀で、また半日ほど歩かなければタワンの町に着けない。メラから年寄りを含む家族六人でやってきた人の話では、タワンの町まで四泊五日かかったという。タワンではネツァン[35]があるので、泊まるところには困らないが、途中に宿はなく、ほとんどは洞窟などに野宿しての旅である。それほどまでしてこの法要にやってくる理由は何か。

その最大の理由は、前述のように、タワン僧院の創建者メラ・ラマ伝説の原郷意識である。ブータンの他の地域が、国の中心的な宗派であるドゥク派、あるいは古くからのニンマ派の寺院で占められているのに対して、サクテン、メラの寺院は基本的にすべてゲルク派である。つまり彼らが信仰するのは、ダライ・ラマおよびチベット仏教ゲルク派であり、ブータンでは少数派なのである。サクテン、メラの寺院は、いずれも規模が小さく、国家の援助も受けられないため、僧侶も、ゴムチェンと呼ばれる在家の僧が堂守として一名いる程度である[36]。

二〇〇八年六月から二〇一六年六月までタワン僧院の第二三代僧院長を務めたグル・トゥルク・リンポチェが、サクテンのクショ・グル（Kusho Guru）ラカンという寺の最高位の僧（クショ・グル）の化身だと信じられていることも、サクテンパやメラクパとタワン僧院の関係を一層強めてきた【写真3-3】。彼がグル・リンポチェと呼ばれているのは、八世紀のパドマサンバヴァ（グル・リンポチェ）の化身という意味ではない。筆者が僧院長から直接聞いた話では、彼の三代前の化身であるケサン・トンユ・テンジン〈skal bzang don yod bstan 'dzin〉がそう呼ばれていたため、その化身は代々グル・リンポチェと呼ばれるようになったという[37]。彼自身は、西カメン県ディラン・サークルのリシュ・ゴンパツェ村で一九六八年に生まれた。八歳からダラムサラなどで仏教や仏教哲学などを学び、一九九四年に、仏教弁証法を学んだ博士号の最高位であるゲシェー・ラランパ〈dge bshes lha rams pa〉の学位を授与された。その後も修行を積み、二〇〇八年六月六日にダライ・ラマ一四世の任命によりタワン僧院の僧院長に就任した。彼自身、サクテンパやメラクパには特別な思いがあるため、一九八七年以来、何度もブータンを訪問しているという。実際には、彼を、一九六六年に亡くなった先代のクショ・グルの化身だとすることには反論もある[38]。だが、ダライ・ラマ一四世にも認められた化身であるため、サクテンだけでなくメラの人びとの崇敬の念も強い（【写真3-5】）。例えば、二〇一三年のドンギュルに来ていたメラの一九五六年生まれの男性O・Hは、次のように語っていた。

【写真3−5】メラからやってきた人びと

トルギャには以前一回来た。ドンギュルを見るのはこれで三回目だ。ダライ・ラマ一四世の法要の時も一度来た。東ブータンのニンマ派の寺で、「ゲルク派やダライ・ラマを信じるなら地獄に堕ちる」と言われて失望した。今回は六人でやってきたが、リンポチェのワン（灌頂）を受けることができ、明日死んでもよいと思えるほど幸福だ。

同じくメラから来た一九六五年生まれの女性A・Sは、生後四カ月の息子を連れて来ていた。

トルギャもドンギュルも初めてだが、亡くなった父から一生に一度は来るべきだと言われていた。三日間朝から晩まで、ほとんどすべてのチャムを見た。こんなことはブータンでもなかった経験だ。グル・リンポチェが自分たちに声をかけてくれたので、弥勒菩薩を運ぶ手伝いもできて、感激している。[39] 自分には五人の息子と四人の娘がいる。息子を連れてきたのは、いずれ成長したら、この子をタワン僧院の僧にしたいと考えているからだ。カンルンやタシガンの寺では、すぐに家に逃げ帰ることができるが、タワンならそうはいかないだろう。[40]

一九四一年生まれのO・Eもメラクパだが、感激を込めて語っていた。

自分にとって五回目のドンギュルで、トルギャにも一度来ている。ダライ・ラマのタワンでの法要の時にも二回参加した。メラから四日かけて来たが、以前、大雪の中を歩いて雪盲になったことがあった。[41] そんな思いをしてもタワンに来るのは、メラ・ラマがメラの出身で、彼がタワン僧院を建てたからだ。初めてタワンに来たのがいつのことだったかは忘れてしまったが、そのころ、メラクパは、タワンの僧や地元の人びとからしばしば「メラ・ラマの場所から来た人」(*Merak Lama ku densa ra susho*)と呼ばれていて鼻が高かった。もし、彼がメラのタワン・タン(**【写真1-9】**)にこの僧院を建ててくれていたら、メラはどれほど幸福だったことか。[42] 彼がドゥク派に追われてタワンに来てしまったことは本当に悲しい。来世では、是非ともタワンに生まれたい。

メラから南に一日歩いたところに位置するケレフー(Khelephu)からやってきた一九四二年生まれの男性G・Hは、カラクタンまで歩いて、そこから乗り合いタクシーでタワンまで来たが、それでも合計三日間かかったという。

一〇歳前後の二人の孫を連れていた。

ドンギュルに来たのは二回目だ。カラクタンからタワンへの乗り合いタクシーには、孫たちと自分の分とで合計三〇〇〇ルピーかかった。往復で六〇〇〇ルピーだ。[43] グル・リンポチェのワンを受けるためだ。ブータン側には高僧のいるゲルク派の寺はないので来たが、タシガンなどの法要祭には一度も行ったことはない。

サクテンパは、距離的にはメラよりもタワンに近いこともあり、参拝のついでに、持参したバターや発酵チーズをモンパに売るというビジネスを兼ねている人が多い。チベット暦の新年の前月ということもあって、モンパの主婦は料理に欠かせないバターやチーズを買い込まなくてはならない時期に当たるため、あっという間に売り切れてしまう。[44] 一九七一年生まれのサクテンパO・Tの話からもそれが分かる。

ドンギュルを見に来たのはこれで九回目、トルギャにも八回来ている。毎回バターとチーズを持ってくるが、今回は、一〇〇キロのバター、一一〇キロのチーズを七頭の馬に乗せて運んできた。タワンに定宿にしているネツァンがあって、着いてすぐにすべて売れてしまった。売れたお金で買って帰るのは、アルミニウムの鍋や子供用の衣類などだ。ブータン側のラディやポンメへ持っていくと、相手は現金ではなく、米や麦と交換したがる。競争が激しく値引きも要求されるが、タワンの人たちは値切らないので、遠くても来る価値がある。

以上が代表的な例である。

サクテンパの多くが売るためのチーズやバターを持参しているのに比べ、メラクパの場合は、売るものは何も持たず、純粋に僧院長からの祝福を受けるためだけにやってきている。サクテンまでの山道が雪深く険しいこともあるが、僧院長だけでなくメラ・ラマ・ロデ・ギャムツォへの崇敬の念が、他の地域に勝っているからであろう。また、彼らの言葉からは、メラ・ラマ伝説の原郷であることの誇りと、彼がタワンに行ってしまったことに対する喪失感が感じ取れる。これは、歴史的にゲルク派勢力を敵としてきたブータン内では彼らが体験できない感情の一つである。学校でも歴史教科書には、「シャプドゥン・ンガワン・ナムギェルがブータンを統一し独立国家となった時の最大の脅威がゲルク派であった」と書かれ、続けて「シャプドゥンが、ブータン独自のアイデンティティを確立するために、慣習、伝統、服装、儀式を創り上げた」と教えられている。(45) 前章でも述べたが、サクテンパとメラクパの服装は、ブータンの国民服とはまったく異なっており、東ブータンの寺院のツェチュ祭などで見かけても大変目立つものである。このため、外国人ツーリストなどからも「奇妙な」「変わった」というイメージで表象されてきた。国内では、牧畜という生業から、「貧しい」「汚い」「教育程度が低い」と蔑視されてきた［脇田 二〇一〇：四五―四六］。その点、タワンでは、ほとんど同じものを着ているため、現地の人びとに混じっても違和感や珍奇な印象は与えない。そして、彼らの持参する発酵チーズは大人気なのである。つまり、タワンは、ブータンの少数派であるメラクパやサクテンパにとっては、居心地のよい場所であるといえよう。

モノとヒトが交流する場

トルギャとドンギュルの時には、三日間とも僧院の外側にたくさんの露店がひしめく。主なものは、衣類、生活雑貨、台所用品、玩具、そして野菜や香辛料などを売る店で、モモ（餃子）やトクパ（うどん）を出す食堂、サモサなどの揚げ物を売る店などさまざまである。多くは、モンパやチベット人がオーナーであるが、平原からのインド商人や、ブータン側のタシ・ヤンツェ県から野菜や手漉き紙、モンパ・バッグを売りにやってくるシャルチョップも多い。モンパ・バッグについては、前章でも書いたが、中印国境紛争の時に、タワンからブータンに逃げてきたモンパから布の織り方を習ったという話は、二〇一三年のドンギュルの時に出会ったバッグ売りの男性から聞いた。今は、ブータン側での生産のほうが盛んで、タワンに逆輸入されていることが分かって興味深い。

モンパは、中国がチベットに侵攻してダライ・ラマ法王の亡命を余儀なくさせたこと、そしてアルナーチャルの領有を主張していることから、大多数の人が「中国嫌い」を自認しているが、露店には、保温ポットや毛布、食器、衣類など中国製品があふれている（【写真3-6】）。多くは、チベットとの国境貿易が可能になったシッキムから来ているものだという。「本当は買いたくないが、インド製のものよりも値段は高いが上質だ」と言い訳しながら買い求める人が多い。

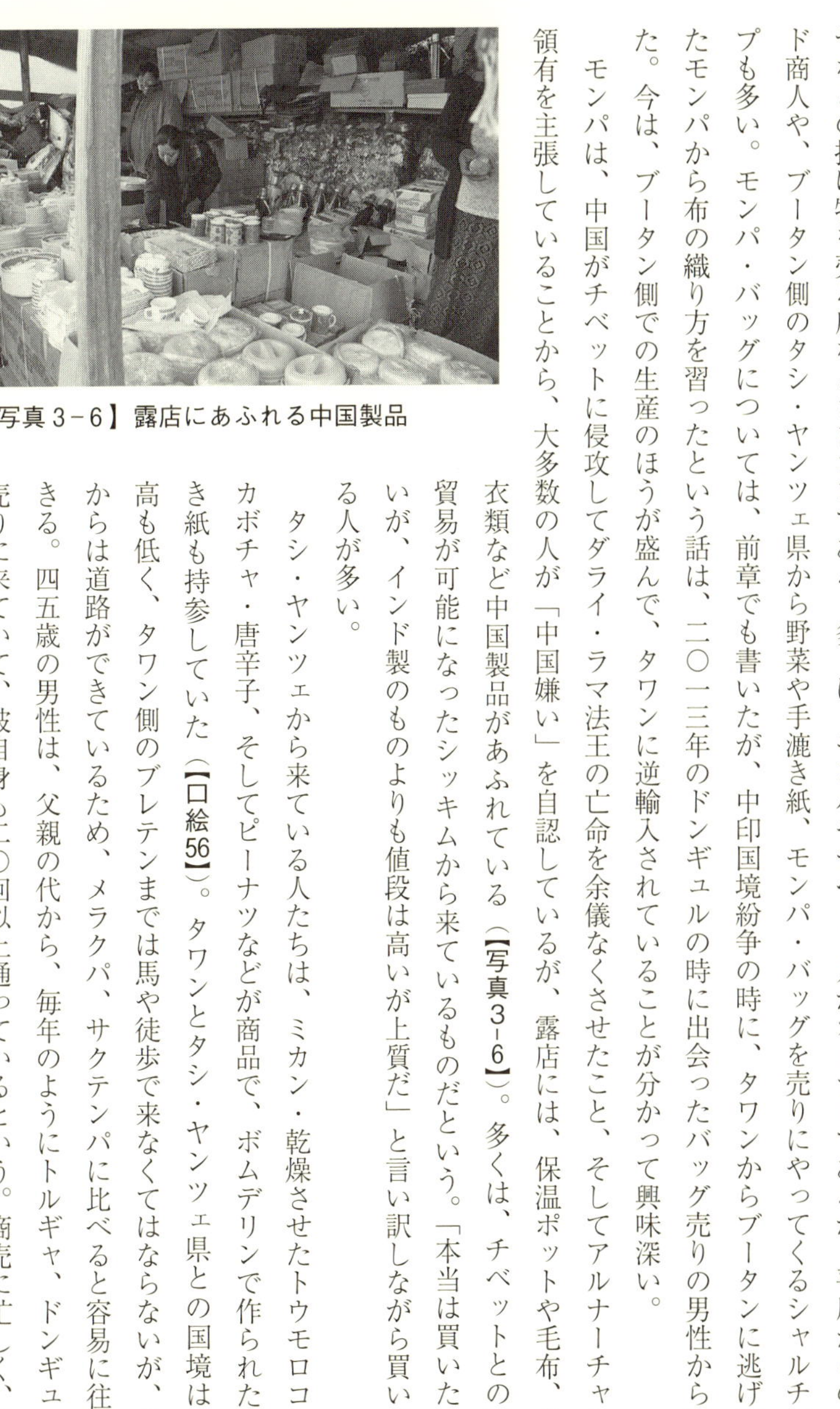

【写真３－６】露店にあふれる中国製品

タシ・ヤンツェから来ている人たちは、ミカン・乾燥させたトウモロコシ・カボチャ・唐辛子、そしてピーナツなどが商品で、ボムデリンで作られた手漉き紙も持参していた（【口絵56】）。タワンとタシ・ヤンツェ県との国境は、標高も低く、タワン側のブレテンまでは馬や徒歩で来なくてはならないが、そこからは道路ができているため、メラクパ、サクテンパに比べると容易に往来できる。四五歳の男性は、父親の代から、毎年のようにトルギャ、ドンギュルに売りに来ていて、彼自身も二〇回以上通っているという。商売に忙しく、チャムを見る暇はないが、ワンだけは受けに行くと語っていた。彼と同じように乾燥野菜を売る店は多く競争が激しいと言いながらも、来年も来るつもりだと語っていた。

トルギャとドンギュルを、寺から祝福をもらうだけでなく逆に功徳を積む良い機会だと考えている人たちや、地元の人びととの交流の場にしたいという人びとの姿もある。タワンで最も賑わうオールド・マーケットの商店主の有志たちが、毎年、トルギャやドンギュルに集まる人びとのために、チャイ（ミルクティー）やビスケットを無料で振る舞う奉仕活動をしている（【写真3-7】）。朝から終日寒空の下でサービスしたあとで、夕方になると周囲に散乱したプラスチックのカップやごみを集めるという作業を、三日間繰り返す。顔見知りを見つけると声をかけ、楽しそうに会話している。

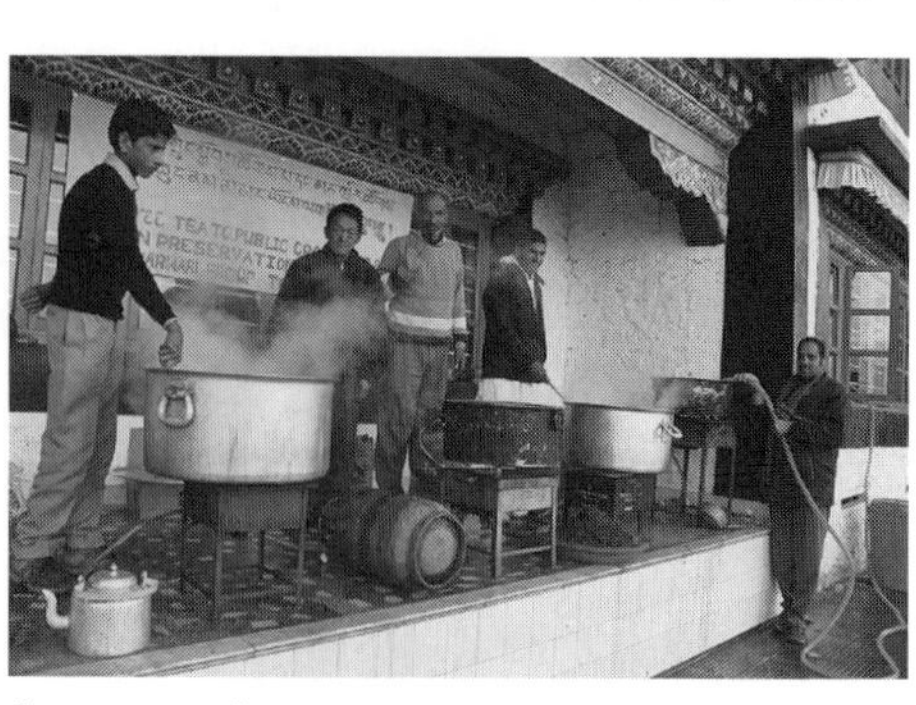

【写真3－7】お茶を振る舞う商店主たち

この活動の中心人物であるトゥプテン・ラマは、オールド・マーケットで商売を始めた最古参の一人である(46)。敬虔な仏教徒である彼は、功徳を積みたいと仲間を募り、二〇〇六年からこの活動を始めた。七店舗が参加していて、内訳は、モンパが三人、チベット人が一人、そして三人がラージャスターン州出身のマールワーリー(47)である。彼らは、一九九〇年代にタワンにやってきて、それぞれ靴屋、電気修理屋、食料品店を営んでいる。彼らは仏教徒ではないが、顧客への感謝の気持ちと、遠路はるばる参拝にやってくる人びとへの接待の気持ちからこのサービスに加わったと、筆者に話していた。マールワーリーに対するモンパの印象は「勤勉」「商売上手」「仲間うちの結束が強い」などで、決して悪いものではない。彼らは、故郷から遠く離れた辺境の地で異なる文化を持つ人びとを相手に、長年商売をしてきた。このような奉仕活動に参加することも、彼らにとっては社会・経済戦略の一つとみてよいだろう。

寒い戸外で冷え切った身体には、熱いチャイのサービスはありがたい。多くの人が喜んでこの好意を受ける中、時折、寄付をする人の姿も見かける。収支に関していえば、もちろん赤字ではあるが、このような寄付もあり、材料費の一部はある程度補塡できるため大きな出費ではないという(48)。

このような善意の人びとがいる一方、多くの人が集まる祭りは、売名行為によって選挙民にアピールしようとする政治家にも格好の場を提供している。タワン県選出の州議会議員たちが現れるのは、毎回、一日目の「黒帽のチャム」と三日目の「ペンデン・ラモ」の登場の場面である。どちらも重要なチャムで、見学者も多い時間帯だからである。政治家たちが白い封筒に現金を入れたお布施を、踊っている僧や楽器を演奏する僧たち一人一人に配るのである（【写真3-8】）。踊り手の両手が持物でふさがっている場合には、衣装の間に挟み込む。黒帽のチャムを、片手に封筒を持ったまま踊る僧がいることもある。神聖なはずのペンデン・ラモの懐に政治家が封筒を入れる場面を、二〇一一年のトルギャで初めて見た時には驚いた。ブータン各地の寺院で行われる仮面舞踊では、そのような行為は皆無で、この時初めて目にする光景であった。ブータンでは、僧侶には選挙権・被選挙権がなく、政治家の寺院への寄付行為も禁じられている。それとは対照的に、インドでは僧侶には両方の権利があり、政治家になった僧の例もある。布施を受け取る僧侶

【写真3-8】ペンデン・ラモにお布施を配る政治家

も有権者であるから、この寄付行為を純粋に宗教心から発したものだと思う人は少ない。「僧に対してお布施をすることと自体は許されると思うが、建物の中で見えない場所で渡したほうがいいのでは」という筆者の問いに対して、一緒に見学していたモンパの友人たちは、同意を示しながらも、「政治家の選挙向けのパフォーマンスでもあるのだから、公衆が見ていなければ彼らは布施をしないだろう」と辛辣であった(49)。

さらに重要なことは、仮面舞踊に使われるマスクは、ひとたびそれを着用したら神格を得るという意味があり、タワン僧院でも、練習の場合には着用しないことがしきたりになっているという点である。このことは、三日間のトルギャとドンギュルで、一日目の最初のチャムと三日目の最後のチャムだけが僧服を着て舞われることにも示されている。この三日間のチャムは神々によって舞われていたが、実際には僧侶が代わりに演じていたのだと種明かししているのである。だが、政治家は、そのような意図を理解していない。あるいは無視している。同様の行為は、二〇一三年のドンギュル、二〇一七年のトルギャでも見られた。

3　考察

一年に一度行われるトルギャと、三年に一度のドンギュルを通して、因果応報・悪霊調伏・輪廻転生などの仏教教義が人びとに可視化される。そして、高僧による灌頂、弥勒菩薩の巡幸による祝福を受け、人びとは、さまざまな障害からの守りを得て心安らかに家路に着く。このような行事が、規模はともあれ、メラ・ラマの時代から続いていたとすれば、すでに三〇〇年以上経っていることになる。しかし、その起源を語る資料はなく、もっと新しく始められたものである可能性も否定できない。当初は一日だけだったかもしれないトルギャが、悪霊祓いだけを目的とする儀礼としてあって、後に二日加わった可能性があることを思い出さなくてはならない。モンパと僧院およびチベットのラサ政府との関係が、税を徴収され、強制労役を課されるという関係だったこと、一九世紀後半のナイン・シンの訪問時に、タワンの僧が武装していたことなどから推測すると、現在見られる民衆参加型のトルギャは、二〇世紀に入ってから、あるいはもっと後の、チベット人が去った一九五一年以降に整備された可能性さえある。先述の老僧は、一九五〇年ごろに僧院に入った時には、トルギャもドンギュルも行われていたというが、それらは一日だけのものであったか、もっと規模の小さいものだったかもしれない。

ただ、それがいつ始まったかは別として、トルギャとドンギュルを支えてきたのは、災いを恐れ、仏の加護を受けたいという民衆の願望であろう。もちろん、その願望の背景にある不安の内容は時代とともに変わっているはずである。ギデンズは、伝統社会と近代社会の比較において、前者の環境が、必ずしも慰めに満ち心理的に快適であったわけでなく、自然の脅威や出産の際の死亡率の高さなどからも、リスクの高い社会だったことを指摘している［Giddens 1991: 105–106］。モンパを取り巻く環境も同様で、過酷な自然やチベットの圧政だけでなく、アッサム平原に下りればマラリアなどの疫病の脅威にさらされ、チベットへの旅では途中の盗賊の襲撃を恐れなければならなかった。近代になってからは、中国のチベットへの侵攻、ダライ・ラマ法王の亡命、中印国境紛争と、世界を揺るがす大きな事件がモンパのすぐ近くで起こっていた。こうした不安に取り囲まれた社会で、人びとが仏教に救いを求めたのは、ごく自然なことだったのではないだろうか。

テレビやラジオなどがなかった時代、文字を読めない一般民衆にとって、視覚と聴覚に訴える仮面舞踊・仮面劇は、宗教性だけでなく娯楽の要素も取り入れた有効な教化手段であっただろう。チベットの僧が去り、この地に仏教が定着してゆく過程に、トルギャとドンギュルが大きな影響を与えていたことは間違いない。

そして、それを維持し、支えてきたのは、演じる僧たちや参拝に訪れるモンパだけではない。雪の山道を数日かけてやってくるメラクパやサクテンパの存在も大きい。彼らは、往復の苦労を取り返そうとしているかのように早朝から参拝にやってくる。朝だけは、モンパに代わって主たる観衆役を務めている彼らであるが、凍てつく寒さの中で演じる僧たちにとって、その存在は励みとなっているに違いない。ゲルク派の聖地で催されるトルギャとドンギュルは、ブータンにおいては少数派である彼らが、それをしばし忘れて心から信仰心に浸り、楽しめる場所でもあるようだ。

多くの人びとが集まる祭りでは、国境や州境をまたいだ、さまざまなモノとヒトとの交流が見られる。そこには、経済的活動や功徳を積もうとする行為も見られる。トルギャ祭・ドンギュル祭を機会に、かつて国境を意識しなかった時代のモノとヒトの交流が再現される。こうした相互作用が、民族衣装の変化にも結び付いていることは、第二章で述べた通りである。

一方、政治家がチャムの最中に行っている行為は、どう捉えたらよいだろうか。タワンや西カメン県の政治家が人の集まるところで篤信家を装う光景は珍しいものではない(50)。問題は、それが三日間のチャムの宗教儀礼としての意味付けを損なう場面で行われていること、その行為を僧院が許し、慣行になっていることである。観衆の中には、そのことに気づいて苦々しい思いを抱いている人もいるが、それはほんの一部であって、大多数の人は分かっていない。

この慣行となりつつある行為は、僧院長の個人的な力量も影響していると思うが、かつてチベットのラサ政権を後ろ盾として大きな力を持っていたタワン僧院が、経済的にインド政府に依存しなければならなくなったことから生じた、政治家との力の逆転を象徴するものなのではないだろうか。

第二節　国境をまたぐ民俗儀礼の現在――ヤク・チャムの事例から――

1　はじめに

本節では、ブータン東部とアルナーチャルに共通して伝承されているヤク・チャム（ヤクの仮面劇）（【口絵57】【口絵58】）を取り上げ、グローバル化の中で、この伝統儀礼にどのような変化が起きているかについて考察する。

前節で紹介したタワン僧院のトルギャ祭やドンギュル祭で舞われる仮面舞踊が、仏教の民衆教化や悪霊祓いなどを主眼としていることに比べると、ヤク・チャムは、ヤクという動物が彼らのモンパの地にもたらされ、家畜化された起源と、牧畜民が培ってきた文化を、独特の歌と踊りを通して表現した仮面劇である。それが演じられる場所も自分たちの村の広場であって、寺院ではない。仏教という「大伝統」とは別に、生業の中から生まれた民衆による民俗儀礼といえるだろう。

一九九九年三月に著者は初めてタワンを訪れた。ちょうどチベット暦の正月ロサルに当たり、車でタワンを去る途中で、偶然ヤク・チャムの一団に出会った。二人の人間が入った張り子のヤクと、その周りで牧畜民（ブロクパ）の衣装を着て面を着けた男たちが、通りかかる車を停めさせては、踊りを見せ、布施を要求するといったものだった。その舞踊が、タワンのギャンカル（Gyangkhar）村の場合には、正月の時期に限った特別なもので、伝説をベースにした伝統的な仮面舞踊であることを知ったのは、それから四、五年後のことであった。ヤク・チャムは、タワンだけでなく、西カメン県やブータンのサクテン、メラなどにもある。メラでは、二〇〇七年に見学する機会があったが、それは正月ではなく、ブータン暦六月三〇日と七月一日にメラのゲンゴー（Gyengo）で行われた、朝晩のワン〈dbang〉（灌頂）の間に演じられた[51]。

これまで、ヤク・チャムについては、その由来譚が簡単に紹介されたのみで、比較検討や演じる人びとに関する研究報告はなかった。本節を書く上で最も参考になったのは、二〇一一年から三年連続で発表された、メラ出身のゲンゴップ・カルチュン（Gengop Karchung）[52]による研究報告である。最初の報告は、前章でも取り上げたメラの民族衣装の変化についてで、ヤクに関する記述もある［Karchung 2011］。次いでメラのヤク・チャムに関する報告［Karchung 2012］、さらに、ヤク・チャムの土台となる由来譚を整理し、ゾンカ語と英語に訳したテクストが出版された［Karchung 2013］。テクスト化されたものは、口頭伝承にある誤りや矛盾が整理され、整合性が高く理解しやすいが、それが原本であるという根拠はないので、本節では、参考文献として使用するにとどめる。

本節では、ヤク・チャムの由来譚を紹介し、それらに反映されたモンパの人びとの生活や宇宙観を探り、その伝統の継承にどのような問題があるのか、また、ブータンとの相互の関係による変化の動態を考察する。

2　ヤクの重要性

高地牛として知られるヤク（学名は *Bos grunniens*）[53]は、モンパの中でも特に牧畜を生業とする人びと（ブロクパ）にとって重要な動物である。所有するヤクの数は、その家の経済状況を表す指標となる。

ヤクの重要性の第一は、脂肪分の豊かなミルクと、それから作られるチーズやバターなどの乳製品、そして肉にある[54]。肉は炉辺で燻煙され、保存食の干し肉となる。腸や血はソーセージに加工される。その長い毛からは、帽子、コート、袋、雨具、敷物、テント地、ロープなどが作られ、ふさふさとした尻尾の毛は払子（ほっす）となって寺院で使われる。ヒマラヤの標高三〇〇〇メートルから六〇〇〇メートルの高地で生息する強靱な身体は、荷運びや荷車の牽引に力を発揮する。それだけでなく、糞は畑の肥料として使われ、乾燥させたものは貴重な燃料でもある。

乳製品は、交易品や商品として重要であるだけでなく、モンパの家庭では、調味料かつ栄養源として欠かせないものである。特に発酵チーズは、臭みが強いが、これを使った料理チュルパ（*churpa*）は、モンパが毎日のように好んで食べる料理である。バターもバター茶を作るのに不可欠で、農村や町に住むモンパは、チーズやバターを牧畜民のブロクパから入手する。ロサルの前には、その需要はピークに達するため、早くから旧知のブロクパに注文しておくのを忘れると、知人や親戚の間を回って分けてもらわなければならない事態となる。

西カメン県の場合は、ルブラン・ニュクマドゥン・サンティなど、タワン県では、マゴウやケットなどの村が牧畜を生業としていて乳製品の供給者となっているが、サクテンやメラの人びとも頻繁にインド側にバターとチーズを運んでくる。現在は、代金は現金で支払われるが、かつては、平地の農民とは、穀物・野菜などと物々交換されてきた。

3　ヤク・チャムの土台となる由来譚

モンパにとって、重要な動物であるヤクがどのようにしてもたらされたのかという由来を、歌と踊りで表現したものがヤク・チャムである。アリスによれば、ダライ・ラマ六世の祖先に当たるペマ・リンパの弟オギェン・サンポが家畜（おそらくヤク）を最初にタワンに紹介した人だとする伝承があるという。また、オギェン・サンポが最初の放牧小屋を牧畜民のために建てたともいう。しかし、ヤク・チャムのストーリーには、オギェン・サンポとの関連性をほのめかすものは見当たらない[55]。

ヤク・チャムの内容を英語で紹介したのは、管見ではエルウィンが最初であろう。彼はヤク・チャムをシェルドゥクペンの神話として記録している［Elwin 1958 476-477］。後述の**由来譚⑥**がその和訳である。シェルドゥクペンの居住地は、平原に近く標高も低いので、ヤクを放牧するような環境にはない。これはおそらく、タワンなどのモンパ、あるいはブータンのサクテンやメラのヤク・チャムが伝わったものではないだろうか。

タワンにおける由来譚については、**由来譚③**［Wangchu 1999］、**由来譚④**［Norbu 2008］、ディランのものは**由来譚⑤**［Sarkar 1974（1993）］があり、ここでは翻訳しなかったが、他にも［Dondrup 2008］などが英語で紹介している。これらの由来譚を英語で記述した人たちは、テクスト化されたものからではなく、口頭で語られたものを英語にしたと思われるが、その時期・場所・話者についての詳しい記載はほとんどない。**由来譚①**のタワンのギャンカル村のもの（二〇一一年）、**由来譚⑦**のメラのもの（二〇〇八年）は、筆者の記録である。ギャンカル村には、ヤク・チャムの台本ともいうべき、チベット文字で書き残された文字資料**由来譚②**がある[56]。だが、口承によるものとは違いがあり、本来のチャムのテクストであったのかどうかには疑いがある。このことについては、後で述べる。

先述のカルチュンによれば、メラでの調査の際に参照したテクストは、古くなり破損していたなど完全なものはなく、複製の段階で新たに加わった部分も見られるという［Karchung 2013: 5］[57]。以下の由来譚の人物名や地名は、聞き取りのまま、あるいは文献のままなので、それぞれ異なっている。

由来譚①（タワン、ギャンカル村、二〇一一年八月）(58)

あるところに両親と三人の息子が住んでいた。父親はナクパ・シェダル、母親はショムボ・サムゲイ、長男はハゴ・タゲ、次男はトゥーパ・ガリ、三男はガワ・サムドゥという名であった。(59)

ある時、両親は、三人の息子に財産を分けた。長男は父親の財産、三男は母親の財産をもらったが、次男のトゥーパ・ガリだけは何ももらわなかった。彼は、三日間どうしようかと昼夜考えたが、思いきって父親に、自分にも何かくれるように頼んだ。すると父は穴の開いた帽子を与えた。その次に母親のところへ行き、同じように頼んだ。母親は彼にぼろぼろのシャツを与えた。その後、兄弟のところへ行ったが、兄は古いぼろのロープを、弟は破れた靴をくれただけで、誰ひとりとして、まともで役に立つものはくれなかった。

彼は家を出てあてもなく歩き、三つの山を越えると大きな湖に着いた。彼は、湖の周りを右回りに三回、左回りに三回回った。回った後で、白い鳥が飛んでいるのを目にした。鳥が飛び去った場所へ行くと、黒、白、そして白に黒いまだらのある三つの卵があった。最初に白い卵を手にし、磨いて割ると、中から白いヤクが出てきた。するとラー（神）ワンポ・ゲチェンが現れ、白いヤクは自分のものだと言って持ち去った。次に白に黒いまだらのある卵を割ると、白と黒のまだらのヤクが出てきた。するとツァン・キプー・ルンテンというバルドの神(60)がそのヤクを持って行った。最後に黒い卵を割ろうとしたが、また誰かに持って行かれることを恐れ、卵をまたいでから割ると、中から黒いメスのヤクが出てきた。このヤクは、サリ・ツィロック・ゲモ（すべてのヤクの母）(61)であった。

次に彼は、もらった帽子、靴、シャツをヤクに投げかけて汚した。最後に、ロープを細かく裂いて三本の長いロープにした。そのロープから、先端に丸い輪を作ったものを四巻分、他に二巻分の計六巻のロープを作った。そして、まず一本目の巻いたロープを空へ投げた。するとその日から星が出るようになった。二本目を中空に投げると、虹が現れた。三本目を南へ投げると、雨が降るようになった。四本目を山へ投げると、その日からいろいろな薬草や植物が生えるようになった。五本目を地面に投げると、さまざまな花が咲き始めた。六本目でヤクの頭を縛ったが、ヤクがもがくので、引っ張るのに苦労した。空へ飛ぼうとしたヤクを引っ張り返すと、沼地へ逃げようとしたヤクはトゥーパ・ガリを引っ張って行き、ここは安全と思ったようだが、沼は岩だらけの地に変わった。その岩を支えにして縄を縛り、ヤクを捕まえておくことができたので、トゥーパ・ガリは、この岩を神様だと思った。しかし、そこは滑りやすい湿った草地に変わってしまった。ヤクはまた彼を引っ張り、今度は、小山のある地に変わったので、そこにヤクをつなぎ留めることができた。そのうちに彼は、ロープから手を離してしまい、追いかけたがヤクは山へ逃げて頂上まで登ってしまった。彼が追いつくと今度は地面へ降りてしまった。

トゥーパ・ガリがブロマ・ラリコンというところにヤクと同時に到着すると、そこでヤクはトゥイパ・ラセ〈神〉・カルプ〈白〉を産んだ。ヤクはそこで繁殖し、人びとは豊かになった。

（その後もトゥーパ・ガリが人びとにどうやってミルクを絞ってバターやチーズ、ヨーグルトを作るかを教えるくだりなどが延々と続くが省略する。）

由来譚②（タワン、ギャンカル村）(62)

私に父がいないわけではない。父の名は、ニャクポ・シ〈snyag po gzhi〉、母の名はショルモ・サムキ〈shol mo bsam skyid〉という。住んでいた村の名はコンチュンのウェンザ〈rkong chung gyi dben rdza〉である。私には、プルポのリクポ〈phur po yi rog po〉という守護神がいる。土地の守護神はケチョクのスィウ〈skyes mchog gyi zi'u〉という。私は、ラゴンのカンスム〈lha gong gyi gang gsum〉という牧草地も持っている。長男の名はハヲ〈ha bo〉、次男はガヲ〈dga' bo〉、私の名はトゥーパ・ガリ〈thos pa dga' li〉である。

長男は、父の技術と道具を受け継いだ。次男は母のアクセサリーなどの財産を受け継いだ。だが、私は何ももらえなかったので、嘆き悲しんだ。三昼夜、いろいろ考えた末、最終的に父に交渉に行った。父は穴の開いた帽子をくれた。母は、穴だらけの古いシャツをくれた。次に長兄のところへ行くと、彼は短いロープをくれた。そして次兄のところへ行くと、破れたボロ靴をくれた。

それから私は家を離れた。三つの平原を越えると、パルモ・ペルタンという場所に着いた。そこからまた三つの平原を越えて、山の頂に着いた。とても気持ちのよいところだった。そこから遠くを見ると、一つの湖が見えた。湖は雪で覆われて、球状にしたバターのように美しかった。右回りに三回、左回りに三回、湖を回った。湖の川の注ぎ口からラー・ジャ・カルモという鳥が飛び立つのを見た。そこへ行くと巣があり、白・黒・まだらの三つの卵があった。

白い卵を三回磨いて割ると、白いヤクが出てきた。それは、私の守護神ラー・ワンポ・ゲチェンとなった。まだらの卵からは、まだらのヤクが出てきた。ツァンティー・ショー・ナクパという私の生まれた土地の守護神であった。三つ目の黒い卵からは、ツォロク・ギルモ〈mtsho rog bgyir mo〉いう湖の守護神である雌ヤクが出てきた。そこで、腰にぶら下げていたボロ靴を投げた。そして帽子を投げ、古いシャツも投げた。その後、首に下げていたロープを取り、三巻して空に投げた。するとその日から星が現れた。次にロープを空と地の間に投げた。すると虹が現れた。次に雲に向かって投げると雨が降った。次に雪山に向かって投げると、小さな川が流れてきた。次に山に向かって投げると、山の頂が鋭くとがった。地面に向けて投げると花が咲いた。

ツォロク・ギルモにロープを投げると、捕まりたくなくて暴れた。そして、私を湖のほうへ引っ張ろうとした。

私はヤクを思い切り引っ張った。するとヤクは沼地へ引っ張ろうとした。そこではヤクのほうが強かった。私は岩山のほうへヤクを引っ張った。そのほうが石の支えがあるので私のほうが強い。それを繰り返しながら、山の頂に着いた。そこから山の中腹に降り、最後に地面に着いたところがラゴン〈lha gong〉という場所である。

（ここからまだ話は続き、その内容は興味深いものだが、不明な部分も多く長くなるので、省略した。）

由来譚③（タワン［Wangchu 1999：133-134］）

昔々、チベット南部のドゥロン・レー・ラルガン（Drong-lehr-lhar-gang）という地方に小さな村があった。そこに、母、父と三人の息子からなる五人の家族が住んでいた。二人の息子は生まれつき勇敢で賢くハンサムであったが、末っ子は愚かで障害があった。しかしながら、この子は三人の中では最も丈夫で強かった。

愚かであったため、末っ子は家族からは疎んじられていて、両親から家を追い出されてしまった。彼は両親の言うことに従い、いくつかの壊れた台所用品と破れた靴を持って家を出た。失望して、あてのない旅を始めたが、村はずれに着いた時に、彼は、白い雲が空をゆっくり移動しているのを見た。それを見たら少し気が楽になり、悲しい歌を歌い始めた。しかし彼は、両親に見捨てられたという思いで打ちひしがれていたので、雲を見てももはや気持ちを鼓舞されることはなかった。何マイルか行くと、大きな雪を頂く山があり、山の麓の雪融け水からできた小さな美しい湖があった。疲れて喉も渇いていたので、その湖へ行き、雪融け水を飲んだ。水を飲むやいなや、湖の脇から白い鳥が飛び立つのを見た。そこへ行ってみると、白・黒・灰色の異なる色の卵を見つけた。彼は、この色が違う卵は何か奇跡を起こすのではないかと考えた。そこで、これらの卵を割り始めた。

白い卵を割ると、ゲーマ（Gyehma：牛とヤクに似た動物）が出てきて空へ飛び上がり、言った。「なぜおまえたち人間が私に触れたのか。私は神の所有物だ、神の宮殿へ行かねばならぬ」と。その奇跡に驚いて、次の灰色の卵を割ると、灰色の、ヤクに似た動物が出てきて、「私は悪霊の所有物なので彼らのもとへ行かなくてはならない」と言いながら、空へ飛んで行った。

この末っ子は、卵はヤクのような動物のものに違いない、今度は空へ飛んで行かせないぞと思い至った。しばらく考えて、破れて汚い服で黒い卵をロープで縛っておいて卵を割ると、ゲモ（Gyemo：ヤクの母）が出てきた。それをロープで縛り、ゲモを捕まえた。ゲモは何百回も逃げようとしたので、彼らは一日中格闘した。ついに夕方になって双方ともに疲労困憊した。彼は、ゲモを大きな木につなぎ、一晩眠った。

早朝起きると、ゲモは小さなヤクを出産していた。彼はそれを見て喜び、ゲモとその子の世話を始めた。時が経つにつれ、ゲモは何百頭もの雄・雌のヤクを産み、その結果、彼はたいそう金持ちになった。このニュースは、野火のように彼の両親の村にも広がった。数日すると、両親を含む村人が総出で彼を探しにやってきた。彼を見つけると挨拶して、彼をヤクと一緒に歓迎すると言った。彼はそれに同意したが、彼が悟ったのは、人が貧しいと、世界中の誰も、たとえ自分の両親でさえ、その人を評価しないが、その人が金持ちだと、仮に愚かで障害があったとしても、世界中の人が歓迎するのだということである。さらに彼が悟ったのは、後の二つの卵も手に入れることができていたなら、世界中が異なる色のヤクを得て、金持ちになっただろうということである。これが、ヤクの起源に関する物語である。

由来譚④（タワン［Norbu 2008：108-110］(63)）

昔、あるところにニャクパ・リダル（Nyakpa Hridhar）と妻のショム・サムゲイ（Shomu Samgey）が住んでいた。

彼らには、ハヴァ・ダルゲイ（Hava Dargey）、テオパ・ガリ（Teopa Gali）、そしてガヴァ・サムドゥプ（Gava Samdup）という三人の息子がいた。次男のテオパ・ガリは二人の兄弟のように賢くなかったので、両親や兄弟から良い扱いを受けていなかった。他の兄弟が両親の財産をすべて相続したのに、彼だけはもらえなかった。両親と兄弟に自分にも分けてくれと要求したが、もらえたのは古い帽子、破れたレインコート、破れた靴、そして一本のロープだけだった。このことを大変悲しく思い、彼はこれらを持って家を出ることにした。

三つの小山を越え、シンムラ（Singmula）という、雪をいただく低い山を越えると美しい湖があった。そこで、対岸からきれいな鳩が飛び立つのを見た。その場へ行ってみると、三つの卵があった。それらは白・赤・黒の三色の卵だった。好奇心をそそられて最初に白い卵を割ると、中から白いヤクが出てきた。しかし捕まえる前に神の国へ飛び去ってしまった。次に赤い卵を割ると、今度は赤いヤクが出てきた。今回もまた、その赤いヤクは捕まえる前に半神（demi-god）の国へ飛び去ってしまった。残った卵は一つだけだったが、前のように飛んでゆかないようにしなければと心に決めた。卵の近くに座って、どうやってヤクが飛び去るのを止めるか考えを巡らせた。一つの考えが浮かんだ。モンパは、純粋で神聖なものはどんなものでも汚されると力を弱められると信じている。そこで、彼は汚い帽子と靴、そしてレインコートを卵にかぶせ、卵を汚した。そして卵を割ると、美しい黒いヤクが出てきた。このヤクは汚されたため、飛び去ることができなかった。ヤクが長い間もがいた後、テオパ・ガリはロープでヤクを縛ることができた。このヤクは子供を産み始め、やがて多くの数になった。

両親と兄弟が彼の繁栄ぶりを聞き、彼をなだめにやってきた。初めのうちは、彼は話をすることさえ拒否していたが、結局彼らを赦し、その後は皆で一緒に幸せに暮らした。このように、モンパはヤクを手に入れたのである。

由来譚⑤（ディラン［Sarkar 1974（1993）：149-150］(64)）

昔、ノクポジダル（Nokpojidar）がその妻スルマサムケ（Surmasamke）とコンチュンゲンジャ（Kongchungenja）という村に住んでいた。彼には、カオアスムドゥ（Kaoasumdu）、テイパガリ（Theipagali）、ルプタルゲ（Hluptarge）という三人の息子がいた。テイパガリは、両親からも兄弟からも良い扱いを受けていなかった。父が財産のすべてを他の二人の兄弟に与えたが、彼はまったくもらえなかった。

テイパガリはこの仕打ちを大変悲しみ、みじめに思った。兄弟と両親のところへ行き、自分も財産を分けてほしいと要求したが、父親、母親、長兄、弟から、それぞれ古い帽子、破れたレインコート、破れた靴、一本のロープしかもらえなかった。このことは彼をより苦しめたので、彼は家を出ることを決心し、これらのわずかな物を持って旅立った。三つの小山を越えると雪をいただく低い山があった。彼が近づくと雪が融け、湖になった。湖の近くの土手で香を焚いた。すると、対岸で鳥が飛び立つのに気が付いた。そこへ行ってみると卵が三個あった。卵を一つ割ると中から白いヤクが出てきて、ラー（Lha）と呼ばれる神のところへ飛んで行った。もう一つの卵を割ると白と黒のまだらのヤクが出てきたが、ボルソチャン（Borsochan）という名の神のところへ飛んで行った。最後に三個目の卵を割ると、黒いヤクが出てきて湖に入り、ルー（Luh）という神のところへ行きかけた。彼は必死になって、ヤクを捕まえて引っ張ろうと、父からもらった古い帽子を二つの角の間に置いたが、うまくいかなかった。破れたレインコートと破れた靴も使ってみたが、やはりうまくいかなかった。しかし、ロープのおかげでヤクをつなぐことができた。しばらくするとこのヤクは子供を産み、しだいにその数が増えていった。テイパガリは、食料としての乳とバターを得、ヤクの毛を織って衣服を作った。やがて彼は亡くなって天国へ行った。このように、モンパはテイパガリからヤクを手に入れたのである。

由来譚⑥(65)（ルパのシェルドゥクペン［Elwin 1958：429–430］）

チベットにアパペク（Apapek）という老人とその妻ジャンム（Janmu）が住んでいた。彼らには、ガッパサンブル（Gappasambru）、テパガル（Tepagalu）、ダゲサンブル（Dagyesambru）という三人の息子がいた。この老夫婦はたいそう金持ちで、その財産をガッパサンブルとダゲサンブルの二人に分けたが、テパガルには何もやらなかった。テパガルは彼らに自分にも分けてくれるように要求したが、何ももらうことができなかった。

テパガルは大変悲しんで自分自身に言い聞かせた。「なんの財産ももらうことができなかったし、食べるものもない。ここに住んでいる意味なんてあるだろうか。どこかへ行けば食べ物を手に入れることができるだろう」。彼は家を離れ、チュンバ・サンギャット（Chungba-Sangyat）のところへ行き、自分のことを話した。「自分は、両親の財産の分け前をもらえるだろうか」と尋ねると、チュンバ・サンギャットは、「決してもらえない」と答えた。そこで、精霊のところへ行き、同じ質問をすると、精霊も「決してもらえない」と言った。次に風のところへ行き、同じ質問をしたが、答えは同じだった。

絶望したテパガル少年は、森へ入っていった。木々の中を進んでゆくと小山の側面にある大きな洞穴のところへ来た。洞穴の両側には小川が流れ落ちていたので、中間の乾燥した道に向かって行った。少年が洞窟に入ってゆくと中はとても暗かったので、知らぬ間にどんどん深く入ってしまった。だいぶ行ってから、彼はジャトゥン・トゥン・カルム（Jatung-Tung-Karmu）と呼ばれる巨大な鳥が、三つの大きな卵の上に座っているのを見つけた。彼は、その鳥にあいさつし、「こんなところに何か食べるものがあるのですか」と聞いた。すると鳥が「私は米を食べる」と答えたので、少年は、「もう何日も空腹なのです。おまけに喉も乾いて弱っています。私に米を少しくれませんか」と言った。鳥は、「米はここにはなくて、普段は外へ行って探してくるのだ。君のために少し手に入れてやることはできるが、問題は、この三つの卵の上に座って温めているところで、もし離れたら卵は冷えてダメになってしまうことだ」と返答した。少年は、「行って米を手に入れてきて。僕が卵を温めておくから」と言った。鳥はそれに同意したが、「どんなことがあっても卵を裏返さないで」と言った。少年は卵には決して触らないで、単に卵を温めるために手を乗せておくことを約束した。そこで鳥は去り、少年は卵を手で温めた。

しかし、間もなくテパガルは好奇心をそそられ、卵をつまみあげ、観察してから裏返しにして戻した。しばらくして鳥が米を持って戻ってきて少年に渡したが、卵を見ると上下がひっくり返っていたので腹を立て、そこを去ってしまった。

鳥が行ってしまうと、テパガルは孤独を感じて泣き、どうしたらよいやらあれこれ考えを巡らした。しかし、やがて神の慈悲があることを思い出し、三つの卵の中から何か出してくれるのではと考えた。チュンバ・サンギャットに「どうぞ私を哀れと思って、この卵の中から何かを出して私を助けてください」と祈った。卵を杖で割ると白いヤクが出てきたが、空を飛んでチュンバ・サンギャットのところへ行ってしまった。二つ目の卵を割ると赤いヤクが出てきたが、森の精霊のところへ飛んで行ってしまった。少年は、「残った卵はあと一つだけだ。少なくともこれが自分の役に立つように」と叫んだ。

卵を割ると中から黒いヤクが出てきて、水の中へ入って行った。テパガルは、洞窟から出て手にロープを持ち、小川のそばに丸一年座って待った。この間、黒いヤクはずっと水の中にいたが、その年の終わりにやっと頭を水面に上げたので、少年はその雌ヤクをロープで縛り、家へ連れていった。しばらくして、ヤクは子供を産み、少年は乳とギーを得た。そのヤクは、三年間で三頭の子供を産んだ。

アパペクはこの話を聞き、他の二人の息子と一緒にやってきて、彼らは全員一緒に暮らし、彼らに食をもたらしてくれるこの動物に敬意を表して踊った。

これまでの六つの由来譚は、アルナーチャルのモンパおよびシェルドゥクペンのものであるが、次に、ブータンのメラのものも記しておく。メラの人びとの多くは、現在でも、ヤクを中心とした季節移動をする牧畜民である。

由来譚⑦（ブータン、メラ、ゲンゴー村、二〇〇八年九月）(66)

あるところに、コンポーチェンギエンザという村があった。ニャプー・ジーダルという名の父親とショルマサンキーデという母親の間には、三人の息子があった。長男の名は、ハーボー・ダルゲイ、次男の名はガワ・サンドゥップ、三男の名はテパガリといった。長男は父親からすべての財産をもらい、次男は母からすべての財産をもらったが、三男は何ももらえなかった。（ここで、ヤク・チャムの踊り手は、悲しい歌を歌う）テパガリは父に、動物でも品物でも何でもいいので自分にくれるようにと頼んだ。すると父親はヤクの毛の帽子をくれたが、てっぺんに穴が開いていた。母親にも同じように頼むと、長いチュバ（男性の前合わせの衣服）をくれたが、後ろの襟の部分が破れていた。次に長男のところへ行くと、長男は白と黒が混じったヤクの毛でつくったロープをくれた。次男のところへ行くと皮の長靴をくれたが、靴底との間の部分が破れていた。

テパガリは、これらの品を、もらったロープで縛って背負い、悲しい思いで村を去った。いくつもの山や平地を越え、ペメタンという牧草地に着いた。その中央に大きな山があり、登って頂上に着いた。この頂上をツァンワデワスィルマイ・ラという。山の頂から見ると、目の前にあるのは、ほとんど雪で覆われた山であった。その山には小さな湖が見えたが、着いてみると、それは大きな湖だった。彼は、右回りに三回、次に左回りに三回、その周囲を回った。そこで湖の端のほうで鳥が飛び立つのを見た。鳥の名は、ジャモ・ラブジャ・カルモという。そこへ行ってみると、鳥の卵があった。白・黒・白と黒のまだらの三色の卵だった。

まず白い卵を手にし、三回拭って割ると、中からヤクが出てきた。「自分は、ゲジー・ワンポのヤクで、この湖もゲジー・ワンポの湖だ」と言って逃げてしまった。次に白黒のまだらの卵を割った。すると中からデモ・タモ・ナクポという雌のヤクが出てきた。この雌ヤクは、自分は地方神のもので、この湖もその神のものだと言って逃げてしまった。次に黒い卵をやはり三回拭って割ると、ツォロック・ギョルモという雌ヤクが出てきた。逃げないように長靴でヤクを押さえて破れた帽子やチュバなどすべてを投げた。

テパガリは次に、動き回るヤクをロープで縛ろうとした。ロープを三回振り回し、四回目は小さな輪を作り、五回目はそこにロープを通して輪を作り、六回目にその輪を空へ投げた。そのロープはヤクを捕まえることはできなかったが、小さな六つの星を捕まえた。もう一度投げると何も捕まえられなかったが、それが虹を作る元となった。次に投げると雲に当たり、これが霧の元となった。もう一度投げるとガンカルテンポという雪の山に当たった。そのため滝ができた。次のロープは雪のない山に着き、そのため牧草地ができた。その次のロープは地面に着き、花を咲かせた。次のロープがやっとヤクを捕まえたが、ヤクと綱引きになった。テパガリはヤクに引っ張られ、地面にたたきつけられて目から星が出た。ヤクが勝ったり、木のように彼がヤクを支えたり、競い合った。彼とヤクが争っている間に地面は湿地になり、それはヤクの味方をしたが、しばらくすると石が地面から現れ、これはテパガリに支えとして味方した。次は、葉の多いところに来た。これはヤクの味方となり、次に来た岩の多いところはテパガリに有利だった。

これを繰り返しながら、一つの山に着いた。ヤクはその山を越えられず、テパガリに引きずり降ろされた。そのヤクは、山の中腹で子供を産んだ。雄で名をラヤック・ガジル・カルボという。母親と子供のヤクを連れてサルディモンというところに着いた。黒白のロープを二つに分けて、乳を搾るためにヤクの前脚を黒いロープで縛り、白いロープで後脚を縛った。右脚の縛り方は守護神の縛り方で、左脚は神の縛り方である。そしてロープをヤクの上にかぶせるだけの縛り方は、人間のやり方である。

それから乳搾りが始まった。右側の乳房から搾った乳はバター、左側の乳房から搾った乳はチーズになった。（これ以降も延々と話が続き、その内容は、ヤクの成長の様子や、自分とヤクだけの生活だが、バターやチーズを得てテパガリが幸福感に満たされていたこと、ヤクがどんどん増えてゆくこと、乳搾りのための桶やチーズ作りの道具を作ったこと、鞴（ふいご）や家の錠、ドアを作ったこと、ヤクを賞賛する内容などである。その内容は、モンパの由来譚②に類似している）

4　共通点と相違点

細部は異なっているが、どの由来譚にも共通しているのは、主人公が、三人兄弟の一人であること、他の兄弟が親の財産を分与されたのに、彼だけが与えられず、帽子・衣服（またはレインコート）・靴・ロープをもらったが、それがすべて古くボロだったこと、湖のほとりで鳥が産んだ三つの卵の一つからヤクが出てきたことである。⑥のシェルドゥクペンの由来譚だけは、親から何ももらえなかったと書かれている。だが、後に手に入れた雌ヤクを連れて帰るのにロープで縛っている。また鳥に出会ったのが、⑥だけは洞窟になっているが、それ以外は、ほぼ話のモチーフは共通している。

相違点は、主人公を、①④⑤⑥が次男、②③⑦が三男としている点である。(67) 特に③では、二人の兄が勇敢で賢くハンサムであるのに比べ、末っ子の主人公は愚かで障害があったが、身体は最も丈夫で強かったと書かれている。④でも兄たちのように賢くない人物として描かれている。

ギャンカル村のヤク・チャムでは、演者たちが①のように主人公を次男だと語っているにもかかわらず、その台本としてのテクスト②では三男となっているという矛盾がある。モンパには文字はなく、チベット文字の読み書きができるのは、僧や村役人などごく一部であったことから、文書は伝わっているが、実際には完全に読めてはいない可能性がある。

卵を産んだ鳥に留守番を頼まれたが、その卵を裏返してしまい鳥に去られてしまうというストーリーは、⑥だけに見られる。また、自分の分け前がもらえるかどうかを精霊や風のところへ尋ねに行くという部分も、他の話とは異なっている。

②のギャンカル村のテクストと⑦、そして、ここには訳出しなかったが、カルチュンが訳したテクストのモチーフには、多くの共通点がある。彼はメラに残るいくつかの不完全なテクストを統合したようなので、全体として長い物語になっていて、それを以下のように二五の場面に分けて整理している［Karchung 2013: 59-92］。

1　主人公のトゥーパ・ガリ〈thos pa dga' li〉の紹介
2　財産分け
3　村を離れる
4　ヤクの出現
5　縄を投げて虹や雨、穀物や植物、花などを出現させる
6　白い顔の雄ヤクの誕生

7　雌ヤクの話
8　ヤクの年齢を一二歳まで数える
9　牧草地への称賛
10　願望の成就
11　家財道具に関する詳述
12　ヤクの毛で織ったテントを張る八つの工程
13　ヤクの毛で織ったテント内部を賞賛する
14　四季に合わせたヤクの番の仕方
15　四季に合わせたヤクの乳搾り
16　ヤクの四つの美しい容貌
17　ヤクの色の組み合わせを五つの装飾品になぞらえる
18　トゥーパ・ガリおよび牧畜民の「願望」「依存」「祈願」
19　乳を攪拌するときの歌
20　遠くから歌う歌（大自然を賞賛）
21　魅惑的な行為
22　満足感あふれる歌
23　犬のつなぎ方
24　家に帰る

25　浄めと悟り

この整理の仕方には、鈴木正崇が次のように指摘する、近年の口頭伝承のテクスト化の傾向が顕著に見える。「テクストには口頭伝承で伝えられてきた曖昧さ繰り返しなどの特性を抑え、独自の音調を消去して「文字」に固定化することと、多様な神話を整理し、並べ替えて提示し、順序付けて一つの「まとまり」として提示するという二重の意味がある」[鈴木　二〇一二：三二]。このことを念頭に置いた上で、この伝説の内容について検討してみる。

5　神話と日常との連続性

この物語は、牧畜民の生業の起源に関わる伝説であり、神話的な語りと日常生活とが連続している。哺乳類であるヤクが鳥の卵から産まれるということ、卵から現れた雌ヤク以外の動物が神々の変化であったこと、主人公が投げたロープから星や雨・虹・川・花などが現れたことなどには、神話物語との連続性が見られる。

タワンのモンパの伝承である①②③④に見られるのは、汚い帽子や靴、服で卵をかぶせて汚すという象徴的な行為である。このことを④は「モンパは、純粋で神聖なものはどんなものでも汚されると力を弱められると信じている」と説明している。①には、黒い卵を割る前に、「卵をまたいだ」という記述もある。またいで汚すという意味であろう。主人公が両親や兄弟から受け取ったものが、破れていて無用と思われていたが、ここで逆転して聖なるものの力を弱めるものとして使われている。カルチュンも、「ブータンの人びとは、純粋で神聖なものは汚されると力を失うと信じている」と述べている［Karchung 2013: 62］。このことは、メアリ・ダグラスが穢れの本質について「旧きものは明らかに場違いなものであり、善き秩序に対する脅威であるがゆえに厭うべきものと見なされて強く排除される」と述べていることを思い出させる。その理由は、「その物質の前身がたとえば、毛髪や食物や衣服であってもそのものの意味がいまだに消滅せず、そのものが闖入し存在することによって新しい場の聖潔が損なわれるからだ」［ダグラス　一九七二：二九七―二九八］という。タワンで筆者が滞在していた家でも、薪ストーブの火に、鼻をかんだティシュペーパーなど汚れたゴミやプラスチックの袋などをくべること、かまどの火に足をかざすことなどは、厳しく禁じられていた。これは、農村の場合は今でも薪による竈や囲炉裏を使用していることから来ている習慣である。火を神聖なものとして扱い、それを汚さないというモンパの習慣とも、なんらかの関係があるかもしれない。この物語では、主人公はこうした聖なるものに対する挑戦者として描かれているとみるべきなのだろうか。

日常生活との関連性からいうと、三人の兄弟が親の財産を分けるというのは、牧畜民に見られる習慣である[68]。農耕民のモンパの場合には、親の土地や家は長男が相続し、もし男子がいない場合には、相続権は父親の兄弟に移る。カルチュンは、「メラの人びとは、主人公が財産を分けてもらえなかったのは、彼が大変醜かったため、実子であるにもかかわらず両親に差別されていたからだ」と説明している［Karchung 2013: 60］。

カルチュンのまとめた話では、雌ヤクが出現し虹や雨が現れた後は、ヤクの成長、牧草地、乳搾り、テントや家の内部の説明、乳の攪拌など日常的な牧畜民の生活風景に関連した話が中心になっている。だが、ヤクを得て成功した後、母親・父親・兄弟、そして姉妹や恋人から、それぞれ酒・小麦粉・バターとチーズ、肉、そして無条件愛情などのプレゼントを用意して待っているからというメッセージが届いたという話の部分は、②とも共通している。

カルチュンは、このことについて、「彼らは直接の兄弟、姉妹ではなく、従兄弟・従姉妹たちであろう。貧しかった時には親戚などなかったのに、主人公が（ヤクを手に入れて）金持ちになると、多くの従兄弟や従姉妹が身内だと名乗りを上げた」と皮肉を書き添えている［Karchung 2013: 90］。これは、③にも見られる人生訓である。

この由来譚は、初めの部分は仏教以外の神々が中心となっているが、②の省略した部分にも「業について」(69)という記述があり、仏教的な要素が強くなっている。カルチュンが整理したうちの最後の「浄めと悟り」の部分に②の省略部分と同様の記述があり、最終的には、主人公は、悟りを得て牧畜民たちから「家畜の神（God of Livestock）」と崇められるようになったと結ばれている［Karchung 2013: 92］。

神話で始まった物語が、日常性を帯び、最終的には仏教の悟りへと変わってゆく、という配列になっているが、それが原初の形態であったのか、後で付け加えられ変化したものなのかは分からない。

6　演じられるヤク・チャム――ギャンカル村の事例から――

二〇一三年一一月現在、タワン県の各地に伝統的なヤク・チャムを演じるグループは合計五グループある。二〇一一年ごろまで、ボムディール（Bomdir）にもう一グループあったが、今はない。その中で、最も古く伝統を守っていると言われるのはギャンカル村のグループである。

ギャンカル村といえば、かつてチベット政府の役人が駐留し、税を集積するギャンカル・ゾンがあったところである。その当時、ヤク・チャムがどのような役割を果たしていたのかを覚えている人には会えなかったが、少なくとも、チベットの役人がこのヤク・チャムを見物したであろうことは想像に難くない。

筆者は、二〇〇四年三月と二〇一二年一一月の二回、ギャンカル村のヤク・チャムを見学した。ロサルのシーズンではなかったため、いずれも二時間から二時間半ほどに短縮したものを特別に演じてもらった。完全なものは九時間から一〇時間かけて演じられるという。全体像を報告することはできないが、その内容は、おおよそ以下の通りである。解説は、ギャンカル村のヤク・チャムグループのリーダーであるサン・ツェリン（Sang Tsering）とナムゲイ・ツェリン（Namgay Tsering）による。(70)このグループのメンバーは、農業や請負仕事など、それぞれ職業を持っていて、プロとしてヤク・チャムを生業としているわけではない。これは、どのグループにも共通している。

登場人物や動物

登場人物は、父親、長男、次男で主人公のトゥーパ・ガリ、三男、トゥーパ・ガリの従者(71)のナロ（Naro）の五人である（**【口絵57】**）。他には、ガルーダを意味する鳥のジャ・チュン（*Jha Chung*）、そして張り子のヤクが登場する（**【口絵58】**）。ヤクの頭部は木製で、竹で枠を作り、黒いヤクの毛に模した布で覆った張り子胴の中に、二人の人間が入って、それぞれ前脚、後脚の役目をしている。背中には、両手を上げた女神スンマ・ゴムマリン（*Sungma Gommaring*）(72)が乗っている

この女神は、青い顔の忿怒形のマスクで表されている。このマスクがあるのはギャンカルだけで、他の村は白い顔の女神ラモ〈lha mo〉が乗っている。スンマ・ゴムマリンはその名前からローカルな女神であると思われるが、メラの場合は、仏教の護法神ペンデン・ラモ〈dpal ldan lha mo〉であるとされる［Karchung 2012: 92］。

楽器

太鼓（ダー：*dha*）(73)

シンバル（ブッブチャ：*bubbcha*）(74)

この太鼓は、柄付のもので、疑問符の形をしたダー・ギュッパ（*dha gyuppa*）というスティックで叩く。太鼓、シンバルはそれぞれ一人ずつで、彼らが叩くリズムに合わせて、チャムの踊り手チャムパ〈'cham pa〉がステップを踏む。

小道具

三つの卵（白・白と黒のまだら・黒）の入った鳥の巣。

衣装と面（マスク）

父親は、オレンジ色の面を着けているが、他は、すべて黒い面である。トゥーパ・ガリだけが前髪がある。父と二人の息子は、牧畜民ブロクパの衣装を着ている。上半身は、ウールの手織布が正式なものだが、タワンでは手に入らないため、木綿製の薄地の布を使っている。下は、カンダム（*kang-dham*）という白いキュロットスカートを着けている。靴は、ウール製の布で作った長靴で、プー・ラム（*phu-lham*）という。甲の部分は赤か紺で、靴底にはホエジカ（barking deer）の皮を使う。【口絵57】では、素足あるいは黒っぽいズボンに長靴を履いているが、以前は、全員が赤いウール製のスパッツを履き、その上にピシュップ（*pishup*）を着けていたという。ピシュップは、現在でもサクテンやメラの男性が着けているが、ホエジカの皮で作った、股の部分のない股引のようなものである。ブロクパの衣装に欠かせないのが、腰に吊った丸い携帯用クッションのテンタン（*teng tang*）である（【写真2-1】）。トルギャやドンギュルの際にもブロクパはよく出てくるが、カンダムに布の長靴、そしてテンタンは彼らの定型化された衣装である。

トゥーパ・ガリとナロは、長いチベット風のチュバ（*chuba*）を着ているが、それを膝までたくし上げている。カンジャルやチュバは一般の人でも着る衣服だが、カンダム、ピシュップはタワンや西カメンではほとんど見られなくなった(75)。

準備

一日前から村の寺で法要をする。張り子のヤクの中に入る二人は、前日から、豚肉と匂いのするニンニクや玉ねぎを食べてはいけない。これは、守護神であるスンマ・ゴムマリンが嫌うからであるという。

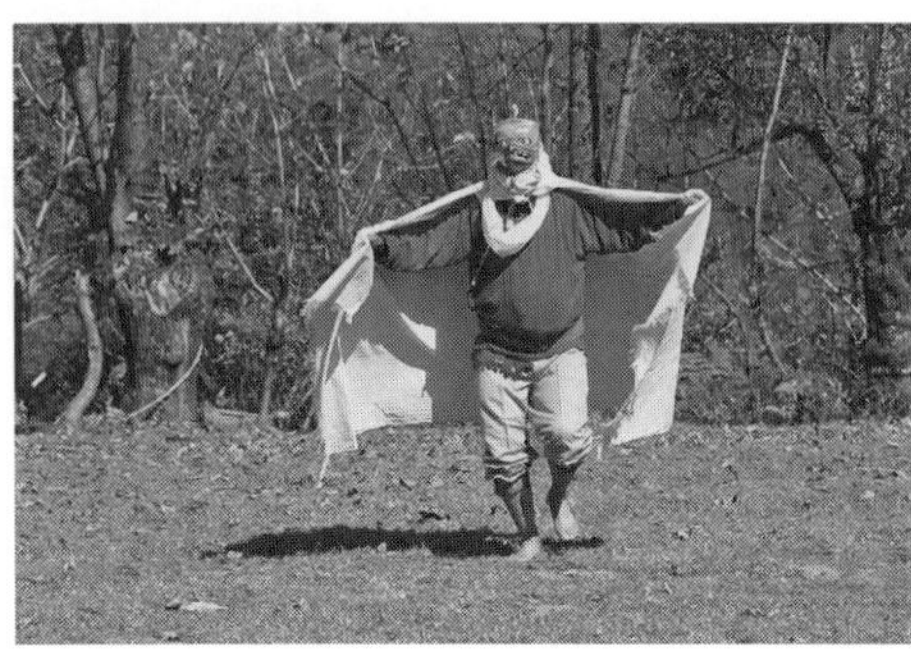

【写真3－9】鳥の踊り

【写真3－10】「鳥が産んだ卵」は白い石を磨いて着色したもの

チャムの流れ

最初に、白い布を羽に見立てた鳥の踊りから始まる（【写真3－9】）。鳥は、鷲のようにとがったくちばしをしている。鳥が、最初に白い卵、次いでまだらの卵、最後に黒い卵を藁の巣の上に順に産みつけてゆく（【写真3－10】）。しばらく鳥の舞が続いた後、トゥーパ・ガリと従者の二人が出てきて、しばらくしてヤクが加わる。最後に、父と長男、三男が出てきて、皆でヤクの周りで踊る。正式なものは、一つ一つの場面の踊りや歌が長く、それは、由来譚②にある乳搾りなどさまざまな場面を演じるため長くなるという。映像と文字による記録は残されていないため、何がどう省略されているのかつかめない。

カルチュンによれば、メラのものは、一日がかりで一八の場面に分けて演じられるとのことで、詳しい記述がある。しかし、著者が二〇一二年八月に見学した時にはそのうち一〇の場面しか演じられず、省略されていたという[Karchung 2012: 97–100]。

7　ヤク・チャムの変化

ギャンカル村のヤク・チャムは、現在はチベット暦の新年ロサルの三日目に、終日、村の広場で演じられる。だが、リーダーのサン・ツェリン（一九四三年生まれ）の話では、彼が一五歳ごろに踊りと歌を習い始めた当時は、ロサルの一五日間は、ほとんど毎日のようにヤク・チャムを踊っていたという。当時は、家々を回って、ヤク・チャムを演じては酒を振る舞われたが、今は、その習慣は薄れているという。若い人たちも習っているので後継者の心配はないと楽観的だったが、実際に会った演者たちは高齢化していた(76)。娯楽が少なかった時代と比べ、今ではテレビも各戸に普及し、子供や若者の関心は古い民俗儀礼には向けられていない。それでも需要があって、いくらかの現金が稼げれば、後継者は育ってゆくだろうが、実際にはその逆である。

以前は、ロサル以外の時でもさまざまなイベントに呼ばれ、ニューデリーやカルカッタにも行っていたというが、こうした公演は減っており、ツーリストからの需要もほとんどないという。費用は、二時間程度のもので、一人の演者に五〇〇ルピーを謝礼として支払うのが相場である。楽器を演奏する人たちも入れると合計一〇名分で、五〇〇〇ルピー[77]になる。この金額は、数人で払えば、外国人にとっては決して高額ではないが、需要がないのはなぜだろう。その理由は、ショー化されたヤク・チャムを演じるグループが現れたことにある。

タワン僧院のすぐ下にあるショー（Shyo）村の若者たちが組織する雪獅子協会（Snow Lion Society）は、以前から少しずつイベントなどで歌舞を演じていたが、二〇〇五年に協会を創立して本格的に活動を始めたという。[78]女性八人を含む二六人のメンバーがいて、ヤク・チャムの他に、獅子の踊り（Lion Dance）やモンパやチベットの歌や踊りを披露しているという。地方政府が会議やイベントの際に来賓に見せるために呼ばれることが多いが、ツーリストに見せることもある。一年に最低でも五〇回は大きな公演があり、州都のイタナガルはもちろん、ニューデリー・ムンバイー・チェナイ・ナガランド・ラダックなどの他、数カ月前にはタイのバンコクでも演じたという。相手の都合に合わせて時間内で多くの出し物を見せるようにアレンジできることから、需要が多いようだ。

【写真3-11】タワン観光市で演じられたヤク・チャム

舞台の上で演じられるヤク・チャム（【写真3-11】）は、チベットの衣装を着た遊牧民がヤクと面白おかしく戯れている内容で、動きも激しく、完全にショー化したもので、五分か一〇分の出し物である。伝統的なヤク・チャムとの連続性はまったく見えない。外からの来賓やツーリストは伝統的なヤク・チャムについての知識がないので、不満も抱かずアトラクションとして楽しんでいる。このショーに使われるヤクは、竹のフレームのある張り子ではなく、激しい動きができるように、いわゆる「着ぐるみ」になっているため、背中に女神を乗せることができない。つまり、モンパの村で演じられるものとはまったく別のものなのだが、この新しいライバルのおかげで、ギャンカルなどのヤク・チャムの出番が失われつつある。

一方で、この雪獅子協会の若者たちには、芸能集団として技術を向上させ、プロとしてやっていきたいという目標がある。ショー村は指定トライブとしてはモンパとなっているが、一九五九年以前からタワンに住んでいたチベット人が多い地域である。彼らは、ダラムサラとの交流もあり、チベット難民芸能集団（Tibetan Institute of Performing Arts：略称ＴＩＰＡ）(79)の活動を高く評価し、強いあこがれを抱いている。リーダーのツェリンは、こう語っていた。

一九六二年以前のことだが、自分の祖父が生きていたころ、カンドゥ・ドワ・サンモの伝説をドラマ化してタワン僧院で演じたことがあったと聞いている。自分たちもそれを再現したいが、衣装などを作る資金がない。他の踊りももっと洗練されたものにするために、ダラムサラへ行ってＴＩＰＡで訓練を受けたいが、費用がかかるのでできない。

カンドゥ・ドワ・サンモの伝記は、チベット歌劇のオペラの「ラモ」の一つとして有名なものだが、その伝説の舞台はモンユルで、主人公が結婚したカラワンポ王の宮殿があったところに現在あるタワン僧院が建てられたと信じられていることは、前にも述べた通りである。つまり、タワンがその伝説の故地なのである。しかし、チベット人であるツェリンたちは、世界的にもよく知られたチベット風の「ラモ」を演じたいようだ。

そればかりではなく、この着ぐるみのヤクは、メラのヤク・チャムにも変化をもたらした。それは、二〇〇九年にメラのグループがタワンからこの着ぐるみのヤクを購入したことによる[80]。筆者が二〇〇七年にメラで見たヤク・チャムは張り子のもので、上に女神が乗っていたが（【写真3-12】）、二〇一二年にはこの着ぐるみになって女神は乗っていなかった[81]（【写真3-13】）。その理由として考えられるのが観光化である。ブータンで、外国人の訪問が長い間禁じられていたサクテン、メラをツーリストに開放する動きが出てきたのは、二〇〇八年のことである。この年に初の議会制選挙が行われ、その前後に、この地域への国会議員をはじめとする役人の訪問が急増した。筆者が、首都から調査にやってきた政府観光局の役人と会ったのも、二〇〇八年であった。その結果、サクテンとメラは二〇一〇年九月一日から正式に開放され、二〇一六年にはメラの村まで自動車道路ができている。ヤク・チャムは、中央からの役人を歓迎する時に演じられる他、ツーリストも別料金を払って見学することができる。ただし、その場合は、ごく短いショー的なものである。

【写真3-12】女神を乗せた張り子のヤクが見える（2007年、メラにて）

【写真3-13】着ぐるみのヤクには女神は乗っていない（2012年、メラにて）

メラの観光化の際に、筆者は「メラのヤク・チャムを指導・主宰するR氏がツーリスト向けの説明書を作り、彼が書いたものが正統なテクストとして語り継がれ、国境を越えたモンパの村にも及ぶ可能性がある」という指摘をした［脇田　二〇一〇：四五］。しかし、雪獅子協会の人たちと会って分かったことだが、そのR氏がこの新しい着ぐるみのヤクをタワンから購入した当事者であった。つまり、観光化したメラのヤク・チャムがタワンに影響を与える前に、メラのほうが先に影響を受けたことになる。また、口頭伝承ともともとあった文書を整理したカルチュンのテクストが、タワンに広まることも考えられるが、その前に、ギャンカルのヤク・チャムが衰退する可能性も否定できない。

メラでは毎年、夏にニュンネ〈smyung gnas〉[82]という断食や無言の行を行う仏教儀礼がある。[83]ブータン暦の六月に行われ、その最終日に護摩が焚かれ、僧侶によるワン（灌頂）が行われる。ワンは、早朝行われるブム・ワンと、夕方行われるツェ・ワンの二つで、ヤク・チャムはこの二つのワンの間とツェ・ワンの後も暗くなるまで演じられる［Karchung 2012: 84］。[84]メラの知人の話では、新しいヤクに変わってからもこの習慣は続いているが、女神を乗せていないヤクには違和感があるという声が、村人からも上がっているという。

カルチュンは、自身の出身地で行われてきたヤク・チャムを「文化遺産」と位置づけ、二〇一〇年に開始されたメラの観光化と絡め、近代化とグローバリゼーションの高まりの中で、この文化遺産が危機に瀕していると危惧を示している［Karchung 2012: 82］。その背景として、かつてヤク・チャムの踊り手たちは、領主に対する税や強制労役ウラ〈'ul lag〉を免除されるという特典を得てきたが、それがなくなり、村の共同体から支払われるわずかな謝礼よりも、より稼げる仕事を選ぶようになったことを挙げている［Karchung 2012: 101］。

8　考察

本来のヤク・チャムは、正月に野外で一日がかりで、あるいは門付けとして演じられていたが、近年は、極端に簡略化され、舞台の上でショー化されたものがヤク・チャムとして紹介されるようになっている。そこには、野外で演じられる民俗儀礼から、舞台の上でのパフォーマンスへの変化と、その担い手の変化とが見える。年中行事とは関わりなく、オーダーされて演じるパフォーマンスへと変化することによって、生業とはかけ離れていく。女神を乗せていないヤク・チャムは儀礼を欠いたもので、モンパの伝統文化とは別物と言ってよい。

モンパは、書き言葉を持たず、チベット文字で書かれたテクストの読み書きができる人はごく限られている。口頭のみで伝承していく場合には、若い世代はヒンディー語教育を受けているため、親世代のようにはモンケットを話せないという障害がある。ギデンズは、「口承文学がすべての文化の中で最も伝統的であるとはいえ、人びとは伝統を伝統として認識していない。書くことによって、時空間の拡大化の度合いを増大させていき、その結果、知識の再帰的専有を伝統と称されるものから区別する、過去・現在・未来という遠近法的視座が創り出される」と述べている［Giddens 1991: 37-38］。それに当てはめて考えると、ギャンカル村のヤク・チャムは「未来」よりも「過去」の側により多くの比重が置かれた「前近代」の状態にあるといえるだろう。状況をモニタリングするという意味での再帰性がまだ十分に発生しておらず、伝統文化を意識化ができていない現状では、「主張する文化」となることはできず、それを客体化、資源化することには無理がある。

第一章にも書いたように、ごく最近まで、タワンのロウ（Lhou）村には、ボン（ポン）教起源のフラー（*phulha*）という儀礼があった(85)。毎年四月に行われるフラーでは、巨石の上に小麦粉を練って作った小さな動物が捧げられるが、おそらく動物供犠の名残で、仏教の浸透により禁止されたものだろうという［Nanda 1982: 112-113］。だが、最後の伝承者が亡くなったことにより、二〇一〇年ごろには行われなくなっている(86)。ルムラ・サークルではまだ行われていると聞くが、筆者は見たことがない。ボン教由来の民俗儀礼は、西カメン県のモンパやサルタンパの間ではまだ引き継がれているが、タワン僧院というこの地域最大の仏教寺院のお膝元では、その影は薄い。女神を乗せたヤク・チャムを継承しようという別の若い世代が現れないかぎり、伝統的なヤク・チャムも同じように衰退していくとみるべきなのだろうか。

モンパとブータンのメラクパ、サクテンパとの歴史的・文化的な関係の深さから、筆者もかつてメラの観光化に注目し、その結果がモンパのヤク・チャムなどになんらかの影響を与えるのではないかと考察した［脇田　二〇一〇：四五］。だが、先述のようにモンパとメラクパとの交流は想像以上に密接で、この観光化には、逆にモンパの側から与えた影響もあることが分かってきた。女神を乗せたヤクが着ぐるみのヤクへ変わることにより、メラのワンで演じられるヤク・チャムも観光化、イベント化への道をたどる可能性がある。ただし、ヤク・チャムのテクスト化を図り、自文化を相対化して「文化遺産」と見なすカルチュンのような知識人がいるメラの場合には、また新たな動きが生まれる可能性もある。

第三節　伝統工芸の行方――モクトウの紙漉きの事例から――

1　はじめに

織物以外のモンパの伝統的手工芸としてしばしば紹介されるのは、仏教寺院での法要や祭り、そしてヤク・チャムなどの仮面舞踊で使われる木製の仮面、絨毯、彩色を施した木製の容器[87]、寺院内の手描きの壁画、紙漉きである [Elwin 1957（1959）: 99] [Saraf 1991: 68-70]。これらのうち、仮面や木製容器は、タワンの政府直営のハンディクラフト・エンポリウムと、数人の高齢の職人が製作しているのみである。寺院の壁画や仏画もブータン人が描いているものが多く、モンパによるものは、工芸品としての価値が低い。絨毯はタワン地方でも織られているが、工房の経営者と従業員のほとんどはチベット人であり、モンパ固有のものではない。

そんな中で、現在もモンパによって盛んに行われているのが、ジンチョウゲ科の植物の靭皮（じんぴ）[88]を使ってのモクトウ（Mukto）の手漉き紙製作である。でき上がった紙は、なかなか高品質である。日本に持ち帰って、日本画家や書家に使ってもらったこともあるが、墨がよくなじみ、強度もあるという。多少ある漉きムラは障害にはならず、かえって素朴さを感じさせると好評であった。モクトウは、タワンの町の中心から車で二時間以内で行けるところであるが、道路状態が悪いことからツーリストが訪れることは稀で、あまり知られていない。

筆者は、二〇〇三年一一月、二〇〇九年三月、二〇一一年八月、二〇一三年一月と一〇月、二〇一七年一月と八月の七回、モクトウのランゲテン（Langeteng）を訪ねた[89]（**【写真3-14】**）。二〇〇三年当時、紙漉き小屋シュグ・

【写真3-14】ランゲテンの紙漉き小屋

チュカン（*shug chukhang*）は五軒で、携わる人びとの多くが六〇歳以上の高齢者だったことから、いずれ消滅してしまうのではという危惧を抱いた。だが、逆に紙漉き小屋の数は増え、二〇一三年一〇月にはランゲテンだけで【表3-1】にあるように八軒になっている[90]。他にランゲテンの東の山腹で三軒が紙漉きをしているので、合計一一軒になる。一〇年間で二倍以上増加したことになる。一度やめていた人がまた復活するという例も見られるので、今後も増え続ける可能性がある。

　モンパの紙漉きに関しては、二人のタワン・モンパ出身者、タシ・ラマ（Tashi Lama）とツェワン・ノルブ（Tsewang Norbu）による簡単な紹介と報告がある[Lama 1999：59-60][Norbu 2008：130-132]。外部からの報告としては、イタナガルにある北東地域科学技術研究所（North-Eastern Regional Institute of Science and Technology）の調査チームが、非木材森林産物（Non-timber forest product）としてのジンチョウゲ科の植物による紙漉きに関する調査をモクトウで行い、紙漉きの工程などが報告されているが、他の地域との比較、将来の展望などについては触れられていない[Paul et al. 2006]。

　本節では、モンパの紙漉きの現状を報告するだけでなく、ヒマラヤ南麓で広範囲に行われてきた伝統的な紙漉きとの比較からその独自性を明らかにし、将来への展望と課題とを考察する。

【表3－1】タワン県ランゲテンの紙漉き小屋（2013年10月当時）

	氏　　名	年齢	経験年数	作業場・販売方法・後継者など
1	Mr. Rinchin Khandu リンチン・カンドゥ	1937年 生まれ。 76歳	40年以上	自分が始めた頃は紙漉き小屋は４～５軒だった。できた紙はチベットのツォナへ持って行き、売った。現在は買い手が来ることもあれば、タワンやボムディラの商店へ売りに行くこともある。息子の妻が手伝っている。
2	Mr. Sonam Wangchu ソナム・ワンチュ	1939年 生まれ。 74歳	約40年だが断続的	３回場所を替えてここへ来た。以前はチベットのツォナへ持って行き、羊毛と交換した。固定客が数名いて、ここへ買いに来る。
3	Mrs. Norbu Drema ノルブ・デマ	1945年 生まれ。 68歳	約20年	子供のころは、両親が漉いていた。かつては夫と一緒にやっていたが、病気になったため、一人でやっている。後継者はいない。
4	Mr. Karma カルマ	1960年 生まれ。 53歳	５～６年	９カ月前までは山の上でやっていたが、気候が厳しかったので、ここへ来た。以前は、道路工事などの日雇い仕事をしていた。紙漉きはリンチン・カンドゥから習った。
5	Mr. Sangay Khandu サンゲイ・カンドゥ	生年不詳。 約73歳	13年以上	（病気で休んでいるため、38歳の娘が作業していた）2011年８月の調査時の話では、以前は道路工事の日雇い仕事をしていた。紙漉きは祖父から習った。2011年当時は、ランゲテンには５軒の紙漉き小屋があった。
6	Mrs. Dawa Drema ダワ・デマ	1970年 生まれ。 43歳	約３年	父親が10年前に始めたが、３年前に亡くなったので、引き継いだ。父親から習った。夫は紙漉きはせずに畑仕事や森へ材料を採りに行く仕事をしている。
7	Miss Pema Yanchin ペマ・ヤンチン	1986年 生まれ。 27歳	約３年	父親が14～15年ほど前に始めたが、３年前に亡くなったので引き継いだ。タワンの商店に売りに行くこともあるが、ボムディラやブータンのサクテンから顧客が買いに来る。
8	Miss Phoma ポマ	1985年 生まれ。 28歳	８カ月	他に仕事がなく、今年のロサル（新年）の後に、仕方なく始めた。叔母の夫から習った。結構きつい仕事なので、結婚しても続けるかどうかは夫次第。

註：年齢は干支を西暦に換算して満年齢で記しているため、前後１年の誤差がある。

2　紙の用途

モクトウで漉かれる紙は、かつてはチベットとの交易品であった。二〇一三年現在、紙漉きを続けている一九三〇年代生まれの人たちからも、その具体的な例を聞くことができた。本節に出てくるモクトウで紙漉きをしている人びとの名前は、【表3-1】にまとめておいた。一九六二年の国境紛争以前にチベットのツォナへ紙を売りに行ったリンチン・カンドゥ（【写真3-15】）は、二束二〇枚で、モンパがベタン（*betan*）と呼ぶ銀貨一枚だったと記憶している。同年代の人によると、当時は、一ベタンは七日間の労働の報酬、あるいは七升の唐辛子に相当するという。ソナム・ワンチュの場合は、ツォナで一〇枚の紙を羊毛五〇〇グラムと交換したという。

【写真3-15】最長老のリンチン・カンドゥ

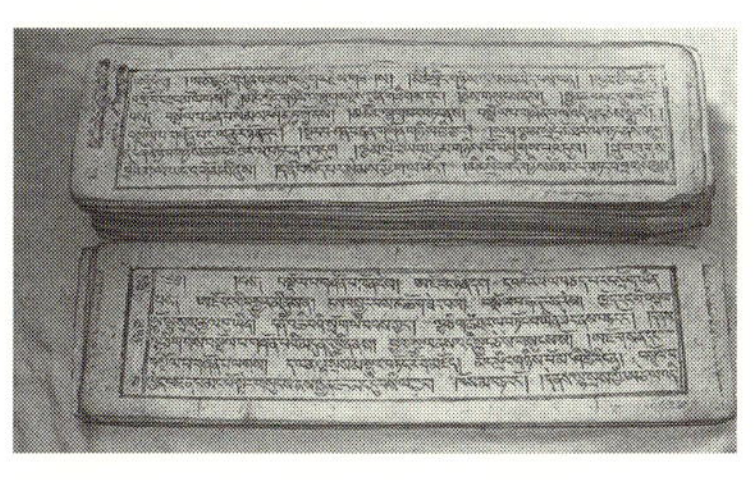

【写真3-16】手漉き紙に印刷された文書

チベットやこの地方における紙の用途は、主として文書や経文用（【写真3-16】）である。経文に使う場合は、一枚では薄すぎるので、何枚かを小麦粉で作った糊で重ねて厚くするが、大小の円筒形のマニ車[91]の中に納める経文用（【写真3-17】）にする場合は、テープ状に長くつないでゆく。現在でも寺院の新築や改築の際に、その周囲を囲むマニ車用に大量の注文が入ることがあるという。例えば、リンチン・カンドゥのもとには、

【写真3-17】古くなって露出したマニ車内部の経文

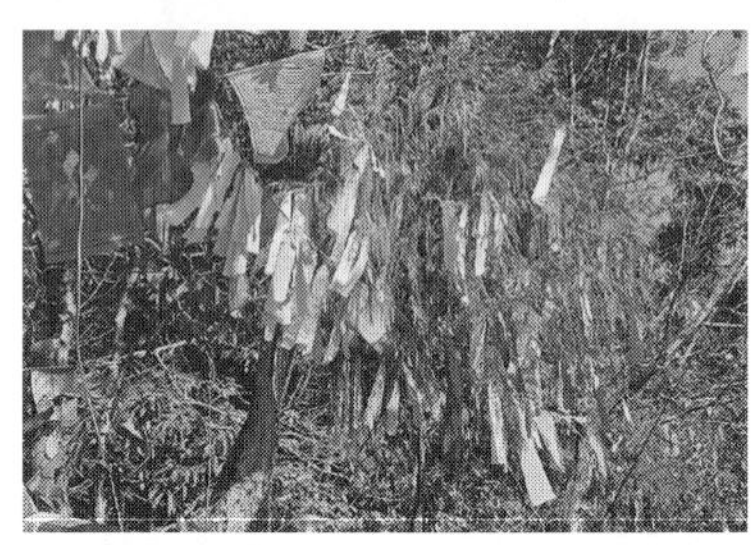

【写真3-18】ルンタ・ファン（白色は手漉き紙、色紙は工場製）

【写真3-19】ケイ・ラー・ファン

ブータンのタシガン県ポンメから、寺のマニ車用に二四〇〇枚を馬で買いに来たことがあるという。モクトウの紙は、ブータンのものよりも安価なため、わざわざ山道を片道三、四日かけて歩いて買いに来るのである。ちなみに、二〇一四年のブータンのタシ・ヤンツェ県ブムデリン地区（Bumdeling Gewog）の紙は、一枚一〇ヌルタム、モクトウのものは六ルピーであった。一ヌルタムは一ルピーと等価である。当時の換算レートは一ルピーが約一・九円だったので、ブータンのものは、一枚一九円、モクトウのものは一一・四円ということになる。

他に村でよく見かけるのが、この紙を細く切って短冊を作り、糸で木の枝に括り付けた、ルンタ・ファン〈rlung rta phan〉(92)（【写真3-18】）である。健康や長寿、家内安全、就職などを祈願して木の枝に結ぶものである。他には、土地の守り神ケイ・ラー（*kei lha*）(93)に供えるケイ・ラー・ファン（*kei lha phan*）（【写真3-19】）や家庭での悪霊祓いの儀礼用のトルマの傘ドゥグ〈gdugs〉（【写真3-20】）などに用いられている。いずれも信仰と切り離せないものであるが、最近に

【写真 3-20】紙を折って作った儀礼用のトルマの傘ドゥグ

なって便箋や封筒などの製品化を試みる人が現れている。だが、まだ軌道には乗っていない。このことについては後で述べる。

過去のチベットを伝える記録の中に、トイレット・ペーパーとしての用途に関する興味深いものがあった。多田等観（一八九〇―一九六七）は、「用便後には、要らなくなった灰を上から振りかける。紙は使わない。チベットの製紙には毒素が入っているからこれを使うのは体に良くないといわれた」、日本からの新聞紙を使っていたら「どんな文字でも三字以上の字が書かれているものには必ず仏があるから仏で尻をふくとはけしからんといわれた」と記述している。[94] チベット製紙がダフネのことかどうかは書かれていないが、小川康によれば、チベットでは、ダフネは製紙の材料となるほかに、毒草として認識されていて、根を熱処理して腫瘍の薬に配合することがあるという。[95] そうした一般の認識が、多田が聞いた言葉の背景にあるのではないだろうか。

一方で、ラサの貴族の娘として一九一〇年に生まれた亡命チベット人タリン（Rinchen Dolma Taring）の自叙伝の中に、彼女が一〇歳前後のころ、ラサの彼女の家ではダフネの樹皮から作った紙を四角く切って束にし、トイレット・ペーパーにしていたという記述がある［Taring 1970: 28］。当時のチベットにおいては、紙は貴重品だったはずだが、貴族の家ではこのように使われていたことが分かる。スタンによれば、「近代に入ってからは、紙はラサから南西に位置するタクポ〈dwags po〉やブータンで作られていたが、古代においてはかなり珍しく貴重なもので、一一世紀後半には一度書かれた文章の余白にまで文字が書かれた」［スタン　一九七一：一六二］という。一九二〇年代になっても、遠くから運ばれてくる手漉き紙は貴重であったと思われる。

3　ヒマラヤ南麓の紙漉き

ノルブは、モンパをアルナーチャルで紙漉きを知っている唯一のトライブであるとしている［Norbu 2008：130］。確かに、州内で他のトライブに紙漉きの技術があることは聞かないが、小西正捷は、一八世紀までインドへの移住を続けていたアッサムのタイ・カムティ（Thai-Khamti）を含むタイ・ビルマ系の人びとが、つる性の植物で紙を作っていたと記している。[96]

しかし、同様の製法による紙漉きは、ヒマラヤ南麓の各地に存在し、一部は現在も継続されている。ジンチョウゲ科ジンチョウゲ属、あるいはミツマタ属の樹皮から作られる紙を、チベット語ではしばしば「モン・ショク」〈mon shog〉（モンの紙）と呼ぶ［Bodt 2012：5］。このモンは、タワンだけでなくヒマラヤ南麓一帯意の広範囲な地域であろう。その理由は、ネパールからシッキム、ブータンの各地にジンチョウゲ科の靭皮を原料とする紙漉きが存在しているからである。タワンのモンパは、ジンチョウゲ科の植物をシュグ・シェン（*shug sheng*：紙の木）と呼ぶが、ダースの蔵英辞書には、チベット語のショク・シン〈shog shing〉は、「その樹皮から紙を作るダフネのこと」と説明されている［Das 1902：1246］。ブータンでは、手漉き紙を、やはりダフネから作る紙という意味で、ディ・ショ（*dey-sho*）と呼ぶ［Wangchuk 2011］。

ネパールの製紙に関しては多くの研究報告があるが[97]、筆者が参考にしたのは、ホジソン（B. H. Hodgson）の一八三二年の報告、トリアー（Jesper Trier）の詳細な研究［Trier 1972］、そしてそれらに自らのフィールドワークによる考察を加えた小西の調査報告［小西　一九八〇、一九八二］［Konishi 2013］である。

ホジソンは、ネパール紙と呼ばれているものが、実際には、ネパールのヒマラヤ南麓のチベット系の人びととボーテア（Bhoteahs）によって作られていると記している［Hodgson 1832：10］。トリアーは、さらにネパールの抄紙について広範囲にわたって研究し、ボーテア以外の多くのエスニック・グループが紙漉きを行っていることについて、その製法も併せて細かな報告をしている。小西の研究は、これらの先行研究を検討し、カトマンドゥのケーサル図書館で古い紙本文書を調べ、それをネパール紙とインド紙に分類した上、その前後関係を明らかにした。ネパールだけでなく、ベンガルなどの東部インドやアッサムをも視野に入れた貴重な研究である。この三人の報告からは、モンパの紙の製作工程との共通点が見出されるが、この点については後述する。

一九三七年四月から五月までシッキムのゾング（Zongu）のレプチャの村に滞在したゴアラー（Geoffrey Gorer）は、地元の人びとが、二種類のジンチョウゲ科の植物から紙漉きをしていたことを報告している。「紙は僧院で使うものであれ商品であれ、誰でも作ることができたが、ゾングには版木がないので、印刷はできなかった」と記している［Gorer 1938：60–61］。

ブータンでは、現在は、ティンプーやパロ県、シェムガン県、そしてタワンに隣接するタシ・ヤンツェ県のブムデリン周辺で紙漉きが行われているが、紙は領主に対して税として納められるものだったため、かつては多くの家庭が紙漉きをしていた［Wangchuk 2011：62–67］［Ison 1997：122–123］(98)。ブータンでも、紙の原料の多くはジンチョウゲ科の植物で、チベットへの重要な輸出品の一つであった［中尾・西岡　一九八四：一三二］［Myer & Pommaret 1994：63］。

チベットでは、中国側の資料(99)によれば、モンユルの一〇〇戸以上の門巴族が、農閑期に副業として紙漉きをしていたという［西蔵社会歴史調査資料叢刊編集組　二〇〇九ａ：一二六］が、年代や具体的な地名については触れられていない。張と于は、門巴族が竹と樹皮による紙漉きをしていると報告しているが、地名や原材料の木の名前などについては言及していない［張　一九九七：三二］［于　一九九五：四一二］。タワンでは竹を原料とする製紙はみられない。

ブータンのブムデリンの紙漉きについて、「紙漉きはブータンの古くからの伝統とされてきたが、数世紀前にチベットから伝来したものであろう」という記述もある［Ison 1997：122］。中国からチベットを経てヒマラヤ南麓への製紙技術が伝播した経路には諸説あり、モクトウの紙漉きが、チベットから直接伝わったものか、ブータンを経て伝わったものかについても不明である。しかし、ヒマラヤ南麓の各地で行われていることから、一度南に伝わったものが東西に広がった可能性もあるという小西の考察は説得力がある。(100) 現在の状況で、はっきりしていることは、ブータンの紙漉きは、日本などの技術協力によって機械化が進み、製法も変わり品質も向上しているが、モクトウでは、原始的ともいえる方法が受け継がれ、現在に至っていることである。

【写真3-21】シェルガオンの紙漉き［Elwin1959b：192］。現在は消滅している

4　作業場・原料・工程

エルウィンの著作に、西カメン県のシェルガオンのモンパ女性が紙を漉いている写真が見られるが（【写真3-21】）、西カメン県での紙漉きはすでに消滅している。エルウィンは、モンパのごく少数の家族だけが紙漉きをしていたと記している［Elwin 1957（1959）：99］。彼が西カメンを経てタワンを訪れたのは一九五六年であるから、(101) 一九五〇年代でも数

えるほどであったことが推察できる。

紙漉きが行われているランゲテンは、タワン県モクトウ・サークルのモクトウ村の中心地から車で一五分ほどのところで、ブータンのサクテンとの国境であるニンサン・ラ（峠）に向かう途中にある。モクトウの村外れに村の共有林があり、ここに自生するダフネ（ジンチョウゲ科ジンチョウゲ属の*Daphne papyracea*）の靭皮が紙の材料となる。村の中心地の標高は二三八五メートルであるが、共有林はそこから少し下がった谷間の南の斜面に位置する。ランゲテンは、タワンのモンケットで「大鍋の底」という意味である。タワンの中では標高が低く温暖なので、野外作業に適している。二〇一三年一〇月現在、ここにある八軒の小屋のうちの七軒は、標高二二六一メートルから二二九六メートルのところに散在し、一軒のみが道路から石段を上った高台にある。水道はないが、山から湧き出る水をビニール・ホースで作業場まで引いている。ランゲテンそのものも村の所有地で、誰もが無料でこの土地を使用して紙漉きを行うことができる。雨が多いところなので、作業場用の小屋と天日干しにするスペースが必要であるが、多くの小屋は、一〇〇平方メートル前後の土地でそれを賄っている。小屋は、丸太の柱にトタンや藁を葺いた屋根という簡素なものである。

ダフネは、三月に採集すると最も外皮をむきやすいという。イタナガルにある北東地域科学技術研究所（North-Eastern Regional Institute of Science and Technology）の調査チームの二〇〇六年春の報告書に、ソナム・ワンチュ（Sonam Wangchu）からの聞き取りと観察が記されているが［Paul et al. 2006: 134-135］、筆者も二〇〇九年と二〇一三年にソナム・ワンチュの紙漉き小屋を見学している。同一人物なので、やり方は変わっておらず、二〇〇三年に観察したリンチン・カンドゥ（Rinchin Khandu）を含め、**【表3-1】**の八軒すべての人びととの工程とも同じであった。

以下は、筆者が二〇〇九年三月に観察したソナム・ワンチュの作業工程である。[102]

【写真3-22】靱皮を剥いで裂く。それを天日で2日間干す

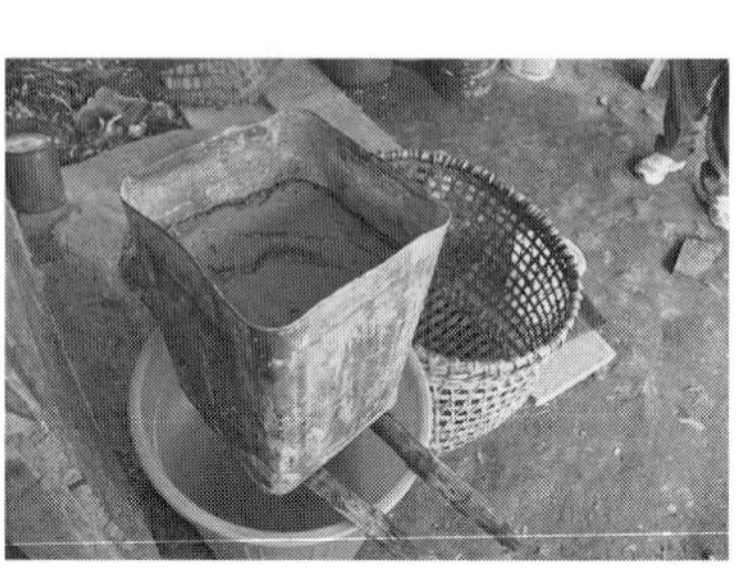

【写真3-23】薪を燃やしてできた木灰を濾す。良い木を使うことが重要

①ジンチョウゲの外皮を小刀で削り、靱皮（内皮）だけにする。それを二日間天日に干して乾かす（【写真3-22】）。

②灰を作るために薪を燃やしてできた木灰に水を入れて濾す（【写真3-23】）。灰は一回しか使えないが、よい木の灰であれば、それを他の灰に混ぜて使うこともある。どの木の灰を使うかは大変重要な問題である。最も灰に適しているのは、パンクー・シェン（*pangku sheng: quercus lamellosa*）、次はケット・シェン（*ket sheng: euonymus hamiltonianus*）、次いでパ・シェン（*pa sheng*：学名不明、英語のoak）、マングリ・シェン（*mangri sheng: quercus leucotrichophora*）。いずれも樫の仲間とのことである。木および薪の総称はシェンだが、質のよい薪は、鉄の木という意味でチャク・シェン（*chak sheng*）と呼ばれる。

③大なべに水を満たし、柄杓一杯分の木灰を入れ、靱皮を煮る（人によって二時間、四時間、一晩と時間に差がある）（【写真3-24】）。

④煮た靱皮を平らな石の台（*godo*）の上に置き、木槌（*rui tong*）で叩いてペースト状にし（【写真3-25】）、直径二〇センチ、厚さ一〇センチほどの円筒状の塊を作る。大鍋一杯分の靱皮から八個ぐらいの紙料の塊ができる。八個作るには、四時間かかる。力を入れて叩くこの作業が最も重労働である。

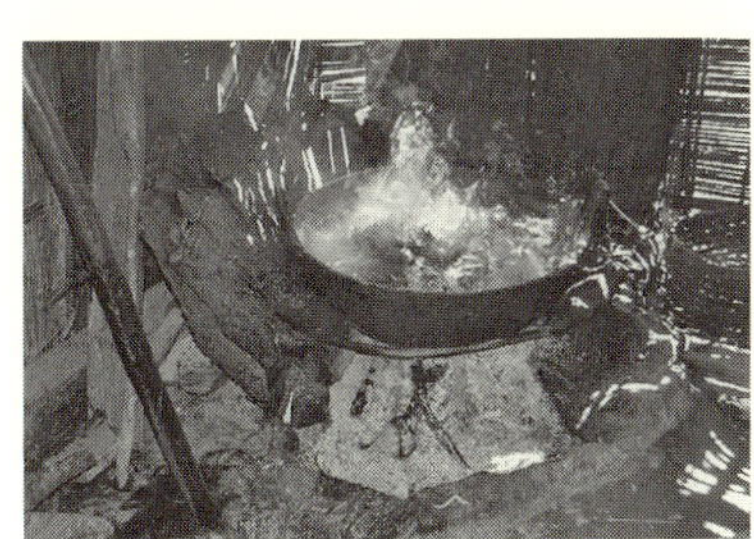

【写真3-24】木灰を入れて籾皮を煮る。人によって2時間から一晩と時間に差がある

【写真3-25】紙料を滑らかになるまで叩く。何時間もかかるこの作業が最も重労働である

【写真3-26】漉き桁の上から竹籠に入れた紙料を竹製の茶筅のような道具を使って溶き入れる

【写真3-27】手で均一に広げゴミなどを取り除いて漉き上げる

⑤地面に掘って作った木製の水槽あるいは漉き舟ショー・カン（*sho khang*）に水が張ってある。その上に、木枠に蚊帳用のナイロン製の網[103]を張った漉き桁ショー・シェン（*sho sheng*）を浮かべ、その上に、小さな竹籠に入れた紙料を竹製の茶筅のような道具ショク・ボル（*shok bor*）を使って溶かし入れ（**【写真3-26】**）、手で漉き桁に均一に広げて漉き上げる（**【写真3-27】**）。

⑥漉き桁を立てかけて天日で乾燥させる（**【写真3-28】**）。晴れていれば六時間から七時間で乾くが、曇りの日には一〇時間以上かかる。雨季には、小屋の中の焚き火で干すこともある。乾いたら一枚ずつ剝がす。

ソナム・ワンチェの漉き舟の大きさは、縦

【写真3-28】天日に干す

【写真3-29】②～⑤の作業用の道具

八一センチ、横一一〇センチだが、八軒の平均では、縦七九センチ、横九八センチである。

この工程の特徴は、漉き舟そのものから紙料を漉き上げる「溜め漉き法」ではなく、水のみを張った水槽に蚊帳用のナイロンの網を張った漉き桁を浮かせ、その上に一定量の紙料を溶かし入れて攪拌することである。これを漉き桁ごと乾燥させるので、一枚につき一枚の漉き桁が必要になる。小西は、このような方法をチベット・ネパール系の技法として、インドのヒマラヤ地域以外の地方の漉き簀(す)を用いた「溜め漉き法」と区分している［小西　一九八〇：四七八―四七九、一九八二：四二］。

世界各地の製紙法を調査したハンター（Dard Hunter）は、上から紙料を入れるやりかたを「澆紙法(ぎょうしほう)」（pouring method）と呼び、インドに一般的な「溜め漉き法」とは異なる、タイ・ミャンマー・ネパール・ブータン・チベットにある原始的な技法だとしている［ハンター　二〇〇九：四一、六一―六二］。ヒマラヤ南麓では、ネパールのチベット国境に近いバラビシェ、シッキムのゾング、そして筆者も見たことのあるブータンのブムデリンの紙漉きも、澆紙法であることが確認できる[104]。また、チベット大蔵経の印刷所として知られる四川省のデルゲパルカン（徳格印経院）では、ジンチョウゲ科のクサジンチョウゲ属の植物が使われるが[105]、その工程も、水に浮かせた漉き桁の中へ柄杓で紙料を入れるやり方であるである［山中　二〇〇三：二〇五―二〇八］。ただし、すべて、それぞれの地域での報告者の調査時のことで、その歴史について、また、現在も続いているのかどうかは確認していない。

すでに述べたように、モンパの紙漉きは、現在はモクトウのみで行われている。西カメン県シェルガオン近くで撮影されたエルウィンの写真からは、漉き桁の上から柄杓で紙料を注いでいるのが分かるが、その横に、漉いた紙を紙床の上に重ねているのが見える（【写真3-21】）。つまり、ネパール・チベット系の澆紙法の場合は、紙の枚数分の漉き桁を天日で干す方法が一般的だが、この写真から見る限り、漉き桁に竹やカヤ製の簀を敷いて、一枚ずつ剝がして後でまとめて乾燥させる方法のようである。残念ながら、その製法は書かれていない。

モクトウのモンパの紙漉きに関しては、古い記録がないので、いつからこの製法なのかは明らかではない。だが、二〇一三年一〇月の聞き取り調査で、かつては、モクトウでも溜め漉き法が行われていたことが分かった。最も経験の長いリンチン・カンドゥによると、竹製の簀子を使っての溜め漉き法で、板の上に漉いた紙を重ね、その上に板を乗せて重さが平均になるように石を置いて水を切るというやり方だったという。この方法だと厚い紙を漉くことができるが、板や岩の上など、乾かす場所が必要になるので、一枚ずつ漉き簀を立てかけて乾かす現在の澆紙法の方が便利なため、彼が三〇代で始めてから間もなく、溜め漉き法はなくなったという。どちらが古い製法だったのかは分からないという。エルウィンの報告にある西カメン県のシェルガオンは、アッサムにも近いので、インド方式との折衷が見られた例で、その影響がタワンにも波及したことがあったのかとも考えたが、ブータンにも伝統的に溜め漉き法があったことが確認されているので、モクトウもその影響を一時的に受けた時期があるのかもしれない。あるいは、両方の製法が伝統的に行われていた可能性もあるが、今のところ結論は出せない。

5　技術援助による影響――ブータンの場合――

東ブータン、タシ・ヤンツェ県のブムデリンの製法は澆紙法であったが、日本の技術指導が行われ、その製法には変化が見られる。重要無形文化財かつユネスコ無形文化財でもある石州半紙（せきしゅうばんし）の産地、島根県浜田市三隅町は、一九八六年にブータン政府の要請を受けて研修生を受け入れる一方、専門家を送って技術指導を行い、製紙機材を贈呈するなどの国際交流事業を行ってきた。国際協力機構（ＪＩＣＡ）も、三隅町から和紙技術の専門家を派遣している。二〇一三年一二月現在、首都ティンプーにある紙漉き工房四軒も、かつて三隅町や現地で研修を受けた人びとがオーナーとなり、一部は機械の供与も受けて品質も向上し、順調な運営を続けているという。それらの工房の製法は、日本式溜め漉き法である。三隅町で紙漉工房を営み、研修生の指導や現地での指導経験を持つ石州半紙技術者会副会長の久保田彰の報告書［久保田　一九九九］によると、ブータン政府は伝統的な手漉き紙製作を産業化し、世界市場で通用する品質に高めたいと強く望んでいるという。日本からの協力はそれに応えたものである。ブータンでは溜め漉き法による紙はツァショー、澆紙法による紙はレショーと呼ばれ、伝統的に両方の製法があり、タシ・ヤンツェ県がその生産中心地となっている。ツァショーの方が、厚い紙を製造することができる。タシ・ヤンツェ県でのレショー紙製造上の注意点として、山水を利用するため、水に不純物が混入するのを防ぐこと、原料を腐らせないように風通しの良い高床で保管すること、原料に付いているゴミなどをよく取り除くことなどが挙げられている［久保田　二〇〇一］。これらは、ランゲテンでも同様の注意が求められる内容である。報告書からは、伝統的な二つの製法を守りながら小規模紙産業として確立させなければならないという真摯な姿勢と熱意が感じられるが、このような配慮の上での技術援助でもやはり日本の影響は見られる。それは、ネリとしてトロロアオイの根を使用することである。ネリは紙料が漉き舟の底に沈むことを防ぎ、均等に分散させ、でき上がりをきれいにするものである。ブータンには野生のものがあり、栽培も可能だという。ネリの使用は、日本からの技術指導によって取り入れられたものだという。

小西は、ネパールでも日本の技術によりオクラのネリが入るようになったが、これは一枚一枚剝がしやすいように使うもので、一枚ずつ乾燥させる工法の場合には不要なものだと指摘している［Konishi 2013: 182］。筆者も、モクトウでの紙漉きを見る限り、現状では、ネリの使用は不要であると思う。ネリにする植物栽培や化学薬品のための労力や材料費の支出は、素朴でしかも安価なモンパの紙を、根本的に変えてしまう恐れがある(106)。とりあえずは、地元で採集される材料を使って、個人や家族で小規模に続けることが、持続性の鍵ではないだろうか。タワンの紙漉きには、ブータンのような行政の積極的な働きかけがないこともあり、産業化の見通しが立たないからである。

6　近代化と伝統的なパートナーシップ

ランゲテンの紙漉き小屋が集中する一角に、現在は廃屋になっている工場がある。これは、一九九八年から翌年にかけて州政府がＵＮＤＰ（国連開発計画）の援助で建てたもので、'Monpa Handmade Paper Industry, Mukto' という看板が掛けられている。二〇〇二年に機械化を試みて煮沸用の鍋・圧縮水切り機・裁断機などが取り付けられたが、一カ月間だけ稼働した後に機械が壊れ、誰も修理できないまま一〇年以上放置されたものである（**【写真3-30】【写真3-31】**）。モクトウの製紙法では漉き桁ごと一枚ずつ天日干しするので、圧縮水切り機は不要なはずだが、廃屋内に放置されていた。もっと深刻なのは、恒常的なタワンの電力不足である。タワンの停電の多さとその

【写真 3-30】廃墟となった工場の内部

【写真 3-31】同工場内の圧縮水切り機

時間が長いことは筆者もずっと経験してきた。モクトウもその例外ではない。電力の供給が不安定な場所に、電動の機械を導入すること自体に問題がある。

この工場建設の前年に、ラージャスターン州のサンガネールで抄紙の研修が行われた。それに参加したリンチン・カンドゥは、「すべて機械で行っていたので、学ぶことはほとんどなかった。ただ、紙料を数時間叩く作業が最もきついので、この工程だけは機械があると楽だと思った」と語っていた。他の人びとも機械化に対しては批判的で、機械を動かすとなると、しばしば機械に詳しい人の手を借りなければならず、数人での共同作業になるが、従来のやり方なら一人でできる。もっと多くの紙を漉きたいと思ったら、家族の手を借りればよい、というのが共通した考え方のようだ。

だが、筆者が二〇一四年一一月にブータンのブムデリンを訪ねた際には、一四軒の紙漉き小屋のうち数軒は、この叩く作業に電動モーターによる機械を使用していた。例えば、一九五三年生まれのゴンフー（Mr. Gonphu）の作業場には電動の乾燥機と叩く機械があった。二〇〇八年に二つの機械を合わせて一四万ヌルタムで購入し、そのうち一〇万ヌルタムは政府が援助したという。ブータンでは電力供給が安定していることも、タワンとの大きな違いである。二〇一四年当時のブムデリンの紙は薄手のものが一枚一〇ヌルタム、厚手のものが二〇から三〇ヌルタムであった。先述のように、ブータンの一ヌルタムは一インドルピーと等価である。

モクトウの平均的な紙の値段は、二〇〇三年は一枚二ルピーであったが、二〇〇九年には二・五ルピー、二〇一一年には五ルピー、二〇一三年には六ルピーだった。モクトウの役人からは、同年一一月から七ルピーにしたいと聞いていたが、二〇一七年八月現在も六ルピーに据え置かれていた。二〇〇三年からの一〇年間で三倍になっているが、これは物価とほぼ連動している。例えば、米、砂糖はほぼ三倍以上、塩は三倍になっている。それでも、労力を考えるとかなり安い値段である。

八軒の人びとの話では、材料が整い、天気が良い日なら一日一〇〇枚漉くことができるということなので、雨季があることも加味して、仮に、月に平均二〇日間作業ができ、六ルピーで売れたとすると、月の収入は一万二〇〇〇ルピーとなる。大学を卒業して私立小学校の教師になった人の初任給が一万二〇〇〇ルピーぐらいなので、決して少なくない収入といえよう。女性や高齢者でも作業のすべてを一人でできることも大きなメリットである。ただし、高齢者にとって、材料や薪を森へ伐り出しにゆくのは楽なことではない。それを支えているのが、モンパの伝統的なグランマ（*grangma*）システムである。グランマは英語の「パートナーシップ」[107]に相当する語であるとモンパは説明するが、「モノで対価を支払う」というのが本来の意味である可能性がある。紙漉きの場合であれば、他人が伐り出してきたジンチョウゲを受け取り、そこから生産された紙の半分を渡すというシステムである。田畑の耕作を他人に任せたときに、その収穫物を土地の所有者と耕作者とで半分ずつ分け合う、ヤクの持ち主が他人にその世話を任せた場合、ヤクから生産される乳製品を持ち主と世話をした人とで分けるなど、生活のさまざまな場面で取り入れられている制度である[108]。元気なうちは自分で森へ行くが、年老いたら収入が半分になっても他人の力を借りて継続してゆけるのである。こうした点が、ランゲテンの紙漉き小屋が増え続けている理由ではないだろうか。

明確な数字では示せないが、モクトウの紙漉きを支えているのは、大量の紙を必要とするマニ車の経文用などの、仏教の伝統であろう。受注する基盤が仏教の伝統とつながっていて、値段が急激に高騰しないかぎりは、需要がなくなる心配はない可能性が高い。現状では、ブータンでの消費に依存しているので、ブータン頼みの側面もある。だが、現在のところ、八軒とも漉いた紙は完売できているという。

7　伝統の敵は工場製の紙だけか？

ルンタ・ファンについては、すでに強敵が現れている。それは、工場で大量生産される安価な色紙である（【写真3-18】）。それらは、五色各二枚の計一〇枚で二〇ルピーで売られている。手漉き紙一〇枚は六〇ルピーなので、三分の一の値段で買えるのである。タワンのオールド・マーケットにある両方の紙を売る店に聞くと、最近は、この安い色紙のほうがよく売れるという。エルウィンが、「民俗芸術を保ってゆくためには、いくつもの敵がいるが、その最初の敵は、バザールで売られる品物だ」［Elwin 1959b: 183］と述べているのは、まさにこのことである。

二〇一三年九月にタワンの役所は、伝統を守るために、モクトウの紙を使用することを奨励したと聞いた。だが、その発案者であるタワン県の新任の県長官(109)を訪ねると、モクトウの紙の品質を高めるために他州へ研修生を派遣することを考えているという(110)。これに対して、筆者は、ラージャスターンへの研修が無駄だったこと、大金を投じた工場が廃墟になっていること、品質を高めなくても現在の紙で十分市場価値があることを指摘し、必要なのは、モクトウの紙が希少な伝統的方法で作られていることをもっと世間にアピールし、その販売ルートを確立することだと意見を述べた。タワンのハンディクラフト・エンポリウムでモクトウの紙がなんの説明もなく棚に置かれていることなども話し、写真や地図を展示することを提案したが、理解されたようには思えなかった（【写真3-32】）。

【写真 3-32】タワンのハンディクラフト・エンポリウムで陳列されているモクトウの紙（棚の中段）

彼は、パンジャーブ州の非トライブ出身の官僚であり、トライブの製品が優れているという考えそのものを持ち合わせていないという印象を持った。外部者の視線、まなざしは固定化していて変えることは難しい。品質向上は、誰がどのような目的で使うため必要なのか、それを運ぶ運送手段は確立しているのかといったことにも、明確な答えはなかった。伝統的な手漉き紙の敵は、バザールで売られる工場製の安価な紙だけでなく、ローカルな伝統を軽視する外部から来た役人の存在でもある。

もう一つの問題は、モクトウの紙漉きを促進するための組織があるのに、それが効率的に機能していないことである。モンパ手漉き紙開発協会（Monpa Hand Made Paper Development Society）という組織があるが、その構成メンバーは、モクトウ・サークルのトップにいる公務員であるサークル・オフィサーとその部下である。オフィスも役所の中にあることから分かるように、完全な官製の組織である。使われなくなった作業場や無駄な研修なども、この組織が窓口になっていることから分かるように、その活動は予算消化型の典型的なお役所仕事といえる。ブータンとの品質や価格の比較、販路の拡大など、するべきことはいくつもあるが、まったくなされていない。

二〇一三年一〇月、初めてタワンでモクトウの紙で封筒を作って売っているのを目にした。製作販売している人に会うと、まだ二〇代の若者だった。封筒や便箋を作って販売しているが、軌道に乗せるのは困難で、時間がかかるという。なぜならば、タワンには封筒や便箋に印刷する会社がなく、アッサムのテズプルの印刷所に頼むため、手間とコストがかかりすぎるというのである。ブータンでは、新聞を発行する政府機関が印刷所も兼ねているが、タワンには新聞や雑誌はない。最も近い印刷所があるのが、車で片道丸一日かかるテズプルである。しかし、需要が先細りにならないためには、仏教の伝統だけに頼るのではなく、製品化することが必要だ。彼が作った便箋は、パソコンのプリンターでも使用できるものであったし、高価な和紙とも競争できる味わいのあるものである。伝統の保護をうたいながら、足元の問題に目を向けない政府関係者ではなく、彼のような個人に期待したほうがよいのかもしれない。

8　森林保護と持続への課題

現在も少しずつ増加の傾向を見せている紙漉き小屋であるが、材料の枯渇という心配は、今まではなかった。だが、不安材料がいくつかある。北東地域科学技術研究所は、非木材森林産物としてのダフネを使う紙漉きが森林破壊につながるものだという懸念はしていない。例えば、ダフネを伐るときには地面から一五センチほど残して伐り、四～五年は再生を待つべきだとされている［Paul et al. 2006：134］。しかし、筆者の調査では、かなりのベテランでも明確な知識を持っておらず、あまり気にせず伐っていることが分かった。また、研究所の報告書は、木灰を作るための薪についてはまったく触れていない。ソーダなどの化学薬品をまったく使用していないモクトウの紙漉きでは、薪に使う樫などの木材が大変重要視されているが、良いものがだんだん少なくなり、入手しづらくなっているという証言もある。近くでは入手できないので、遠くの森まで伐りにゆくこともあるという。

9　考察

モクトウの紙漉きが今まで継続してきた理由は、すべての工程を電力や機械に頼らずこなせること、伝統的なグランマ・システムが年老いた紙漉き従事者の力になっていること、そして、ブータンなどからの需要が途切れずにあることであろう。その需要が一過性のものではなく、仏教と結び付いていて、継続性、反復性が期待できることが重要なポイントである。

ただし、材料の枯渇という重大な問題について、将来を見据えた調査が行われているわけではないことは不安材料である。また、すべて手作業で行う紙漉きであるため、工程のいくつかには身体的な苦痛を伴うものがある。例えば、靭皮を長時間叩く作業である。漉き舟は地面に掘ってあるので屈んで作業をしなければならず、腰痛の原因となる。

無駄な箱物や、実情に沿わない研修に使われる費用を、資源調査や作業環境の改善など実効性のあるものに使うよう要求できる、指導者や紙漉き人の代弁者が必要だが、今のところその姿は見られない。

10　ランゲテンのその後

筆者は二〇一七年八月に、【表3-1】にある八軒の紙漉き小屋を再訪した。そのうち、最長老のリンチン・カンドゥが六月に亡くなり、息子の妻が後を継いでいた。ソナム・ワンチュは病気療養中で、娘が手伝っていた。ノルブ・デマも二〇一五年に亡くなっていた。後継者はいないと言っていたが、娘の夫が冬季だけ紙を漉いているという。カルマは職を離れたが、今は妻が後を継いでいるという。病気で休んでいたサンゲイ・カンドゥは二〇一六年に亡くなり、娘が引き継いでいる。二〇一三年一〇月の調査時の八人のうち、三人がすでに亡くなっていることが分かった。七〇歳台の高齢者には、やはりきつい仕事なのであろう。

電気が安定供給され、靱皮を叩いてペースト状にする工程だけでも機械化できれば、作業負担を軽減することができるはずである。だが、電力問題は、水力発電所の建設を推進する政治家と環境破壊を懸念する反対派による対立があり、解決に時間がかかっている。この問題に関しては、第五章でもう少し詳しく述べる。

まとめ

本章では、タワンのモンパの伝統文化を「定着」「衰退」「継続」という諸相に分けて考察してきた。まず、タワン僧院のトルギャとドンギュルは、環境リスクの中で不安を抱えて生きてきた伝統社会、そして近代社会の人たちに、その不安を取り除く手段として支持されてきた。仮面舞踊という視覚に訴える装置を使って民衆教化にも成功したことにより伝統を定着させた。

ヤク・チャムは、伝統的なものは女神を乗せた儀礼性を伴うものであったが、それがオーダーに応じて見せるパフォーマンスにとって代わられつつある。その原因は、まだ前近代の状態にあり、状況をモニタリングできていないというヤク・チャムを演じる人たちや社会の状況にある。その結果、自らの伝統を、こうしたパフォーマンスに対抗する「主張する文化」に育て上げることができていない。

モクトウの紙漉きの場合には、共同体に伝わる伝統的なグランマ・システムと徹底した手作業により、小規模ながら継続してきた。しかし、資源の枯渇や作業環境に不安があり、宣伝活動もなく、その解決策は講じられていない。

これらに共通して見えるのは、ブータンのサクテンパやメラクパとの関係である。トルギャ祭、ドンギュル祭、ヤク・チャム、紙漉きのどれにも、彼らの存在が大きく関わっている。メラ、サクテンもタワンも、それぞれ帰属する国家の辺境に位置しているが、それは地理的な辺境であるだけでなく、そこに住む人びとが、国家の中で文化的な少数派であるという点でも共通性を持っている。その少数派どうしが、長い間、ローカルなつながりを保ち続けて今日に至っているという事実を、ここでは明らかにできたと思う。

こうしたローカルなモノ、ヒトの交流に変化が起きるかどうかは、それは連帯意識の生成の如何によるのではないだろうか。その連帯意識は、モンパとメラクパやサクテンパとの、それぞれの国民国家との関係性の変化に大きく依存している。モンパの場合には、ヒンディー語教育と、他州からの行政官の派遣による、文化と行政両面からのインド化が進んでいる。それが、良い面に働けば、伝統文化を中央にアピールし、発展させてゆくことも可能であるが、今までのところ、これらは地域に限定され、大きな広がりを見せていない。

ブータンのサクテンパ、メラクパの場合にも、議会制民主主義の導入と観光化が始まって以降、インフラの整備も進み、ブータン中央との関係はしだいに強化されている。サクテンにドゥク派の僧院学校が作られるなど信仰の面でも変化が起きる兆しがある。国家の周縁にいた人びとの連帯意識は、それぞれが帰属する国家における「想像の共同体」に飲み込まれ、しだいに希薄になる可能性も否定できない。

註

（1）語源は、何かを他人に伝達することや、保護のために他人に託すことを意味するラテン語の tradiere で、ローマ法の文脈で「相続法」の意味で用いられていた［Giddens 1999（2009）: 39］。

（2）［Norbu 2016］が唯一プログラムの内容を紹介しているが、写真がないため分かりにくい。

（3）二〇一三年一〇月現在の僧侶の数は五三〇人である。それに次ぐ規模を持っているのは、ニンマ派のキンメイ僧院（Kinmey Nyingma Monastery）で、一五〇人の僧を擁している。創建は一四四〇年と、タワン僧院より二四〇年以上古いが、ゲルク派の台頭によって衰退していた。一九六六年、タワンのロウ（Lhou）村生まれの化身ラマ、ギュルメ・ロセル・ギャツォ（Gyurmed Losel Gyatso）が僧院長となって、一九九二年に寺は再建され、タワンの人びとも宗派にこだわらず、この化身ラマを尊崇している。

（4）州の観光については、第五章で取り上げる。

（5）チベット暦の一六八〇年七月六日に基礎が築かれ、一六八一年八月上旬に完成した［Gyalsey Tulku 2009: 127, 129］。

（6）地元の人びとは、メラ・ラマがメラ生まれだと信じているが、生地については、サルカールが、タワンのベルカル生まれとしている［Sarkar 1981: 5］が、確たる資料はない。シャロウ・リンポチェは「両親の名前は分からないが、メラ・ラマという名前からメラの生まれではないか」と書いている［Gyalsey Tulku 2009: 105］。

（7）化身ラマで、タワン僧院長でゲルセ・トゥルク〈rgyal sras sprul sku〉として尊敬されている。タワンのロウ・サークルのシャロウ村に隠棲していることから、この名で呼ばれている。著書はチベット語で書かれている。書名は、〈rta lbang dgon pa'i lo rgyus mon yul gsal ba'i me long〉で、英語では、*The Clear Mirror of Monyul: A History of Tawang Monastery*。一般的には、タワンのチベット語表記は、〈rta dbang〉である。

（8）サンスクリット語ではハヤグリーヴァ（Hayagrīva）である。

（9）チベット語では、カンド・ドワ・サンモ〈mkha' 'gro 'gro ba bzang mo〉。

（10）チベット語ではカンド・マ〈mkha' 'gro ma〉で、「空行母」と訳される。

(11) この点については、第四章で述べる。

(12) ホブズボウムの「伝統というものは常に歴史的につじつまのあう過去と連続性を築こうとするものである」[ホブズボウム　一九九二：一〇] という指摘を思い起こさせる。

(13) [張　一九九七：一四] [Gyalsey Tulku 2009: 138]。三人兄弟の二男を「三男の中間」という意味でブスン・バルマ〈bu gsum bar ma〉と呼ぶ。七年生用のボーティ語教科書には、パンチェン、つまりゼミタンでは、四人の男子がいる場合に一人と書かれている。

(14) ブータンでは、シャプドゥン・ンガワン・ナムギェルの後継者でドゥク派の座主となったテンジン・ラプゲ〈bstan 'dzin rab rgyas〉(一六三八—一六九六) が「一六八一／一六八二年に全ブータンに〝僧侶税〟を実施した。この税では、男児三人以上の家は、そのうち一人を国の僧団に入れなければならなくなった」[今枝　二〇〇三：一四四]。

(15) サルカールは、一九五一年に初めてモンパ出身の僧院長が選ばれ、その名前をKejang Phunchuとしているが、正しくはケサン・プンツォ (Kesang Phuntso) である。またサルカールは、二代目にKatu、三代目に再びケサン・プンツォ、そして一九六七年にUrgen Gumbuが就任したとしている [Sarkar 1980: 40]。これらの名前は、ノルブやロブサン・テンパらの著書 [Norbu 2016: 145-146] [Tenpa & Tempa 2013: 41] や筆者が僧から聞いた名前とは異なり、誤りが多いので、確認が必要である。

(16) 高僧の生まれ変わりを「活仏」とする文献もあるが、ダライ・ラマ一四世は、中国人がラマに「活仏」(フォフォー) という字を充てたのは間違いだとし、次のように述べている。「チベット仏教では、ある存在——ダライ・ラマもその一人であるが、何かの〝生まれ変わり〟の姿を取り得るということを認めているにすぎない。このような人びとを我々は〝トゥルク (化身)〟と呼んでいる」[ダライ・ラマ　一九九二：一六]。

(17) 二〇〇八年七月から二〇一六年六月まで僧院長を務めたテンジン・ティンレイ・ナムギャル (Tenzin Trinley Namgyal) は、ブータンのサクテンにあるクシュ・グル・ラカン (Kush Guru Lhakhang) の座主の一二代目の化身とされ、グル・トゥルク・リンポチェ (Guru Tulku Rinpoche)、あるいはグル・リンポチェと呼ばれている。

彼自身は西カメン県ディラン・サークルの生まれだが、両親はブータンから移住してきた。彼の辞任については、第五章の五節を参照されたい。

(18) ノルブは一一月二八日からとし［Norbu 2008: 102］、前僧院長も二八日が初日だと筆者に説明していたが、シャロウ・リンポチェとサルカールは一一月二九日からとしている［Gyalsey Tulku 2009: 162］［Sarkar 1981: 55］。タシ・ラマは、二八日としながら、僧院では二八日が二九日として扱われると加えている［Lama 1999: 77］。モンパにチベット語を教えるための教科書では、六年生の教科書に一一月二九日からトルギャが始まると書かれ、七年生の教科書にはトゥンチュル（ドンギュル）は二八日からと書かれているなど、統一されていない。筆者が見学した西暦二〇一一年一月二日のトルギャ初日は、チベット暦の一一月二八日、二〇一三年一月一〇日のドンギュルは一一月二九日、二〇一七年一月二五日のトルギャは一一月二八日に当たっていた。チベットの暦では、同じ日が重なったり省略される日があったりすることが、その理由だと考えられる。

(19) 小麦粉と溶かしたバターで作った供養のための供物のことである。

(20) サルカールは、この丸薬は、ドンギュルの一年前にダライ・ラマに知らせが行き、ダライ・ラマからファブジュン（*fabjun*）という物が僧院長に届けられ、それをオオムギの粉と一緒に練り合わせて作ると書いている［Sarkar 1980: 47］。ノルブも同じことを書いているが、その文章からサルカールからの引用と見られる［Norbu 2016: 103］。

(21) 二〇一七年八月二〇日ボムディラにて。

(22) 当時二五〇人いた僧のうち、紛争後僧院に戻ったのは一〇〇人だけで、一五〇人は還俗してしまったという（二〇一二年一二月インタビュー）。

(23) 二〇一一年のトルギャ祭の前日、その冬初の雪が降った。その後の三日間は終日快晴、日中は一〇度前後になるが、朝晩の気温はマイナス五度であった。二〇一三年のドンギュルの際にも雪が降った。日中で日が当たる時間帯は良いが、それ以外は大変寒い。二〇一七年のトルギャでは、円陣の周囲に椅子が用意されていた。

(24) 解説は、元僧院長の著書のほか、僧のトゥプテン師、タワン僧院のチベット語教師ロブサン・ドルジェなどにご教示いただいた。後に二〇一六年に出版されたツェワン・ノルブの著書も参照したが、特に言及がない場合は、すべて筆者による観察記録である。

(25) モンパはドュー〈*due*〉または、チベット語と同じくデ〈'dre〉と呼ぶ。

(26) チベット語の毘沙門天「ナムトーセー」〈rnam thos sras〉の別名で、財宝の神とされる［田中　二〇〇九：一九八］。

(27) 山口瑞鳳は、ランダルマが破仏をしたという伝承そのものが捏造されたもので、疑わしいとしている［山口　二〇〇四：四八—四九］。

(28) アルパ〈ar pa〉は、チベット語では、泥棒あるいは武装強盗のことを意味するが、モンケットでの意味は分からない。モンパは、彼らは「トルマを護衛する兵士だ」と理解している。

(29) 青木文教は、ラサで正月二四日に行われたモンラム・トルギャの様子を記録に残しているが、そこにはトルマを投げる儀礼は書かれていない。だが、興味深いのは、トルギャにおける武装行列と大砲の実弾射撃についての記述である。数千人の僧が古代チベット軍戦士の装束を着けて勢揃いし、旗指物に武器を携え、空鉄砲を放ちながらパルコルを三周し、最後に山の上に設けた標的に向けて大砲の実弾を五発放つという内容である［青木　一九二〇：三四九］。悪霊あるいは敵の依り代としての標的に大砲の実弾を撃つトルギャであったとは解釈できないだろうか。

(30) ブータン暦一〇月二九日にタシガン・ゾンで行われるこの儀式は、ゴンボ・トルギャ〈mgon bo gtor rgyag〉と呼ばれる。タシガン・ゾンの僧から聞いた話では、昔は確かに、ブータンにとっての災いは、モンゴルやチベットなど北からやってきていた。そのため、タワンの方角を目指してトルマを投げていた。一九九〇年代に、アッサムで分離独立を目指すボドの過激派集団がインド政府に追われてブータン南部に入り込むという問題が起こり、ブータンが不安定な状況に置かれた。そのため、それまで北に投げていたトルマを南のアッサム平原の方角に投げるようになったという。僧は、災いをもたらす方角へ投げることによって平安を祈る意味があると語っていた。

(31) チベット語のツォクには「集まり」、ギェンには飾りの意味がある。このチャムと名前の関係は分からない。

(32) 今枝由郎によれば、忿怒相は密教の特色の一つで、普通の穏便な手段では教化・調伏できない相手には、外観からして相手をひるませるような凄まじさをもって対面する必要があるからだという［今枝　一九九四ａ：一五二］。

(33) チベット仏教でも数少ないヒンドゥー教から入った護法尊と考えられていて、「偉大な戦争の女神」「戦神の女王」とも呼ばれるように、主として怨敵退散や戦争の勝利を祈るために崇拝されてきた。図像の特色は、ラバに騎乗し、身体は青黒色、右手に金剛杵の付いた栴檀の杖を振り上げ、左手には子供の頭蓋骨でできた髑髏杯を持つ。顔は忿怒相を示し、頭上の怒髪は天を突き、額には第三の目を持っている［田中　二〇〇四：一〇一一一］。

(34) ダライ・ラマ五世は、一六七九年にサンギェ・ギャムツォを摂政（Desi）にして正式に公的な生活から引退し、一六八二年に亡くなっている［Mullin 2001：210］。タワン僧院の完成が一六八一年ごろだとすると、亡くなる直前のことだったということになる。

(35) **コラム③**にも書いたが、先祖代々、同じ家に互いに無料で宿泊するというヒマラヤ圏の民宿システムである。

(36) 二〇〇八年ごろからサクテンの僧院学校でドゥク派の僧による教育が始まっているが、人びとはまだゲルク派を信奉している。

(37) 第二三代僧院長が語る伝説は以下の通りである。「チベットのジョラ（Jora）に大きな僧院があり、そこで、パドマサンバヴァ（グル・リンポチェ）の八変化のチャムが舞われることになった。僧院長のジョラ・タムジェ・ケンパは、そのために玉座を大小二つ造るように僧たちに命じた。彼らはなぜ二つなのか不思議に思ったが、翌日八変化が舞われた後、大きな玉座に伝説のグル・パドマサンバヴァに生き写しの僧が座っているのを見て、人びとも僧たちもひれ伏した。それが、ケサン・トンユ・テンジンだった。それから彼はグル・リンポチェと呼ばれるようになった。彼の二代後の化身がサクテンにクショ・グル・ラカンを建てたことから、クショ・グルの化身は代々グル・リンポチェと呼ばれるようになった」。

(38) チャンドは、彼が、その前任のクショ・グルであるトゥプテン・カルダンの家族の一部から化身として認められていないと記している［Chand 2004：64］。トァウプテン・カルダンは、チベットから来たゲルク派の僧侶ではあるが、娘や息子がいて、その一部が彼を化身と認めていないという話は、筆者も僧院長本人から二〇一二年夏の調査時に聞いた。メラのラム・リンチェン（Lam Rinchen）は、リンポチェがクシュ・グルに認定されたのは五歳の時だという（二〇一六年六月のインタビューより）。

(39) ドンギュルの二日目だけに行われるゲワ・ジャンパ・コルのことである。（トルギャの二日目③を参照のこと）

(40) タワン僧院には、二〇一三年一二月現在、サクテン出身の僧が二人いたが、彼らの国籍はブータンであるという。

(41) 雪の反射光、特に強い紫外線により、目の角膜・結膜に炎症が起こる眼病。

(42) 第一章にも書いたが、メラの村役場の下方にある広い平地は、タワン・タン〈rta dbang thang〉と呼ばれているが、かつてメラ・ラマがここに僧院を建てるつもりでいた場所であったと、地元では信じられている。

(43) ケレフーでは、六〇〇〇ルピーあれば小家族がひと月暮らせる。

(44) 筆者が寄宿していた家の主婦の話によれば、本当に欲しいのはチーズだけなのだが、需要があまりに高いため、売る側は、バターとセットにしないと売ってくれないという。

(45) ［ブータン王国教育省教育部　二〇〇八：二二五―二二七］。この部分は、日本の中学一年生に当たる七年生用の英語版『ブータンの歴史――一五世紀から一九世紀――』からの日本語訳である。

(46) **コラム**③に彼がタワンで商売を始めたころの話がある。現在は、商売はしていないが、不動産を持っているので、その家賃収入などがあり、生活には困っていない。

(47) マールワーリーは、一般的にはラージャスターン州のマールワール（旧ジョドプール藩王国）一帯の地方出身の商人たちのことであるが、宗教上の帰属、出自は一般化できない［藤井　二〇〇二：七六九］。アッサムにマールワーリーが進出したのは一九世紀初頭で、アルナーチャルで最初に商売したのは一八九八年で、イギリス軍の物資供給が目的だったという［Das 1995：188-190］。筆者の調べでは、マールワーリーが最初にタワンにやってきて商売を始めたのは、一九八〇年代である。

(48) 二〇一三年のドンギュルが終わってから商店主たちに収支を尋ねたところ、「紅茶一〇〇キロ、粉ミルク一二〇キロ、砂糖二〇〇キロ、段ボール箱一〇〇個のビスケットを用意した。かかった費用は八万から九万ルピー、寄付が六万ルピーであった。不足分はメンバーで平等に負担するが、もともとボランティアでやっていることなので、出費は気にしていない。遠くから来た人たちが喜んでくれるのを見るのが嬉しい」との返事であった。

(49) その後、前僧院長に筆者の意見を話す機会があったが、黙って聞くだけで、反論はなかった。タワンの友人によれば、この慣行は、二〇〇八年ごろに始まったという。僧院が、中央政府の財政援助を受けていることから、政治家に対して強い態度で臨めないという事情があるのだろう。

(50) 二〇〇八年の総選挙の際に、ディランの演説会で、現職の州議会議員が参集者の中の貧しそうな老人たちに直接現金を渡しているのを目撃した。アルナーチャル・プラデーシュ州では、選挙の際に候補者が有権者に現金を配ることは常識となっている。

(51) この儀礼については本節7で触れる。

(52) ゲンゴップ・カルチュンはメラのゲンゴー村の牧畜民の家庭に育った。ブータンのシェラブツェ・カレッジで学士号、タイのランシット大学で修士号を取得している。執筆時はブータン国立公文書館の研究員である。

(53) チベット語でもタワンのモンケットでもヤク〈*g.yag*〉はオスのヤクを意味し、実際の発音は「ヤー」である。メスはチベット語ではディ〈'bri〉だが、モンケットではゲマ（*gyema*）である。ブロクパ語ではオスをヤー、メスをチュク（*chuk*）と呼ぶ。本書では、オス、メスの両方を総称としてヤクと書く。

(54) ドンドゥップによると、普通のウシのミルクの脂肪分が三パーセントから六パーセントであるのに比べ、ヤクの脂肪分は六パーセントから八パーセントある［Dondrup 2008: 27］。ヤクは新鮮な草や花、冬虫夏草のような薬草を食べるため、他のウシよりもたんぱく質やビタミンを豊富に含むと信じられている。

(55) ［Aris 1989: 115, 253］より。アリスは、この家畜を「（おそらくヤク）」と注記している。チベット語で書かれたオギェンリン寺の案内書に書かれている伝承で、ヤクだけでなくオオムギをタワンに定着させ、彼の出生地のブータンのブムタン地方にあるような粉引きの水車を紹介したのもオギェン・サンポだと書かれている。

(56) タワンのギャンカル村のものは、チベットの経典と同じように、綴じられていないペチャ〈dpe cha〉式のものであった。

(57) それでも、牧畜民の家庭に育ったカルチュンの同書は貴重である。モンパの調査だけでは理解できなかった韻を踏んだ歌の内容や、牧畜民ならではの世界を知る大きな手がかりが含まれているからである。

(58) ギャンカル村でヤク・チャムを演じる人びとが語った由来譚である。

(59) **由来譚**①の固有名詞は、話者の発音をそのままカタカナ書きにしたが、イベントのために印刷した英語の紹介文では、父親の名は Nyakpa Shyahdar、母親は Shomu Shamgey、長男は Havgodergey、主人公の次男は Thoipa Gali、三男は Gave Samdey という綴りになっている。

(60) チベット仏教のバルド〈bar do〉は、日本の仏教用語では「中有（ちゅうう）」あるいは「中陰（ちゅういん）」と訳される。「衆生が死んでから再生するまでの期間を指す」[田中　一九九三：二三五] である。

(61) チベット語のサリ〈sa li〉には「すべての血統の基礎」という意味がある。ゲモ（*gyemo*）はタワンのモンケットで雌ヤクのことである。

(62) この由来譚は、**由来譚**①の話者たちが携行していた文書をコピーさせてもらい、後で、和訳したナムタルからのものである。タワン僧院のトゥプテン師（Lama Thupten）に解説してもらったが、チベット語とタワンのモンケットが混じっている上に綴りの間違いもあり、判読が難しいということで、完全な訳ではない。帰国後、日本でケルサン・タフア氏にも助力いただき、なんとか補ったが、やはり完全には訳せなかった。

(63) ノルブは、タワン生まれのモンパで、執筆当時の役職は県調査局次長であった。

(64) サルカールが記している由来譚は**由来譚**④と内容がよく似ているが、ディランで採集したとあるので、ここに収めた。

(65) Elwin は、*Myth of the North-East Frontier of India* の中で、西カメン県ルパ（Rupa）のシェルドゥクペンの神話としてヤク・チャムの由来譚を記録している。[Ghosh & Ghosh 1998：9-10] に、出典を明記せずにこの由来譚がほぼ全文引用されているので注意が必要である。

(66) メラのゲンゴー在住のラマ・ジャンバ（Lama Jamba）から筆者が聞き取ったものの一部である。

(67) カルチュンが訳したテクストには、名前だけで長幼の区別が書かれていないが、名前が出てくる順番と口承では、主人公は末っ子だとしている [Karchung 2013：59]。

(68) 牧畜民にとっての財産は、家・牧草地・家畜であるが、それを兄弟で分けることによって分散させないために、ルブランなどの牧畜民の村では一妻多夫婚が見られる。
(69) 省略した部分の「業について」には、「今の自分は俗人だが、高僧たちに乳製品を供え、魂を捧げれば、来世はきっと平和な生活であろう」というトゥーパ・ガリの独白が書かれている。
(70) インタビューは、二〇一一年八月。
(71) カルチュンは、ナロは神話の中には出てこない人物であるが、メラの場合は、ナロ（*Nag-ro*）が、チャムの最中に主人公を助け、ヤクに進む方向を示す役割を果たしていると説明している [Karchung 2012: 92]。
(72) ノルブは、スンマ（*sungma*）としている。
(73) チベット語ではンガ〈rnga〉である。
(74) チベット語ではプグ・チェル〈sbug chal〉である。
(75) メラやサクテンでは、ウール製のカンダムをカンゴーと呼ぶが、現在でも多くの人がズボンの上に履いている。ピシュップ（ピーはブロクパ語で太腿、シュップはカバーのこと）を着ける人は、ごく少数になっている（二〇一二年八月の調査時）。
(76) 二〇一七年八月にメンバーの一人に会って尋ねると、若い後継者は育たず危機感があるとのことだった。
(77) 一ルピー＝二円と高い換算レートで計算しても、一万円相当である。
(78) 二〇一三年一〇月にリーダーのツェリン（Tshering）にインタビューした。
(79) ＴＩＰＡについては、山本達也の著書に詳しい。山本は、ＴＩＰＡは一般に「チベット舞台芸術研究所」と日本語表記されるが、チベット語名の〈bod gzhung zlos gar〉と彼らの活動実態を鑑みて「チベット難民芸能集団」という訳を用いたとしている［山本　二〇一三：四九］。
(80) 雪獅子協会によれば、その販売価格は三万ルピーだったという。
(81) 新任のサクテン郡の郡長がメラを訪問した際に、歓迎行事のプログラムの中でヤク・チャムが演じられたが、ショー的な短いものであった。
(82) ニュンネは「断食行」を意味する。メラのゲルク派の僧侶は、筆者にニュンネを次のように説明した。「昔、マハ・ペルモという強い法力を持つ尼がいた。ある時、高僧が座るべき中央の椅子に彼女が座ったところ、病気で動けなくなってしまった。そのため、尼は一六日間の行を始め、その結果、病気は癒えた。飲食や会話が厳しく制限される行だが、今でも多くの村人がこの行に参加する。ワンは、一七日目に行われる」（二〇〇七年八月一三日）。

(83) ニュンネはブータン各地で行われるが、来世で空腹と貧困に悩まされることがないようにするための儀礼だという［Chand 2004: 64–65］。

(84) ブム・ワン〈bum dbang〉は水瓶の灌頂、ツェワン〈tshe dbang〉は長寿の灌頂のこと。後者は、公衆に祝福を授ける儀式という意味のトン・ワン〈khron dbang〉とも呼ばれる［Karchung 2012: 84］。

(85) フラーの概要については、［Nanda 1982: 112–113］に書かれている。アリスはその内容については書いていないが、その奇妙な民俗儀礼がタワン僧院のトルギャ祭の中に見られることを記している［Aris 1980b: 12］。

(86) ナートも、儀礼の名前は書いていないが、ロウに動物供犠を伴うボン教の儀礼祭が行われていたと記している［Nath 2000: 456］。筆者がフラーのことを知ったのは、二〇一〇年八月一日にタワンで開催されたモンパ・セミナーでのことである。その直後にこの儀礼が衰退しつつあることを知り、見学しようと試みたが、すでに後継者がなく消滅していた。モンパ・セミナーについては、第四章で述べる。

(87) 中国側の資料［張　一九九七：三〇―三一］では、一九四〇年代のタワンに木椀作りの家が五、六軒あり、専門の職人がいたことが記録されているが、出典は不明である。

(88) ジンチョウゲ科の植物には多くの種類がある。本節では、略してダフネとする。

(89) 本節の主要部は、二〇一三年一〇月までの調査を基にまとめたものである。その後の変化については、最後に追記した。

(90) タワンのモンケットでは、紙漉きをする人のことを、シュグ・チュカン・ショワドー〈*shug chukhang shuwado*〉と呼ぶが、これは「紙漉き小屋のオーナー」を意味する。

(91) 日本語では「祈願輪」「転経器」などと訳されるが、チベット語ではマニコルロ〈ma ni 'khor lo〉と呼ばれる。オム・マニ・ペメ・フン〈*Om Mani Padme Hum*〉という真言が書かれた円筒形の入れ物の中に経典を木版印刷した巻物を入れ、回転させる。一回転させると中の経をすべて読んだことになるという。自分の手元で回す二〇センチぐらいの携帯用のものから、二メートルぐらいのものまで大小さまざまある。

(92) ディランなどではチョー・ファン（*cho phan*）と呼ぶ。

(93) チベット語のキェ・ラー〈skyes lha〉には「出産の神」の意味があるが、タワンのモンパの場合はあらゆることを司る土地の守り神とされている。

(94) ［多田　一九八四：一八五―一八六］。本願寺の大谷光瑞法主の命を受けてチベットへ行き、一九一三年から一一年間、主にセラ寺に滞在し、チベット仏教の修行をした。

(95) 小川は日本人で初のチベット医となった。その著書にチベットのクサジンチョウゲ、レチャクパ〈re lcag pa〉は毒草として認識されていて、その毒成分のおかげでチベットの紙は虫に食べられにくいという話を耳にしたことなどが書かれている［小川　二〇一六：七八―七九］。

(96) ［Konishi 2013: 189］。カムティはアルナーチャルの指定トライブでもあるので、彼らが紙を漉いていた可能性があるが、アルナーチャルではその実態は、確認できていない。

(97) 他の研究に関しては、［Trier 1972: 61-68］に詳しい。

(98) 中尾佐助、西岡京治は、中央ブータンのブムタン県のチャムカールの紙漉きを写真で紹介し、ブータンでは、ジンチョウゲ属とミツマタ属の両方が使われているとしている［中尾・西岡　一九八四：一三二―一三三］。

(99) ［張　一九九七：三二］［西蔵社会歴史調査資料叢刊編集組a　二〇〇九：一二五―一二六］などに、タワンのモンパを含む門巴族の紙漉きについての簡単な記述がある。

(100) 中国では、前漢の時代にはすでに植物繊維から作られた紙が使用され［潘　一九八〇：八］、隋唐五代（六世紀より一〇世紀）に中国の製紙技術が日本・アラビア・インド・ネパールなどの各国に伝播したという［潘　一九八〇：一二四］。紙の製法のチベットへの伝来に関しては、養蚕同様に、『旧唐書巻一九六上、吐蕃記』の記述がしばしば引用される。貞観一五年（六四一年）に、文成公主が唐からかつて吐蕃と呼ばれていたチベットのソンツェン・ガムポ王に嫁ぐためにチベットに行った時に、蚕種・造酒・水車を使った碾き臼、製紙などの工匠を連れていったというくだりである［潘　一九八〇：二四〇］［小西　一九八二：四九］［池田　二〇〇三：一五一］。チベットへ伝来した製紙技術が、いつどのようなルートでヒマラヤ南麓に伝わったのかということについては、明らかではないが、トランス・ヒマラヤ一帯に東から西へと伝わった技術が、やがて南方へといくつかの地点を抜けて伝わっていたと考えるトリアーに対し、小西は「南へ抜ける地点が東方であるほど時期も早いとはかならずしもいえず、またいったん南に抜けて伝わった拠点から、東西に隣接した諸民族間でのヒマラヤ南麓地帯における横の伝播も理論上は考慮されてよいのでは」と考察している［小西　一九八二：五〇］。

(101)［Elwin 1964: 257］。

(102)**【写真3-22】**～**【写真3-29】**は、八軒の人びとの作業風景が混じっている。

(103)七〇歳代の紙漉き人によれば、この網は、一九七〇年代までは粗悪な木綿布だったため、よく破れたそうである。

(104)小西の報告するバラビシェの紙漉きの工程［小西　一九八二：四四―四七］は、モンパのものと酷似している。シッキムでは［Gorer 1938: 60-61］、ブータンでは［Ison 1997: 122-123］［久保田　一九九九、二〇〇一］に、その製法が記されている。

(105)中国では瑞香狼毒（Stellera chamaejasme L.）と呼ばれる種類である［潘　一九八〇：二四二］。

(106)二〇一四年一一月にブムデリンで紙漉きを見学した際にトロロアオイの粉を見たが、その値段は一キロ五〇〇〇ヌルタム、つまり五〇〇〇ルピーとのことであった。

(107)モンパの言語の研究者ボットの教示によれば「グランマという語は、チベット語で「計算」を意味するグランカ〈grangs ka〉に由来する名詞で、モノで対価を支払うという意味ではないか」という。

(108)同様のシステムがブータンにもあり、ツァンラ語でボンキー（*bongkhi*）、ブロクパ語でドランマ（*drangma*）と呼ばれている。

(109)インドの県長官には、District Magistrate、District Collector などの役職名があるが、アルナーチャルの場合は、Deputy Commissioner がそれに相当する。

(110)二〇一三年一〇月二六日付インタビュー。

第四章　言語とアイデンティティ——ボーティ語教育とモン自治地域要求運動を事例として——

はじめに

本章の目的は、モンパの人びとが中心となって進められている言語と自治を求める運動について報告し、その運動から見えてくる現象を考察することである。言語の要求および自治を求める動きは、インド、とりわけ北東インドにおいては珍しいことではない。しかし、アルナーチャルのモンパの間で過去一〇年以上にわたって継続されてきた運動については関心が低く、ごく一部の例外を除き、研究者の間でもほとんど取り上げられることがなかった。それは、州外からの入域が制限されているために情報が伝わりにくいこともあるが、暴力を伴うことがなく、紛争や事件として報道されることがなかったために、大きな問題とは見なされなかったことが最大の理由であろう[1]。たしかに、今までのところ、運動は平和裏に進められている。だが、言語や自治要求につきものの宗派主義に基づくコミュナルな紛争の種は、このモンパの運動にも潜んでいる。本章では、この二つの運動について、以下の四つのポイントに沿って考察していきたい。

まず、モンパが要求している言語がボーティ語（チベット語）であることを検討したい。なぜ、ボーティ語と呼ぶかについては後で述べる。モンパの母語[2]は、第一章でも述べたようにそれぞれの地域で異なっていて、すべてのモンパが理解できる共通言語としてのモンパ語というものは存在しない。そしてそれらのすべてが文字を持たない言語である。モンパの居住地の大半が、インドの独立直後まで実質的にはチベットの支配下にあったことは既述の通りである。当時の多くの人びとがチベット語を理解できたという言説もあるが、実際には各村に二、三人だったようである。話せたとしても、実際に読み書きができたかどうかは疑問である。アルナーチャルでの最初の国勢調査は一九六一年に行われているが、言語の調査結果を見ると、六つのモンパの言語名が記され、モンパ全体の識字率は四・一パーセントにすぎない[3]。同報告書に「識字とは、自らの言語あるいは他の文字を使って簡単な文書の読み書きができること」という説明があるので、文字のないモンパ語の場合は、チベット語だけでなくアッサム語も含まれていると思われる。

現在、モンパの中で、チベット語の読み書きと会話ができるのは、七〇～八〇代の人びとの一部と仏教僧、チベット語を特別に学習した教師や学生など、ごく一部である。タワンのモンパであるツェワン・ノルブは、「一九五〇年代までは、モンユルには僧や尼僧が仏教を学ぶための僧院学校しかなく、そこではボーティ文字が教えられていた。だが、一般の人びとは総じて読み書きができなかった」と述べている［Norbu 2008：32］。一九四七年と五〇年のアルナーチャルの小学校分布図を見ると、この地域の最初の小学校は、一九四七年にできた西カメン県のディランのものが最初で、一九五〇年になると西カメン県にはさらに三校が追加されているが、タワン県には一校もなかった［Begi 2007：74-75］。タワンの学校教育は、一九五三年に始まっている[4]。それは、一九五一年二月に初めてインドの行政官がタワンに着任し、チベット政府から派遣された官吏などが去った二年後のことである。

インド独立当時のアルナーチャルはアッサム州の一部であり、一九五四年からアッサム語が教えられていた。一九五七年から五八年にかけてヒンディー語教育が試みられたが、学生の反対があり、アッサム語教育が続けられた。しかし、一九七一年から翌年にかけて、学生組織（NEFA Student Union）の強力な運動が起こり、アッサム語に代わって一九七四年五月から英語が第一言語となり、第二言語はヒンディー語となった(5)。現在は、州のどのトライブにも共通していることだが、進学、就職の際に最も有利な言語は英語、次がヒンディー語となっており、裕福な家庭が子供たちの学校を選ぶ際には英語教育に力を入れている学校かどうかがポイントとなる(6)。モンパの言語が学校で教えられることはなく、テレビの影響も大きく、家庭での両親との会話も母語からしだいにヒンディー語混じりになりつつある。異なる言語話者の間でのリンガ・フランカは、モンパ間であれば、その地域における多数派のモンパの言語あるいはヒンディー語、モンパ以外の人びととの間ではヒンディー語となっている。タワン県、西カメン県の商店主の多くは他州からの移住者が大半を占め、マーケットでの言語もヒンディー語である。これは、州のほとんどの地域についていえることである(7)。

このような状況下では、エスニックなアイデンティティと結び付いた母語教育の必要性が叫ばれるのが一般的であるが、モンパが要求しているのは、学校でのボーティ語教育と、ボーティ語をインド憲法の第八附則の指定言語とすることである。前者については、二〇一一年に州議会の承認の下に独自の教科書が作成、配布され、すでに公立の小・中学校(8)での教育が始まっているが、なぜボーティ語教育なのか、なぜチベット語と呼ばずに、ボーティ語と呼称するのか、そしてなぜ第八附則の指定を求めるのかということが第一のポイントである。第八附則に関しては、本章第一節でもう少し詳しく述べる。

ボーティ語教育要求過程で加わったのが、二〇〇〇年代に始まった、西カメン県とタワン県を憲法上の「自治地域」である「モン自治評議会」（Mon Autonomous Council：略称ＭＡＣ）として認めることを要求する運動である。

だが、自治地域の要求の実現は、容易ではない。その一番の理由は、アルナーチャルは憲法上、自治地域を要求できる第六附則の丘陵部族地域から除外されていることである。[9] つまり、自治地域要求が実現するためには、憲法改正が必要になる。二〇〇三年に始まった自治地域要求運動は、二〇〇四年には州議会で決議され中央政府に送られたが、明確な回答を得られないまま、二〇〇八年にはいったん終息した。しかし、その運動が五年経った二〇一三年に再燃したのである。その背景に何があるのかが、第二のポイントである。

第三のポイントは、この運動に対し、モンパ以外の人びと、あるいは運動の外にいる人びとが、どのような反応を見せているのかという点である。モンパは州内のトライブ人口の六・四パーセントという少数派で、仏教徒としての宗教上の構成比も、全トライブを合わせても一一・七七パーセントである。だが、タワン県、西カメン県においてはトライブ人口の七四・五パーセントと多数派を占めている。[10] 仏教徒の割合はタワン県では七〇パーセント、西カメン県では四三パーセントである。では、両県に住む「モンパでも仏教徒でもない」少数派は、自治要求とボーティ語教育をどの程度理解し、どのように受けとめているのか。そしてこれらの要求は、果たしてモンパを含む地元の人びとすべてが希求するものなのかどうかも、重要なポイントである。また、他のトライブ集団の、この二つの要求に対しての反応も見逃せない。アルナーチャルでは、ほとんどのトライブはモンパ同様文字を持たず、アイデンティティの危機として模索が続いている。地理的な隔絶によって発展から取り残されているのもモンパだけではない。伝統的文化を維持し、経済的にも発展することは、州内のすべての人びとが望むところでもある。モンパだけが自治を求めることに反発はないのか。

第四のポイントは、モンパのボーティ語要求運動についての先行研究の検討である。二〇一二年にゴーハイン(Swargajyoti Gohain)の「言語の動員と地域の想像」(Mobilising Language, imagining region: Use of *Bhoti* in West

Arunachal Pradesh）というタイトルの論文が発表された［Gohain 2012］。「なぜモンパ語[11]でなくボーティ語教育なのか」という疑問から出発し、後で述べるように、その理由が、仏教と密接に結び付いた「ヒマラヤ圏」という「地域の想像」にあると考察している[12]。だが、なぜそうせざるを得ないかという分析が不十分である。それは、筆者が挙げた第二、第三のポイントについて突っ込んだ言及がないことからも指摘できる。ゴーハインは、モンパの言語要求運動は、州の他の集団とのエスニックな対立を見えにくくしているとしていると言う［Gohain 2012: 346］。だがその指摘は、ボーティ語要求のみに焦点を絞って取り上げるからであって、自治地域要求を併せて見ることによって可視化できるのではないだろうか。また、ボーティ語教育の評価についても、ゴーハインは「教えているのはチベット文化だ」として批判的な立場を採っている。しかし、実際の教育の現場や教科書の内容を検討するまでもなく、その批判がモンパとチベットとの歴史的・文化的な関係を無視した的外れなものであることが指摘できる。

現在進行中の運動であることから、状況が大きく転換する可能性もあるが、まずは、二〇一三年一一月までのフィールドワークで得られた情報をできるだけ盛り込んで、この運動について報告し、検討しておきたい。それ以降の状況については、本章の最後に追記した。

第一節　北東インドとラダックにおける言語と自治地域要求運動の背景

本題に入る前に、本節では、モンパの言語・自治要求を、インド憲法、そしてアルナーチャルや他の州で起きている同問題と関連付けておく。

まず、インド連邦の公用語はデーヴァナーガリー文字によるヒンディー語で、英語は法律正本と高等裁判所以上の司法廷においてヒンディー語を凌駕することからも排除されない。[13] 州レベルの公用語はヒンディー語か州立法によって特定される任意の言語である［藤井　一九九九b：一三八］。パンディは、アルナーチャルのトライブ数は約二五、その言語の数は七〇だとする。[14] アルナーチャルの州の公用語は英語となっているが、州の公用語とは、州における公の目的のための言語であって、人びとが英語を日常的に用いなければならないという意味ではない。[15] アルナーチャルの場合には、公の場であっても、文書以外はヒンディー語が多用されていて、州全体でもヒンディー語がリンガ・フランカとなっている。

インドの独立後、多くの州が言語分布に基づいて再編された。その基本アイデアは、言語の多様性を認めるガーンディーによって奨励され、ネルーも多言語・多文化を認めた上での国家統一を考えていた［Guha 2008：189-190］。しかし、言語州の成立までには、激しい要求運動が展開された。[16] その結果、一九五六年に言語州が成立し、インド地図が書き換えられたが、それがインド全体に普遍的に広まったわけではなく、北東諸州のように、卓越した規模を有する言語自体が存在しないために「言語州」という概念に収まりきらない州や、再編から取り残された州も数多く存在していた［藤井　一九九九b：一三八］。アルナーチャルの場合は、前者の州の一つである。

北東七州の各州の言語状況について、井上恭子は全体の共通点として、多言語であること、北東諸語の話者が、ベンガル語やヒンディー語の話者に比べ、インド他州への進出が格段に少ないこと、の二つを挙げている。そして、北東地域が、他州からの人口の受け手であり、出し手ではないという点が、中央からの被抑圧者としての特性を与え続けたと分析している［井上　二〇〇二b：九五］。また、井上は北東七州それぞれの多数派言語について整理しているが、一九九一年国勢調査によるとアルナーチャルは、以下の通りである［井上　二〇〇二b：九五―九六、一〇六］。

アルナーチャル：単独多数派言語はない。一位のニシが人口比一九・九％、アディが一七・九％、続いて、ネパール語、ベンガル語、ヒンディー語、アッサム語の順になっている。

筆者が井上に倣って二〇〇一年国勢調査の結果から算出した州人口における各言語の比率は、【表4-1】の通りである。ニシが一九・〇九パーセント、アディが一七・七二パーセントの多数派で、ベンガル語、続いてネパール語、ヒンディー語・モンパ語の順になっている。一〇〇〇人以上の話者を持つベンガル語・ネパール語・ヒンディー語・アッサム語を含む第八附則に含まれる指定言語の割合は、州全体の三八・七パーセントを占め、各トライブの言語が少数派であることと、州が、井上の言う「他州からの人口の受け手である」ことを裏付けている。モンパは約五パーセントで、トライブ言語の中では三番目に多いことになる。だがそれは、あくまでもモンパの言語を一つとした場合であることに注意しなければならない。[17]

井上は、「言語によりある程度コミュニティへの帰属が決定し、さらに多くの場合、特に少数派言語集団の場合、同一言語集団を同一民族：部族として特定することも可能である。同一言語集団が言語を自己アイデンティティの基礎としていることから、原則として同一言語集団を民族・部族として扱うことは可能であろう」［井上　二〇〇二b：九三―九四］と述べている。「民族・部族」の定義は難しいので立ち入らないとの注釈付きであるが、北東インドにおける言語によるコミュニティの帰属という点については、複雑な問題がある。北東インドのチベット・ビルマ語の研究者の一人は、「トライブによっては言語が異なり互いに意思疎通が図れないにもかかわらず、「同じトライブに属する」と主張し、その逆に容易に理解できる言語を使用しながら、「異なるトライブだ」とする集団があることが言語と集団の帰属を複雑にしている」と述べている［Burling 2003: 171］。モンパの場合は、前者のケース

【表 4 − 1】アルナーチャル・プラデーシュ州の言語人口

（2001年国勢調査）

言語名	話者人口（人）	人口比（%）	話者が最も多い州
州人口	1,097,968	100	
Niissi/Dafla	208,337	18.97	Arunachal Pradesh
Adi	193,379	17.61	Arunachal Pradesh
Bengali *	97,149	8.85	West Bengal
Nepali *	94,919	8.64	West Bengal
Hindi *	81,186	7.39	Uttar Pradesh
Monpa	55,428	5.05	Arunachal Pradesh
Assamese *	51,551	4.70	Assam
Wancho	48,544	4.42	Arunachal Pradesh
Tangsa	34,231	3.12	Arunachal Pradesh
Mishmi	33,522	3.05	Arunachal Pradesh
Miri/Mishing	33,381	3.04	Assam
Nocte	32,591	2.97	Arunachal Pradesh
Tibettan	9,527	0.87	Karnataka
Oriya *	7,847	0.71	Orrisa
Bodo *	6,515	0.59	Assam
Malayalam *	5,583	0.51	Kerala
Deori	4,504	0.41	Assam
Rai	3,862	0.35	Sikkim
Munda	3,132	0.29	Orrisa
Punjabi *	2,980	0.27	Punjab
Maithili *	2,836	0.26	Bihar
Mundari	2,104	0.19	Jharkhand
Manipuri *	2,082	0.19	Manipur
Santali *	2,042	0.19	Jharkhand
Marathi *	1,902	0.17	Maharashtra
Tamil *	1,595	0.15	Tamil Nadu
Telugu *	1,573	0.14	Andra Pradesh
Urdu *	1,258	0.11	Uttar Pradesh
Karbi/Mikir	1,246	0.11	Assam
Lushai/Mizo	1,154	0.11	Mizoram
Kurukh/Oraon	1,132	0.10	Jharkhand
Tamang	1,027	0.09	Sikkim
上記以外	64,849	5.91	

出典：Census of India 2001: Distribution of the 100 Non-Scheduled Languages and the 22 Scheduled Languages をもとに筆者作成

註：話者人口1,000人以上の言語のみ。

　　*は第八附則指定言語。

に当てはまる。

インドの国勢調査の言語の欄を見ると、言語名がすべて指定トライブの名称になっている。例えば、モンパの例を取り上げるならば、同表に書かれているMonpaは、言語名ではなく指定トライブとしてのトライブ名である。モンパに母語名を訪ねた場合、タワンのモンパであればモンケット（Monket）、ディランやカラクタンのモンパであればツァンラ（Tsangla）またはモンパ・ロ（Monpa-lo）、ブロクパであればブロクパケ（Brokpake）あるいはブロッケ（Brokke）という答えが返ってくるだろう。[18] そして、それらは基本的に、互いに理解できない言語でもある。

一九六一年の国勢調査では、モンパの言語は、ディラン・モンパ、ブトゥ・モンパ、リシュ・モンパ、モンパ、南のモンパ、タワンあるいはブラーミ・モンパの六つに分類され、話者合計は二万一六八八人となっていたが、二〇〇一年の同調査では、タワン県、西カメン県ともに、モンパの言語はモンパ（Monpa）とのみ記されており、前者が二万八三八二人、後者が二万八六三人で、話者の合計は四万九二四五人となっている。[19] ちなみに、チベット語はTibetanと表記され、二県の合計話者数は二二八一人となっている。

国勢調査と言語の関係について、藤井は次のような指摘をしている。以下はその要約である。

母語は回答者の自己申告に基づくため、あらゆる名称が集まってくるのを整理統合し、最終的には、国勢調査担当長官の判断で公開される。言語学的な判断が下されるとはいえ、方言と言語の区分を言語自体が示すことがない以上、政治的な判断が入ってくるのは避けられない。（中略）ある言語の話者集団が、より上位にあると考えられる言語や何らかの規範的価値を体現しているとみなされる言語に望んで吸収されてゆく、つまり国勢調査にあたり、当事者が自ら進んで申告内容を変更する事例はよくみられるものである。そうした意図のもと、母語欄への回答を変更しようとする企てが組織だって行われた場合、結果は非常に極端な数字となって立ち現われてくることになる。［藤井　一九九九b：一四八］

つまり、国勢調査の言語が意図的に操作できるものだという示唆である。「言語がコミュニティの帰属を決定する」のではなく、少なくとも国勢調査上は、「帰属したいコミュニティの言語を選択する」ことがあるということであろう。モンパの場合には大きく分けても三、細かく分けると一一の異なる言語が存在するが、センサスでは、指定トライブのモンパの言語として一つに統合された形になっている。それが、真にモンパ自身の申告によるものなのか、なんらかの操作が加えられたものなのかは分からない。しかし、二〇一一年国勢調査では、もしかすると違った状況が見られるかもしれないが、まだ詳細は発表されていない。筆者が二〇一一年の調査結果を気にするのは、後で述べるように、モンパがボーティ語（チベット語）の第八附則指定を求める運動をしていることと関連している。インド憲法の八附則には「言語」という見出しで二二の言語が指定されている[20]［孝忠・浅野　二〇〇六：三〇〇］。第八附則という用語を使用する前提として、「第八附則とは何か」という藤井の以下の説明は、重要である。

本邦のインド研究者のなかでは、その不勉強さゆえに長らくそれらは「公用語一般」であるとして曲解されてきたのだが、附則自体は憲法本文の第三四四条一項と第三五一条の規定、すなわち、連邦公用語として特定されたデーヴァナーガリー文字で書かれたヒンディー語の問題を検討するための（連邦）公用語委員会に委員を選出できる言語集団としての認知と、ヒンディー語を発展向上させてゆくために考慮されなければならない言語文化伝統としての認知に対応するにすぎず、州レベルの公用語とは制度上、また実態としても全く関わりを

持っていない。［藤井　一九九九ｂ：一三九］

しかし、それではヒンディー語の排他的優越を法的に裏付けることになり、激しい反対運動を引き起こすことになった。それを慰撫するために、「一九六八年の内務省令をもってして第八附則を読み替え、そこで指定された言語の発展に対して連邦政府より格段の関心が払われる」との立場が表明された。だが、原理としての条文は変わっていない。それでもこの解釈によって「第八附則に指定されれば政府よりなんらかの保護や援助が受けられる」と思いがちだが、インドでは連邦と州の権限は明確に分けられており、第八附則に指定された言語の発展を保証するといっても、その具体策が法的強制力と予算上の裏付けを持って実行に移されるとは限らない［藤井　一九九九ｂ：一三九―一四〇］。

では、第八附則への指定を受け、かつ自治地域となれば問題は解決するのであろうか。アッサム州のボドは、第九〇次憲法改正により、二〇〇三年にボドランド領域県として自治を獲得し、ボド語は二〇〇四年に、第九二次改正により第八附則言語に指定された。自治地域となるためには、憲法第六附則に定められた地域でなくてはならない。この附則は、憲法第二四四条（二）の「アッサム、メガラヤ、トリプラ、およびミゾラム州の部族地帯の行政」、第二七五条（一）の「一定の州に対する連邦の補助金」に関連する附則である。

これらの地域に特別な保護措置が施された理由は、この地域の指定トライブの多くが未開発地や僻地に住み、トライブ間の結束力も弱く、経済的、社会的弱者であることだが、植民地時代からの歴史的な隔離政策がその背景にある。第六附則は、独立後は、トライブの土地・生活・慣習を保護することを目的として、この保護政策を継承するために成立した。その適用範囲は、一九三五年のインド統治法によるもので、大別すると、中国・ビルマの国境地域が隔離地域、その他のアッサム丘陵地域が準隔離地域とされた［井上　二〇〇九：二三一―二三二］。(21)この規定からすると、ブラフマプトラ川の流域、つまり平原のトライブであるボドには、自治地域を要求する権利はないことになる。ボドは、一九六〇年代からボド語を学校教育用語とすることを求めていたが、これは多数派であるアッサム人とアッサム語への抵抗である。(22)詳しくは触れないが、暴力を伴う激しい抗議行動や非ボド住民への襲撃、施設への破壊行動などが続き、二〇〇〇年代に入って、中央政府が折れる形で、自治領域県第六附則への追加とボド語の第八附則指定要求が通った［井上　二〇〇九：二五四―二五五］。

だが、適用外の平野部のトライブであるボドに第六附則を適用するという例外を作ったことは、新たな紛争を生んでいる。その後、ボドランド領域県で起きたボド以外の住民の排斥運動は流血の惨事を引き起こし、先住民族アーディヴァーシー（Adivasis）(23)やイスラーム教徒、アッサム西部のネパール人などが犠牲者となっている［Bhaumik 2009：135-137］［Kimura 2013］。井上が主張するように、暴力的な政治動員によって例外的に与えられた第六附則は、他の集団の同様の要求に新たな道を開くことになり、北東地域での暴力をはらんだ住民対立を増幅させる一因となってきている［井上　二〇一一：二五］。

アルナーチャルは、指定トライブが六八・八パーセント(24)を占める後進地域であるが、ナガランドとともに第六附則から除外されている。アルナーチャルはＮＥＦＡの時代にはアッサムの丘陵部族地帯であり、あらゆる意味で第六附則の目的に適っていたが、一九七二年にアッサムから切り離されてアルナーチャル・プラデーシュとして連邦直轄地になり、一九八七年には州に昇格したが、第六附則は適用されなかった。それはおそらく、中国との未画定な国境のマクマホン・ラインを抱えているという国防上の理由からであろう。(25)

モンパの自治地域要求は、州内ではパトカイ自治評議会（Patkai Autonomous Council）による自治県要求と対で語られることが多い。パトカイ自治評議会は、ナガ系のトライブが多数派を占める州南東部のティラップ（Tirap）、チャンラン（Changlang）、ロンディン（Longding）の三県で起きている自治要求で、モン自治地域要求と同じく二〇〇四年に州議会で承認されたが、中央政府では棚上げになっている事案である。モン自治地域が、ブータン、中国と国境を接しているのに対し、パトカイ三県は、ミャンマーとの国境地帯に位置している。この地域は、多くの社会・政治問題を抱え、治安も悪化しているが、他の地域に比べメディアに取り上げられることも稀で、州の内外の人びともその実態を知らない。豊富な森林資源があるが、その恩恵に浴しているのは住民ではなく、隣州ナガランドから侵入してきた地下組織と手を組んだ材木商人や若者の武装グループだという［Dai 2010: 66–67］。治安の悪さを理由に、観光客の入域が禁じられている地域でもある。そのため、モンに比べるとパトカイの自治要求運動の実態については情報が少ない(26)。インドの独立以後も多くの問題を抱え暴動や反乱が続いた北東七州の中で、メガラヤとアルナーチャルだけは例外といわれてきたが、近隣州の影響もあり、いつまで例外でいられるかは誰にも分からない［Singh C. 2004: 242–243］。

モンパの要求運動の中でもしばしば言及されるジャンムー・カシュミール州のラダックは、レー周辺だけをみると、小チベットの形容詞の通り、チベット系の仏教徒が多数派を占めているが、ラダック全体では人口の五〇パーセント近くはイスラーム教徒である。一九三〇年代に州からの分離独立を求める運動、後には地域自治と指定トライブの地位を求める運動を進め、暴力的衝突を経て一九八九年には八集団が指定トライブの地位を獲得、一九九五年にはラダック自治山麓開発評議会（Ladakh Autonomous Hill Development Council）の名で自治地域となった［van Beek 1998］。だが、仏教徒、ムスリム双方の不満はなくなっていない(27)。

ボーティ語を第八附則に加える運動はラダックが中心となっており、最近では二〇一三年九月九日にも、レーにおいて、要求のための全国大会が開かれている。タワンからもチベット語の教師が代表で参加している。インド国内においては、「チベット亡命政府がインドヒマラヤのチベット化を図ろうとしている、ボーティ語の第八附則要求もその一環だ」とする見方があることも確かである[28]。チベット亡命政府が、ボーティ語を第八附則に加えるために、西はラダックから東はアルナーチャルまでのヒマラヤ地域の人びとを巻き込むようになっているという主張もある[29]。だが、これらの見方は、ヒマラヤ地域を単なる中国との防衛上の緩衝地帯として扱い、チベット難民の人びとの存在を「インドにとって厄介なお荷物」として位置付ける類のものであり、当該地域に住む人びととチベットとの宗教的・文化的関係を無視したものである。特にインドのヒマラヤ地域における仏教徒の人びとの、ダライ・ラマ法王に対する深い敬愛の情は無視できない。本章では、こうした批判的な見方があることも念頭に置きながら、この言語要求を、あくまでもモンパを通してみてゆきたい。

第二節　ボーティ文字・ボーティ語教育と第八附則要求

1　運動の始まりと中心人物

ボーティ語を、英語、ヒンディー語に次ぐ第三言語[30]としてモンパの公立学校で教育することを推進する動きは、一九九二年に始まり、一九九六年からは中等学校（六年生から一二年生）での教育が始まった。次いで、二〇〇九年には小学校でも教えられることが決まったという[Gohain 2012: 346]。だが、実際に公立学校で、教科書が配られ教師も配置されて、一年生から八年生までのボーティ語教育が本格的に始動したのは、二〇一一年七月である[31]。

インド国内における第八附則指定要求運動は、トランス・ヒマラヤ議員フォーラム（Trans Himalayan Parliamentary Forum：ＴＨＰＦと略す）とヒマラヤ仏教文化協会（Himalayan Buddhist Cultural Association：ＨＢＣＡと略す）が主導している。二〇〇八年九月にラダックのレーで開かれたセミナーのパンフレットには、運動の開始は一九七五年にさかのぼると書かれている。アルナーチャルがいつの時点でこの運動に関わるようになったのかははっきりしないが、二〇〇九年にはタワンで第八附則への要求を目的としたセミナーが開かれている[32]。後の自治地域要求運動の中にも盛り込まれていたことから引き続き継続されているが、それは運動の中心メンバーの顔触れが共通していることと無関係ではない。そこからも、二つの運動が不可分なものであることが察せられる。

【写真４−１】説法中のＴ・Ｇ・リンポチェ

中心となる人物は、第一三世ツォナ・ゴンツェ・リンポチェ（Tsona Goontse Rinpoche）、通称でＴ・Ｇ・リンポチェと呼ばれる、州内ではよく知られた高名な化身ラマである[33]（【写真４−１】）。南インドのデプン僧院で学び、ＨＢＣＡの会長も務めた。ボムディラにある仏教寺院[34]の管主で、チベット仏教ゲルク派の高僧であるが、政治家としても有名である。二〇〇九年に政界を引退するまで、三期一五年間、州議会議員（Member of Legislative Assembly：略称ＭＬＡ）の職にあり、州の観光大臣や水力発電担当大臣などを歴任した[35]。引退した年にできたカールミク・アーディヤートミク局〈Department of Karmik and Adhyatmik〈Chos-Rig〉Affairs：略称ＤｏＫＡＡ〉[36]の局長を務めている。ＤｏＫＡＡは、州政府に属しているが、チョ・リク〈chos-rig〉（宗教と文化）というチベット語が付記されていることが表しているように、主として仏教文化を啓蒙する活動を担う役所である。ボーティ語教科書もここで編纂されている。リンポチェが語るところでは、「二〇〇九年の総選挙に出馬しないことを表明した時に、州のインド国民会議派（Indian National Congress：略称ＩＮＣ）議員たちは自分が他の政党から立候補することを恐れてさまざまな役職への就任を提示したが、それを断り、この役所の設立を要求した結果だ」という。[37]モン自治地域要求委員会（Mon Autonomous Region Demand Committee：略称ＭＡＲＤＣ）の議長も、発足以来、彼が務めていた。

主要構成員は、その多くが高位の僧侶、モンパの現職ＭＬＡやパンチャーヤット[38]のメンバー、政府機関の役人などで、彼らは、モンパ社会のエリートといえる人たちである。

2　モンパ・セミナー

こうしたエリートが一堂に会したのが、二〇一〇年七月三〇日から八月一日に三日間にわたってタワンで開催されたセミナーである（**【写真4-2】**）。筆者も三日間、参加した。会の正式名称は、Monyul Seminar: Traditional System-Change & Continuity amongst Monpas of Arunachal Pradesh という英語名であるが、参加者の多くは、副題が意味しているように、テーマがモンパに限られていることから、「モンパ・セミナー」と呼称していた。ヴィヴェーカーナンダ協会文化研究所（Vivekananda Kendra Institute of Culture：略称ＶＫＩＣ）[39]のアルナーチャル支部が、モンユル社会・文化開発協会（Monyul Socio-Culture Development Society）[40]と共同で主催した形を採っていた。場所は、タワンのカラワンポ・ホール[41]で、毎日三〇〇人以上の人びとが参加していた。数十人単位で座っている僧侶や高校生などは、動員されて来ているというふうに見えたが、個人の参加者も多く、学生、政治家、ビジ

【写真４−２】モンパ・セミナー（2010年７月31日）

ネスマン、教師、公務員などの姿があった。主賓は当時の州主席大臣で、タワン出身のモンパに属するドルジェ・カンドゥ（Dorjee Khandu　一九五五―二〇一一）、メイン・スピーカーはT・G・リンポチェであった。

　司会者による趣旨説明は、「モンパというアイデンティティは、文化や伝統を通じてこそ獲得できる。現在は変容の時期であるが、伝統を見直すことが重要である」という内容であった。セミナーでは、さまざまなテーマでの発表があった(42)。初日は、主席大臣とT・G・リンポチェが乗るヘリコプターの到着が大幅に遅れたことにより、発表時間はほとんどなかったが、最も強調されていたのは、二日目の最初にあったボーティ語教育に関するものだった。セミナー中、T・G・リンポチェが「来たる二〇一一年の国勢調査では、トライブ名は「モンパ」、言語は「ボーティ」と書こう」と呼びかけたことである。筆者がこのセミナーに焦点を絞って本論を進める理由もここにある(43)。

　発表のタイトルは、「モンパ・トライブにとってのボーティ文字の重要性についての一展望」（Importance of Bhoti Script for Monpa Tribe: A Perspective）というもので、発表者は、西カメン県の県知事（Deputy Director）のリンチン・タシ（Rinchin Tashi）をはじめとする六人で、連名の英語のレジュメが配られた(44)。本章での議論に必要な基本的資料となるため、やや長くなるが、要約して以下のように一六項目の箇条書きにした(45)。アルファベットの固有名詞はレジュメのままにしてある。

ボーティ文字の起源

①チベット文字は、七世紀のインドのグプタ朝の時代のブラーミ（Brahmi）およびグプタ（Gupta）文字を基にチベットのソンツェン・ガムポ王の大臣で学者であったトンミ・サンボータ（Thonmi Sambhota）によって作られた。このチベット文字（Tibetan script）は、トンミ・サンボータの名から採って「ボーティ文字」として知られている。

②ボーティ文字は、インド（で生まれた）仏教の教えを、チベット、ブータン、シッキム、ネパール、ヒマーチャル・プラデーシュ、ラダック、そしてアルナーチャルなどの異なる地域へ伝えるための媒体の役目を務めていた。

言語・方言の違い

③モンパ、シェルドゥクペン、カンバ、メンバの言語（language）は、チベット・ビルマ語族のチベット・ヒマラヤグループに属し、モンパやシェルドゥクペンの方言（dialect）とチベットのいくつかの方言との間には多くの類似点がある。

④大きく分けるとモンパには二つの方言（dialects）がある。一つは、シェルチョクパ（Sherchokpa's）で、タワンから見て「東の人びと」の意味である。逆にシェルチョクパは、タワンの人びとの方言をブラーミ（Brahmi's）「岩山に住む人びと」の方言と呼んでいる。シェルチョクパあるいはツァンラ（Tsangla）は、おおまかにはディランとカラクタンのモンパの方言である。チュグとリシュ村のモンパ、およびラフンやクリタム村の方言はシェルドゥクペンの言語と似ている。ヤクを飼うブロクパ（Brokpas）の方言は、モンの異なる地域の牧畜民に共通している。すべてのモンパの方言とシェルドゥクペンの方言の間には違いはあるが、長い間の社

会・文化・物質的な歴史を共有しているため、発音や語彙に共通点が見られる。

仏教とボーティ文字

⑤仏教とボーティ文字は、おそらく七世紀にカラワンポ王（King Kalawangpo）とカンドゥ・ドワ・ザンモ（Khandro Drowa Zangmo）の息子クンデレグ王子（Prince Kundeleg）によってモン地方に伝えられたものだろう。[46] その後、八世紀にパドマサンバヴァ（Guru Padmasambhava）がやってきた時に根付いた。多くのチベット仏教の高僧がこの地を訪れているほか、ダライ・ラマ六世はタワンで生まれている。このようにチベットとの間には宗教や文化を通しての高度な交流が存在した。しかしながら、今日、モンパはアルナーチャルにおける認定を受けたトライブとなっている。タワンからカラクタンまで多くの寺院が存在するが、仏教哲学はモンパの文化に大きな影響を与えてきた。

⑥モンパの建築、工芸、絵画、結婚儀礼、祭り、舞踏や歌、音楽、方言、食生活、習慣などに仏教の影響が多く見られる。

⑦ボーティ文字は僧院で教えられていただけでなく、村の在家の僧[47]によっても教えられていた。

ボーティ文字の役割

⑧モンパの伝統的な生業は、農業・交易・牧畜だが、チベットとアッサムを結ぶ、国境を越える遠距離交易を行ってきた。そしてこれには、異なる地域の二家族の間で、互いに宿を提供し合うネイツァン（*neytsang*）という制度があった。チベットにもアッサムにもあったが、つながりは、仏教を仲介とするチベットとのほうが強かった。ボーティ文字は、宗教上の文字として使われるだけでなく、商売上の契約書などにも使われていた。

⑨ボーティ文字は、方言で語られる民謡、民俗劇、民話、古い格言などを書きとめるためにも使われていた。モ

ンパ文化には、衣服、食習慣、祭り、歌や踊り、方言、芸術、建築などのすべてが含まれる。その中で、言語は最も重要な役割を占めている。例えば、ヤク・チャムはモンパの方言を使ってこそ理解でき、楽しめる。これらを書きとめられるのはボーティ文字である。

⑩伝統的なモンパの地方自治にはツォルゲン（*tsorgen*）制度があり、村長であるツォルゲンがさまざまな争議の調停に当たっていた。それらの裁判記録はボーティ文字で書かれていた。

ボーティ文字教育の必要性と問題点

⑪インドの中央部から孤立した中で、ボーティ文字を通じて仏教が平和な文化的発展をモンパの地にもたらしていた。だが、国家の経済との統合や近代的な世界との出会いをもたらした州の開発のプロセスは、モンパを異なる文化的アイデンティティと遭遇させた。リンガ・フランカとしてのヒンディー語と公用語としての英語は、モンパにとってのボーティ文字の役割を減退させた。その結果、近年の教育を受けた世代は、ボーティ語の基礎知識さえないことが、モンパ社会の文化変容の原因となっている。

⑫ボーティ文字は、モンパの方言の改良のためにも重要である。モンパの文化を表現するには、英語やヒンディー語ではなく、ボーティ文字がふさわしい。

⑬「文化を失うことは、アイデンティティを失うこと」である。そうならないために、モンパは互いの結束と多様性を守らなければならない。

⑭すべてのモンパの方言をボーティ文字で書くというのは、大きな挑戦でもある。だが、挑戦する価値はある。

⑮ボーティ文字が公立学校で第三言語として教えられるようになったが、月に一二五〇ルピー(48)という少額の謝礼金だけの臨時雇いの教師による教育では不十分である。

⑯ボーティ文字は、モンパだけでなく、シェルドゥクペン、カンバ、メンバなどアルナーチャルのチベット・ヒマラヤ系の人びとにとっても重要である。そして、ラダックからアルナーチャルまでのヒマラヤの仏教文化圏に住む人々の文化的命綱だと認識しなければならない。

このレジュメの内容をさらに整理すると、主張したいことは、大きく分けると次の三点に絞られるだろう。第一は、まず、ボーティ文字がインドの文字を基本として作られた文字で、ヒマラヤ地域の仏教徒への仏教の伝来もこの文字を媒体としてきたという点である。第二は、方言の違いはモンパ間だけでなくシェルドゥクペンなどの近隣のトライブとの間にもあるが、交易、仏教の受容などを通じて共通の文化を育んできており、そこでもボーティ文字が重要な役割を果たしてきた。第三は、モンパの生活文化、芸術などは仏教と分かちがたく結び付いたものであり、モンパだけでなくシェルドゥクペン、メンバ、カンバなどを含むアルナーチャルのヒマラヤ地域の仏教徒にとって、ボーティ語はその文化表象のための重要なツールであること。文化を守りモンパの方言を発達させるためにも、ボーティ語教育が必要である。

これからこの三点を念頭に入れて、検討してみたい。

なぜボーティ語なのか

この発表では、一度も「母語」という言葉が使われていない。代わりに方言（local dialect）という語が使用され、ボーティ語はそれを発展させるための包括的な言語であるだけでなく、モンユル文化の基礎となるチベット仏教文化を理解するための必須のツールであることが強調されている。だが、なぜチベット語と呼ばないのだろうか。

このレジュメの①にあるように、セミナーの発表者は、ボーティ文字をチベット文字と同一と見なしており、トンミ・サンボータの名に由来する広く知られた名称であるかのように述べている。だが、チベット語でチベット語はプケ〈bod skad〉であり、タワンのモンパはボイケット（*Boket*）あるいはボトパケット（*Botpaket*）、ディランのモンパはボトゥパ・ロ（*Botpa lo*）と呼び、ボーティ語、ボーティ文字とは言わない。ボーティが、トンミ・サンボータの名から来ているという説明は、セミナー中だけでなく、筆者との個人的な会話の中でも、T・G・リンポチェがしばしば語ったものである。

七世紀のチベットの王ソンツェン・ガムポ〈srong btsan sgam po〉が、トンミ・サンボータ〈thon mi sam bho Ta〉をインドに派遣してチベット文字を創らせたという伝承は、よく知られていているが[49]、異論も指摘されている［西田　一九八七：一五八］［デエ　二〇〇五：四二］。例えばスタンは、六三二年ごろにインドに留学したトンミ・サンボータが、インドから帰って短期間で、文字だけでなく複雑な法律の文書ができたとされることに疑問を呈している［スタン　一九七一：四九］。山口瑞鳳は、チベット人が文字を用い始めたのは七世紀の前半であるとしているが、トンミ・サンボータが作ったとされる文法書には、八、九世紀にしかできない文法上の規定が含まれていることから疑いを持ち、トンミ・サンボータという名が敦煌文献には一度も言及されることがないこと、トンミという宰相はいたが、六世紀以前の人物であり名も異なっていることなどを、指摘している［山口　一九八七：二四二、二五三―二五四］。ソンツェン・ガムポの大臣としてのトンミ・サンボータの存在は今のところ確認できない［長野　二〇〇一：五九五］というのが実際のところのようだ[50]。

トンミ・サンボータが実在の人であるかどうかはさておくとして、トンミ・サンボータがチベット文字や文法を創ったと信じるのであれば、ボーティ語もチベット語も同一だということにならないだろうか。セミナーの発表者もそう理解しているので①のように書いていると判断できる。しかし、それにもかかわらず、T・G・リンポチェは、「ボーティはトンミ・サンボータのボータに由来しているが、チベット語ではない。ヒマラヤ圏の仏教徒に共通する言語である」とチベット語との同一性を否定しているのである。(51) ボーティア（Bhotia）あるいは、ブーティア（Bhutia）は、ヒマラヤ山麓に住むチベット系諸民族の総称で、チベットを意味するBhot、あるいはBodに由来するというのが一般的な解釈である［Singh 1998：456］［Ghosh 2007: 9］。(53) 複数の州では、指定トライブ（ST）の名称ともなっている。(54) モンパ自身も、イギリス植民地時代にはブーティアと呼ばれていた。(55) このことから、ボーティもヒマラヤ山麓のチベット系諸民族の名称に関連すると考えるのが一般的であろうが、T・G・リンポチェは、それも否定している。(56) シッキムの指定トライブであるブーティア（Bhutia）が、ブーティア語を第八附則に含めるよう要求していることとの区別なのかもしれない。B・L・チェンバレンは、論文の前置きとして「チベット仏教という用語は、国家を連想させるので、ラマ教徒の仏教（Lamaist Buddhism）(57) と言い換え、チベット系の言語の文字のことはサンボータ（Sambhota）文字という用語を用いる」(58) と述べていて、古典チベット語の正書法という意味で、チベット正書法（Tibetan orthography）という用語は用いるとしている［Chamberlain 2008：118］。だが、こうした言い換えは、逆に特定のイデオロギーの存在を印象付け、かえって国家を連想させてしまうとはいえないだろうか。

同じヒマラヤの南麓に位置し、かつてはモンとも呼ばれていたブータンには、一九八〇年代から歴史的に仏教関係の書物に使われてきた古典文語チベット語を基に改革を行い、公用語のゾンカ語の綴字法などを制定し整備する動きを進めている［今枝　一九九四b：二七］。だが、ブータンでも「チベット語」の英語表記はTibetan、ゾンカ語表記は、ポケ〈bod skad〉であって、ボーティという表現は使われていない。

ボーティをトンミ・サンボータの名前と結び付けて説明しているのはT・G・リンポチェおよび彼の指導を受けたモンパだけで、第八附則指定を要求しているTHPFやHBCAのパンフレットにはそのような説明はない。「ボーティはヒマラヤ圏の人びとの母語であるだけでなく、インド文化、とりわけヒマラヤ文化の伝播を媒介するものだ」と書かれ、その後に「七世紀後半にブラーミ文字から作られたが、諸説ある」としている。チベットとの関係には触れず、ボーティ諸族（Bhoti races）はラージプートと関係があり、ボーティ語がアーリヤ語(59)（Aryan language）の仲間であるという説があるという記述が見える。もう一つの伝説は、ヒマーチャル・プラデーシュに起源を求めるものである［THPF & HBCA 2008: 35］(60)。一方、ラダックでの第八附則要求運動の擁護者の一人は、ラダックの言語に関する論文のタイトルに「チベット語（ボーティ語）」［Shakspo 2005: 61］と明記している(61)。二〇一三年九月九日にレーで開催された、第八附則追加要求のための全国大会のレジュメには、「場所によってさまざまな呼び方があるが、アルナーチャルとヒマーチャル・プラデーシュでは、ボーティ（Bhoti）である」と書かれている。しかし、トンミ・サンボータとの関係は書かれておらず、チベット語の方言全般を指す包括的な名称（umbrella term）であるとの内容になっている(62)。

このように、THPFやHBCAのパンフレットは、その公的な立場からか、チベット語という表現を避け、ラダックでは、チベット語だと明記する人もいる一方で、ボーティ語はチベット語の方言全般を示すとし、モンパであるT・G・リンポチェがチベット語であることを否定しているというように、同じ運動に関わっている人びとの間でも食い違いがあることが分かる。二〇〇一年センサスの指定言語以外の母語話者の統計によれば、ラダック語（Ladakhi）話者数は一〇万四六一八人、モンパ語（Monpa）話者は五万五八七六人となっている。しかし、レジュメの④にもあるように、異なる地域のモンパには異なる言語があり、統計に書かれるようなモンパ語というものは存在せず、チベット語との距離が言語によって異なっている。インドにおけるマイノリティの言語を定義する場合、ローカルなレベルでそれが多数派を占める例として、ラダック地方におけるチベット語が挙げられている[Pandharipande 2002: 220]。

ボーティ語とボーティ文字が、実際にはチベット語とその文字を意味することは疑いの余地はない。モンパ・セミナーの翌年の二〇一一年から、タワン県や西カメン県で使われ始めた一年生から八年生のボーティ語教科書の表紙には、チベット語のウチェン体で、「ボーティ語教科書」〈bho Tïi skad yig slob deb〉(63)と書かれている。各章はチベット文字を用い、現代チベット語で書かれたものとなっている。ボーティ語を教えている教師やそれを学んでいる子供たちも、そのことは分かっている。ボーティ語を「チベット語」と呼ばないのは、トンミ・サンボータがインドから学んだ文字で、（チベットではなく）インド起源のサンスクリット語を発展させた文字であるという点を強調することによって、外国語ではなくインドの言語だということを主張していると考えられる(64)。だが、第八附則の二二の指定言語の中には、ネパール語が含まれていることを考えるなら、チベット語として言語要求しても問題ないとも思えるが、先述したようなチベット亡命政府と結び付ける人がいることが意識されているのであろう。

このセミナーにも参加していたモンパ男性Ｈ・Ｅは、その理由は、一九八〇年ごろから州内で始まったチベット難民に対する排斥運動であると筆者に語った。彼は「チベット語をボーティ語と呼ぶのは、極めて政治的な判断からだ」と言う(65)。現在、州内には、西カメンのテンジンガオン（Tenzingaon）、チャンラン県のミャオ（Miao）、ロヒット県のテズー（Tezu）の三カ所にチベット難民の居住地が設けられている。居住地以外にも、タワン県や西シアン県、上シアン県の、モンパやメンバが多い地域にチベット難民が住んでいる。州内のチベット難民の数は約八〇〇〇人だという(66)。一九九八年の統計ではインド全体で八万五一四七人なので、一割近い数がアルナーチャルにいることになる。一九五九年のダライ・ラマ法王の亡命以前からアルナーチャルに居住していたチベット人は、モンパあるいはメンバとして、指定トライブの証明書を受け取ることができるが、それ以外の人びとはチベット難民として扱われる。これらの難民が永住権や指定トライブの資格を持つことには、モンパを含む州内のトライブからの反発があり、二〇一〇年には偽の文書を作成して不正に指定トライブ証明書を得たケースがあるという非難の声が上シアン県で上がっていた(67)。タワンでも、ショウ村のチベット人が、実際には難民であるにもかかわらず不正に指定トライブとしてのモンパの地位を得たとして、問題になったことがある。ショウ村の人びとは、チベットの支配時代からタワンに住んでいた人たちが大半であるが、難民と結婚している人もいて、見分けは難しい。実際には、不正にトライブの権利を得ていない場合でも、ことあるごとに学生組織などからの非難の的になり、スケープゴートになってきたといえる。

また、公に語られることはないが、第一章で述べたように、モンパの中には、チベットに税を納めていた時代の苦い経験が語り継がれている。敬虔なチベット仏教徒で、ダライ・ラマ法王に対し深く帰依し、チベット人ともチベット難民とも友好関係を築いているモンパではあるが、当時の「支配者の言葉」としてのチベット語への拒絶反応が人びとの間から完全には消滅していないことも重要なポイントである(68)。

T・G・リンポチェがボーティ語とチベット語が同一であることを否定するのは、チベット難民あるいは亡命政府に対する、こうした排斥運動や警戒的な見方、歴史的に構築されたチベット人に対する複雑な思いがあることを十分分かっているからであろう。

チベットの人びとがインドにおいて「難民」という存在になったことにより、「チベット」は「ヒマラヤ」という語に置き換えられ、「ヒマラヤの言語」という意味を込めた「ボーティ語」が「チベット語」の代わりに採用された、つまり、「ボーティ語」は、政治的な配慮から生まれた用語と見なしてよいだろう。

モンパの言語とチベット語、チベット文字

セミナーのレジュメにボーティ語を「母語」と書かなかった第一の理由は、既述のように、モンパの大多数の人びとがチベット語の読み書きができないことにある。モンパ・セミナーの中で、レキ・プンツォ（Leki Phuntso）という人が、別の発表でこのことを明確に述べていた。チベット文化とモンパの関係を大雑把に述べた発表で、レジュメには「チベット語とモンパ語は極めて異なり、互いに理解できない。チベットにはモンパ語を話す人びとの村があるが、インドには、政府が難民のために定住地とした村以外にチベット語を話す人びとの村はない」と書かれている。[69] T・G・リンポチェは、自分が子供のころ、おそらく一九七〇年代ごろまでは、タワンのほとんどのモンパはチベット語の読み書きができたと語っている。[70] しかし、本章の「はじめに」に述べたように、ほとんどの人びとは読み書きができなかったというのが実際のところである。筆者が七〇代以上の人びとに聞いた限りでも、チベット語を話せる人はいても、実際に文字の読み書きができたのは僧や役人、その家族など限られた人びとだったという。[71] インド独立後に、モンパ自身によって書かれた英語の文献は、単語や会話の発音をデーヴァナーガリー文字やローマ字によって表記している。[72] だが、⑫では、モンパの文化はボーティ文字で表現されるべきだと主張されている。

④にあるモンパ間の言語の違いやメンバの言語については第一章に書いたので、ここでは概略だけ述べる。まず、大きくは、タワンのモンパのモンケットやダクパ語（Dakpa 'ket）、そして、ディランやカラクタンのモンパおよび西シアン県や上シアン県のメンバのツァンラ語（Tshangla lo）という、二つの言語に分けられる。モンケットとダ

クパ語は、モンパの言語の中では最もチベット語に近いが、それでもチベット語の方言といえるレベルではなく、ツァンラ語は、チベット語とは系統の異なる言語だといわれている。[73] 両方とも書き言葉を持たない言語である。これらをチベット文字で書き記すことは不可能ではないが、辞書もない現状では、書かれた内容を理解するのは難しい。チベット語の読み書きができるモンパの中には、「タワン・モンパの言語はあまりに崩れていて、チベット文字で書き表すのは容易ではない」と語る人もいる。ツァンラ語のほうは、さらに困難である。例えば、ブータンでは、ツァンラ語は公用語のゾンカ語、南部のネパール語に次ぐ多数派言語[74]であるが、文字を持たないため、その言語が危機に瀕しており、ローマ字やチベット文字による正書法が試されているが、さまざまな問題点があり、容易ではないという［Bodt 2012: 175, 256–271］。⑭に、すべてのモンパの方言をボーティ語で書くことが難しいと書かれているのは、このことを意味している。

シェルドゥクペンとの関係について、レジュメでは、仏教を通して言語的にも共通点が見られると書かれている。しかし、それは特に仏教関連用語にチベット語の借用語があるからであって、言語学的には、異なる見解が示されている。[75] このセミナーにはシェルドゥクペンの参加者はいなかった。[76]

⑧⑩には商売や裁判記録にボーティ文字が使われていたと書かれている。それを書いていたのは、チベット人あるいは、その下で働くモンパの役人であって、商売のためにモンパがどの程度文字を使っていたのかは分からない。ただし、会話に関しては、国境を越える長距離交易の従事者でもあったモンパの人びとは、チベット語だけでなく、アッサム平原のトライブの言語やアッサム語、東ブータンのツァンラ語など、近隣の人びとの異なる言語を実践的に覚え、コミュニケーションができたようだ。それは、⑧に挙げられているような、ナイツァン（*naitsang*）[77] と呼ばれる伝統的な宿泊スタイルの影響もある。**コラム③**にも書いたように、モンパが故郷を離れて交易などに行く場

合、先祖代々相互に同じ家に泊まる伝統的な慣習である。モンパの交易を支えてきた重要な伝統であることは確かである。

だが、発音や語彙に共通点があるからといって、母語の異なる人びとを一つの言語の下に統合するのは不可能に近い。それは、セミナーで使用されていた言語がヒンディー語や英語であったことに象徴されている。ツァンラ語で質問する参加者に対し、タワンからの参加者は、「何を言っているかわからない、ヒンディー語で話してくれ」と野次を飛ばしていたのである。

モンパとチベット仏教文化：ボーティ語教科書から

⑥⑨に書かれているように、モンパが、歴史的にも文化的にも、深くチベットおよび仏教と関わりを持ってきたことは事実である。それにもかかわらず、一方では、非仏教起源の土着の信仰も生き続けている。従って、モンパおよび西カメンの他のトライブの文化をすべて仏教文化として抱合するのは無理がある。このことは、すでに第一章、第二章で述べてきたことなので、重複は避けるが、このセミナーでは、⑯にあるように、ヒマラヤの仏教文化圏に住む人にとってボーティ文字が文化的命綱だと語られている。セミナーの主催者側のタワンのモンパ男性が筆者に語った、「ボーティ語要求の目的は、自分たちの言語を文字化することではなく、ボーティ語を普及させることにある」という説明も同様である(78)。

ボーティ語に関するT・G・リンポチェやセミナー発表者の歯切れの悪い説明、すなわち、この地域の人びとの異なる母語を、ボーティ語の傘の下にむりやり押し込めようとする説明は理解しにくいが、二〇一一年にできた教科書の内容を見ると、この運動の目指しているものが見えてくる。

【写真４－３】１年生から８年生までのボーティ語教科書

ＤｏＫＡＡが編纂してできた教科書は、一年生用から八年生用まで一冊ずつある（【写真４－３】）[79]。教科書の内容を確認してみると、タワン県や西カメン県の人びと、特に仏教徒が、本来知っていなければならない、モンパの歴史や文化についての基礎知識を教える目的で作られたものであることが分かる。カラー印刷された表紙には、モンパだけでなく、シェルドゥクペンやブグン、フルッソ（アカ）、サジョラン（ミジ）などの民族衣装を着た少年、少女、あるいは家族の絵が描かれている。六年生用の表紙のみトンミ・サンボータの絵が描かれているが、各学年を通して、中の挿絵もほとんどモンパの男女が描かれていて、チベット色を極力排していることがうかがえる。一年生から五年生までは、文字と文法が中心になっている。六年生の教科書の二課では、トンミ・サンボータがソンツェン・ガムポ王によりインドに派遣され、帰国後チベット語文字や文法を作ったことが教えられている。また、モンパが新年（ロサル）の準備をし、祝う様子についても書かれている。七年生では、タワン僧院の歴史（一課）、カラワンポ王〈rgyal po ka la dbang po〉の物語（四課）、モンにある三二のツォ〈tsho〉とディン〈lding〉[80]の名前（九課）などが盛り込まれている。八年生の教科書では、モンにどのようにして仏教が伝来したのかが、各宗派の伝来順に説明され（三課）、六道輪廻図の説明（五課）やタワン生まれのダライ・ラマ六世の伝記（八課）もある。

いずれも、タワンの歴史やモンパの文化を知る上で欠かせない知識だが、この教科書ができるまでは教えられてこなかったことである。ダライ・ラマ六世の生誕地であるタワンの人びとは、名前を知るのみで、その生涯についてほとんど知らず、有名な恋愛詩のチベット語版はおろか、英訳さえ読んだことがない。実は、セミナーの一日目の夜、会場で、西カメン県ダフン（Dahung）にあるヒマラヤ文化中央研究所[81]の学生によりカラワンポ王の物語が演じられた。筆者は、その物語のあらすじを知っていたが、会の後で、観衆の二〇代、三〇代の男女にインタビューすると、初めてこの話を知ったという人が圧倒的に多かった。学校の英語やヒンディー語の授業では、こうした伝承を学習する機会はなかったからである。三二のツォ、ディンなどの地名と現在の地名との関連についても、ボーティ文字によって、初めて本来の意味が理解できるという意義がある。

しかし、教科書のカラワンポ王の物語について、ゴーハインは、「地元のモンパが語るカラワンポ王の伝説は、チベット歌舞団の演目の一部だ」と、この物語が、実際にはチベットの模倣であるかのように述べている［Gohain 2012: 360］。この点について筆者は、まったく反対の意見を持っているが、まず七年生用の教科書の内容を見てみよう。

カラワンポ〈ka la dbang po〉

モンユル〈mon yul〉のマンデルガン〈maNDal sgang〉、現在のモン・タワン〈mon rta dbang〉のカラワンポ王には、ドワ・サンモ〈gro ba bzang mo〉とドゥモ・ハシャン〈bdud mo ha shang〉[82]という二人の妃がいた。カラワンポ王は、西暦七世紀の中ごろの人である。

カラワンポ王とドワ・サンモの間には、クントゥ・レクパ〈kun tu legs pa〉という王子とクントゥ・サンモ〈kun tu bzang mo〉という王女がいた。大きな権力があるのに、王はすべての人びとに自分の息子に対するように優しく接したので、国民は皆、平和で幸福に暮らしていた。

しかし、ある時災いが生じ、母ドワ・サンモは、空に飛び去った。王はドゥモ・ハシャンにより牢屋に入れられ、ドゥモ・ハシャンは、二人の王子と王女を殺すことを心に決めた〈ドゥモ・ハシャンの家の跡は、ユル・スム・トンパ〈yul gsum grong pa〉という左の丘の頂に、今でも見ることができる〉。兄妹は、最初に屠殺人の兄弟、次に漁師の兄弟の手に渡されたが、彼らは、二人の命を奪わなかった。最後に、屠殺人の兄弟の弟のほうが、王子をモクト〈mog to〉という場所の高い崖の上から王子を落としたが、王子は死なずにペマ・チェン〈pad ma can〉という国の王になった〈最終的に、クントレクパがドゥモ・ハシャンを殺してその遺体を地面に埋め、その上に黒い仏塔〈mchod rten nag po〉を建立した。この仏塔は、メラ〈me rag〉のセルキュム・チュ〈川〉〈gser skyems chu〉のほとり、あるいはンゴ・チュ〈ngo chu〉という場所には、この仏塔跡だといわれるものを今でも見ることができる〉。その後、父の王も牢屋から出され、最終的には、王子が国を治め、国中が平和で幸福になった。

確かに、この話は、チベット歌舞劇の中のダーキニー・ドワ・サンモ[83]としてチベットでもよく知られており、三宅伸一郎によるチベット語からの日本語訳も出版されている［三宅・石山　二〇〇八：一六五―二二三］。だが、モンパや、ブータンのサクテン、メラの人びと、東ブータンの人びとは、この伝説の舞台は、かつてのモンユル、つまり自分たちの居住地域だと信じている[84]。モンパには書かれた記録はないが、ブータンにはゾンカ語や英語で書かれた文献がある[85]。モンパの口承によれば、マンデルガンは現在のタワンで、タワン僧院がある場所にはかつてカラワンポ王の宮殿があった。また、ドワ・サンモが生まれたのは、西カメン県のカラクタン・サークルにあるドムコ（Domkho）[86]とされ、ドワ・サンモの生家があった場所が聖地となっている。実際には、カラワンポ王が狩猟

【写真４−４】緑ターラーの姿をしたドワ・サンモ像（ドムコ）

【写真４−５】魔女ハシャンを埋めたと伝えられる黒い仏塔・チョテン・ナクポ（ブータン、メラ付近）

に連れていった愛犬の足跡が残された岩といわれるものがあるだけであるが、近くのラギャル・ゴンパ〈lha rgyal dgon pa〉というゲルク派の僧院には、ドワ・サンモが籠って瞑想した部屋や緑ターラーの姿をしたドワ・サンモの像が残されている（【写真４−４】）。また、タワンのゼミタン・サークルには、教科書にも書かれた通り、魔女ハシャンが住んでいた建物だと噂される家がある。建物に多くの窓があることが、常にドワ・サンモとその子供たちの動向を監視していたことを連想させたのであろう。また、ゼミタンには、女性が母親を通して代々毒を継承し、憎む相手にそれを盛るという言い伝えがある。一九九五年にゼミタンで調査した人類学者は、ゼミタンの八つの村で八人の女性が黒魔術を操る力を持っていたと報告している(87)。こうしたことも、魔女の館がゼミタンにあるという伝承を創り出す根拠になったのではないかと推察される。

教科書の、王子が崖から落とされたが助かったという話は、母親のドワ・サンモが鳥に姿を変えてその翼に乗せて救ったという、この物語の有名な部分である。タワンの紙漉きで知られるモクトウには、そこがその伝説の崖だと地元の人びとに信じられている場所がある。王子が、魔女ハシャンを殺して埋めた上に建てた黒い仏塔チョテン・ナクポ（【写

【写真４−７】カラクタンから寺の修復資金の勧進のためにやってきたアチ・ラモのグループ（西カメン県ラマ・キャンプにて）

【写真４−６】セル村の太鼓

真４−５】）は、ブータンのメラの途中に現在もあり、メラの人びとは、クントゥ・レクパが弓を射たという場所を示し、ペマ・チェンはメラあるいは途中のチャリン（Chaling）であると言い伝えている。[88]筆者は、モクトウ出身の一九五二年生まれのモンパ女性の案内でタワンのセル（Seru）村へ行き、魔女ハシャンが家臣を出仕させるときに呼び出しに使った太鼓を見せられた（【写真４−６】）。[89]

六〇歳以上のモンパにとって、ドワ・サンモの物語は、文字で残されてはいないが、両親や祖父母から聞き、親しんできた昔話である。この話は、狩猟を好み罪のない動物を殺生する王と、魔力を使って主人公たちを追い回すハシャンが、ドワ・サンモを通して、仏教によりそれぞれ教化、調伏されるストーリーとなっている。こうした口承による歴史伝承が、仏教徒であるモンパの若い世代に伝わらずに消えてしまうという危機感があることが、具体的な地名を加えたこの教科書からはうかがえる。

教科書にはなく、ゴーハインも言及していないが、西カメン県、タワン県で現在も盛んに演じられているアチ・ラモ（*achi lhamo*）あるいはアジ・ラモ（*aji lhamo*）は、チベットでは歌劇のアチェ・ラモ〈a lce lha mo〉として有名である。モンパのものは、村ごとの祭礼や、寺院の修復などのために他の村々を勧進して回る際に、演じられるものである（【写真4-7】）。チベット本土やダラムサラのように豪華な衣装や観衆を喜ばせるための派手な演出もなく、ひたすら太鼓のリズムに合わせて歌い、舞われるものである。かつては七日間かかったというが、今でも半日以上かけて演じられる。仮面はチベットのそれのように平たい板ではなく、ヤギの毛と皮、そしてフェルト布で作られた、立体的で精巧なものである。同様のものが、ブータン側のサクテンやメラ、東ブータンのツァンラ語を話す人びとの間にも伝わっている。ストーリーは場所により異なるため、まとめるのは難しいが、今後の研究によって、チベットの縁辺のこの地方に残されているその原型が見出される可能性がある(90)。

チベット語で書かれたものや歌舞劇などで演じられて有名になったものに権威を持たせて、同様の伝承を持つ人びとのそれを否定してしまうことには異議を唱えたい。ドワ・サンモもアチェ・ラモも、ブータンを含むモンユルの基層文化の一つであり、そのモンユルも、かつてはチベット文化圏の周縁にあり、同様の物語がそこで今も語り継がれ、演じられていることを忘れてはならない。

しかし、この教科書がいかに周到に考えられ編集されていたとしても、一年生から八年生までの生徒が、段階を踏んで時間をかけ、きちんと学習しなければ、それを理解することはできない。では、実際のボーティ語学習はどのように進んでいるのであろうか。

3　ボーティ語教育の現状

二〇一一年七月にボーティ語教科書が配られたが、対象地域とされるタワン、西カメン、西シアン、上シアンの四県での教育の現状は、まだ一部しか調査していないため、詳細は分からない。だが、二〇一三年一〇月から一一月の調査で判明したのは、モンパの通う公立学校ではＤｏＫＡＡが作成した教科書が使われ、一年生から八年生までの授業が行われることになっているが、その進行状況、教科書の配布状況は、各学校によってばらつきがあることである。(91)

西カメン県ディラン・サークルのテンバンのＡ小学校の例を示す。インタビューの相手は、男性ボーティ語教師である。

自分は、一九五九年にテンバンで生まれたモンパだ。この学校は一九五四年にできた。一九六〇年代にはアッサム語とチベット語の授業があった。チベット語は、チベット難民の教師から五年間習った。チベット語の授業は、一九八四年前後になって行われなくなったが、一九九四年に再開した。その時からボーティ語教師として教えている。当時の月給は、月一〇〇〇ルピーだったが、現在は一万ルピーである。大学などで教育を受けて正式な教師資格を持っている場合は、最高一万八〇〇〇ルピーの月給だ。現在、二人の教師がいて、自分は一年生から四年生までと七年生を教え、別の教師が五年生、六年生、八年生を教えている。各学年とも毎日三〇分の授業がある。テンバンのモンパはツァンラ語話者だが、子供たちは興味を持って授業を受けており、さほど苦労しているようには見えない。ボーティ語のことは、テンバンのモンパは、チベット人の言葉という意味でボトゥパ・ロ（*Botpa lo*）と呼んでいる。

この学校では、比較的順調に授業が行われているようだが、生徒に感想を尋ねることはできなかった。

同じディラン・サークルのディランの小学校に通う子どもたちに、彼らの学校でのボーティ語の授業について聞いた。以下は、私立の学校に通う四年生の男子（ディラン生まれのモンパ）の感想である。

二〇一三年四月からボーティ語の授業が始まったが、教科書はない[92]。ボーティ語のアルファベットを教師が黒板に書いたものを写して覚える。授業は、モンパの先生がヒンディー語で教えている。まだアルファベットを習っている段階だが、面白い。自分は、モンパ語（ツァンラ語）よりヒンディー語のほうが堪能だ。

ディランの公立学校の六年生の女子は、両親ともネパール系だが、自分はアルナーチャルで生まれたという。

四年生の時にボーティ語の授業が始まった。四月に六年生になってすでに七カ月経ったが、まだ教科書の第一課で止まったままだ。その理由は、ボーティ語教師は、タワンにあるキンメイ僧院の僧侶で、毎月一回しか教えに来ないからだ。こんな調子なので、覚えるのはとても難しい。モンパ以外の生徒も皆ボーティ語の授業を受けているが、自分には難しすぎる。

上記の二人と一緒にいた一一年生の女子は、ディランの公立学校に通っている。ボーティ語は八年生までだが、六年生の時に選択科目としてボーティ語とサンスクリット語があった。彼女は、東カメン県のプロイク[93]（Puroik）というトライブ出身なので、サンスクリット語を選択したが、モンパの生徒はほとんどボーティ語だった。ボーティ語のことは分からないが、サンスクリット語の教師も月に一度しか来ないので、ほとんど習得できていない。

タワン県モクトウの小学校の場合は、一年生から八年生まで、日曜日と第二土曜日を除く毎日三五分のボーティ語の授業がある。教師は一九八二年生まれの男性で、ボーティ語は僧院学校で八年間学んだという。彼が生徒は興味を持って熱心に学習していると語る通り、見せられた生徒のノートには、きれいな文字がびっしりと並び、彼の添削の跡もあって、生徒だけでなく教師の熱意も伝わってきた。しかし、それでも一年間で教科書の半分しか進まないという。子どもたちにはチベット語の基礎知識がなく、家庭で教える人もいないので、時間がかかるとのことだった。

タワンの町の中心にあるタワン・モンパが所有する私立学校の場合は、チベット人の校長が自らボーティ語を教えている。教科書は、ダラムサラでチベット難民の子供たち用に作成されたものを使用している。一九九三年の開校初年は一年生から三年生までボーティ語を教えていたが、一九九四年からは五年生までになった。二〇〇〇年からは五年生から八年生までになり、現在に至っている。週三回、三五分ずつの授業が行われている。五年生の授業に参加してみたが、ボーティ語のアルファベットは全員習得していて、単語の読み書きもできるようになっていた。概して、生徒たちは興味を持って熱心に学んでいるように見受けられた。その中の一人の少女は、とてもよくできるので、後で尋ねると、近所の家に住む尼僧の叔母が補習をしてくれているという。逆にネパール系の少女は、覚えるのに苦労しているようである。これだけの事例では早計な判断はできないが、まだ、ボーティ語教育が軌道に乗っているとは言い難いということはいえるだろう。その原因は、ディランの学校で見られるような教師不足にある。二〇一〇年のモンパ・セミナーでも話題になったように、以前は、給料が安すぎて教師を確保できなかったため、セミナー後に給料を一万ルピーに引き上げるなどの方策が採られたが、それにもかかわらず、教師不足の問題は解決していない。給料が半年以上遅れて支払われるようなこともあると聞くが、実は、州では、公立学校の教師の給料が数カ月遅れて支払われることがあるのは、ボーティ語教師に限ったことではない。

しかし、学習する生徒や親の側からも教師の増員要求の声が上がっているわけではないことにも留意しなくてはならない。子どもたちにとってボーティ語の学習は、進学や就職には何の益にもならないからである。「少数言語話者のトライブは、トライバル・アイデンティティよりも経済的な上昇を望んで、メジャーな言語を子どもたちに学ばせようとする」[Pandharipande 2002: 224] という指摘は、モンパの場合も当てはまる。現在三〇代以上になっている親世代は、かつてサンスクリット語を第三言語として学んだ経験がある。だが、授業時間が短く、形式だけの授業で、ほとんど何も覚えていないという。ボーティ語の場合にも同じことが繰り返されてしまう可能性は十分ある。

4　運動の行方

モンパ・セミナーでT・G・リンポチェが、「来たる二〇一一年の国勢調査では、トライブ名は「モンパ」、宗教名は「仏教」、言語は「ボーティ」と書こう」と呼びかけたことは、先述の通りである。二〇一一年国勢調査の世帯調査票の七番目に宗教（religion）、八番目に指定カースト（SC）／指定トライブ（ST）名、一〇番目に母語（mother tongue）の記入欄がある。[94] だが、タワンの人びとにその質問をしても、T・G・リンポチェからの呼びかけがあったことを知らない人が多く、「母語」を記入する欄があったことすら覚えていない。タワンでは、調査員がやってきて、口頭で質問し、その回答を調査員が自ら記入するというやり方をしている。調査票は、家族の成員全員が記入しなくてはならず、記入したものは極秘扱いにしなくてはならないと書かれているが、実際に記入するのは調査員の場合が多いようである。[95] インドの国勢調査では、出自の同定過程を論ずる際には末端調査員の問題が重要だという［三瀬　二〇〇四：二〇九］が、その実態はつかみにくい。セミナーでの呼びかけが、どのように統計数字に表れてくるかは、結果を見てみなければ分からないが、これまで述べてきた理由から、ボーティ語を母語だと書く人が急激に増えるとは思えない。ただし、国勢調査の言語が操作可能であることは第一節で述べた通りである。

教科書の例からみるならば、モンパの歴史や伝承を知る手段としてボーティ語を学ぶことには意味がある。しかし、教育の現状を見ると、子供たちがそれを理解できるほどの学習効果は期待できない。仮に将来、教師不足が解消されたとしても、家庭でその学習を補佐するべき両親や兄弟には、ボーティ語の学習経験がないだけでなく、ドワ・サンモやアチェ・ラモについて子供たちに語るほどの知識がないという問題もある。

こうした現実があるにもかかわらず、ボーティ語の第八附則への指定要求は、モン地域自治要求運動に引き継がれてゆくこととなるが、そのことに触れる前に、次節で、州のトライブの文字を巡る近年の動きについて報告しておく。

第三節　文字の創造

1　タニ・リピの創造

既述の通り、アルナーチャルの諸トライブは、カムティ以外文字を持たない。カムティも実際には、多くの人はタイ文字の読み書きができず模索が続いている。(96) 文字を持ちたいという欲求は、モンパだけでなく、他のトライブにもある。州の調査局（Department of Research）でも、母語の消滅を防ごうとさまざまな取り組みをした。だが、多くの異なる言語を調べるための人材も資金も十分でなく、失敗した。ローマ字を使ってアディの各方言を書き移すなどの試みもあったが、うまくいかなかった［Pandey, B. B. 1997: 72］。

だが、多数派の言語グループの人たちの中から、自ら文字を創り出した人が現れたのである。そして、それに呼応するかのように、他のトライブにも文字の創作や母語による新聞発行を始める動きが見られるようになった。これらの動きが、今後どのように発展していくのかはまだ観察が必要だが、モンパの言語要求に少なからず影響を与えるものと考えられる。

まず最初に、タニ・リピと呼ばれる文字について述べる。「タニ」（Tani）はニシ、アディ、ガロ、アパタニ、タギンなどのトライブ集団に属する人びとが信じる神話上の先祖のことで、「人間」を意味する[97]。彼らの話す諸言語は包括的にタニと呼ばれている[98]。「lipi（リピ）」は「文字」を意味するヒンディー語である[99]。筆者がタニ・リピのことを初めて知ったのは、二〇一一年一二月一一日付のEcho of Arunachal誌の署名記事からである。見慣れない文字が並び、見出しの「タニ・リピ」もこの文字で書かれている（**【図4-1】**）。タニ・リピがトライブの母語を表記する最適の文字であり、それを学習することの必要性を説いたものである。以下に、書かれている内容を要約する。

> デーヴァナーガリーやラテン文字では、母語のタニ語は、意味が変わってしまうことがある。例えば、タニ語では、ミタンウシをＳＯＢＥと呼ぶが、このようにラテン文字を用いるとミトゥンではなく猿（Monkey）の意味になってしまう。学校や大学で子どもたちが学ぶのは英語とヒンディー語、そして第三言語としてのアッ

【図 4－1】 タニ・リピの学習を呼びかける新聞記事

（Echo of Arunachal、2011年12月11日付）

ECHO OF ARUNACHAL • SUNDAY, DECEMBER 11, 2011

is the best indigenous script to preserve tribal languages of ARUNACHAL PRADESH

A scientific script of Arunachal Pradesh

By Nyamo DOJEH

Your favourite daily 'Echo of Arunachal' is again going to promote learning of Tani Lipi, the Indigenous Script of Arunachal Pradesh on every Sunday w.e.f 10th January 2010. Tony Koyu is the creator of Tani Lipi and Nyamo Dojeh, CMD, GGL Group is providing the source and would continue to teach the basics of the script on every Sunday. Your constructive criticism, suggestions and advises to this novel venture would be encourage us to make your favorite EoA more readers-friendly. For details, please contact: 9856371752, 9436040252, 2212969. – Editor

Know your own script.

It has been my hobby to compose and sing songs in my mother tongue since my childhood. When I began to write in my mother tongue, with the help of Devnagari and Roman scripts, I experienced that these scripts are not very suitable to write tribal dialects. It is mainly because using of such scripts lead to distortion of our mother tongue dialects; and meaning of a word is also changed. For e.g: Tani word for Mithun is SOBE but using of Roman script has changed the meaning of this word from Mithun to Monkey. In this way, continuous use of Roman script to write local dialects has been one of the formidable factors for losing of tribal languages. In the schools and colleges, our children learn only Hindi and English language, beside learning Assamese or Sanskrit as third language. And such policy has been very detrimental for the preservation of tribal languages/ mother tongue dialects, specially for our children who are disconnected from learning own mother tongue. Most of the time they spend either in school or hostels and practice with Hindi or English as a result they have no time to learn own mother tongue. Keeping in view to save and preserve the tribal language from going into oblivion, I have developed Tani Lipi, which is a scientific script. Tani Lipi font software is also fully developed. Although some people have inclination towards Roman script but we must not forget that we can't be proud of adopting Roman/ Devnagri as that of 'Tani Lipi', because Tani Lipi is our own creation and it is our identity. We may get more respect and honour for using and writing in Tani Lipi as our third language script. If government wants, it can be introduced in schools within a period of 3 months in the entire state. The need of the hour is the immediate action to publish books in Tani Lipi and introduce in schools. There after you will never believe own eyes and ears as your children would master over Tani Lipi and they will be the main person to restore and preserve our tribal languages.

SO	NGO
(SOLUNG)	(NGOI)
(SONAM)	(NGOMI)
(SOBE)	(NGORU)
(SORTE)	(NGOSO)
NYO	**MO**
(NYOKUM)	(MODII)
(NYOBO)	(MOKO)
(NYODE)	(MOPIN)
(NYOSA)	(MOSI)
NO	**HO**
(NOSI)	(HOBO)
(NOKE)	(HOTE)
(NOBIN)	(HOLU)
(NOBO)	(HOMEN)
WO	**JO**
(WOO)	(JOMUNG)
(WOT)	(JOLII)
(WOM)	(JOKII)
(WONE)	(JOBO)
CHO	**YO**
(CHOTUM)	(YOGI)
(CHOTE)	(YOYO)
(CHOSA)	(YOGA)
(CHOKUM)	(YOMI)

5

Tani Lipi is the pride and identity of Arunachal Pradesh. Please learn it.

サム語やサンスクリット語だけである。子どもたちは多くの時を学校や寄宿舎で過ごしているので、母語を学ぶ機会がない。トライブの言語を保護するために、自分はタニ・リピを科学的な文字に発展させてソフトウエア用の書体も開発した。ラテン文字を使いたがる人たちもいるが、ラテン文字やデーヴァナーガリー文字をタニ・リピに使うことは誇れることではない。なぜならば、タニ・リピはわれわれ自身が創った文字で、われわれのアイデンティティだからだ。第三の文字として、もっと、タニ・リピを使うことに対し、敬意を払い、誇りに思うべきだ。もし、政府が望むなら、三カ月以内に州内のすべての学校にタニ・リピを導入することも可能だ。それを学んだ子どもたちは、トライブの言語を復活し維持する主体となるだろう。

【写真4－8】タニ・リピの考案者トニー・コユ

この内容から分かるのは、多数派のトライブに属する人たちも、モンパと同じように言語をアイデンティティそのものと捉え、それが失われてゆくことに危機感を抱いているということである。そして、母語をデーヴァナーガリー文字やラテン文字で書くことは、不都合なだけでなく、彼らの自尊心を満足させることができないと考えている人びとがいることもうかがえる。自分たちで創った文字を使うことに対する自負心も感じられる。しかし、「州内のすべての学校」という部分を読んだ時に、真っ先に思ったのは、少数派であるモンパも含む非タニ・グループの人びとの反応である。幸い、この記事は大きな問題にはならなかったようだが、汎アルナーチャルの文字にしようとする野心には反発を覚える人びとがいることは想像に難くない。

この記事を読んでから二年近く経って、ようやくタニ・リピの考案者トニー・コユ（Tony Koyu【写真4-8】）と連絡が取れた。彼は、一九六〇年に東シアン県のコユ・サークルにあるコユ村に生まれ、ガロに属している[(100)]。本人が電子メールで送ってくれた文字考案に至る話は、いささか幻想的である。彼自身も前置きに、「あなたは、きっと信じないだろうが、本当の話だ」と書いている[(101)]。

九年生だった一九七五年ごろから自分で作った「アディ文字（Adi Script）」による日記をつけ始めた。日記帳は、一九八〇年の卒業までに三冊になっていた。一九八二年に修士課程を修了し、その後、銀行に一一年間勤めた。一九九三年にAPDFC Ltd.に入社し、二〇〇六年に専務に昇格して今に至る。二〇〇〇年六月二日、自宅を掃除していた時に、偶然その三冊の日記帳を見つけた。だが、自分でその文字を判読することができなかった。ノートの裏に方式が記されていたので、それを基にローマ字に転写して解読してみた。一ページ読んで、それが自分の学校時代の重要な記録であることが分かった。その夜から毎晩、天使が夢に現れるようになった。彼女は、夢の中で、私をタニ・リピ考案へと導いてくれた。彼女は「あなたは、これを考え出すために神に選ばれたのだ。あなたならやれる、やらなくてはならない」と言って、やる気を起こさせてくれた。私は夢中になって、必死で三六文字のアルファベットを考案した[(102)]。ソフトウエアの技術者がソフトウエア用の文字を開発してくれた。その後、タニ・リピにに関する書籍も出版し、州レベルのセミナーが開催され、教育者たちから、アルファベットを二五あるいは二六にしたほうがよいという提案が出された。その結果、現在のように二六のアルファベットになった。そこへ再び天使が夢に現れて、タニ・リピを早く覚える方式を授けてくれた[(103)]。（二〇一三年一一月二九日）

コユによれば、彼自身はまだ、州政府に対し、学校やカレッジなどにタニ・リピ教育を導入するよう請願したことはないという。二〇〇一年四月九日に、当時の州教育大臣だったデラ・ナトゥン（Dera Natung）がタニ・リピを州の共通の文字にする考えを示したが、一カ月後にヘリコプター事故で死亡してしまったため、その機会を逸してしまったという。現在、タニ・リピを教えている学校はないが、講習会などが活発に開かれ、彼はそこで教えている。この文字に熟達した人は二万人以上になる。州内のドニ・ポロ礼拝所（Donyi Polo Center）[104]では、タニ・リピで書かれた本が使用されているとのことである。彼は、いずれ近い将来、タニ・リピが「アルナーチャルのトライブの文字」になると信じているという。

だが、コユが望むように州のトライブの文字になる以前に、タニ系の言語を話す人びとがすべて使える文字にすること自体、それほど簡単なことではないという意見もある。アルナーチャル・タイムズの記者であるニシの青年は、タニ・リピの現状と将来に対して次のように語った。

私が知る限り、この文字は、まだ生まれる前の母の子宮の中にいる赤子のような段階だ。長年、トニー・コユが言語学者などにも認知してもらえるように努力しているのは知っているが、タニ系言語を話すわれわれ全部が使える文字になるには相当の年月がかかると思う。なぜならば、われわれは、もともと口承による歴史のほかには、文字を持っていないからだ。この文字については異なる見解もあり、タニ・リピをアルナーチャルのタニ・グループの人びとに最適の文字とするのは事実上不可能だ。この文字が受け入れられて定着するには時間がかかるだろう。タニ・リピの使用については、タニ系言語を母語とする人たちの間で、もっと学習会や討論がなされるべきだろう。だが、同時に、私自身は、文字の必要性を痛切に感じている。文字は、私たちの古くからの慣習、文化、口承による歴史を、消滅の危機から救うことができると同時に、アルナーチャルのタニ・グループの団結の要因となるだろう。

2　広がる言語・文字・食べられた文字

ニシの青年が指摘しているように、このタニ・リピは、まだ実用化までには時間がかかるようである。だが、この文字の創造は、州内のトライブ集団が学校での母語教育を求め、言語を見直し、文字化するきっかけを作った可能性はある。コユは「モンパを含むさまざまなトライブ集団が文字や言語について話題にするようになったのは、二〇〇一年にタニ・リピが話題になった後のことだ」という(105)。

二〇一二年五月には、ナガ系のワンチョーの文字が創作されたことが発表され、二〇一三年に、*Wancho Script*（ワンチョー文字）という題名の英語の解説入りの本が出版された。著者は、この文字の創作者でもあるバンワン・ロス（Banwang Losu）というロンディン県生まれのワンチョーに属する男性である(106)。彼がワンチョー語をローマ字で書こうとした時に、それが複雑でできないことに気がついたこと、そして、ワンチョー語のいくつかの発音が、ヒンディー語、英語のどちらにもないものだと分かったことが、きっかけだという。ヒンディー語の発音に近いものとそうでないものを分けて、苦労の末に文字を作り上げたという［Losu 2013: vii-viii］。本文はデーヴァナーガリー文字とローマ字表記も併用され、イラストや写真が使われ、英語の説明もある。構成もよく、一見して、とても使いやすい本であることが分かる(107)。

なぜワンチョーに文字が必要かという点について、ロスは以下のように記している。

ワンチョーは、アルナーチャルのロンディン県に住む主要な先住トライブの一つである。古い時代には、「首狩り族」(head-hunters)として知られていたが、彼らは、独自の気質(ethos)、伝統的な遺産、豊かな文化、長い間に培われた計り知れない価値のある倫理的財産、そして強い社会構造を保持してきた。ワンチョーは、寛大さ、他人を思いやる気持ち、正直さ、純粋性など、完璧な美徳を所持している。率直で、性格は大胆、冒険心に富み、生まれつき敬虔である。(中略)この社会的・文化的に豊かなものを具えたトライブは、文字を持たない。感情表現やコミュニケーション、そして歴史、情報、伝統的な知識を次世代に伝達してゆくためには口承だけでは不十分である。文字がないために、過去の多くの有用な情報や注目すべき出来事が忘れ去られてしまった。ワンチョーの言語は現在、滅亡の危機にある。本来の響き、音、単語やその意味を書いて保存しなければ失われてしまう。もっと重要なのは、それを書き残すのに、ローマ字やデーヴァナーガリー文字を使用することは避けなければならないということだ。それらの文字では、ワンチョー語の響きや発音を十分に拾い上げることはできないからだ[Losu 2013: 29-30]。

ワンチョーが多く居住するロンディン県も、パトカイ自治評議会が自治を要求しているが、ロスは自治要求にはまったく言及していない。

なお、アルナーチャルのトライブが文字を持たない理由について、エルウィンは、ミシュミ、ガロ、アディ、ノクテ、ワンチョーを含む多くのトライブ集団に、さまざまなバリエーションで以下と同種の興味深い伝承があることを報告している。(108)(109)

コラム5 ヒンディー語がアルナーチャルの母語に？

二〇一八年二月一五日にアルナーチャルを訪問したナレンドラ・モディ首相は、北東インドの中で、アルナーチャルは最もヒンディー語話者が多いことを称賛した（翌日のタイムズ・オブ・インディアなど）。多くのトライブ言語がある中で、州を代表する有力な言語というものがなく、ヒンディー語が州のリンガ・フランカとなっていることは事実である。

ヒンディー語普及の理由として考えられるのは、アッサムからの分離と、中印国境紛争前後のインド軍の駐留という二つの要素である。学校では現在、ヒンディー語と英語が教えられているが、子どもや若者の両言語の能力は、教師不足や教育設備の未整備などを反映して決して高いものではない。例えば、モンパの話すヒンディー語を、ゴーハインは、「ピジン・ヒンディー」と呼び、自分たちの言語やネパール語、アッサム語が混じったヒンディー語だと言う［Gohain 2012：348］。他にも、州の人びとが話す文法や発音に間違いが多いヒンディー語は、「アルナーチャリー・ヒンディ」と呼ばれている。標準的なヒンディー語を話せるのは、州外の学校で学んだ経験のある人びとだけと言ってよい。それでもヒンディー語は、アルナーチャルでは最も一般的な言語となっていて、母語を話せない子供や若者はいても、ヒンディー語を理解できない子供や若者はまずいない。

母語を話せなくなる最大の理由は、社会環境と家庭環境の両方にある。アルナーチャルの町や村の店の多くは、州外の人びとが経営していて、バザールでの共通語もヒンディー語となっている。州の公用語は英語ではあるが、実際には州議会でもヒンディー語が使われ、政治家の選挙キャンペーンも多くの場合、ヒンディー語によって行われる。学校では母語教育は行われていないため、家庭が唯一の学びの場所となるが、忙しい両親はテレビに子守をさせ、子供たちはヒンディー語の映画やテレビドラマ、歌謡番組、アニメにどっぷり浸かった生活をしている。地方では学校が不足しているため、遠くの寄宿舎に入らざるを得ないこともあって、母語を覚える機会はさらに少なくなり、覚えていた言葉も忘れてしまう。そして異なる言語集団間の結婚も増えていて、その場合は、夫婦の会話はヒンディー語となる。

母語喪失の危機

親元を離れて州内外の大学で学んだ人たちは、男女の出会いの機会も多く、トライブ間の違いを気にせず結婚するようになっている。そしてイタナガルのような都市部で暮らす人びとの多くは核家族である。例えば、筆者の知人のモンパ男性は、イタナガルで知り合ったガロ女性と結婚した。両親の代であったなら、他のトライブ、特にモンパがギドゥと陰で呼ぶ非仏教徒のトライブとの結婚は、親戚一同からも猛反対されたものだった。彼のケースも、妻側に反対はなかったが、タワンに住む夫側の両親の了解を得るまでに一年以上かかっている。妻になる女性をよく知る夫側の姉妹が間に入り、両親を説得するという援護のおかげで、ようやく結婚を認められた。夫婦間の会話は英語も混じるが、ほぼヒンディー語である。彼らに子供が生まれた後、タワンに住む父親は、孫がモンケットを話せなくなることを心配して、しきりにタワンに帰って住むように勧めるが、妻の仕事の都合でイタナガルを離れることができない。日中子供の世話をするベビーシッターもヒンディー語という環境の中で、子供は成長する。父親が指定トライブであれば、子供は父親と同じトライブに登録されるため、その子もモンパとなるが、モンケットだけでなく、母親の言葉であるガロ語も話せないまま成長する可能性は大である。こうした例は、他のトライブにも共通して言えることで、こうした現状を「母語喪失の危機」として案じる声は、少なくない。

例えば、二〇一七年一二月三一日付のアルナーチャル・タイムズ紙に、「ヒンディー語：アルナーチャルの新たな母語」というタイトルの記事が掲載された。記事によると、ヒンディー語の普及につれ、州内の英語の筆記能力も落ちていると、母語と英語の両方の危機を訴えている。

平原の人びとは、話すのはうまくないが読み書きができる。それに比べ、トライブが読み書きを知らず無学なのは、昔、すべての知恵が獣皮に書かれて、平原の人びととトライブの両方に与えられたのに、腹を空かせたトライブは、その皮を調理して食べてしまったからだ［Elwin 1958: 99］。

同様の「失われた文字」あるいは「食べられた文字」伝承は、アルナーチャルだけでなく、北東アジアから東南アジアにかけて広く分布しているものである[110]。大林太良は、「このような伝承は文字を有さなかった未開民族が文字を有する高文化民族と接触した場合、あちこちで出現しうるものである」と述べている[111]。

【表 4－2】アルナーチャル・プラデーシュ州の識字率の変遷（1951-2011年）　（%）

年	男女計	男性	女性
1951	データなし		
1961	7.13	12.25	1.42
1971	11.29	17.82	3.71
1981	25.55	35.12	14.02
1991	41.59	51.45	29.69
2001	54.34	63.83	43.53
2011	66.95	73.69	59.57

出典：2011年国勢調査をもとに筆者作成
註：2011年の識字率は【表1-2】の平均（63.9%）と相違が見られる。

かつてのアルナーチャルの人びとの識字率は、このような自嘲的な伝承を語らなければならないほど低いものであった。例えば、州の最初の国勢調査である一九六一年の統計では、州全体の識字率は七・一三パーセントにすぎない。それから半世紀を経た二〇一一年には、六六・九五パーセントと飛躍的な伸びを示し（【表4-2】）、自ら文字を創り始める人が現れたのである。

タニ・リピとワンチョー文字の創造者二人に共通しているのは、「文字への渇き」と、ローマ字やデーヴァナーガリー文字で表記することに限界があるという「自言語への覚醒」、そして「文字を持つことの誇り」ではないだろうか。それは、コユが語る「全アルナーチャルの文字」や、ロスの「この創作文字が、アルナーチャルの他の地域、ナガランドとミャンマーの国境地帯、ブータン、北東諸州、そして同じチベット・ビルマ語族に属する国々に広がってゆくだろう」[Losu 2013：24]という、いささか過剰な期待にも表れている。だが、彼らの文字の創造は、他の文字を持たない集団に刺激を与え、さらに新たな文字が生まれてゆくきっかけとなる可能性はある。

第四節　自治地域要求の目的と運動の経過

1　自治地域要求の目的

モン自治地域要求委員会（ＭＡＲＤＣ）作成のパンフレット(112)には、自治要求の理由として、以下の事柄が述べられている。

まず、両県は、教育開始が一九六二年の中印国境紛争の後で、州の他の地域に比べると遅れていた(113)。辺境の困難な地域に居住する少数派のトライブは、宗教的上、豊かな伝統と文化を保持してきた。にもかかわらず、地理的な位置から近代の開発から取り残されている。水力発電、ツーリズム、貿易、果樹市場など豊かな可能性を秘めているのに、人びとはいまだに貧困の中にいる。世界が科学と技術の分野で急速に発展していく中で、この地域の人びとは見捨てられた思いでいる。このような状況および数々の理由に鑑み、自らの発展のためには自治地域を獲得することが最善の策である［MARDC 2008：5］。

アルナーチャルは経済開発に遅れをとり、失業問題などを抱えている。タワン県、西カメン県も同様ではあるが、さらに貧しい県もあり、このことを自治地域要求の理由にしたのでは説得性がない。それよりも重要なのは宗教であろう。ここでは、特定のトライブ名は出されず、その住民を「宗教上、豊かな伝統と文化を持った辺境の少数派」として表象している。だが、この運動の中心にいるのが、仏教僧、およびモンパやシェルドゥクペンの政治家や知識人であることから、宗教が仏教を、トライブが主としてモンパやシェルドゥクペン、そして仏教への改宗が見られるブグンなどを指示していることは、容易に推測することができる。

2　運動の経過

二〇〇三年から二〇〇八年までの自治要求運動の経過報告をＭＡＲＤＣのパンフレットから追ってみよう。

・二〇〇三年八月一二日：州主席大臣[114]に、西カメン県、タワン県の代表による合意書が提出された。

・二〇〇三年八月一七日：州閣僚会議において、西カメン県、タワン県の自治地域創設に関する決議案が決議され、州議会を通過した。

・二〇〇三年八月二五日：西カメン県、タワン県選出の州議会議員により、進行具合の確認の会議が開かれた。

・二〇〇四年二月一六日：西カメン県、タワン県とともにティラップ県、チャンラン県を自治地域として創設する決議が州議会を通過。中央政府に同内容が送られた。[115]

・二〇〇四年五月一五日：草の根までの浸透を図るための会議が、西カメン県のボムディラで開催された。その後もタワン、ディランで会議が開かれている。

・二〇〇七年一月四日：元州主席大臣をはじめとする州議会議員、ジラ・パリシャッド・メンバーなどが、代表団を組織して、デリーの中央政府に内務大臣や首相付きの役人を訪問。だが、その後の度重なるデモや会議の後も中央政府からの返事はなかった。

・二〇〇八年一〇月二〇日：州主席大臣ドルジェ・カンドゥが、T・G・リンポチェと共に、デリーで首相の主席秘書ナイール（T. K. Nair）に面会した。

だが、こうした中央政府への訴えは受け入れられず、事実上、無視された形となった。[116] パンフレットには二〇〇八年以降の記録はないが、その後、運動の勢いは失速した。その最大の理由は、州内の反発が大きかったことである。一〇月二〇日のデリー訪問は、インドのマスコミでも報じられたが、[117] それに対して、州で最初にできた最強の学生組織全アルナーチャル学生連合（All Arunachal Pradesh Student Union：略称AAPSU）が「この二つの自治要求は、アルナーチャルのような民族的な問題に敏感な（ethnically sensitive）州を引き裂き、争いの種となる。政治のリーダーは州を分断し、孤立させる自治よりも、もっと正しい道に州を導くべきだ」と強い反発を示し、一一月三日には、数百人の学生による反対デモが行われた。[118]

ドルジェ・カンドゥは前年の二〇〇七年四月に、それまでのゲゴン・アパンの辞任に伴い主席大臣に就任していた。[119] 彼は二〇〇九年一〇月に主席大臣に再選されたが、当時の州議会の六〇人のMLAの構成を見るとモンパ出身者は四人である。最も多いのはニシ一四名で、アディ八名、ガロ七名と続くが、ほぼ半数をこの三大トライブが占めている州議会の中で、少数派のモンパが主席大臣に選出されたのである。州の代表が自らの地元を自治地域として要求することに反発が起こるのは当然のことであろう。[120]

二〇一〇年一二月にT・G・リンポチェにインタビューした際に、運動が頓挫した理由について質問した。彼は、モンパが主席大臣になったことには触れず、自身は僧としての仕事が忙しく、他に積極的に活動するメンバーがいたら任せたいが、今のところ見当たらないと答えた。今は、政治的なことからは距離を置いて、僧としての活動に専念したい、西ベンガルのシリグリに仏教センターを作る計画を進めたいと抱負を語っていた。その後も、毎年数回リンポチェに会見したが、宗教家としての顔を見るのみであった。先述のように、二〇〇八年にできたDoKAAは、ドルジェ・カンドゥに交渉して自らが政治から身を引くことと引き換えに設置させた役所だという。自治要求運動を中止することの代償だったと考えられる。

ところが、五年後の二〇一三年になって、この運動が突然再開されたのである。筆者は、その理由が、二〇一一年のドルジェ・カンドゥの死と、その後の州の政治的混乱にあると考えている。その混乱に至る経緯は、以下の通りである。

3　アルナーチャリーかトライブか――州主席大臣の死と州の混乱――

四月三〇日朝、タワンを離陸してイタナガルに向かったヘリコプターが、離陸して間もなく消息を絶った。ドルジェ・カンドゥの他に三人の乗客と二人のパイロットの死が確認されたのは、行方不明になってから五日目の五月四日であった。この間、インド軍、タワンのモンパの人びとが組織した捜索隊などが捜索に当たったが、ブータン側に不時着していたという誤報や、中国側に墜落したのではないかという憶測が、事態を混乱させた。実際の墜落現場はインド領内で、タワン県マゴウ・サークルの山中であった。マクマホン・ラインに近い場所で起こった事故であるため、軍の捜索能力の低さや、危機管理・情報管理の甘さなどに対しての非難が報じられた。遺体発見後は、犠牲者への追悼と次期主席大臣選びへ話題が移っていったが、そこで問題が起きた。

きっかけは、五月四日に掲載されたタイムズ・オブ・インディア（Times of India）ウェブ版の、プラディープ・タクル（Pradeep Thakur）記者の数行の速報記事である。後継主席大臣を予想する記事の中で、彼は、「候補者の一人であるナバム・トゥキ（Nabam Tuki）はニシ・トライブに属しているが、ニシは他のトライブと良好な関係ではない」と書いた。これに対し、「ニシの名誉を傷つけた」として、ニシが組織するさまざまな団体から抗議の声が上がった。五月五日にはガロに属するジャルボン・ガムリン（Jarbon Gamling）が後継者に決定したが、アルナーチャルの場合は、州の大臣などの人事は政権与党である国民会議派の中央組織が決めるため、タイムズ・オブ・インディアの記事がトゥキに不利に働いたのだろうという憶測もあった。

同紙の記事が掲載された一〇日後、地元紙に次のような署名入り記事が出た。書いたのは、ニシ出身の記者である。

この記事を読んだ時、真っ先に思ったのは、ニューデリーの冷房の効いたオフィスに座っている記者が、よくもまあ特定のコミュニティに対する敵意を煽る内容の記事が書けたものだということだった。文字によるアルナーチャルの一トライブに対する名誉棄損は、州の他のトライブそれぞれを侮辱するのと同じだ。初めは、事実も知らずに語っていることに対し大変腹が立ったが、しばらくすると悲しくなってきた。トライブにこだわる時代は終わった。われわれはアルナーチャリーなのだ。主席大臣のヘリコプターが行方不明になった時、すべてのアルナーチャリーが一緒に立ち上がって、デリーの捜索方法に怒りをぶつけたではないか。（後略）（ア

ルナーチャル・タイムズ　二〇一一年五月一五日付）

彼の文章は、この後も続くが、略した部分に書かれていたのは、州で起きているさまざまな問題に対し、トライブの区別なく、アルナーチャリーとして団結して立ち向かう必要性を強調する内容である。

しかし、ニシの団体による抗議はしだいにエスカレートし、イタナガルでは何度もゼネストが強行され、タイムズ・オブ・インディアの記者の逮捕、情報提供者の確定と逮捕、新主席大臣の辞任が要求された。その後の六カ月間、事態は収束せず、地元誌も連日それを伝え、政府機能はほぼマヒ状態に陥っていた。その間、水面下では政治を巡る争いが続いていたが、暴力を伴うものではなかった。しかし、一〇月になって事態は悪化し、一〇月二六日には、抗議集会に参加していたニシの青年一名が警察の発砲により命を落とすという事件が発生してしまった。この事件は、新主席大臣の出身トライブであるガロに向けられ、ニシがガロを襲撃するという噂が州都に広がり、標的にされることを恐れた人びとは、友人宅に身を潜めたり、故郷に避難したりと、パニック状態であった(121)。結局、新主席大臣は一〇月三一日に辞任を表明し、翌日、国民会議派の指名でナバム・トゥキが主席大臣に就任した。

ニシ出身の主席大臣が決定すると、ニシの人びとからの抗議はトーンダウンし、州は表面上、平静を取り戻した。結局、一連の出来事は、地元では、政争はニシとガロの権力争いと見なされ、調和を保っているかに見えたトライブ間の確執が突然、暴力という形で可視化されたのである。

4　自治地域要求再開と新たな要求

再開の理由

二〇〇九年の総選挙から一年半という任期中に亡くなったドルジェ・カンドゥのタワンの議席を引き継いだのは長男のペマ・カンドゥ（Pema Khandu）で、それと同時に州の観光大臣に就任した。[122] 二〇一三年一一月現在、ナバム・トゥキ主席大臣のもとで、大きな混乱は起きていない。二〇一二年三月には州成立二五周年を祝い、二〇一二年一〇月一八日から二〇日の三日間、タワンでインド政府観光省が主催する第二回国際観光市（The 2nd International Tourism Mart 2013）が開催され、筆者も参加した。[123] 観光は次章の主題なので、ここでは詳しく書かないが、この観光市は、二〇一一年のドルジェ・カンドゥの死去後、タワンで開かれた最大の行事であった。最終日の二〇日は、続いて開催されたタワン・フェスティバルの初日でもあったが、その開会式で、主席大臣は、モンパが求めているボーティ語教育や自治地域に州議会への後押しを約束する旨の発言を行った。

この発言は、観光市の約二週間前の一〇月二日にタワンで開かれた自治地域要求の集会を意識してのものであろう。約五年ぶりに開かれた集会の中心は、やはりT・G・リンポチェである。報道によれば、ペマ・カンドゥ観光大臣や他の二人のタワン選出のMLAをはじめとする政治家・僧侶・公務員・村役人・一般市民が出席して行われ、二〇〇三年からの運動の経過説明がT・G・リンポチェからなされたという。「モンパのアイデンティティの危機を理解したナバム・トゥキ主席大臣が、州議会において自治要求を中央政府に働きかけるという決意を示したことは、重要な進展だ」と語ったとも伝えられている。[124] まず州政府を巻き込んで、それから中央へ、という道筋ができたことが、自治要求再開の理由だったようだ。

この集会には、筆者の知人たちも参加していたので、彼らからも話は聞いたが、その前に直接Ｔ・Ｇ・リンポチェに会うことができた。インタビューの時間が限られていたので、なぜアルナーチャルが除外されているにもかかわらず第六附則の自治地域要求をするのかという質問だけをした。その回答は、「ラダックやボドランドの例がある。自分は不可能だとは思っていない」というものであった。ラダックとボドランドの自治地域獲得の経緯は、第一節で述べた通りである。

この会見時に、リンポチェから集会の内容をまとめた英語の覚え書きを手渡された。それを読むと、開催日をマハートマー・ガーンディーの誕生日（Gandhi Jayanti）でインド国民の休日である一〇月二日にしたのは、ガーンディーが貫いた非暴力主義をこの運動でも目指すためだとある。Ｔ・Ｇ・リンポチェがＭＡＲＤＣの議長辞任を申し出たが否決され、留任することになったことも書かれている。

集会では、未来に向けてのモンパの文化・伝統の維持の必要性が強調され、教育から環境まで幅広い問題点が抽出されたようであるが、それらがなぜ自治地域要求と結び付くのかは明確に示されていない。最終的には、一七項目が議決されたが、運動継続のための具体的な組織作りに関するものが中心で、広く一般の人びとへの運動参加が呼びかけられていた。以前の運動が、一般大衆を巻き込んだ「草の根の運動」ではなかったことへの反省であろう。

そして、ボーティ文字の第八附則に追加する運動をシッキムやラダックと連携して行うことも、再び盛り込まれている。

トライブ名変更要求

もう一点、この一七項目の決議の中に、それまでのボーティ文字や自治要求運動ではまったく触れられなかったことが加えられていることに注目したい。それは、中央政府が作成したトライブ・リストの中にあるMombaという表記をMonpaに訂正するよう、州政府を通じて要求することである。それまで、ごく少数のモンパの知識人を除いては、自分たちのトライブ名が憲法上どうなっているのかということには関心がなかった。それが、突然、ここで出てきたのである。

アルナーチャル・プラデーシュ州の指定トライブのリストが他の州と異なるのは、第一章でも述べたように、「以下のトライブを含む州のすべてのトライブ」（All tribes of the State including : ）という添え書きがあることである。「以下」には次の一六のトライブ名が書かれている。[125]

1　Abor
2　Aka
3　Apatani
4　Nyishi
5　Galo
6　Khampti
7　Khowa
8　Mishmi, *Idu, Taroan*
9　Momba
10　Any Naga tribes
11　Sherdukpen
12　Singpho
13　Hrusso
14　Tagin
15　Khamba
16　Adi

このリストを巡っては、4に以前はDaflaと蔑称で書かれていたニシが、中央政府に訂正を要求し、二〇〇八年四月に正式にNyishiに書き改められ、二〇一一年には5のGalongがGaloに訂正されている。[126]従って、名称の変更は不可能ではない。西カメン県の場合は、アカ、コワも蔑称で、それぞれフルッソ（Hrusso）[127]、ブグン（Bugun）

が自称である。このリストは、実際に各自が所有する指定トライブ証明書とは異なっている。証明書には、モンパはMonpa、アカはHrusso（Aka）、ブグンはBugun（Khowa）と書かれている。ミジはリストにはないが、ナフラ・サークルのミジの証明書にはMiji（Sajolang）と書かれている。変更を要求するのは、蔑称や自称ではない名称を改めさせることだけが目的ではなく、証明書と中央政府のリスト上の名称が異なっていると、他州での進学や就職の際に問題が起きるからでもある。(128)リストに「州のすべてのトライブ」という添え書きがあっても、指定トライブに留保枠がある以上、個人が指定トライブの権利を行使する時に問題が起きることは想像できる。

モンパが、モン地域の自治要求の先頭に立ち、その中でトライブ名称の変更を話題にするならば、同地域に入っているコワの名称変更やサジョラン（ミジ）の追加も連携して進めるのが自然だが、実際には、モンパだけの要求となっている。もう一つの問題は、ボーティ語要求の仲間でもある西シアン県や上シアン県に住むメンバ（Memba）をどうするかについては、まったく触れられていないことである。(129)Mombaという表記は、モンパとメンバとを折衷したような書き方であるが、実際には、二〇〇一年までの国勢調査の中では、メンバのみがMombaとして数えられているという経緯がある。(130)リストにはないが、モンパには、「モンパ」の他に「タワン・モンパ」その他、さまざまな名乗りがあることは、第一章で述べた通りである。モンパの名称変更は、メンバと同時に行わなければ後で混乱を招くことになるだろう。モンパもメンバもチベット語のモンユルの住民という元の意味は同じで、若干の発音の違いがあるだけなのだが、指定トライブとしては別の集団に範疇化されている。ただ、メンバの居住地へは、二〇〇〇年代初頭まで舗装道路がなく、周囲から孤立していた。現在でも州都から車で最低二日かかる場所である。タワンからはさらに二日を要するため、互いの往来はほとんどない。モンパの寺院が主としてゲルク派に属しているのに対して、メンバの寺院の多くがニンマ派であることも、僧侶の交流が盛んにならない理由と考えられるが、地理的な隔絶が最大の原因であろう。だが、再開した最初の集会で、ボーティ語要求のためにシッキムやラダックなど他州との連携を謳っていても、州内のメンバとの連携には触れていないことが気になる。モンパが想像する共同体は、州外にあって、州内にはないかのごとくである。

結局、再開した自治地域要求運動は、その中に第八附則へのボーティ語の追加とトライブ名の変更の二つを含むことを確認したことになる。いずれも憲法に絡む問題で、少数派のモンパの立場を考慮に入れるなら、まずモンパ内および県内での意思統一はもちろん、州政府の後押しや、州内の他のトライブの理解なしには、実現不可能な要求である。

第五節　大規模デモとさまざまな反応

二〇一三年一一月二五日には、タワンで二万人の人びとを動員しての自治地域要求を掲げる大規模なデモ行進が行われた。先頭に立ったのは、T・G・リンポチェと観光大臣のペマ・カンドゥをはじめとする現職、あるいは元MLAなどの政治家たちで、タワン県、西カメン県から、若者、年配者、NGO関係者、学生、さまざま組織のリーダーたちなどが集まったと報道されている。ヒンディー語で叫ばれたスローガンは、今までになく過激なものであった。

われわれは、モン自治地域獲得のために血を捧げる。この自治要求は直ちに受け入れられなくてはならない。目覚めよ、インド政府！

一方、T・G・リンポチェは、「自らのアイデンティティと文化を守れない者は、人間である資格がない。ガーンディーが唱えた非暴力主義を貫きつつ、妥協することなく、要求が叶うまで戦い続ける。もし要求が受け入れられなければ、代表者がデリーに抗議に行くつもりだ」と語っている。このデモでは、参加者がそれぞれ一カ月分の給料を運動のために寄付することが決まったとも書かれている。だが、報道は、アルナーチャルが第六附則から除外されているとし、要求を実現するためには憲法改正が必要だと付け加えている。[131]

では、人びとは、この運動に対してどのような反応を示しているのだろうか。[132]

三〇代のタワンのモンパ男性I・Oは、教育関係のNGOを率いていてモンパ・セミナーにも積極的に関わり、二〇一三年一〇月二日の集会にも出席している。彼の意見は以下のようなものである。

自分たちモンパは、州内の多数派のトライブからは「難民」（refugee）と呼ばれることがあり、州都ではいつも疎外感を味わっている。州内ではモンパは少数派で、教育に関する予算も十分ではない。このままでは、自分たちの文化や伝統を守ることはできない。だから、自治地域ができることに大いに期待している。だが、運動の最大の懸念事項は、主要メンバーのほとんどが、政治家あるいは政治家と太いパイプのある僧侶たちであることだ。アルナーチャルでは政治家と組まなければ経済的な支援が受けられず、NGOの活動は難しい。二〇一四年には再び選挙がある。その勝敗でリーダーたちが入れ替われば、再び運動が停滞する恐れがある。草の根の運動であれば息長く継続することができるだろうが、金も地位もない自分たちが運動の中心に立つことは不可能である。だが、自治地域ができず、このままでは、少数派のモンパには開発の恩恵も文化発展の機会も回ってこない。もし、この要求が通らないなら、「それなら中国領になったほうがましだ」と中央政府に脅しをかけることも可能だ。

筆者がアルナーチャルが第六附則から除外されていることについて質問すると、そのことは知らなかったと、やや驚いた様子であった。この憲法上の難関については、リーダーたちは、きちんと説明していないようだ。I・Oの場合には自治地域に期待はあるが、政治家主導であることへの不安を隠せないようだ。ただし、彼が言うような、「中国領になったほうがましだ」という言説は、本音ではない。モンパは、さまざまな媒体を通して大量の難民を生み出した過去の歴史と、チベット本土で起きている中国政府による人権抑圧や宗教弾圧のことを知っており、一九六二年の国境紛争の経験もしている。モンパの中国に対する警戒心と敵愾心は大きい。だが、そのように言いたくなるほど、州内での自分たちの置かれている立場に対しても不満を抱えているという意味が込められている。

五〇代の公務員のS・Oは、タワン・モンパで、ボーティ語や自治要求運動の積極的なサポーターである。彼の意見は、具体的な例を挙げて州内の少数派トライブの立場を説明している。

なぜ、自治を要求するかといえば、それは、モンパのような少数派は公務員であっても役職につくチャンスは多くないからだ。例えば、自分が州政府の役人としてタワンである役職を担っていたとする。だが、自分が何らかの理由で退職したら、州政府は他の多数派トライブの役人をそのポストに据えてくる。他のトライブは、タワンのような僻地に長くいたくないので、数年経ったらまたイタナガルなどへ転勤してゆくが、その時には、ポストも一緒に転勤するのだ。自治地域となれば、こういうことは許さない。モンパがこの地で発展していくためには、州の多数派に頼らない自治地域を持つ必要がある。

西カメン県のナフラ・サークルに住む、サジョラン（ミジ）に属する公務員に尋ねると、彼は自治要求を支持しているという。彼は、コミュニティのリーダーである政治家から、「今のままでは、政府の仕事はすべてイタナガルに住む人たちに取られてしまうが、自治地域となれば、多くの官職や請負仕事が自分たちのコミュニティにも回ってくる」という説明を受けていると話していた。彼は仏教徒で、T・G・リンポチェを尊敬しているという。

再開された自治権要求運動の中で、無視された形になっているメンバの反応は、予測とは異なるものであった。彼は、西シアン県のメチュカ（Mechuka）に住む四〇代の男性公務員である。

自分たちは、モンパの自治要求を支持している。できれば自分たちも一緒に自治地域に入りたいが、距離的に離れていてとても無理だ。アディに囲まれて少数派として生活している自分たちには、まとまって住んでいるモンパがうらやましい。モン自治地域ができれば、自分たちにも何らかの活路が生まれるかもしれないという期待がある。

多くのメンバが同意見を持っているのかどうかは分からないが、疎外感よりも期待感を持っているという意見である。

しかし、西カメン県のシェルドゥクペン出身の公務員E・Hは、正反対の否定的な意見を述べている。

アカ・ミジ・ブグンなどのリーダーは、自治地域になれば公職につくチャンスが増えるなどというT・G・リンポチェの甘言に乗せられ、ミスリードされている。自治地域となっても開発予算などが直接中央政府から来るわけではなく、州政府に来たものを分けてもらうことになるので、今と大きな違いはない[133]。第一に、第六附則を要求すること自体に無理がある。アルナーチャルが自治地域を要求できない除外地域だということが分かっていない。ボドランドのような例外があることは知っているが、ボドランドが多くの血を流して自治地域となった後の状況を見たら決して良い手本とはいえない。アルナーチャルに蔓延している汚職の多さは、タワンでも西カメンでも変わらない。自治地域ができても、そのリーダーとなる政治家が現在と変わらない人たちであれば、ミニ・アルナーチャルができるだけだ。われわれだけが自治を要求すれば、他のトライブも黙ってはいない。猛烈に反対してくるのは必至だ。他のトライブのＭＬＡたちも反対していると聞いている。したがって、モン自治地域要求が通るとはとうてい思えない。Ｔ・Ｇ・リンポチェは僧侶ではあるが、かつて政治家だったことを忘れてはならない。彼は、自治地域を獲得できた時に、そのリーダーとなりたいだけだ。自分は、宗教家が政治に関わることには反対だ。

彼の場合は、政治家としてのＴ・Ｇ・リンポチェへの不信感がまずあり、他の県の多数派トライブの反発を警戒していることが分かる。彼のように、憲法上の州の立場や、実際に自治を獲得することになった時の他地域との軋轢や、仮に獲得できたとしても、その後に生じるであろう問題を認識している点では、ニューデリーやイタナガルなどの州政府機関で働くモンパも同様の受け止め方をしている。

タワンで大規模水力発電所の建設の反対運動を展開しているモン地域救済連合（Save Mon Region Federation：略称ＳＭＲＦ）のリーダーである僧侶ロブサン・ギャツォ（Lobsang Gyatso）は、政治家への反発を理由として自治地域要求運動に否定的な一人である。彼は、どこの僧院にも属さず、ローカルな権力からは自由な立場にいる。

自分も一〇月二日の集会に参加した。五年近く何もしてこなかったのに、急にまた自治地域要求などと言い出したのは、一年後の選挙に向けてのパフォーマンスにすぎない。州主席大臣も来年の選挙後に再指名されるためにモンパに媚を売っているだけだ。集会で、環境保護の話が出たが、水力発電に関わる開発業者から賄賂を受け取って、役に立たない発電所をタワンのあちこちに作って環境破壊を進めようとしている当の政治家たちの口から、「環境保護」などという言葉を聞きたくはない。大規模発電所ができたら、大量の労働者を平原部から受け入れる計画もあると聞いている。なぜ、地元のモンパではなく、外部からの労働者なのか。政治家と開発業者が癒着して、秘密裏に計画を進めているが、その政治家の多くは、この自治要求運動のリーダーでもある。自治要求そのものには反対しないが、その前に政治家の汚職をやめさせることが必要だ。

タワンでは、恒常的な電力不足に住民の不満が高まっている。小規模の発電所でさえ、中古の部品を使った手抜き工事が原因で、予定量の発電ができない状態である。大型のものを作っても結果は容易に想像がつくという。電力以外の道路、通信網などのインフラ整備が進まないのも、すべて地元の政治家の汚職が原因であるというのが、SMRFの主張である。彼は、自治要求の再開も政治的なものであるという不信感をあらわにしていた。こうした発言から、ロブサン・ギャツォは、支持する人たちからは、アンナー・ラマと呼ばれている。(134) 彼の主導で、一一月一〇日に数千人規模の抗議デモが行われたが、これは、観光市の直後から継続していた停電に業をにやした人びとを動員したものである。

アンナー・ラマの支持者の一人であるタワン在住の三〇代男性A・Hは、一一月二五日のT・G・リンポチェらのデモについて、報道とは別の見方をしているという。彼はデリーの大学を卒業しているが、定職はない。

自分は一一月二五日のデモには参加しなかった。自治地域を要求する意味が理解できないからだ。政治家の言うことは一切信じないことにしていることも、その理由だ。参加した友人たちは、「デモに参加しない者は仏教徒ではないと言われ、仕方なく家族と一緒に参加した」と言っていた。アンナー・ラマが主導した一一月一〇日のデモは、住民が自らの生活権を守るために積極的に参加したが、自治要求デモは、僧侶や地元の有力者からにらまれるのを恐れて、仕方なく動員に応じた人も多く含まれている。一カ月分の給料を寄付できるのは政治家ぐらいで、失業中の自分たちにはそんなことはできない。来年の選挙に向けてのパフォーマンスだと思う。

西カメン県ディランのテンバン出身のモンパで、観光ガイドとして働く三〇代のA・Hは、タワンのモンパと西カメンのモンパとの間には受け止め方の違いがあると指摘している。

タワンのモンパの多くは、純粋な仏教徒かもしれないが、西カメンには、モンパといってもサルタン（Sartang）のようにアニミズムを信じ、今でも病気治療をシャーマンに頼る人たちは多い。ディランでもナムシュやテンバンのモンパは、アニミズムに基づく祭りを、仏教のそれとは別に定期的に行っている。T・G・リンポチェは、動物供犠を伴う儀礼を嫌い、禁止してきたが、シャーマンたちは隠れて儀礼を行っている。もし、モンパの文化と伝統を守れというなら、こうした仏教以外の儀礼も守るべきだ。自分は、仏教徒だと自負しているが、他人の信仰を否定はしない。自治地域が仏教至上主義になれば、県内の仏教徒以外の人びと、あるいは仏教以外の儀礼を行っている人びとには、居心地の悪い場所になる(135)。

彼の場合は、仕事を通じて県内、州内をくまなく歩き、他のトライブの人びととも親しく接してきた経験から、仏教を錦の御旗にして自治を要求することに疑問を持っている。

タワンで自治要求再開の集会が開かれたことは、マスコミでも報じられたため、州内の他県に住む、英語の新聞を読めるモンパ以外の人びとも、この自治要求については知っている。[136] ニシ、アディ、ガロ、アパタニ、タギンに属する人びとにインタビューをしたが、モンパの自治要求を支持する人はおらず、共通して聞かれるのは、「開発推進や教育を通じての伝統文化の保護は、州のすべてのトライブに共通した問題だ。モンパの自治地域要求は、州を分断するもので、大変残念だ。それぞれのトライブが各地で同じような要求をするようになったら、州は大混乱になる」という意見である。

ニシの二〇代の青年は、怒りを込めてこう言う。

もし、州内の他のトライブがそれぞれ同じことを言い出したらどうするのだ。仮にモンパが自治地域を獲得できたとしたら、ニシも黙ってはいない。イタナガルをはじめ複数の県にまたがって住んでいるニシが自治地域を要求したら、ニシ以外の人びとはどうなるのだ。[137] モンパが住む地域は、州の中では恵まれているほうだ。亡くなったドルジェ・カンドゥが主席大臣だった時に、タワンや西カメン県の開発に大金を使ったからだ。

自治地域について、この青年が言うことはもっともなことだ。州都のイタナガルには、州の各地からさまざまなトライブが集まって住んでいる。ニシが自治地域を要求しないまでも、モンパなどを排斥する運動が起きる可能性はないとはいえない。

ドルジェ・カンドゥがタワンや西カメンに大金を投じた事実があるかどうかは分からない。筆者が故人の存命中にタワンでよく耳にしたのは、逆に、「主席大臣の出身地だというのに、道路は幹線道路も含めてひどい状態。停電ばかりで携帯電話もほとんど通じない」という不満の声であった。だが、モンパの居住地域は他県に比べ開発が進んでいるという声は、よく聞かれるものでもある。中印国境紛争の舞台だったタワン県や西カメン県には軍事基地が多くあるため、幹線道路が整備されていると思われるのだろうが、すべての面でインフラ整備が遅れているのは、他県と同様である。ただし、ドルジェ・カンドゥの後継者となった長男のペマ・カンドゥが観光大臣に就任してから、前述のように大型のイベント祭や国際観光市がタワンで開催されていることは、他県の人びとから見れば「地元への利益誘導」と映り、観光開発が進んでいると映るのは当然である。

アパタニに属す三〇代の男性O・Oも批判的な意見を持っていた。

それぞれのコミュニティが、自治を含め権利を主張することは、民主主義国家なのだからいいとして、モンパの自治要求はその必要性が分からない。他のトライブと争いがあるわけでもないのに、なぜ自治を要求するのだ。

O・Oが語るように、モンパにはラダックの仏教徒とムスリムの関係のような敵対するトライブがいるわけではない。にもかかわらず、自治地域を要求していることに対し、他のトライブは戸惑っているようにみえる。

このように、一見すると反応はさまざまだが、それらを整理すると二つの点に絞られる。第一は、モンパの内部、自治地域予定の住民の間でも、まだ意思統一はなされていないこと、第二は、モンパ以外の人びとは、同じ県の他のトライブとメンバを除いては、自治地域要求には反対であることである。

まとめ

タニ・リピやワンチョー文字の創造者たちから発せられた「文字への渇き」「自言語への覚醒」「文字を持つことの誇り」は、それぞれトライブのアイデンティティと強く結び付いている。モンパの場合には、異なる母語を持つ集団からなっていることから、母語ではなくヒマラヤ圏の言語を包括する傘としてのボーティ語を、モンパという集団のアイデンティティのよりどころとしようとしている。教科書の項でも述べたように、チベット文化圏の一員として、ボーティ語を読むことができ、自文化を再認識して相対化できることの利点を否定はしない。しかし、学校教育の現状からも、それには相当の年月がかかる。その間に、母語も、それによる口承伝統も、消滅する可能性がある。モンケット、ツァンラというモンパの主要な言語でさえも、ボーティ語の導入によって危機にされている[Bodt 2014a: 231]。まずは、母語を記す文字を決め、それを発展させる手段を考えるべきではないだろうか。

クンドゥ（Manmatha Kundu）によれば、インドには約四〇〇〇のトライブ言語があるが、そのうち独自の文字を持っているのは、たった三つか四つの言語であるという。そして、トライブの口承文化は、「未開の」「野蛮な」「無学の」などの烙印を押されて、教育課程・教科書・指導方法を検討した上で教育するという試みがなされてこなかったという[Kundu 1994: 75]。これでは、優勢な言語に同化して固有の言語を失うのは当然のことであろう。

アルナーチャルでも同じ状況が見られ、州における優勢な言語であるヒンディー語が、トライブの母語をしのぎつつある。モンパの場合には、標準となる言語も文字もなく、それをボーティ語文字に置換する試みも今のところなされていない。そして経済的な上昇を望む親が、子どもに母語よりもメジャーな言語を学ばせようとする傾向が、それらの不足や不在を放置しているというのも現実である。

田中克彦によれば、「現在、地球上には約六〇〇〇種類の言語が話されているが、その中の半数は二一世紀末までには消滅すると予想されている」［田中　二〇〇四：一七四］という。スクトナブ＝カンガスは、「もっと悲観的な学者は二一〇〇年には活力のある、脅かされていない言語として残るのは一〇パーセントそこそこだと推定している」とも述べている［スクトナブ＝カンガス　二〇〇〇：二九四］。

田中は、「言語共同体としての話し手の、自らの言語を守ろうとする強い意志がはたらかなければ、彼らの母語は、たちまちに方言へと、さらに「土語（バルレ）」にまで転落し、自らが独自の言語を話す独立の民族であるという主張の根拠を失ってしまうであろう」と述べている［田中　二〇〇四：二〇七―二〇八］。これは、フランス・ドイツの国境地帯であるアルザスの言語問題についての見解であるが、他の地域についても当てはまるものであろう。

では、母語を守るために、なんらかの文字を媒体として文字化するように努力すればよいのかというと、そうでもないようだ。藤井が例に挙げたサンタール語のケースは、示唆に富んでいる。

問題は、単に中央と州権の対立や有力な文字言語同士の覇権争いにとどまらず、文字言語の中に埋没しつつ点在する、かつて文字化されることのなかった言語が、何らの調整もないままに恣意的に文字化されてゆく過程において、より苛烈に立ち現われてくる。ひとたび文字化されると、獲得した文字が持つ位階やそれが取り持つ利害関係の中に組み込まれるのは不可避となって行くのである。例えば、サンタール語話者集団に見られるように、キリスト教宣教師団が行ったローマ字化とヒンドゥー教徒の諸集団が推進したデーヴァナーガリー文字化とベンガル文字化の結果、コミュニティ自体が分化する事態すら出来したのだった［藤井　一九九九a：三八］。

インドの少数派言語、とりわけトライブの言語が、優勢な言語によって衰退し、周縁化されてゆく状況に対して、四つの要因が挙げられている［Pandharipande 2002：217］。

a　言語政策

b　近代化

c　話者の自言語に対する態度

d　言語とアイデンティティの分離、あるいは言語グループのアイデンティティの認識の変化

モンパの場合も、この四つの要因はすべてみごとに当てはまる。独立インドの教育政策によって、母語は見捨てられ、中央の言語であるヒンディー語と英語を受容し、近代化によってそれはますます必要性を帯びている。モンパのリーダーたちは、アルナーチャリーであることよりも「ヒマラヤの仏教徒」というアイデンティティに人びとを導こうとしているが、仏教徒であることとボーティ語の習得とが不可欠に結びつく基盤ができていない。「ボーティ語は、長く仏教寺院で修行した僧侶たちにとっては母語に近いものかもしれないが、一般のモンパにとってはヒンディー語、英語に次ぐ、第三外国語のようなものだ」という声は、ボーティ語を学び始めた子供たちの親からも聞かれる。彼らももちろん敬虔な仏教徒である。

自治地域要求で描き出された「豊かな伝統と文化を持った辺境の少数派仏教徒」という自己表象そのものは、一見無害なものにみえるが、実は危険もはらんでいる。自治地域の対象地域には、仏教徒でもなくモンパでもない人

びとも住んでいて、彼ら独自の宗教儀礼もわずかながら残されている。州の中では少数派であっても、県単位では多数派のモンパと少数派のトライブの間では、後者が「包摂」あるいは「排除」されていく図式は容易に想像できる。たとえ、それが強制でなくても、より優勢な集団への「同化」へとつながることは、モンパの民族衣装を例にとって述べた通りである。かつてシャーマニズムを中心としていたブグンの人びとが仏教に改宗していることなども、その一例である。仏教をその求心力として形成される自治地域であれば、仏教は強制力となって働き、地域内に宗教をめぐるコミュナルな争いを引き起こす可能性も増大する。

中国が領有を主張するアルナーチャルで、モンパの自治要求が通る可能性は、まったくないわけではない。例えば、最近のインドの国防に関する研究機関(138)の報告書でモン自治地域要求が取り上げられ、そこには「中印国境地帯に自治地域ができることは、人びとにとっても仏教を促進するという意味でも好都合である」と書かれ、ヒマラヤ南麓に仏教徒地帯があることは、国防上も好ましいという見解が示されている［IDSA 2012: 41］。

しかし一方では、これまで述べてきたように、憲法上の課題や州内の他の地域の人びととの反発もある。それでも自治要求が高まれば、過去同様、あるいはさらに大きな抗議行動が起こることも十分考えられる。二〇〇八年当時は、学生組織の抗議活動も暴力を伴うようなものではなかった。だが、これからもそうとは限らない。抗議行動の対象が、自治対象地域の人びとだけでなく、メンバやカンバ、さらに州内に暮らすチベット難民の人びとに向かう可能性さえある。さらに、万が一、要求が通った場合には、他の地域の人びともそれぞれ同様の自治地域を要求し始めるのは確実で、州が大混乱に陥ることも十分予想できる。

言語と自治を求める運動は、現在進行中のものであり、今後どのような展開を見せるのか、今のところ判断はできない。モンパの中には、言語要求も自治地域要求も地域の政治家の思惑が絡んだもので、真剣に関わるのは無駄だという声もある。たしかに、今までのところ運動は政治家主導で、住民全体を巻き込んだものとなっているとは言い難い。だが、この二つの運動を通して、今まで表面化しなかった大きな変化を捉えることができる。それは、モンパが、「総称としてのモンパ」から「民族」になる、あるいは「民族」になろうとする過程である。

モンパ・セミナーでの発言をみても分かるように、モンパは、「モンパという集団」の内と外とで、異なる範疇を使い分けている。内部では、言語の異なる集団を地域内の他称で呼び合いながら、外部には、モンパという政府から与えられた指定トライブのラベルによる名付けを用いて一つの民族集団として振る舞っているのである。この二つの運動は、モンパが行政上の名付けである「モンパ」から、共通のアイデンティティを持った「モンパという民族」になり、国家や州内における自らの存在の再定位を図るための、変化の過程と見なしてよいのではないだろうか。それはしかし、この運動に関わっている人びと自身は気づいていないことかもしれない。

一方では、この変化がグローバル化の過程で起きている点も見逃せない。例えば、これらの二つの運動を中心的に担っているのは、他の地域の人びととのネットワークを持つ僧侶や、中央政府とつながり、海外視察の経験も持つ政治家たちである。そしてモンパの知識人の中には、州外の大学で学び、大都市で仕事する人たちがいる。テレビや携帯電話が普及し、国内外の出来事を知る機会はこの数十年で大きく増えた。モンパを取り巻く世界は、もはや外から隔絶し孤立した社会ではない。これらを考慮すると、やはりこの運動は、グローバル化した社会関係の中での地域ナショナリズムと捉えるべきではないのだろうか。[139] そうだとすると、今後の展開は、インド国内のみならず国外のはるか遠くかけ離れたところで起きる事象と無関係ではない。[140]

本章のテーマに関しては、語る側にも戸惑いがあり、外来者である筆者に対する警戒心もあることから、本音を聞くことは難しかった。二〇一四年のインド総選挙を一年以内に控えて、政治家やその関係者の口も重かった。だが、本章の内容は、今でなければ書けないことでもある。このテーマについては、もうしばらく現地で継続して観察していくつもりである。

追記：T・G・リンポチェの突然の死、総選挙後の州の混乱とその後

本章は、二〇一四年三月末に書き終えたものであるが、その後、本章の内容に関わる大きな出来事が起きている。ここでは追記として、その後の状況を報告しておくこととする。

1　T・G・リンポチェの死と州の政治混乱

二〇一四年五月一六日はインド総選挙の開票日であった。インド全体ではインド人民党（Bharatiya Janata Party：略称ＢＪＰ）が大勝したが、アルナーチャルでは国民会議派（Indian National Congress：略称ＩＮＣ）が勝利し、六〇議席中、四二議席を占めた。ＢＪＰは一一議席、アルナーチャル人民党（Peoples' Party of Arunachal：略称ＰＰＡ）は五議席、無所属二議席という結果であった。

同日夜、T・G・リンポチェがニューデリーで亡くなったというニュースは、モンパ社会に大きな衝撃を与えた。さらにこの悲報に追い撃ちをかけたのは、ニューデリーの新聞各紙によって、その死因が自らの手による縊死だと報じられたことである。これに対し、リンポチェが座主を務めていたボムディラのアッパー・ゴンパの関係者は、病死であるとして自殺報道を否定している。享年四七歳のリンポチェの心身に何が起きたのかは謎のままであるが、

死の直前のリンポチェが不眠に悩まされていたという報道もあり、突発的な出来事だった可能性がある。[141]同年六月二〇日付のアルナーチャル・タイムズは、死因は縊死で、不審な点はなかったという検死結果を伝えている。この報道は、五月二七日にアッパー・ゴンパで営まれたリンポチェの葬儀の際に、リンポチェの信奉者だという若者たちが、タワンから当選した三人の州議会議員たちの車に対して破壊行為をしたこと、その理由は、彼らが車の持ち主である三人がリンポチェの死に関わっているのではと疑っていたことだと伝えている。後日、この破壊行為に関わったとして六名が逮捕され、事態は一応収束した。

二〇一四年の総選挙では、アルナーチャル西部地区からＢＪＰのキレン・リジジュ（Kiren Rijiju）がインド下院（Lok Sabha）に送り出され、ナレンドラ・モディ政権の内務担当閣外大臣（Union Minister of State for Home Affairs）となった。彼は、西カメン県ナフラ・サークル出身のミジである。この総選挙で再選されたＩＮＣのペマ・カンドゥ（Pema Khandu）は州政府の観光大臣の職にあった。彼は、二〇一一年に起きたヘリコプターの墜落事故で亡くなったドルジェ・カンドゥの長男で、父親の死後、その地盤を引き継いで州議会議員になった、タワン出身のモンパである。キレン・リジジュとペマ・カンドゥが、モン自治地域とパトカイ自治地域について会談したというニュースに対し、学生組織が素早く反発した。[142]二〇一四年六月一六日付のアルナーチャル・タイムズによれば、彼らの主たる反対理由は、「アッサムのカチャール丘陵部やボド地域などの自治評議会がうまく機能していないこと」「この二つの自治地域要求運動が、平和な州を分断するものであること」という二点である。観光大臣に対しては、「自治地域を要求する代わりに、モン、パトカイ地域の観光促進に力を入れるべきだ」とし、内務担当閣外大臣に対しては、「このような狭量な自治要求などに熱中せずに、州の向上のために働くべきだ」と要求している。二〇一四年の総選挙の結果、中央ではＢＪＰ政権が成立したが、アルナーチャルではＩＮＣが多数派という、ねじれ現象が起きていた。州主席大臣は選挙前と同じナバム・トゥキであったが、一二月に入り、五人のPPA議員のINCに合流や、保健・家庭福祉大臣だったカリコ・プル（Khalikho Pul）がトゥキによって罷免されるなどの動きがあった。二〇一五年四月になって、州のINCがプルを除名したことから、プルの反撃が始まった。この除名の後、プルは、州の財政が六〇〇億ルピーもの赤字に陥っていて、それが現政権の不正な財政支出にあることなどを糾弾した。プルは一九九五年から二〇一四年までの五回の選挙に連続当選し、州では最長の財政担当大臣を務めた経歴を持つ。四月四日付のアルナーチャル・タイムズには、「州の財政危機は、大統領令を発令しなければならないほど深刻だ」というプルの主張が記事になっている。

そんな中で、二〇一五年八月に、ペマ・カンドゥをはじめとするタワンと西カメン県のモンパ出身の州議会議員などが、ニューデリーに内務大臣ラジナート・シン（Rajnath Singh）を訪ねて、モン自治地域に関する要求を行っているが、進展はなかったようである。[143]

2　中央政府の対応

その後も州議会内の政争が続き、議会も開かれない状態が続いた中で、二〇一六年一月二五日に大統領令が発令され、翌日から施行された。これによってナバム・トゥキは州主席大臣の座を追われ、その座は空席となった。州にとっては、連邦直轄地時代の一九七九年以来、二度目の大統領令である。インド憲法一二三条に基づく大統領令には緊急性が求められ、憲法上の審査も厳しいが、州議会が機能していない、法と秩序が崩壊しているなどの理由の他に、州知事のラジコワ（J. P. Rajikhowa）が法務大臣に宛てた報告書の中には、州主席大臣のナバム・トゥキが、ナガの地下テロ組織と関係を持っていたこと、ニシ・エリート・ソサエティに資金援助をして役人に脅しをかけていたこと、一二月一七日にトゥキとその支持者たちがイタナガルの州知事公邸前で抗議のデモを行い、その場でミタンウシ（*Bos frontalis*）を殺したことなども含まれている。一つ目と二つ目の報告に関する真偽は分からないが、ミタンウシについては実際に起きたことである。

ミタンウシは、ウシ科の家畜であるから、この行為はウシを神聖視するヒンドゥー教徒にとっては野蛮で侮蔑的な行為として捉えられるのは自然なことである。ラジコワ州知事は、この行為を「法と秩序の崩壊の象徴」として中央政府に報告しているが、アルナーチャルでの受け止め方は異なっている。ミタンウシは、アルナーチャルの「州の動物」とされているように、多くのトライブにとっても神聖で重要な家畜である。所有するミタンウシの数は富の象徴でもあり、婚資としても不可欠なものとされてきた。儀礼の際や特別な祝宴などの際には屠られ食される。つまり、ウシではあるが、彼らにとってはウシとは別の意味で神聖で特別な存在である。そのミタンウシを州知事の公邸の入り口で殺すという、通常では考えられない行為の意味を測りかねる意見が州内にも多かった。

大統領令は二月一九日に解除され、新しい主席大臣にはカリコ・プルが就任した。しかし、プルの政権は五カ月続かなかった。その理由は、七月一四日に最高裁判所がナバム・トゥキの訴えを認め、大統領令を出すに至った州知事の判断を憲法違反としたからである。トゥキは主席大臣に復職したが、議会の多数派を掌握できず、二日後の一六日に、その座を同じＩＮＣのペマ・カンドゥに譲って辞任した。ペマ・カンドゥは父に次いで二人目のモンパ出身の州主席大臣となった。しかし混乱はさらに続くこととなる。八月九日にカリコ・プルが自殺したのである。まだ住み続けていたイタナガルの主席大臣公邸の一室での縊死であった。死の前日に書いたとされる六〇ページにわたるヒンディー語の遺書が残され、その内容は衝撃的なものであった[144]。カリコ・プルの遺族[145]や支持者たちは、その内容を調査するよう中央に訴え出ているが、州内では握りつぶされた形となっている。それは、汚職により巨額の公金を手にしたとして実名を挙げられた政治家たちが、現在も州政府の中枢にいるからである。しかし、ソーシャルメディアなどでこの遺書は拡散され、現在もくすぶり続けている。

ペマ・カンドゥ率いる州政府の議員の多数は、相変わらずINCに属していたが、九月になって、ペマ・カンドゥを筆頭にINC議員四三人がPPAに移籍を発表した。しかし、その中でも権力争いがあり、一二月三一日、PPAからペマ・カンドゥを含む三三人がBJPに移り、さらに一月二日にINCから二人がBJPに合流した。この結果、六〇議席のうち、BJPは四七議席を占める多数派勢力となった。PPAは一〇議席、無所属は二議席、INCはナバム・トゥキ一人だけになった。約三年間の政争の後に、ようやく中央政府とのねじれが解消された形になるが、政局が収まっただけで、州が抱える問題は解決したわけではない。

二〇一四年に中央のBJP政権は、チベット難民の救済のための「チベット人に対する社会的支援政策（The Tibetan Rehabilitation Policy 2014）」を国家の政策として決定した。これは、インドの複数の州に分散して生活するチベット難民に対する対応が州によって異なるため、統一した政策の指針を作り、チベット難民の身分の安定化を図るために、インド内務省が、ダライ・ラマ法王を委員長とする中央チベット救済委員会（Central Tibetan Relief Committee: 略称CTRC）と協議して決定したものである。

その政策の概要は、チベット難民に二〇年間の借地権を与え、州政府は賃貸契約証明書を発行すること、食糧安全保障法などインド人に与えられている救済政度を彼らにも適用すること、居住地のインフラ整備を行うこと、学校や大学など教育に関する配慮、難民が手工芸品などを売ることができる市場用の土地の供与、商店などの営業許可を与えること、就業や職業訓練の機会を与えること、チベット仏教寺院に対する経済援助を行うことなどである。

内務省の発表によれば、二〇〇九年の統計では、インド国内の一〇州に、およそ一〇万人のチベット難民が居住し、そのうちアルナーチャルには、三カ所の居住地に分かれて合計七五三〇人がいるという[146]。

アルナーチャル州政府がその政策の導入を表明したことが報道されたのは二〇一七年八月二二日で、それが報じられた直後に、州内では強い反対の声が上がった。州政府は、チベット難民に対する政策はアルナーチャルの「先住民（indigenous people）」の権利にはなんらの影響も与えないと表明したが、その声は収まらなかった。アルナーチャルでは、「先住民」は「指定トライブ」を意味している。その指定トライブの権利として、とりわけ敏感に反応が起こるのは、州内の指定トライブ以外にはない土地所有、営業許可書、教育や公務員職などの優遇制度を受ける権利に関わる時である。土地の賃貸借契約に関しては、それが法律に従って行われるのであれば土地を奪われるわけではない。州のいたるところでトライブ以外の商人が商店を経営しているが、その営業許可書はトライブの名で取得されている。つまり名義貸しが行われているのが実態である。就職に関しては、この政策の内容を読むと「看護師・教師・公認会計士・薬剤師・技術職などの有資格者に、個人あるいは非政府系の職場での就業の機会を与えること」と書かれてあり、どこにもチベット難民に公務員職を与えよとは書かれていない。しかし、こうした内容はマスメディアによって誤って伝えられ、チベット難民が指定トライブの権利を奪うかのように増幅して伝えられてしまっている[147]。

ＰＰＡは、インド人でもアルナーチャルへの入域にはＩＬＰ取得が義務付けられるのに、なぜ州政府は州議会での議論もないままこの政策を受け入れたのかと批判し[148]、そうした批判に対し、ペマ・カンドゥは「この政策はまだ完全に決まったものではなく、これから学生やコミュニティの代表者と枠組みを決めるつもりだ[149]」と逃げるばかりで、政策の内容に対する誤解を解くわけでも、人びとの疑問に答えて丁寧に説明するわけでもなかった。この難民問題は、八月二五日にタワンで開かれたボーティ語関連のセミナーで、ペマ・カンドゥが「一〇〇人のボーティ語教師を増員する」と発表したことから、ボーティ語教育やモン自治評議会要求にも波及した。全アルナーチャル学生団結運動（Students' United Movement of All Arunachal：略称SUMAA）は、この難民政策だけでなく、ボーティ語を州の第三言語とすること、一〇〇人のボーティ語教師のポストを新設したことなどに抗議し、モンとパトカイ自治評議会要求の撤回や廃止を主張し、さらにペマ・カンドゥの辞任も要求している。彼らの主張は、特定の宗教、つまり仏教を促進するために州が使った費用を返還し、チベットの精神的指導者を入域させるなといった、反仏教色の強いものとなっている[150]。

一〇月一〇日には、数百人の学生が参加してこのリハビリテーション政策に反対する抗議デモがイタナガルで行われた。デモを呼びかけたSUMAAは、デモを先住民コミュニティ保護のための「反チベット難民運動」であると位置付けている。新聞社のインタビューに対してSUMAAのリーダーは、難民が多く住む地域の土地所有者や商業関係者に警告を発したこと、即日この政策を差し戻すこと、さもなければ州都に住むチベット難民一人一人の身分証明書のチェックを行うと表明した[151]。それが実際に行われたかどうかは分からないが、もちろん彼らにそのようなことをする権利はない[152]。

一〇月一二日のアルナーチャル・タイムズに興味深い投書が投稿された。「チベット難民をスケープゴートにするな、マスメディアは事実を伝えよ、政治家はなぜきちんと説明しないのか」という内容である。そこには「アルナーチャルのチベット難民の数は、内務省の文書にある七五三〇人よりはるかに少ない」と書かれている。数年前にカナダに一〇〇〇人が移住し、教育を受けた難民たちはインドの大都市で働いていて、アルナーチャルの人びとの職を奪うことなどないというのが、投稿者の主張である[153]。

不思議なのは、二〇一四年に作成された内務省のリハビリテーション政策に関する文書が、なぜ五年も前の二〇〇九年のデータに基づいた数を書いているのかである。難民問題を真剣に検討するならば、州ごと、あるいは州の定住地ごとの人数を詳しく調べて書くべきであろう。アルナーチャル各地のチベット難民の居住人数や年齢層が明らかになれば、彼らが州の指定トライブの脅威にはならないことは理解される可能性がある。これは、政策を決定した中央政府とそれを受け入れた州政府両方の怠慢であろう。

こうした状況の中で、ボーティ語教育を推進するＤｏＫＡＡは、Ｔ・Ｇ・リンポチェの死後も活動を継続している。二〇一五年にＤｏＫＡＡのオフィスを訪ねると、新たに九年生と一〇年生用のボーティ語教科書が完成していた。そして二〇一六年から一七年にかけては、タワンの仏教関係の聖地を紹介する小冊子がシリーズとして出版されていた。ただし、問題はそれがどこまで行き渡っているかである。というのも、これらの教科書や小冊子は、モンパの居住地ではほとんどモンパの目には触れておらず、筆者もそれらを入手するためにイタナガルのＤｏＫＡＡのオフィスに何度も足を運ばなければならなかった。したがって、ボーティ語教育が筆者の調査時よりも進展しているのか、成果が上がっているのかどうかは疑わしい。

本章のまとめで、「仏教徒であることとボーティ語の習得とが不可欠に結び付く基盤ができていない」と書いた。しかし、これにはいささかの修正が必要であることが分かった。二〇一七年四月にダライ・ラマ法王がディランとタワンで法要を行い、筆者も参加したタワンでは、モンパが法王の話すチベット語の同時通訳をヒンディー語のチャンネルで聞いていたことは、序章に書いた通りである。同年八月に再びタワンを訪れた時に、二カ所でチベット語の自主講座が開かれていたのを知り、すぐに訪ねてみた。一つは、タワンのブッダ・パークにある大きなブッダ像の中の堂を教室としたもので、机や椅子はないが、女性たちがチベット語で書かれた経典を読むために文字の

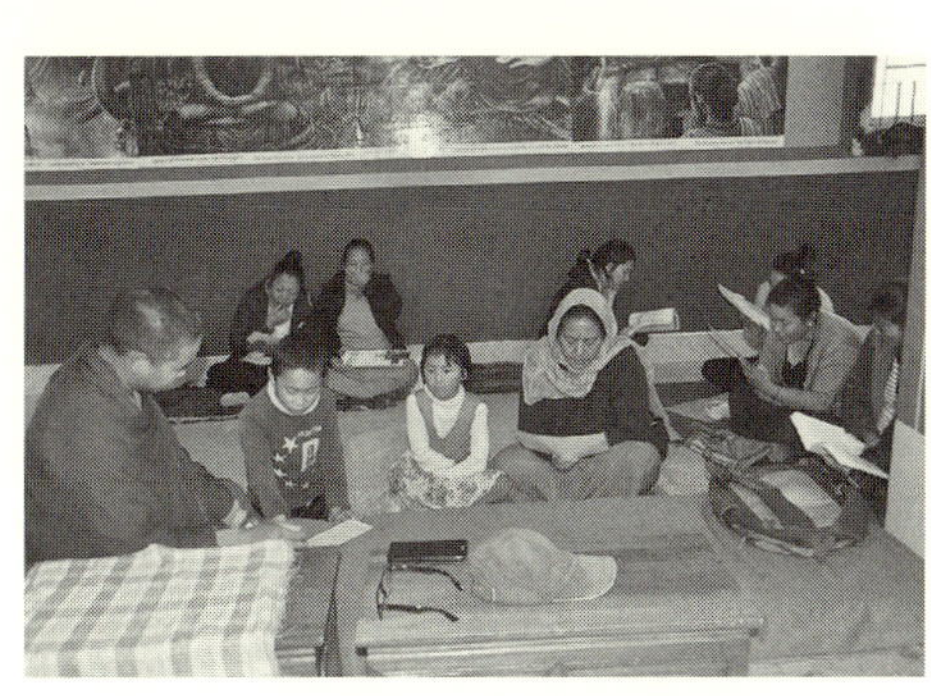

【写真4－9】タワンのブッダ像の堂内で、僧侶（左端）にチベット語を学ぶ女性たち

読み方を習っていた。教師はタワン僧院の筆者もよく知る若い僧侶で、生徒の主だったメンバーは三〇代から五〇代の主婦たちである。多い時は一三人だが、七、八人のことが多いという。最初は七月の中旬にメンバーの一人の家で数人が集まって始めたが、人数が増えたので場所を移したという。ダライ・ラマ法王の説法の際に、経典を印刷した冊子が配られたが、それが読めないことを、とても恥ずかしくもどかしく思った。せめて経典の文字だけでも声に出して読めるようになりたいということで、この講座を開くことが決まったという。僧侶はボランティアで教えていた。週に五日程度、夕方に集まるという（【写真4-9】）。

もう一つは、NGO[154]が運営するもので、貧しい小学生の少女たちを集めて学校の授業の補習をするクラスと、女性たちのチベット語のクラスとが、一つの部屋で同時に開かれていた。やはり机も椅子もなく、床に座っての授業である。筆者が見学に行った時には、少女たちは七人で、多くはモンパではなくネパール系で、一人のモンパ青年が教えていた。チベット語のクラスの生徒は八人のモンパ女性で、二〇代から六〇代と年齢に幅があり、教師は元僧侶の青年であった。動機はブッダ像の堂で学習していた女性たちと同じで使われているテクストもやはり経典であった。

ダライ・ラマ法王の訪問の後で、こうした自発的なグループが、ディランやカラクタンにも数カ所できているという。それが継続してゆくかどうかは分からないが、政治的な動きとはまったく無縁なところで、こうした自主講座が開かれたということは興味深い。

モンパを巡る新しい動きとしては、二〇一八年五月七日に西カメン県とタワン県のモンパ・エリートたちがタワンに集まって、モンパ・ミマン・ツォクパ（Monpa Mimang Tshokpa：略称ＭＭＴ）というモンパを統合する組織が結成されたことである。ミマン〈mi mang〉はチベット語で「市民、一般人」、ツォクパ〈tshogs pa〉は「組織や団体」などを意味する。報道によれば、二県から五〇〇人が参加し、州主席大臣のペマ・カンドゥが挨拶の中で、「この組織は、二〇〇九年に亡父ドルジェ・カンドゥと故Ｔ・Ｇ・リンポチェが、すべてのモンパが参加できる機会を作りたいと願ったものだ」と述べている。

注目すべきは、主席大臣が「モンパの言語は三つ以上あるが、その共通語としてボーティ語を使う」ことを強調したことである。(155) 本章で述べてきたように、ボーティ語は、いずれのモンパにとっても母語ではない。それを共通語として一つの団体をまとめるというのは現実的なこととは思えない。この団体が、モン自治地域要求を目指すとすれば、二県の中のモンパ以外のトライブが排除され、モンパの統合を目指すとすれば、ボーティ語を共通語にすることが妨げになるだろう。

いずれにしても、政治家、特に州主席大臣が絡む組織は、他のトライブ集団からの格好の批判の的となり、政治状況に左右されやすい。四月にイタナガルで開かれた結成準備のための会合に出席した友人の話では、出席者の中から、「ツォクパの結成には賛成するが、政治家を巻き込むべきではない」という意見が出たという。しかし、実際には、この組織のスポンサーはペマ・カンドゥであるという。それが事実であれば、モンパの統合は政治色を持ち、自治地域要求と同様に他のトライブに疑心を抱かせ、逆に難しいものとなるだろう。

註

（1）インドにおいては、少数派の言語運動は、大きな暴動にでもならない限り、真剣に取り上げられることはない［Singh, U. N. 2001: 71］。

（2）「母語」に対して、人間は母親だけでなく父親から、そのどちらでもないもの、あるいは社会的に支配的な言語も受け継ぐので、「母の」という形容詞のついた母語ではなく、「第一言語」と呼ぶべきだという主張もある［カルヴェ　二〇〇〇：〇二八］。幼い時に両親や周囲の人びとから自然に、時には強制的な力の下に習い覚える言語という意味も含めて、本章では「母語」を使用する。母語と母国語との違いなどについての議論は［田中　一九八一］［田中　二〇〇三］に詳しい。

（3）一九六一年国勢調査ＮＥＦＡ編の識字に関するデータ［Thanga 1966: 79-86］から筆者が算出したものである。

（4）タワンの学校教育担当の役人より（二〇一一年八月三日インタビュー）。

（5）［Pandey, B. B. 1997: 74］［Begi 2007: 46］。

（6）経済的にゆとりのある家庭は、子供たちを州内外の私立学校で学ばせている。その目的は、主として英語教育のためと標準的なヒンディー語のアクセントを習得させるためである。

（7）インナー・ライン・パーミットを取得して長期間州内に居住することが可能なことは、第一章で述べた。例えば、タワンのオールド・マーケットでの筆者の調査では、二六三軒のうち、モンパと難民も含むチベット人、および州内のトライブが所有する店は四四パーセントで、他は他州からの移住者である。

（8）インドでは、初等教育は小学校に相当する一年生から五年生、上級初等教育はミドルスクールと呼ばれ中学校に相当する六年生から八年生、初等中等教育は高校に相当する九年生から一〇年生となり、一〇年生までが義務教育となっている［岡光　二〇〇七：三五九］。

（9）一九七二年一月二〇日までＮＥＦＡの名でアッサムの一部であったが、同日、アルナーチャル・プラデーシュの名で、連邦直轄地となった時に、第六附則の適用除外地域になった［Pandey, B. B. 1997: 136-137, 263-264］他。

（10）二〇〇一年国勢調査に基づく州政府の統計資料から。

（11）ゴーハインも、モンパ語が一つでないことは認識した上でMonpa Languageと書いている。

（12）本テーマについては、筆者も二〇一一年一〇月一日の第二四回日本南アジア学会で「北東トライブの自己定義に関する一考察――モンパ・セミナーから――」というタイトルで発表を行った。ゴーハインの論文のインタビュー相手が筆者と重複していることもあって、いくつかの点で共通の視点や分析を見出した。ただし、その主張のすべてに同意するわけではない。

（13）英語は、憲法施行後一五年（一九六五年）以降、公用語の地位を失うはずであったが、反対運動によって実質的に無期延期され、現在でも準公用語の地位を保持している［鈴木　二〇〇一：七八］。インド制憲議会での公用語論争については［Guha 2008: 128-132, 393-397］が参考になる。

（14）パンディは言語を方言（dialect）として数えている。言語（language）になるためには、コミュニティ内で、その言語が政治的・経済的・文化的に体系付けられ、コミュニティのすべての人々に共通して理解できるリンガ・フランカとして受け入れられる必要がある。アルナーチャルにおいては、これらの方言（dialect）は、研究調査が不足していることから、体系化が進んでいないと説明している［Pandey, B. B. 1997: 70-73］。

（15）憲法三四三条、三四五条、三四八条に、ヒンディー語、公用語、および裁判所における英語の規定がある。

（16）代表的なものは、アーンドラ・プラデーシュのテルグ語を巡る要求［山田　一九八九、一九九四］［Guha 2008: 194］などに詳しい。パンジャーブ州の言語州再編と宗派主義との関係については、［長谷　一九八八］を参照されたい。

（17）国勢調査のアディの言語の中には、アディ、アディ・ガロン（現在はガロ）、アディ・ミニヨン、その他が含まれている。

（18）ただし、ツァンラ語も含め、母語を何と呼ぶかを知らないモンパの人びとは、単に「モンパ」と答えることはあるかもしれない。

（19）二県の合計なので、州の合計数とは異なっている。

（20）［孝忠・浅野　二〇〇六：五七］には、「第九二次改正（２００３年）でサンターリー（Santhali）が追加され、二二言語になった」とあるが、この時に追加されたのは、サンタリーだけではなく、ボド（Bodo）、ドングリ（Dongri）、マイティリ（Maithili）の計四言語で、最終的に二二言語になった。http://indiacode.nic.in/coiweb/amend/amend92.htm（二〇一三年一一月二七日閲覧）

（21）第六附則の歴史的背景、具体的な問題点については、［Gassah 1997］所収の諸論文と、［井上　二〇〇九，二〇一一］に詳しい。

（22）一九六三年にはボドの居住地の小学校で、一九七七年にはカレッジでのボド語教育が始まっている。政治的な自治を求める動きは一九六七年が最初［Kimura 2013: 115］。

（23）木村真希子によれば、具体的には、サンタール（Santals）、オラオン（Oraons）、ムンダ（Mundas）などで、植民地時代にチョタナグル平原から移住し始めた人たちだという［Kimura 2013: 113］。

（24）**【表1-1】**を参照のこと。

（25）ナガランドの場合は、インドからの独立を求めていたため、第六附則による自治地域を拒否していた。アルナーチャルの場合は、中国国境地域である点が重視され、安全保障の点からの除外であった［井上　二〇〇九：二四五］。

（26）次章でも取り上げるが、アルナーチャルでも名の知られた女性ジャーナリストのママン・ダイ（Mamang Dai）が、ナガの地下組織が侵入してからのこの地域の変化について報告しているが、自治要求の経過については触れていない［Dai 2010］。

（27）仏教徒のムスリムへの強制的な改宗などがあり、ラダックにおける仏教徒の比率が下がっていることなどもその原因だという［山田　二〇〇九：一八五］。一方では、ラダックにおけるムスリムの存在が無視されているという［van Beek 1998: 36］。

（28）チベット難民の僧侶が、中国によって破壊された寺院よりはるかに多くの数の寺院を大金をかけてインド内に再建していると非難するなど、一貫して、難民をインドの国益を犯す危険な存在であると見なし、難民の流入に反対し、管理を強めるような偏狭な主張もある。例えば［Stobdan 2009: 114-121］。チベット人が望んでインドに亡命し、難民になったわけではないことはまったく考慮されていない。

(29) [Warikoo 2009: xii]

(30) 鈴木義理は、現在、インドでは三種類の言語を学ぶことが求められているが、法律上の規定が明確でなく、強制力がないことが問題だが、強制力が弱者の負担になることも予想されると指摘している[鈴木　二〇〇一：一〇三―一〇四]。アルナーチャルの場合には、連邦公用語のヒンディー語、州公用語の英語、母語の三種類になるが、第三言語教育に強制力があったほうがよいかどうかは、その地域のトライブ構成によるだろう。実際にはアルナーチャルでは、母語教育は行われていない。

(31) 二〇一一年七月一八日付 The Arunachal Times には、七月一五日に一年生から八年生までのボーティ語教科書が公表され、第三言語としてタワン県、西カメン県で正式に開始されたことを伝えている。その現状については本章で後述する。

(32) 二〇〇九年八月六日付の The Arunachal Times による。

(33) 正式名は、ツォナ・ゴンツェ・リンポチェ、ジェツン・テンジン・ジャンペル・ワンチュク (Tsona Gontse Rinpoche, Jetsun Tenzin Jampel Wangchuk) である。一九六七年、タワン生まれのモンパで、一四世ダライ・ラマによって、一二世ツォナ・ゴンツェ・リンポチェであったトゥプテン・ジャンペル・ワンチュク (Thupten Jampel Wangchuk　一九〇三―六六) の死後、その化身に認定された。二〇一四年に亡くなったが、その経緯については本章末の「追記」に記した。

(34) 正式名は、Tshona Gontse Ganden Rabgyeling で、アッパー・ゴンパとも呼ばれる。

(35) Serab Sangpo Society が二〇〇九年に作成したパンフレットより。

(36) ヒンディー語の「カールミク」は「働き手」「労働者」あるいはその形容詞、アディヤートミクは「精神的な」という形容詞である。「人事・および精神文化省」と訳せるのではないかとも思うが、それでは意味が分からない。タワンに関する著書のあるツェワン・ノルブからDoKAAに英語の意味を尋ねてもらったが、彼も納得いく返事がもらえなかったという。彼からは、Department of Pragmatic and Empirical Studies と訳してみたらどうかと提案された。「実践的・実証的研究局」と訳せるが、あまり適切な訳とも思えない。「チョ・リク」から「宗教と文化局」という名称も可能だが、本書では、ＤｏＫＡＡという略語をそのまま用いる。

(37) 二〇一三年一〇月二〇日タワンでのインタビューから。当時の州主席大臣は、モンパ出身のドルジェ・カンドゥで、州議会は国民会議派が多数派を占めていた。

(38) インドの地方行政制度で、イギリス植民地時代に淵源をたどることができる。独立後のインド憲法四〇条にも規定があるが、その導入と実際の権限は、時代と州ごとに異なっている。詳しくは、［落合 一九八七］［井上 一九九八］を参照のこと。アルナーチャルでは、二〇〇三年に最初の選挙が行われた。県ごとにジラ・パリシャッド(Zilla Parishad)、サークルごとにアンチャル・サミッティ(Anchal Samiti)、村ごとにグラム・パンチャヤット(Gram Panchayat)が、選挙によって選出されている。

(39) 研究所のニューズレターなどもＶＫＩＣという略称を用いている。センターは、インドの思想家でラーマ・クリシュナ・ミッションを創設したことでも知られるスワーミ・ヴィヴェーカーナンダ(Swami Vivekananda 一八六三―一九〇二)の精神を受け継ぐ社会奉仕活動を行うことを目的に、一九七二年に創立され、インド中に二二二の支部があり、学校設立の他、伝統文化の保護に関するセミナーなどを行っている。北東インドの活動拠点は、一九九三年にアッサムのグワーハーティに置かれた。http://www.vkic.org/vivekanandakendra.html?tmpl=component&print=1&page=などのウエブサイト(二〇一一年九月二二日閲覧)やニューズレター、パンフレットよりの情報。ラーマ・クリシュナとヴィヴェーカーナンダの思想や生涯については、［中村 一九九七］に詳しい。

(40) 後日、会長のリンチン・ドルジェ(Rinchin Dorjee)に会って活動内容について尋ねたが、彼自身がイタナガルに在住しているので、当時はこのセミナー以外には、具体的な活動はほとんどないとのことだった(二〇一〇年八月二七日インタビュー)。

(41) 聴衆の机にも一人ずつマイクが備え付けられていて、参加者同士の討論が行えるようになっている。

(42) 「伝統的な自治制度と慣習法」「モンパの結婚制度」「仏教の影響」「ロウ村のフラー祭」「モンパ社会における女性の役割」「インド・チベットの文化関係」「モンパの生死に関わる儀礼について」などの発表があった。内容は、すでに文献に書かれていることが中心で、詳しい説明はなかった。「ロウ村のフラー祭」は、最後の伝承者が亡くなり絶えてしまった、土着の信仰に基づいた宗教儀礼である。

(43) T・G・リンポチェには政治的な活動が目立つが、実際には、仏教僧としての布教活動も精力的にこなしている。自分が管長を務めるボムディラの寺院での法要をはじめとして、各地で民衆教化のための法要や説法を行っている。筆者が二〇〇三年に会った時には、観光大臣であったが、政治家引退後に彼がしばしば口にするのは、モンパが信仰心を失い、自文化に対する知識や関心が低く、お金のことばかり考えているという宗教者としての嘆きの声だった。

(44) 他の五人は主として公務員やエンジニアだが、ボムディラ・カレッジの助教授も一人含まれていた。

(45) 実際のレジュメは五ページにわたる文章で、重複が多く、内容にまとまりがないので、本章での議論に不要なものは割愛し、整理して要約した。

(46) 七世紀に存在したとされる、モンユルの王カラワンポの伝説。王子の名前はチベット語では、クントゥ・レクパ。

(47) タワン・モンパは彼らを村のラマという意味で、ユイ・ラマ（yui *lama*）あるいはチョエネパ（*Choenepa*）と呼び、ディランのモンパはチョスパ・ラマ（*Chospa Lama*）と呼ぶ。チョエネパもチョスパも「経を読む人」のことである。

(48) 当時の両替レートは、一ルピーが約二円であったので、月二五〇〇円に当たる。

(49) ［青木　一九四〇：一五六—一五七］［Shakabpa 1967：25］［多田　一九八四：一四九］が、その代表的なもの。後で述べるボーティ語教科書にも同様の記述がある。

(50) チベット文字の成立と伝承およびトンミ・サンボータに関しては、［長野　二〇〇一：五九五—六〇一］を参照されたい。

(51) 二〇一一年八月、イタナガルでの個人的なインタビューの際の「チベット語とボーティ語はどう違うのか」という質問への答えである。Gohain の二〇〇八年のインタビュー時のT・G・リンポチェの回答も同じ内容である［Gohain 2012：338］。

(52) 言語学者の van Driem によれば、Bod はチベットを表すサンスクリット語の Bhot の音韻変化による造語であるという［van Driem 2001：827］。

(53)　他にBhote、Bhuti、Budhiなどさまざまな表記がある。

(54)　Bhotiaはウッタランチャル州およびウッタル・プラデーシュ州のＳＴ、Bhutiaはシッキム州のＳＴの名称でもある。ラダックのボト（Bot/Boto）もＳＴ名である。

(55)　例えば、［Mackenzie 1884（2001）：18-19］には、Towang Bhutias、Thebengea Bhitiasなどの記述がある。それぞれタワンとテンバンのモンパのことについて書かれたと思われるものである。

(56)　［Gohain 2012：338］にもBhotia（Tibetan）ではないと答えたと書かれている。

(57)　長尾雅人は「チベット仏教はしばしばラマ教と呼ばれることがあるが、本来高僧を意味するラマ〈bla ma〉がチベット仏教では最も高く尊敬されていることから用いられてきた用語だが、現在では、それがややもすると仏教とは異なった邪教を示すと誤解されやすいので用いるべきではない」［長尾　一九八九：一九―二〇］と書いている。デエも「ラマ寺院」「ラマ教」という呼称は、西欧で定着した誤った呼称だとしている［デエ　二〇〇五：七二］。現在、チベット仏教を「ラマ教」あるいは「ラマイスト仏教」と呼ぶ学者はほとんどいないのではないだろうか。

(58)　サンボータが六世紀（ママ）に文字を創ったと信じられている人の名前からの命名であるという説明があり［Chamberlain 2008：118］、論文ではSambhota scriptという用い方をしている。

(59)　この説明には、ボーティ語の起源をチベットではなくインドと結び付けたいという意図がみられる。津田元一郎によれば、従来、西欧や日本の学者が主張してきた「アーリアン・インド侵入説」には何の証拠もなく、人類学上、「アーリアン人種」という「人種概念」は否定されている。歴史上の偉大な進歩は、常に白人であるアーリアン人種によって成し遂げられてきたという「アーリアン学説」の最大の問題点は、言語と人種の安易な混淆にある［津田　一九九〇：二、一五八］という。

(60)　このページは、二〇〇八年当時のＨＢＣＡの会長Chosphel Zotpaが執筆している。彼は、ジャンムー・カシュミール州のカルギル県ザンスカール出身の僧侶である。

(61)　タイトルは、Tibetan（Bhoti）：An Endangered Script in Trans-Himalayaとなっている。

（62）'National Conference on Bhoti Language and the VIII schedule of the Constitution of India' のレジュメより。ラダックで最も一般的な呼称は、Bodhi/Bodhik/Bodyik だと書かれている。

（63）チベット語の〈skad yig〉は話し言葉、書き言葉を意味する。

（64）ゴーハインもサンスクリット語からできた文字だということを強調したいのだと指摘している［Gohain 2012: 357］。

（65）二〇一一年八月二二日にインタビュー。

（66）Tibetan Resettlement Project のホームページより。http://trans.ca/tibetan-resettlement-project/（二〇一三年九月一七日閲覧）

（67）二〇一〇年九月一六日付 The Arunachal Times に All Upper Siang District Student Union が、政府がトゥーティンのチベット難民に永住証明書（Permanent Residential Certificate）を発行したことを非難し、偽の指定トライブ証明書を取得したケースがあることを糾弾していることが伝えられた。

（68）チベット人に対する心情は、年代や家庭環境によってかなり個人差がある。また、親族や友人にチベット人がいるかどうかによっても異なる。チベット人にはビジネスで成功している人も多く、経済的な面での嫉妬や羨望も含まれている。

（69）チベット自治区にある門巴族の村を指していると思われる。

（70）二〇一〇年一二月一二日、イタナガルでのインタビュー。

（71）ゴーハインは、元ロウ村のツォルゲン（村長）だったペマ・ゴンボ（Pema Gombo）にインタビューし、彼がチベット語の読み書きができたと報告している［Gohain 2012: 344］。同人には筆者もインタビューしているが、二〇一〇年七月のインタビュー時に八六歳だったが、現在は故人となっている。もともとチベット語の読み書きはできなかったが、殺された父の訴訟のためにラサに行き、一年半余り滞在した時に読み書きを覚えたと話していた（二〇一〇年七月二九日）。

（72）［Lama 1999］［Wangchu 2002］はデーヴァナーガリー文字、［Norbu 2008］はローマ字を使っている。

(73) 西義郎は、「モンパの言語のうち最もチベット語に近いのが、北のモンパの言語であるダクパ語であるが、いわゆるチベット語の方言と同じレベルの方言ではなく、ツァンラ語は、中央モンパ語と呼ばれてはいるが、まったく異なる言語で、チベット語との関係もダクパ語のように近くはない」としている［西　一九八七：一八〇―一八一］。同様の見解は、他の多くのチベット学者や言語学者が指摘しているところである。今枝は、東ブータンのツァンラ語について「この言葉の系列は定かではないが、チベット語系というよりはむしろ東南アジアのビルマ語系と考える」と述べている［今枝　一九九四b：二六］。

(74) 一九九一年の調査では、話者数はゾンカ語一六万人、ネパール語は一五万六〇〇〇人、ツァンラ語は一三万八〇〇〇人となっている［van Driem 2001: 871］。

(75) シェルドゥクペンの言語についてはまだ研究が進んでいないが、ツァンラ語が属する他の東ボデーシュ語のどの言語とも異なるという。ブグン、リシュ・モンパ、プロイクと同じくチベット・ビルマ語派のコワ群（Kho-Bwa cluster）に分類されている［van Driem 2001: 473, 478］。

(76) 主催者の話では、参加を呼び掛けたが断られたとのことであった。

(77) タワンではナイツァンだが、ディラン・モンパやブロクパはネツァン（netsang）と呼ぶ。チベット語ではネーツァン〈gnas tshang〉である。現在でも、メラ、サクテンの人びととタワンやディランのモンパとの間にこの習慣が生きている。

(78) セミナー後の二〇一〇年一二月二六日にイタナガルでインタビュー。彼は元僧侶の父からチベット語を習ったので、チベット語の読み書きができる。「モンケットはチベット語の崩れたものなので、チベット文字で表記するのは不可能である」と語っていた。

(79) 二〇一三年一二月現在。

(80) タワンや西カメン、そして現在は中国領になっているモン、あるいはモンユルと呼ばれていたころにあった行政単位で、現在もほとんど地名として残っている。

(81) 西カメン県テンガ・サークルのダフンにある。正式名は Central Institute of Himalayan Culture Studies で、ボー

ティ語も教えている。

（82）ドゥモは、チベット語で「魔女」のことだが、モンパの若い人たちには、英語の demon だと勘違いしている人が多い。

（83）ダーキニーはチベット密教の女神のことで、タワンやブータンではカンドゥ・ドワ・ザンモ、あるいはカンドゥ・ダワ・ザンモの伝説として知られている。ターラー菩薩の化身とされる。

（84）ボットも、ドワ・サンモの話をモンユル起源だとしている［Bodt 2012: 100］。

（85）ブータンの資料については、ボットが英訳している。彼によれば、マンデルガンの場所がどこであるかはその資料にはないが、明らかにモンユルのどこかであるとしている。この伝説のブータン、モンユル版に関しては、ボット［Bodt 2012: 505-512］が最も詳しい。他にも英文資料としては、J・バコット［Bacot 1924: 117-197］やB・チャクラバルティのものがある。地名の比定はタワン、ドムコに関しては口承のものと同じだが、ペマ・チェンは、東ブータンだとだけ書かれている［Chakravarti 2003: 5-9］。また、西カメン県のテンバンのモンパの中には、テンバンこそペマ・チェンであるとの主張がある。

（86）日本語訳でもカラワンポ王がドワ・サンモに出会った場所はインドとモンの境界と書かれている［三宅・石山 二〇〇八：一七二］。ドムコは、まさにアッサムとの州境近くの村である。

（87）［Dhar 1998（2004）: 79］。この言い伝えは、最近は聞かれなくなったが、二〇〇〇年代初頭に筆者がゼミタンを訪ねた時、西カメン県ディランから同行したモンパ女性は、ゼミタンで料理された料理には毒が入っていると言い張って、手を付けなかった。

（88）チャリンには、タワンから移住してきたというダクパ（Dakpa）と呼ばれる人びとが多く住む。

（89）それほど古いものには見えなかったが、父親からそう聞いたという。子供のころ、タワン僧院の裏から聞こえる太鼓の音が怖かったと記憶している。このように民間伝承として親しまれている話である。

（90）アチェ・ラモは、チベットの高僧タントン・ギェルポが、チベット各地に橋を架ける際に費用を勧進するために創作したのが始まりだというが［坪野　二〇〇四：一八八］、そのことに対する異論もあるという。詳しくは［三宅・石山　二〇〇八：二五七―二六四］を参照のこと。タワンにも彼が作ったという鉄鎖の吊り橋がタワン川に現在でも架かっているのを見ることができる（**コラム①**参照）。

(91) また、ブグン、サジョラン（ミジ）、フルッソ（アカ）、シェルドゥクペンの子供たちが多い学校では、ボーティ語の授業は行われていない。

(92) ボーティ語教科書は公立学校の一部のみに配布されている。

(93) 国勢調査にはSalungというトライブ名で表記されているが、それはニシなどからの「奴隷」を意味する他称で、自称はプロイクである［Grewal 1997a: 15］。

(94) Census of India 2011のHousehold Scheduleより。

(95) 調査員の多くは公立学校の教師で、調査対象者とは顔見知り、あるいは気心の知れた関係にある。筆者が寄宿していたタワン・モンパの家庭の場合も知人の公立学校教師が調査員としてやってきたという。タワン県の識字率は、男性六八・五四パーセントであるが、女性が四八・七五パーセント〈二〇一一年国勢調査〉であり、高齢者のほとんどはヒンディー語を理解し話せても、読み書きはできない。識字率の低さが、こうした調査形態になる理由と考えられる。二〇〇一年は、それぞれ六〇・三二パーセント、三〇・〇四パーセントと、さらに低かった。

(96) イタナガルにあるタイ・カムティ寺院の僧侶によれば、カムティの人びとの自称はタイ・カムティで、文字はタイ文字だが、学校で教えられていないため、しだいに読み書きができなくなっているという（二〇一一年一二月一〇日にインタビュー）。

(97) 考案者へのインタビューから。アパタニは、「Abo-Taniはすべての人類の父、タニは太陽（Doini）で、その子孫を見守っている」と信じている。ガロは、「タニは、スバンシリに住む人々の祖先」と言い、アディ・ボリはReni-Taniをガロやボリ、その他、すべてのトライブの父だと信じている［Elwin 1958: 141］。

(98) タニ諸言語については、［van Driem 2001: 481-496］が詳しい。

(99) 考案者によれば、リピだけをヒンディー語にしたのは、自分たちには、boiという語があるが、分からない人もいるだろうからヒンディー語にしたとのこと。

(100)　一九八〇年にパシガットのジャワーハルラール・ネルー・カレッジを卒業、チャンディーガルのパンジャーブ大学で修士号を取得し、パンジャーブ・ナショナル・バンクに一一年勤めた。現在は、イタナガルにある Arunachal Pradesh Industrial Development and Financial Corporation（APIDFC Ltd.）の専務であると彼のタニ・リピに関する著書［Koyu 2006］に書かれている。銀行員になるための試験に合格した最初のアルナーチャル出身者だという。パンジャーブ・ナショナル・バンクでは、ハイデラバード、カルカッタ、デリー、アッサムをはじめとしてインド各地に勤務した。

(101)　二〇一三年一一月にイタナガルで会うことになっていたが、行き違いがあって会えなかった。筆者の帰国前夜に滞在していたホテルに自著を届けてくれた。その後、電話でインタビューし、帰国後は、電子メールでやりとりをした。その後、二〇一四年にイタナガルで会うことができた。

(102)　文字の創案者が「夢の中で天啓を与えられたと語る」話は世界中にあり、珍しいことではないらしい［Daniels 1996：578］。

(103)　ここで書かれている早覚えの方法については、彼の著書に英語で説明がある［Koyu 2006：3］。以下の四つの文章の意味をタニ語で発音し、それをタニ・リピのアルファベットに当てはめれば、簡単に覚えられるという。カッコ内はタニ語の意味である。

①ABO OPO KODO（お父さんが酒を要求した）

②ROLO GOTO ESO（朝、ミタンウシが連れてこられた）

③NGONYO MONA UI（私は儀礼を行った）

④HOI EWO JOCHOYONG（牡牛を盗んではいけない）

タニ語の発音を知らない者には難解であるが、この文字の初学者であるアパタニの青年の一人は、この方法でアルファベットを簡単に覚えることができたと言って、タニ・リピを絶賛していた。

(104)　ドニ・ポロとは文字通りには、太陽（ドニ）と月（ポロ）のことで、真実（Truth）と正義あるいは審判（Justice）を司る最高神のことである［Tayeng 2003：156］。タニ系の人びとに共通の神として信仰されているが、太陽と月は象徴であって、岩・石・樹木など万物には霊（spirit）が宿ると信じられ、親切で正直な人は「良き人」を意味するドニ・ポロ・アミ（Donyi-Polo Ami）と呼ばれる［Dai 2009: 85］。

(105) 二〇一二年四月九日付 The Arunachal Times には、アディがアディ語（Adi Agom）の教科書を学校で配る予定だという記事があり、二〇一三年七月三一日付同紙にはガロ語の辞書兼文法書が出版されたという記事、そして翌月八月三〇日付同紙にはアディ語の新聞が発行されたという記事が掲載されている。

(106) 著書には生年は書かれていないが、二〇〇六年にイタナガルの Dera Natung Government College を卒業し、現職はロンディン県の教師だと書かれている。

(107) 文字その他、同書の一部であっても転載には許可がいると書かれているため、内容を転載することはできないが、ワンチョー文字は、二九の子音と一三の母音から成り、文字のデザインも何かを真似たのではないまったくの創作だという［Losu 2013: 30］。

(108) 例えばノクテの場合には、「トライブの歴史が書かれた鹿皮を所持していた老人がそれを焼いて食べてしまったので、それ以来、ノクテは読み書きができなくなった」という話が同書に採録されている［Elwin 1958: 118］。

(109) ［Elwin 1958: 99, 130–131, 134–135］。アディの食べられた文字伝承は、［Tayeng 2003: 131］にもある。

(110) ［斧原　二〇〇二］がアジア各地の文字喪失神話を整理している。

(111) ［大林　一九七五：一三〇］。鈴木正崇は、ミャオ族の文字喪失伝承が漢族に対する対抗言説となっている例を挙げている［鈴木　二〇一二：一一三］。アルナーチャルのトライブが平原の人と自分たちを対比しているのも、同種のものといえる。

(112) 印刷物には出版年月日が書かれていないが、二〇〇八年一〇月までの記事が掲載されていることから、本稿では、二〇〇八年出版とした。

(113) 正確には、インド独立前に植民地政府による学校は、主として現在の、東シアン県・西シアン県・上シアン県・ロヒット県・アンジョウ県に建設された。一九一八年のパシガットが最初で、西カメン県のディランに学校ができたのは一九四七年のこと［Begi 2007: 29］。タワンの最初の小学校は一九五三年にできている。

(114) 当時の主席大臣は、アディ出身のゲゴン・アパン（Gegong Apan）。アディ出身の彼は、一九八〇年から一九九九年、そして二〇〇三年から二〇〇七年までの通算二三年間、アルナーチャルの主席大臣の地位にあった。

(115) 当時は、ティラップ県とチャンラン県の二県だったが、二〇一二年三月にティラップ県西部がロンディン県として分割され、ナガ系の人びとが要求するパトカイ自治地域（Patkai Autonomous Regions）は三県となった。

(116) 中央政府から正式な回答がなかったことは、T・G・リンポチェへの二〇一三年一〇月二一日のインタビューでも確認した。

(117) 二〇一三年一〇月二〇日付 The Hindu の記事。

(118) 例えば、二〇〇八年一一月三日付 The Telegraph ウェブ版の 'Students Oppose Councils' autonomy-Move may cause rift among communities, says AAPSU' という見出しの記事、一一月五日付 The Arunachal Times の 'AAPSU opposed Autonomous Council demand' の記事など。

(119) ドルジェ・カンドゥが、他の国民会議派のMLAを率いて中央に交渉して、アパンを辞任させたといわれている。

(120) 二〇一三年一一月現在の州議会のトライブ構成である。ガロもかつてはアディに含められていたので、アディとガロを合わせるとニシと拮抗する数となる。だが、こうしたトライブ名を公に話題に出すことは、州内ではタブーとなっている。したがって、議員を紹介するリストには、指定トライブを意味するSTとだけ書かれている。だが、政治に関心のある人なら、誰がどのトライブに属するかは知っている。

(121) 当時、筆者は日本にいたが、イタナガルにいるモンパの友人から国際電話でこのことを知らされた。後で確認すると、噂だけではなく、実際にガロが所有する建物が襲撃を受けて略奪されたケースなどがあり、ガロだけでなく、非常事態を恐れた多くの商店がシャッターを閉めたという。

(122) 選挙なしで議席を世襲したが、アルナーチャルでは、亡夫の後を妻が、亡父の後を息子が継ぐという例は他にもある。

(123) 実質的な促進プログラムは一八日から一九日の二日間。第一回は二〇一三年にアッサム州グワーハーティで開催された。北東インドの観光促進を図る目的で、開催地を変えての毎年開催を目指している。

(124) 二〇一三年一〇月四日付 Echo of Arunachal。

(125) インド部族問題省 Ministry of Tribal Affairs の公式ホームページより。http://tribal.nic.in/WriteReadData/CMS/Documents/201306030201065184795StatewiseListofScheduledTribe.pdf（二〇一三年一一月三一日閲覧）

(126) 二〇〇八―〇九年の年次レポート http://tribal.nic.in/WriteReadData/CMS/Documents/201212030410206269531File1155.pdf、二〇〇六―〇七年の年次レポート http://tribal.nic.in/WriteReadData/CMS/Documents/201212030435586738281File781.pdf

(127) 13に Hrusso が追加されているが、蔑称の Aka も2に残されている。16の Adi の場合も、蔑称の Abor が1に削除されずにある。理由は未確認である。すでに発行されている証明書に記載があるからかもしれない。

(128) モンパ、アカ、ブグンそれぞれの指定トライブ証明書を見せてもらい、話を聞いた。

(129) ダッタによれば、両県のメンバの二〇〇一年の国勢調査による合計数は四三五四人となっていて［Dutta, D. K. 2006: 8］、筆者が州政府から得た資料による一二六五五人よりだいぶ少ない。

(130) タワン出身のモンパで元政治家の男性は、筆者に、「メンバの名はリストにあるのに、モンパの名がない」と語っていた。だが、それ以外の人びとの口からこのことを聞いたことはなく、聞いても知らない様子であった。タワン県、西カメン県では、停電や接続の問題から容易にインターネットにアクセスできないことも、モンパが自分たちのトライブ名について知らなかった理由の一つであろう。指定トライブの証明書が Monpa となっているので気にしていなかったのかもしれない。

(131) 二〇一三年一一月二五日付 Business Standard ウェブ版（http://www.business-standard.com/）。

(132) 以下の発言は、二〇一三年一〇月から一一月に筆者が直接インタビューした内容である。

(133) 自治地域となっても、開発等に関しては、州政府を支配する政党や政治団体に大きく依存せざるを得ないことはすでに指摘されている［Gassah 1997: 9］。

(134) 社会活動家アンナー・ハザーレー（Anna Hazare）が政官界の汚職に抗議して、二〇一一年八月に一三日間のハンガー・ストライキを行ったニュースは、アルナーチャルでも連日報じられた。その彼の名から、タワンの若者たちは、ロブサン・ギャツォをひそかにアンナー・ラマと呼んでいる。汚職と水力発電については、観光とも密接なつながりがあるので、次章でもう少し詳しく述べる。

(135) 西カメン県の仏教以外の宗教については、「第一章第五節　仏教以外の信仰」を参照のこと。

(136) 二〇一三年一〇月四日付の Echo of Arunachal や The Sentinel, Times of India などが報じていたが、二〇〇八年に他のトライブから抗議があったことには触れていない。

(137) ニシの主たる居住地は、東カメン、パプム・パレ、クルン・クメイ、下スバンシリ各県である［Danggen 2012: 2］。州都のイタナガルを中心に四県にまたがっている。

(138) Institute for Defence Studies and Analyses（略称ＩＤＳＡ）の特別委員会の報告書。ＩＤＳＡはインド国防省の傘下にある。

(139) ギデンズは、地域の自治権や文化的アイデンティティを求める圧力は、社会関係が横に広がる過程の一環として高まりを見せると述べている［Giddens 1991: 65］。

(140) 「グローバリゼーションの定義は、ある場所の出来事がはるか遠くかけ離れたところで起きた事象によって方向付けられ、逆にある場所で起きた事件がはるか遠く離れたところの出来事を方向付けていくというように遠く隔たった地域に相互に結び付けていく、そうした世界規模の社会関係の強化である」［Giddens 1991: 64］。

(141) 当日が開票日だったことから、タワンで立候補していたＴ・Ｇ・リンポチェの従兄弟に当たるニンマ派の高僧でもあるキンメイ・リンポチェが落選したことが、ショックだったのではという憶測もあった。筆者が知るＴ・Ｇ・リンポチェは、選挙結果などで自らの命を断つような人ではない。精神的なコントロールができないような体調の変化があったのではないかと思う。筆者は、同年一二月にボムディラのアッパー・ゴンパを訪ねて、死亡当時リンポチェと同じ建物にいたという僧侶に話を聞いた。彼は病死だと強調していたが、なぜ新聞各紙が縊死だと報じたのかということや、検死結果との齟齬に関して、納得のいく説明はなかった。報道だけでなく、当時のことを知るデリーの州政府関係者の話からも、縊死は間違いないようである。

(142) 学生組織の名は、The Students' Union Movement of Arunachal Pradesh（略称ＳＵＭＡ）とある。

（143）二〇一五年八月二七日付 The Arunachal Times

（144）遺書は、ヒンディー語で「メレ・ヴィチャール」（Mere Vichaar：私の考え）と題されている。以下のサイトに英訳がある。Full Text of Kalikho Pul's 60-page Secret Note https://thewire.in/politics/kalikho-pul-note-full-text

（145）プルは任期を残しての死亡だったので、妻が夫の選挙区から補欠選挙に出馬し、議席を引き継いでいる。

（146）内務省が作成した政策に関する文書は、インターネットでも読むことができる。http://www.centraltibetanreliefcommittee.org/ctrc/trp-2014/tibetan-rehab-policy-2014-final-copy.pdf（二〇一八年四月一一日最終閲覧）

（147）例えば、二〇一七年八月二四日付 The Arunachal Times の社説に、「この政策によってチベット難民は営業許可書を得、政府の職に就くことができるようになる」と書かれている。

（148）同年九月一日付 The Arunachal Times

（149）同年九月二日付 The Arunachal Times

（150）同年九月一二日付 The Arunachal Times

（151）同年一〇月一一日付 The Arunachal Times

（152）このデモの前日、イタナガルの行政当局からも、こうした学生による身分証明書の確認が違法であるとの声明が出されている（一〇月一〇日付 The Arunachal Times）。

（153）デリー在住のパサン・ドルジェ（Passang Dorjee）という男性による投書である。

（154）Tawang Social Culture & Literacy Society（略称ＴＳＣＬＳ）と Humanity Group という二つのＮＧＯが主宰している。

（155）二〇一八年五月八日付 The Arunachal Times

第五章　シャングリ・ラへの挑戦——国境地帯のツーリズムの現状と課題——

はじめに

これまで、モンパに焦点を絞って、民族衣装、伝統文化の変化、言語と自治を求める近年の動きなどについて述べてきた。本章では、視点を変え、仏教文化を資源化しようとするアルナーチャルの観光開発の現状と課題について考察する。

インド北東部の七州[1]は、国内でも最も開発が遅れた地域で、その中でもアルナーチャルは貧困線以下の人口の割合が三四・七パーセントと、マニプルに次いで高い[2]。その経済発展や開発の起爆剤として必ず挙げられるのが、「観光」への期待である。豊かなヒマラヤ南麓の「自然」と、数多くの民族集団が居住する「文化的多様性」を目玉にした観光は、雇用の創出、経済発展の手段として欠かせないとされてきた[3]。特に、近年になって大学卒業者の数は増加しているが、州内での就職は難しく、職のない若者の数は年ごとに増しており、雇用の創出は急務とされる[4]。しかし、現実的には、州のツーリズムは、開始以来二六年を経て進展しているとはいえ、これらの期待を満足させる状態には至っていない。その最大の理由は、アルナーチャルが、中国との領土権を巡っての係争地であることだが、州政府は、内外からのツーリストが取得しなければならない特別な入域許可書の存在が、ツーリズムの発展を阻む大きな要因だとしている。だが、問題はそれだけではないことを本章では明らかにしてゆきたい。

アルナーチャルにとって、二〇一二年は記憶にとどめやすい年であった。第一に、戦場となった一九六二年の中印国境紛争から五〇年目に当たった。第二に、インドの二四番目の州となった一九八七年から二五年目を迎えた。第三に、州に外国人ツーリストが入域許可された一九九二年から二〇年目であった。さらに画期的な出来事は、ロンリー・プラネットによって、アルナーチャルが「二〇一二年に旅行したい地域トップ・テン」の一つに選ばれたことであろう。(5) この会社は定評ある世界的な旅行ガイドブックの出版社で、推薦文は「最後のシャングリ・ラ(Shangri-La)」と賞賛している［Cruttenden et al. 2011: 65］。「シャングリ・ラ」とは、一九三三年発表のジェームズ・ヒルトンの小説『失われた地平線』(Lost Horizon) で主人公が迷い込んだ桃源郷の名で、架空の地名だが、小説の映画化（一九三七年）で有名になり、理想郷の代名詞として使われるようになった。(6) もともとはチベットには理想の仏教国「シャンバラ」の伝説があり、それが源流だという。(7) ロンリー・プラネットは「アルナーチャルは、伝説の秘匿された仏教聖地ペマコと噂されている」と説明して、チベットからアルナーチャルへと流れ込むヤルツァンポ川の東端の湾曲部にある、チベットの実在の地ペマコ〈padma bkod〉を「シャングリ・ラ」と重ね合わせて現実味を持たせている［Cruttenden et al. 2011: 67］。アルナーチャル側にもペマコに比定される場所があるので、そこを仏教の聖地として、ツーリストや巡礼の訪問が期待できると考えている。(8) 州政府は、ロンリー・プラネットの紹介を起爆剤として観光を推進しようとしてきた。二〇一二年二月八日から二日間、州都イタナガルで開かれた「観光会議」でトップ・テン入りが報告され（同年二月九日付、地元紙 Arunachal Echo）、三月一三日にカナダのオタワで開催された産業博覧会で、州首席が、トップ・テン入りと「最後のシャングリ・ラ」を強調し、州への投資を呼び掛けた[9]。さらに二〇一三年一〇月には、「第二回　世界旅行市」（International Tourism Mart）がタワンで開催され、そこでも「シャングリ・ラ」としてのアルナーチャルが強調されていた[10]。州政府が発行する観光紹介パンフレットの最初のページも、「偉大なる最後のシャングリ・ラ」という言葉から始まっている。

同様な出来事は、かつてブータン王国でも起こった。外国に門戸を開いた一九七四年に、『ナショナル・ジオグラフィック』誌が「最後のシャングリ・ラ」と形容したのである［Scofield 1974：570］。「シャングリ・ラ」イメージがどの程度効果的であったかは不明だが、四〇年以上を経た現在、観光業は大きく成長し、ロンリー・プラネットの二〇一二年の観光地「トップ・テンの国」に選ばれている[11]。

アルナーチャルは「第二のブータン」への道を歩めるのだろうか。観光開発にとってイメージの創出は重要な課題であるが、アルナーチャルでの「観光の創出」の現場を、「シャングリ・ラ」をキーワードにしてたどることで、今後の行方を検討してみたい。

第一節　観光人類学の視座

本章では、インド北東部の辺境でのツーリズムへの模索の過程を動態的に捉えて考察する。具体的な事例の検討に入る前に、観光に関しての近年の研究を整理しておく。

観光研究の基礎を築いたとされるジャファール・ジャファリは、観光の変遷を、年代に対応する四つの基盤（platform）に整理した［Jafari 2001：28–32］。それは以下の4点である。

①擁護の基盤　一九六〇年代まで。観光を「恩恵をもたらすもの」と位置づける

②警告の基盤　一九七〇年代。マス・ツーリズムに関する弊害を指摘
③適正の基盤　一九八〇年代。オルタナティブ・ツーリズム、エコ・ツーリズムの試み
④知識ベースの基盤　一九九〇年代前半。持続可能なツーリズム、相互の対話と認識の共有

大きな転換点は、世界的な規模で観光が広がった一九七〇年代で、特にマス・ツーリズムの悪弊を改善する試行錯誤が続いた。

バレーン・スミスは観光人類学の観点を導入し、七〇年代の観光活動を対象として、ゲスト（訪問者）とホスト（受容する地域社会）の相互関係の中で生じる現象を論じた。それは異文化交流であり、そこに引き起こされる文化変容の研究は、文化人類学の大きな課題であった。そして、ホストとゲストの間に格差があり、ゲストがホストに与える影響が圧倒的で、特に資本主義の価値観の導入が環境破壊につながるなど問題点が指摘され、経済的な影響が文化変容の大きな要因であることを明らかにした。また、文化が「対象化」「客体化」され、操作され、商品化が起こり、文化は誰のものか、文化を利用するとは如何なることか、地域文化の活性化や開発への寄与とは何かが問い直される契機になった。

スミスは、観光行動を①少数民族観光、②文化観光、③歴史観光、④環境観光、⑤レクリエーション観光の五つに分類して考察を加えた。①の「少数民族観光」は、ゲストにとっては「風変わりで面白い（quaint）」ものとして地元の人びとの習慣を対象とする観光で、家や村を訪問し、舞踊や儀礼を見物し、工芸品を買うなどの行動を伴う。②の「文化観光」は、家屋・織物・民具・手作りの工芸品など、消滅しつつある生活の名残や地方色に美しさや楽しみを求める。③の「歴史観光」は、記念碑や建築物、大寺院、遺跡などを見学して過去の記憶を呼び覚ます。④の「環境観光」は、地域社会の伝統的な生活や物質文化が、自然環境にどのように適応し共存しているかを見る。

⑤の「レクリエーション観光」は、スポーツ・日光浴・温泉浴、食事などを楽しんで休養する［Smith 1989: 4-5］。相互の分類は重なり合っているが、大きな目安にはなる。

日本では橋本和也が、観光を「巡礼」と同一視したり、国家政策や民族問題との関連に焦点を当てたりする議論とは異なり、観光という概念を、「異郷において、よく知られているものを、ほんの少し、一時的な楽しみとして売買する」商品として定義し直して考察した［橋本　一九九九：一二］。ホスト・ゲスト論を、相互が作り出す「観光文化」に焦点をずらして考えたのである。山中弘は、橋本の定義は「やや狭すぎる」としながらも、観光の持つ「断片性」「刹那性」「商品性」を強調したと好意的に分析し、さらに、宗教との関わりからツーリズムという用語を使う場合に念頭に置くべきことを三点挙げている。第一は、日常体験から離れた「異郷」への旅であること。第二は、旅の代価として金銭を支払う消費行動であること。第三は、特定の場所を巡る営みであること、である。ツーリズムは単なる異郷への旅というだけではなく、訪れるに値する「場所」への旅が多く、目的地も単なる旅が目的ではない。宗教との関わりで言えば、聖地のように特別なものが多く、その地に居住する人びとにとってのアイデンティティに深く関わることを考慮すべきだと主張している［山中　二〇一二：六―七］。

一方、移動と貧困の観点からの観光研究の見直しがある。発展途上国のツーリズムの問題点として、高寺奎一郎は、「国際ツーリズム現象こそが、二〇世紀後半を特徴付け、かつ二一世紀の人類社会に大きな影響を及ぼしうる人類の移動の形態」［高寺　二〇〇四］と述べ、移動を、貧しい人びとに利益をもたらす方法として検討する必要性を説く。国際ツーリズムはグローバル化の重要な要因であるとし、従来の「開発＝欧州のライフスタイルの普及」という概念に疑問を提示する。つまり各地の個性を保護しつつ進めるツーリズムに魅力があるとすれば、従来の開発とは矛盾が生じる。

高寺は、近代化は貧困削減が前提条件という立場に立って、途上国でのツーリズムのプラスとマイナスの効果を指摘する。プラスの効果は、外貨の獲得・雇用の創出・国の収入源の多様化・インフラの整備であり、マイナスの効果は、開発されたリゾートに生業を捨てた過剰な人口が流入し、社会構造へ悪影響を及ぼして環境問題を引き起こすことであるとする。問題の調整に当たっては、地元と旅行業者の間に立つ援助機関の適切な関与が必要で、それは、地元の人びとの不信感や理解不足などの問題解決に役立つという。そして、「貧しい人びとに利益をもたらすツーリズム（Pro-Poor Tourism）」を「持続可能なツーリズム」とする試みが紹介されている。地理的条件、自然災害、政治的・経済的などの脆弱な外部要因、インフラ整備の遅れ、人的資源開発の遅れなどの構造要因が指摘されている［高寺　二〇〇四］。

江口信清、藤巻正己らも発展途上国での貧困対策に特化した観点から問題を提示している。江口は八〇年代後半から現れたオルタナティブ・ツーリズム（alternative tourism）に関して、自然環境・地元民・観光客・観光関連産業といった、観光関連のすべての主体に利益をもたらす「金の卵を産むメンドリ」という見解に、疑問を投げかけた［江口　二〇一〇：九―四〇］。藤巻はマレーシアの先住民のツーリズムとの関わりを報告し、「観光を通じた社会的弱者の自立と自律」に向けた取り組みに期待している［藤巻　二〇一〇：二一五―二四八］。江口と藤巻の共通点は、ホスト側の現地住民、例えば少数民族を、「社会的弱者」として扱うことである。ただし、少数民族が常に「社会的弱者」であるわけではなく、強弱は相対的である。

アルナーチャルの事例を観光人類学の研究の中に位置付けて考えれば、ホストとゲストの関係は「観光文化」を生成するまでに至らず、資本主義の影響も軽微であり、環境問題も萌芽はあるものの、今のところさほど深刻ではない。今後採用されるべきツーリズムの選択肢は、民族観光[12]・文化観光・環境観光の三つで、歴史観光やレクリエーション観光の導入は現地での工夫次第となるだろう。特に民族観光、つまりエスニック・ツーリズムや宗教ツーリズムという主題は、アルナーチャルでは可能性のある観光形態であり、州政府もよく認識している。

また、本章は少数民族の位置づけについても問題を提起する。アルナーチャルは開発の遅れた内陸地にあり、インドでは中心に対する周縁に位置付けられ、住民の多くは、政府の優遇政策を受けている指定トライブ（Scheduled Tribe）である。広大なインド全体から見れば、少数派で、社会的弱者である。

しかし、州行政の担い手は、州人口の多数派の指定トライブ出身者で、その中にも多数派と少数派が存在する。観光キャンペーンの「シャングリ・ラ」は、チベット仏教のイメージが強いが、仏教徒の民族集団であるモンパやメンバなどは、州の全人口比では少数派である。ただし、タワンのような特定の居住地域では立場は逆転して、支配的存在となる。二〇一三年当時、州の観光大臣および観光局長の二人がタワンのモンパ出身のため、観光の文脈ではモンパは周縁的ではなく、観光開発の主体を担う人びともいた。観光開発の主体は、イタナガルに本部を置く州政府の観光省（Directorate of Tourism）[13]に委ねられていて、インド政府は直接には関与しない。ツーリズムを貧困克服や雇用促進の手段とするには、地元での状況把握があまりに不完全で、インフラも未整備であり、多くの課題が残されている。

「シャングリ・ラ」を観光のイメージ戦略とする発想には、すでに前例がある。それは中国雲南省の迪慶（ディチン）蔵族自治州の中甸（ジョンディエン）で、二〇〇二年五月に「香格里拉」（シャングリ・ラ）と改名して架空の地名を実在の地名とし、イメージ戦略に組み込んだ。『失われた地平線』［Hilton 1933］の作者のヒルトンが執筆時に参考にしたのは、一九二〇年代から三〇年代に『ナショナル・ジオグラフィック』誌に掲載されたジョセフ・ロック（雲南省麗江近郊に二〇年以上滞在した植物学者・民族学者）の報告であり、「ヒルトンは、ロックの著作を参考にしたのだから、小説の舞台は雲南省西北部だ」と中甸政府は主張した。ヒルトン自身は、ロックの報告を参考にした可能性はあるが、シャングリ・ラのモデルがどこかは明言していない［Kolas 2008: 7］。また、ロックはチベット文化研究者ではなく、納西（ナシ）族（ナシ族）の調査、特に絵文字のトンパ文字を紹介した『ナシ語―英語百科全書』などで知られている。「シャングリ・ラ」は架空の地であるにもかかわらず、地方政府が学者を含む大掛かりな調査隊を送り、強引にモデルだと主張して改名した。その決定的な根拠となったのは、調査隊がアメリカの航空機の残骸を見つけたこととされる(14)。しかし実際には、この機体は、ヒルトンが小説を書いた後の第二次世界大戦中の輸送機だという［Kolas 2008: 6］。雲南省の「シャングリ・ラ」は、急速な観光地化によって、建物から土産物に至るまで「チベット風」に改められたが、逆にチベット人の反感を呼び起こして、民族のアイデンティティ・ポリティクスが争われる場所になった［Kolas 2008: 120–129］。

アルナーチャルの状況は中国とはまったく異なるが、架空の場所「シャングリ・ラ」が観光のイメージ戦略として使用された場合、どのような事態が想定されるのかについても検討したい。

第二節　インドの辺境開発――ルック・イーストからアクト・イーストへ――

アルナーチャルは、一九九二年に外国人ツーリストを初めて受け入れた。開放の理由は明らかではないが、インド政府のルック・イースト政策（Look East Policy）と、それに基づく開発計画との関連が考えられる(15)。この政策は、冷戦後の一九九一年にインドの首相に就任したナラシンハ・ラーオが、外交の軸足を東アジア・東南アジアに向けたことによる。東南アジアへの玄関口として北東諸州に注目したのである。しかし、北東インドの開発政策の具体化は遅れ、二〇〇八年七月発表の「北東インド構想二〇二〇」（North East Region Vision 2020）が試行された[16]。二〇一四年五月の総選挙で地滑り的な勝利により政権交代に成功したナレンドラ・モディ首相にとっては、ルック・イーストをもっと実効性のあるものとし、アジア・太平洋地域との関係強化のために外交政策を東へと進めることが可能になった。それがアクト・イースト政策（Act East Policy）である［Rajendram 2014: 1］。

東南アジアとの経済交流のためには、ミャンマーと国境を接する北東諸州を経由するのが近道である。アルナーチャル、ナガランド、マニプル、ミゾラムの四州は、ミャンマーとの国境を合計一六四三キロ共有している。しかし、二〇一八年四月現在、ツーリストが通れる国境は、マニプルのモーレー（Moreh）からミャンマーのタムー（Tamu）へ抜ける国境のみである。これら北東諸州は、地域内に紛争や難民問題を抱え、ミャンマーも国内に少数民族問題を抱えている。まずそれらを解決して、交通インフラを整備することが重要な課題となっている［Bhaumik 2014: 26–27］。

アクト・イースト政策にはアルナーチャル政府も大きな期待を寄せている。アルナーチャルとミャンマーとの国境はまだ開かれていないが、二〇一七年八月七日にラオスのヴィエンチャンで開催された、東南アジア諸国連合（ASEAN）とインドの対話関係樹立二五周年を祝う会合に出席した、州の副主席大臣チョウナ・メイン（Chowna Mein）は、国境が開かれることに期待を寄せる発言をしている[17]。

ツーリストを迎える条件として、アルナーチャルが北東七州の中でも特殊なのは、第一章でも述べたように、現在でも入域に際しては、州外のインド国民の場合はインナー・ライン・パーミット（Inner Line Permit：略称ＩＬＰ）、外国人は保護地域許可書（Protected Area Permit：略称ＰＡＰ）の申請と所持が、義務付けられていることである。その理由も既述の通り、州の北と東が中国との未解決の国境線マクマホン・ラインに囲まれていることにある。

一九八三年にパロに国際空港ができるまで、ブータンも、インド側から陸路入国する際に外国人はＩＬＰを申請しなければならなかった。まだインターネットなどもない時代であったため、その申請には数カ月を要した。だが空路で入国する場合には許可書は不要なため、航空路の開設は、その後のツーリスト増加の決め手となる画期的な出来事となった［脇田　二〇一〇：三四］。

現在、北東七州の中でインド国民にＩＬＰ所持を義務付けているのは、ナガランド、ミゾラム、アルナーチャルの三州であるが、外国人に対してＰＡＰ所持を義務付けているのはアルナーチャルだけである(18)。しかし、外国人ツーリストに対するＰＡＰの規則を軽減させようとする動きはある。場所によるＰＡＰの廃止が検討されたが、ＰＡＰはパキスタンと中国からのツーリストには許可されないため、それをどこでチェックするかという問題が解決できていない(19)。

第三節　観光の現状

１　あてにならない統計数字

観光の資料として、一九九九年から二〇一六年までのツーリストの統計（【表5-1】）はあるが、実は外国人ツーリストの数字はあまり信頼できない。外国人は、訪問目的の如何にかかわらずＰＡＰを取得しての入域が義務付けられ、ＰＡＰのコピーは州の入域管理事務所・観光局・警察署・中央政府の内務省にも送られる。ＰＡＰには滞在期間と訪問場所が記載され、現地のツアー・オペレーターが派遣するガイドの同伴が必要と書かれている。国防関係施設の写真撮影の禁止、キリスト教の伝道活動の禁止も明記され、旅行は特定の地域に限られ、バックパッカーのような自由な行動は、原則的にはできないことになっている。しかし、実際は、入域してしまえばかなり自由に旅行できる[20]。

ＰＡＰが規定する最低人数や滞在日数、許可料は、一九九二年は、四人以上の集団で期間は一〇日間以内、一人二百米ドルであった。二〇一八年四月までは、二名以上で滞在は最長一カ月間、許可料は一人五〇米ドルとなっていた。しかし、人数に満たない場合には最低人数分の許可料を支払うなど、いくつかの裏技もあり、ツーリストの数はＩＬＰやＰＡＰを申請した人数であるため、統計数字は訪問者数を反映しているわけではない。実際の訪問者の国籍や旅の目的、訪問地に関する統計資料はなく、実情はつかみにくい[21]。また、【表5-1】と【表5-2】のアルナーチャルへのツーリスト数のうち、二〇一五年の州政府観光局とインド政府観光省のデータが異なるなどの混乱も見られる。

【表5-1】アルナーチャル・プラデーシュ州へのツーリスト数の変遷（人）

年	国内から	海外から	合計
1999	2,092	86	2,178
2000	3,126	129	3,255
2001	4,644	78	4,722
2002	6,878	137	7,015
2003	3,632	438	4,070
2004	39,767	321	40,088
2005	50,560	313	50,873
2006	80,137	706	80,843
2007	91,100	2,212	93,312
2008	149,292	3,020	152,312
2009	195,147	3,945	199,092
2010	227,857	3,395	231,252
2011	233,227	4,753	237,980
2012	317,243	5,135	322,378
2013	318,461	10,846	329,307
2014	336,028	6,307	342,335
2015	352,176	6,453	358,629
2016	385,875	6,598	392,473

出典：2017年８月現在の州政府観光局資料より

【表5-1】では、二〇〇四年以降、国内からのツーリストが急増しているが、理由はヒンドゥー聖地への巡礼者数を算入したからである。州の南東部であるロヒット(Lohit) 県のヒンドゥー教の聖地

【表5－2】北東7州へのツーリスト数

州　　名	2015年（人）		2016年（人）		増加率（%）	
	国内	海外	国内	海外	国内	海外
アルナーチャル・プラデーシュ	352,067	5,705	385,875	6,598	9.6	15.65
アッサム	5,491,845	24,720	5,160,599	12,685	－6.03	－48.69
マニプル	146,169	3,260	150,638	3,064	3.06	－6.01
メガラヤ	751,165	8,027	830,887	8,476	10.61	5.59
ミゾラム	66,605	798	67,238	942	0.95	18.05
ナガランド	64,616	2,769	58,178	3,260	－9.96	17.73
トリプラ	363,172	34,886	370,618	36,780	2.05	5.43

出典：インド観光省の統計から

パラシュラーム・クンド（Parashuram Kund）には、毎年一月の祭礼を目指して多くの巡礼者が訪れ、二〇一一年には七万人、二〇一二年には七万五〇〇〇人を超えたという。[22] しかし、巡礼者の多くはテントや食料を持参しているので、州への経済的貢献はほとんどないと州のオペレーターは語っている。アッサムから陸路で入るので、バスや車もアッサムのものが使われるからである。この祭礼の時期には、ＩＬＰの代わりに州政府が臨時の入域証を発行する。

二〇〇八年からの国内ツーリストの増加には、もう一つ理由が考えられる。それは、インドの公務員の休暇旅行に対する旅費の割引制度（Leave Travel Concession：略称ＬＴＣ）で、公務員が国内の自分の出身地や他の地区に旅行する場合に、鉄道運賃が無料になるものである。ＬＴＣは一九八八年に導入され、二〇〇八年五月二日に改訂され、シッキムを含む北東八州への旅行の航空運賃も無料になった。[23] 国営航空会社限定でエア・インディアのみに適用されるが、アルナーチャルに最も近いグワーハーティまでの利用者が増えているという。[24] 二〇〇八年からの急激な国内ツーリストの増加はそれを反映していると考えられる。

さらに、二〇一四年四月七日に州都イタナガルから約一五キロ離れたナハルラグンまで鉄道が開通したことも、増加の大きな要因である。二〇一五年二月からは、ニューデリーからの急行列車の運行も開始された。アルナーチャル州内の運行距離は一二・七五キロにすぎないが、ニューデリーやグワーハーティから乗り換えなしでアルナーチャルに到着できるというのは画期的なことである。二〇〇八年一月三〇日に当時のマンモハン・シン首相が鉄道導入を約束してから、六年半かかっての実現である。二〇一七年一月現在、アッサムとグワーハーティとの間は毎日一便、ニューデリーとの間は週一便、列車が運行している。デリーからは一日半、グワーハーティからは八〜九時間と、ツーリストにとっては所要時間がかかりすぎるが、車代の節約になり、地元の人びとにとっても安い鉄道運賃や物流を考慮すると歓迎されるものであろう。

【写真５−１】ナハルラグン鉄道駅

この鉄道の運行が、二〇一四年以降のツーリストの増加に反映していると考えられる。そして、最も問題だったＩＬＰとＰＡＰも、アルナーチャル到着後ナハルラグン鉄道駅（【写真５−１】）で取得できるようになっている。さらに二〇一八年に入り、ＩＬＰのオンラインでの申請や、外国人ツーリストに人気が高いタワンやズィロの訪問には一人でのＰＡＰ申請が可能になり、許可料も従来の五〇米ドルから三〇米ドルへと引き下げられるなどの動きがある。これらは、すべて先述のアクト・イースト政策（Act East Policy）と関連していると考えられる。

アルナーチャルの場合には、外国人ツーリストは、二〇一六年には前年から一五・六五パーセント増加している。しかし、前述のようにＰＡＰの申請数と実際の訪問者数が異なることから、減少している可能性もあり、分析が難しい。

ツーリズムの発展のためには、訪問者数を確実に把握し、細かなデータを作成する必要があるが、それがなされていない。

2　ツーリズムの諸問題

国の方針を反映して州でも観光の重要性を認識し、八一・九パーセントという森林被覆率を誇る自然の豊かさを利用したエコ・ツーリズムを推進し、トライブの共同体の文化保護の手段として利用しようと試みている。それが果たしてツーリスト数の増加と連動しているかどうかを検討してみたい。二〇〇九年時点で、国の計画委員会が観光の発展の問題点として挙げていたのは、以下の四点である［Planning Commission 2009: 246］。

①インフラが未整備で、空港と鉄道がなく、道路も少ない。快適に過ごせる宿泊設備が少ない。
②州への入域に内務省へのＩＬＰやＰＡＰなどの申請が必要である。
③政府によるマーケティングや観光促進への協力が不足し、州の魅力が外部に伝わらない。
④アッサムでの度重なるゼネラル・ストライキなど、政情が不安定である。

ここで、これら四つの問題が現在どのように改善されているかについて、具体的に検討してみたい。

①インフラの未整備とトランス・アルナーチャル・ハイウェイ建設の遅れ

道路整備の遅れが、インフラに関する州の最大の課題である。二〇〇四年当時、道路の割合は、州平均一〇〇平方キロあたり一八キロで、インドの平均七五キロに遠く及ばない状態であった［Planning Commission 2009: 246］。

州内を東西に移動するには、多くの場合、アッサム経由である。州内に道路があっても、整備されていないため、アッサム経由のほうが早く目的地に着くことができる。例えば、タワンからイタナガルへ行くためには、標高四一〇〇メートルのセ・ラを越え、西カメン県から一度アッサムに出るのが最短のルートである。この道路は、中国国境とアッサムとを結ぶ軍事道路でもあるが、冬は雪、夏は雨による土砂崩れによって、封鎖されることもある。大型の軍用トラックが道路の耐用年数を短くしているという声もある。一般車は、軍用トラックが壊した道路の陥没にタイヤをとられる。

マンモハン・シンが首相だった二〇〇八年に、トランス・アルナーチャル・ハイウェイの建設が開始された。タワンから西カメン県のジャミリ（Jamiri）サークルを経て、東カメン県のセッパ（Seppa）までの二三三キロがまずその第一区間である。そこから州を東に移動し、主たる町を経由して最終的にティラップ県のカヌバリ（Kanubari）からアッサム州デマジ（Dhemaji）県のアカジャン（Akajan）に至る、全長一八一一キロに及ぶ二車線の高速道路建設計画である。建設は、国境道路公団（Border Road Organization：略称ＢＲＯ）と州政府の公共事業部（Public Works Department：略称ＰＷＤ）が区間によって担当を分担しているが、実際の工事には多くの請負業者が関わっている。しかしながら開始から一〇年以上経っても、ほとんどの場所で計画は大幅に遅れている。山岳地帯の道路建設には技術的な困難も伴い、崩落事故も相次いでいる[25]。費用はもちろん中央政府から拠出されるが、巨額の建設資金が汚職の温床になっているという指摘がある。道路が未整備なのは、請負制度そのものに原因があり、道路工事の責任を担うＢＲＯに対する多くの苦情が寄せられている[26]。国境地帯では、ＢＲＯと工事を請負う地元業者との金銭的な癒着は常に人びとの噂になっている[27]。一見すると完成したかに見える道路が、実は粗悪な材料を使ったその場しのぎの工事で、素手で表面を剝がすことができるような悪質な工事の例も報告されている。これもＰＷ

Dの役人と請負業者が結託して行っていることだという[28]。

航空路の開設が望まれていたが、広い平地がないこと、マクマホン・ラインに近いことを理由に、実現が遅れていた。ようやく二〇一八年五月に、アライアンス航空によるコルカタ、グワハーティ、東シアン県のパシガット間を結ぶ路線の運航が開始された。しかし、州都イタナガルまで車で一〇時間以上かかるため、利用者がどれほどいるのかはまだ分からない。これまで、空路輸送を担ってきたのはヘリコプターであった。その開始は二〇〇八年からで、グワーハーティとタワン、そしてイタナガル間を運行していた。インド国内のツーリストはこの路線を利用していたが、第四章でも触れたように、二〇一〇年から一一年にかけて、五カ月で三回もの事故が起き、州の観光には大きな打撃となった。まず一一月一九日に空軍のヘリコプターがタワンで墜落して一二名が死亡、翌一一年四月一九日にグワーハーティからのヘリコプターがタワンに墜落して一八人の乗客と五人の乗員が死亡した。乗客の大半はインド人ツーリストであった。現・州主席大臣の父で当時の州首席大臣であったドルジェ・カンドゥは、犠牲者に哀悼の意を表し、負傷者への見舞いの言葉を送ったが、そのわずか一一日後の四月三〇日に、タワンからイタナガルに向かう彼の専用機が墜落し、パイロットを含む五人全員が死亡し、自らも犠牲者となった。事故は、直接的・間接的に州のイメージを大きく損なった。皮肉にも、観光の推進役の首席大臣が事故死して、逆宣伝をしてしまったことになる[29]。

タワンでは「ヘリコプターがないので、政治家や役人も皆、陸路でタワンへ来なくてはならない。彼らが悲惨な道路状態を見る良い機会だ」（二〇一一年夏）と言う人は多かった。路の悪さに辟易していた住民は、タワンのモンパ出身であった首席大臣の死を悼みつつも、インフラ整備の遅れを行政の怠慢として不満に思っていた。事故後、ヘリコプターの運航は休止され、二〇一一年九月一二日から運営会社を変更してグワーハーティとイタナガル間は再開したが、タワン路線は停止が続いていた。再開されたのは、事故から二年半後の二〇一三年一二月二三日のことである。現在は、西シアン県のメチュカなどにもヘリコプターが定期運航しているが、州内の人びとは、事故を恐れて、緊急時以外は利用を避けている。ヘリコプターで到着しても、そこから先の公共交通機関がないため、車を持たない一般庶民には便利になったとは言い難い。

ホテルは、近年、幹線道路に面した町などに次々に建設されている。ホームステイを行うコミュニティも少しずつ増えている。成功しているのは個人が経営するホテルやホームステイのみで、政府が管理している各地のツーリスト・ロッジは老朽化が激しく、悲惨な状態にある。また、首都から離れた遠隔地では、電力供給に問題がある。停電すれば、照明、暖房機、テレビ、携帯電話、カメラなどが使えず、ツーリストへの影響は大きい。携帯電話がつながりにくいのは州全体の共通問題だが、国境地帯では軍事的な理由と山岳地帯という地理的な理由から通信用アンテナを立てる場所の制限が多く、電波が届きにくい。道路や電気などのインフラは、地元の人びとの生活に不可欠で、観光以前の問題であるが、いまだに不十分である。この点は、短期間に山岳国境地帯のサクテン、メラに携帯電話網と電力供給を実現させたブータンと比較すると、インドの国境地帯の国防絡みの開発の難しさが分かる。(30)

もう一つ、ホテルは増えたが解決できない問題がある。国内ツーリストは、自分の車を持ち込むか、アッサムから車を雇うことが多く、地元の乗り合いタクシー会社やツアー・オペレーターの多くは利益を得られないことである。ホテルの経営者の話を聞くと、炊事道具一式をホテルに持ち込み、自室で自炊する国内ツーリストも多いという。これは、経済的な理由だけでなく、宗教上の肉食の禁忌のないアルナーチャルのトライブが経営するホテルやレストランへの警戒感が、その理由だと聞く。州内では、鶏肉・豚肉・牛肉などが食材に含まれることはごく一般的で、かつ非衛生的な調理設備しかないレストランやホテルも多い。

鉄道に関しては、二〇一四年に大きな変化が見られたことは先述の通りである。今後も州内各地、例えば山岳地域のタワンなどへの鉄道建設計画はあるようだが、アッサムとナハルラグンという平原の鉄道敷設でも長い年月がかかっていることから、実現を疑問視する声が多い。そして、鉄道開通後の州内の人びとの反応には否定的なものもある。それは、列車で到着する他州からの乗客が、ＩＬＰを所持せず不法に入域して居住し、結果として自分たち州内の指定トライブが少数派に追いやられるのでは、という危惧である。事実、到着後、ＩＬＰを所持していないことが分かりトラブルになる例が後を絶たず、乗車前にチェックするか、到着後のチェックを厳格化するべきだという要求が学生組織などからも出されていた。二〇一五年二月から、到着後に駅で、ＩＬＰを、外国人の場合はＰＡＰを、取得できるようになっているが、その後も、身分を証明できるものだけでなく乗車券さえ所持しておらず、警察に引き渡される者がいるという。[31] 筆者もナハルラグン駅を見学したが、空港のような厳重な監視体制があるわけではなく、不法入域者の取り締まりは容易ではないと感じた。

②入域申請の障害

ＰＡＰの申請には、インド査証を早めに取得して、コピーをインドに送らなくてはならない。現在はインターネットが普及してＰＡＰを入域前に申請できる場所も増え、一日二日の余裕があれば可能にはなっている。ＩＬＰは前述のようにオンライン申請も可能になっている。ただ、インドのビザとは別にこの許可書を申請するというのは、外国人ツーリストには面倒なことである。ナガランドでは、州都コヒマの近郊で、二〇〇三年から毎年一二月にホーンビル・フェスティバルという有名なイベント祭を開催し、内外のツーリストを集めている。インド人ツーリストに対するＩＬＰは現在も必要だが、二〇一一年一月からは外国人に対するＰＡＰは正式に免除されている[32]。アルナーチャルの場合はマクマホン・ラインがネックとなり、ＰＡＰの免除は検討されてはいるが、今のところ実施されていないことは前述の通りである。

二〇一〇年一〇月三日から六日まで、タワンで「アルナーチャル観光会議」（Arunachal Travel Congress）が開かれ、州首席大臣、州観光大臣、観光局次官、州内のツアー・オペレーターなど合計一五七人が出席して、観光推進策が検討されたが、少しずつ結果を出し始めたのは、それから七、八年後のことである[33]。二〇一〇年に会った州の観光局長は、「国内ツーリストの増加にＩＬＰが障害になっていることは認識しているが、自分たちの権益を守るためにもインナー・ラインによる制限は必要だ。制限がなくなれば、トライブの土地は商売上手な州外の人びとに取られてしまうだろう」と語っていたが、多くの住民の意見も同様である。実際に、アルナーチャル内部にも他州出身の人びとが多く住みついて商店などを経営し、割合は年々増加している[34]。ただし、彼らには永住権と土地の所有権はないので、政治・経済・文化に与える移住者の影響や紛争はまだ大きな問題とはなっていない[35]。例外は、バングラデシュからのチャクマおよびハジョン難民問題であるが、この問題については後述する。

③州観光局の能力不足

宣伝に関しては、州観光局にも責任がある。現地の事務所で入手できる資料は、ツーリスト（国内と海外）の数字表だけで、滞在先や旅行ルートなどの細かなデータは皆無である。隣国のブータンでは、観光局による年次報告書が発行され、ツーリストの数・宿泊地・行動などを細かくデータ化し、分析を加えて戦略を練っていて、まったく異なる。アルナーチャルの公式ホームページは一般的な情報だけで、祭りがあると紹介しながら、日時や場所、内容の記載がない。二〇一二年一月当時、州には六九のツアー・オペレーターが登録されていると聞いたが、ライセンス所持だけでまったく実績のない休眠会社も含む。常時ツーリストを扱う会社は一五～一六社程度で、各社の取り扱い人数の資料はない。比較的扱い数が多い中堅のT社も、年間扱う外国人ツーリストの数は五〇人未満である。多くの会社は、オーナーが一人で営業から手配、そしてガイドやドライバーまでをこなし、足りないときだけ臨時のスタッフを雇う零細企業である。ツーリズムを運営する情報が収集されておらず、発信するノウハウやネットワークができていない。ツアー・オペレーター協会はあるが、一致団結には困難な問題がある。例えば、州政府観光局のサイトにあるツアー・オペレーターのリストには三四社の名前が記載されているが、筆者がよく知っている二社の名がなく、代わりに聞いたことのない実績の怪しい会社の名前が数社含まれている。(36)その理由をこの二社に尋ねると、「観光局上層部の縁故や好みが反映したもの」だという回答が返ってきた。

二〇一三年に失業対策費として、政府が無職の若者にツーリスト用の車を買う費用として三〇万ルピーの支援金を支給したことがあった。しかし、買った車にはロゴも何も書かれておらず、結局私用車となって、観光に使われてはいないという。これらは、州政府観光局が管理監督すべき事案であるが、受益者の選定も平等ではなく、ツアー・オペレーターの不満はくすぶり続けている。

首都にあるツアー・オペレーターとの力関係も問題である。海外からのツーリストが、ニューデリーにあるツアー・オペレーターを介して旅行の手配を頼んでくるケースも多いが、その場合に起こる問題である。日程やホテル、道路事情など、与えた情報が必ずしもツーリストにきちんと伝えられるわけではなく、後に苦情の原因になることがある。これは、料金についてもいえることで、アルナーチャル側が提示した料金に、ニューデリーのツアー・オペレーターが手数料と称する高額な利益を加算した結果、ツーリストが支払った費用と実際に州のツアー・オペレーターが受け取る費用との間に大きな隔たりが生じることである。ツーリストが支払った金額と実際にサービスされる内容とのギャップが苦情の原因になることは、決して少なくない。

④不安定な政情と軍事特別法

二〇〇九年の計画委員会の指摘した不安定な政情というのはアッサムのことであったが、第四章でも述べたように、アルナーチャルの政情も安定しているとは言い難い。二〇一四年六月のインド総選挙から二〇一六年八月までの二年間で三回州主席が交代し、そのうちの一人は自殺という形で亡くなり、その死には不審な点があるともいわれている。混乱のピークであった二〇一六年一月下旬には、短期間ではあったが、州に対する大統領令が発令されたという事実だけをみても、その不安定さは推し量れよう。

二〇一八年四月現在、日本の外務省は、マニプル、アッサム（グワーハーティ市を除く）、ナガランド、メガラヤの四州に対して「不要不急の渡航はやめてください」というレベル2の危険情報を発出している[37]。アルナーチャルは含まれてはいないが、州へはアッサム州を経由しなくてはならず、この安全情報はアルナーチャルにとっては迷惑なものといえる。しかし、危険情報が出ていないからといって、アルナーチャルが安全というわけではない。アルナーチャルにも危険な地域は存在するが、それらの地域へのツーリストの立ち入りは禁じられているため、外部者は知らずにいるだけである。

現在、州には州政府観光局が許可している下記の一二の周遊コース（Government Approved Travel Circuit）がある（【表5-3】）。あくまでもモデルコースで、この通りに回らなければならないというものではない。コースには、ほぼすべての県が網羅されているにもかかわらず、ティラップ県とロンディン県が含まれていない。治安上の理由

【表5－3】州政府観光局が推奨する12の周遊コース（2018年4月現在）

1．Tezpur—Bhalukpong—Bomdila—Tawang（西カメン県、タワン県）
2．Tezpur-Seijosa（Pakhui）—Bhalukpong—Tipi—Tezpur（西カメン県、東カメン県）
3．Itanagar-Ziro—Daporijo—Aalo—Pasighat（パプン・パレ県、下スバンシリ県、上シアン県、西シアン県、東シアン県）
4．Doimikh—Sagalee—Pake Kessang—Seppa（パプン・パレ県、東カメン県）
5．Ziro-Palin—Nyapin—Sangram—Koloriang（下スバンシリ県、クルン・クメイ県）
6．Dapolijo—Taliha—Sayum—Nacho（上スバンシリ県）
7．Aalo—Mechukha（西シアン県）
8．Pasighat—Jengging—Yingkiong—Tuting（東シアン県、上シアン県）
9．Tinsukia—Tezu—Hayuliang（アンジャウ県、ロヒット県）
10．Dibrugarh—Roing—Mayudia—Anini（下ディバン谷県、ディバン谷県）
11．Margherita—Miao—Namdapha（チャンラン県）
12．Margherita—Jairampur—Namong—Manmao—Pangsu Pass（チャンラン県）

出典：インド観光省の統計から

から訪問不可となっているからである。一一番目、一二番目のコースのチャンラン県も、このコースに明記された場所以外には正式には行くことはできない。一二番目のコースは数年前に追加されたものであるが、ヴィエンチャンでのＡＳＥＡＮとの会議で州副主席大臣が言及した、ミャンマーとの国境に位置するパンスー峠（Pangsu Pass）まで行くコースである。日本人にとっては、インドとミャンマーの国境地帯の中では、第二次世界大戦の戦場となったマニプル州のインパールやナガランド州のコヒマが有名だが、アメリカ人やイギリス人にとっては、スティルウェル・ロード（Stilwell Road）がよく知られている。第二次世界大戦中にアメリカ軍が蔣介石率いる中華民国を軍事援助するために建設した援蔣ルートの一つで、アッサムのレド（Ledo）からミャンマーを経て中国の昆明までを結ぶ計画だった。最初レド道路と呼ばれた四六）の名から改名された。

一九四二年一二月に工事が開始され、一九四五年一月に開通した。全長一七二六キロのうち、インド内が六一キロ、ミャンマー内が一〇三三キロ、中国内が六三二キロである。戦後、この道路は放置されていたが、インド政府もアルナーチャル州政府も、この歴史的な道路を復活させてミャンマーとの交易を図り、かつ外国人ツーリストの訪問も期待している。[38]コース上のジャイランプルからパンスー峠まではアルナーチャルのチャンラン県に属するが、二〇一八年四月現在、この峠を経てのツーリストのミャンマーとの往来は認められていない。

ティラップ、ロンディン、チャンランの三県に対して厳しい制約があるのは、この三県が軍事特別法 The Armed Forces（Special Powers）Act, 1958（略称ＡＦＳＰＡ）[39]が適用されている地域だからである。軍事特別法は、国が「動乱地域」（Disturbed Area）と認定した地域に軍隊を常駐させ、その軍隊には武力により法と秩序を乱した、あるいはその可能性があると判断された人に対する「令状なしの逮捕」「裁判なしの射殺」などを含む広範な権限が付与されている。一九五八年当時、アッサムの一部だったナガ丘陵での反政府武装闘争に対抗するために制定された特別法であったが、二〇一八年四月二日現在、北東七州のうち、トリプラ、メガラヤを除く五州が適用地域となっている。[40]この特別法を巡っては、軍隊による無差別逮捕、拷問、レイプ、建物の焼き討ちなどの例が報告され、国際人権団体などからも廃止が叫ばれてきた。

しかしながら、アルナーチャルは異なる事情を抱えている。アルナーチャルでは、一九九一年にチャンラン、ティラップ二県がその適用地域となった。ティラップ県は二〇一二年に分割されて南西部のナガランドと接する地域がロンディン県となったので、三県がその適用地域となり、二〇一五年三月二七日にアッサムと州境を接するすべての県が対象となった。二〇一八年四月二日には、改めてチャンラン、ティラップ、ロンディンの三県と、この三県以外のアッサムとの州境の八カ所の警察署に対する同法の適用が、九月三〇日まで延長されることが決まった。この中には、タワンを訪れるツーリストの入域地点である西シアン県のバルクポンの警察署も含まれている。アルナーチャルへの軍事特別法の適用は、ナガランド民族社会主義評議会（National Socialist Council of Nagaland：略称NSCN）、アソム統一解放戦線（United Liberation Front of Asom：略称ULFA）、ボドランド民族民主戦線（National Democratic Front of Bodoland：略称NDFB）などの、ナガランドやアッサムで分離独立などの運動をしている反政府組織に対するものである。(41)

これらの組織のうち、上記の三県に直接影響を与えているのはNSCNである。NSCNは、一九七五年にインド政府との和平協定を締結したナガ民族評議会（Naga National Council：略称NNC）の穏健派に反発した強硬派が決別、分離してできた組織で、一九八八年にNSCN（IM）とNSCN（K）の二つに分裂している。この分裂により大きく勢力を削がれたNSCNが、政府からの軍事圧力に追い詰められて、領域を越えて他州の武力組織との提携を強める傾向を見せるようになった［井上　二〇〇八b：二九七―二九八］。(42)

その被害の一例が、ナガランドに近い、アルナーチャルの東南部に位置する、この三県である。この三県には、ノクテ、ワンチョー、タンサなどのナガ系のトライブが多く居住しているが、チャンランには、他にシンポー、リス（ヨビン）、バングラデシュからの難民であるチャクマ、ハジョン、チベット難民など多彩な人びとが居住している。中央政府とNSCN（IM）との長期に及ぶ和平交渉の中で、二〇〇三年にニューデリーでの交渉で将来の主要な論点となる「独立」と「領土権」が出てきた。この問題は交渉を脱線させるだけでなく、北東諸州全体を巻き込む大問題である。その主張は、ナガランドだけでなく、ナガ系の民族が住むマニプル、アッサム、そしてアルナーチャルの地域を含む大ナガランド（Greater Nagaland）あるいはナガリム（Nagalim）の形成を目指すことである。この要求は、実際の州境を変えることを意味し、中央政府にとって到底受け入れられるものではない［Upadhyay 2009：102-103］。

アルナーチャルのジャーナリストであるママン・ダイ（Mamang Dai）は、「ナガの反政府武装組織と中央政府の和平プロセスの中で、NSCNのアルナーチャルのこの地域への侵入による悲劇は、アッサム、ナガランド、マニプルのように、国民やメディアの注意を引くこともなく無視されてきた」と批判している［Dai 2010：65］(43)。彼女によれば、先にこの地域にやってきたのはNSCN（K）で、一九九六年に州に対して最高裁の材木伐採禁止令が出る前のことである。当時、ティラップ県は、材木ビジネスでにわか景気に沸き、多くのビジネスマンが合板製作所などを運営していた。NSCN（K）による、ビジネスマンを標的にした誘拐や強奪、支払いの強要が報告されるようになったが、派遣された警察予備軍や技術者などが殺害される事件が相次いだ。二〇〇一年にはチャンラン県の各地でNSCN（K）が村人にキリスト教への改宗を強要し、各村で、さまざまな会社や組織に金銭の支払いを要求する行為が見られた。州政府は彼らを制御することができず、チャンラン県は「動乱地域」としてインド軍が動員されたが、住民の苦痛は軽減されなかった。ミャンマーの軍事政権が北のジャングル内のキャンプを厳しく取り締まったことにより、議長のカプランをはじめとするメンバーは逃亡した［Dai 2007：52-53］。

しかしながら、今度はNSCN（IM）がやってきた。彼らの存在が最初に確認されたのは一九九九年で、NSCN（K）と比べると装備・士気・訓練などが勝り、数も多かった。彼らは当初、住民には救世主のように見えたが、彼らの目的は、対立するKグループを排除し、その代わりにこの地域を支配することで、両派の激しい対立の後で安定したコンサ（Khonsa）では、商店主や企業家、政府機関までもがNSCN（IM）グループに現金を支払うようになった。二〇〇一年だけで、彼らがグループに支払った金額は三五〇万ルピーだったという。従わなければ武力行使を厭わないグループに対しては逆らえないからである。

ダイは、ＮＳＣＮ（ＩＭ）による金銭の強要、脅迫状の送付、行政官の誘拐、殺害など多くの例を示して、住民が悲惨な状況にあると訴えている。アルナーチャルに警察組織が導入されたのは一九七二年と、インドで最も遅かった。車では行けない僻地であることから、少人数で武器も不足している現地警察の手には負えず、州政府から中央政府に軍隊の増強を訴えたが、聞き届けられなかった。二〇〇二年にティラップのナムトク（Namtok）・サークルの行政官が白昼射殺されたことが、ティラップにおけるＮＳＣＮ（ＩＭ）の存在を、初めて表立って示す事件となった。中央政府もその現実を確認しながらも解決できず、この三県はナガ過激派に隷属した状態になっている。武装グループが滞在している村では、女性たちは水汲みや薪集めにも出かけられないという［Dai 2007, 2010］。

これらの状況がなかなか伝わってこないのは、人びとが武装グループを恐れて声を上げられないからである。政治家も彼らを恐れ、お金を払うか、余裕のある者は県外に逃げ出すかしている。「大きな紛争はないが、平和もない」という状態だという［Dai 2007: 62-63］［Dai 2010: 75］。この地域では、政府機関と並行してＮＳＣＮ（ＩＭ）も統治をしているという指摘もあるが、その実態についての詳細は分からない[44]。ダイによれば、イタナガルでの度重なる記者会見や会議において、この三県に住む人びとがナガリムに合流することを望んでいないことは確認されている。しかし、同時に治安部隊に対する恐怖感もあり、その地域では最大の力を持つＮＳＣＮ（ＩＭ）に頼らざるを得ないという［Dai 2010: 74］。

もちろん治安部隊とＮＳＣＮの交戦はたびたび起こり、時には住民が巻き添えになることもあるが、詳細を知ることは難しい。二〇一四年一月には、ティラップ県でＮＳＣＮ（ＩＭ）とアッサムライフル部隊との交戦に巻き込まれた家族のうち二人が死亡、一人が重傷を負う事件が起きている。どちらの発砲により死傷したかは明らかにされていない(45)。

三県への軍事特別法が二〇一八年九月末日まで延長されると発表された当日に、チャンラン県のミャオで、シンポーが母体となっているいくつかの団体による、ＮＳＣＮ（ＩＭ）の脅威に対するデモ行進が行われた。ナガの地下組織による不法な「税」の取り立てや、県のパンチャーヤット・メンバーへの電話による脅迫や、二〇一六年一二月に起きたシンポーの居住する家の破壊などに対する抗議である。二〇一五年八月にナレンドラ・モディ首相とＮＳＣＮ（ＩＭ）の間で結ばれた和平合意は失敗に終わっているが、それから三年近く経っても、まだこうした脅威がなくなっていないことが分かる。

3　民族観光の台頭と野外音楽祭

一九九二年に州が外国人を初めて受け入れた時に許可したコースは、【表5-3】の一二のコースの中の3だけであった。イタナガルを出発して東部のアパタニ、アディ、ガロ、タギンなどのトライブの住む町や村を巡る。異なる民族集団の生活を見学し、人びとと触れ合うことを重視するコースである。バレーン・スミスの言う少数民族観光と文化観光に相当するものだが、アルナーチャルでは村落観光（village tourism）と呼んでいる。伝統的な村での生活を観光資源とする村落観光は、生活の近代化の進行が進めばツーリストの興味は減少するという矛盾を孕む。

イタナガルのジャワーハルラール・ネルー州立博物館では、各トライブの「伝統的な生活風景」を民族衣装の人形と伝統的な家屋で展示している。観光局作成の案内書にも同様に民族衣装を着けた人びとや村の風景写真が使われている。ゲストのツーリストには「珍しい」と感じさせるまなざしは、展示や写真を通して視覚的に対象化され把握される［Urry 1990: 7］。しかし、展示や写真が示す生活は半世紀以上前のもので、衣食住のすべてが急速に変化している。筆者が最初に訪れた一九九五年三月と現在とでも、大きな変化が見られる。

例えば、一夫多妻の慣習のあるニシの高床のロングハウスは、妻たちが各自の炊事用炉端を持ち、炉端が間仕切りの役目をしていた。複数の妻を持つ家を十数年ぶりに再訪すると、若い妻たちは子どもの教育のために町にある別宅に住み、夫とは別居中だという。村の家に残る妻たちの炉端も長い間使用された形跡がない。アディの場合も、他のトライブからの襲撃を避けて、かつては山上や斜面に作られていた集落が、攻撃の心配がなくなり、道路が建設され、学校や病院が建てられると、交通の便が良い所に新たに形成されるようになった。若者は学校の制服に憧れを持ち、インドの他州と変わらない洋装を好み、籐で編んだ男性用の帽子は「古くさい」と避けるようになっている［Mibang 1994: 194］。近代化がもたらす教育・医療、そして電気や水道を利用する時代に入り、変化に対応して「伝統文化」が意識化されるが、実際には急速に消滅している。

【写真5-2】鼻栓を付け、入れ墨をしたアパタニ女性
（2012年11月）

例外的なのが、アルナーチャルの代表的なトライブのアパタニが住むズィロ（Ziro）である。アパタニは、一九四〇年代にイギリス植民地政府の行政官としてこの地に赴いたF・ハイメンドルフが、その生活の様子を詳細に報告したことから有名になった。竹製のベランダ付きの伝統家屋に住み、額と顎に入れ墨をし、左右の小鼻に黒い木の栓ヤピン・フロ（*yapin hulo*）[46]をした女性（【写真5-2】）は、観光パンフレッ

トにもしばしば使われ、ツーリストや写真家の注目を集めてきた。筆者が最初に訪問した一九九五年には、F・ハイメンドルフが記録し、写真に残しているようなシュロを縒って作った帯をしっぽのように着けた男性の姿はすでになく、洋装に代わっていたが、中年以上の女性は皆、顔に入れ墨と鼻栓をして、筒形の刺し子が施されたスカートを穿いていた。重いビーズのネックレスも印象的だった。家屋もF・ハイメンドルフが滞在していた時代と変わっていなかった。それに比べると、二〇一七年に訪れたズィロは、新しいコンクリート製の建物が増え、民族衣装を着る人もだいぶ減っていた。

一九七三年に「アパタニ青年協会」（Apa Tani Youth Association）が組織され、翌年、社会改革の規則が作成された。文化と伝統を守るのが目的で、幼児婚などの悪習を断つことや、「鼻に穴を開け、顔に入れ墨をする習慣の廃止」も盛り込まれていた［Fürer-Haimendorf 1980：205-209］。この結果、入れ墨や鼻栓をする女性が減り、現在その風習が見られる女性の多くは、六〇歳以上の高齢者である。村の外で教育を受けた若者たちは、電気もない竹やニッパヤシの高床式住居に、家族全員が雑魚寝する暮らしは望まない。

アパタニの村にはミョウコウ（Myoko）という春の祭りがある。F・ハイメンドルフがムロコ（Mloko）と記している祭りである。村人は「神と人間と動物とが直接会話ができた時代に始まった祭り」だと説明する。以前は、モモの一種である樹木に花が咲くころという決まりだったが、一〇年ほど前に毎年三月二〇日から一カ月間と決まり、ツーリストも予定を立てやすくなった。三月は気候も良いこと、観光客向けではなく、昔からのアパタニの伝統を保持しているという点から、ツーリストの人気が高い。アパタニの部落が三つに分かれて、順々に祭りを担当するので、毎年異なった村での祭りを見学することができ、リピーターになるツーリストもいる。元は宿泊施設が限られていたが、二〇一〇年代に入り、自宅を改築して、ホームステイさせるようにする村人もあり、二〇一七年八月現在、七軒のホームステイが順調に運営されている。二〇一八年の祭りの際の外国人ツーリスト数は約五〇〇人、国内ツーリストは二〇〇人だったという。この数は、アルナーチャルのイベント祭も含む祭りの中では最多で群を抜いている。ミョウコウ祭は、政府の財政援助に頼らず、地元の人びとの手で続けられてきた。一九六二年の中印国境紛争の際にはインド軍の一小隊が駐留したが、その時も中断することなく行われたという。ズィロは、「アパタニの文化景観」として、二〇一四年にユネスコ世界文化遺産の暫定リストに加えられている。

さらにズィロにツーリストを集めているのは、意外なことに、トライブの伝統や習慣とは関係のないロックバンドによる野外コンサートである。二〇一二年から毎年九月に四日間開催されており、最初の年には外国人ツーリストは来なかったが、翌年は一〇人と少しずつ増え、二〇一六年には四〇人、インド国内からのツーリストは六〇〇〇人もやってきたという。それだけの人数を収容できる宿泊施設はないが、期間中はテント村ができ、キャンプファイヤーを囲んで野宿する人もいるという。インターネットによる宣伝が功を奏しているようで、農村風景の広がる自然豊かな谷間で開かれるフェスティバルの人気は高いという(47)。ただし、こちらは州政府の財政援助を受けて行われているため、政治状況によっては開催できない可能性もあるのではないだろうか。

観光は、旧来の生活様式の急激な変化の過程に生じる現象である。「民族文化」や「伝統文化」を資源とした観光が、ツーリストに対して組織的にディスプレイされる［瀬川　二〇〇三：二］。観光は、異文化交流を通じて、ホストとゲストの間に観光文化を形成して変化を加速させる。中国の場合は極端で、国家が指導し、資金を投入して、観光を資源として開発に結び付ける動きが顕著である。民族文化村、民族風情観光活動区、自然景観と民族を組み合わせた観光コース、イベントとして仕掛けられた民族の祭り、民族博物館、民族観光商品市場などの設置が定番である。一部では成功を納め、経済効果も高まったというが［馬　二〇〇三：一一九―一三四］、アルナーチャルの場合も、イベント祭、特に官製イベントが各地で開催されているが、ツーリズムの促進という観点からは疑問点が多い。

4　官製イベント祭の実態

アルナーチャルでは、トライブの多様性を民族衣装や踊りで見せるイベント祭が数多く実施されてきた。ブータンでは、一年以上前から、政府観光局が各地の寺院の大小の祭を一覧表にして内外に発表するが、アルナーチャルにはそれがない。州政府主体の官製イベントは計画性のない急ごしらえのものが多い。ここでは、二〇〇三年から断続的に開催されてきたタワンにおけるイベント祭と、二〇一三年一〇月に開催された国際観光市（ＩＴＭ）、および第二回タワン・フェスティバルを例に挙げる。

①ブッダ・マホツァヴァからタワン・フェスティバルへ

ここ十数年、断続的に、タワンやボムディラなどのモンパの居住地では、ブッダ・マホツァヴァ（Buddha Mahotsava）(48)と呼ばれる、州政府による観光促進のためのイベント祭が行われてきた。筆者も二〇〇三年一〇月にタワンで見学したが、当時ＰＡＰの手配を頼んでいた現地のツアー・オペレーターからの事前の情報があったわけではなく、偶然に居合わせて見学することができたという経緯がある。民族衣装のファッションショーやモンパの歌や踊りに、ムンバイーから来た歌手の歌謡ショーが加わり、地元の人びとには大きな楽しみとなっていたが、ツーリストの姿はまったくなかった。このイベントは、二〇一二年一〇月には名称を「タワン・フェスティバル」

と変えて、二六日から三〇日まで大々的に開催された。その目的は、「州のツーリズムを盛り上げるため」で、タワンが会場となったのは、現職の観光大臣のお膝元であったからだといわれている。[49]

州各地のトライブだけでなく、マニプル、ミゾラム、ナガランド、ブータンなどからも歌舞のグループを迎え、歌や踊りが披露されたが、数も質も五日間持ちこたえるほどではなく、毎日通った地元の人びとには不評であった。州知事、州首席大臣などは来賓として出席していたが、肝心のツーリストは国内から三〇人前後、海外からは六人ほどで、大半が、イベントのことは知らず偶然にタワンを訪れていただけであるという。[50] 実施決定は二カ月前の八月下旬で、直前まで各方面への通知はなく、ツーリストが少ないのは至極当然であった。ツアー・オペレーター協会会長のJ氏は、「政府がやることはいつも無計画で、宣伝期間など何も考えていない。金の無駄遣いばかりしている。ツーリストを相手にしている自分たち旅行業者に相談もなければ、意見を聞こうともしない」（二〇一二年一二月）と語っていた。イベントに関わったホテル経営者や運輸業者などからは、開催後一年経っても宿泊費や車代などの支払いがまったくされていないという、不満の声が上がっていた。タワンでは、「当初、一〇〇〇万ルピーだった予算が実際には二〇〇〇万ルピーかかったらしい」と噂されていた。五日間のプログラムも観客にはきちんと知らされていない状態だった。[51] 最終日に国民会議派の国会議員ラーフル・ガーンディー（Rahul Gandhi）が、突如チャーター・ヘリコプターでやってきて二時間だけ滞在した。彼は当時の政権与党であった国民会議派総裁のソニア・ガーンディーの長男で、インド初代首相ジャワーハルラール・ネルーの曾孫に当たる。そんな政治エリートの電撃訪問は、州の政治家には感激に値するものだったが、現地の人びとには、フェスティバルが政治的な宣伝に使われていることを強く印象付ける結果となったようだ。[52]

②第二回国際観光市（ITM）　二〇一三年一〇月

二〇一三年一月に中央政府の観光省が主催する第一回国際観光市（International Tourism Mart：略称ITM）がアッサム州のグワーハーティで開催された。その際に、アルナーチャルが第二回目のホスト州として名乗りを上げ、タワンを会場に同年一〇月一八日から二〇日の三日間、開催された(53)。ITMといっても、実際には、シッキムを加えた北東八州の観光促進プログラムである。

このITMの企画が日本の旅行会社に知らされたのは八月二九日で、一カ月半前であったが、交通機関などの詳細やPAPの取得が必要なことを参加者が案内されたのは、出発の直前だった。ITMの参加者のために、グワーハーティとタワンは、往復ともインド空軍のヘリコプターがチャーターされた(54)。インド軍が絡んだのはそれだけではなく、一八日に到着した参加者のために、夜、軍の施設内で、一九六二年の中印国境紛争当時のドキュメンタリー映画が放映され、戦争記念館で当時の中国軍の侵攻に対する説明があった。このことは、開催地がタワンであったことに対する別の憶測を呼ぶこととなった。係争地を観光化することによって固有の領土として既成事実化しようという、インド政府の思惑があるのではないかという憶測である。だが、翌日から始まった観光市では、こうした話題はまったく出なかった。

主催者のあいさつから、海外からは二二カ国六八人が参加したことが分かった。欧米や東南アジアの旅行関係者、メディア関係者が参加し、日本からの参加者は筆者を入れて六人であった(55)。タイ、ベトナム、ミャンマー、インドネシア、シンガポール、韓国などアジアからの参加が目立ったのは、当時のインドのルック・イースト政策が影響していることをうかがわせる(56)。それに加えて、国内、州内のツアー・オペレーター、テレビ局や新聞社などのメディア関係者も一〇〇人前後参加していた。冒頭の中央政府の観光省の役人のスピーチで最も強調されていたのが、二〇一二年には、インドの人口の四パーセントに満たない北東諸州の観光促進のために、観光省の予算の三〇パーセントを費やしたことで、国がいかにこの地域の観光に力を入れているかというアピールであった[57]。ただ、前回は参加していたブータンが招かれておらず、せっかく順調にツーリスト数を伸ばしているブータンとの連携を期待していたのにと、アルナーチャルのツアー・オペレーターからは失望の声が聞かれた[58]。東ブータンへはアッサムからの陸路の入出国が可能になっているため、ブータンとアルナーチャルや他の北東諸州を結合したコースへの期待があったのである。

ホストのアルナーチャル側からは、まず、観光大臣があいさつに立ち、続いて、州主席大臣、州観光局局長のスピーチがあった。三人が口を揃えて言ったのは、やはり、「シャングリ・ラ」という謳い文句であった。ナバム・トゥキ州主席大臣からは、タワンが州観光の良いモデルになることへの期待が語られ、近い将来、イタナガルに空港を建設する計画があることも発表された。

続いて、北東七州とシッキム、西ベンガルの政府観光局関係者によるプレゼンテーションがあった。それぞれ、以前は面倒だった入域許可手続きが緩和されていることなどの説明があり、アルナーチャル以外の北東州は、ツーリストが行きやすくなっていることをアピールしていた。特に前述のナガランドは、ＰＡＰが二〇一〇年から廃止になり、毎年一二月に開催されるイベント祭ホーンビル・フェスティバルは、二〇一三年はすでに予約がオーバーしている状態で、ホテルの部屋だけでは足りず、テントで補わなければならないほどの盛況ぶりだ、との発表があった。会期も七日間から一〇日間に延ばして対処しているとのことであった。アルナーチャルとアッサム以外の各州が、順調にツーリスト数を増加させているという印象を受ける観光市であった。

③タワン・フェスティバル二〇一三　一〇月二〇日～二二日

ＩＴＭの最終日の夕方、前年に引き続き、第二回目のタワン・フェスティバルが開催され、ＩＴＭ参加者も開会式に出席した。会場はＩＴＭ会場から徒歩五分ぐらいの別の場所で、インド軍の基地の敷地内に臨時に設営されたものである。舞台と出席者用の観覧席はあるが、屋根付きとはいえ野外で、地元の人たちは立ち見である。開会式は、夕方四時過ぎと遅く、すぐに日が暮れた(59)。開会式で印象に残ったのは、州主席大臣が、あいさつの中で、ツーリズムのことだけでなく、モンパが現在要求しているモン自治地域、ボーティ語教育、指定トライブ・リストの名称変更などについて、州議会での協議と支持を約束したことである。これらの要求については、第四章に述べた。このスピーチは英語でなされたので、会場に集まっている地元の人たちのうち、どれだけの人が理解できたかは分からない。だが、このフェスティバルが、いかに政治的なパフォーマンスを示す場所だったのかを理解するには、十分だったのではないだろうか。

三日間のおよそのプログラムは、以下の通りである。

一日目：夕方から開会式、その後、夜九時ごろまでモンパやナガなどによる歌や民族舞踊などのショー。

二日目：日中は、舞台でのショーはないが、弓の試合が行われた。広場に作られた仮設のブースで、モンパの紙漉きや薬草、民具などが紹介されていたほか、タイ・カムティ、アパタニ、モンパの伝統料理のレストランが臨時にオープンされていた。夜は再び民族ショー。中には、洋服姿の一〇代の若者のグループによるヒンディー音楽に合わせてのモダンな踊りもあった。また、ダラムサラから来たチベット人歌手の歌や、駐屯するインド軍兵士による歌や踊りもあった。

三日目：日中は特にプログラムはないが、レストランや展示ブースは開いていた。夜は再び、モンパの踊りやナガランドの踊りなどの民族ショーの他、ブータン女性の民族衣装を着たモンパによるブータンの踊りもあった。若い女性たちによる、民族衣装の素材を使って作ったモダンなドレスのファッションショーもあったが、来賓席からは遠く、きらびやかなこと以外、内容はよく分からなかった。

ＩＴＭの参加者たちは、二日目の午後までには、ほぼ全員がタワンを離れていたので、外国人の姿はほとんどなかった。日中見かけた数人のツーリストも、このフェスティバルのことは知らずにタワンに来たとのことで、夜間は零度近くまで気温が下がるためか、ショーを見に来てはいなかった。知人が出てくると、地元の人や兵士たち観客の中から歓声が上がるなど、イベント祭といっても、ツーリストへの宣伝はなされておらず、結果として、内向きのイベントになっている。ツーリストに見せるのでなければ、観光予算を使って大々的に行うことの意味はない。地元の人びとの話では、音響、照明、ファッションショーのデザイナーなど、このイベントで利益を得るのはすべて州外の会社や個人であるという。一方、二〇一二年のフェスティバルを知る人によると、それと比べて、あらゆる面で費用は削られているという。例えば、ボリウッド歌手の代わりに北東部出身の歌手を呼び、ブータンからのダンサーの代わりにモンパが踊るなどである。それでも、臨時の大型特設テントや野外ステージなど設備関係は、すべて州外の業者が行っていて、莫大な費用が、州内ではなく州外に対して支払われていることは一目で分かる。

④参加者の声

ＩＴＭについて、地元紙に感想を求められた参加者は、風光明媚なタワンの美しさや人びとの歓迎ぶりを賞賛しながらも、ホテルでの食事がインド料理だけで地方料理が出なかったこと、電話やインターネットが使えないなどのインフラ整備への不満を洩らしていた(60)。

筆者も、日本からの参加者のうち三人に感想を求めた。そのうちA旅行社に勤める男性は、「ヘリコプターを利用しての団体ツアーは危険なため、陸路でタワンに来なくてはならないが、長時間のドライブは年配者には体力的な負担を強い、その上、道路事情によっては予定通りに到着できないと聞くと、企画がしにくい。タワンのホテルは設備が十分でないので、事前によく説明しなくてはならない。タワン・フェスティバルの開会式は、二時間以上、寒い観客席で政治家のだらだらしたあいさつを聞かなくてはならず、苦痛だった。良かったのは、タワン僧院の法要に参加できたことだった」という感想であった。実は、一八日に早めにタワンに到着した彼は、偶然、ダラムサラからやってきたチベット仏教の高僧が行う法要に参加できたのであるが、これはＩＴＭ主催者も知らずにいた行事であった。

B旅行社から参加した男性は、次のような感想を述べていた。「自分の会社は、ラダックへのツアーを行っているが、今回出展した北東諸州に、ラダックと同じように団体ツアーを送るのは無理がある。交通の便、ホテル、参観地のどれをとっても、一般の観光客を誘致するには問題がある。タワンも、チベット仏教によほど興味がある人か、インド各地を行きつくして、他の日本人が行かないような秘境を求めるベテラン観光客にしか勧められない。ＩＴＭは、各州の紹介ブースが小さく、商談するスペースがなかった。タワン・フェスティバルは、地元の人が楽しむもので、日中は民族舞踊もないし、買いたいと思わせるような物もなく、レストランだけでは観光客に紹介のしようがない」。もう一人、ジャーナリストとして参加したE氏は、事故があったヘリコプターに乗ることはストレスで、帰りの陸路は道が悪く、楽ではなかったと語っていた。だが、それにもかかわらず、「個人的には、タワン自体はまた行きたくなるような場所だが、地元の経済を考えなくてよいなら、モンパの固有の文化を失わないためにも、秘境としてそっとしておきたいと願う。ＩＴＭとタワン・フェスティバルに関しては、大国インドが、少数民族の伝統文化・衣服・音楽などのエキゾチシズムを見世物化し、観光によって経済効果を上げようとしている様を目の当たりにして、そのこと自体は興味深かった」という感想であった。さすがにジャーナリストだけあって、タワンでＩＴＭが開催されたことを敏感に国境問題と結び付けたのもＥ氏であった。軍用のヘリコプターをチャーターし、その敷地でフェスティバルを行うなど、軍隊との結び付きが強い催しであったことは確かである。

アルナーチャルのような辺境への旅行者は、旅のベテランが多く、イベント祭で仕掛けられた「伝統文化」の寄せ集めは「まがい物」として忌避する傾向がある。例えば、隣接するナガランドで二〇一一年に開催されたホーンビル・フェスティバルは、人気のあるイベント祭の一つであるが、団体旅行に参加した日本人女性は、「ナガ系民族の祭典と謳っていたが、単なる観光客向けのショーにすぎなかったので失望した」と感想を述べていた。彼女は世界中を歩いた旅のベテランである。橋本和也は、ツーリストとは観光の対象を「まがいもの」と知りつつ、それを「発見＝確認」することを「楽しみにしている」と断じる［橋本　一九九九：二八八］。しかし、イベント祭が演出されたショー的要素を持つことを知りながらも、少しでも真正性を見出したい、それがまったく感じられなければ失望するというツーリストもいる。失望の度合いが目的地までかかる日数と費用に比例するのは当然といえる。(61) アルナーチャルの観光開発はイベント化に成功していない。それはイベント祭が政治の道具として利用されていることも理由の一つではあるが、チベット文化圏とトライブ居住地という異質なものを同時に州内に抱え込んでいるからである。

第四節　聖地とツーリズム

1　シャングリ・ラという聖地

これまで見てきたように、二〇一二年からアルナーチャルは「シャングリ・ラ」を謳い文句に、主として仏教の聖地のイメージを利用して観光開発を進めようとしている。しかし、「シャングリ・ラ」は、ヒルトンの小説では、チベット高地の仏教寺院がある深い峡谷に囲まれた地域で、そうした地理的条件に合致した場所はヒマラヤ地方には数多く存在し、場所を特定できるわけではない(62)。

「シャングリ・ラ」のモデルになった伝説の地としてペマリンがある。八世紀にインドからチベットに来た密教行者パドマサンバヴァの理想の修行場で「隠れ里伝説」の一つである。チベットのナムチャバルワ峰の北方、ペマコ〈padma bkod〉付近とされ［石濱　二〇〇五b：二〇―二二］、中国の西蔵(チベット)自治区の墨脱(メトク)県(63)の白瑪崗(ペマコ)だといわれているが、そこは外国人の入域が厳しく規制されている。また、アルナーチャルの北東の隅に位置する上シアン県のトゥーティン〈Tuting〉付近もペマコと呼ばれ、指定トライブの「メンバ」の居住地となっている。

この聖地ペマコへの巡礼ツアーを手配する会社がイタナガルにある。会社のウェブサイトでは(64)、トゥーティンから中印国境地帯にまたがる山岳地帯を、二二日間かけてテントに泊まって歩くトレッキングコースが紹介されている。グワーハーティからトゥーティンまでは車で三日、そこから往復一四日間は徒歩である。もし、他の町や村に足を延ばしたら一カ月はかかる大旅行である。二〇〇六年三月にチベット仏教の高僧とペマコに巡礼に出かけたチベット文献学者が、巡礼記の中で、州政府はソーシャル・ワークのために来る外国人とツーリストとを区別すべきだと書いている(65)。外国人仏教徒の中には、山奥の学校で英語を教えるなどの社会活動の希望者もいるが、PAPの取得の義務付けはツーリストと同様である。研究者、社会活動家、巡礼者、そしてツーリストと、微妙な違いが国境地帯では混同される。

聖地が絡むツーリズム、社会運動が絡むツーリズム、形態は多様である。「シャングリ・ラ」は聖地のイメージが伴い、新たな形態のツーリズムを呼び覚ます可能性がある。

2　タワン――仏教の聖地とツーリズム――

観光開発の事例をいくつか検討する。最初に取り上げるのはタワンで、アルナーチャルを代表する仏教の聖地である。二〇一二年にアルナーチャルを「旅行したい地域トップ・テン」に選出したロンリー・プラネットは、推奨するツーリスト・スポットとして、タワンとメチュカの名を挙げている。「アルナーチャルは聖なる地上の楽園、伝説のペマコだと言われている」と書かれ、隠れ里の谷間に仏教徒が住むという、ロマンチックで想像をかき立てる表現が随所にある。実際には、タワンはペマコではない。

タワンをパラダイスと賞賛したのはエルウィンである。彼はタワン訪問を「タワンへの巡礼」と書き、到着前にセ・ラ(峠)を下って色とりどりの花を目にした時の印象を、「もし、NEFAにパラダイスがあるとしたら、それはここだ、ここだ、ここだ」(66)と書き残している。ノルブはこれを引用して、「タワンは、「隠された地上の楽園」、「最後のシャングリ・ラ」と呼ばれている」と書いている［Norbu 2008: 197-198］。

エルウィンの訪問は、一九五六年五月のことで、シャクナゲの季節でもあった。当時の旅は馬と徒歩によるものだが、途中の風景に感動し、モンパの人びとの礼儀正しさが印象に残ったようだ。

モンパの人びとは、非常に礼儀正しく、親切で、友好的である。彼らは、帽子を脱いで両手で持ち、相手が話すたびに軽く頭を下げる。いくつかの場所では、いまだに、あいさつするときに舌を出す人もいる。(67) この旅の間、一度も、子供が泣き叫ぶ声や怒声を耳にした覚えがない［Elwin 1964：260］。

エルウィンのこの訪問から三年後、タワンの名を世界に知らせる出来事が起こった。それは、ダライ・ラマ一四世のチベットからの亡命のニュースであった［Elwin 1964：257］。一九五九年三月一七日にラサを脱した法王一行八〇人は、二週間後にマクマホン・ラインを越えてタワンに到着した［ダライ・ラマ　一九九二：一五五―一七八］。一行は、西カメン県のボムディラを経てアッサムのテズプルに移動した。ルートはモンパやシェルドゥクペンなどの仏教徒が多く住む地域で、法王は各地で丁重に迎えられた。タワン県と西カメン県は法王にとって特別な場所となった。

法王の亡命から三年後の一九六二年に中印国境紛争が起きて、タワンの町は一〇月二五日に中国軍に占領された。二日前に撤退したインド軍には、僧を含む数百人の民間人が同行していた［Maxwell 1970：370］。紛争は一二月に中国軍がインドから撤退して終了したが、その後は、軍備が強化され、各地に基地が設けられている。

タワンはチベット仏教圏に興味を持つ人びとにとっては、長い間、憧れの地であったが、外国人への開放は一九九八年である。大小の仏教寺院があり、国内外のツーリストの多くはタワンを目指してやってくる。第三章で述べたように、タワン僧院はダライ・ラマ五世（一六一七―八二）の弟子、ロデ・ギャムツォ（通称メラ・ラマ）による一六八一年の創建で、この地方のゲルク派の拠点であり、アルナーチャル最大の歴史建造物である。毎年チベット歴一一月二八日（西暦一月ごろ）に催されるトルギャ祭と、三年に一度のドゥンギュル祭では、悪霊祓いや仮面舞踏などが三日間繰り広げられ、地元のモンパだけでなく、ブータン東部のサクテンやメラの牧畜民たちも民族衣装を着て、雪の山道を越えて集まる。もともと仏教儀礼であり、観光化されてはいない。

筆者は、二〇一一年のトルギャ祭と二〇一三年のドンギュル祭、二〇一七年のトルギャ祭と、三回の祭りを見学したが、内外からのツーリストは、トルギャ祭が一〇人前後、ドンギュル祭が二〇人前後とわずかであった。タワンは標高約三〇〇〇メートルで、冬は雪が降り[68]、途中のセ・ラが大雪で封鎖されると立ち往生することもあって、外部者の訪問は困難である[69]。二〇一一年十二月に当時のタワン県知事と会見した時に、同席した県の役人は、祭りをツーリストが来やすい時期に変更すべきだと語っていたが、伝統的な宗教儀礼の日程をツーリストのために変更する可能性は薄いだろう。

タワンは、ダライ・ラマ五世が遷化した後に転生者として選ばれたダライ・ラマ六世ツァンヤン・ギャムツォ（一六八三―一七〇六）の生地でもある。六世は、僧侶としての生活や戒律を拒否した「遊蕩の恋愛詩人」として有名であるが、その死や没年も謎に包まれている。だが、生誕地がタワンであることは間違いないようである[70]。父親は、一五世紀から一六世紀にかけて活躍したニンマ派の埋蔵経典発掘者として有名なブータンの高僧ペマ・リンパの末弟、オギェン・サンポの子孫である。生誕地とされる観光客が多く訪れるオギェンリン僧院はタワンにあるが、元の建物は一七一四年にモンゴルのラサン・ハンにより破壊され、現在残る建物は、ダライ・ラマ七世の時代に再建されたと考えられている［Aris 1989 : 121］。オギェンリン僧院の堂内には六世や両親の壁画などが描かれて

【写真5−3】ベルカルにある、一部崩落したダライ・ラマ６世の母の実家（2015年11月）

【写真5−4】ダライ・ラマ６世の母の実家の隣に完成した新堂（2015年11月）

いるが、現在は、一四世が寄贈した一四枚の歴代ダライ・ラマのタンカ（掛画）が壁一面を覆っている。

同じタワンのベルカル村にはクシャン・ナンと呼ばれる六世の母親の実家があり、その子孫に当たる家族が家を守っている。現当主のポサン（Phosang）は、「この地方では、妊婦は実家で出産する習慣があるので、六世もこの家で生まれたはずだ」と言う。二〇〇九年にブータン東部からタワンにかけて大きな地震が起きた。その時にこのベルカルの家の石壁に大きな亀裂が入り、オギェン・サンポや六世、そして両親などの像や貴重な遺品を納めた部屋が崩落する危険があった。個人が所有しているため再建のための公的援助は期待できなかった。筆者も当主から相談を受け、寄付者を募って小さな堂を建て、そこに像などを仮安置することが決まった。その後、期待以上の寄付金が集まり、二〇一五年に当初の計画にあった仮安置所ではない立派な堂が完成した（【写真5-4】）。まるでその完成を待っていたかのように、二〇一五年夏に、【写真5-3】のように、亀裂のあった部分が崩壊したが、幸いなことに内部の像などはすべて新堂に移された後のことであった。

新堂は、ダライ・ラマ一四世のタワン訪問の際の落慶法要を期待していたが、二〇一七年四月の訪問の際、その願いはかなえられなかった。ハードスケジュールであったこともあるが、最大の理由は、車道が整備されておらず、階段の多い坂道や村道を歩くことは高齢の法王には負担が大きかったからである。ツーリストも同様に歩かなくてはならないため、訪れる人は少ない。

観光地としてはタワン僧院の次に有名なオギェンリン僧院ですら、地元の人やツーリストが訪れても、鍵がかけられていて入れないことがしばしばである。ダライ・ラマの聖地をシャングリ・ラとして観光資源とする意図はあっても、実態が伴っていない。この点は、以下に述べる中国とは対照的である。

六世の死には三つの伝承がある。第一は、彼を廃位させようとする勢力によって一七〇六年に捕えられ、北京に護送される途中に青海湖畔のクンガノールで亡くなったとする伝承。第二は、クンガノールでは亡くなっておらず、何十年も生きて山西省の霊山五台山でかなりの時間を過ごしたと伝えるもの。五台山では六世が晩年に訪問した時に加持した水が観光宣伝に使われているという。第三は、六世が超能力を示現して不死となったという説である［Mullin 2001：263–265］。

中国では、内蒙古自治区のアラシャン（阿拉善）盟左旗の広宗寺（南寺）は、ダライ・ラマ六世ゆかりの寺とされ、二〇〇四年の筆者の訪問時には、一帯は「賀蘭山・南寺旅游区」として大規模な観光開発が進んで、「六世創建の寺と終焉の地」が売り物の観光地として大々的に宣伝されていた。仏海檀城塔（ぶっかいだんじょうとう）と名付けられたチベット式仏塔は、文化大革命によって破壊されたダライ・ラマ六世の霊塔の跡地に、生誕三一五年を記念して一九九八年に建てられたものである［菅沼　二〇〇四：一九六］(71)。

六世の恋愛詩は、チベット人だけでなく漢族などの他の中国人の間でも愛唱されているが、地元のモンパは、その生涯や恋愛詩に関する知識は皆無に近く、学校でも教えられてこなかった。モンパ・エリートが盛んに文化の見

【写真５－６】サンギェ・ツォ（別名マードゥリー・レイク）

【写真５－５】タクツァン僧院

直しや伝統の復興を主張していても、基礎となる知識が年配者にも共有されておらず、若者の間では「仏教文化離れ」が進んでいる。その理由は、かつてチベットの支配下にあった時代に教育を受けておらず、チベットとの関係が中印国境紛争後に断絶した後に、突然、アッサム語やヒンディー語教育によるインド化が浸透したことにある。こうした状況が、ボーティ語教育要求や自治地域要求の背景にあることは、第四章で述べた通りである。

タワンの北四五キロの山中には、八世紀にパドマサンバヴァが近くの洞穴で瞑想した場所に建てられたといわれるタクツァン僧院がある（【写真５－５】）。現在は、軍事上の理由で、外国人は特別な訪問許可申請が必要である。ブータンのパロにもまったく同じ伝説が残る同名の僧院があり、ツーリストが訪れる人気の観光地として有名である。タクツァン僧院の近くにはサンギェ・ツォという湖があり、湖水には枯れ木が林立し、神秘的な雰囲気を湛えている（【写真５－６】）。一説によれば、一九五〇年八月一五日の、アッサムからチベットにかけて起きたマグニチュード八・六の大地震の際の洪水によって、突然できた湖だというが、記録として書かれたものを目にしたことはない。その神秘的な出現からか、釈迦の湖を意味するサンギェ・ツォ〈sangs rgyas mtsho〉と名付けられているが、インド各地からのツーリストは、勝手にマードゥリー・レイク（Madhuri Lake）と呼び、いつのころからか、その名前が定着してしまっている。マードゥリーとは、一九九七年に制作された「コイラ」（Koyla）というインド映画のヒロインを演じたマードゥリー・ディークシト（Madhuri Dixit）という女優の名に由来する。この映画の中で主人公のシャー・ルク・カーン（Shah Rukh Khan）と彼女が歌い踊る場面の一つに、タワンの風景やサンギェ・ツォが使われていたことから、ツーリストが訪れるようになった湖である。近くには、高山植物や珍しい蝶、レッサーパンダ、オグロヅルが生息する場所などもあるが、マクマホン・ラインに近く、軍事基地があるという国防上の理由で、外国人の訪問は原則的には禁止されている。

タワン県の北西部のゼミタン・サークル西部のパンチェン地区のムチャットとルンポの二つの村で、二〇〇七年ごろからエコ・ツーリズムが始まった。自称パンチェンパの居住地域で、ルンポからマクマホン・ラインまでは、徒歩で三時間ほどの距離である。ブータンとの国境にも近く、オグロヅルやレッサーパンダの生息地で、保護のため、ＷＷＦ（世界自然保護基金）のインド支部が資金を出して始めた。実は、この二つの村は国境に近いので外国人の立ち入りが禁止され、インド人ツーリストが相手であるが、開店休業の状態である。二〇一一年一二月の調査時には、ＷＷＦの英語の立て看板の横に平屋の小屋が建てられていた。この小屋は、ツーリストがテント代わりに泊まって自炊もできるようにと建てられたものである。しかし、少し奥に地元出身の現職政治家がスポンサーとなって大きなパドマサンバヴァ像を建築しているため、小屋は資材置き場として使われ、周囲も内部もセメントと砂利で埋もれ、まったくの廃屋であった。作業場にいた地元の男性によると、ツーリズムの話は聞いていたが、外国人が村を訪問できないという規則は知らなかったという。地元の人たちは、来るはずのない外国人ツーリストを待っていたわけである。希少動物保護を住民に委ねる見返りとして、観光収入を住民に期待させたのであるが、ツーリストが来なければ現金収入は得られず、地元をだましたような結果となっている。動物保護をエコ・ツーリズムと安易に結び付けた失敗例であろう。このプロジェクトは、タワンのツアー・オペレーターでさえ計画段階から知らされていなかったという。

州の観光大臣は、国境地帯への外国人の入域について「インド人には許されているのだから、一定のルールを決めて入域できるように軍関係者と相談して解決したい」と答えていた。観光大臣の期待は、ブータン国境をまたぐ道路の開通である。(72) 外国人には認められていないが、東ブータンのタシ・ヤンツェ県やタワン県との往来は、両国の地元の人びとには許されている。ただし道路が未完成で、国境越えは徒歩で六～七時間かかる。タワン側では道路工事が進められているが、ブータン側は国境の開放と道路建設に同意していない。国境が外国人ツーリストにも開かれれば、タワンへのツーリストの数は大きく増えるはずである。軍事基地近くの観光スポットへの入域許可も含め、観光が政治家の背中を押して、突破口を開く可能性は十分あるが、政治家には期待できない別の問題がある。

タワンでも、観光開発の試みには問題が多い。その一つが、タワン僧院と谷を隔てた山肌に立つ尼僧院ギャンゴン・アニ・ゴンパ（Gyangong Ani Gompa）を結ぶ一一八四メートルのロープウェイの建設である。二〇一〇年一二月二八日に開通式が行われた際、筆者もその場にいた。二〇〇七年二月から三年以上の年月と三三〇八万九〇〇〇ルピーの費用をかけて建設されたロープウェイであると看板に書かれている。高低差は一六四メートルあり、二八五〇メートルの標高から眺める景色は絶景であろう。通常ならタワン僧院から尼僧院まで車と徒歩で一時間以上かかるところを、八分で結ぶ。

タワン僧院の僧院長は、尼僧院を監督する立場なので、往来が楽になると、この完成を喜んでいた。しかし、式典に参列していた政治家たちが去った後、一往復もしないうちに突然運航中止になった。通電が不安定なため、途中で止まってしまう恐れがあるからだという。周囲の人びとは、「ああ、またか。だいたい、こんなに停電の多い所にロープウェイを作ること自体、間違っている。工事請負会社から政治家や役人はたっぷり賄賂を受け取っているに違いない」と陰でささやき合っていた。(73) ロープウェイは、その後四年以上もの長い間運行されず、文字通り宙吊りのまま放置されていたが、二〇一五年一月三〇日にようやく再開された。長年宙吊り状態を目にしてきた地元の人びとの多くは、ロープウェイの安全性を疑って、積極的に乗ることは控えている。

実は、ツーリズム・インフラに関わる「作りっぱなし」の例は他にもある。バルクポンからタワンに向かう幹線道路上に二カ所のコンクリート製の建物があるが、いずれもツーリストのトイレ休憩用に作られたものである。管理人もおらず廃屋となっていて、使用不能な状態のまま放置されている。村から離れた電気も水もない道路際に建てること自体、間違っている。これも政治家やその親族の請負仕事（contract business）の結果で、建設後の管理方法などまったく考えていない「請負仕事を創出するための建設」である。「シャングリ・ラ」イメージの創出に最適と考えられているタワンの現状は、利権の渦巻く複雑な権力作用が展開する舞台であり、観光化には程遠い状況がある。

【写真5－7】ドルジェ・カンドゥ記念博物館

費用のかかる観光施設を造るのは、州の予算を思うままに使える政治家であることを示した、もう一つの例がある。タワンに二〇一七年四月に完成したドルジェ・カンドゥ記念博物館（【写真5－7】）である。この博物館は、その名の通り、二〇一一年四月三〇日にヘリコプター事故で亡くなったドルジェ・カンドゥ元州主席大臣を記念するために建てられたものである。その場所は、彼の遺体が荼毘に付された場所で、仏塔も建てられていた。広い庭の中心部にはドルジェ・カンドゥの胸像が置かれ、内部の展示も、彼の政治家としての業績を讃えるセクションが半分以上のスペースを占め、その奥にダライ・ラマ六世と一四世に関する展示がある。

筆者がこの博物館を見学したのは、二〇一七年四月七日からの、ダライ・ラマ法王によるタワンでの三日間の法要の翌日、つまり四月一〇日で、法王がこの博物館を訪問して落慶法要を行った直後であった。実際には、博物館ではなく仏塔の正式な開眼供養であったはずだが、入り口の博物館の名称を書いた石碑に、「記念公園はダライ・ラマ一四世によって開眼された」と刻まれている。そしてこの法王の訪問中に、ドルジェ・カンドゥの生前の構想だったタワンの大学建設仮校舎での落成式もあったことから、法王が州の施設の落慶式を行ったとして、州内のマスコミに辛辣な批判が寄せられた(74)。仏塔の費用を誰が負担したのかは分からないが、少なくとも博物館は、州の費用一八〇〇万ルピーを投じて建てられたものだという(75)。

初めてタワンにできた博物館であったが、地元の人びとやツーリストがタワンの文化や歴史を学べる展示ではなく、一政治家の功績を顕彰する展示となっている。非仏教徒のトライブが多数派を占めるイタナガルなど他地域であったなら、大きな抗議の声が上がったことは間違いない。しかし、州内の人びとからは地理的にも遮断され、かつモンパが多数派を占めるタワンであるからこそ、建設できた施設だといえるだろう。

かつての観光大臣、現在の州主席大臣の地元であるタワンよりも積極的に観光誘致を進めているように見えるのは、西カメン県の、やはりモンパの村であるテンバンである。ゼミタン・サークルでのＷＷＦのプロジェクトが西カメン県のテンバンでも行われていた［水野　二〇一二：一四一］。ホームステイなども始まったが、州政府観光局もツアー・オペレーターもその内容を把握しておらず、宣伝もしていないため、まだ成功例とはなっていない。ただし、テンバンは、二〇一四年四月に、アパタニの谷ズィロと同じ時期に、ユネスコ世界文化遺産の暫定リストに加えられた。石積の塀に囲まれた外観が要塞のように見える村で、村の入り口には門がある。戸数四二戸の小さな村である。

筆者が最初に訪れた二〇〇四年当時は、古い木造の家々の一部は無人で、壊れた部分は補修もされずに放置されており、ゴミが周囲に散乱する汚い村という印象で、とてもツーリストを呼べるようには思えなかった。そのテンバンが大きく変わったのは、この暫定リストに加えられてからのようだ。二〇一八年四月には、テンバン文化遺産フェスティバル（Thembang Heritage Festival）が開かれたが、これはいわゆる官製のイベント祭である。知人が送ってきた動画を見ると、あのゴミだらけだった村がきれいに掃き清められ、普段は民族衣装を着ている女性はごくわずかだが、皆、盛装して村の中を歩いている。その名称からも、世界遺産登録を目指して意識的に外にアピールしていることが分かる。

太田好信は、観光を担う「ホスト」は、文化を客体化し土着文化の復興を促す場合と、土着文化を批判的に見る場合とがあると指摘した［太田　一九九三：三九一］。テンバンの場合は、前者に当てはまるだろう。

それと比べると、タワンのモンパは、政治家も含め、自らの歴史や文化を客体化するまでに至っていない。タワンでの課題は、ホストとゲストの関係性や、その狭間に創り上げられる「観光文化」よりも、国境地帯という国際政治の力学が働く場で生きる人びとの実態を、どのように把握するかなのである。

3　メチュカ（メンチュカ）――シク教徒と共有する仏教聖地――

タワンと同じように、仏教徒が住み、中国との国境地帯に位置するメチュカであるが、筆者が訪れた二〇一〇年と現在とでは大きな変化が起きている。まず変化が起きる以前の状態について記す。

西シアン県のメチュカ（Mechukha）・サークルは、ロンリー・プラネットが、タワンとともに、推奨される旅行地として挙げている。中国との国境に近く、標高は一九〇〇メートル前後で、州都からは片道二日間はかかる。透明度の高い水が湧き、周囲を山に囲まれた風光明媚な場所である。地名はチベット語のメン〈sman〉（薬）、チュ〈chu〉（水）、カ〈kha〉（口）、つまりメンチュカ〈sman chu kha〉に由来し、川に注ぐ霊水を飲むと病気が治るという言い伝えがある。西シアン県は、北は中国の西蔵自治区、南はアッサムに接する南北に長い州で、アディに属する多くのサブ・トライブが居住する。

二〇一〇年九月に筆者が初めてメチュカを訪ねた際に、ちょうど泊めてもらったメンバの家庭の妻がエンジニアで、北側の山肌に、町から見えるほどの大きさで石などを使ってMENCHUKHAという文字を記す作業をしていた。当時のメチュカの州議会議員はメンバ出身のパサン・ドルジ・ソナ（Pasang Dorji Sona）であった。その女性エンジニアは、彼からの依頼でその作業をしていたのだった。それ以来、その文字はメチュカのランドマークとなっている。この地名に関しては、メンバとしては、山肌の表示だけでなく行政上も、本来の意味であるメンチュカに訂正したいところであるが、メンバ以外のトライブからの反対で変更できずに現在に至っている。

二〇一三年一一月に、州政府の主導で観光促進のための「メチュカ・アドベンチャー・フェスティバル」が開催された。その際に、メンチュカ（Menchukha）という英語の綴りを使ったところ、リボ（Libo）、ボカール（Bokar）、ラモ（Ramo）の三つのアディのサブ・トライブに属する学生組織から反対が出たのである。彼らの主張は、「オリジナル」かつ「行政上の正式名」である地名を、正式な認定もないまま変更することに対し抗議するというものであった[76]。実際には、第一章でも述べたように、この地域は仏教徒のメンバからはパチャクシリと呼ばれており、薬効のある水にちなむ命名であればメンチュカが正しいが、インド軍の軍人によって誤った綴りになったというのがメンバの説明である。

メチュカ・サークルでは、メンバが主要なトライブであるが、正確な数は分からない。二〇一一年の国勢調査ではメチュカの人口は、五〇九一人で、仏教徒は二五九三人となっている。仏教徒がすべてメンバかどうかは不明だが、その割合はサークル人口の約五一パーセントである。指定トライブの数は四三五一人となっているので、その中では仏教徒人口は約六〇パーセントと多数派に当たる。メチュカがシャングリ・ラとして注目されるのは、美しい景観と仏教の聖地としての神秘性である。

【写真5-8】メチュカのグルドワーラーの祭壇。中央にグル・ナーナク、左奥に小さくパドマサンバヴァの肖像画が置かれている

パドマサンバヴァが仏教経典を秘匿したという伝説が残り、その場所は聖地ネ〈gnas〉と呼ばれている。ネに隠された経典を求めて、チベット圏から多くの高僧がこの地へ来たとされ、伝説が広まって各地の人びとが移住してきた［Norbu 1990: 32-33］。

メチュカ近辺には七つのネがあるという。しかし、最も有名なネにはシク教徒のグルドワーラーもあって、祈りの場となっており、洞窟を覆うように小さな建物がある。メンバはパドマサンバヴァが瞑想した場所と信じているが、シク教徒は開祖で初代グルのナーナク（Nānak　一四六九―一五三八）の瞑想地とする。二〇一〇年には、寺院の中の祭壇の中央にナーナクの肖像画が置かれ、左側にパドマサンバヴァの小さな肖像画が立てかけられていた（【写真5-8】）。入り口近くでこの聖地を警護するシク教徒の兵士は、ナーナクがパドマサンバヴァに説法した場所で、ナーナクが弟子と共に瞑想していた時に熊が襲ってきたが、突然岩が落ちてきて救ったなどの伝承を、誇らしげに話していた。確かに、ナーナクは、インドだけでなく、ムスリム最高の聖地のメッカまで行脚したと伝えられている［シング　一九九四：四〇―四一］。マクマホン・ラインに近いメチュカにはインド軍の基地があり、兵士の多くがシク教徒である。地元のメンバは、「一九八六年にシク教徒の編成部隊が派兵された時、洞窟の天井がシク教徒のターバンの形に似ていたのでグルドワーラーにした。ナーナクの訪問は捏造された伝説だ。パドマサンバヴァは、八世紀の人なので、ナーナクが説法することなどありえない」(77)と主張する。自らの聖地への冒瀆に近い行為だと不快感を洩らすが、国境に近いメチュカに住む以上は、軍隊は受け入れざるを得ない安全保障であり、反対を声高には叫べない。故郷を遠く離れて国境警備に就く兵士たちへの同情もあるようだ(78)。

メチュカをシャングリ・ラにある仏教聖地として訪問する外国人ツーリストや巡礼者が増えた時、パドマサンバヴァの写真に比べてナーナクの肖像がはるかに大きいことは、どのように受け取られるだろうか。地元のメンバは諦めモードである。観光化の動きはすでに始まっていた。例えば、ロンドンにあるアルナーチャルとの友好団体Friend of Arunachal Pradesh UK 作成の観光促進用のウェブサイト(79)には、メチュカの写真が主として使われ、美しい風景と古い仏教寺院に加えて、シク教のナーナクの瞑想の地という説明が付いていた。インド人ツーリスト向けであるが、背後にはメチュカ選出の州議会議員の働きかけがあるとみられる。彼はメンバ出身で州の観光大臣の次官を務め、メチュカの売り出しを必死に試みていた。近年、メチュカの観光が脚光を浴びているのは、彼のプロモーションによる。(80) だが、その方法にも問題があった。

二〇一〇年の筆者の訪問当時、メチュカの仏教寺院周辺は荒廃していた。この地で最古のサムデンヤンチャ（Samden Yangchag）寺院は、川に突き出した崖の上に建てられているが、途中の吊り橋は、ところどころ壊れていて、誰かの手を借りなければ、危険で渡れない。その後は三〇分ほど、急なぬかるみの山道を登る。寺は、一七世紀にタワン僧院を建てたメラ・ラマ、ロデ・ギャムツォが建立したと地元の人は説明するが、ゲルク派ではなく、ニンマ派に属している。メラ・ラマがここへ来たという記録もない。寺には、僧衣を着て剃髪した僧ではなく、現地でダパ（*dhapa*）と呼ばれる妻帯した半俗の僧たちが、自宅から通ってきている。Tシャツに半ズボンというラフないでたちで、俗人とまったく区別がつかない。寺院は木造の粗末な建物で、屋根はトタン葺である。古く見えないのは、下方にあった小堂が地震や火災の被害を受けて現在の位置に移されたからであるという。ロデ・ギャムツォの塑像が祀られているが、古いものではなさそうだ。かつて寺院は何度も災害に遭遇したが、そのたびに自ら寺の外に逃げて無傷だったと言い伝えられる霊験ある像であるが、ペンキで塗り直されていて安っぽく見える。メチュカには他にも、メラ・ラマが人びとを先導してきたという伝説の場所がある。そこは遺跡というよりも、民間信仰の崇拝対象であったと思われる。寺院や遺跡を保存・整備する必要があるが、タワンと同様にツーリズム関連の無駄な公共工事が行われてきた。

二〇一二年二月十四日付のアルナーチャル・タイムズに、メチュカの現状を訴え、州政府に対し改善を要求する投稿記事が掲載されていた。以下はその要約である。

白い雪をかぶった山々に囲まれたメチュカは、訪れる内外の人びとから「スイスのように美しい」と言われる場所である。しかし、州の観光大臣がメチュカの観光促進のためにできるだけのことをすると語り、州首席大臣もメチュカを訪問して同様の約束をしたが、その現状はひどいものである。まず、たった一つだけあるホテルは部屋数が少ない。新しくできたツーリスト・ロッジは、完成後も使われず、小学校が移転してきている。古くからあるロッジは、すでに廃墟になっている。宿泊設備と電気、インターネットなどがあれば、メチュカには多くのツーリストが来るようになるだろう。水力発電関係者は川の水量不足が原因だというが、水路の管理を怠ってきたことが原因だ。米作には適さない土壌で、雑穀や野菜などを耕作しているが、現金を稼ぐために、老若男女を問わず道路工事に携わらざるを得ない。若者の雇用に関しても観光には期待している。もし、州政府が観光に力を入れてくれるなら、村単位のツアー・オペレーター、ホームステイ、エコ・ツーリズムなどのビジネスによって、八〇〇〇人以上の人びとの将来を変えることができるだろう。

投書を読むと、電気も十分供給されていない所にツーリスト・ロッジを建設して、結局は使えなくなったという計画性のなさが分かる。メチュカのライフ・ラインの貧弱さはタワン以上で、筆者は二〇一〇年の夏と冬に三週間ほど民家に滞在したが、ほぼ毎晩停電で、電話が通じることはほとんどなかった。観光施設を作る前に、地元の人びとには不可欠なライフ・ラインを整備する必要があるのは、タワンと同様である。しかし、この記事は、聖地や寺院が荒れ放題であることには、まったく触れていない。

インフラ整備が進まなかった理由の一つは、町の中心にある軍事基地で、輸送機が発着できる軍事用の空港があるため、携帯電話用の通信アンテナを建てる場所が制限されていることである。ツーリストが見晴らしの良い場所を自由に歩き回って写真を撮ることも禁止されている。基地の背後の川の対岸にある村へ行く場合でも、近道の基地内の通過は外国人には許可されない。ある時、車が故障したので道端に停めて車内で高度計を見ていたところ、民間人の服装をしている軍関係者に見とがめられ、訪問目的などをしつこく聞かれた。最終的には不問に付されたが、別れ際にやんわり言われたのは、「こんな場所へ撮影機材や高度計は持ってこない方がいい」ということだった。シャングリ・ラとされるメチュカだが、軍隊にとっては、外国人やツーリストは招かれざる客であった。観光以前に、国防に関わる複雑な問題があり、地元の政治家の利権も複雑に交錯する場所が、国境地帯である。観光資源には恵まれているが、軍との調整が必要で、それも中印関係によるという、タワンと同様の問題があることが指摘できる。(81)

筆者のメチュカ訪問は二〇一〇年で、その後、現地へは行っていないが、二〇一三年から始まったアドベンチャー・フェスティバル（Adventure at Mechukha）が二〇一七年一一月に三日間開催され、それが五回目だったようだ。パラグライダー、バイク、マウンテンバイクなどを使うスポーツ・イベントが開催されたらしい。シャングリ・ラからスポーツ・イベントへの転換が図られたようである。

メチュカの知人からの情報で、電力供給についてはだいぶ改善されてきたこと、ヘリコプターが週二便、イタナガルとメチュカを往復していること、ホテルも何軒かでき、二〇一三年ごろからはホームステイも始まり、現在一〇軒ほどが営業していること、まだ外国人は少ないが、インド人ツーリストは増加していることなどが分かった。ホームステイ用に家を改築・新築する場合には、政府から一軒につき五〇万ルピーの補助金が支給されたという。(82)ペマ・カンドゥ州主席大臣は、二〇一七年のフェスティバルの開会式では、メチュカのツーリズムは成功しているとﾞ述べているが、(83)インフラの改善とツーリスト数の増加だけでなく、ツーリズムがメンバだけでなく他のトライブの若者の雇用を生み、地域活性化に成功したといえるのかについては、まだ観察が必要であろう。

4　新たに作られたトルギャ祭

モンパが中心となって繰り広げてきたモン自治地域要求運動については、第四章で述べたので、重複は避けるが、その中心的人物であるT・G・リンポチェが、かつて観光大臣であったことに、ここで改めて言及したい。ボーティ語と自治地域要求の過程には問題が多いが、彼が西カメン、タワン県を州の平和地帯（peace zone）として、仏教文化を保護し、併せて観光促進を図ることを目的として活動してきたことは間違いないだろう。T・G・リンポチェには、政治家と宗教家という二つの顔があったが、彼へのインタビューの中で、しばしば耳にしたのは、モンパの仏教徒としての信仰心が薄まり、アイデンティティを喪失しつつあるという、宗教者としての嘆きであった。危機意識の中で、各地の法要に精力的に出向き説法するほか、早朝のテレビ番組で法話を行うなど、仏教をモンパの文化の核として再構築する試みも亡くなるまで続けていた。第二章でも触れたように、寺院参拝の際の民族衣装着用を奨励していたのもその一環である。

【写真5-9】西カメン県ボムディラにある寺でのトルギャ祭。T・G・リンポチェが僧院長を務めていた（2012年11月）

二〇〇八年に、彼がタワン僧院のトルギャ祭を参考に西カメン県ボムディラの自身の寺で始めた、ボムディラ・トルギャ祭もその一つである。五回目に当たる二〇一二年一一月のトルギャ祭を、筆者は二日間見学した。仮面舞踊が中心であるが、観衆が飽きないように一つ一つの仮面舞踊をコンパクトにし、ブータンからプロの歌手や舞踊グループが招待され、仏教奉賛の歌や踊りが奉納された。プログラムの内容に変化を持たせ、それでいて俗化した印象を与えないようにとの巧みな演出がなされていた。寺院での法要は、中庭で行われることが多いが、ここでは、盛り土した土俵のような円形の舞台が作られ、ツーリストも写真を撮りやすく、地面に座る地元の人びとからも見やすく設営されていた（【写真5-9】）。仮面舞踊の合間にはT・G・リンポチェの説法が入り、祭りの最後には「長寿の灌頂」が参詣者に授けられるなど、民衆教化の様相が強い。宣伝をしていないので、この祭りを目指して訪れたのは筆者とその同行者たちだけであったが、ボムディラはタワンやディランへの途中に位置するため、現地で聞いて立ち寄るツーリストの姿もあった。タワンに比べると、ボムディラやディランで民族衣装を着る人びとを見る機会は少ないが、このトルギャ祭のためには、近隣のモンパも盛装して集まっていた。

このボムディラ・トルギャ祭は、T・G・リンポチェの没後も、毎年、続けられている。だが、仏教徒以外のトライブである他県のツアー・オペレーター自身は、このような法要には関心を示さず、今やメジャーになったナガランドのホーンビル・フェスティバルなどを売ることに忙しいのが現状である。

第五節　政治とツーリズム

1　伝統的コミュニティ・アイデンティティの再稼働

ツーリズムは旅行地の治安の良好が前提条件で、「シャングリ・ラ」としてツーリストを惹きつけるために、「平和な楽園」イメージは不可欠である。アルナーチャルは比較的治安が良かったが、近年は、州外からの圧力と、州内のトライブを背景とした問題に端を発して、イメージは崩れつつある。近年の変化は、トライブ間の紛争が表面化したことである。きっかけが二〇一一年の州首席大臣のヘリコプター事故による死と、その後の州の混乱であることについては、先述の通りである。モンパの自治地域要求運動も、州内の反発を買って、将来、州を不安定化させる要因を秘めていることも先述の通りである。

メチュカの場合にも、先述のアドベンチャー・フェスティバルの際、州主席大臣がスピーチの中で、メチュカのツーリズムの成功は地元出身の州議会議員パサン・ドルジ・ソナの尽力によるものだと賞賛しただけでなく、メチュカを県に昇格させるという発表があった。第一章にも書いたように、数年前から州内の県分割が急激に増えているが、その背景にはトライブごとに県を分割したいという動きがあり、それを巡って紛争が生じている。メチュカは仏教徒が約半数を占めているが、それ以外のトライブにとって居心地が悪い県になることも予想される。ツーリズムの恩恵が届く範囲によっては、ツーリズムそのものが新たな争いの種となる心配もある。

ミシュラ（Deepak K. Mishra）は、「アルナーチャルにおける開発の重要な側面は、州が主導する近代化の過程で、伝統的なコミュニティ・アイデンティティが再稼働していることだ」と指摘している［Mishra 2011: 317］。確かに、二〇一一年に州主席大臣の後継者を選ぶ際に起きたトライブ間の争いも、根源にはこうした要因がある。ツーリズムは、ホストやゲストが思いもよらなかった方向に複雑に展開していくのである。

2　流血のシャングリ・ラ——水力発電と汚職への反対運動——

かつてエルウィンが書き残した「礼儀正しく、親切で友好的な」そして「怒号など発しない」「温和な仏教徒・

モンパ」のイメージも変わりつつある。それは、二〇一二年から活発になっているタワンにおける水力発電所建設反対運動を通して浮き彫りになったことである。運動を主導しているのは、モン地域救済連合（Save Mon Region Federation：略称ＳＭＲＦ）のロブサン・ギャツォという仏教僧である（以下、ロブサン師と記す。【写真5-10】）。彼は、政治家の汚職追放にも力を入れていることから、有名なアンナー・ハザーレー（Anna Hazare）(84)にちなんでアンナー・ラマとも呼ばれていることは第四章でも言及した。

【写真5-10】ロブサン・ギャツォ師。アンナー・ラマと呼ばれている

彼自身の説明によれば、運動のきっかけは、州政府が中央政府の助力の下に、タワンに一三カ所の大型水力発電所建設を推し進めていることである。それらが建設されれば、パドマサンバヴァに由来する仏教の聖地や、希少な生物であるオグロヅル（black necked crane）やレッサーパンダなどが生息する谷を破壊し、文化・自然環境に大きな脅威となる。開発を進める地元の政治家たちは、住民にきちんとした説明もせずに、土地を手放す書類に署名させているという(85)。ＳＭＲＦが求める公開の住民説明会開催にも応じず、秘密裏に建設業者と契約を締結している(86)。最大の問題は、労働者の流入にある。これらの大型水力発電所の建設のために、一〇万人の労働者が州外から投入される予定で、現実化すれば、五万人弱のタワン県の人口に対して、その倍の人数がやってくる計算になる。タワンには、すでに複数の水力発電所が建設されているが、一八メガワットの発電量が目標で作られたものが、実際には三メガワット以下の発電量しかないなど、費やした建設費に比べ、十分な発電量を確保できていないという問題を抱えている。その原因となっているのは、政治家と発電所建設業者との金銭を介した癒着によるもので、中古の部品を使うなどした手抜き工事と、その後のメンテナンスを怠った結果だという。これまで建設したものをきちん

と稼働するようにすれば、新たな建設は不要だと主張する。

二〇一二年四月四日に数千人規模の「反水力発電所」デモが行われたが、一二月二二日には、解決しない水力発電所建設問題に怒った若者たちが、国営水力発電会社（National Hydroelectric Power Corporation Ltd.：略称ＮＨＰＣ）のオフィスに投石し、破壊行為を行うという騒ぎが起きた。それを先導した容疑でロブサン師が逮捕され、その解放と水力発電所建設反対のデモが、二四日に数千人規模で行われた。その際に、警備側が催涙ガスを使用するなど暴力沙汰になり、僧侶の一人が重傷を負う流血の事態へと発展した[87]。その後、釈放されたロブサン師に会って聞いたところによれば、デモでの人びとの怒りの矛先は、ＮＨＰＣとその下請け会社ビルワラ・エネルギー社（Bhilwara Energy）に向けられたが、本当の責任は、腐敗した地元の政治家や、彼らからの直接的な恩恵を享受する親族や役人たちだという[88]。それが誰を指すのかは皆が知っていることでもあるという。

二〇一六年五月二日にさらなる悲劇が起きた。水力発電所反対派の運動を抑え込む目的で、タワン警察が四月二六日にロブサン師を再び逮捕した。その釈放を求めるＳＭＲＦのメンバーや支持者による約一五〇〇人から成るデモ隊に対し、警察が銃を発砲し、僧侶を含む二人が亡くなり、少なくとも七人が重傷を負ったのである[89]。劣悪な電力供給、道路建設や携帯電話の接続などのインフラ整備の遅れなどに対する住民のいらだちが、水力発電所建設反対に拍車を掛けていた。当時は、州内の各地で水力発電所建設に対する反対運動が起きていて、タワンでの発砲事件は、警告なしの発砲だったとも伝えられ、他県にも大きな衝撃を与えた。ＳＭＲＦだけでなく、複数の学生組織やさまざまな組織が、発砲を命じた責任者と発砲した警官を特定する徹底した調査を求め、イタナガルではタワン警察に抗議するデモも行われた[90]。

この発砲事件の影響は、タワン僧院の僧も一人犠牲になっていることから、僧院長であるグル・トゥルク・リンポチェにも及んだ。水力発電所建設反対派は、リンポチェが建設推進派を擁護する立場をとったとして反発し、彼の両親がブータン人であることを理由に、彼のインド国籍を問題にした。リンポチェの両親は、ブータンのタシガン県ポンメ郡のヤブラン出身で、西カメン県に移住し、リンポチェ自身は一九六八年にディラン近くの村で生まれている。リンポチェは同年六月に僧院長を辞任し、一〇月に新たにチベット人の僧院長が着任した。

二〇一七年二月一四日、タワン県知事の呼びかけで、一〇〇人を超えるSMRF所属の僧侶、タワンの選出の三人の州議会議員のうちペマ・カンドゥを除く二人、パンチャーヤットのメンバーや村人が集まり、集会が開かれた。反対派は、第一期、第二期の大型水力発電所建設の取り消しを提起し、結果的にタワン選出の州議会議員の二人も「住民の了承なしに発電所計画を推進するべきではない」と明言せざるを得なくなった。SMRFは、建設予定地の土地所有者の反対署名を県知事に提出した。SMRFは長年、NHPCが村人をだまして同意署名をさせたと非難してきたからである。この集会の内容を伝える翌日付のアルナーチャル・タイムズによれば、NHPCはタワンの二つの水力発電所関連の費用として、二〇〇八年にすでに州政府に対して三億七五〇〇万ルピーずつの前払い金を支払い済みであったという。この前払い金がどうなっているのかについては記事には書かれていないが、二〇〇八年当時の州主席大臣は、ペマ・カンドゥの父の故ドルジェ・カンドゥであった。

この二月一四日の集会の結果は、発電所計画に反対するタワン住民の勝利として捉えられたが、その後も、州政府からタワンの水力発電所建設に関する正式な見直しや撤退宣言は出されず、八月七日、イタナガルのプレスクラブにおいて、ロブサン師らSMRFの幹部三人が出席して記者会見が開かれた。実は、この時、筆者も偶然イタナガルに滞在していて、この記者会見を傍聴することができた。その内容は取材に来ていた翌日付のアルナーチャル・タイムズにも掲載されている。ロブサン師の主張は、「建設反対の意見一致がみられた二月の集会には、タワン県知事、二人の州議会議員、高僧なども立ち会っていた。それにもかかわらず、政府が発電所の建設計画を見直さないという姿勢を貫くなら、国連機関に訴える」という内容であった。その後も政府からはなんらの回答もなく、NHPCが、村人に水を入れる容器やプラスチックのパイプを配って、取り込もうとする行為が見られるという。「前年五月二日に警察官による発砲により二人の命が奪われた事件は、水力発電所建設に反対するわれわれの口を封じるための計画的なものだった」とも述べていた。この記者会見の後でロブサン師に会ったが、事件で重傷を負ったうちの二人は半身不随の状態で、十分な補償もなく、自分たちが財政的、精神的に支えていると話していた。「自分自身の身も決して安全ではないので、居所を定めずに運動を続けている」というロブサン師の話が、この問題の深刻さを物語っている。二〇一八年五月二日にタワンで二年前の事件の犠牲者に対する追悼集会が開かれたが、発砲事件の捜査に関してはいまだになんの報告も出されていないという。

タワンという辺境で起きている事柄ではあるが、運動を継続するために、ロブサン師が学んだカルナータカ州にある僧院の僧侶たちの支援も受け、首都で汚職追放運動に関わる組織と連携するなど、背景には州を越えた広がりが見える。環境保護や文化財保護などを明確に謳い、外部からの視点を意識したグローバルな側面も見せている。(91) こうしたことが、国連への提訴計画という形で表現されたのであろう。

いずれにしても、これらの流血を伴う事件とその理由となる環境破壊は、平和なシャングリ・ラのイメージを大きく損なうものではあるが、幸いツーリズムに与える直接の影響は見えていない。しかし、いつ爆発するか分からない住民の不満は、火種となってくすぶっている。

3 「先住民」の権利か「難民」の人権か

水力発電所建設反対運動そのものは、死傷者が出ない限りは、場所ごとの局地的な運動にとどまっているが、アルナーチャルにとって、たびたび州都機能を麻痺させるほどの大きな問題は、難民排斥運動である。チベット難民に関しては第四章でも触れたが、今までのところ、ツーリズムにとって脅威になる問題とはなっていない。州にとって、NEFA時代から今日まで続く深刻な問題は、バングラデシュ（一九七一年に独立するまでは東パキスタン）からのチャクマ（Chakma）およびハジョン（Hajong）難民を巡るものである。

チャクマは、北東七州のうちアッサム、メガラヤ、ミゾラム、トリプラでは指定トライブとなっている。ハジョンもアッサム、メガラヤ、ミゾラムでは指定トライブだが、アルナーチャルでは「難民」として扱われている。(92) アルナーチャルに居住するチャクマの元の居住地はチッタゴン丘陵地域（Chittagong Hill Tract）で、後者の居住地はダッカの北、インドのメガラヤ州との国境地帯に位置するマイメイシン（Maymenshingh）県である。

高田峰夫によれば、チャクマは、かつてはチッタゴン丘陵地域人口の約半数を占めたその地域の代表的な民族で、ベンガル語のチッタゴン方言に影響を受けたチャクマ語を使用しているビルマ系仏教（テラワーダ仏教）を信奉している。一九四七年の印パ分離の過程で、この地域はムスリムが多数を占める東パキスタンに組み入れられ、マイノリティへと立場が変わることになった。生業は農業であったが、一九六三年にカプタイ・ダムが完成するとチッタゴン丘陵地域の全耕地の四〇パーセントが家屋敷地とともに水没し、約一〇万人のチャクマが強制立ち退きを強いられた。そのうち一万人が難民となって、主としてトリプラ州に流出し、その後、インド政府は人口希薄だったアルナーチャル（当時はNEFA）東部へ集団移住させた［高田　二〇〇八］。

アッサム州もトリプラ（当時は中央直轄地）も難民の受け入れを好まず、十分な土地が空いているという理由でNEFAのティラップ地区に定住させることが決まった。一九六二年の中印国境紛争で敗北したインドが、人口過疎な中国との国境を増強するため、彼らを「人間の壁」「国境のパルチザン」としようとして移住させたとも言われている[93]。当時のNEFAは、インド外務省の管轄でアッサム州知事が統治していたが、一九六五年には内務省の管轄に変更になるという、ちょうど過渡期でもあった。しかし、現地住民の強い反対があり、結局、現在のロヒット県、パプム・パレ県、チャンラン県に当たる三カ所に分散して定住させることになった。一九六四年から六九年までの間に合計二七四八家族、一万四八八人が移住した。しかし、その数は一九七九年に三九一九家族、二万一四九四人と増加し、二〇〇一年には八万五千人になった[94]。

ハジョンも難民としてインドにやってきた。一九六五年にアッサムのゴアルパラ（Goalpara）県に来たが、翌年から六七年にかけて一五〇家族、およそ六六二人が、現在のチャンラン県ミャオ周辺に送られ、そこに定住した。さらに四二四人が一九六九年から七〇年にかけて移住してきた。彼らはヒンドゥー教徒である［Choudhury 1980 (2008)：100］[95]。

インド政府が決めた正規の移住ではあったが、当時のアルナーチャルはNEFAとして中央政府の管轄下にあり、中央政府に対しては、「先住民（indigenous people）である自分たちには何の相談もなく、厄介ごとをゴミ廃棄場のように州に押し付けてくる」という不満があった［Singh, D. K. 2010：194］。

「元から州に住むトライブ」（native tribe）あるいは「先住民」としての権利が、彼らの存在によって脅かされるとして強硬に排斥し続けてきた。その理由は、インナー・ラインを越えて外部からアルナーチャルにやってきた人びとには州への永住権や土地所有が認められていないこと、指定トライブとして憲法で保障されている優遇政策やさまざまな福祉政策が難民にも与えられるのは不本意であることなどである。その急先鋒にいるのが、第四章でも言及したアルナーチャル最古で最強の学生組織ＡＡＰＳＵで、一九四七年の設立当初は教育の重要さを訴える活動が主たるものであったが、一九七九年に大きな転換期を迎え、その主張も変わっている。その主な主張は、①アッサムとアルナーチャルの境界での争いを解決すること、②外国籍の者を発見し追放すること、③アルナーチャリー以外の者の土地所有許可と商業活動の免許証を取り消すこと、④これ以上の外国人の流入を防ぐための有効なチェックを行うこと、などである。これらは、アッサムで起きていたバングラデシュ難民の排斥運動の影響を受けたものだと考えられる［Prasad 2007: 1373-1374］(96)。

チャクマ、ハジョン難民は、教育や就職を含む基本的な人権が守られていないことから、中央政府に対して市民権の発効を要求してきた。彼らの市民権はインド市民法（Citizenship Act 1955）により認められるはずだった。一九九六年一月、最高裁判所は、難民に市民権を与えよと要求する国家人権委員会とそれを拒むアルナーチャル州政府との訴訟に対し、「彼らを追い出すのではなく、市民権を与えることを検討するように」と命じた。二〇〇〇年九月二八日にも最高裁判所は、市民法に基づき、「一九五〇年一月二六日もしくはそれ以後、一九八七年七月一日以前にインドで生まれた者は、生まれた時からインド市民であり、選挙権がある」という判決を下し、州政府に対し市民権申請を受理するように命じたが、いずれも実行されなかった。

二〇〇二年一二月一六日付で、チャクマの市民権を要求する委員会から、国家人権委員会に具申書が提出された［CCRCAP 2002］(97)。その内容を読むと、チャクマ、ハジョンの置かれた状況が大変厳しいものであることが分かる。具申書によれば、移住当初、インド政府は彼らに対し、経済的な援助、商業活動のための免許証、教育を受ける許可を与えた。それによって、彼らは移住先で新たな生活を始めることができた。ところが一九八〇年から州政府の抑圧政策が開始された。州内でのチャクマ、ハジョンの雇用の禁止、食料の配給カードの発行停止、さらには教育・医療・商売の免許証などを含むさまざまな特典を受ける権利が撤回された。九〇年代には、ＡＡＰＳＵによるチャクマの個人を狙った暴力事件や、警官による逮捕・拷問なども報告されている［CCRCAP 2002］。一九九四年から五年にかけてマラリアが蔓延した際には、薬を得られず、少なくとも二〇〇人のチャクマが死亡したという［Chaudhury 2003：266］。

二〇一〇年九月にも難民排斥運動の高まりが見られた。州政府がロヒット県とチャンラン県のチャクマ・ハジョン難民に対し、永住許可書（Permanent Residential Permit）を発行すると発表したことに反発したものであった。当時は、この件を毎日のように地元紙が取り上げ、読者からの反対意見の投稿も多かった。当月のアルナーチャル・タイムズの記事を読んでみると、「チャクマ・ハジョン」という呼称が見出しに出ることは少なく、その代わりに「非アルナーチャルの指定トライブ（non-APST）」、非ネイティブ（non-natives）という呼称が多く見られる。自らを呼ぶときは、「アルナーチャルの指定トライブ（APST）」あるいは、ネイティブ（natives）などの表現が多く、先住民（indigenous people）という言い方はないわけではないが、一般的ではなかった。結局この時も、州政府は反対の声の多さに負けてこの決定を撤回している(98)。

最近になって大きな動きがあったのは二〇一五年九月一七日で、最高裁判所が、三カ月以内にチャクマ、ハジョンの市民権を認めるようにアルナーチャル州政府に要求した。これに対し、州政府は、彼らが市民権を持つことには反対しないが、州への永住については受け入れられないという姿勢をとった。二〇一七年九月一三日に中央政府が最高裁判所の二〇一五年の命令を受け、チャクマ難民たちの市民権を与えるために州主席大臣との話し合いを持つことが伝えられた。これに対し、アルナーチャルのメディアもすぐに反応し、「ロヒンギャ騒動の最中に、政府はチャクマに市民権を与えようとしている」と激しい論調で批判した。当時、ミャンマーのロヒンギャ問題が世界的な注目を浴び、インド政府は、ロヒンギャがインドに入ってきたときには国外追放するという方針を表明していた。しかし国連人権理事会からは、インドが彼らをミャンマーに追い返すことは少数民族にとって危険であると批判されていた。こうした時に、ロヒンギャ追放の代替としてチャクマの市民権が持ち出されたのではないかという観測が、州内にあったようだ。

ＡＡＰＳＵは激しく反発し、他の組織とも連合して、九月一九日には州各地で一二時間のゼネストが実行され、デモなどが繰り広げられた。多くの場所では平和裏に行われたが、イタナガルでは、治安部隊との衝突や、公共のバスが投石され、政府の車がガレージから出されて焼かれるなどの暴力行為があり、州都は騒乱状態であった。これに対して地元紙は、難民への市民権付与には反対しながらも、社説ではＡＡＰＳＵに対して「ゼネストなどで対抗するのではなく、国内外の人権団体、メディアなどに「先住民」としての権利が危機にあることをアピールする責務がある」と主張している。

二〇一五年からの反対運動の特徴は、二〇一〇年の「指定トライブ対非指定トライブ」ではなく、「先住民対チャクマ・ハジョン難民」という表現に変わっていることである。アルナーチャルの指定トライブを示すＡＰＳＴという語はほとんど使われていない。筆者は、国内外の人権団体などからアルナーチャルが迫害者として描かれることを意識しての変更ではないかと考えている(99)。

西カメン県から選出され、中央政府の内務担当閣外大臣であるキレン・リジジュは、二〇一七年九月二〇日付タイムズ・オブ・インディアの取材に対し、以下のように答えている。

①アルナーチャルの人びとは、最高裁判所の決定に大いに反発している。

②一九六四年から六九年の間に国民会議派政権が彼らを移住させた時には、チャクマとハジョンの人口は一万四八八八人だったが、現在は六万四〇〇〇人となり、非公式には一〇万人を超えている。中には不法移民も含まれているかもしれないが、州政府がそれを判別するのは困難だ。

③難民が居住している州東部の先住民トライブの人口は、それぞれ数千人である。もし、彼ら難民に市民権が与えられ、州に永住できることになったら、これらのトライブは絶望的な少数派になってしまう。アルナーチャルのトライブは憲法上の規定でトライブとして認められているが、なぜ憲法改正もなく新たなトライブが追加されるのか。州への入域には、アルナーチャル以外のインド人にはＩＬＰが、外国人にはＰＡＰの取得が、義務付けられている。もし、チャクマにはＩＬＰ不要という例外が与えられるなら、彼らはインド国民よりも優位な立場になる。

④最高裁判所に対しては、チャクマ、ハジョンに永住を許可し市民権を与えることについて、条例の包括的な修正を求めたい。修正した条例は、アルナーチャルの先住民の憲法上の権利を侵害することがないものであるべきだ。

⑤チャクマ、ハジョンと、ロヒンギャ問題との関わりに関していえば、この二つは比較にならない。なぜならば、ロヒンギャのインドへの流入は完全に違法なもので、チャクマ、ハジョンは政府が認めた難民だからだ。

この回答の中で②に関するチャクマ、ハジョンの人口に関しては、信用できる数字は分からない。というのは、彼らを排斥する側の数字は、時として大きく見積もられるからである。一〇万人というのがよく見られる数であるが、ＡＡＰＳＵは三〇万人としている。[100] これは、州の指定トライブ人口の三分の一を超える数で、これが正しければ州内の最大のトライブ集団となるが、その根拠は示されていない。だが、州内の人びとに脅威を与える数字であることは間違いない。

憲法上守られるはずの先住民の権利というのは、アルナーチャルの場合には、ＩＬＰによって、外部の人には認められていない土地所有やビジネスの免許証の取得と、憲法上の指定トライブとしての優遇措置を意味している。例えば、二〇一八年三月一四日のアルナーチャル・タイムズは、二〇一三年三月一九日にグワーハーティ高等裁判所が出した「アルナーチャルのチャクマとハジョンにはＩＬＰの取得は不要」とした判決に異議を唱える州政府の特別請願が、最高裁判所で認められたと伝えている。その記事の中で、ベンガル東部辺境条例（Bengal Eastern Frontier Regulation of 1873）、つまりインナー・ライン条例と、アッサム辺境地域条例（Assam Frontier Tract Regulation of 1880）、そしてチン丘陵条例（Chin Hills Regulations of 1896）によって、北東インドの丘陵地帯の先住民トライブが保護されていると書いている。しかし、これらの条例は、いずれもイギリス植民地政府が、インド北東部やビルマとの国境地帯に住む「野蛮な半分未開」[101] と見なしたトライブを境界の線引きによって隔離するために作った条例であった。しかし、それが今では、完全に「トライブを保護する条例」と読み替えられている。

キレン・リジジュが明言しているように、チャクマとハジョンは、インド政府が正式に認めた難民である。彼らにも基本的人権があるのはもちろんのことである。排斥運動が高まっていた二〇一七年九月二〇日付のアルナーチャル・タイムズに、女性コラムニストのトンガム・リナの署名記事が掲載された。彼女はチャクマやハジョンには市民権は与えられるべきだが、中央政府内務省に直接働きかけることのできるキレン・リジジュと州主席大臣のペマ・カンドゥは、意見統一のために、同時に学生たちの主張にも耳を傾けて対話を続けるべきだとして、それをしなければ、州民と難民の両方を失望させた人として歴史に名を残すことになるだろうと書いている。また、主席大臣の座を巡って争っている政治家に向けては、「市民権を巡る問題は、彼らが政争の道具にするにはあまりに繊細だ」とも警告している。キレン・リジジュは②で、難民を受け入れたのは国民会議派政権だと強調している。彼自身はＢＪＰから立候補して当選しているが、現州主席大臣を含め、他の多くの議員は、長年、国民会議派に属し、ＢＪＰに鞍替えしたのは二〇一六年のことである。

汎アルナーチャリー意識が最も高揚するのがチャクマ排斥運動で、アルナーチャル住民の多くは、チャクマの市民権とインド国籍取得には反対していないが、彼らが指定トライブとしての地位を獲得することは認めないという立場をとっている［Singh, D. K. 2010：214–217］[102]。アルナーチャルという州自体が中央政府によって構築され、統合性が乏しいにもかかわらず、アルナーチャリーを担い手とする「想像の共同体」[103]が、外部からの難民という移住者への対抗運動の中で浮かび上がった。ただし、アルナーチャルにおける難民問題は、結局は経済問題であろう。なぜならば、仏教徒であるチャクマやチベット人とヒンドゥー教徒のハジョンは、宗教的な対立を引き起こしているわけではない。失業や貧困問題など州内の問題を解決しない限り、学生をはじめとして州内の人びとの不満はなくならない。政治家たちは、それをせずにこの問題だけをクローズアップさせて、政争の道具にして逃げ回り、結局は難民がスケープゴートとなり、人びとの不満のはけ口となっている。

政治に翻弄される地域でのツーリズムは成立するのか。「アフリカの内戦がツーリストに影響がないように、インド北東部における問題もツーリストを遠ざけはしない」という楽観的な意見［Bhaumik 2009：240］[104]もあるが、二〇一一年の主席大臣の後継者選びに端を発した事件や、二〇一五年の大統領令発令後の混乱、そして二〇一七年から高まっている難民排斥運動に見られるように、暴力行為やゼネストが起きるような事態が繰り返される州の現状を見ると、否定的に考えざるを得ない。

まとめ

アルナーチャルの隣州であるナガランドは、一部の武装組織によるアルナーチャル三県でのナガリムを目指す反政府活動とは別に、「首狩りから観光へ」と歴史の中で大きな変容を遂げてきた。鈴木正崇はその報告の中で、民族観光を開発の手段として利用するナガのあり方の変容を五段階に分けて考察している［鈴木　二〇〇四］。アルナーチャルの場合には、地理的な隔絶もあり、各トライブが歩んできた歴史は、それぞれ大きく異なっている。しかし、あえて州全体の変容を段階的に捉えるならば、以下の五段階に分けられるだろう。第一は、イギリス植民地政府がその存在に注意を払わなかった時代、第二は、イギリスがアッサムを統治し、アルナーチャルの人びとを平地民の権益を侵す「野蛮な山岳民」として、インナー・ラインによって隔離していた時代、第三は、インドの独立により、「指定トライブ」として国民国家に組み込まれ、中国との緩衝地帯として認識されていった時代、第四は、中印国境紛争によりチベットとの関係が断絶し、経済的にも文化的にも完全にインドの影響下に入り、国境地帯の軍備が強化されていった時代、第五は、アッサムからの分離によって中央政府の直轄地そして州へと昇格し、地域開発が進められつつある近現代である。

一九六一年の初めての国勢調査や、一九七八年の初の州議会選挙などを通じ、隔絶した地域に住んでいた人びとが、初めて州全体に住む別の集団の全体像を自ら確認した。しかし、それは同時に、アルナーチャル全体に関わる諸問題を、伝統的なトライブ間の諸問題に帰着させて、対立を生む出発点ともなっている。

アルナーチャルの観光には、過去の植民地からＮＥＦＡを経て州となるまでの統治の歴史が大きく影響しており、政治・経済・社会・文化のいずれにおいても、その後遺症とでもいうべき問題を解決できないままになっていることが大きな障害である。

言うまでもなく、観光化を妨げる最大の外的要因は、インナー・ラインとマクマホン・ラインという二つの政治境界線であり、その後に成立したインド北東部の複雑な政治状況の展開である。境界線はいずれもイギリス植民地政府が線引きをし、独立後のインドが継承した。チベット文化圏とトライブ文化圏の葛藤、トライブ間のせめぎあい、軍事特別法（ＡＦＳＰＡ）の適用、チャクマ、ハジョン、チベット難民問題など、すべて州の成立前にその起源を求めることができる。一方、内的要因は、インフラ整備や観光開発を計画的に進められない州政府の行政能力の低さや、開発予算の流用つまり汚職、そしてトライブをベースにした政治闘争である。こうした中で、観光による自立化や地域開発をスムーズに行うことは非常に難しい。外的要因と内的要因はすべてが絡み合って双方向に作用し、観光開発だけでなく、地域開発を進めることも容易ではない。

国境地帯でのツーリズムは、最初から多くのリスクを日常的に背負っていることの自覚が必要である。「最後のシャングリ・ラ」というチベット文化によるイメージの創出が、非チベット系のトライブを巻き込んで州全体の観光開発への「離陸」の契機となるかどうか、暗中模索が続いている。チャクマ、ハジョンがアルナーチャルに移住してから半世紀以上経っている。この難民問題がいずれロヒンギャ問題のように国際社会の非難を浴びるようになれば、「シャングリ・ラ」という理想郷イメージは、民族浄化や少数民族迫害の地という負のイメージで上書きされてしまう可能性もある。

ただし、中国雲南省の「シャングリ・ラ」で起こっている状況は新たな可能性を示唆する。コーラスは、この地にチベット的なものを求めて訪れる大量のツーリストが、「シャングリ・ラ」を俗化するのではなく、逆に神聖な巡礼地あるいは聖山を生産し、「再神聖化」（re-sacralized）してゆくと指摘した［Kolas 2008: 76-77］。その背景に、中国の文化大革命による宗教弾圧とその後の観光の導入による大転換があるが、ツーリストの持つ力の働きの大きさを見逃すことはできない。

アルナーチャルの場合、観光の成功例はアパタニのミョウコウ祭だが、この祭りが州政府の財政援助なしに運営されていることが成功の理由だという点は、重要である。政権交代などに翻弄されることがないからである。チベット仏教文化圏では、逆にイベント祭に大金がつぎ込まれ、パドマサンバヴァやダライ・ラマの聖地として、モンパやメンバが自らの文化や伝統を見直し客体化するまでには至っていない。橋本和也の言う「観光文化」は、生成の域まで達していないのである。(105)

世界の旅行者が最も頼りにするガイドブックを発行するロンリー・プラネットが、いみじくも「最後のシャングリ・ラ」と名付けたことは、新たなブランド・イメージの創出を通じて観光による地域振興につながる可能性は十分ある。グローバリゼーションの流れは、「辺境」地帯にまで及びつつある。「チベットの知られざる秘境」、それはまさしく西欧社会が造り出したオリエンタリズムによる想像のイメージである。グローバリゼーションが進む中で、このイメージを逆手にとってアルナーチャルがどのような動きをするのか。「観光」が地域住民の文化に対する自意識を高め、アイデンティティを育成する［山下　一九九九：一七〇―一七二］だけでなく、「観光の可能性を追求すること」で新しい形の人間開発や環境保護運動を生み出す可能性もある。今後のアルナーチャルが独自の「持続可能なツーリズム」に結び付けられるか否か、課題はあまりに多い。「シャングリ・ラ」イメージは、可能性と限界性をともに浮き彫りにする外部からの強い働きかけであるといえる。

註

（1）北東七州という時は、アルナーチャル、アッサム、マニプル、メガラヤ、ミゾラム、ナガランド、トリプラのことで、しばしばセブン・シスターズと呼ばれる。それにシッキムを加えて北東八州と呼ぶが、この場合のシッキムはイトコで、Seven Sisters and one cousin と表現される。

（2）インドの平均は、二一・九パーセントで、他の六州の割合は、マニプル三六・九パーセント、アッサム三二パーセント、ミゾラム二〇・四パーセント、ナガランド一八・九パーセント、トリプラ一四パーセント、メガラヤ一一・九パーセント（二〇一一年から一二年）[Planning Commission 2014: 31]。

（3）インド政府の計画委員会による州の開発報告も同様である [Planning Commission 2009: 245]。

（4）二〇一三年から一四年の労働・雇用省の統計（Youth Employment-Unemployment Scenario Vol.II によれば、学士以上の学歴を持つ一八歳から二九歳の失業者は、インド全体では一五・六パーセントだが、アルナーチャルでは二四・五パーセントに達している。

（5）選定には、国単位や市町村単位のトップ・テンもある。地域単位のトップ・テンは、第一位のウェールズ地方の海岸部、中米のマヤの歴史文化地域、ケニア北部に次ぎ、四番目にアルナーチャルの名がある。

（6）ハリウッドで映画化され世界的に知られたが、人物設定その他、原作とは異なる点も多い。

（7）[石濱 二〇〇五b：一八]。田中公明によれば、シャンバラは、ヒンドゥー教の説話文学『プラーナ』に説かれた一種の理想郷で、密教経典『時輪タントラ』にも典拠があるが、位置の確定は不可能である [田中 一九九四：六八、七二]。

（8）西シアン県のメチュカ、上シアン県のトゥーティンなどであるが、付近は係争地の最前線で、軍事基地がある一方で、州内でも際立って道路や電気・通信などインフラ整備が遅れている。

（9）三月一五日付 The Arunachal Times

（10）州政府観光局が製作した Annual Report 2012-2013の冒頭にも、ジェームズ・ヒルトンの『失われた地平線』に書かれたシャングリ・ラが、アルナーチャルにふさわしいことが強調されている。

(11)　二〇一二年にブータンを訪れたツーリストは一〇万五四〇七人と過去最高を記録し、前年比六四・六二パーセント増である（Tourism Council of Bhutan, *Annual Report 2012, Bhutan Tourism Monitor* より）。ブータン観光に関しては、［脇田　二〇一〇］を参照されたい。

(12)　民族観光とは、民族集団の文化や生活形態の見聞や経験を目的とし、直接的な接触を試みて、エキゾチックなものを通じて異文化への興味を掻き立てるものである。ゲストとホストには経済格差や文化的な異質性がある。文化観光は直接的な体験には踏み込まず、工芸品や装飾品などの購入や舞踊鑑賞にとどまる。

(13)　正式名称は Directorate of Tourism, Government of Arunachal Pradesh である。

(14)　小説では、主人公のイギリス人が乗った航空機がハイジャックされ、ヒマラヤの雪の中に墜落した。

(15)　主要な経済パートナーだったソビエト連邦が一九九一年に崩壊したことにより、それまで目を向けてこなかったＡＳＥＡＮ諸国との経済連携を強く意識し、空路の拡充やツーリズム、人的交流などに力を注ぐようになった［Sikri 2009: 112-113］。

(16)　北東評議会（North Eastern Council）が作成した。この評議会は、地域の開発計画を練り上げるために一九七二年に成立した、各州の代表から成る助言機関で、計画の実行責任は各州にある［Behera 2004: 2］。

(17)　二〇一七年八月八日付 The Arunachal Times（二〇一八年四月一九日最終閲覧）。

(18)　二〇一八年四月現在。

(19)　二〇一八年三月二六日付 Indian Times（二〇一八年四月一八日最終閲覧）。

(20)　ガイドのライセンス制度はなく、運転手がガイドを兼ねている場合も多い。監視がついているわけではないので、実際には法に触れない限り行動は自由である。現地の旅行会社に手配を頼まず、ガイドなしで公共交通機関を使って旅行している外国人も多い。

(21)　二〇一三年に、州政府観光局が初めて七六ページの小冊子 Annual Report を発行したが、ツーリストに関わる統計は、**【表5-1】**にある一九九九年から二〇一二年までのツーリスト数だけで、他の統計は一切ない。

(22)　二〇一二年一月十六日付 The Arunachal Times の記事から。

(23) インド政府のルック・イースト政策に関連した特典と思われる。

(24) 二〇一一年一月にタワンを旅行していたインド財務省勤務のC氏からの情報による。この制度の詳細は、http://persmin.nic.in/DOPT/EmployeesCorner/Acts_Rules/CCS（LTC）/contents.html を参照（二〇一二年一月一二日最終閲覧）。

(25) http://arunachal24.in/trans-arunachal-highway-are-not-constructing-as-per-dpr-alleged-aaptahwa/（二〇一八年四月三〇日最終閲覧）

(26) 二〇一一年七月九日付の The Arunachal Times は、アッサムとの州境のバルクポンとタワンを結ぶ道路に関して保守の悪さを批判し、タワンの青年指導者の談話として、「最近、国の防衛大臣がアルナーチャルにおける軍事力の強化を発表したが、現実には道路はお粗末な状態で、一九六二年の国境紛争の際に道路がないことで苦労したのに、半世紀経った今でもほとんど改善されていない」と報じている。

(27) 二〇一一年四月二一日付 Times of India は、防衛大臣がBROの不正に関する調査を高等裁判所に依頼したと報じた。国境地帯の道路の悪さが、使用済の費用に見合わないという。この中には、アルナーチャルも含まれている。http://pib.nic.in/newsite/PrintRelease.aspx?relid=137790

(28) 例ば、二〇一七年一一月二二日付 Time 8のニュース。https://www.time8.in/apathetic-road-condition-of-assam-arunachal-attract-undue-attention12/

(29) このヘリコプターの導入を決め、二〇一〇年一二月一二日にタワンのウギェン・ヘリポートの落成式を行ったのも、亡くなった主席大臣であった。

(30) 二〇〇八年に初の立憲君主制・議会制民主主義選挙が行われた際に、地元選出議員が公約したサクテン、メラへの携帯電話網、電力供給は、二〇一一年末には実現し、道路建設も進められている。ただし、急激な開発の弊害もないわけではない［脇田 二〇一二］。

(31) 二〇一五年三月二日付 The Arunachal Times には、アッサムから到着した二人組の男性が、ILPも乗車券も所持していなかったというケースが報告されている。

(32) ナガランド政府観光局が二〇一二年に発行したパンフレット'Nagaland' 四四ページより。

(33) 首席大臣は、「豊富な観光の可能性によって、この州を観光のハブにしようではないか」と檄を飛ばし、州を世界に観光地として知らしめ、多くのツーリストを呼び込むための、ツアー・オペレーターの努力に期待していると述べた。そのためにはPAPやILPの取得日数を短縮し、国内ツーリストのILPは各地の事務所で一五分以内の取得とする提案をした。それが実現してILPのオンライン申請が可能になったのは二〇一八年である。

(34) 土地や店舗の賃貸契約には、トライブが名義を貸している。ILPの更新手続きは、一年ごとで、最初の申請時に一二〇ルピー、更新料は一〇〇ルピー（二〇一三年一〇月現在）。祖父の代からアルナーチャルで商売をし、長く居住して、子供もここで生まれ育っているという人も多く見受けられる。

(35) 最多はアッサムからの移住者で、一九九一年には、九四・〇八パーセントだった［Bhattacharjee 2010: 333］。

(36) http://www.arunachaltourism.com/tour-operators.php（二〇一八年四月二二日最終閲覧）。

(37) https://www.anzen.mofa.go.jp/info/pchazardspecificinfo_2018T010.html#ad-image-0　外務省海外安全ホームページより（二〇一八年四月二二日最終閲覧）。しかし、インドの他州同様、最新情報を収集した上で注意を払っての旅行であれば、各州とも旅行には問題はないというのが、筆者の考えである。

(38) チャンラン県のホームページより http://www.changlang.nic.in/stilwell.html（二〇一八年四月二〇日最終閲覧）。

(39) この特別法の条文は［Upadhyay 2009: 134-136］でも参照できる。

(40) トリプラは二〇一五年に解除され、メガラヤの解除は二〇一八年四月四日である。アッサムはガウハーティー、マニプルの場合はインパールだけは除外されているが、ナガランドとミゾラムは州全体が適用地域となっている。

(41) 二〇一八年四月三日付 The Arunachal Times によれば、この延長決定とともに、下シアン県のリカバリ（Likabali）と東シアン県のルクシン（Ruksin）の二カ所の警察署は対象地域から外された。

(42) ナガ民族のインド政府との関係については、［井上　二〇〇八ｂ］を参照のこと。IM派はその幹部である Isak Swu と T. Muiva の二人の名前のイニシャルで、Kとは S. S. Khaplang のイニシャルである。Khaplang が分派を結成して以降、元のNSCNがNSCN（IM）となった［井上　二〇〇八ｂ：二九七—二九八］。

（43）［Dai 2007］［Dai 2010］にこの三県におけるＮＳＣＮ二派の活動や州議会の動きなどが詳しく書かれている。

（44）The Arunachal Times のコラムニストであるトンガム・リナ（Tongam Rina）は、二〇一五年四月一五日付の同紙に「ＡＦＳＰＡという名の恐怖」という記事を寄せ、ＡＦＳＰＡのアッサムとの州境への配備を非難しているが、ＮＳＣＮの三派が政府と並行して活動している三県では、彼らが政府と並行して二重の行政を行っていると書いている。

（45）二〇一四年一月四日付 The Arunachal Times より。

（46）この鼻の穴は幼い時に開けられ、年齢とともに大きくしてゆく。ヤピンは「鼻」、フロは「栓」のことである。

（47）二〇一七年八月六日にズィロで主催者から聞いたが、実際に他のアパタニに確認したところ、六〇〇〇人というのはかなり大げさな数字ではないかという。

（48）マホツァヴァ Mahtsava はヒンディー語で「大きな祭礼」「大きな行事」を意味する。

（49）二〇〇三年当時の観光大臣は、タワン出身のＴ・Ｇ・リンポチェ、二〇一三年のタワン・フェスティバルの場合も、タワン出身のペマ・カンドゥが観光大臣を務めていた。二人ともボーティ語、自治地域要求運動の主要メンバーでもあった。

（50）筆者は同年のフェスティバルは見ていないが、翌月一一月と一二月にタワンでその様子と感想を地元の人びとから聞いた。「五日間は長すぎる、三日間で十分だった」、「ツーリストのためではなく、政治家などのＶＩＰゲストを招待するためのイベントだった」と不評であった。

（51）この時は、タワンにある約一五軒のホテルは州外からの歌舞グループなどが滞在するため満室で、ツーリストの数が少なかったのは、不幸中の幸いであった。受け皿が整っていないのに大きなイベントを仕掛ければ、ツーリストに不自由を強いることになり、観光にとっての逆宣伝になることは考えられていない。

（52）当時の州議会は国民会議派が主流を占めていた。ラフール・ガンディの初のタワン訪問は、短時間とはいえ、中央とのつながりを強化する大きな出来事であったことが、フェスティバル期間の連日の The Arunachal Times の興奮した報道ぶりからうかがえる。

(53) 開催初日にタワンに到着した参加者は一部だったため、実質的な促進プログラムは、一九日と二〇日の二日間だけであった。
(54) 当初は、ITM参加者に限り特別にPAPが免除されるという観測があったようだが、通常通り必要であった。参加者の多くは、二〇一一年のヘリコプター事故のことを知らされていなかった。
(55) 筆者もタワンに滞在中だったので、現地参加者として会議等に出席した。
(56) この政策の一環として、マニプル州のモレー（Moreh）からミャンマーを経由してタイのメーソート（Mae Sot）までの道路建設も検討されている［Sikri 2009: 116］。このこともITMで話題になった。
(57) 二〇一一年国勢調査によれば、シッキムを含めた北東八州の総人口は四五五八万八〇五二人で、インド総人口に占める割合は、三・八パーセントである。
(58) 後日、州の観光局長に理由を尋ねたところ、自分たちもブータンの参加を希望したが、中央の観光省がそれを聞き入れてくれなかった、費用を出すのは自分たちではないので強く言えなかった、とのこと。
(59) 高地であるため、夕方五時ごろの気温は五度以下で、そんな中、ベトナムから参加した女性は、薄手のアオザイを着ているだけだったので、寒さに震え上がっていた。参加者の半数は途中で退席してホテルに戻ってしまった。
(60) 二〇一三年一〇月二六日付 The Arunachal Times に、インド政府観光局のキャッチ・コピーである“Incredible India”をもじって、“Incredible Arunachal and its glitches”（途方もなく素晴らしいアルナーチャルとその問題点）という見出しの記事が掲載された。
(61) 日本からナガランドまでは、通常、片道二日から三日、タワンまでは、三日から四日かかる。
(62) 雲南省で迪慶よりも先に観光が発展していた麗江が「シャングリ・ラ」と名付けられなかった理由は、納西族がチベット系ではなかったことによる［Kolas 2008: 8］。
(63) **【図1-1】**で Medok と表記されている場所である。メチュカやトゥーティンの人びとの中には、その周辺から移動してきた人びとも含まれる。
(64) http://www.aborcountrytravels.com/pemako-pilgrimage/（二〇一八年四月二二日最終閲覧）

（65）二〇〇六年五月に訪問した体験記　http://www.nyingma.com/ogyan-cho-khor-ling/A%20Brief%20Pilgrimage%20to%20Pemako.pdf（二〇一二年一二月三日閲覧）。

（66）"If there is a Paradise in NEFA, this is it, this is it, this is it"［Elwin 1959b：67, 1964：258］

（67）この習慣は、破仏王の別名で知られるチベットの王ランダルマに関する無数の伝説の一つに由来する。彼の頭には角があり、口は黒かったという。王は髪を三つ編みにして髷を作り、角を隠した［Shakabpa 1967：53］。あるモンパの話では、帽子を脱いで頭をなで、舌を出すことにより、自分が無害で忠実であることを示すあいさつで、もともとチベット人の習慣だったという。青木文教は、舌出しについて、高貴な人の前での礼儀で、無言を守る代わりに「物を言うべき舌がないわけではない」という意味を示す奇習だと記している［青木　一九二〇：三三八］。現在、この習慣は、モンパの中にはまったく見られない。

（68）二〇一一年も前日に大雪が降ったが、一日で止み、祭りに影響はなかった。だが、団体旅行のコースには入れにくいだろう。

（69）ヘリコプターの運行は二〇一三年一二月に再開されたが、悪天候の場合は運航されない。その場合は、峠越えの陸路しか方法がない。

（70）その生涯や時代背景については、［Aris 1989］や［Mullin 2001］などに詳しい。恋愛詩集は、チベット語の原典が、英語・中国語・日本語に訳されているが、英語版でさえ、現地では入手できない。

（71）一九六六年、紅衛兵たちが広宗寺に乱入して霊塔を壊し、ダライ・ラマ六世の遺体を取り出して焼いた時、遺骨の中から入滅の際に飲み込んだ仏舎利が輝いて出てきたという話を、地元の人は信じている［菅沼　二〇〇四：一九七］。

（72）二〇一一年一二月九日の州観光大臣ペマ・カンドゥへのインタビュー。だが、そう言いながら、第二回ＩＴＭにブータンは招かれていなかった。

（73）二〇一二年六月二日付 The Arunachal Times にも、写真入りで批判記事が掲載された。無駄に費やされた莫大な費用を病院や学校建設に向けるべきだったことと、責任の所在を問う内容である。

(74) 二〇一七年四月一四日付 The Dawnlit Post には、アルナーチャル・シビル・ソサエティという団体が、「難民であるダライ・ラマが、公共施設である大学や博物館の落慶式を行うことは、インド憲法の下で許されないのではないか。州主席大臣が二週間も州都を留守にしている（ダライ・ラマと行動を共にしている）ことも問題だ」という批判が掲載されていた。

(75) 二〇一七年四月九日付 The Arunachal Times には、この金額が決められたのは、ドルジェ・カンドゥの後継の主席大臣になったジャルボン・ガムリンの時だったと書かれている。二〇一一年の交換レートで約三六〇〇万円に相当する。

(76) 二〇一三年一一月一一日付 The Arunachal Times には、All Libo Bokar Ramo Studens' Union と書かれている。リボはパイリボ（Pailibo）の略ではないかと思われる。コミュニティは三つともアディのサブ・トライブとされる[Singh 1991: 16]。

(77) 二〇〇二年にメチュカのグルドワーラーを訪ねたフーバーによれば、二〇世紀前半から、チベット人仏教徒がパンジャーブ州アムリトサルにあるシク教の大本山黄金寺院の周囲の貯水池をパドマサンバヴァゆかりの聖地として巡礼に訪れるようになっているという、逆のケースがあるという[Huber 2008: 232-247]。

(78) グルドワーラーを案内してくれたメンバの知人は、近くの猿の顔に似た岩を、兵士たちが「ハヌマンの岩」と呼んでいるとし、「こんな場所だと、あの人たちにも何か楽しみがないとね」と語った。

(79) http://www.Visitarunachalpradesh.com/tourusm.php（二〇一二年三月一一日閲覧）

(80) 二〇一二年三月一〇日付 The Arunachal Times などを参照。

(81) 上シアン県のトゥーティン（Tuting）から国境に近いゲリン（Geliing）にかけてもメンバの村があり、その奥には、伝説のペマコと呼ばれる場所があるが、この地域は、外国人の入域が厳しく、筆者も二〇一〇年一二月に特別にゲリンまでは行くことができたが、その奥へ入ることは許されなかった。ゲリン滞在中も、国境警備の役人によって、村での写真撮影が厳しく制限された。

(82) 二〇一七年八月現在の状況である。

(83) http://arunachal24.in/adventure-at-mechukha-festival-brought-a-visible-change-cm-khandu/（二〇一八年四月二四日最終閲覧）

(84) 第四章でも言及したように、一九三七年生まれのインドの社会活動家（男性）。汚職に反対し、二〇一一年に長期の断食による抗議活動をして有名になった。

(85) ロブサン師によれば、アルナーチャルでは、森林はコミュニティに属していて、個人が簡単には処分できないため、住民は、コミュニティのリーダーの指導の下に判断することになる。無知な住民を政治家と結びついたトライブ・エリートがミスリードする構造があるという。

(86) 二〇一三年二月一二日に急遽タワン県の行政機関と水力発電担当者による水力発電所建設に関する会議が開かれたが、限られた人しか招かれなかった（三月六日付 The Arunachal Times）。

(87) 二〇一二年一二月二五日付 The Arunachal Times にも、道路に横たわる僧侶の写真と一緒に報道された。

(88) その直後の一二月三〇日にタワンでロブサン師にインタビューした。この時、NHPCへの破壊行為は自分が指導したことではないが、彼らを止められず暴力沙汰になったことは自分の責任で、大変残念なことだったと語っていた。

(89) この事件当日、筆者の東京の自宅に、タワンで世話になったモンパの姉妹が宿泊していた。そのため、このニュースはSNSを通じてリアルタイムで筆者にも届いていた。二人の犠牲者のうちの一人は、その姉妹の友人の新婚間もない夫でもあった。翌日三日付の The Arunachal Times によれば、この事件の発端となったロブサン師の逮捕は、ペマ・カンドゥの命令によるものだったことが示唆されている。この事件の後で、師は釈放されている。

(90) 二〇一六年五月五日付 The Arunachal Times より。

(91) ロブサン師の説明では、自分に万が一のことがあっても、外で支持してくれる勢力がいれば、後継者がその指導を受けて運動を継続することができる。つまり保険である。個々の発電所計画と、自然や文化財との関連性を明確にすることによって、一般住民にも理解しやすくするよう努めているという。

(92) インド部族問題省のリストおよび［Prasad 2007：1378］より。

(93)［Chaudhury 2003：257］［Bhaumik 2009：39］など。

(94)［Das & Rahman 2015：52］より。一九六四年から六九年の各県の内訳は、ロヒット県に二一四家族一一九二人、パプム・パレ県（旧スバンシリ地区）に二三八家族一一三三人、チャンラン県（旧ティラップ地区）に二一四六家族一万一八一三人のチャクマと一五〇家族七五〇人のハジョンとなっている。

(95)彼らはボドの一支族とも言われているが、言語はボドとは異なり、ベンガル語を媒体言語としている。ヒンドゥー教のうち、シャークタ派とヴィシュヌ派の二派に分かれている［Choudhury 1980（2008）：100］。

(96)アッサムでは、インド独立前の東ベンガルからのベンガリー・ムスリム、独立時のベンガリー・ヒンドゥー難民などや、国内の西ベンガルなど他州からの移住者への不満があり、一九七〇年代から「外国人」排斥運動が起きていた［井上　二〇〇三：六四―六六］。

(97)Committee for Citizenship Right of the Chakmas of Arunachal Pradesh（略称ＣＣＲＣＡＰ）からの上申書。http://www.nhrcasia.com/limage/52653f08084fe1021201394944.pdf

(98)二〇一〇年九月三〇日付 The Arunachal Times より。この時の州主席大臣はドルジェ・カンドゥであった。

(99)二〇一七年一一月二一日付 The Arunachal Times によれば、ＡＡＰＳＵの代表がニューデリーでインド大統領に会見し、チャクマ・ハジョン、チベット難民問題、ナガ問題などに対する要望書を手渡した。そのインタビューの中でＡＡＰＳＵは、難民側がさまざまなネットワークを広げて、アルナーチャルの人びとが迫害者であるとの説を拡散させていることに言及している。

(100)二〇一八年四月二八日付 The Arunachal Times には、ＡＡＰＳＵが三〇万人という数を挙げていると書かれている。

(101)アッサム辺境条例の助言に 'barbarous or semi-civilized tribes' という表現が見える［Luthra 1971（2007）：51］。

(102)同様の意見は、［Bhaumik 2009：39］にも見られる。ディーパック・シンのインタビューによれば、「他のインド人はアルナーチャルに一時的に滞在するだけだが、チャクマは永住権だけでなく、自分たち（指定トライブ）が現在享受しているすべての権利を主張している」と警戒されているという［Singh, D. K. 2010：215］。

(103) [Anderson 1983]。「トライブ」が、同胞愛の下に居住地や言語などの違いを無視して共同体として想像される場合も、「国民」と同様のことが言えるだろう。

(104) バウミクは、治安の悪さがツーリズム不振の原因ではなく、政府がツーリズム・インフラ整備にお金をかけ、私企業もツーリズムを事業化するべきだと述べている。

(105) 観光開発を経済発展の起爆剤とするには多くの課題があるが、自分たちの持っている文化の力を改めて認識し直して、何が資源として重要かをランク付けして、外部に提供できる道筋をつけなければならない。アルナーチャルについて知っている外部の人びとは、インドの内部・外部を問わず極めて少数でしかなく、ツーリストへの情報はわずかで、何が魅力なのかさえ不明であり、観光を推進する動機付けが、外的にも内的にも弱い。

終章

本書は、各章が独立したテーマを扱っているため、ここで、その内容を、章の流れに沿って総括しておく。

アルナーチャル・プラデーシュ州は、三カ国と国境を接する国境地帯にある、インドで最も人口希薄な州である。この地域は、一八三八年にイギリス植民地政府のアッサム統治が始まるまでは、文明化されていない山岳部族が住む地として以外は、まったく関心を持たれていなかったが、茶園経営が盛んになるにつれ、平原部のイギリス臣民の権益を損なうことがないようにと、丘陵部とを隔てる内郭線が引かれ、北東辺境地域として隔離されてきた。

これまで述べてきたように、モンパとは、チベット南方の「未開の民」をイメージする総称であった。ブータンが、一七世紀初頭にチベットから亡命してきたシャプドゥン・ンガワン・ナムギェルによって統一され、同時期に現アルナーチャルの西部に当たるモンユルの回廊地帯がチベットの支配下に入ったことにより、かつてのモンユルの間には明確な政治的国境が生まれた。モンユルの回廊地帯のモンパは、仏教を通じて文化的、政治的にチベットの影響を強く受け、隣接して暮らす非仏教徒のトライブを「ロバ」あるいは「ギドゥ」と呼んで自分たちと区別した。つまり彼らの存在が、総称のモンパと他のトライブ集団とを隔てる境界を生み出したと考えられる。モンパ自身は、チベットの、特に仏教文化の影響は受けつつも、チベット人に完全に同化することはなかった。だが、単一言語を持つ文化共同体というわけではなく、強いて言えば、州内における共通のモンパのアイデンティティがあるとしたら、それは、「チベット人でも、ロバやギドゥでもない」という極めて漠然としたものであろう。

中国やブータンに住む、同じ言語を共有する人びとの間の境界は、国境という物理的な境界線によって生まれたもので、歴史上起きた人びとの移動やそれぞれの国家における政治的な変化の中で形成されていった。モンパ、メンバ、門巴族と称されるそれぞれの集団は、地形や地理的条件に合わせて、国境を意識せずに牧畜・農業・遠距離交易などを生業としてきた人びとであったかもしれないが、「一つの部族」という実体があったわけではないのは、リーチがカチンを例に述べている通りである(1)。

歴史的にも地理的にも、モンユルの回廊地帯は西隣のブータンとの関係が強く、その交流の結果、現在モンパ女性が着ている民族衣装が東ブータンからもたらされたと思われる。だが、チベットに支配されていた時代、贅沢品である絹の衣服を身に着けることのできなかった人びとが、明確な時期は分からないが、おそらくその支配が弱まるころから、シルクの中でも安価なエリ・シルクの貫頭衣を着るようになったと考えられる。それ以前は、ウール製の紺や黒の貫頭衣だったものが、鮮やかな色の軽い貫頭衣に変わり、それが各地に広がっていったのであろう。この変化はモンパにとっての「ウール＝チベット」から「エリ・シルク＝インド」へという帰属の転換を象徴していると理解できよう。

一九一四年のシムラー条約によって、現在のアルナーチャルに当たる地域全体がインド領となったが、実際にチベット人が去り、インドの行政がタワンまで及んだのは、一九五一年のことである。そしてインド政府が最初にしたのは、インド憲法の下に「指定カースト」「指定トライブ」という優遇措置を受ける後進諸階級を制度化し、一九五六年にアルナーチャルのすべての「部族」集団を指定トライブに指定したことである。そんな中で、モンユルの民の総称だったモンパが、指定トライブのモンパとして統合されていく過程を、民族衣装の変化の中に見出すことができる。その変化に影響を与えたのは、指定トライブとしての認定作業とちょうど同じころに起きた一九六二年の中印国境紛争であると筆者は考えている。中印国境の微妙な場所に位置するゼミタンのパンチェンパと呼ばれていた人びとや、かつてチベット人と呼ばれていたマゴウの人びとが、国境紛争後、しだいに衣服を変え、「均質なモンパ」となっていった変化から、そのことが推定できる。このことは、「民族は虚構」であるとしても、近代の国民国家の概念が民族の概念をも地理的・文化的・政治的に実体化あるものとしていくという民族現象そのものは否定されないとする田中克彦の主張［田中　一九九四：三五七］を肯定するものであろう。

そしてモンパの民族衣装は、チベット人や同じ地域に住む他の集団との差異を示すために、ラック染料で染めた「貫頭衣」に「腰当て布」を用いることにより、モンパという民族を自己表象するようになった。それは、北のチベットと南の非モンパ集団に挟まれたモンパが、ブータンのサクテン、メラに住むブロクパたちへの親近感から選んだものだった可能性がある。一方でブータンのブロクパの方は、一七世紀にブータンにドック派を国教とする政権が成立する中で、ブータンの中で例外的にゲルク派を信奉する宗教的マイノリティになったが、タワン僧院や牧畜という生業、そして婚姻を通して、モンパとも交流を深めてきた。しかし、かつては周縁に置かれていたブロクパも、ブータンという国家への帰属意識がしだいに強まり、黒一色の腰当て布のみを用いることで、インドのモンパとの差異化を図ったと考えられる。

中印国境紛争は、タワン県、西カメン県が舞台だったこともあり、多くの人びとがアッサムへ逃れた。戦争中に難民キャンプでインド政府の庇護を受けた人びとが、インドへの帰属意識を実感した機会であっただろう。戦争後、チベットとの国境が閉ざされ、チベットに近いタワンの人びとも、いやおうなしにインド平原との文化的・経済的な関係を受け入れざるを得ない状況となった。とりわけ教育の面での影響は大きく、アッサム語と英語、そして後にヒンディー語が学校教育で取り入れられ、この地域は急激なインド化が進むことになる。

一方、インド化や近代化にさらされたはずである伝統文化を考察してみると、タワン僧院の「トルギャ祭」「ドンギュル祭」は、チベット仏教がさらに強化され、定着したことを示している。また、ギャンカル村の「ヤク・チャム」の場合には、正月などの特別な時期に行われてきたモンユルの古くからの民俗儀礼が、しだいにその出番をなくし、その間に、別のチベット系の若者集団がパフォーマンスとしてのヤク・チャムを演じて、商業的にも成功しつつある。ここでは、伝統的なヤク・チャムを演じてきた人びとやその周辺にいる人たちが、まだ前近代の状態にいて、状況をモニタリングできていないことが分かる。その結果、自らの伝統文化を客体化することができず、ショー的なパフォーマンスに対抗できずにいる。若手の後継者が育たなければ、民俗儀礼としての「ヤク・チャム」が、自然に消滅してゆく可能性も否定できない。

モクトウで続いている紙漉きは、ヒマラヤ各地で行われてきた製法と素朴な道具による原始的ともいえる方法であるが、古くからの共同体の互助システムを使って小規模ながらも続き、しだいにその従事者も増えつつある。しかし、それを産業として育てようとする行政の指導や援助は、現地の事情を考慮していない。そのため、現在のところは結果を出せず、結局、官に頼らず古くからのやり方に従ってきた人びとによってかろうじて継続できている。国境が閉ざされた後の伝統文化に対するインド化の影響は、この三つの事例でみる限りは、直接にはないが、ヒンディー語教育によって母語を話せない若い世代が、口承伝統であるヤク・チャムを継承するのが難しくなるという問題は近い将来起こり得るだろう。

ところが、現在モンパのエリートたちが率いている運動は、チベット語をボーティ語と言い換えて第三言語として学校で教えること、さらにチベット語をインド憲法第八附則の言語に含めさせようというものである。後者は、ラダックなどで進められている運動に呼応している。モンパにとっては、チベット語はどの地域のモンパにとっても母語ではない。田中克彦は、母語は、それを守ろうとする言語共同体としての話し手の強い意志が働かなければ、方言、さらには単なる土着民の「土語」にまで転落し、その結果、自らが独自の言語を話す独立の民族であるという主張の根拠を失ってしまうだろうと言う〔田中　二〇〇四：二〇七―二〇八〕。モンパの場合には、複数の言語共同体から成っているが、そのいずれもが、この運動の中で母語を守ろうという意思を示してこなかった。そこには、州内の他のトライブ集団の中に、自ら母語を表記するための文字を創り出す人びとが現れたこととは異なる動きが観察される。

さらにこの言語要求をしている人たちは、タワン県と西カメン県をモン自治地域にするよう中央政府に要求し、ごく最近になって、指定トライブのリストの中にMonpaという名称を明記するよう求め始めている。各自が所持する指定トライブの証明書にはすでにMonpaと記載され、これまでその弊害があったとは聞かないが、言語と自治の二つの要求運動の中で急に問題提起されたものである。これら一連の運動は、まだ「われわれ意識」が生じる以前の段階にあるモンパを、なんとか仏教の下に統合し、行政上の名付けである「モンパ」から「モンパという民族集団」を実体化させ、自治を要求して、州内の他のトライブ集団や国家に対して自らの存在を再定位する過程と捉えられるのではないだろうか。この動きからは、「エスニシティは国民国家の枠内での政治集団形成の一形態だ」というコーエンのエスニシティ論(2)が思い起こされる。それは、州内の異なるトライブ集団との政治的な力関係において、州内では少数派、タワンと西カメン両県では多数派という存在のモンパが、選ばざるを得なかった方法であったのかもしれない。

だが、それは容易に達成できることではない。特に自治地域の地位を求める運動は、他のトライブ集団の反発を買い、トライブ間に摩擦や反目を生じさせる可能性もある。多数派・少数派の逆転は、アルナーチャルでことあるごとに叫ばれる「難民排斥」の場にも見られる。中印国境紛争後、人口密度の希薄なアルナーチャルにバングラデシュやチベットからの難民を移住させ、中国との「人間の壁」にしようとしたのは、インド政府である。近年になって、インド国籍や借地権などを難民に付与せよとの最高裁判所や中央政府の命令が出されるようになると、彼らが州内にとどまることは、「先住民」としての権利を危うくするものだとして州内のトライブからの反対の声を高めている。州の指定トライブの合計人口は、インド全人口のほんの〇・九パーセント余りに過ぎない。しかし、この場合は、「先住民」だと主張する指定トライブに対しては、難民が少数派となり、排除の対象となっている。エリクセンも言うように、エスニシティにおける少数派と多数派という概念は、確かに「相対的」で「関係的」である［Eriksen 2010: 148］。

中央政府の指示でアルナーチャルに移住してきたにもかかわらず、難民の人びとの人権は、州内のトライブの既得権を守るためという大義名分のために切り捨てられ、難民はことあるごとにスケープゴートにされてきた(3)。例えば、ボーティ語教育やモン自治地域の要求は、他のトライブ集団からは、ダライ・ラマやチベット難民と結び付けられやすい。それは、現在の州主席大臣がモンパであることから、その動向とともに常にマスメディアに注視されていることもその要因の一つである。州政府へのさまざまな不満が、直接州政府に向けられるのではなく、弱い立場にあるチベット難民、あるいはチャクマおよびハジョン難民に向けられているのである。難民の若者の存在は、州内では就学や就職に関わる少ないパイを奪い合う競争相手とみられているのである。難民の移住とその身分保証については、中央政府が決めたことであり、その責任も中央政府にあるが、州政府も、難民問題を政争の道具にして真剣に解決策に向き合ってこなかったことは事実である。

モンパの二つの要求運動の成否は、州が進めている観光化の現状を見ても、ある程度予測することができるだろう。「シャングリ・ラ」という仏教イメージの強いキャッチ・フレーズは、「仏教徒モンパ」という自己表象を資源化することであるが、それを進めるモンパやメンパは州内の少数派であり、チベット仏教文化を資源化する以前に、それがモンパやメンパ自身に「自文化」として取り込めていないという問題がある。現職の州主席大臣の出身地であるタワンは、ダライ・ラマ六世の生誕地であるが、州政府も地元のエリートたちも、その価値を本当の意味では認識していない。中国は、その第二の伝説に基づいて内蒙古自治区のアラシャンをダライ・ラマ六世終焉の地として聖地を作り出し、観光化を図っている。モンパの場合には、ダライ・ラマ六世の残した一連の恋愛詩さえ大半の人びとには知られていない。チベットに支配されていた時代、僧侶以外のほとんどの人びとが文字の読み書きができず、チベットが去った直後にインドによる教育が始まったことが、その理由である。それは、モンパが自らの文化や伝統を醸成したり構築したりする時間がないうちに、言語によるインド化が進んでしまったため、とも言い換えられるだろう。

モンパがインド国民となってから六〇年あまり経った。その間に、民族衣装など外見ではモンパ内の統合が進んでいるといえるが、言語や地域の違うモンパ間に「われわれ意識」があるのかどうか、その内実はまだ分からない。それを知る手がかりは、第四章追記でも触れた、モンパ・ミマン・ツォクパにあると考える。ごく最近発足した、モンパを統合することを目的とした組織である。モンパである州主席大臣は、その発会式でのあいさつで、モンパ間の言語の違いを認識した上で、「ボーティ語を共通語にしよう」と呼びかけた。これに対し、ツォクパに参加しているすべてのモンパが賛同したのかどうかは分からないし、まだ組織されたばかりで、その実態と今後の進展に関しては何とも言えない。しかし、ボーティ語教育が容易ではないことは、第四章でも述べた通りである。今後、このツォクパや言語教育や自治地域要求運動に、政治家やエリートだけでなく、一般の人びとがどう関わっていくかを観察することが重要であろう。

モンパに「われわれ」意識があったとして、それを支えているのが、単に総称として「モンパ」と呼ばれていたことによる虚構だとしても、現実には、インドの行政上のトライブ集団モンパとして政治行動を起こしているといえる。福井は、私たちが「民族」と呼んでいる集団は、時代的状況や周囲との関係によって、「選びとれないもの」と思いがちな出自や母語といった基本的属性までも新たに生み出し、近隣の集団を巻き込み、あるいは分裂して、離合集散を繰り返している、そして民族を永続させるためには、いつの間にかできあがった虚構の世界を「選びとれないもの」として後世に継承させていくことが不可欠になっていくと述べている［川田・福井　一九八八：三〇五―三〇六］。モンパの場合には、離合集散というほどの現象は起きていないものの、「選びとれない」共通の属性というものは、現実には存在しない。異なるトライブ間の結婚が一般的になりつつある現在、「仏教徒モンパ」という宗教的アイデンティティさえ、永続的とはいえない。

辛島昇は、「民族」に実体があるのかどうかという議論の中で、南インドのドラヴィダ運動を例に考察している。「民族」が実体的には存在していないがシンボルとして使われるとしながらも、言語文化に基礎を置く、いわゆる民族集団なるものの成員が持つ、ゲマインシャフト的感情の強さも見なければならないとしている［辛島　一九八八：一六七―一六八］。モンパにもゲマインシャフト的なものがあるのかどうか、それぞれの言語集団と他の人たちとの境界はどこにあるのか、まだ調べなければならない課題は多い。

註

（1）リーチは、民族誌的な状況で描かれている部族の多くが民族誌的虚構の産物にすぎないとする［Leach 1954: 290-291］。

（2）コーエンは、エスニシティは、異なった、しかし大きく関連し合った二つの次元、すなわち政治の次元と文化の次元から検討されるべきだとする［Cohen 1974: 160-161］。

（3）アパドゥライは、難民を含むマイノリティは、「それぞれの国家プロジェクトの強制と失敗の痕跡なのだ」と言い切り、「難民の存在は、国家が喧伝する、国民の公正さについてのあらゆるイメージを損なうものであり、彼らは古典的な意味でのスケープゴートである」と指摘している［アパドゥライ　二〇一〇：六一―六二］。

参考文献

■日文

青木文教
一九二〇『秘密之國　西藏遊記』内外出版。
一九四〇『西藏文化の新研究』有光社。
青柳まちこ（編・監訳）
一九九六『「エスニック」とは何か――エスニシティ基本論文選――』新泉社。
アパドゥライ・アルジュン
二〇一〇『グローバリゼーションと暴力――マイノリティーの恐怖――』藤倉達郎（訳）、世界思想社。
綾部恒雄
一九九三『現代世界とエスニシティ』弘文堂。
飯島茂（編著）
一九九三『せめぎあう「民族」と国家――人類学的視座から――』アカデミア出版会。
池田巧
二〇〇三「チベットの木版印刷の世界――デルゲパルカン研究への序説――」『活きている文化遺産　デルゲパルカン――チベット大蔵経木版印刷所の歴史と現在――』池田巧・中西純一・山中勝次（編）、一二四―一九一頁、明石書店。
石川栄吉他（編）
一九八七『文化人類学事典』弘文堂。
石濱裕美子

井関和代
二〇〇五a 「シャングリラ伝説の源流」『チベット文化研究会報』二九（二）：六―一一頁。
二〇〇五b 「シャングリラ伝説の源流 その2」『チベット文化研究会報』二九（三）：一八―二三頁。
一九九七 「デザインと製作」『岩波講座文化人類学 3 「もの」の人間社会』青木保他（編）、二〇五―二三一頁、岩波書店。

伊藤智夫
一九九二 『ものと人間の文化史 68―Ⅱ 絹Ⅱ』法政大学出版局。

井上恭子
一九八七 「一九八六年のインド――収まらぬ地域紛争――」『アジア・中東動向年報 一九八七年版』四八九―五二〇頁、アジア経済研究所。
一九九八 「インドにおける地方行政――パンチャーヤット制度の展開――」『アジア経済』三九（一一）：二―三〇頁。
二〇〇二a 「インドにおける分権化の進展」『民主主義へのとりくみ（現代南アジア3）』堀本武功・広瀬崇子（編）、一二五―一四七頁、東京大学出版社。
二〇〇二b 「インド北東地方――言語をめぐる状況――」『アジア・アフリカの武力紛争』武内進一（編）、八七―一二二頁、アジア経済研究所。
二〇〇三 「インド北東地方の紛争――多言語・多民族・辺境地域の苦悩――」『国家・暴力・政治：アジア・アフリカの紛争をめぐって』武内進一（編）、四三―七八頁、アジア経済研究所。
二〇〇八a 「ナガ：辺境における民族アイデンティティの模索と闘争」『講座世界の先住民族――ファースト・ピープルズの現在―― 3 南アジア』綾部恒雄（監修）、金基淑（編）、五三―七二頁、明石書店。
二〇〇八b 「インド北東地方の民族運動：ナガ民族について」『インド民主主義体制のゆくえ――多党化と経済成長の時代における安定性と限界――』近藤則夫（編）、二七七―三〇九頁、アジア経済研究所。
二〇〇九 「憲法第6付則を通してみるインド北東地方――多民族地域における差別的保護政策の問題――」『インド民

主主義体制のゆくえ――挑戦と変容』近藤則夫（編）、二三一―二六五頁、アジア経済研究所。

二〇一一　「インドの少数民族保護政策――差別的保護が対立を生む北東地方――」『アジ研ワールド・トレンド』（一九四）：二二―二五頁。

今枝由郎

一九九四a　「ブータン――チベット仏教最後の砦」『ブータンのツェチュ祭――神々との交感――』永橋和雄（写真）・今枝由郎（文）、一三〇―一五七頁、平河出版社。

一九九四b　『ブータン――変貌するヒマラヤの仏教王国――』大東出版社。

二〇〇三　『ブータン中世史――ドゥク派政権の成立と変遷――』大東出版社。

上村勝彦（訳）

二〇〇二a　『原典訳マハーバーラタ　1』ちくま学芸文庫、筑摩書房。

二〇〇二b　『原典訳マハーバーラタ　3』ちくま学芸文庫、筑摩書房。

内堀基光

二〇〇九　「「先住民」の誕生：Indigenous People (s) の翻訳をめぐるパロディカル試論」『「先住民」とは誰か』窪田幸子・野林厚志（編）、六一―八八頁。世界思想社。

江口信清

二〇一〇　「社会的弱者と観光に関する研究」『貧困の超克とツーリズム』江口信清・藤巻正己（編著）、九―四〇頁、明石書店。

大林太良

一九七五　『神話と神話学』大和書房。

岡光信子

二〇〇七　「第Ⅷ章　インドの産業と環境問題」『インドを知る事典』山下博司・岡光信子（著）、三二四―三六五頁、東京堂出版。

小川康
二〇一六『チベット薬草の旅』森のくすり出版。
奥宮清人（編）
二〇一一『生老病死のエコロジー――チベット・ヒマラヤに生きる――』昭和堂。
奥宮清人・稲村哲也（編）
二〇一三『続・生老病死のエコロジー――ヒマラヤとアンデスに生きる身体・こころ・時間――』昭和堂。
押川文子
一九八一「独立後インドの指定カースト・指定部族政策の展開」『アジア経済』二二（一）：二六―四五頁。
一九九五「独立後の「不可触民」――なにが、どこまで変わったのか――」『フィールドからの現状報告　第五巻　カースト制度と被差別民』押川文子（編）、一九―一一一頁、明石書店。
太田好信
一九九三「文化の客体化――観光をとおした文化とアイデンティティの創造――」『民族学研究』五七（四）：三八三―四一〇頁。
小田亮
一九九五「民族という物語――文化相対主義は生き残れるか――」『民族誌の現在――近代・開発・他者――』合田濤・大塚和夫（編）、一四―三五頁、弘文堂。
落合淳隆
一九八七『インドの政治・社会と法』敬文堂。
斧原孝守
二〇〇二「中国大陸周辺における文字喪失神話の展開」『東洋史訪』八：一―一〇頁。
角幡唯介
二〇一〇『空白の五マイル――チベット、世界最大のツアンポー渓谷に挑む――』集英社。

金谷美和
二〇〇七『布がつくる社会関係――インド絞り染め布とムスリム職人の民族誌――』思文閣出版。
二〇〇九「衣服という表象」『文化人類学事典』日本文化人類学会編、七二―七五頁、丸善。
辛島昇
一九八八「民族とカースト――南インドにおけるドラヴィダ運動を例として――」『民族とは何か』川田順造・福井勝義（編）、一四九―一六九頁、岩波書店。
辛島昇他（監修）
二〇一二『新版　南アジアを知る事典』平凡社。
カルヴェ、ルイ＝ジャン
二〇〇〇「言語生態学の重層的（中心・周辺）モデル」西山教行（訳）『言語帝国主義とは何か』三浦信孝・糟谷啓介（編）、二一七―二三八頁、藤原書店。
川田順造・福井勝義（編）
一九八八『民族とは何か』岩波書店。
ギアーツ、クリフォード
一九八七『文化の解釈学　Ⅱ』吉田禎吾・柳川啓一・中牧弘允・板橋作美（訳）、岩波現代選書、岩波書店。
金基淑
二〇〇八「解説――インド部族民の今日――」『講座　世界の先住民――ファースト・ピープルズの現在――　3　南アジア』綾部恒雄（監修）、金基淑（編）、二二一―二三八頁、明石書店。
木村真希子
二〇〇〇「民族概念の戦略的利用に関する一考察――ナガの「先住民族化」を事例に――」『年報社会学論集』一三：一九一―二〇二頁。
二〇一一「アッサム州：インド人民党とアッサム統一民主戦線の躍進」『インド民主主義の発展と現実』広瀬崇子・北

川将之・三輪博樹（編）、一九七―二〇一頁、勁草書房。
京都帝大文科大学（編）
一九七九　『大唐西域記』国書刊行会。
キングドン-ウォード、フランク
二〇〇〇　『ツアンポー峡谷の謎』金子民雄（訳）、岩波文庫、岩波書店。
久保田彰
一九九九　『ブータン王国の手すき紙――1998年9月7日～10月22日報告書――』発行：久保田彰（私家版）。
二〇〇一　『ブータン王国手すき和紙製造技術指導報告書』発行：久保田彰（私家版）。
クラウセン
一九七二　『昆虫と人間　2』小西正泰・小西正捷（訳）、みすず書房。
栗田靖之
一九九一　「福永正明氏の批判に答えて」『民族学研究』五六（二）：二二三―二二五頁。
栗田靖之（編）
一九八九　「北東インド諸民族の基礎資料」『国立民族学博物館研究報告（別冊9）』国立民族学博物館。
玄奘
一九七一　『大唐西域記』水谷真成（訳）、平凡社。
小泉潤二
一九九四　「境界を分析する――グアテマラの場合――」『民族の出会うかたち』黒田悦子（編）、六一―八二頁、朝日新聞社。
一九九六　「現代マヤの衣装と政治――グアテマラの場合――」『大阪大学人間科学部紀要』二二：三二一―三三九頁。
孝忠延夫
二〇〇五　『インド憲法とマイノリティ』法律文化社。

孝忠延夫・浅野宜之
二〇〇六 『インドの憲法――21世紀「国民国家」の将来像――』関西大学出版部。
小坂井敏晶
二〇〇二 『民族という虚構』東京大学出版会。
小西公大
二〇〇四 「「トライブ」表象の系譜――インドにおける「分化」と「同化」のエスノグラフィー――」『インド考古研究』二五：七一―八四頁。
二〇一〇 「トライブ」『南アジア社会を学ぶ人のために』田中雅一・田辺明生（編）、七四―八六頁、世界思想社。
小西正捷
一九八〇 「インドの古文書料紙と製紙技術の成立」『東南アジア・インドの社会と文化　上』、山本達郎（編）、四六三―四八五頁、山川出版社。
一九八二 「ネパールの手漉き紙――伝統的技術と歴史――」『季刊民族学』二一：四二―五三頁。
一九八六a 『インド民衆の文化誌』法政大学出版局。
一九八六b 『ベンガル歴史風土記』法政大学出版局。
一九九八 「ガンディーによる村落工業の復興――ことに抄紙技術の〝改良〟とハリジャンの投入をめぐって――」『史苑』五九（二）：四―二〇頁。
二〇〇二 『インド民俗芸能誌』法政大学出版局。
コタリ、ラジニ
一九九九 『インド民主政治の転換：一党優位体制の崩壊』広瀬崇子（訳）、勁草書房。
小林尚礼
二〇一三 「「森のチベット」アルナーチャル・プラデーシュ州西部における自然信仰の聖地の今とその特色」『ヒマラヤ学誌』一四：一四〇―一五四頁。

小林勝
一九九九 「サリー／サリー以前――カーストと着衣規制、そして国民化――」『装いの人類学』鈴木清史・山本誠（編）、一二七―一四五頁、人文書院。
佐藤長
一九五八（一九七七）『古代チベット史研究　上』同朋社。
一九五九（一九七七）『古代チベット史研究　下』同朋社。
シング、コウル・N・G
一九九四 『シク教』高橋堯英（訳）、青土社。
索文清
二〇〇一 「メンパ（門巴）族」「ロッパ（珞巴）族」『中国少数民族事典』田畑久夫他（編）、一二六―一三〇頁、東京堂出版。
菅沼　晃
二〇〇四 『モンゴル仏教紀行』春秋社。
菅沼　晃（編）
一九八五 『インド神話伝説辞典』東京堂出版。
杉本星子
二〇〇二 「ファッショナブル・インディア」『季刊民族学』九九：三六―五一頁。
二〇〇三 「近代インドのファッション――インディアン・ドレスにみるジェンダー表象――」『現代南アジア　5　社会・文化・ジェンダー』小谷汪之（編）、二九五―三〇九頁、東京大学出版会。
二〇〇九 『サリー！　サリー！　サリー！――インド・ファッションをフィールドワーク――』風響社。
スクトナブ＝カンガス、トーヴェ
二〇〇〇 「言語権の現在――言語抹殺に抗して――」木村護郎（訳）『言語帝国主義とは何か』三浦信孝・糟谷啓介

（編）、二九三―三二四頁、藤原書店。
鈴木清史・山本誠（編）
一九九九『装いの人類学』人文書院。
鈴木正崇
一九九三「創られた民族――中国の少数民族と国家形成――」『せめぎあう「民族」と国家――人類学的視座から――』飯島茂（編）、二一一―二三八頁、アカデミア出版会。
二〇〇四「首狩りからツーリズムへ――ナガランドの現在――」『インド考古研究』二五：四一―七〇頁。
二〇一二『ミャオ族の歴史と文化の動態――中国南部山地民の想像力の変容――』風響社。
鈴木義里
二〇〇一『あふれる言語、あふれる文字――インドの言語政策――』右文書院。
スタン、R・A
一九七一『チベットの文化』山口瑞鳳・定方晟（訳）、岩波書店。
スネルグローヴ、デイヴィッド
一九七五『ヒマラヤ巡礼』吉永定雄訳、白水社。
スネルグローヴ、デイヴィッド&ヒュー、リチャードソン
二〇〇三『チベット文化史』奥山直司訳、春秋社。
瀬川昌久（編）
二〇〇三『文化のディスプレイ――東北アジア諸社会における博物館、観光、そして民族文化の再編――』風響社。
石州半紙技術者会（編）
二〇〇一『重要無形文化財　石州半紙』石州半紙技術者会。
関根政美
一九九四『エスニシティの政治社会学――民族紛争の制度化のために――』名古屋大学出版会。

高田峰夫
二〇〇八「チャクマ：バングラデシュの知られざる少数民族問題」『講座 世界の先住民族――ファースト・ピープルズの現在―― 3 南アジア』綾部恒雄（監修）、金基淑（編）、一七〇―一九〇頁、明石書店。
高寺奎一郎
二〇〇四『貧困克服のためのツーリズム――Pro-Poor Tourism――』古今書院。
ダグラス、メアリ
一九七二『汚穢と禁忌』塚本利明（訳）、思潮社。
武田佐知子
二〇一二「民族衣装における異装と共装」『着衣する身体と女性の周縁化』武田佐知子（編）、九―三六頁、思文閣出版。
立川武蔵
二〇〇九a「ポン教とはどのような宗教か」『チベット ポン教の神がみ』、国立民族学博物館（編）、二〇―二七頁、千里文化財団。
二〇〇九b「ポン教とマンダラ」『チベット ポン教の神がみ』、国立民族学博物館（編）、二八―三五頁、千里文化財団。
二〇〇九c「ポン教とチベット仏教」『チベット ポン教の神がみ』、国立民族学博物館（編）、三六―五〇頁、千里文化財団。
多田等観
一九八四『チベット滞在記』白水社。
田中克彦
一九八一『ことばと国家』岩波新書、岩波書店。
一九九四「アウスバウ（造成）のなかの民族」『民族の出会うかたち』黒田悦子（編）、三四三―三五七頁、朝日新聞社。
二〇〇三『言語の思想——国家と民族のことば——』岩波現代文庫、岩波書店。
二〇〇四『ことばとは何か——言語学という冒険——』ちくま新書、筑摩書房。
田中公明
一九九三『チベット密教』春秋社。
一九九四『超密教　時輪タントラ』東方出版。
二〇〇〇『活仏たちのチベット——ダライ・ラマとカルマパ——』春秋社。
二〇〇四「チベットの仏たち（その48）——ペンデン・ラモ——」『チベット文化研究会報』（二八）一：一〇—一一
頁。
二〇〇九『チベットの仏たち』方丈堂出版。
田村克己
一九九四「ビルマの民族と民族間関係」『民族の出会うかたち』黒田悦子（編）、一五三—一七〇頁、朝日新聞社。
ダライ・ラマ
一九九二『ダライ・ラマ自伝』山際素男（訳）、文藝春秋。
丹野郁（編）
一九九九『増訂版　西洋服飾史』東京堂出版。
中華人民共和国政府
一九六二『中印境界問題』外文出版社。
ツァンヤン・ギャムツォ（ダライ・ラマ六世）
二〇〇七『ダライ・ラマ六世　恋愛彷徨詩集』今枝由郎（訳）、トランスビュー。
津田元一郎
一九九〇『アーリアンとは何か——その虚構と真実——』人文書院。

津曲真一
　二〇〇九「シェンラプ・ミボ――生涯の物語――」『チベット　ポン教の神がみ』、国立民族学博物館（編）、五二―六六頁、千里文化財団。

デエ、ロラン
　二〇〇五『チベット史』今枝由郎（訳）、春秋社。

テッサ・モーリス＝鈴木
　二〇〇〇『辺境から眺める――アイヌが経験する近代――』大川正彦（訳）、みすず書房。

中尾佐助・西岡京治
　一九八四『ブータンの花』朝日新聞社。

長尾雅人
　一九八九「チベット仏教概観」『岩波講座　東洋思想　第11巻　チベット仏教』、三―二〇頁、岩波書店。

中根千枝
　一九八七『社会人類学――アジア諸社会の考察――』東京大学出版会。

長野泰彦
　二〇〇一「チベット文字」『言語学大辞典　別巻　世界文字辞典』河野六郎・千野栄一・西田龍雄（編著）、五九五―六〇一頁、三省堂。

中村元
　一九九七『現代インドの思想』春秋社。

名和克郎
　一九九二「民族論の発展のために――民族の記述と分析に関する理論的考察――」『民族学研究』（五七）三：二九七―三一五頁。
　二〇〇二『ネパール、ビャンスおよび周辺地域における儀礼と社会範疇に関する民族誌的研究――もう一つの〈近代〉の布置〉——』三元社。
西義郎
一九八七「チベット語の方言」『チベットの言語と文化』長野泰彦・立川武蔵（編）、一七〇—二〇三頁、冬樹社。
二〇〇〇「ヒマラヤ地域のチベット・ビルマ系言語研究の動向——回想と現状——」『国立民族学博物館研究報告』二五—二：二〇三—二三三頁。
西岡京治・西岡里子
一九七八『神秘の王国——ブータンに〝日本のふるさと〟を見た夫と妻11年の記録——』学習研究社。
西田龍雄
一九八七「チベット語の変遷と文字」『チベットの言語と文化』長野泰彦・立川武蔵（編）、一〇八—一六九頁、冬樹社。
根本敬
二〇一四『物語　ビルマの歴史——王朝時代から現代まで——』中公新書、中央公論新社。
野村亨
二〇〇〇「ブータン王国における言語の状況——その歴史と現状——」『ヒマラヤ学誌』七：九三—一一四頁。
長谷安朗
一九八八「パンジャーブ問題とその経済的背景」『南アジア現代史と国民統合』佐藤宏（編）、二〇九—二六二頁、アジア経済研究所。
橋本和也
一九九九『観光人類学の戦略——文化の売り方・売られ方——』世界思想社。
潘吉星（pan Jixing）
一九八〇『中国製紙技術史』佐藤武敏（訳）、平凡社。
ハンター、ダード

二〇〇九　『古代製紙の歴史と技術』久米康生（訳）、勉誠出版。
ブータン王国教育省教育部（編）
二〇〇八　『ブータンの歴史――ブータン小・中学校歴史教科書――』平山修一（監訳）、大久保ひとみ（訳）、明石書店。
福永正明
一九九一　「インド社会研究の発展のために――「北東インド諸民族の基礎資料」批判――」『民族学研究』五五（四）、四六八―四七七頁、日本民族学会。
藤井毅
一九八八　「インド国制史における集団――その概念規定と包括範囲――」『南アジア現代史と国民統合』佐藤宏（編）、二三―一〇三頁、アジア経済研究所。
一九九四　「トライブと不可触民」『カースト制度と被差別民　第一巻　西欧近代との出会い』小谷汪之（編）、八七―一二五頁、明石書店。
一九九九a　「インドにおける固有名詞の位相――歴史のなかの多言語・多文字社会――」『ことばと社会』（一）：一二三―一三九頁、三元社。
一九九九b　「現代インドの言語問題――言語権の保証とその運用実態――」『ことばと社会』（二）：一三七―一七〇頁、三元社。
二〇〇〇　「『多言語社会』において『単一言語』が指向されるとき――インドの歴史経験は、何を語るのか――」『ことばと社会』（三）：三三一―五六頁、三元社。
二〇〇三a　『歴史の中のカースト――近代インドの〈自画像〉――』岩波書店。
二〇〇三b　「近現代インドの言語社会史」『現代南アジア　第5巻　社会・文化・ジェンダー』小谷汪之（編）、六三―九八頁、東京大学出版会。
二〇〇七　『インド社会とカースト』世界史リブレット86、山川出版社。

二〇一二　「マールワーリー」『新版　南アジアを知る事典』辛島昇他（監修）、七六九頁、平凡社。
藤巻正己
二〇一〇　「ツーリズム・マレーシアに動員されるオランアスリ――必要に応じて可視化されるマレー半島の先住民族――」『貧困の超克とツーリズム』江口信清・藤巻正己（編著）、二一五―二四八頁、明石書店。
ボガトゥイリョフ、ピョートル・グリゴリエヴィチ
二〇〇五　『衣装のフォークロア』増補・新訳版、桑野隆・朝妻恵里子（編訳）、せりか書房。
ホブズボウム、E・J
二〇〇一　『ナショナリズムの歴史と現在』浜林正夫・嶋田耕也・庄司信（訳）、大月書店。
ホブズボウム、E&Tレンジャー（編）
一九九二　『創られた伝統』前川啓治・梶原景昭他（訳）、紀伊國屋書店。
華梅
二〇〇三　『中国服装史――五千年の歴史を検証する――』施潔民（訳）、白帝社。
馬建釗
二〇〇三　「中国の少数民族と民族観光業」布施ゆり（訳）『文化のディスプレイ――東北アジア諸社会における博物館、観光、そして民族文化の再編――』瀬川昌久（編）、一一九―一三四頁、風響社。
三尾稔
二〇〇八　「ビール：揺らぐアイデンティティの境界線」『講座　世界の先住民族　第3巻　南アジア』綾部恒雄（監修）、金基淑（編）、九七―一一一頁、明石書店。
水谷真成
一九七一a　「注一、二、三、四」『大唐西域記』玄奘（著）、水谷真成（訳）、三一五頁、平凡社。
一九七一b　「補注」『大唐西域記』玄奘（著）、水谷真成（訳）、四一六―四一七頁、平凡社。
水野一晴

三瀬利之
二〇一二『神秘の大地、アルナチャル――アッサム・ヒマラヤの自然とチベット人の社会――』昭和堂。
二〇〇四「第12章　インド――カースト周辺概念としてのトライブ・レイス――」『国勢調査の文化人類学：人種・民族分類の比較研究』青柳真智子（編）、二〇三―二三〇頁、古今書院。
三宅伸一郎・石山奈津子（訳）
二〇〇八『天翔ける祈りの舞――チベット歌舞劇アチェ・ラモ三話――』臨川書店。
毛里和子
一九九八『周縁からの中国――民族問題と国家――』東京大学出版会。
森山工
二〇〇七「文化資源　使用法」『資源化する文化』山下晋司（編）、六一―九一頁、弘文堂。
諸橋轍次
一九六七a　『大漢和辞典　縮写版巻　七』大修館書店。
一九六七b　『大漢和辞典　縮写版巻　十』大修館書店。
薬師義美
二〇〇六『大ヒマラヤ探検史――インド測量局とその密偵たち――』白水社。
山口瑞鳳
一九八三『吐蕃王国成立史研究』岩波書店。
一九八七『チベット　上』東京大学出版会。
一九九一「ボン教の成立と変遷」『季刊民族学』五八：八五―八九頁。
二〇〇四『改訂版　チベット　下』東京大学出版会。
山下晋司
一九九九『バリ　観光人類学のレッスン』東京大学出版会。

山下博司
　二〇〇七　「「衣」の伝統的意義と役割」『インドを知る事典』山下博司・岡光信子（著）、八〇―九四頁、東京堂出版。
山田桂子
　一九八九　「二〇世紀インドのアーンドラ地方における言語州要求運動」『史学雑誌』九八（一二）：四八―七〇頁。
　一九九四　「言語は民族を統合できるか――アーンドラ地方の民族主義――」『ドラヴィダの世界　インド入門　Ⅱ』辛島昇（編）、四二九―四四一頁、東京大学出版会。
山田孝子
　二〇〇九　『ラダック――西チベットにおける病と治療の民族誌――』京都大学学術出版会。
山中勝次
　二〇〇三　「版木・用紙の作成と周辺地域の植生」『活きている文化遺産　デルゲパルカン――チベット大蔵経木版印刷所の歴史と現在――』、池田巧・中西純一・山中勝次（編）、一九三―二〇九頁、明石書店。
山中弘（編）
　二〇一二　『宗教とツーリズム――聖なるものの変容と持続――』世界思想社。
山本達也
　二〇一三　『舞台の上の難民――チベット難民芸能集団の民族誌――』法藏館。
吉田修
　二〇一〇　「インドの対中関係と国境問題」『境界研究』一：五七―七〇頁。
ワイナー、アネット・B&ジェーン、シュナイダー（編）
　一九九五　『布と人間』佐野敏行（訳）、ドメス出版。
脇田道子
　二〇〇九ａ　「表象としての民族衣装――インド、アルナーチャル・プラデーシュのモンパの事例から――」『慶應義塾大学大学院社会学研究科紀要――人間と社会の探求――』六八：三五―五八頁。

二〇〇九b 「2人のダライ・ラマとタワン」『チベット文化研究会報』三三（四）：一五―一九頁。
二〇一〇 「ブータン東部におけるツーリズム導入に関する一考察――メラとサクテンの事例から――」『慶應義塾大学大学院社会学研究科紀要――人間と社会の探求――』七〇：三一―五三頁。
二〇一二 「ブータンの近代化と仏塔盗掘」『アリーナ』一四：二一八―二二二頁、風媒社。
二〇一三 「インド北東部国境地帯のツーリズム――アルナーチャル・プラデーシュ州の現状と課題――」『慶應義塾大学大学院社会学研究科紀要――人間と社会の探求――』七五：一一九―一四八頁。
二〇一五 「民族衣装を読む――インド、アルナーチャル・プラデーシュのモンパの事例から――」『森羅万象のささやき――民俗宗教研究の諸相――』鈴木正崇編、一五―三七頁、風響社。
二〇一七 「インド、ブータン国境の聖地巡礼――アルナーチャル・プラデーシュとメラの事例から――」『ヒマラヤ学誌』一八：一八〇―一九〇頁。

渡辺弘之
二〇〇三 『カイガラムシが熱帯林を救う』東海大学出版会。

■中文

豆 晓荣（主编）
二〇一〇 『珞巴族』乌鲁木齐：新疆美术摄影出版社、新疆电子音像出版社。

李 坚尚・刘芳贤（编）
一九九三 『珞巴族门巴族民间故事选』上海文艺出版社。

林 冠群
二〇一一 『唐代吐蕃史研究』聯經：台北。

呂 昭义・红梅（编）
二〇〇四 『门巴族：西藏错那县贡日乡调查』云南大学出版社。

《门巴族简史》编写组（编）
一九八七　『门巴族简史』西藏人民出版社。
孙　宏开他
一九八〇　『門巴・珞巴・僜人的語言』中国社会科学出版社。
王　丽平（主編）
二〇一二　『墨脱村调查　门巴族』中国経済出版社。
于　乃昌（主编）
一九九五　「门巴族」『中国民族文化大观』关东升（主编）、pp.355-496、北京：中国大百科全书出版社。
一九九五　「珞巴族」『中国民族文化大观』关东升（主编）、pp.497-665、北京：中国大百科全书出版社。
张　江华
一九九七　『门巴族』中国知识丛书、民族出版社。
张　怡荪（编）
二〇一二　『藏汉大辞典　上・下』北京：民族出版社。
中国社会科学院民族研究所（编）
一九七八　『西藏墨脱县门巴族社会历史调查报告』中国社会科学院民族研究所。
西藏社会历史调查资料丛刊编辑组（编）
二〇〇九ａ　『门巴族社会历史调查（一）』民族出版社。
二〇〇九ｂ　『门巴族社会历史调查（二）』民族出版社。

■英文

Adams, Barbara S.
1984　*Traditional Bhutanese Textiles*. Bangkok：White Orchid Books.

Ahmad, S.I.

1995 Aka. In *Peoples of India Vol.14: Arunachal Pradesh*. K. S. Singh (ed.), pp.135–140. Culcutta：Seagull Books.

Anderson, Benedict

1983 (2007) *Imagined Communities: Reflections on the Origin and Spread of Nationalism*. London：Verso.（『定本　想像の共同体――ナショナリズムの起源と流行――』白石隆・白石さや訳、書籍工房早山）

Appadurai, Arjun

1996 (2004) *Modernity at Large: Cultural Dimensions of Globalization*. Minesota：University of Minesota Press.（『さまよえる近代――グローバル化の文化研究――』門田健一訳、平凡社）

Ardussi, John A.

2009 Introduction. In *Sources for the History of Bhutan*. Michael Aris, pp.v–xx. Delhi：Motilal Banarsidass.

Aris, Michael

1980a *Bhutan: The Early History of A Himalayan Kingdom*. New Delhi：Vikas Publishing House.

1980b Notes on the History of the Mon-yul Corridor. In *Tibetan Studies in Honour of Hugh Richardson: Proceedings of the International Seminar on Tibetan Studies, Oxford, 1979*. Michael Aris and Aun San Suu Kyi (eds.) pp.9–20. New Delhi：Vikas Publishing House.

1989 *Hidden Treasures and Secret Lives: A Study of Pemalingpa (1450–1521) and the Sixth Dalai Lama (1683–1706),* London：Kagan Paul International Limited.

1994a Textiles, Text, and Context：The Cloth and Clothing of Bhutan in Historical Perspective. In *From the Land of the Thunder Dragon: Textile Arts of Bhutan*. Diana K. Myers and Susan S. Bean (eds.). pp.23–45. New Delhi：Timeless Books.

1994b *The Raven Crown: The Origins of Buddhist Monarchy in Bhutan*. London：Serindia Publications.

2009 *Sources for the History of Bhutan,* (Reprint in India), New Delhi: Motilal Banarsidass.

Bacot, Jacques

1924 *Three Tibetan Mysteries: Tchrimekundan, Nansal, Djroazanmo as Performed in the Tibetan Monasteries.* H. I. Woolf, (translated from the French Version), London: George Routledge & Sons Ltd.

Bagchi, R. N.

1990 Socio-Cultural Profile of the Monpas of Kalaktang Areas. In *Aspects of Culture and Customs of Arunachal Pradesh,* P. C. Dutta & D. K. Duarah (eds.). pp.37-51. Itanagar: Directorate of Research, Government of Arunachal Pradesh.

Bailey, F. M.

1914 Exploration on the Tsangpo or Upper Brahmaputra. *The Geographical Journal.* 44 (4): 341-360.

1957 (1968) *No Passport to Tibet.* London: The Travel Book Club.（『ヒマラヤの謎の河』諏訪多栄蔵・松月久左訳、あかね書房）

Baker, Ian

2004 *The Heart of the World: A Journey to the Last Secret Place.* New York: Penguin Press.

Baldizzone, Tiziana & Gianni Baldizzone

2000 *Tribes of India.* New Delhi: Bookwise.

Bareh, H. M. (ed.)

2001 Arunachal Pradesh. *Encyclopedia North-East India Vol. 1,* Mittal Publications.

Barnes, Ruth. & Joanne B. Eicher (eds.)

1997 *Dress and Gender: Making and Meaning in Cultural Contexts.* Oxford・New York: BERG.

Barth, Fredrik (ed.)

1969 (1996) *Ethnic Groups and Boundaries: The Social Organization of Cultural Difference.* Oslo, Bergen, Tromso:

Universitetsforlaget.（『「エスニック」とは何か——エスニシティ基本論文選——』青柳まちこ編・監訳：新泉社）

Barua, S.

1995 Monpa：Dirang. Monpa：Tawang. In *People of India Vol.14: Arunachal Pradesh*. K. S. Singh (ed.), pp.228–231 /pp.243–247. Calcutta：Seagull Books.

Baruah, Sanjib

1999 *India Against Itself: Assam and the Politics of Nationality*. Philadelphia：University of Pennsylvania Press.

Bath, Nani

2008 Understanding Religious Policy of Arunachal Pradesh. In *Religious History of Arunachal Pradesh*. B. Tripathy & Dutta S. (eds.) pp.211–221. New Delhi：Gyan Publishing House.

2016 *Party Politics in Arunachal Pradesh*. Itanagar：Himalayan Publishers.

Beal, Samuel

1906 *Si-Yu-Ki, Buddhist Record of the Western World: Translated from the Chinese of Hiuen Tsiang (A.D. 629)*, London：Kegan Paul, Trench, Trübner & Co.Ltd.

van Beek, Martijn

1998 True Patriots：Justifying Autonomy for Ladakh. *Himalaya, the Journal of the Association for Nepal and Himalayan Studies* 18：35–46.

Begi, Joram

2007 *Education in Arunachal Pradesh since 1947: Constraints, Opportunities, Initiatives and Needs*. New Delhi：Mittal Publications.

Behera, M. C. (ed.)

2004 *Globalisation and Development Dilemma: Reflection from North East India*. New Delhi：Mittal Publications.

2013 *Northeast and Globalisation: Issue Betwixt and Between.* Guwahati: DVS Publisher.

Bhattacharjee, R. P.

2000 *Economic Development of Arunachal Pradesh.* Delhi/Itanagar: Himalayan Publishers.

2010 Population Dynamics in Arunachal Pradesh. In *Population and Development in North East India.* Bimal J. Deb (ed.), pp.324-335. New Delhi: Concept Publishing Company.

Bhaumik, Subir

2009 *Troubled Periphery: Crisis of India's North East.* New Delhi: SAGE.

2014 *'Look East Through Northeast': Challenges and Prospects for India.* New Delhi: Observer Research Foundation.

Bhuyan, S. K.

1949 *Anglo-Assamese Relations 1771-1826: A History of the Relations of Assam with the East India Company from 1771 to 1826, Based on Original English and Assamese Sources.* Gauhati: Department of Historical and Antiquarian Studies in Assam.

Biswal, Ashok

2006 *Mystic Monpas of Tawang Himalaya.* New Delhi: Indus Publishing Company.

Blench, Roger

2014 *Sorting out Monpa: the Relationships of the Monpa Languages of Arunachal Pradesh.* (unpublished report)

Bodt, Timotheus A.

2012 *The New Lamp Clarifying the History, Peoples, Languages and Traditions of Eastern Bhutan and Eastern Mon.* Wageningen: Monpasang Publications.

2014a Ethnolinguistic Survey of Westernmost Arunachal Pradesh: A Fieldworker's Impressions. *Linguistics of the Tibeto-Burman Area* 37 (2): 198-239.

2014b Notes on the Settlement of the Gongri River Valley of Western Arunachal Pradesh. *Bulletin of Tibetology*. 50 (1 & 2): 153-190.

Bose, M. L.

1997 *History of Arunachal Pradesh*. New Delhi: Concept Publishing Company.

Bower, Ursula Graham

1950 *Naga Path*. London: John Murray.

Burling, Robbins

2003 The Tibeto-Burman Languages of Northeastern India. In *The Sino-Tibetan Languages*. Graham Thurgood and Randy J. LaPolla (eds.), pp. 169-191. London・New York: Routledge.

Chakraborty, Amalendu Kishore

2004 *The Quest for Identity: The Tribal Solidarity Movement in North-East India, 1947-69*. Kolkata: The Asian Society.

Chakravarti, B.

2003 *A Cultural History of Bhutan Vol.1*. Kolkata: Sagnik Books.

Chakravarty, L. N.

1973 (1989) *Glimpses of the Early History of Arunachal*. Itanagar: Directorate of Research, Government of Arunachal Pradesh.

Chamberlain, Bradford Lynn

2008 Script selection for Tibetan-related languages in multiscriptal environments. *International Journal of the Sociology of Language*. 192: 117-131.

Chand, Raghubir

2004 *Brokpas: The Hidden Highlanders of Bhutan*. Nainital: PAHAR.

2009 Monpas of Bhutan: A Study of Tribal Survival and Development Responses. *Bulletin of the Hiroshima University Museum* 1: 25-37.

Chaudhuri, S. Kumar

2013 The Institutionalization of Tribal Religion: Recasting the Donyi-Polo Movement in Arunachal Pradesh. *Asian Ethnology* 72 (2): 259-277.

Chaudhury, S. B. Ray

2003 Uprooted Twice: Refugees from the Chittagong Hill Tracts. In *Refugees and the State: Practices of Asylum and Care in India, 1947-2000*. Ranabir Samaddar (ed.) pp.249-280. New Delhi: SAGE Publications.

Choudhury, S. Dutta (ed.)

1980 (2008) *Gazetteer of India, Arunachal Pradesh: Tirap District*. Itanagar: Government of Arunachal Pradesh.

1994 *Gazetteer of India, Arunachal Pradesh: East Siang & West Siang District*. Itanagar: Government of Arunachal Pradesh.

1995 Memba. In *People of India, Arunachal Pradesh vol. XIV*. K. S. Singh (ed.) pp.195-199. Culcutta: Seagull Books.

1996 *Gazetteer of India, Arunachal Pradesh: East Kameng, West Kameng & Tawang District*. Itanagar: Government of Arunachal Pradesh.

Chowdhury, J. N.

1983 *Arunachal Pradesh: From Frontier Tracts to Union Territory*. New Delhi: Cosmo Publications.

1979 (1992) *Arunachal Panorama*. Itanagar: Directorate of Research, Government of Arunachal Pradesh.

Cohen, Abner

1974 (1976) *Two-Dimensional Man: An essay on the anthropology of power and symbolism in complex society*. Berkeley・Los Angeles: University of California Press.（『二次元的人間――複合社会における権力と象徴の人類学――』山川偉也・辰巳浅嗣訳、法律文化社）

Cooper, Edgar R.

1933 Bhutan: Tailed People: 'Daktas'-People with a Tail in the East Bhutanese Himalayas. *Man* 33, pp.125-128. Anthropological Institute of Great Britain and Ireland.

Cox, Kenneth (ed.)

2001 *Frank Kingdon Ward's Riddle of the Tsangpo Gorges*. Suffolk: Antique Collectors' Club.

Cruttenden, Peter et al. (eds.)

2011 *Lonely Planet's Best in Travel 2012: The Best Trends, Destinations, Journeys & Experiences for the Upcoming year*. Melbourne・Oakland・London: Lonely Planet Publications Pty Ltd.

Dai, Mamang

2007 Living the Untold Myth: Politics of Conflict in Arunachal Pradesh. In *Frontier in Flames: North East India in Turmoil*. Jaideep Saikia (ed.), pp.50-64. New Delhi: Viking.

2009 *Arunachal Pradesh: The Hidden Land*. New Delhi: Penguin Books India.

2010 Arunachal Pradesh: The Insurgency Scene. In *The Peripheral Center: Voices from India's Northeast*. Preeti Gill (ed.), pp.65-76. New Delhi: Zubaan.

Dalvi, J. P.

1969 (2010) *Himalayan Blunder: The Curtain-raiser to the Sino-Indian War of 1962*. Dehra Dun: Natraj Publishers.

Danggen, Bani

2012 *Administrative Political, Legislative and Judicial Growth of Arunachal Pradesh*. Itanagar: Preety Publishers & Distributors.

Daniels, Peter T.

1996 Scripts Invented in Modern Times. In *The World's Writing Systems*. Peter Daniels T. & William Bright (eds.), pp.577-586. New York, Oxford: Oxford University Press.

Das, Gurudas
1995 *Tribes of Arunachal Pradesh in Transition*. New Delhi: Vikas Publishing House.
Das, K. C. & Adidur Rahman
2015 Statelessness: A Study of Chakma Refugees of Arunachal Pradesh. *Cross-Currents: An International Peer-Reviewed Journal on Humanities & Social Sciences* 1 (2): 50-54.
Das, Sarat Chandra
1902 *A Tibetan-English Dictionary with Sanskrit Synonyms*. Calcutta: The Bengal Secretariat Book Depot.
Dev, Rajesh
2006 Narratives Claims and Identity Impasse: The Experiences of the Nowhere People. In *Ethno-Narratives: Identity and Experience in North East India*. Sukalpa Bhattacharjee & Rajesh Dev (eds.), pp.79-91. Delhi: Anshah Publishing House.
Dhar, Bibhash
1996 Enforced Change Resulting a Break in Highland Trade: A Study on the Tawang Monpas of Arunachal Pradesh. In *Peoples of North East India: Anthropological Perspectives*. Sarthak Sengupta (ed.), pp.151-155. New Delhi: Gyan Publishing House.
1998 (2004) Belief Pattern of the Pangchenpa of Arunachal Himalayas: A Mixture of Bon and Buddhism. In *Indigenous Faith and Practices of the Tribes of Arunachal Pradesh*. Behera M. C. and S. K. Chaudhuri (eds.) pp.76-80. Itanagar: Himalayan Publishers.
Dondrup, Rinchin
1993 *Brokeh: Language Guide*. Itanagar: Director of Research, Government of Arunachal Pradesh.
2008 The Yaks in Monpa Mythology. *Resarun*. 34: 26-30.
van Driem, George

2001 *Languages of the Himalayas: An Ethnolinguistic Handbook of the Greater Himalayan Region, Containing an Introduction to the Symbiotic Theory of Language*. Vols. I & II. Leiden･Boston･Köln：Brill.

2004 Bhutan's Endangered Languages Documentation Programme Under the Dzongkha Development Authority：The Three Rare Gems. In *The Spider and the Piglet: Proceedings of the First International Seminar on Bhutan Studies*. Karma Ura and Sonam Kinga (eds.) pp.294-326, Thimphu：The Center for Bhutan Studies.

Dorji, C. T.

1994 *History of Bhutan: Based on Buddhism*, Delhi：Prominent Publishers.

Duarah, D. K.

1992 *The Monpas of Arunachal Pradesh*. Itanagar：Directorate of Research, Government of Arunachal Pradesh.

Dutta, D. K.

1999 *The Monpas of Kalaktang: Arunachal Pradesh*. Itanagar：Department of Cultural Affairs, Directorate of Research, Government of Arunachal Pradesh.

2006 *The Membas of Mechukha Valley: Arunachal Pradesh*. Itanagar：Government of Arunachal Pradesh, Department of Cultural Affairs, Directorate of Research.

Dutta, Sristidhar & Byomakesh Tripathy

2008 *Buddhism in Arunachal Pradesh*. New Delhi：Indus Publishing Company.

Eicher, Joanne B. (ed.)

1995 *Dress and Ethnicity: Change Across Space and Time*. Oxford：BERG.

Eden, Ashley

2000 *Political Missions to Bootan*. New Delhi：Munshiram Manoharlal Publishers.

Elwin, Verrier

1957 (1959) *A Philosophy for NEFA*. Shillong：North-East Frontier Agency.

1958 *Myth of the North-East Frontier of India*. Shillong: North-East Frontier Agency.

1959b *The Art of the North-East Frontier of India* . Shillong: North-East Frontier Agency.

1964 *The Tribal World of Verrier Elwin: An Autobiography*. London: Oxford University Press.

1965 *Democracy in NEFA*. Shillong: North-East Frontier Agency.

1970 *A New Book of Tribal Fiction*. Shillong: North-East Frontier Ageney.

Elwin, Verrier (ed.)

1959a *India's North-East Frontier in the Nineteenth Century*. London: Oxford University Press.

Eriksen, H. Tomas

2010 (2006) *Ethnicity and Nationalism*. Third Edition. London: Pluto Press.（『エスニシティとナショナリズム――人類学的視点から――』鈴木清史訳、明石書店）

Ering, D.

1972 The North East Frontier Agency. In *Tribal Situation in India: Proceedings of a seminar.* K. Suresh Singh (ed.), pp.37-124. Simla: Indian Institute of Advanced Study.

Fürer-Haimendorf, Christoph von

1955 (1970) *Himalayan Barbary*. London: John Murray.（「ヒマラヤの蛮族」常盤新平訳、『現代の冒険　6　未開の土地の部族』川喜田二郎（編）、三六五―五〇九頁、文藝春秋）

1964 *The Sherpas of Nepal: Buddhist Highlanders*. London: John Murray.

1975 *Himalayan Trader*. London: John Murray.

1980 *A Himalayan Tribe: From Cattle to Cash*. Berkeley・Los Angeles: University of California Press.

1982 *Highlanders of Arunachal Pradesh: Anthropological Research in North-East India*. New Delhi: Vikas Publishing House.

1985 *Tribes of India: the Struggle for Survival*. New Delhi: Oxford University Press.

Gait, Edward

1926 (1945) *A History of Assam.*（Second Edition, Revised）Calcutta and Simla：Thacker, Spink & Co.（『アッサム史』民族学研究調査部訳、三省堂）

Gassah, L. S. (ed.)

1997 *The Autonomous District Councils.* New Delhi：Omson Publications.

Gaur, K. D. & Rachita Rana.

2008 A Note on Economic Development of Arunachal Pradesh. In *Economy of Arunachal Pradesh: Problems, Performances and Prospects.* Manish Sharma (ed.) pp.208-215. Guwahati：DVS Publishers.

Gellner, Ernest

1983 (2000) *Nations and Nationalism.* Oxford：Basil Blackwell.（『民族とナショナリズム』加藤節監訳、岩波書店）

Gerner, Manfred

2007 *Chakzampa Thangtong Gyalpo: Architect, Philosopher and Iron Chain Bridge Builder.* Translated by Gregor Verhufen. Thimphu：The Center for Bhutan Studies.

Ghosh, Anandamayee

2007 *The Bhotias in Indian Himalayas: A Socio-Linguistic Approach.* Delhi：B. R. Publishing.

Ghosh, G. K. & Shukla Ghosh

1998 *Fables and Folk Tales of Arunachal Pradesh.* Calcutta：Firma KLM.

2000 *Textiles of North Eastern India* . Calcutta：Firma KLM.

Giddens, Anthony

1991 (1993) *The Consequences of Modernity.* Cambridge：Polity Press. (Paperback reprint in 2013)（『近代とはいかなる時代か？——モダニティの帰結——』松尾精文・小幡正敏訳、而立書房）

1994 (1997) Living in a Post-Traditional Society. In *Reflexive Modernization: Politics, Tradition and Aesthetics in the*

Modern Social Order. Ulric Beck, Anthony Giddens and Scott Lash (eds.) (Reprint in 2007). pp.56–109. Cambridge: Polity Press.（「ポスト伝統社会に生きること」『再帰的近代化――近現代における政治、伝統、美的原理――』松尾精文・小幡正敏・叶堂隆三訳、一〇五―二〇四頁）

1999 (2001) *Runaway World: How Globalization is Reshaping our Lives*. New York: Routledge. (Reprint in 2009)（『暴走する世界――グローバリゼーションは何をどう変えるのか――』佐和隆光訳、ダイヤモンド社）

Giri Seeta

2004 *The Vital Link: Monpas and Their Forest*. Thimphu: The Center for Bhutan Studies.

Gohain, Swargajyoti

2012 Mobilising language, Imagining region: Use of Bhoti in West Arunachal Pradesh. *Contribution to Indian Sociology*. (46): 337–363.

Gorer, Geoffery

1938 *Himalayan Village an Account of The Lepchas of Sikkim*. London: Michael Joseph Ltd.

Grewal, D. S.

1997a *Tribes of Arunachal Pradesh: Identity, Culture and Language Vol.1*. Delhi: South Asia Publications.

1997b *Tribes of Arunachal Pradesh: Identity, Culture and Language Vol.2*. Delhi: South Asia Publications.

Grothmann, Kerstin

2012a Migration Narratives, Official Classifications, and Local Identities: The Memba of the Hidden Land of Pachakshiri. In *Origins and Migrations in the Extended Eastern Himalayas*, Toni Huber and Stuart Blackburn (eds.). pp.125–151, Leiden・Boston: Brill.

2012b Population History and Identity in the Hidden Land of Pemakö, *Journal of Bhutan Studies* 26: 21–52.

Guha, Ramachandra

1999 *Savaging the Civilized: Verrier Elwin, His Tribals, and India*. Chicago・London: The University of Chicago

Press.

2008 (2010) *India after Gandhi: The History of the World's Largest Democracy*. New York: Harper Collins Publishers.（『インド現代史　一九四七―二〇〇七』上巻・下巻、佐藤宏訳、明石書店）

Guha, Ramachandra (ed.)

2010 *Makers of Modern India*. New Delhi: Viking.

Gupta, Das K.

1968 *An Introduction to Central Monpa*. Shillong: North-East Frontier Agency.

Hilton, James

1933 (1959) *Lost Horizon*. New York: William Morrow & Company, Inc.（『失われた地平線』増野正衛訳、新潮文庫。他に複数の邦訳あり）

Hodgson, B. H.

1832 On the Native Method of making the Paper, denominated in Hindustan, Nepalese. *The Journal of the Asiatic Society of Bengal*. 1: 8-11.

Huber, Toni

1999 *The Cult of Pure Crystal Mountain: Popular Pilgrimage and Visionary Landscape in Southeast Tibet*, New York・Oxford: Oxford University Press.

2008 *The Holy Land Reborn: Pilgrimage & the Tibetan Reinvention of Buddhist India*. Chicago・London: The University of Chicago Press.

2013 The Iconography of gShen Priests in the Ethnographic Context of the Extended Eastern Himalayas, and Reflections on the Development of Bon Religion. In *Nepalica-Tibetica. Festgabe for Christoph Cüppers, Band 1*. Franz-Karl Ehrhard and P. Maurer (eds.), pp.263-294. Andiast: International Institute for Tibetan and Buddhist Studies.

Hurber, Toni (ed.)

1999 *Sacred Spaces and Powerful Places in Tibetan Culture: A Collection of Essays.* Dharamsala: The Library of Tibetan Works and Archives.

Huber, Toni and Stuart Blackburn (eds.)

2012 *Origins and Migrations in the Extended Eastern Himalayas.* Leiden·Boston: Brill.

IDSA (Institute for Defence Studies and Analyses)

2012 *Tibet and India's Security: Himalayan Region, Refugees and Sino-India Relations.* New Delhi: Institute for Defence Studies and Analyses.

Ismael, Lieberherr & Timotheus A. Bodt

2017 Sub-grouping Kho-Bwa based on shared core vocabulary. *Himalayan Linguistics* 16 (2): 26-63.

Ison, Barry

1997 The Thirteen Traditional Crafts. In *Bhutan: Mountain Fortress of the Gods.* Christian Schicklgruber & Françoise Pommaret (eds.), pp.101-131. New Delhi: Bookwise. .

Jafari, Jafar (ed.)

2001 The Scientification of Tourism. In *Hosts and Guests Revisited: Tourism Issues and the 21st Century.* Department of Anthropology, California State University, Cognizant Communication Corporation. Valen, L. Smith and Maryann, Brent (eds.) pp.28-41.

Jenkins, Laura Dudley

2003a *Identity and Identification in India.* London and New York: Routledge Curzon.

2003b Another "People of India" Project: Colonial and National Anthropology. *The Journal of Asian Studies.* 62 (4): 1143-1170.

Jha, Branji Narain,

1996 Politics of Posa: A Case Study of Pre and Post Independence Scenario in Arunachal Pradesh and Assam. *Proceedings of the Indian History Congress* 57: 446-458.

Joshi, O. P.

1997 Continuity and Change in Hindu Women's Dress. In *Dress and Gender: Making and Meaning*. Ruth Barnes and Joanne B. Eicher (eds.), pp. 214-231. Oxford・New York: Berg Publishers.

Karchung, Gengop

2011 Diminishing Cultures of Bhutan: Costume of Merag Community. *SAARC Culture* 2: 17-43.

2012 Yak Cham: The Traditional Cultural Expression of the Merak Community. *SAARC Culture* 3: 82-105.

2013 *From Yak-Herding to Enlightenment: The Legend of Thöpa Gali: A Heritage Narrative of the Merak-Sakteng Community*. Thimphu: National Library & Archives of Bhutan.

Kimura, Makiko

2013 Ethnic Conflict and Violence against Internally Displaced Persons: A Case Study of the Bodoland Movement and Ethnic Clashes. *International Journal of South Asian Studies* (5): 113-129.

Kinga, Sonam

2009 *Polity, Kingship and Democracy: A biography of the Bhutanese State*, Thimphu: Bhutan Times.

Kolas, Ashild

2008 *Tourism and Tibetan Culture in Transition: A place called Shangrila*. London: Routledge.

Konishi, A. Masatoshi

2013 *Hāth-Kāghaz: History of Handmade Paper in South Asia*. Shimla: Indian Institute of Advanced Study / New Delhi: Aryan Books International.

Konwer, Shubhrajeet

2010 Life of Actual Control: Resolving the Border Impasse. In *Beyond Borders: Look East & North East India*. Dilip

Gogoi (ed.), pp.90–125. Guwahati: DVS Publishers.

Koyu, Tony

2006 *A Sensational Novel in Tani Language (Galo).* Itanagar: Devine Egg Publication.

Kri, Sokhep (ed.)

2010 *State Gazetteer of Arunachal Pradesh Vol.I.* Itanagar: Government of Arunachal Pradesh.

Kundu, Manmatha

1994 *Tribal Education: New Perspectives.* New Delhi: Gyan Publishing House.

Kuri, Pravat Kumar

2013 Common Property Resources, Environmental Degradation and Rural Poverty: A Micro Study in Arunachal Pradesh. In *Northeast and Globalisation: Issue Betwixt and Between.* Behera M.C. (eds.), pp.315–338. Guwahati: DVS Publishers.

Lama, Tashi

1999 *The Monpas of Tawang: A Profile.* Itanagar.: Himalayan Publishers.

Lamb, Alastair

1964 The China-India Border: The origins of the disputed boundaries. London, New York, Toronto: Oxford University Press.

1966 *The McMahon Line: A Study in the Relation between India China and Tibet, 1904–1914. Vol.1 & 2.* London: Routledge & Kegan Paul.

Lazcano, Santiago

2005 Ethnohistoric Notes on the Ancient Tibetan Kingdom of sPo Bo and its Influence on the Eastern Himalayas. *Revue d'Etudes Tibétaines* 7: 41–63.

Leach, E. R.

1954 (1987) *Political Systems of Highland Burma: A study of Kachin Social Structure*. London: University of London. (『高地ビルマの政治体系』関本照夫訳, 弘文堂)

Li, Fang Kuei

1956 The Inscription of the Sino-Tibetan Treaty of 821-822. *T'Oung Pao* 44: 1-99.

Losu, Banwang

2013 *Wancho Script*. New Delhi: Penguin Books India.

Luthra, P. N.

1971 (2007) *Constitutional and Administrative Growth of the Arunachal Pradesh*. Itanagar: Department of Cultural Affairs, Government of Arunachal Pradesh.

Mackenzie, Alexander

1884 (2001) *The North East Frontier of India*. New Delhi: Mittal Publications.

Mahanta, K. C.

1996 Vaishnavism among the Noctes: An Ethnographic Study. In *People of North East India*. Sarthak Sengupta (ed.), pp. 156-173. New Delhi: Gyan Publishing House.

Mann, R. S.

2002 *Ladakh Then and Now: Cultural, Ecological and Political*, New Delhi: Mittal Publications.

Maxwell, Neville

1970 (1972) *India's China War*. Bombay: Jaico Publishing House. (『中印国境紛争——その背景と今後——』前田寿夫訳, 時事通信社)

McRae, Michael

2002, *The Siege of Shangri-La: The Quest for Tibetan's Legendary Hidden Paradise*, New York: Broadway Books.

Mehra, Parshotam

1972　A Forgotten Chapter in the History of the Northeast Frontier：1914–36. *The Journal of Asian Studies* 31 (2)：299–308.

1980　*The North-Eastern Frontier: A Documentary Study of the Internecine Rivalry between India, Tibet and China. Vol.2 1914–54*. Delhi：Oxford University Press.

Mibang, Tamo

1994　*Social Change in Arunachal Pradesh: The Minyongs 1947–1981*. New Delhi：Omsons Publication.

Mishra, Ajay Kr.

2008　Religious History of the Noctes. In *Religious History of Arunachal Pradesh*. B. Tripathy and S. Dutta (eds.), pp.71–83. New Delhi：Gyan Publishing House.

Mishra, Deepak K.

2011　Interrogating 'Community Management' State, Market and Community in Arunachal's Agrarian Transition. In *Understanding North East India: Cultural Diversities, Insurgency and Identities*. Madhu Rajput (ed.) pp.298–325, New Delhi：Manak Publications PVT. LTD.

Mohanta, Bijan

1984　*Administrative Development of Arunachal Pradesh 1875–1975*. New Delhi：Uppal Publishing House.

Mullard, Saul

2011　*Opening the Hidden Land: State Formation and the Construction of Sikkimese History*, Leiden：Brill.

Mullin, H. Glenn

2001 (2006)　*The Fourteen Dalai Lamas: A Sacred Legacy of Reincarnation*. Santa Fe：Clear Light Publishers.（『14人のダライ・ラマ——その生涯と思想——』上・下，田崎國彦他訳，春秋社）

Murty, T. S.

1969　A Re-Appraisal of the Mon-Legend in Himalayan Tradition. *Central Asiatic Journal* 13 (4)：291–301.

Myers, Diana K.

1994a Warp and Weft：Garments, Coverings, and Containens. In *From the Land of the Thunder Dragon: Textile Arts of Bhutan*. Diana K. Myers & Susan S. Bean (eds.), pp.91–141. New Delhi：Timeless Books.

1994b Fibers, Dyes, and Looms. In *From the Land of the Thunder Dragon: Textile Arts of Bhutan*. Diana K. Myers & Susan S. Bean (eds.), pp.187–202. New Delhi：Timeless Books.

Myers, Diana K. & Françoise Pommaret

1994a Bhutan and Its Neighbors. In *From the Land of the Thunder Dragon: Textile Arts of Bhutan*. Diana K. Myers & Susan S. Bean (eds.), pp.47–69. New Delhi：Timeless Books.

1994b Cut and Stitched: Textiles Made by Men. In *From the Land of the Thunder Dragon: Textile Arts of Bhutan*. Diana K. Myers & Susan S. Bean (eds.), pp.143–166. New Delhi：Timeless Books.

Myers, Diana K. & Susan. S. Bean (eds.)

1994 *From the Land of the Thunder Dragon: Textile Arts of Bhutan*. New Delhi：Timeless Books.

Nair, P. T.

1985 *Tribes of Arunachal Pradesh*. Guwahati：Spectrum Publications.

Nanda, Neeru

1982 *Tawang: The Land of Mon*. New Delhi：Vikas Publishing House.

Nanjunda D.C.

2010 *Contemporary Studies in Anthropology*. New Delhi：Mittal Publications.

Nath, Ashok

1993 Arunachal Pradesh：Hidden land in the Hills. *Discover India* (6) 5. Hong Kong：Media Transasia.

Nath, Jogendra

2000 (1998) Non-Buddhist Element in Monpa Buddhism. In *Studies in the History, Economy and Culture of*

Arunachal Pradesh. Revised Edition. S. Dutta (ed.), pp.444–458. Delhi·Itanagr：Himalayan Publishers.

National Institute of Fashion Technology

1998 *Textiles and Crafts of India: Arunachal Pradesh, Assam, Manipur*. New Delhi：Prakash Books.

Norbu, Tsewang

1990 The Origin and Migration of the Membas. In *Aspects of Culture and Customs of Arunachal Pradesh*. P. C. Dutta and D. K. Duarah (eds.), pp.31–33. Itanagar：Directorate of Research, Government of Arnachal Pradesh.

1999 Tribal Village Council of AP：Monpa. In *Tribal Village Councils of Arunachal Pradesh*. B. B. Pandey et al. (eds), pp.1–12. Itanagar：Directorate of Research, Government of Arunachal Pradesh.

2008 *The Monpas of Tawang: Arunachal Pradesh*. Itanagar：Department of Cultural Affairs, Directorate of Research, Government of Arunachal Pradesh.

2016 *Tawang Monastery: The Spiritual Wonder of India*. Itanagar：Department of Cultural Affairs Directorate of Research, Government of Arunachal Pradesh.

Nyori, T.

2000 Origin of the Name 'Abor'/ 'Adi'. In *Studies in the History, Economy and Culture of Arunachal Pradesh*, S. Dutta (ed.) pp.40–44. Itanagar：Himalayan Publishers.

Olschak, Blanche C.

1979 *Ancient Bhutan: A Study on Early Buddhism in the Himālayas*. Zürich: Swiss Foundation for Alpine Research.

Osik, N. N.

1996 *A Brief history of Arunachal Pradesh*. New Delhi：Omsons Publications.

1999 *Modern History of Arunachal Pradesh (1825–1997)* . Itanagar, New Delhi：Himalayan Publishers.

Pandey Amit, Kumar

2011 Arunachal Pradesh：A Matter of Dispute between India and China. In *Understanding North East India:*

Cultural Diversities, Insurgency and Identities. Madhu Rajput (ed.), pp.118–123. New Delhi：Manak Publications.

Pandey, B. B.

1996 *The Buguns: A Tribe in Transition*. Itanagar・Delhi：Himalayan Publishers

1997 *Arunachal Pradesh: Village State to Statehood*. New Delhi・Itanagar：Himalayan Publishers.

Pandey, Deepak

1997 *History of Arunachal Pradesh: Earliest times to 1972 A. D.* Pasighat：Bani Mandir Publications.

Pandharipande, Rajeshwari

2002 Minority Matters：Issues in Minority Languages in India. *International Journal on Multicultural Societies* 4 (2)：213–234.

Paul, Ashish et al. (eds.)

2006 Daphne papyracea Wall. ex Steud. A Traditional Source of Paper Making in Arunachal Pradesh. *Indian Journal of Natural Products and Resources* 5 (2)：133–138.

Phuntsho, Karma

2013 *The History of Bhutan*. Noida：Random House.

Phuntsho, Karma (ed.)

2015 *The Autobiography of Tertön Pema Lingpa*. Thimphu：Shejung Agency.

Pirie, Fernanda

2008 Dancing in the Face of Death：Losar Celebrations in Photoksar. In *Modern Ladakh: Anthropological Perspectives on Continuity and Change*. Martijn Van Beek and Fernanda Pirie (eds.). pp.175–193, Leiden・Boston：Brill.

Pommaret, Françoise

1997 Ethnic Mosaic：Peoples of Bhutan. In *Bhutan: Mountain Fortress of the Gods*. Christin Schicklgruber &

Françoise Pommaret (eds.), pp.43–59. New Delhi: Bookwise.

1999 The Mon-pa revisited: in search of Mon. In *Sacred Spaces and Powerful Places in Tibetan Culture: A Collection of Essays*. Toni Hurber (ed.) pp.52–73. Dharamsala: Library of Tibetan Works and Archives.

2000 Ancient Trade Partners: Bhutan, Cooch Bihar and Assam (17th–19th centuries). *Journal of Bhutan Studies* 2 (1): 30–53. The Center for Bhutan Studies.

2002 Weaving Hidden Threads: Some Ethno-historical Clues on the Artistic Affinities between Eastern Bhutan and Arunachal Pradesh. *The Tibet Journal*, 27 (1&2): 177–196. Library of Tibetan Works & Archives.

Prabhakar, M. S.

1974 The Politics of a Script: Demand for Acceptance of Roman Script for Bodo Language. *Economic and Political Weekly* 9 (51): 2097+2099–2102.

Prasad, Chunnu

2006 Migration and the Question of Citizenship: People of Chittagong Hill Tract in Arunachal Pradesh. *The Indian Journal of Political Science* 67 (3): 471–490.

2007 Students' Movements in Arunachal Pradesh and the Chakma-Hajong Refugee Problem. Economic and Political Weekly 42 (15): 1373–1379.

Prasad, R. R.

1989 *Bhotia Tribals of India: Dynamics of Economic Transformation*. New Delhi: Gian Publishing House.

Rahul, Ram

1970 *The Himalaya Borderland*. Delhi·Bombay·Bangalore: Vikas Publications.

1978 *The Himalaya as a Frontier*. New Delhi·Bombay·Bangalore·Calcutta·Kanpur: Vikas Publishing House.

Rajendram, Danielle

2014 *India's New Asia-Pacific Strategy: Modi Acts East*. Sydney: Lowy Institute.

Reid, Robert

1942 (1983) *History of the Frontier Areas Bordering on Assam from 1883–1941*. Delhi：Eastern Publishing House.

1944 The Excluded Areas of Assam：Evening Meeting of the Society, 7 February 1944. *The Geographical Journal*. 103 (1–2)：18–29.

Riedel, Bruce

2015 *JFK's Forgotten Crisis: Tibet, the CIA and Sino-Indian War*. Washington, D.C.：Brookings Institution Press.

Risley, Herbert

1915 *The People of India*. Calcutta･Simla：Thacker, Spink & Co.

Robertson, Roland

1992 (1997) *Globalization: Social Theory and Global Culture*. London：SAGE Publications.（『グローバリゼーション――地球文化の社会理論――』阿部美哉訳、東京大学出版会）

Rose, E. Leo and Margaret W. Fisher

1967 *The North-East Frontier Agency of India*. Berkeley：Institute of International Studies University of California.

Roy Burman, B. K.

1998 Constitutional Framework for Tribal Autonomy with Special Reference to North-East India. In *North-East India: The Human Interface*. M. K. Raha, Aloke Kumar Gosh (eds.) pp.81–114, New Delhi：Gyan Publishing House.

Rustomji, Nari

1983 *Imperilled Frontiers: India's North-Eastern Borderlands*. New York：Oxford University Press.

1990 Arunachal Pradesh, Sikkim and Bhutan. In *Himalayan Environment and Culture*. N. K. Rustomji and Charles Ramble (eds.), pp.207–216. Shimla：Indian Institute of Advanced Study.

Sangma, M. S.

2000 Attempts to Christianize the People of Arunachal by the American Baptist Missionaries (1836–1950. In Studies In *The History, Economy and Culture of Arunachal Prades*h. S. Dutta (ed.), pp. 459–470. Itanagar: Himalayan Publishers.

Saraf, D. N.

1991 *In the Journey of Craft Development 1941–1991*. New Delhi: SAMPARK.

Sarkar, Niranjan

1974 (1993) *Dances of Arunachal Pradesh*. Itanagar: Directorate of Research, Government of Arunachal Pradesh.

1980 *Buddhism among the Monpas and Sherdukpens*. Shillong: Directorate of Research, Government of Arunachal Pradesh.

1981 *Tawang Monastery*. Shillong: Directorate of Research, Government of Arunachal Pradesh.

Sarma, Atul

2013 The North-East as Gateway to South-East Asia: Big Dream and Home Truths. In *Northeast and Globalisation: Issues Betwixt and Between*. M. C. Behera (ed.), pp.33–51. Guwahati: DVS Publishers.

Scofield, John

1974 Bhutan Crowns A New Dragon King. *National Geographic*. 146 (4): 546–571.

Shakabpa, W. D.

1967 (1992) *Tibet: A Political History*. New Haven･London: Yale University Press.（『チベット政治史』貞兼綾子監修、三浦順子訳、亜細亜大学アジア研究所）

Shakspo, Nawang Tsering

2005 Tibetan (Bhoti) –An Endangered Script in Trance Himalaya. *Tibet Journal* 30 (1): 61–64.

Sharma, Manish

2008 Employment Generation through Information Technology in Arunachal Pradesh. In *Economy of Arunachal*

Pradesh: Problems, Performances and Prospects. Manish Sharma (ed.), pp. 62–75. Guwahati：DVS Publishers.

Sharma, R. R. P.

1960 (1988) *The Sherdukpens*. Itanagar：Directorate of Research, Government of Arunachal Pradesh.

Sharma, S. K. & Usha Sharma

1997 *Encyclopaedia of Sikkim and Bhutan, Vol. 1, Documents of Sikkim and Bhutan*. New Delhi：Anmol Publications Pvt. Ltd.

Sikri, Rajiv

2009 *Challenge and Strategy: Rethinking India's Foreign Policy*. New Delhi：SAGE Publication.

Singh, Chandrika

2004 *North-East India: Politics & Insurgency*. New Delhi：Manas Publications.

Singh, Deepak K.

2010 *Stateless in South Asia: The Chakmas between Bangladesh and India*. New Delhi：SAGE Publications.

Singh, K. S.

2011 *Diversity, Identity, and Linkages: Exploration in Historical Ethnography*. New Delhi：Oxford University Press.

Singh, K. S. (ed.)

1972 *Tribal Situation in India: Proceedings of a seminar*. Simla：Indian Institute of Advanced Study.

1995 *Arunachal Pradesh: People of India Volume XIV*. Calcutta：Anthropological Survey of India / Seagull Books.

1998 *India's Communities: People of India, National Series Vols.IV-VI:* Anthropological Survey of India. Delhi・Calcutta・Chennai・Mumbai：Oxford University Press.

Singh, K. S. & Manoharan S. (ed.)

1993 *Languages and Scripts*. Delhi・Bombay・Calcutta・Madras：Oxford University Press.

Singh, Uday Naryan

2001 Multiscriptality in South Asia and language development. *Journal of the Sociology of Language*. 150: 61–74.

Singh, Usha K.

1991 *Arunachal Pradesh: A Study of the Legal System of Adi Tribe*. New Delhi: Vikas Publishing House.

Singha, A. C.

1990 The Indian North–East Frontier and the Nepalese Immigrants. In *Himalayan Environment and Culture*. N. K. Rustomji and Charles Ramble (eds.), pp.217–236. Shimla: Indian Institute of Advanced Study.

1994 *North Eastern Frontier of India: Struggle Imperatives and Aspect of Change*. New Delhi: Indus Publishing Company.

Sinha, Raghuvir

1962 (1988) *The Akas*. Itanagar: Directorate of Research, Government of Arunachal Pradesh.

Sithel, Dorji

2001 *The Origin and Description of Bhutanese Mask Dances*. Thimphu: KMT Press.

Smith, Anthony D.

1986 (1999) The Ethnic Origins of Nations. Oxford: Basil Blackwell Ltd.（『ネイションとエスニシティ――歴史社会学的考察――』巣山靖司・高城和義他訳，名古屋大学出版会）

Smith, Valene L. (ed.)

1989 (1991) *Hosts and Guests: The Anthropology of Tourism*. (Second edition) Philadelphia: University of Pensylvania Press.（『観光・リゾート開発の人類学――ホスト&ゲスト論でみる地域文化の対応――』三村浩史監訳，勁草書房）

Snellgrove, David L.

1966 For a Sociology of Tibetan Speaking Regions. *Central Asiatic Journal* 11 (3): 199–219.

1987 *Indo–Tibetan Buddhism: Indian Buddhists and their Tibetan Successors*. London: Serindia Publications.

Sonam Wangmo
1990 The Brokpas: A Semi-nomadic People in Eastern Bhutan. In *Himalayan Environment and Culture*. Nari Rustamji & Charles Ramble (eds.), pp.141-158. Shimla: Indian Institute of Advanced Study.

Stobdan, P.
2009 Tibet and the security of the Indian Himalayan belt. In *Himalayan Frontiers of India: Historical, geo-political and strategic perspectives*. K. Warikoo (ed.), pp.102-121, 197-202. London・New York: Routledge

Subba, J. R.
2008 *History, Culture and Customs of Sikkim*. New Delhi: Gyan Publishing House.

Taring, Rinchen Dolma
1970 (1991) *Daughter of Tibet*. London: John Murray（『チベットの娘――リンチェン・ドルマ・タリンの自伝――』三浦順子訳、中公文庫、中央公論社）

Tarlo Emma
1996 *Clothing Matters: Dress and Identity in India*. Chicago: Univercity. of Chicago Press.

Tarr, Michael Aram & Stuart Blackburn
2008 *Through the Eye of Time: Photographs of Arunachal Pradesh 1859-2006, Tribal Cultures in the Eastern Himalayas*. Leiden・Boston: Brill.

Tayeng, Obang
2003 *Folk Tales of the Adis*. New Delhi: Mittal Publications.

Tenpa, Lobsang
2013 The Life and Activities of Rgyal sras Blo bzang bstan pa'i sgron me, a 16th century Tibet-Mon Monk from Tawang. *The Tibet Journal* 38 (3-4): 3-20.
2014 The Centenary of the McMahon Line (1914-2014) and the Status of Monyul until 1951-2. *The Tibet Journal* 39

(2): 57–102.

2015 Peripheral Elites of the Eastern Himalayas: The 'Maternal Uncle Lord of Ber mkhar' of Tawang. *The Illuminating Mirror: Tibetan Studies in Honour of Per K. Sorensen on the Occasion of his 65th Birthday*. Olaf Czaja & Guntram Hazod (eds.) pp.485–602. Wiesbaden: Dr. Ludwig Reichert Verlag.

Tenpa, Lobsang & Thupten Tempa

2013 *A Brief History of the Establishment of Buddhism in Monyul: Tawang and West Kameng Districts Arunachal Pradesh, India*. Itanagar: Department of Karmik & Adhyatmik Affairs, Government. of Arunachal Pradesh.

Thanga, L. B.

1966 *Census of India 1961, Vol. 14, North-East Frontier Agency: Part 2-A, General Population Tables and NEFA Special Tables*. Shillong: Secretary Planning and Development, NEFA & Ex-Officio Superintendent of Census Operations, NEFA.

Thinley, Kunzang

2009 Founding of Zhongar (Mongar) Dzong, in *Fortress of the Dragon: Proceedings of the 4th Colloquium*, Tshering Dorje et al. (eds.) pp.131–159, Paro: The National Museum of Bhutan.

Thongdok, Dorjee Khandu

2012 *War On Buddha: A Book on Chinese Aggression 1962*.（出版社不明）

Tilman, H. W.

1946 (2016) *When Men & Mountains Meet*. Tilman Books.

Trier, Jesper

1972 *Ancient Paper of Nepal*. Jutland Archaeological Society Publications Vol.10, Copenhagen: Gyldendal.

Trotter, H.

1877 Account of the Pundit's Journey in Great Tibet from Leh in Ladakh to Lhasa, and of his Return to India via

Assam. *Journal of the Royal Geographical Society of London.* 47：86-136.

Upadhyay, Archana

2009 *India's Fragile Borderlands: The Dynamics of Terrorism in North East India.* London・New York：I. B. Tauris.

2013 Looking Beyond the Borders：Globalisation and the Development of Northeast India. In *Northeast and Globalisation: Issues Betwixt and Between.* M. C. Behera (ed.), pp. 93-114. Guwahati：DVS Publishers.

Urry, John

1990 (1995) *The Tourist Gaze: Leisure and Travel in Contemporary Societies.* London：SAGE Publications.（『観光のまなざし――現代社会におけるレジャーと旅行――』加太宏邦訳，法政大学出版局）

Wahid, Siddiq

1981 *Ladakh: Between Earth and Sky.* Bombay・Calcutta・Delhi・Madras：B. I. Publications.

Wangchu, Lhama

1999 Oral Literature of Monpas of Tawang on Creation of Universe. In *Creation of Universe.: Oral Literature of Arunachal Pradesh.* B. B. Pandey (ed.), pp.131-134. Itanagar：Directorate of Research, Government of Arunachal Pradesh.

2002 *An Introduction to Tawang Monpa Language.* Directorate of Research, Government of Arunachal Pradesh.

Wangchuck, Dorji Wangmo

1999 (2004) *of Rainbows and Clouds.: The Life of Yab Ugyen Dorji as told to his daughter.* New Delhi：Bookwise.（『虹と雲――王妃の父が生きたブータン現代史――』今枝由郎監修，鈴木佐知子・武田真理子訳，平河出版社）

Wangchuk, Punap Ugen

2011 Desho：Bhutanese handmade paper. *Bhutan 2011:* 62-67. Tourism Council of Bhutan.

Warikoo, K. (ed.)

2009 *Himalayan Frontiers of India: Historical, geo-political and strategic perspectives.* London・New York：

Routledge.
White, J. Claude
1909 (1971) *Sikhim & Bhutan: Twenty-one Years on the North-East Frontier 1887-1908*. Delhi: Vivek Publishing House.

■チベット語

Gyalsey Tulku 〈rgyal sras sprul sku〉
2009 The Clear Mirror of Monyul: A History of Tawang Monastery.
〈rta lbang dgon pa'i lo rgyus mon yul gsal ba'i me long〉 Dharamsala: Amnye Machen Institute.
Department of Karmik and Adhyatmik Affairs (DoKAA)
2011a *bho Ti'i skad yig slob deb. 'dzin grwa dang po* (Bhoti Language Text Book for Class 1)
2011b *bho Ti'i skad yig slob deb. 'dzin grwa gnyis pa* (Bhoti Language Text Book for Class 2)
2011c *bho Ti'i skad yig slob deb. 'dzin grwa gsum pa* (Bhoti Language Text Book for Class 3)
2011d *bho Ti'i skad yig slob deb. 'dzin grwa bzhi pa* (Bhoti Language Text Book for Class 4)
2011e *bho Ti'i skad yig slob deb. 'dzin grwa lnga pa* (Bhoti Language Text Book for Class 5)
2011f *bho Ti'i skad yig slob deb. 'dzin grwa drug pa* (Bhoti Language Text Book for Class 6)
2011g *bho Ti'i skad yig slob deb. 'dzin grwa bdun pa* (Bhoti Language Text Book for Class 7)
2011h *bho Ti'i skad yig slob deb. 'dzin grwa brgyad pa* (Bhoti Language Text Book for Class 8)
2013a *bho Ti'i skad yig slob deb. 'dzin grwa dgu pa* (Bhoti Language Text Book for Class 9)
2013b *bho Ti'i skad yig slob deb. 'dzin grwa bcu pa* (Bhoti Language Text Book for Class 10)

■政府刊行物

Chombey, Sonam et. al (eds.)

2016 *Seeds of Nirvana: Guide Book on Pilgrimage Site of Monyul Vol. 1.* Itanagar: Department of Karmik and Adhyatmik (Chos-Rig) Affairs, Government of Arunachal Pradesh.

2017 *Seeds of Nirvana: Guide Book on Pilgrimage Site of Monyul Vol. 2-5.* Itanagar: Department of Karmik and Adhyatmik (Chos-Rig) Affairs, Government of Arunachal Pradesh.

Department of Tourism, Government of Arunachal Pradesh

2013 *Annual Report 2012-13.*

Government of Arunachal Pradesh

2005 *Arunachal Pradesh Human Development Report 2005.*

2011 *Statehood Silver Jubilee 2011 Arunachal Pradesh: Pride, Honour, Vision 1987-2011.*

2012 *Tawang District At Glance.* Tawang: Economics and Statistic Branch, Office of the Deputy Commissioner, Tawang District.

2013 *Socio-Economic Review of Tawang District 2011-12.* Tawang: Economics and Statistic Branch, Office of the Deputy Commissioner, Tawang District.

Ministry of Tribal Affairs

2013 *Demographic Status of Scheduled Tribe Population of India.* http://tribal.nic.in/WriteReadData/userfiles/file/Demographic.pdf.（最終閲覧　二〇一六年一二月七日）

Planning Commission Government of India.

2009 *Arunachal Pradesh Development Report.* New Delhi: Academic Foundation

2014 *Report of the Expert Group to Review the Methodology for Measurement of Poverty.* http://planningcommission.nic.in/reports/genrep/pov_rep0707.pdf（最終閲覧　二〇一八年七月二七日）

Tourism Council of Bhutan (TCB)

2013 *Annual Report Bhutan Tourism Monitor 2012*. Thimphu: IT and Research Section.

■その他のパンフレットなど

Himalayan Buddhist Cultural Association

2004 Souvenir on the occasion of Himalayan Year for Presentation of Himalayan culture and protection Himalaya: Four-days National Seminar on Education and Tribal Development Himalayan Culture, Continuity and Change, Changing Phases of Tribal Development. 4th to 7th April, 2003.

Mon Autonomous Council (MARDC; Mon Autonomous Region Demand Committee)

2008 *Development and Progress made towards constitution of MAC (Mon Autonomous Council) under the 6th schedule of the Indian Constitution.*

2005 *Constitution of Mon Autonomous Council.*

Sherab Sangpo Society

2009 *Buddhist Monk Exits From State Party Politics*. New Delhi: Sherab Sangpo Society.

Tendhon Committee, Tawang

2003 *Collection of Photos Relating to the Life of Tseyang Gyatso in Childhood.*

Trans Himalayan Parliamentary Forum & Himalaya Buddhist Cultural Association

2008 *Souvenir: Seminar on National Policy on Education & Bhoti Language.*

図表一覧

図

地域概念図 …… xxviii
【図1－1】アルナーチャル・プラデーシュ州 …… 34
【図1－2】インドの北東諸州地図 …… 35
【図1－3】西カメン県地図 …… 100
【図1－4】タワン県地図 …… 101

表

【表1－1】北東7州の概況 …… 32
【表1－2】アルナーチャル・プラデーシュ州の県別概況 …… 33
【表1－3】アルナーチャル・プラデーシュ州の宗教別人口 …… 40
【表1－4】北東7州の宗教別人口の割合 …… 41
【表1－5】西カメン県・タワン県の主な指定トライブの人口と割合 …… 98
【表1－6】西カメン県・タワン県の宗教別の人口割合 …… 98
【表1－7】国勢調査上のモンパのトライブ名の変化 …… 118
【表2－1】女性の民族衣装の呼称 …… 170
【表3－1】タワン県ランゲテンの紙漉き小屋 …… 290
【表4－1】アルナーチャル・プラデーシュ州の言語人口 …… 332
【表4－2】アルナーチャル・プラデーシュの識字率の変遷 …… 374
【表5－1】アルナーチャル・プラデーシュ州へのツーリスト数の変遷 …… 437
【表5－2】北東7州へのツーリスト数 …… 438
【表5－3】州政府観光局が推奨する12の周遊コース …… 448

あとがき

本書は、筆者が二〇一四年三月に慶應義塾大学社会学研究科に提出した博士学位請求論文『モンパの民族表象と伝統文化の動態に関する文化人類学的考察――インド、アルナーチャル・プラデーシュ州を中心にして――』(二〇一四年九月学位授与)を元に、加筆・修正したものである。

筆者が初めてアルナーチャルを訪れたのは、一九九五年の春であった。当時は旅行会社に勤務していて、ツーリストを受け入れるようになったばかりのアルナーチャルとマニプル州のインパールへの団体旅行が可能かどうかを調べる視察旅行であった。自然が豊かで、多彩な民族集団が住み、その伝統文化に触れることができる一方、道路・ホテルなどの観光インフラが未整備で、ガイドブックもなく、旅行者も少ないという、いわゆる「秘境」と呼ばれる地域は、それまでにも数多く訪れてきた。アルナーチャルは、そうした典型的な「秘境」の一つではあるが、世界中にある「秘境」の中で、突出した魅力があるというわけではなかった。それにもかかわらず、この視察旅行中に「いずれ自分にとってアルナーチャルが特別な場所になる」と漠然と予感したのである。そんな経験はその時が初めてだった。

この視察旅行から八年後の二〇〇三年春、大学院で学び直すことを決め、修士課程の研究テーマとして選んだのが、アルナーチャルのモンパの民族衣装に関するものであった。漠然とした予感が現実のものとなったわけである。

同年秋には、二八年勤めた旅行会社を退職して、本格的なアルナーチャル通いが始まった。当初は、修士課程修了までと思っていた研究生活は、結局、現在まで続くことになった。若い時から研究一筋でやって来られた方がたには、甘いとお叱りを受けそうだが、正直に言って、研究者としての生活がこんなにも厳しいものだとは、想像もしていなかった。会社勤めをしていた時にも、徹夜仕事やトラブル、事故の処理などで時間的にも精神的にも追いつめられることはよくあったが、それとは違う意味の厳しさがあった。その理由は、研究生活には休日のような時間的な区切りがつけにくく、調べれば調べるほど疑問が出てきて、自分の無知を思い知らされることが多かったからである。しかし、知る喜びの方がはるかに大きく、挫折や限界を感じることはあっても、研究をやめようとは思わなかった。それでも意思とは裏腹に記憶力や理解力は年々衰え、一つ一つの作業に時間がかかり、研究はなかなか進まなかった。

そんな日々を繰り返し、ようやく博士論文を提出することができたのは、修士課程入学から一一年目の二〇一四年春のことであった。その二カ月後の五月一七日にタワンの友人から緊迫した声の電話が入った。それは、同日未明にツォナ・ゴンツェ・リンポチェ（T. G. Rinpoche）が亡くなったという訃報を伝えるものであった。リンポチェは、タワン出身のモンパで、アルナーチャルの仏教徒が精神的指導者として崇拝する存在であった。一方では、第四章にも書いたように、モンパのボーティ語（チベット語）教育やモン自治地域要求運動の中心的人物という政治家としての顔も持つ人であった。筆者が本格的にタワンに通い始めた二〇〇三年に初めてお会いして以来、何度もお目にかかってさまざまな話を聞かせていただいた。政治家としてのリンポチェの言動には、賛同できないこともあったが、仏教僧としてのリンポチェには尊敬の念を抱いていた。個人的な悩みを相談し、的確なアドバイスを受けたこともあった。最後にお会いしたのは二〇一三年一〇月で、リンポチェは「本心では政治的な活動からは距離を置いて、宗教活動に専念したいが、状況がそれを許さない」と語っておられた。それから、七カ月後に突然亡くなったが、自らの手による縊死であると伝えられた。その悲報を知ってからしばらくは、筆者も頭が混乱して呆然とする日が続いた。

リンポチェの死後、インドの歴史的政権交代のうねりの中で、アルナーチャルも政争の渦に巻き込まれ、州議会が機能不全となって大統領令が発令される事態となった。その後も州の混乱は続き、それがひと段落した頃、博士論文を出版することが決まり、改めて加筆・修正作業に入ったが、その作業を通じて、筆者がこの地域になぜ運命的な出会いを感じたのかが、少しずつ分かってきた。それは、第一には、あまりに情報が少なく、知らないことが多かったこと、第二には、インドの辺境であるアルナーチャルにいると、逆にインドの中心部が強く意識されるという思いを経験したからではないだろうか。

初めての視察旅行の際に、事前に入手できた資料はごくわずかで、行く先々で興味をそそられる対象に出会いながら、ガイドと呼べるレベルの案内人もいないため、毎日が消化不良を起こしているような状態だったことを思い出した。それが、筆者の知識欲を刺激したのかもしれない。インドでは国の東西南北を表現するときに、しばしば「(南は) カニヤー・クマリから (北は) カシュミールまで、(西は) グジャラートから (東は) アッサムまで」という表現が使われる。実際には、アルナーチャルがインドの最東端に位置しているが、大半のインド人は、アルナーチャルという州の存在を知らない。中印国境紛争の戦場となり、中国がその領有を主張している場所であることは、当時の筆者でも知っていたことだが、その存在があまりにインド全体から無視されているという残念な思いがあった。アルナーチャルのことを調べていると、インドという国のさまざまな問題が見えてくる。「帝都の心臓部は、異種混交性とコスモポリタニズムが強力に存在する場だが、辺境は重要であり、辺境という存在が国史、地域史、ひいては世界史を違った視座から再訪する旅の出発点になり、国家、国民という中心からは不可視化されかねない問題を提起しうる」というテッサ・モーリス＝鈴木の言葉は、筆者の念頭に常にあった。「辺境から眺める」ことの重要性は、研究を通して確かなものになっていった。しかし、それを本書で十分示すことができたかと問われると、正直自信はないが、足りない分は今後の研究で補ってゆきたいと考えている。

本書の完成までには、数えきれないほど多くの方々の支援と協力をいただいた。まず、アルナーチャルでは、タワンのプルパ・ラム（Phurpa Lhamu）とその家族の皆さんに最もお世話になった。自宅の一室を提供してくれただけでなく、三度の食事の世話から取材相手探しと連絡、地方に出かける時には、泊めてもらう家の紹介など、彼女の豊富な人脈をフルに生かして最大限の協力をしてくれた。だが、いつも筆者の好きなモンパ料理でもてなしてくれた彼女の母は、二〇一六年一二月五日に病気で亡くなられてしまった。タワンに十分な設備のある病院がないため、ヘリコプターでグワーハーティの病院に運ばれたが、すでに手遅れの状態であったという。

ツェワン・ノルブと筆者（2010年８月）

筆者も数多く引用させていただいたモンパに関する文献［Norbu 2008, 2016］の著者であるツェワン・ノルブ（Tsewang Norbu）ともお互いに情報交換するだけでなく、数々の助言をいただき、筆者の博士学位取得を大変喜んでくれた。だが大変残念なことに、彼に本書を見せることはできなくなってしまった。二〇一八年三月七日、タワンの自宅に帰る途中のセ・ラ峠近くの断崖の底から、彼が運転していた乗用車の残骸と二五歳のお嬢さん、そして彼自身のご遺体が発見された。前日から行方不明との連絡を受け心配していたが、悲惨な結末を聞くことになってしまった。雪と氷の上を通行するセ・ラ峠のドライブは、危険を伴うもので、事故も多く、筆者も何度も恐怖を味わった経験がある。その前年、州調査局を定年退職したが、退職後も調査・研究は続けたいと語っていた。数週間前には、メールでお嬢さんの大学院卒業後の進路を相談されてもいた。二人の無念を思うと言葉が見つからない。せめて彼の残した著作を生かしてその遺志を継いでゆかなければと強く思う。彼の他にも、筆者のインタビューに応じてくれた人びとのうち、すでに亡くなった方が一〇名以上いる。現地でお世話になったすべての皆様に感謝するとともに、亡くなった方がたのご冥福と残されたご家族のご多幸を改めて祈りたい。

ブータンでは、ティンプーの友人たちが資料探しに協力してくれた。特に、山道を歩かなくてはならないメラやサクテンでは、メラの人びとに馬での荷運びやキャンプの設営、民泊の手配など大変お世話になった。その中でもケサン・ナムゲイ（Kelzang Namgay）には現地の案内だけでなく、ブロクパ語の通訳のために、何度もタワンまで来てもらった。雪の山道を三日間歩いてくることもあったが、その強靱な体力は敬服に値するものだった。

本書を執筆するに当たり、立教大学名誉教授の小西正捷先生には、修士課程からご指導いただいているばかりでなく、今では入手困難な貴重な蔵書をお貸しいただくなど大変お世話になった。先生からは、インドの奥深さだけでなく、研究対象となる人やモノに敬意と愛情をもって接する姿勢を学ばせていただいた。最近は、体調がすぐれないご様子だが、いつまでもお健やかに長生きしていただきたいと願っている。

慶應義塾大学の博士課程では、指導教授の鈴木正崇名誉教授から研究のすべてにわたってご指導をいただき、本書の出版も勧めていただいた。複数のフィールドを持ち、その場所を繰り返し何度も訪問し、長い年月をかけてその変化を追い、研究成果を着実にまとめ上げられ出版されてきた先生のエネルギッシュなご研究に対しては、感嘆するしかない。さまざまな研究テーマに挑む学生たちを指導されながら、ご自身がそれらの研究を楽しむという柔軟な姿勢で多くの学生を導いてこられた。修士課程修了で終わりと考えていた筆者が、博士課程で研究を続けることになったきっかけも、筆者の研究テーマを「面白い、パイオニア・ワークだ」とおっしゃってくださった先生の励ましの一言だった。入学後は、人類学や民俗学の初歩的なことから論文の書き方までご指導いただいた。このように、小西、鈴木両先生なしには本書は存在しなかったと言っても決して過言ではない。

博士課程在学中は、鈴木ゼミと関根ゼミの先輩、同輩、後輩の方々に大変お世話になった。親子以上に年の離れた筆者と親しくお付き合いくださり、多くの助言もいただいた。特に先輩の濱雄亮さんには、パソコン作業など細かなことまでご指導いただいた。ご自身のゼミでの発表の機会を与えてくださった関根政美名誉教授には、神田さやこ教授と共に博士論文の論文審査の副査もしていただき、貴重なコメントをいただき感謝している。

もう一人、忘れてはならないのは、オランダ人言語学者のボット（T. Bodt）である。彼とは二〇一二年にタワンのドンギュル祭で出会い、親交を深めた。当時、彼はディランのチュグ・モンパの村で言語調査を続けていたが、チベット語やツァンラ語だけでなく、複数のモンパの言語を話せる語学の天才で、彼自身も博士論文執筆中だったが、言語学の素人である筆者の質問に丁寧に答えてくれた。彼が博士論文を出版するまでは先に筆者が間違って解釈した情報を流してはいけないと考え、発表済みの論文以外に教えていただいたことは、一部だけ使用し、そのすべてを本書に盛り込むことはしなかった。まもなく彼の論文が出版されると聞いているが、その著書は、本格的な言語調査が行われていないモンパの言語について、新たな光を当てることになるだろうと期待している。チベット語資料の翻訳に関しては、カワチェンのケルサン・タウア先生にもご指導、ご協力をいただいた。

ここではお名前をすべて挙げることはできないが、他にもインド、ブータン、チベット関係の多くの先生方からご指導、ご教示をいただいた。また、本書に掲載した地図の作成は、すべて友人の高橋洋さんが引き受けてくれた。

これらすべての方々にお礼を申し上げたい。このように、多くの方々にお世話になり、ご指導いただいたにもかかわらず、不十分な内容や間違いがあるかもしれない。その点は、すべて筆者が責を負うものである。

博士課程における研究については、慶應義塾大学の博士課程学生研究支援プログラム・大学院高度化推進研究費（二〇〇九年～二〇一一年度、二〇一三年度）の助成金をいただいた。これらの助成金は、海外渡航費などに、ありがたく使用させていただいた。

本書の刊行にあたっては、出版を引き受けていただいた法藏館の戸城三千代編集長に感謝すると共に、最後まで根気強く編集作業をしてくださった光成三生さんに心からお礼を申し上げる。

最後に、常に筆者の研究に理解を示し、協力を惜しまなかった夫と娘にも謝意を伝えたい。海外調査のため、留守にする筆者をいつも笑顔で送り出してくれた。筆者が頻繁に海外に出かけていた頃、娘は中学校、高校、受験を経て大学と、大事な時期だったが、母親が留守にしていても、なんとか頑張ってくれていた。特に中学校、高校は弁当が必要だったが、筆者の留守中、毎日栄養に配慮した弁当を作ってくれたのは、近所に住む友人の佐藤光子さんだった。彼女のおかげで、安心して調査を続けることができた。本当に、ありがとうございました。

二〇一九年一月

脇田道子

索　引

アルファベット

AAPSU（全アルナーチャル・プラデーシュ学生連合） 377, 422, 492
AFSPA（軍事特別法） 447, 449, 450, 453, 499, 505
BJP（インド人民党） 399, 400, 403, 497
DoKAA（カールミク・アーディヤートミク局／宗教と文化局） 146, 339, 353, 360, 378, 406, 412
F・ハイメンドルフ⇒フューラー＝ハイメンドルフ
HBCA（ヒマラヤ仏教文化協会） 339, 348, 415
INC（インド国民会議派／国民会議派） 144, 340, 379, 380, 399-403, 413, 422, 458, 495, 497, 505
ILP（インナー・ライン許可証） 8, 42, 404, 409, 435-437, 439, 440, 444, 445, 495, 496, 503, 504
MARDC（モン自治地域要求委員会） 340
MLA（州議会議員） 102, 149, 253, 318, 339, 340, 376, 377, 381, 385, 389, 400, 401, 422, 477, 479, 485, 488, 489
NDFB（ボドランド民族民主戦線） 450
NEFA（北東辺境管区） 20, 42, 50-54, 92, 93, 117, 123, 145, 336, 409, 466, 490, 491, 499
NEFT（北東辺境地域） 43, 46, 49, 50, 89, 90, 144, 513
NHPC（国営水力発電会社） 487-489
NNC（ナガ民族評議会） 450
NSCN（ナガランド民族社会主義評議会） 450-453, 504, 505
PAP（保護地域許可書） 8, 42, 435, 436, 437, 439, 440, 444, 445, 457, 459, 460, 495, 504, 506
PPA（アルナーチャル人民党） 399, 403, 404
SMRF（モン地域救済連合） 389, 486, 488
SC（指定カースト）⇒指定カースト
ST（指定トライブ）⇒指定トライブ
THPF（トランス・ヒマラヤ議員フォーラム） 339, 348
ULFA（アソム統一解放戦線） 450
VKIC（ヴィヴェーカーナンダ協会文化研究所） 340, 413

ア行

青木文教 231, 239, 315, 507
アカ（フルッソ） vii, 37, 38, 43, 44, 64, 72, 80, 83, 89, 90, 97-99, 102, 104, 154, 172, 194-198, 202, 203, 216, 219, 354, 383, 384, 388, 419, 423
アクト・イースト政策 434, 435, 439
悪霊祓い 229-231, 237, 245, 254, 257, 468
アチ・ラモ／アジ・ラモ／アチェ・ラモ 358, 359, 364
アッサム語 39, 141, 191, 214, 326, 327, 331, 332, 336, 352, 360, 367, 372, 471, 515
アディ（Adi） 37-42, 44, 46, 47, 116, 141, 144, 145, 157, 158, 213, 220, 331, 332, 365, 368, 371, 377, 383, 388, 392, 410, 419, 421, 422, 453, 454, 477, 478, 508
アーディヴァーシー 28, 336
アパタニ（Apatani） 21, 37, 39, 40, 42, 165, 166, 365, 383, 392, 393, 419, 420, 453-456, 461, 476, 500, 505
アファーマティブ・アクション 15

アホム（アホム王国）　43-45, 60, 75, 79, 80, 102, 136, 142, 143, 173
アボ・タニ（Abo Tani）⇒タニ
アボール（Abor）　37-39, 106, 116, 141, 383
アリス（マイケル・アリス）（Michael Aris）　21, 28, 163（他）
アルパ／アルポ　xii, 236, 237, 315
イギリス・ビルマ戦争／ビルマ戦争　44, 45, 75, 79
一枚布　vii, 162, 171, 196-198, 220
威信財　193
衣服　81, 82, 99, 115, 161-169, 171, 179-184, 186, 188, 189, 192-199, 203-206, 208-213, 215, 220, 235, 267, 270, 272, 276, 280, 344, 464
インド憲法　6, 15, 16, 49, 327, 329, 334, 401, 413, 508, 514
インドの人民プロジェクト　17
インド部族問題省（Ministry of Tribal Affairs）　37-39, 98, 140, 423, 509
インナー・ライン（インド内郭線）　8, 42, 46, 52, 136, 445, 491, 496, 498, 499
ウィリアムソン殺害事件　47, 144
ウダルグリ（Udalguri）　xxix, 34, 48, 75, 79, 81-83, 89, 95, 100, 136, 137, 188-191, 193, 213
ウラ（労役）〈'ul lag〉　84, 87, 151, 285
エスニシティ　10-12, 517, 518, 521
エリ蚕／エリサン　175, 214, 215
エリ・シルク　vi, 170-172, 174, 175, 182, 184-187, 190-192, 194-196, 198, 202, 203, 205, 218, 514
エリン委員会（Ering Committee）　53, 145
エルウィン，ヴェリア（Verrier Elwin）　20, 21, 50-52, 104, 145, 163, 173, 174, 193, 196, 197, 212, 217, 260, 296, 301, 306, 371, 466, 467, 485
遠距離交易　133, 136, 137, 139, 343, 514
閻魔大王　xiii, 234, 240, 241
オギェン・サンポ　63, 72, 73, 147, 259, 260, 318
オギェンリン　63, 64, 72-74, 124, 125, 318, 470

カ行

肩掛け　ix, 170, 179, 206, 208, 209, 218
カチン　6, 13, 109, 514
カーティン少佐（Major Ralengnao Khating）　91
紙漉き（抄紙）　26, 223, 225, 288-291, 294-297, 300-311, 321-323, 357, 461, 516
カムティ（Khampti）　37, 39, 40, 44, 173, 214, 294, 322, 364, 383, 419, 461
カラワンポ王　57, 70, 146, 227, 283, 343, 354-356, 414, 418
カルマ派　62, 69
ガレ・チャム（グレイ・チャム）　233, 234
ガロ（Galo）　37-40, 42, 141, 213, 365, 368, 371, 373, 377, 379, 380, 383, 392, 410, 419, 421, 422, 453
観光人類学　429, 430, 432
灌頂　227, 241, 242, 245, 247, 254, 258, 285, 321, 484
カンドゥ・ドワ・ザンモ／カンドゥ・ダワ・ザンモ⇒ダーキニー・ドワ・サンモ
カンバ（Khamba）　37, 38, 40, 159, 342, 345, 383, 397
ガーンディー，M. K.（Mohandas Karamchand Gandhi）　20, 210, 330, 382, 386
貫頭衣　iv, vi, vii, viii, 161, 169-172, 181, 185-187, 192, 194-198, 202, 203, 209, 210, 213, 218, 220, 514, 515
ギデンズ（Anthony Giddens）　224, 255, 286, 424
ギドゥ（*gidu*）　89, 127, 196, 198, 219, 373, 513, 514
ギャンカル（Gyangkhar）　xvi, 71, 84-87, 101, 151, 257, 260-262, 273, 277,

278, 281, 283, 285, 286, 318, 319, 516
キラータ　43, 142
キリスト教　16, 20, 28, 40-42, 49, 98, 99, 154, 156, 197, 395, 437, 451
キレン・リジジュ（Kiren Rijiju）　102, 123, 158, 400, 494, 496, 497
空港　36, 140, 436, 440, 444, 460, 481
クシャン・ナン　ii, 73, 74, 76, 149, 469
靴　73, 81, 137, 139, 178, 179, 184, 194, 208, 216, 233, 261, 263, 264, 266, 267, 270-272, 275, 279
グランマ（*grangma*）　305, 309, 310, 323
グル・トゥルク・リンポチェ（第二三代タワン僧院長）　228, 231, 237, 242, 246, 313, 316,
グローバル化　164, 212, 257, 398, 431
携帯用座布団　168
ゲルク派　5, 8, 62, 65, 66, 69, 70, 73, 74, 77, 112, 114, 124, 128, 146, 155, 207, 225, 231, 246, 247, 249, 250, 256, 312, 316, 320, 339, 357, 384, 468, 480, 515
ゲワ・ジャンパ・コル（弥勒菩薩の巡幸）　232, 239, 240, 317
ゲンゴー・ラカン（Gengo Lhakhang）　69, 77, 78
公用語　120, 329, 330, 334, 344, 347, 349, 352, 372, 410, 412
国勢調査　18, 32, 33, 37, 38, 40, 41, 52, 97, 98, 112, 118, 123, 133, 140, 145, 146, 151, 158, 216, 326, 330-334, 341, 363, 364, 374, 384, 409, 410, 419, 423, 478, 498, 506
腰当て布　iii, viii, ix, 161, 170, 171, 184, 194, 199-203, 208, 209-211, 218, 220, 515
腰機（地機）　v, 171, 174, 217
ゴ・ニン・チャム　238, 239
婚資　183, 402

サ行

サキャ派　62, 65
サクテン（Sakteng）　4, 24, 29, 34, 66, 67, 77, 78, 83, 101, 119, 121, 135, 150, 151, 158, 162, 168, 169, 173, 176, 178, 180, 187, 200, 206-208, 218, 224, 245-247, 250, 257, 259, 260, 279, 284, 290, 297, 311, 313, 316, 317, 320, 356, 359, 417, 443, 468, 503, 515
サート・ラジャ（Sath Raja）　75
ザム　x, 233, 238, 242
ザム・ツォク・チャム　235
サリー　210, 212
サルタン（Sartang）／サルタンパ　103, 122, 123, 131, 132, 154, 287, 391
サンギェ・ギャムツォ　72, 73, 316
識字率　32, 33, 374, 419
ジャ・チャム（鳥のチャム）　234
シャロウ・リンポチェ（第二一代タワン僧院長）　226, 230, 231, 312, 314
シェルガオン（Shergaon）　57, 80, 100, 104, 105, 296, 301
シェルドゥクペン（Sherdukpen）　vi, 37, 38, 40, 60, 61, 80, 94, 97-99, 102-105, 122, 131, 136, 147, 154, 172, 194, 198, 202, 203, 218, 219, 260, 268, 270, 272, 319, 342, 345, 352, 354, 376, 383, 388, 417, 419, 467
持参財　183
失業　376, 391, 446, 497, 501
尻尾のある人びと　168, 169
指定カースト　15, 363, 514
指定トライブ　6, 7, 15, 26, 27, 32, 37, 39, 49, 60, 97, 98, 102, 103, 105, 108, 116, 117, 122, 123, 125-127, 132, 133, 140, 141, 157, 159, 161, 162, 168, 180, 188, 193, 204, 209, 210, 219, 283, 322, 333-337, 347, 350, 363, 373, 383, 384, 398, 404, 406, 416, 422, 423, 433, 444, 461, 465, 478, 490, 491, 493, 494, 496, 497, 498, 510, 514, 515, 517, 518
シムラー会議　47, 84
シャプドゥン・ンガワン・ナムギェル　60, 68, 250, 313, 513
シャワ・チャム（鹿のチャム）　xiv, 243

シャングリ・ラ　26, 213, 427-429, 433, 434, 460, 465, 466, 470, 474, 478, 479, 482, 484, 485, 489, 499-501, 506, 519
少数民族　7, 11, 15, 27, 28, 49, 111, 115, 116, 127, 128, 151, 172, 212, 430, 432, 433, 435, 453, 464, 494, 499
除外地域（隔離地域）　48, 49, 90, 144, 336, 389
シンカ（*shingka*）　v, viii, 161, 162, 168-172, 174, 176, 181, 182, 184-194, 197-200, 202-206, 208, 210, 213, 215, 217, 218, 220
シンポー（Shingpho）　37, 38, 40, 44, 383, 450, 453
水力発電所　36, 310, 389, 486-490, 509
ズィロ（Ziro）　xxviii, 34, 162, 439, 448, 454-456, 476, 505
生業　4, 67, 108, 120, 133, 162, 189, 202, 209, 223, 250, 257, 259, 275, 278, 286, 432, 490, 514, 515
税　45, 49, 70-72, 74, 82, 84-88, 90-92, 99, 112, 114, 130, 134, 137, 196, 207, 219, 255, 277, 285, 295, 313, 350, 453
ゼミタン（Zemithang）　iv, 5, 34, 56, 58, 88, 101, 119, 124, 130, 138, 146, 153, 157, 180-183, 186, 194, 201, 202, 209, 216, 228, 313, 357, 418, 472, 475, 515
セ・ラ（峠）〈ze la〉　47, 82, 89, 90, 97, 100, 101, 154, 177, 196, 226, 441, 466, 468, 577, 578
センゲ・ゾン（Senge Dzong）　71, 83, 90, 97, 100, 121, 135
先住民　28, 52, 107, 108, 110, 111, 115, 336, 404, 405, 432, 490, 491, 493-496, 518
僧侶税　87, 313
属性　13, 150, 162, 209, 210, 212, 520
ソンツェン・ガムポ王　57, 58, 60, 70, 227, 322, 342, 346, 354
ゾンポン　71, 81-84, 87, 90, 91, 114, 150, 156

タ行

タイ・カムティ⇒カムティ
大唐西域記　106, 155
第八附則　26, 327, 331, 332, 334-339, 347-349, 364, 382, 385, 516
第六附則　16, 28, 49, 328, 335, 336, 382, 386, 387, 389, 409, 411
高機　v, 170, 174, 185, 217
ダーキニー・ドワ・サンモ　57, 66, 146, 227, 283, 312, 355-359, 364, 418
タギン（Tagin）　37-40, 383, 392, 453
タクツァン僧院　58, 146, 471
ダクパ（Dakpa）　56, 119, 120, 157, 162, 168-170, 178, 192, 199, 200, 206, 213, 216, 351, 417, 418
タクルン僧院　67
タクルン・ゾン　71, 79, 82, 83, 100
ダース（Sarat Chandra Das）　106, 136, 294
多田等観　293
タニ／アボ・タニ（Tani/Abo Tani）　39, 365, 369, 370, 419, 420
タニ語／タニ諸言語／タニ系言語　39, 40, 125, 365, 369, 419, 420
タニ・リピ（Tani Lipi）　364-370, 374, 394, 420
食べられた文字　370, 374, 421
ダライ・ラマ二世　65, 67
ダライ・ラマ五世　5, 69, 70, 72, 108, 149, 226, 227, 244, 316, 468
ダライ・ラマ六世　ii, 5, 72-76, 125, 149, 243, 259, 343, 354, 355, 468, 470, 475, 507, 519
ダライ・ラマ七世　ii, 74, 75, 468
ダライ・ラマ八世　74, 75, 238
ダライ・ラマ一三世　47
ダライ・ラマ一四世（ダライ・ラマ法王）　i, 3-5, 7-9, 27, 51, 54, 92, 126, 183, 203, 206, 216, 228-230, 246, 247, 251, 255, 313, 338, 350, 403, 406, 407, 467, 469, 475

タワン僧院　i, xv, 5, 19, 25, 28, 68-72, 78, 82, 84, 87, 88, 90, 125, 128, 130, 181, 206, 207, 218, 223, 225-231, 235, 237, 244, 246, 248, 254, 256, 257, 282, 283, 287, 310, 312, 314, 316, 317, 319, 321, 354, 356, 407, 418, 463, 468, 470, 473, 480, 483, 487, 515, 516
タンサ（Tangsa）　37, 40, 44, 332, 450
タントン・ギェルポ　66, 76-78, 83, 148, 418
タンラ（Tangla）　vi, xxix, 34, 188, 191
チベット難民　5, 9, 92, 125, 126, 128, 283, 320, 338, 349, 350, 360, 362, 397, 403-406, 411, 416, 425, 450, 490, 499, 510, 518
チャクマ（Chakma）　9, 52, 445, 450, 490, 492-497, 499, 510, 518
中印国境紛争　5, 25, 51, 52, 78, 87, 92, 93, 116, 139, 144, 152, 181, 192, 193, 205, 223, 242, 251, 255, 372, 375, 393, 428, 456, 459, 467, 471, 491, 498, 515, 518, 576
中央ボデーシュ語　120, 121
チュグ・モンパ（Chug Monpa）　103, 122, 131, 171, 186, 342, 578
ツァリ　xxix, 113, 116, 125, 156
ツァンマ王子　60, 61, 64, 66, 119, 147
ツァンラ語　85, 105, 107, 112, 114, 120-122, 124, 126, 131, 138, 160, 219, 323, 351-353, 359-361, 410, 417, 579
ツェンサン（Tuensang）　50
ツォ（措）〈tsho〉　56, 57, 70, 104, 118-122, 149, 181, 217, 354, 355
ツォク・ギェン（ツォク・ニン・チャム）　239
ツォナ（錯那）　xxix, 56, 69, 71, 73, 79, 81-87, 90, 91, 101, 107, 124, 136-138, 218, 227, 228, 290, 291
ツォナ・ゴンツェ・リンポチェ一三世（T・G・リンポチェ）　339-341, 346-348, 350, 351, 353, 363, 377, 378, 381, 382, 385, 386, 388-391, 399, 400, 406, 408, 412, 414, 422, 424, 483, 484, 505, 575
ツォルゲン（*tsorgen*）　344, 416
ツーリスト数　437, 438, 440, 456, 460, 482, 502
ティソン・デツェン　59
ティツク・デツェン（レルパチェン）　58, 61
ティデ・ソンツェン　60, 61
ディラン・ゾン（Dirang Dzong）　71, 89, 173, 185, 217
ディン（定）　56, 70, 118, 120-122, 149, 181, 216, 354, 355
デーヴァナーガリー　158, 329, 334, 351, 365, 367, 370, 371, 374, 395, 416
テクスト化　258, 260, 275, 287
テズー（Tezu）　xxviii, 27, 34, 121, 140, 349, 448
鉄道　35, 36, 438-440, 444
テンジンガオン（Tenzingaon）　5, 27, 100, 349
伝統　224, 286, 313
テンバン（Thembang）　22, 57, 79, 84, 92, 100, 104, 121, 130, 131, 150, 160, 184, 217, 360, 391, 415, 418, 475, 476
ドゥアール（duar）　75, 80, 176
ドゥアール戦争　115
トゥーティン（Tuting）　viii, 34, 123, 125-127, 159, 197, 416, 448, 465, 501, 506, 508
唐蕃会盟碑　59
ドゥルダ・チャム　234, 240, 244
ドゥン・チャム　243
ドゥク派（ドゥクパ・カギュ派）　68, 69, 113, 114, 154, 220, 228, 237, 246, 248, 311, 313, 316
トトゥン　iii, vi, ix, 161, 162, 170, 172-174, 176, 182-188, 190-192, 195, 196, 203, 205, 206, 208, 215
ドニ・ポロ　40-42, 142, 369, 420, 421
ドムコ（Domkho）　64, 65, 67, 100, 131, 146, 356, 357, 418

トライブ地域の開発のための五つの根本原則　51
トランス・アルナーチャル・ハイウェイ　35, 440, 441
トルギャ祭　xii, 25, 128, 180, 181, 206, 207, 223, 225, 229-232, 239, 243, 245, 247-257, 279, 310, 311, 314, 315, 317, 321, 468, 483, 484, 516
ドルジェ・カンドゥ（Dorjee Khandu）　341, 377, 378, 381, 392, 393, 400, 408, 413, 422, 442, 474, 475, 488, 508, 510
トルマ　xii, 229, 236-238, 292, 293, 315
ドンギュル祭　x, xii, xiv, 25, 128, 207, 223, 225, 229-232, 239, 240, 245, 247-252, 254-257, 279, 310, 311, 314, 317, 468, 516, 579
トンミ・サンボータ　342, 346-349, 354, 414

ナ行

ナイツァン／ネイツァン／ネツァン／ナツァン　136-139, 249, 343, 352, 417
ナイン・シン（Nain Singh）　80-83, 136, 150, 167, 219, 237, 255
ナガ（Naga）　32, 35, 38, 40, 44, 50, 337, 370, 402, 411, 422, 450-453, 461, 464, 498, 504, 510
ナガランド／ナガ丘陵　xxviii, 21, 32, 35, 49, 50, 106, 282, 336, 337, 375, 411, 435, 436, 438, 444, 447-451, 458, 460, 462, 464, 484, 498, 501, 504, 506
ニシ／ダフラ（Nyishi/Dafla）　vii, 21, 37, 39, 40, 42, 44, 80, 89, 116, 141, 197, 219, 331, 332, 365, 369, 370, 377, 379, 380, 383, 392, 402, 419, 422, 424, 454
ニュクマドゥン（Nyukmadung）　100, 121, 135, 158, 167, 168, 207, 259
ニンマ派　58, 63, 72, 124, 128, 154, 195, 246, 247, 312, 384, 424, 468, 480
ネヴィル大尉（Capt. G.A. Nevill）　89-91, 104, 219
ネルー，ジャワーハルラール（Jawaharlal Nehru）　20, 50-53, 87, 93, 94, 145, 330, 458
ノクテ（Nocte）　37, 40, 44, 141, 332, 421, 450

ハ行

ハジョン（Hajong）　9, 52, 445, 450, 490-497, 499, 510, 518
パ・チャム（豚のチャム）　x, 233, 238, 240, 242, 244, 245
パトカイ自治地域　400, 422
パトカイ自治評議会　336, 337, 371, 405
パドマサンバヴァ（グル・リンポチェ）　58, 62, 112, 123, 146, 156, 246, 316, 343, 465, 471, 472, 478, 479, 486, 500, 508
パラシュラーム・クンド　43, 438
バリパラ／バリパラ辺境地域　48, 56, 83, 90, 100
ハレ着　191, 200, 206, 208
汎アルナーチャリー　55, 497
パーンチ・シーラ（平和共存五原則）　94
パンチャーヤット　53, 54, 145, 340, 453, 488
パンチェンパ語　119, 120
パンチェン・モンパ／パンチェンパ（Panchen Monpa/Panchenpa）　iv, 123, 181, 182, 186, 201, 202, 209, 220, 472, 515
東ボデーシュ語　105, 110, 120, 121, 417
ヒル・ミリ（Hill Mili）　21, 37, 44, 143, 144
ヒンディー語　4, 5, 7, 28, 39, 40, 75, 131, 176, 229, 286, 311, 327, 329-331, 334, 335, 338, 344, 353, 355, 361, 365, 370, 372, 373, 385, 394, 396, 402, 406, 409, 410, 412, 419, 425, 471, 505, 516
ヒンドゥー教　16, 17, 38, 40, 41, 43, 98, 141, 148, 316, 395, 402, 437, 491, 497, 501, 510
ブグン／コワ（Bugun/Khowa）　vi, vii, 37, 38, 97-99, 103, 105, 194, 195, 197,

202, 203, 219, 354, 376, 383, 384, 388, 397, 417, 419, 423
布施　88, 228, 229, 253, 254, 257
ブータン国籍　207
ブーティア（Bhutia）　75, 79–81, 103, 104, 347
ブトゥ・モンパ（But Monpa）　103, 118, 122, 123, 131, 154, 333
フューラー＝ハイメンドルフ（Christoph von Fürer-Haimendorf）　21, 143, 166, 197, 198, 215, 219, 454, 455
フラー　129, 130, 286, 321, 413
ブラック・マウンテンのモンパ　7, 105, 109, 110
ブラフマプトラ川　xxix, xxviii, 33, 43, 44, 155, 336
ブラーミ／ブラーミ語　112, 120, 333, 342, 348
プロイク（Proik）　37, 41, 103, 141, 361, 417, 419
ブロクパ（Brokpa）　4, 119, 120, 134, 135, 162, 168, 170–173, 175, 176, 178, 186–189, 199, 203, 206–210, 235, 257–259, 279, 333, 342, 417, 515
ブロクパ語　119–121, 137, 157, 158, 168, 169, 171, 192, 318, 320, 323, 578
ベイリー中佐（Lt-Col. F. M. Bailey）　84, 89, 113, 115, 116, 144, 151, 156, 167, 175, 180, 182, 216, 217
ペマ・カンドゥ（Pema Khandu）　6, 381, 385, 393, 400–405, 408, 482, 488, 496, 505, 507, 509
ペマコ　107, 111–115, 121, 122, 125–127, 151, 155, 156, 159, 220, 428, 465, 466, 508
ペマ・リンパ　63–65, 72, 217, 259, 468
ベユル　58, 112
ペンデン・ラモ　244, 245, 253, 278
帽子　iv, 73, 162, 165, 167, 170, 177, 178, 180, 182, 189, 201, 206, 208, 216, 218, 235, 236, 261, 263, 266, 267, 270–272, 275, 454, 467, 507
牧畜民　xiv, 4, 24, 26, 72, 119, 121, 134, 162, 168, 177, 178, 180, 202, 225, 235, 257, 259, 260, 270, 274–277, 279, 318, 319, 342, 468
母語　7, 8, 13, 39, 40, 326, 327, 333, 334, 345, 348, 351, 353, 363–365, 367, 369, 370, 372, 373, 394–396, 408–410, 412, 516, 517, 520
ポサ（*posa*）　45, 80, 99, 130, 131, 143, 150
ホシナ／ホイシナ　130, 160
ボーティア（Bhotia）　347
ボーティ語　26, 127, 132, 146, 147, 157, 211, 313, 325, 327–329, 334, 337, 338, 340, 341, 344–346, 348–354, 359–364, 381, 384, 385, 387, 394, 396, 405, 406, 408, 412, 414, 415, 419, 461, 471, 483, 505, 516, 518, 519, 575
ボド／カチャリ／ボド・カチャリ／ボロ・カチャリ　131, 176, 188, 190, 315, 336, 510
ボド語　335, 336, 411
ボドランド／ボドランド領域県　188, 218, 335, 336, 382, 389
ボン（ポン）教　22, 128–130, 132, 198, 231, 286, 287, 321

マ行

マクマホン・ライン　5, 7, 31, 47, 49, 52, 56, 84, 90–92, 96, 111, 113, 116, 120, 123–125, 144, 151, 154, 336, 378, 435, 442, 445, 467, 472, 479, 499
マゴウ（Mago）　iv, 87, 101, 119, 120, 122, 134, 175, 180, 183, 194, 198, 210, 216, 228, 259, 378, 515
マックスウェル大尉（Capt. H. St. P. Maxwell）　83, 151
マニプル（Manipur）　v, 32, 35, 41, 44, 45, 49, 106, 135, 185, 427, 435, 438, 447, 448, 450, 458, 501, 504, 506, 574
マールワーリー　139, 252, 317
マンデルガン　70, 227, 355, 356, 418
ミシュミ（Mishmi）　18, 37, 38, 106, 116,

332, 371, 383
ミジ／サジョラン（Miji/Sajolang）　vii, 37, 64, 72, 80, 83, 89, 90, 97-99, 102-104, 131, 158, 172, 185, 194-197, 202, 203, 219, 354, 384, 388, 400, 419
ミタンウシ　99, 133, 365, 402, 420
ミャオ（Miao）　xxviii, 27, 34, 121, 349, 448, 453, 491
民衆教化　245, 257, 310, 414, 484
民族衣装　iii, vii, 3, 4, 8, 9, 25, 119, 125, 161-171, 180, 182, 189, 193-197, 199, 202, 204-206, 208-211, 213, 256, 258, 354, 397, 427, 453, 455, 457, 462, 468, 476, 483, 484, 514, 515, 519, 574
民俗儀礼　25, 223, 225, 257, 281, 286, 287, 321, 516
メチュカ／メンチュカ（Mechukha/sman chu kha）　viii, 34, 123-127, 158, 159, 197, 348, 388, 443, 466, 477-482, 485, 501, 506, 508
メラ（Merak）　i, ix, 4, 24, 29, 34, 66-69, 77, 78, 83, 95, 101, 119, 121, 148, 150, 151, 157, 162, 168, 169, 173, 176-178, 180, 186, 187, 189, 192, 200, 206, 207, 218, 221, 224, 226, 245-249, 257-260, 270, 273, 276, 278, 279, 281, 284, 285, 287, 311, 312, 316-320, 356-359, 417, 443, 468, 503, 515, 578
メラ・ラマ⇒ロデ・ギャムツォ
メンバ（Memba）　viii, 6, 7, 20, 22, 24, 37, 38, 40, 105, 111, 116-118, 121, 123-127, 157-159, 197, 342, 344, 345, 349-351, 384, 385, 388, 394, 397, 423, 433, 465, 477-479, 482, 500, 508, 514, 519
門巴族　7, 21, 111, 112, 115-117, 120-122, 127, 128, 147, 151, 155, 181, 182, 197, 201, 202, 220, 295, 322, 416, 514
モン（ラダックのモン）　105, 108
モン自治地域　8, 117, 118, 132, 337, 340, 375, 385, 388, 389, 397, 400, 401, 408, 461, 483, 517, 518, 575
モン自治評議会　127, 327, 405
モンバ（Momba）　38, 84, 104, 113, 117, 168, 383, 384
モンパ語　4, 5, 7, 118, 119, 218, 326, 329, 331, 332, 348, 351, 361, 410, 417
モンパ・セミナー　321, 340, 341, 349, 351, 362, 363, 386, 398, 410
モン／モンユル　6, 28, 56, 58, 59, 66, 69-72, 82, 84, 105, 109, 110, 112, 113, 115, 122, 137, 147, 203, 209, 223, 225, 227, 239, 283, 295, 326, 340, 345, 347, 355, 356, 359, 384, 414, 417, 418, 514, 516
モンユルの回廊地帯（Monyul Corridor）　56, 57, 71, 80, 129, 167, 194, 513, 514
モンラム　231, 239, 315

ヤ行

ヤク　26, 67, 133, 134, 137, 138, 170, 177, 178, 180, 182, 187, 189, 201, 206, 208, 218, 220, 257-267, 269-276, 278, 280-282, 284, 285, 287, 305, 318-320, 342
ヤク・チャム　xvi, 25, 223, 225, 257-260, 270, 273, 277, 278, 281-287, 310, 311, 319, 320, 344, 516

ラ行

ライトフット大尉（Capt. G. S. Lightfoot）　90, 91, 104
ラオク・ユルスム〈la 'og yul gsum〉　56, 63, 119, 147
ラザフォード中尉（Lieut. Rutherford）　79
ラサン・ハン（Lhazang Khan）　73, 74, 468
ラスシ／ラーソイシー　22, 28, 130, 160
ラダック（Ladakh）　27, 81, 92, 105-109, 150, 282, 337, 339, 342, 345, 348, 349, 382, 385, 393, 411, 415, 416, 463
ラック（lac）　79, 137, 170-172, 174-176, 184, 185, 187, 191, 195, 203, 205, 215, 218, 515

ランゲテン（Langeteng） 288-290, 297, 302, 303, 305, 309
ランダルマ 61, 62, 147, 236, 315, 507
リーチ（Edmund R. Leach） 6, 13, 109, 214, 514, 521
リシュ・モンパ（Lish Monpa） 103, 118, 122, 131, 184, 333, 342, 417
リス（Lisu）／ヨビン（Yobin） 37, 39, 450
ルック・イースト政策 434, 435, 459, 503
ルパ（Rupa） 57, 60, 80, 90, 92, 94, 100, 103, 104, 195, 268, 319
レプチャ（Lepcha） 107, 108, 295
連邦直轄地（Union Territory） 41, 42, 54, 105, 336, 401, 409
ロク・チャム x, 233, 234
ロデ・ギャムツォ（メラ・ラマ） 68-70, 72, 226-228, 230, 244, 246, 248, 250, 468, 480
ロバ／ロパ／（珞巴族） 89, 90, 115, 116, 127, 156, 196, 198, 219, 513, 514
ロブサン・ギャツォ（Lobsang Gyatso）／ロブサン師 389, 390, 424, 486-489, 509
ロプサン・テンペイ・ドンメ 65-69, 72, 149
ロンリー・プラネット（Lonely Planet） 428, 466, 477, 500

ワ〜ン行

ワンチョー（Wancho） 37, 40, 44, 332, 370, 371, 450
ワンチョー文字（Wancho Script） 370, 374, 394, 421
ンガ・チャム（太鼓のチャム） 241

【著者略歴】

脇田道子（わきた　みちこ）

1951年、東京都生まれ。早稲田大学第一文学部日本史学専攻卒業。旅行会社に28年間勤務した後、大学院へ。2006年、立教大学大学院文学研究科博士前期課程修了。2014年、慶應義塾大学大学院社会学研究科後期博士課程単位取得退学。博士（社会学）。現在、日本ブータン研究所研究員。専攻は、文化人類学、及び南アジア地域研究。インドのアルナーチャル・プラデーシュ州、ブータン東部を中心に調査・研究を継続中。
主な論文は、「民族衣装を読む――インド、アルナーチャル・プラデーシュのモンパの事例から――」（鈴木正崇編『森羅万象のささやき――民俗宗教研究の諸相――』風響社、2015年）、「ブータン東部におけるツーリズム導入に関する一考察」（『慶應義塾大学大学院社会学研究科研究紀要』、2010年）など。

モンパ
――インド・ブータン国境の民

二〇一九年三月二〇日　初版第一刷発行

著　者　脇田道子
発行者　西村明高
発行所　株式会社　法藏館
京都市下京区正面通烏丸東入
郵便番号　六〇〇-八一五三
電話　〇七五-三四三-〇〇三〇（編集）
　　　〇七五-三四三-五六五六（営業）

装幀者　佐藤篤司
印刷・製本　亜細亜印刷株式会社

ISBN 978-4-8318-6240-2 C3039